Frank Ueberschaer
Weisheit aus der Begegnung

Beihefte zur Zeitschrift für die alttestamentliche Wissenschaft

Herausgegeben von
John Barton · Reinhard G. Kratz
Choon-Leong Seow · Markus Witte

Band 379

Walter de Gruyter · Berlin · New York

Frank Ueberschaer

Weisheit aus der Begegnung

Bildung nach dem Buch Ben Sira

Walter de Gruyter · Berlin · New York

∞ Gedruckt auf säurefreiem Papier,
das die US-ANSI-Norm über Haltbarkeit erfüllt.

ISBN 978-3-11-020064-5
ISSN 0934-2575

Bibliografische Information der Deutschen Nationalbibliothek

Die Deutsche Nationalbibliothek verzeichnet diese Publikation in der Deutschen Nationalbibliografie; detaillierte bibliografische Daten sind im Internet über http://dnb.d-nb.de abrufbar.

© Copyright 2007 by Walter de Gruyter GmbH & Co. KG, 10785 Berlin
Dieses Werk einschließlich aller seiner Teile ist urheberrechtlich geschützt. Jede Verwertung außerhalb der engen Grenzen des Urheberrechtsgesetzes ist ohne Zustimmung des Verlages unzulässig und strafbar. Das gilt insbesondere für Vervielfältigungen, Übersetzungen, Mikroverfilmungen und die Einspeicherung und Verarbeitung in elektronischen Systemen.
Printed in Germany
Einbandgestaltung: Christopher Schneider, Berlin

Vorwort

Die vorliegende Studie wurde im Sommersemester 2007 von der Kirchlichen Hochschule Wuppertal als Dissertation angenommen. Für die Veröffentlichung wurde sie leicht überarbeitet.

Ich danke ganz herzlich Prof. Dr. Siegfried Kreuzer für seine stets anregende und sehr wertvolle Begleitung.

Den Herausgebern der Beihefte zur Zeitschrift für die Alttestamentliche Wissenschaft danke ich für die Aufnahme dieser Arbeit.

Besonders danke ich meiner Frau, die diese Arbeit in der Zeit ihrer Entstehung mitgetragen und bereichert hat. Ihr widme ich diese Arbeit.

Speicher, Oktober 2007

Inhaltsverzeichnis

Einführung und Fragestellung 1

1. Ben Sira in der Forschung 3

2. Das Buch und seine Umwelt 25
   2.1 Das Buch Ben Sira 25
      2.1.1 Der Textbefund 25
      2.1.2 Texteditionen 30
      2.1.3 Datierung und Lokalisierung 34
   2.2 Ein Blick auf den zeitgeschichtlichen Hintergrund 37
      2.2.1 Die geschichtliche Entwicklung bis zur Zeit Ben Siras 37
      2.2.2 Politische und gesellschaftliche Gegebenheiten
            zur Zeit Ben Siras 45
      2.2.3 Jüdisches Leben zur Zeit Ben Siras 50

3. Das Schul- und Bildungswesen in Israel und seiner Umwelt 60
   3.1 Babylonien und die altorientalische Umwelt Israels 61
      3.1.1 Geschichte des babylonischen und altorientalischen
            Schulwesens 61
      3.1.2 Das Schul-Curriculum 65
      3.1.3 Methodisch-didaktische Aspekte 68
      3.1.4 Aspekte des Bildungsverständnisses 70
   3.2 Ägypten 71
      3.2.1 Geschichte des ägyptischen Schulwesens 71
      3.2.1.1 Altes Reich 71
      3.2.1.2 Mittleres Reich 74
      3.2.1.3 Neues Reich 75
      3.2.1.4 Spätzeit 77
      3.2.2 Das Schul-Curiculum 77
      3.2.3 Methodisch-didaktische Aspekte 81
      3.2.4 Aspekte des Bildungsverständnisses 85
   3.3 Israel 87
      3.3.1 Hinweise auf die Existenz von Schriftlichkeit in Israel ... 88
      3.3.2 Der Streit um die Existenz von Schulen in Israel 91
      3.3.2.1 Argumente für die Existenz von Schulen in Israel 92

3.3.2.2 Argumente gegen die Existenz von Schulen in Israel 98
3.3.3 Eine Überlegung zum Unterrichtswesen in Israel 102
3.3.4 Methodisch-didaktische Aspekte 105

4. Das hellenistische Schul- und Bildungswesen 109
   4.1 Die vorklassische Zeit 109
   4.2 Die klassische Zeit 117
   4.3 Die hellenistische Zeit 123

5. Weisheit und Bildung.
Der sich bildende Mensch und die bildende Weisheit 135
   5.1 „Was ist der Mensch?" (Sir 18,8)
      Aspekte der Anthropologie bei Ben Sira 137
      5.1.1 Die Geschöpflichkeit des Menschen 141
      5.1.2 Die Sterblichkeit des Menschen 142
      5.1.3 Die Begrenztheit des Menschen 145
      5.1.4 Die Gottesebenbildlichkeit des Menschen 149
      5.1.5 Die geistige Disposition des Menschen 151
      5.1.6 Normen für den Menschen 154
      5.1.7 Die Bestimmung des Menschen 155
      5.1.8 Ein israel-theologischer Abschluss 157
      5.1.9 Zusammenfassung 159
   5.2 „Wendet euch zu mir, Unwissende!" (Sir 51,23)
      Die Zielgruppe Ben Siras 160
      5.2.1 Methodische Vorüberlegungen 160
      5.2.2 Die familiäre Situation 164
      5.2.3 Die finanziellen Verhältnisse 171
      5.2.4 Berufsperspektiven 179
      5.2.5 Die erwartete gesellschaftliche Stellung 188
      5.2.6 Zusammenfassung 193
   5.3 „Frage und forsche, suche und finde" (Sir 6,27)
      Im Beth Midrasch Ben Siras 193
      5.3.1 Aspekte der Unterrichtsmethodik 194
      5.3.1.1 Lehrvortrag 202
      5.3.1.2 Lehrgespräche 203
      5.3.1.3 Rätselsprüche 206
      5.3.1.4 Einübung 206
      5.3.1.5 Erfahrung 207
      5.3.1.6 Psalmen 208
      5.3.1.7 Das Buch 211
      5.3.1.8 Muße 212
      5.3.2 Unterrichtsinhalte 213

5.3.2.1 Die weisheitliche Lehrtradition	213
5.3.2.2 Die Tora	218
5.3.2.3 Kosmologie	228
5.3.2.4 Die Geschichte Israels	231
5.3.2.5 Persönliche Erfahrung	236
5.3.2.6 Die Suche nach Gott und das Gebet	238
5.3.3 Die Rolle des Schülers im Lernprozess	240
Exkurs: περὶ τέκνων – Über die Kindererziehung (Sir 30,1-13)	241
5.3.4 Zusammenfassung	249
5.4 „Die Weisheit lehrt ihre Kinder" (Sir 4,11) Die Weisheit im Bildungsgeschehen	251
5.4.1 Gott schenkt dem Menschen den Geist des Verstehens – Gott im Bildungsgeschehen	251
Exkurs: Der lehrende Gott in den kanonischen Schriften des Alten Testaments	261
5.4.2 Die Weisheit begegnet ihrem Schüler – die Weisheit im Bildungsgeschehen	268
Exkurs: Die lehrende Weisheit in den kanonischen Schriften des Alten Testaments	285
5.4.3 Gottes und der Weisheit Wirken im Bildungsgeschehen	293
5.4.4 Zusammenfassung	296
5.5 „Ich will Bildung wie Morgenröte ausstrahlen lassen" (Sir 24,32) – Das Selbstverständnis Ben Siras als Lehrer	297
5.5.1 Ben Sira als Nachleser hinter den Winzern	299
5.5.2 Ben Sira als Kanal der Weisheit	301
5.5.3 Ben Sira als Künder eigener Weisheit	305
Exkurs: Wer war Ben Sira?	322
5.6 „Viele sind die Gedanken der Menschen" (Sir 3,24) Bildungshemmnisse und Grenzen der Erkenntnis	337
5.6.1 Die Ablehnung der Weisheit aus eigener freier Entscheidung heraus	337
5.6.2 Grenzen der Erkenntnis	345
5.6.3 Weisheit erfordert religiöses und ethisches Leben	359
5.6.4 Zusammenfassung	365
5.7 „Er wird ausströmen lassen Worte der Weisheit" (Sir 39,6) Das Bildungsziel Ben Siras: der Weise in der Gesellschaft	367
5.7.1 Der Weise als Lehrer und Träger der Überlieferung	368
5.7.2 Der Weise als Ratgeber	371
5.7.3 Der Weise im Dienst hochgestellter Persönlichkeiten	373
5.7.4 Der Weise im Dienst für das Volk	377
5.7.5 Zusammenfassung	389

6. Weisheit und Bildung nach Ben Sira
„Die Weisheit begegnet ihrem Schüler" (Sir 15,2) 392

Literaturverzeichnis 400

Register 431

Einführung und Fragestellung

Das weisheitliche Denken ist Bildungsdenken.

Gerhard von Rad hat in seinem Buch „Weisheit in Israel" aufgezeigt, dass weisheitliches Denken Ordnungsdenken ist.[1] Es gehe darum, der Undurchschaubarkeit der Welt eine erkennbare Ordnung abzuringen, um sich im Leben zurecht zu finden und ein erfolgreiches, gelingendes Leben führen zu können. So entsteht ein Zusammenhang, der die Tradition des weisheitlichen Denkens grundsätzlich immer auch zu einer Bildungsbewegung macht. Schließlich findet sie erst in der Vermittlung ihrer Einsichten ihre Zweckbestimmung und ihr eigenes Ziel.

An dieser Tradition hat auch Ben Sira um die Wende vom 3. in das 2. Jh. Anteil, wie der Hinweis auf seinen Schulbetrieb zeigt (siehe auch Sir 51,23.29). Auch er möchte Weisheit weitergeben. Auch er möchte junge Männer bilden, damit sie im Leben bestehen, und ihnen – ganz der Tradition der klassischen Weisheit verpflichtet – zu einem gelingenden Leben verhelfen. Ben Sira tat dies in zweifacher Weise: zum einen durch seine Tätigkeit in seinem Lehrhaus, zum anderen durch die Veröffentlichung seines Buches, das uns heute überliefert ist.

Seine praktische Tätigkeit als Weisheitslehrer – in Wort und Schrift – impliziert, dass er ein Bildungsverständnis hat, dem er folgt und dem gemäß er lehrt. Ziel der vorliegenden Untersuchung ist, diesem Bildungsverständnis nachzugehen, es herauszuarbeiten und damit zugleich dem Bildungsgeschehen auf die Spur zu kommen, wie Ben Sira es versteht.

Dieses Vorhaben wird durch das Buch Ben Sira selber begünstigt. Es ist nämlich die erste uns erhaltene Weisheitsschrift Israels, die über das Bildungsgeschehen theoretisch reflektierende Passagen bietet. Dies ist im Buch Spr sowohl in seinen älteren, als auch in seinen jüngeren Teilen, ebenso wie in dem doch immerhin nur etwa ein oder zwei Generationen vor Ben Sira verfassten Buch Koh[2] noch nicht der Fall. Mag es bei letzterem thematisch nicht im Fokus liegen, erstaunt diese Feststellung für Spr, insbesondere für Spr 1-9, nicht unerheblich. Doch es ist

---

1   Gerhard von Rad, Weisheit, 14.
2   Vgl. dazu die Untersuchung Schellenberg, Erkenntnis.

erst Ben Sira, der – möglicherweise herausgefordert durch die Auseinandersetzung mit der hellenistischen Kultur, der er sich stellt – dieser Frage nachgegangen ist und sie seiner Nachwelt hinterlassen hat. Er ist damit gerade auch in dieser kulturellen Auseinandersetzung ein Zeuge einer (weisheits-) theologischen Auseinandersetzung in einem multikulturellen Kontext.

Die vorliegende Untersuchung wird ihm in dieser Frage folgen. Dazu wird nach einem Abriss über die Forschungsgeschichte (Kapitel 1) ein Überblick über das Buch Ben Sira selber, seinen Text und seinen historischen Hintergrund gegeben (Kapitel 2).

In einem weiteren Teil werden die historischen Voraussetzungen dargestellt, vor deren Hintergrund Ben Sira wirkt: zunächst das Schul- und Bildungswesen in Israel und seiner altorientalischen Umwelt (Kapitel 3) und dann eben dieses im griechisch-hellenistischen Bereich (Kapitel 4). Der Frage nach dem Bildungsverständnis Ben Siras und dem Bildungsgeschehen, wie er es zeichnet, wird in Kapitel 5 nachgegangen. Dazu werden zunächst durch die Frage nach den anthropologischen Voraussetzungen (5.1) und nach der Zielgruppe (5.2) die theologischen und die lebensweltlichen Voraussetzungen dargelegt. Dann wird dem Unterricht in Ben Siras Lehrhaus nachgegangen (5.3), bevor es zentral um das Bildungsgeschehen selber geht, aus dessen Reflexion sich das Bildungsverständnis Ben Siras herauskristallisieren lässt (5.4). Schließlich wird auf die Fragen nach dem Selbstverständnis Ben Siras im Bildungsprozess (5.5), nach Bildungshemmnissen und Grenzen der Erkenntnis (5.6) sowie schließlich nach dem Bildungsziel und damit nach den Tätigkeitsfeldern eines Weisen (5.7) eingegangen. Das Fazit dessen wird in Kapitel 6 dargestellt.

1. Ben Sira in der Forschung

Das Buch Ben Sira gehört noch zu den weniger bearbeiteten Feldern der alt- und der neutestamentlichen Wissenschaft. Merkwürdigerweise gilt das auch für den römisch-katholischen Bereich, obwohl dort das Buch durch seine Kanonizität eine besondere Dignität besitzt.

Sichtet man die Arbeiten zu Ben Sira, was durch die dankenswerterweise von Reiterer erarbeitete Bibliographie[3] sehr erleichtert wird, lässt sich schnell feststellen, dass eine inhaltlich bezogene wissenschaftliche Forschungsgeschichte erst in den 60er Jahren – nach dem Zweiten Vatikanischen Konzil – beginnt.

Dabei ist es nicht so, dass man sich vorher nicht wissenschaftlich mit Ben Sira beschäftigt hätte. Gerade nach der Entdeckung von Fragmenten des hebräischen Textes in der Genisa der Kairoer Ibn-Esra-Synagoge 1896 und dann wieder in Qumran und auf Massada setzte ein großes Interesse ein. Dieses galt aber primär dem Text und seiner Gestalt, weniger inhaltlichen Aspekten.[4]

In diesem Abriss der Forschungsgeschichte wird ein Überblick über die Arbeiten der letzten 40 Jahre gegeben, soweit sie in Zusammenhang mit der hier untersuchten Fragestellung stehen, um so einige Akzente zu beleuchten.

---

3   Bibliographie zu Ben Sira, hg.v. Friedrich Vinzenz Reiterer ua., BZAW 266, Berlin 1998.

4   So entstand eine Fülle an Textausgaben, viele davon mit Übersetzungen, u.a. Cowley, Arthur E./Neubauer, Adolf, The original Hebrew of a portion of Ecclesiasticus (XXXIX,15 to XLIX,11) together with the early versions and an English translation followed by the quotations from Ben Sira in Rabbinical literature, Oxford 1897; Smend, Rudolf, Das hebräische Fragment der Weisheit des Jesus Sirach, Berlin 1897; Schechter, Salomo/Taylor, Charles, The Wisdom of Ben Sira. Portions of the book Ecclesiasticus from Hebrew manuscripts in the Cairo Genizah Collection, Cambridge 1899; Yadin, Yigael, The Ben Sira Scroll from Massada. With Indroduction, Emendations and Commentary (Sir 39,27-43,30), ErIs 8 (1965), 1-45. Nachdem 1982 noch das bislang letzte Manuskript (Ms F) gefunden wurde, ist die aktuellste Ausgabe zum hebräischen Text des Buches in The Book of Ben Sira in Hebrew. A Text Edition of all extant Hebrew Manuscripts and a Synopsis of all parallel Hebrew Ben Sira Texts, hg.v. Pancratius Beentjes, VT.S 68, Leiden/New York/Köln 1997, wiedergegeben.

Überblickt man den Zeitraum seit Ende der 1960er Jahre, dann lassen sich mehrere Phasen der Beschäftigung mit dem Buch Ben Sira feststellen. Die erste Phase umfasst den Zeitraum Ende der 60er bis Mitte der 70er Jahre. Thematische Schwerpunkte waren der Gottesfurchtsbegriff (Haspecker) und grundsätzlich die Weisheitstheologie Ben Siras (Marböck, Rickenbacher mit einem Schwerpunkt auf textkritische Erörterungen, Löhr), vor allem aber seine Zuordnung zwischen oder zu Judentum und Hellenismus (Hengel, Middendorp; als Fragestellung in fast allen Werken dieser Zeit; 2000 nochmals Wicke-Reuter). In einer zweiten Phase geht es Anfang der 80er Jahre unter anderem um das Berufsbild des Schriftgelehrten (Stadelmann), die Zuordnung von Weisheit und Gesetz (Schnabel) und das Verhältnis Ben Siras zur demotischen Weisheit Ägyptens (Sanders). In den 90er Jahren erscheinen dann Studien vor allem zu sozialen Themen des Buches wie der Ehrung der Eltern (Bohlen), des Einzelnen und seiner Gemeinschaft (Beiträge hg.v. Egger-Wenzel und Krammer) und des Freundschaftsbegriffs (verschiedene Beiträge zu den Freundschaftsperikopen hg.v. Reiterer), aber auch zur Kultur, die Ben Sira in seinem Werk widerspiegelt (Wischmeyer). Mit den Untersuchungen von Reitemeyer und Liesen sowie der älteren von Rickenbacher liegen außerdem drei detaillierte Arbeiten zu ausgewählten Einzeltexten des Buches Ben Sira vor.[5]

Den Anfang größerer Arbeiten zum Buch Ben Sira markiert *Josef Haspeckers* Monographie „Gottesfurcht bei Jesus Sirach" aus dem Jahr 1967.[6] Nach seiner These ist die Gottesfurcht „das eigentliche konkrete Ziel" (89) des Buches, demgegenüber sogar die Weisheit zurücktrete (98).

Nach einer Einleitung gliedert Haspecker seine Arbeit in zwei große Teile. Im ersten arbeitet er die „zentrale Bedeutung der Gottesfurcht im Buche Jesus Sirach" heraus, im zweiten die „Gottesfurcht als personales Gottesverhältnis". Grundlage der Arbeit ist eine Exegese der Einleitungskapitel Sir 1-2 und der Buchunterschrift 50,27-29. Die Einleitungskapitel betrachtet Haspecker als „eine Grundsatzerklärung" (94;

---

5   Im Jahr 2003 erschien noch eine Studie zur Darstellung Simons II. von Mulder, die hier nur erwähnt sei, da sie die vorliegende Fragestellung nicht weiter berührt: Mulder, Otto, Simon the High Priest in Sirach 50. An Exegetical Study of the Significance of Simon the High Priest as Climax to the Praise of the Fathers in Ben Sira's Concept of the History of Israel, VT.S 78, Leiden/Boston 2003.

6   Haspecker, Josef, Gottesfurcht bei Jesus Sirach. Ihre religiöse Struktur und ihre literarische und doktrinäre Bedeutung, Rom 1967. Zur Forschungsgeschichte vor Haspecker siehe dort a.a.O., 6-35.
    In Klammern werden in diesem Kapitel die Seitenzahlen angegeben, auf die sich die Darstellung in den jeweiligen Werken bezieht.

100), mit der der Weisheitsschüler von Anfang an „für sein konkretes persönliches Streben ganz entschieden und mit einer fast einseitig wirkenden Exklusivität an die Gottesfurcht verwiesen wird" (99), der gegenüber die Weisheit zurücktrete und nur „als ferneres Ziel in Sicht" bleibe (98f). Auch die Buchunterschrift als „knappe Inhaltsangabe" (87) des Buches zeigt nach Haspecker, dass es eigentlich um die Gottesfurcht gehe. Denn Weisheit stehe zwar als Verheißung über allem, sei aber nicht lehrbar, sondern bleibe eine Gabe Gottes. So konzentriere sich Ben Sira als Pädagoge in seinem Buch auch auf das, was lehrbar sei,[7] denn schließlich sei sein Buch eine „praktische Erziehungslehre" (106).

Nachdem Haspecker nun die Gottesfurcht als das seines Erachtens eigentliche Thema des Buches herausgearbeitet hat, stellt er im Weiteren in Teil I die einzelnen Textabschnitte vor, in denen es um die Gottesfurcht geht. Hier findet er die Ergebnisse seiner Exegese von Sir 1-2 und 50,27-29 bestätigt und arbeitet mehrere Themenkreise heraus, in denen die Gottesfurcht thematisiert wird (200).

Dieser Teil II widmet sich der Frage, was Ben Sira unter Gottesfurcht versteht. Bereits in der Überschrift charakterisiert Haspecker sie als „personales Gottesverhältnis" (203). Aus den im ersten Teil herausgearbeiteten Themenkreisen konkretisiert er diese religiöse Grundeinstellung unter vier Aspekten: (a.) Gottesfurcht als Hingabe des Herzens an Gott (209ff), wobei Haspecker die Demut als religiöse Grundhaltung herausstellt, die sich auch in Versuchungen bewähren müsse, aber auf Gott hoffen könne, dem sie sich grundsätzlich, aber auch je aktuell zuwenden müsse. (b.) Gottesfurcht als Gottvertrauen (232ff), was eine „echte personale Auslieferung ... des ganzen Selbst" (279) an Gott meine, die aber dem Menschen eine innere Sicherheit gebe, die ihn dann auch auf die äußere Sicherheit vertrauen lasse. (c.) Gottesfurcht und Gottesliebe (281ff), wobei Haspecker beide Begriffe differenziert, aber doch sehr eng aufeinander bezieht. So sieht er in dem klassischen weisheitlichen Ausdruck für Gottesfurcht יראת אל auch Elemente der Gottesliebe, und zwar so viele, dass sich Ben Sira wohl genötigt gesehen habe, für die reine Ehrfurcht den Begriff פחד אל einzuführen. (d.) Gottesfurcht (313ff) als Demut vor Gott und Bescheidenheit vor den Menschen – Haspecker versteht dies als eine einzige innere Grundhaltung – und als Hingabe an den verfügenden Willen Gottes, wobei es hier weder nur um Toraobservanz noch um einen Fatalismus gegenüber Gottes Handeln gehe, sondern allgemein um eine „innere Dienstbereitschaft gegen

---

7   A.a.O., 88f.; vgl. auch a.a.O., 197.

Gott" (329) und eine „zufriedene Einfügung" (334) in Gottes wohlmeinenden Willen.

Gottesfurcht ist nach Haspecker ein „sehr intensives und lebendiges personales Verhältnis zu Gott", das sich in Vertrauen und Demut gegenüber Gott zeige und sich im Lebensvollzug widerspiegele (337; 341). Daraufhin wolle Ben Sira erziehen, denn diese Glaubens- und Lebenseinstellung sei das einzig Greifbare in der Weisheitslehre.

Martin Hengels Untersuchung zum Thema „Judentum und Hellenismus"[8] hat als Ziel, die Begegnung zwischen beiden Kulturen im palästinischen Raum von der Mitte des 4. Jh. bis zur Mitte des 2. Jh. vor Beginn der christlichen Zeitrechnung darzustellen (1). Es handelt sich also nicht um eine Untersuchung zum Buch Ben Sira im engeren Sinne, sondern um eine umfangreiche und sehr um Details bemühte Darstellung der geschichtlichen und geistesgeschichtlichen Entwicklungen in der Zeit vor und von Ben Sira sowie auf den Hellenismus als Bildungsmacht. Insofern bietet sie einen Blick auf den Hintergrund des Buches und soll hier Erwähnung finden.

Die in fünf Kapitel gegliederte Arbeit besteht im Wesentlichen aus drei Teilen. In den ersten beiden Kapiteln stellt Hengel den historischen Rahmen der Begegnung von Judentum und Hellenismus dar. Dabei geht er zuerst den äußeren Erscheinungen der hellenistischen Herrschaft, vor allem der Ptolemäer, nach und beschreibt das Kriegswesen, das Steuer- und Verwaltungssystem sowie Wirtschaft und Gesellschaft. Danach wendet er sich der kulturellen Macht des Hellenismus zu und zeigt die Bedeutung der griechischen Sprache, Bildung und Erziehung sowie der Literatur auf.

In einem zweiten Teil (Kapitel III) beschäftigt sich Hengel mit der Auseinandersetzung, die innerhalb des Judentums mit dem Hellenismus geführt wurde. Dabei geht er neben Kohelet, Texten der späten alttestamentlichen Weisheitstheologie (Spr 8,22ff; Hi 28), der Apokalyptik und dem frühen Essenismus auch auf Ben Sira ein (241ff; 284ff).

In einem dritten Teil (Kapitel IV) stellt Hengel die hellenistische Sicht auf das Judentum sowie die Geschichte des Versuchs, Jerusalem Mitte des 2. Jh. zu einer griechischen Polis zu machen, dar. Hier zieht er auch eine Linie hin zum Neuen Testament aus, von wo her seine Arbeit eigentlich begründet ist (1).

---

8 Hengel, Martin, Judentum und Hellenismus. Studien zu ihrer Begegnung unter besonderer Berücksichtigung Palästinas bis zur Mitte d. 2. Jh.s v.Chr., Tübingen ³1988 [Erstauflage 1969].

Aufgrund der Zielsetzung und des Umfangs seiner Arbeit geht Hengel nur relativ knapp auf das Buch Ben Sira ein. Er versteht es als ein „Sammel- und Alterswerk" (242) eines Weisheitslehrers, der in einem festen Schulbetrieb stehe und der sich mit seinem Buch an junge Menschen richte, die „durch die Verlockungen der hellenistischen Zivilisation besonders gefährdet waren" (243). Damit bestimmt Hengel bereits implizit als Ziel des Buches die Abwehr des Hellenismus.[9] Ben Sira erreiche dies, indem er Weisheit und Tora identifiziere. Daraus ergibt sich nach Hengel dann, dass er „die ‚Weisheit' zur exklusiven Gabe Gottes an Israel" (253f) mache und ihr, die an sich ja relativ vielschichtig und auch missdeutbar ist, eine fest umrissene Größe inklusive ethischer Verpflichtung gebe (289). Ihren Weg vom Universalismus zum partikularen Glauben der Väter Israels zeige er durch seine Anlehnung an hellenistische Isis-Aretalogien in Sir 24 (284), und ihre Überlegenheit über die griechische Philosophie werde durch die Sukzession im Lob der Väter (Sir 44-50) dargestellt (249).

Daneben widme sich Ben Sira auch weiteren Themen, die aber alle diesem einen Ziel untergeordnet seien. Dazu gehörten die Behandlung der Theodizee-Frage, der Freiheit des Willens und des göttlichen Gerichts sowie die Betonung sozialen Verhaltens und Wirkens. Bemerkenswert sei ebenfalls, dass Ben Sira die Rolle des Weisen, der bei ihm ohnehin mehr ein Schriftgelehrter als ein Weiser im klassischen Sinne sei, verlasse und stellenweise prophetische Züge annehme (246ff). Er versuche, sich an die herrschenden Schichten zu wenden, für die der Glaube der Väter Israels die (Überzeugungs-) Kraft verloren habe.

Johannes Marböck ist der erste, der auf größere thematische Forschungsarbeiten zum Buch Ben Sira zurückgreifen kann. Nachdem sich Haspecker mit der Frömmigkeit Ben Siras beschäftigt hatte, untersucht Marböck in seiner Habilitationsschrift „Weisheit im Wandel" die Weisheitstheologie des Buches.[10]

Er erkennt dabei eine doppelte Bewegung, die er in Anlehnung an Kategorien der Christologie als Weisheit „von oben" und Weisheit „von unten" bezeichnet (127f). „Weisheit von oben" findet er in den Weisheitsgedichten Sir 1,1-10 und Sir 24. Sie zeigten, wie die Weisheit zum Menschen komme: als eine Gabe Gottes, in der er sich offenbare und

---

9   Hengel greift an anderer Stelle explizit Smend auf und zitiert ihn: Das Buch Ben Sira sei eine „Kriegserklärung des Judentums gegen des Hellenismus" (a.a.O., 252).
10 Marböck, Johannes, Weisheit im Wandel. Untersuchungen zur Weisheitstheologie bei Ben Sira, BZAW 272, Berlin/New York 1999 [Erstauflage in den Bonner Biblischen Beiträgen 1970], 3.

seine Gegenwart zeige (23). Hier grenzt sich Marböck deutlich von Haspecker ab, der vom pädagogischen Grundanliegen des Buches her die Gottesfurcht in der Bedeutung für Ben Sira höher einschätzt als die Weisheit selber. Marböck betont dagegen, dass Ben Sira zuerst (Sir 1,1-10 im Kontext von Sir 1-2) und damit konstitutiv von der Weisheit spreche, weil er so das Ziel aller weisheitlichen Bemühungen deutlich mache. Die Gottesfurcht sei demgegenüber das Mittel, aber nicht das letzte Ziel.[11] Das Gegenstück der Weisheit von oben sei die „Weisheit von unten". Hier gehe es um „die Bewegung des Menschen hin zur Weisheit" (96);[12] der Weisheitsschüler sei das Subjekt, und das nicht nur im grammatikalischen Sinn.[13] An diesem Punkt nähert sich Marböck Haspecker wieder an: „Gottesfurcht ist Bewegung von unten, die Weisheit das Ziel, das von oben kommt" (118).

Indem Ben Sira nun explizit betone, dass alle Weisheit allein vom Gott Israels komme, versuche er die neue hellenistische Geistesströmung in sein Denken aufzunehmen (31). Marböck versteht Ben Sira also nicht als Gegner des Hellenismus. Stattdessen nehme dieser hellenistische Kultur moderat auf (160; 170-173) und versuche, den überkommenen Glauben zeitgemäß auszudrücken (176; 94; 131). Diese maßvolle Haltung entspräche auch viel mehr der eines Weisen als der Eifer für oder gegen etwas (175); es zeige sich aber auch, dass Ben Sira zeitlich noch vor den heftigen Auseinandersetzungen geschrieben habe, die dann zur makkabäischen Erhebung führten.

Theophil Middendorp widmet sich in seiner 1973 veröffentlichten Arbeit[14] schwerpunktmäßig dem Verhältnis Ben Siras zu Judentum und Hellenismus. Dabei richtet er sich methodisch, weniger ideengeschichtlich aus, sondern sucht zu einzelnen Aussagen des Buches Analogien in der klassischen griechischen sowie hellenistischen Literatur einerseits und der alttestamentlichen andererseits. Ähnlich vergleichend und Einzelstellen aufzeigend beschäftigt er sich mit Ben Siras Verständnis der Obrigkeit und seiner Vorstellung des Verhältnisses von Israel und den Völkern. Zudem vergleicht er den auf Massada gefundenen Text mit den anderen Textzeugen und identifiziert Sir 51,1-12.12a-o.13-30 sowie

---

11   A.a.O., 23; vgl. auch a.a.O., 21f.; 132f.
12   Schwerpunkte seiner Analyse sind neben anderen Texten vor allem Sir 4,11-19; 6,18-37 und 14,20-15,10.
13   Vgl. a.a.O., 111 zu Sir 14,20.
14   Middendorp, Theophil, Die Stellung Jesu Ben Siras zwischen Judentum und Hellenismus, Leiden 1973.

36,1-17 als Einschübe, die das Buch später veränderten Bedingung anpassten (sozusagen als Überarbeitung für eine Neuauflage).

Middendorp zeichnet ein Bild von Ben Sira als einem Weisheitslehrer, der ein Schulbuch für die höhere Bildung verfasst habe (32), in dem er sehr wohl die hellenistische Lebenswelt aufnehme[15] und ihr nicht ablehnend gegenüberstehe, umgekehrt aber auch für Israel auf der theokratischen Herrschaftsstruktur mit der Tora als „Grundgesetz" beharre (164). Ben Sira sei griechisch gebildet, soll diese Bildung aber nicht durch Reisen gewonnen haben, wie Sir 39,4 nahe legen könnte, sondern im Land selber durch den Einfluss der vorhandenen griechischen Städte und ihrer Kultur (12; 170). Dabei nehme er hellenistische Themen immer dann auf, wenn er sie bereits in der klassischen Spruchweisheit behandelt beziehungsweise mit dieser im Einklang finde (25). Insgesamt sei das Buch Ben Sira nach Middendorp ein Versuch, in einem pädagogischen Werk „zwischen griechischer Bildung und alttestamentlich-jüdischer Überlieferung eine Brücke zu schlagen" (174).

Geradezu einen Gegenentwurf zu Middendorp hat *Hans Volker Kieweler* 1992 vorgelegt, in dem er sich mit derselben Frage wie Middendorp beschäftigt, doch zu einem völlig anderen Ergebnis kommt.[16] Auch Kieweler untersucht das Verhältnis Ben Siras zu zahlreichen Schriftstellern der griechischen Antike und schlägt dabei von Homer ausgehend einen großen Bogen durch die griechische Literatur- und Philosophiegeschichte. Zudem arbeitet er die geschichtlichen und sozialen Entwicklungen in Juda auf. Gegen die zuweilen atomisierende Sicht Middendorps auf das Buch Ben Sira setzt er jedoch den Blick auf die größeren Linien und Zusammenhänge in Geschichte und Gesellschaft jener Zeit.

Dem Ansatz der hier vorliegenden Arbeit am nächsten zu kommen, scheint vom Titel her die Dissertation von *Martin Löhr*, Bildung aus dem Glauben (1975)[17]. Doch wie schon der Untertitel zeigt („Beiträge

---

15 Middendorp kann sich auch vorstellen, dass Ben Sira seinen Schülern hellenistische Lebensweise sogar zugänglich machen wollte. A.a.O., 7f. Das bedeutet allerdings nicht, dass Ben Sira selber voll und ganz in der hellenistischen Gedankenwelt zu Hause war (a.a.O., 33).
16 Kieweler, Hans-Volker, Ben Sira zwischen Judentum und Hellenismus. Eine Auseinandersetzung mit Th. Middendorp, BEAT 30, Frankfurt/Main u.a. 1992.
17 Löhr, Martin, Bildung aus dem Glauben. Beiträge zum Verständnis der Lehrreden des Buches Jesus Sirach, Berlin 1975.

zum Verständnis der Lehrreden des Buches Jesus Sirach"), geht es dem Verfasser weniger um Bildung oder um den Bildungsbegriff, sondern um die Frage nach dem verbindenden Element von Lehrreden und Sentenzen im Buch Ben Sira (11). Dazu betrachtet er einzelne „Lehrgegenstände" (15): das Verhältnis von Weisheit und Gottesfurcht, das Schicksal des Menschen, die Schöpfung und den Weisen als Beruf. Er bietet damit eine Analyse zentraler Lehreinheiten des Buches.

Dem Thema Bildung am nächsten kommt das Kapitel, in dem sich Löhr mit dem Weisen beschäftigt (96-120). Er stellt den wahren Weisen (denn es sei sowohl zwischen wahrer und falscher Lehre als auch zwischen richtiger und falscher Anwendung der Weisheit zu unterscheiden [96f]) als „Volkserzieher" dar, an dessen Unterweisung das Geschick seiner Hörer hänge (98f). Er sei ein Gelehrter, der sich sowohl mit der Tora als auch mit dem weisheitlichen Überlieferungsgut auseinandersetze, aber sich auch durch eigene Erfahrungen (Reisen) gebildet habe (102f) und diese seine Erkenntnisse weitergebe.[18] Dabei betreffe Weisheit nicht nur den Intellekt, sondern den ganzen Menschen; weise zu sein, sei eine „Lebensform" (117). Verbunden mit der Lebenshaltung der Gottesfurcht (111f) sei der Weise für Ben Sira das „Non-plus-ultra menschlicher Möglichkeiten vor Gott und den Mitmenschen" (109).

Löhr versteht das Buch Ben Sira als einen Versuch, das ganze Volk zu dieser „Lebensform des Weisen" zu erziehen (123). Auf die Frage, wie diese Erziehung geschehen soll und mit welchem theoretischen Hintergrund, geht er jedoch nicht ein.

Auch *Helge Stadelmann* widmet sich in seiner Monographie „Ben Sira als Schriftgelehrter" (1980)[19] der Frage nach der Tätigkeit Ben Siras. Dabei geht er vor allem auf das Berufsbild ein, das das Buch zu erkennen gebe, und untersucht es im Hinblick auf die Quellen, aus denen es sich speise, und auf seine Vorstellung von den Aufgaben, die ein solcher Schriftgelehrter habe.

Zunächst stellt Stadelmann im Vergleich zur kanonischen Weisheitsliteratur die „Kultfreudigkeit" (44) Ben Siras fest, die seines Erachtens über eine bloße Pflichterfüllung hinausgehe und stattdessen die „letztendliche Manifestation" der Weisheit sei (47; 53). Das schlage sich auch in seinem Engagement für die Priester und für den Opferkult nieder: Typisch weisheitlich an Ben Siras Opferverständnis sei, dass die

---

18 Als besonders bedeutend arbeitet Löhr zudem das Gebet heraus (a.a.O., 104ff.).
19 Stadelmann, Helge, Ben Sira als Schriftgelehrter. Eine Untersuchung zum Berufsbild des vor-makkabäischen Sofer unter Berücksichtigung seines Verhältnisses zum Priester-, Propheten- und Weisheitslehrertum, Tübingen 1980.

„ethische Disposition des Opfernden ... über die Wirksamkeit entscheidet" (77) und er so zu einer „'ethisierend-vergeistigenden' Darstellung der Opfer kommt" (85).

Ein anderer Aspekt, der sich in Ben Siras Denken finde, sei der der Prophetie. Zwar verstehe sich Ben Sira selber nicht als Prophet, aber er nehme eine gottgegebene Inspiration für sich in Anspruch (249)[20], die ihn auch zur Weitergabe seines Wissens dränge (256f), das er aber im Unterschied zu den Propheten vor allem aus der „torabezogene[n] Forschungstätigkeit" (251) gewonnen habe. So rücke er sich „höchstens vergleichend in analoge Nähe zur Prophetie" (265), aber beziehe sich durchaus auf ihr Inspirationsverständnis (265).

Aus diesen beiden Quellen, dem Kult beziehungsweise dem Priestertum und der Nähe zum Inspirationsverständnis der Prophetie, speise sich Ben Siras Berufsbild. So identifiziert ihn Stadelmann als einen „priesterlichen Schriftgelehrten", der mit seinem Buch ein doppeltes Ziel verfolgt: zum einen wolle er die Privilegien, die er als Priester beziehungsweise priesterlicher Schriftgelehrter habe, verteidigen, zum anderen wolle er eine Art Volkserziehung bieten (296). Letzteres sei zugleich auch der Zweck des Berufs des priesterlichen Schriftgelehrten, dem Ben Sira mit seinem Werk nachzukommen versuche.

Damit rückt Stadelmann in die Nähe der der vorliegenden Arbeit zugrunde liegenden Fragestellung. Bedeutsam ist, dass er zwei Bildungsebenen unterscheidet: die „exklusive Bildungsebene des wohl mit dem Priesterstand verbundenen Schriftgelehrten" (294), also Ben Siras eigener, und dann die allgemeine Bildungsebene, die auf der „universalen Bildungsfähigkeit des Menschen" (298) beruhe. Stadelmann geht damit nur am Rande auf das Bildungsverständnis Ben Siras ein. Ob seine These richtig ist, wird in dieser Arbeit hinterfragt werden.

Die Untersuchung *Jack T. Sanders'* zu „Ben Sira and Demotic Wisdom"[21] (1983) gehört noch einmal in die Reihe der Studien, die versuchen, Ben Sira als Denker mit seinem Werk in die geistesgeschichtliche Landschaft einzuordnen.

Sanders' Ziel ist es, einen weiteren Traditionsbezug zu beleuchten, den er für Ben Sira erkennt: die demotische Weisheit aus ptolemäischer Zeit (1f). Dazu betrachtet er zunächst das alttestamentlich-jüdische Erbe, in dem Ben Sira stehe, und zeigt Gemeinsamkeiten und Unter-

---

20 Stadelmann spricht an dieser Stelle, in der er sich auf Sir 24 bezieht, von „gottgegebener Inspiration", ohne dies näher zu begründen.
21 Sanders, Jack T., Ben Sira and demotic Wisdom, SBL.MS 28, Chico/California (USA) 1983.

schiede zwischen der Spruchweisheit von Spr und Ben Sira auf. Ausdrücklich hält Sanders hier fest, dass Ben Sira in der „Judaic proverbial tradition" (11) stehe, auch wenn er wesentliche Neuerungen in die Weisheit aufnehme, wie zum Beispiel formal die Nennung seines Namens als Autor in der 3. Person und die thematische Zusammenstellung der Weisheitssentenzen sowie inhaltlich unter anderem die Identifikation von Weisheit und Tora – dabei ist hier unter Tora nicht mehr die konkrete Weisung des Weisen zu verstehen, sondern (wohl im Sinne des Deuteronomiums) das Buch der Tora –, die Einführung neuer Topoi wie das Lob der Weisheit in der Schöpfung und in der Geschichte (Lob der Väter) und der Rückbezug auf die Psalmen.

In einem zweiten Kapitel wendet sich Sanders dann der hellenistischen Literatur zu. Dabei setzt er sich kritisch mit Middendorp[22] und Conzelmann[23] auseinander. Die grundsätzliche Frage, die Sanders für den Umgang mit außerkanonischen Quellen aufwirft, ist, ob Parallelen bedeuten, dass Ben Sira ein solches Werk, zu dem sich Verbindungen ergeben, wirklich gelesen und als literarisches Werk gekannt habe, oder vielleicht nur aussagten, dass er einzelne Sprüche auch aufgrund ihrer populären Verbreitung gekannt haben könnte. Dasselbe zeigt er dann an stoischem Gedankengut auf, das sich im Buch befinde, das Ben Sira aber auch aus DtJes entnommen haben könne (50ff).

Im dritten Kapitel widmet sich Sanders seinem eigentlichen Thema und vergleicht Ben Sira mit ägyptischen Weisheitsschriften: der Lehre des Ptahhotep, der Lehre des Duauf, der Lehre des Amenemope, vor allem aber mit Papyrus Insinger[24] und Papyrus Louvre 2414[25]. Sanders hält zahlreiche Übereinstimmungen fest, sowohl sprachliche, zum Teil

---

22 Middendorp, Stellung Jesu Ben Siras (s.o. in diesem Kapitel).
23 Conzelmann, Hans, Die Mutter der Weisheit, in: Dinkler, E. (Hg.), Zeit und Geschichte, FS Rudolf Bultmann, Tübingen 1964, 225-234, bestimmt Sir 24,3-6 als fast ausschließlich hellenistisch.
24 Der Papyrus Insinger liegt heute im Reichsmuseum in Leiden und ist nach seinem Käufer benannt. Die auf ihm erhaltene Weisheitslehre wurde um 300 v.Chr. in demotischer Schrift verfasst. Inhaltlich werden die Wahlfreiheit des Menschen und die Freiheit Gottes gegenübergestellt, auch der Tun-Ergehens-Zusammenhang spielt eine zentrale Rolle. Der Name des Verfassers ist unbekannt, weil die entsprechenden Textteile (noch) nicht gefunden wurden. (Brunner, Weisheitsbücher, 295-302.)
25 Auf dem Papyrus Louvre 2414 stehen eine Weisheitslehre, eine griechischsprachige Liste von Dingen und ein demotischer Entwurf einer Klageschrift. Bei der Weisheitslehre handelt es sich wahrscheinlich entweder um ein Exzerpt eines größeren Werkes oder um einen Entwurf für ein größeres Werk. In vielen Punkten entspricht sie anderen Weisheitslehren, teilweise sogar bis in den Wortlaut hinein. Der Name des Verfassers wird mit Pa-wer-djel angegeben. Entstanden ist der Papyrus wohl um 160 v.Chr. (Brunner, Weisheitsbücher, 292.)

sogar wörtliche, als auch thematische und inhaltliche, und kommt so sogar zu der Annahme, dass Ben Sira den Papyrus Insinger gelesen haben könnte: „The answer, of course, lies in the realization that there are far too many similarities here ... to admit of explanation on the basis of sage observation alone. We are dealing with borrowing. Were it not for the fairly certain dating of Papyrus Insinger before the time of Ben Sira, one would have to assume that the borrowing was in the other direction" (100). Hier lässt er allerdings leider den Abstand, den er noch zur These hellenistischer Anleihen im Buch hatte, vermissen. Darüber kann dann auch nicht sein Fazit hinwegtäuschen, in dem er zwar zugesteht, dass es keinen Beweis dafür gebe, aber ebenso festhält, dass dem nichts entgegenstünde (100).

Abschließend hält Sanders zum Buch Ben Sira und seinem Verhältnis von Rezeption und Originalität fest: „The originality that one may attribute to Ben Sira lies more in his choice and manner of appropriation of accumulated wisdom than in novel thoughts." (105) Dabei gelte aber: „Ben Sira relied on his Judaic tradition – both on the wisdom tradition and on the (Deuteronomic) tradition of Torah; but he also used and Judaized Hellenistic sources, and he used and Judaized Egyptian sources to an even greater extent." (105f)

Sanders Verdienst ist es, das Augenmerk auch auf den ägyptischen Einfluss im Buch Ben Sira gerichtet und damit einer Blickverengung auf den Hellenismus rein griechischer Art gewehrt zu haben.

Eckhard Schnabel gibt in seiner Monographie „Law and Wisdom from Ben Sira to Paul"[26] (1985) einen Überblick über das Verhältnis von Weisheit und Tora in der frühjüdischen Zeit. Hier soll auf sein Kapitel zu Ben Sira eingegangen werden.

Schnabel untersucht zunächst Ben Siras Weisheits- und sein Tora-Verständnis getrennt voneinander und führt dann beides zusammen. Die Weisheit trägt seines Erachtens einen doppelten Charakter, indem sie sowohl eine kosmologische als auch eine heilsgeschichtliche Größe sei: Sie sei auf der einen Seite zwar universal, auf der anderen Seite aber als Weisheit des Gottes Israels mit diesem Volk besonders verbunden, dem Gott sie als Gabe gegeben habe (28). Ähnlich verhalte es sich mit der Tora. Sie sei einerseits zweifelsfrei die Tora des Mose, andererseits habe sie den Charakter eines umfassenden kosmischen Gesetzes. Dabei sei sie zugleich Norm für ein gottgefälliges Leben und Grundlage für die Lehre (62f).

---

26 Schnabel, Eckhard J., Law and Wisdom from Ben Sira to Paul, Tübingen 1985.

Die Identifikation von Tora und Weisheit habe bei Ben Sira vier Dimensionen: (1) eine partikulare, nach der die universale Tora und die universale Weisheit Eigentum des Volkes Israel seien, (2) eine theologische, nach der Weisheit und Tora gleichermaßen als Ziel ihrer Intention die Gottesfurcht hätten, (3) eine ethische, nach der es in beiden um die praktische und persönliche Frömmigkeit gehe, die in der Tora beschrieben und in der Weisheit konkretisiert sei, und (4) eine didaktische, die sich in der Person des Schriftgelehrten und des Weisen konkretisiere, der Tora und Weisheit lehre und seine Studenten dazu anhalte, sich nach beiden auszurichten (89).

Als Konsequenzen dieser Identifikation von Tora und Weisheit nennt Schnabel auf der einen Seite die Beschränkung der universalen Tendenz der Weisheit bei gleichzeitigem Ausschluss profaner Weisheit und auf der anderen Seite eine Universalisierung der Tora als umfassende Ordnung des Verhältnisses von Gott, Schöpfung und Mensch, sodass beide sowohl eine kosmologische Bedeutung als auch einen heilsgeschichtlichen Aspekt erhielten (90). Zusammengehalten würden sie durch den formalen Aspekt, dass beide von Gott geoffenbart worden seien, und den materialen, dass beide auf eine gottgefällige Frömmigkeit zielten.

Bemerkenswert an Schnabels Ansatz für die vorliegende Arbeit ist, dass er, wenn auch nur knapp, neben den theologischen Strukturen auch einen Blick auf deren Konkretisierung wirft und dabei den Schriftgelehrten als das verbindende Glied von Tora und Weisheit charakterisiert, indem er in ihm den Chasid, den Weisen und den Schreiber zugleich erkennt, der seine Schüler sowohl Weisheit als auch Tora lehre (90).

Im Jahr 1987 erschien der Kommentar von *Patrick W. Skehan* und *Alexander A. Di Lella* zum Buch Ben Sira in der „Anchor Bible"-Reihe.[27] Durch den frühen Tod Skehans, der die Übersetzung mit den textkritischen Anmerkungen erarbeitet hatte, ist der Kommentar selber vor allem das Werk Di Lellas.

In seiner Einleitung zum Buch geht Di Lella den klassischen Einleitungsfragen nach. Er beschreibt einen bibelkundlich-thematischen Aufriss des Buches, geht auf die komplizierte Textüberlieferung und den komplexen Textbefund ein, beschreibt die verschiedenen literarischen Gattungen und die poetischen Stilmittel des Buches, widmet sich der

---

27 Skehan, Patrick William/Di Lella, Alexander Anthony, The Wisdom of Ben Sira, AncB 39, New York 1987.

Person Ben Siras und seiner Zeit, stellt sich der Frage nach der Kanonizität des Buches[28] und stellt die Traditionsbezogenheit Ben Siras im Blick auf das alttestamentliche und insbesondere das weisheitliche Schrifttum ebenso dar wie seine Offenheit für nicht-jüdische Literatur. Schließlich fasst er wesentliche Lehrinhalte des Buches zusammen.

Bei all diesem skizziert Di Lella Ben Sira als einen professionellen Schreiber, was seines Erachtens zur damaligen Zeit gleichbedeutend mit einem Weisen sei (10), der eine Schule oder Akademie betrieben habe, in der er junge Männer unterrichtete (12), und der kurz vor seinem Tod, also ca. 180, sein Buch publiziert habe (16). Als Weiser und Schriftgelehrter reflektiere Ben Sira unter einem deuteronomischen Blickwinkel die heiligen Schriften Israels (75), wozu für ihn auch bereits die Weisheitsschriften des AT zählten (44f), nehme aber auch Gedanken aus der nicht-jüdischen Literatur auf, sofern sie in seine theologischen und weisheitlichen Vorstellungen passten (46; 49). Sein Ziel sei, „to convince Jews and even well-disposed Gentiles that true wisdom is to be found primarily in Jerusalem and not in Athens, more in the inspired books of Israel than in the clever writings of Hellenistic humanism" (16). Auf den theoretischen Hintergrund dieses Bildungsziels geht Di Lella mit Ausnahme des Hinweises auf die konkrete Lehrtätigkeit Ben Siras jedoch nicht ein.

Mit der Monographie *Reinhold Bohlens* (1991) beginnt in der Forschungsgeschichte eine Phase der Hinwendung zu sozialen Themen im Buch Ben Sira. Bohlen widmet sich der Frage der Elternehrung.[29] Ausgehend von einer Analyse von Sir 3,1-16 und Vergleichen mit der hellenistischen Umwelt unter Berücksichtigung von Sir 7,27f kommt der Autor zu dem Ergebnis, dass Ben Sira als jüdischer Schriftgelehrter „die humane Ethik der zeitgenössischen hellenistischen Moderne im Falle der eingeforderten Elternehrung als ureigenes Ethos auf[weist] und ... es durch die ausschließlich theonome Herleitung der Verfügbarkeit des Menschen" (307) entziehe. Hinzu komme, dass es für Ben Sira gerade „durch die betonte Rückführung auf Gott als dem Heidnischen überlegen gilt" (317). Dennoch, so zeigt Bohlen auf, könne man damit Ben Sira nicht pauschal als konservativen Verteidiger gegen den Hellenismus bezeichnen, dazu beziehe er zu viele hellenistische Elemente in

---

28 Dabei steht mehr oder weniger versteckt die Erörterung des evangelisch – römisch-katholischen Dissenses in dieser Frage im Hintergrund.
29 Bohlen, Reinhold, Die Ehrung der Eltern bei Ben Sira. Studien zur Motivation und Interpretation eines familienethischen Grundwertes in frühhellenistischer Zeit, Trier 1991.

seine Argumentation ein (321). Es gehe Ben Sira im Blick auf das Gebot der Elternehrung nach Bohlen weniger um eine grundsätzliche Auseinandersetzung mit dem Hellenismus, sondern ganz konkret um eine ptolemäisch-ägyptische Rechtsvorstellung, nach der die alternden Eltern zwar Versorgungsansprüche gegenüber ihren Töchtern, nicht aber gegenüber ihren Söhnen hätten. Gegen diese wende sich Ben Sira, indem er gerade die jungen Männer, die ihm als Schüler gegenübersäßen, in die Pflicht nehme (339f).

Auf den Aspekt der Erziehung und Bildung wirft Bohlen aufgrund seiner Fragestellung nur einen kurzen Blick. Er stellt aber deutlich heraus, dass Ben Sira sich nicht einfach mit der Wiederholung des göttlichen Gebots begnüge, sondern „erzieherische Überzeugungsarbeit" (317) leiste, indem er seine Schüler motiviere. Er tue dies einerseits „in Form von Verheißungen und theologischen Qualifizierungen" (317), mit denen er klassisch weisheitlich auf die Tatfolgen aufmerksam mache, und andererseits durch die Übernahme von zeitgenössisch modernen Motiven aus der hellenistischen Gedankenwelt.

Im Jahr 1995 erschien zum 60. Geburtstag von *Johannes Marböck* unter dem Titel „Gottes Weisheit unter uns" eine Sammlung von Aufsätzen, die er vor allem zum Buch Ben Sira geschrieben hat.[30] In ihnen widmet er sich nach einem Einleitungskapitel zur theologischen Relevanz der nachexilischen Weisheitsliteratur im Allgemeinen in einem umfassenden Fragenkreis den Themen Tora und Weisheit, dem Blick Ben Siras auf die Geschichte Israels und schließlich seiner Frömmigkeit. An dieser Stelle wird aufgrund der Fragestellung dieser Arbeit vor allem auf Marböcks Darstellung des Weisen bei Ben Sira eingegangen.

Marböck zeichnet Ben Sira in einem doppelten Gesprächszusammenhang. Zum einen stehe er voll in der Tradition Israels und versuche, aus ihr heraus Antworten auf die Fragen zu geben, die sich vor allem im Buch Koheleth kristallisierten (10f), zum anderen nehme er Elemente der hellenistischen Umwelt auf und integriere sie in sein Denken, um so auf „moderne" Weise die eigene Identität zu stärken (19).

Ausgehend von der Gegenüberstellung der Berufe in Sir 38,24-39,11 sieht Marböck den Weisen bei Ben Sira doppelt charakterisiert: zum einen als ‚Sofer', d.h. als Gesetzesgelehrten, zum anderen als jemanden, der Muße hat (eine positive Charakterisierung der Muße, die singulär

---

[30] Marböck, Johannes, Gottes Weisheit unter uns. Zur Theologie des Buches Sirach, hg.v. Irmtraud Fischer, Freiburg i.Br. 1995.

in der biblischen und rabbinischen Literatur ist).[31] Der Sofer setze sich nicht nur intellektuell mit der Tradition auseinander, sondern gebe sich mit einem „engagement total" (33) hin, das Ben Sira mit dem Begriff der Gottesfurcht benenne (34). Der Hauptakzent des Weisen liegt dabei nach Marböck zum einen auf dem Studium und nicht so sehr auf der Verkündigung der Tora, die eher im priesterlichen Bereich anzusiedeln sei (35), und zum anderen im Lobe Gottes als der „höchste[n] Form weisheitlicher Bewältigung der Geheimnisse der Schöpfung" (175). Umgekehrt sei der Weise nicht nur durch seine Hingabe und Hinwendung zu Gott bestimmt, sondern auch umgekehrt durch die Hinwendung Gottes zu ihm (39). Hier sieht Marböck ein inspiratives (kein prophetisches) Element im Werk Ben Siras, das er zur Prophetie abgegrenzt wissen möchte, allerdings ohne dies näher zu begründen (42). All dem entspricht nach Marböck Ben Sira selber, sodass „in der Gestalt Ben Siras selber eine [...] beispielhafte ausgewogene personale Integration erreicht" sei (48).

Für die Fragestellung dieser Arbeit ist neben den fruchtbaren Exegesen besonders Marböcks Hinweis auf den doppelten Beziehungsweg zwischen dem Weisen und Gott sowie umgekehrt zwischen Gott und dem Weisen hervorzuheben, durch die der Weise nur in dieser Beidseitigkeit bestimmt ist.

Oda Wischmeyer stellt in ihrer Habilitationsschrift 1995 die Kultur zur Zeit Ben Siras dar, wie sie seinem Buch zu entnehmen sei.[32] Dabei widmet sie sich den verschiedenen Facetten der gesellschaftlichen Strukturen, wie Familie, Beruf, Politik und Recht, aber vor allem dem, was man im Allgemeinen unter Kultur versteht, nämlich Bräuchen, Kunst und Musik, Literatur, Bildung und Religion. Dieses sehr umfassende Themenfeld wird hier in der Darstellung eingegrenzt auf die Frage nach Erziehung und Bildung.

In einem ersten Ansatz beschreibt Wischmeyer das Bildungswesen zur Zeit Ben Siras dahingehend, dass Bildung und Erziehung nach wie vor in den Händen der Familien gelegen habe, sodass es auch im Buch Ben Sira zunächst einmal der Vater sei, der seinen Sohn erziehe (175). Auch der Beth Midrasch in Sir 51,23 ist ihres Erachtens keine öffentliche Schule, sondern allenfalls eine private Weisheitsschule (29-32). Schulen, wie z.B. das griechische Gymnasium, habe es zur Zeit Ben Siras in Jerusalem noch nicht gegeben. Die Lehrer seien ältere Männer,

---

31 A.a.O., 29-32.
32 Wischmeyer, Oda, Die Kultur des Buches Jesus Sirach, BZNW 77, Berlin 1995.

die ihre Bildung dazu befähige, Wissen weiterzugeben; die Schüler suchten sie zu Hause auf und nähmen bei ihnen Unterricht (177).

Das gilt nach Wischmeyer auch für Ben Sira, der seine Schüler ihres Erachtens sogar unentgeltlich unterrichtete.[33] Damit setzt sich Wischmeyer gegen Hengel ab, der Ben Sira als Volkserzieher verstand (179); sie kann dies allenfalls in einem indirekten Sinne erkennen, nämlich darin, dass Ben Sira durchaus die Erziehung des Volkes in den Händen der Weisen sehen wolle (184).

In einem zweiten Teil beschreibt Wischmeyer die Lehrmethodik: Die Schüler lernten durch den mündlichen Lehrvortrag ihres Lehrers und durch Gespräche mit Weisen. Zwar studiere der Lehrer die Schriften und schreibe offenbar auch eigene, aber der Unterricht geschehe mündlich (185f). Als Ziel der Erziehung beschreibt Wischmeyer die eigene Begegnung der Schüler mit der Weisheit und ihre eigene Produktivität (186), also nicht einfach Wissen, sondern theologische Qualifizierung durch Verstehen (189).

Ralph Hildesheim widmet sich in seiner Dissertation wieder einem Einzelthema des Buches Ben Sira: dem Prophetenverständnis, wie es sich aus dem Väterlob erheben lässt (1996).[34] Die Propheten hätten nach Ben Sira die Aufgabe für den Gott Israels und für seine Weisung und deren Bewahrung in Israel einzutreten (257). Das dokumentierten sie durch den „Erweis machtvoller Taten" (257) – sie deshalb als reine Wundermänner darzustellen, greife entschieden zu kurz, denn ihre Wunder seien Zeugnisse des wirkmächtigen Handelns Gottes (259). Zudem handele es sich stilistisch um eine Konzentration aufgrund der Kürze der Darstellung (258). Dabei seien die Propheten so sehr mit ihrer Aufgabe verbunden, dass ihre Ablehnung durch Israel gleichbedeutend sei mit der Ablehnung Gottes und seiner Weisung (258).

Hildesheim stellt heraus, dass auch Ben Sira in seinem eigenen Werk prophetische Kategorien heranzieht und teilweise auch ein prophetisches Selbstverständnis erkennbar sei, macht aber deutlich, dass Ben Sira an keiner Stelle Prophetie für sich reklamiere (259). Denn für Ben Sira sei die Zeit der Prophetie zu Beginn der Epoche des Zweiten Tempels abgeschlossen. Die Funktion der Propheten, für den Gott Israels und die Wahrung seiner Weisung einzutreten, hätten nun die Priester und die Schriftgelehrten übernommen (259).

---

33 Unter Berufung auf Sir 51,25; a.a.O., 181.
34 Hildesheim, Ralph, Bis daß ein Prophet aufstand wie Feuer. Untersuchungen zum Prophetenverständnis des Ben Sira in Sir 48,1-49,16, Trier 1996.

Zum 50. Geburtstag von *Friedrich Vinzenz Reiterer* gaben Renate Egger-Wenzel und Ingrid Krammer 1998 eine *Festschrift* für ihn heraus, in der sich verschiedene Autorinnen und Autoren, dem Lebenswerk Reiterers entsprechend, mit dem Buch Ben Sira unter dem Aspekt „der Einzelne und seine Gemeinschaft" beschäftigt haben.[35] Aus den zahlreichen Beiträgen sollen hier nur einige zur Sprache kommen, die für die Themenstellung der vorliegenden Arbeit Bedeutung haben.

Otto Kaiser beschäftigt sich mit der Anthropologie des Buches Ben Sira und vergleicht sie mit der des Alten Testaments. Als spezifisches Interesse Ben Siras arbeitet er die „noetischen und ethischen Fähigkeiten des Menschen" (11) heraus, d.h. „die Fähigkeit zum Hören und Sehen wie zum Denken und Reden und mithin [die] Urteilsfähigkeit" (11). Der Mensch besitze also die Fähigkeit, zwischen Gut und Böse zu wählen[36] und Gott in angemessener Weise zu begegnen (12). Dazu habe Gott ihm durch die Tora das nötige Wissen gegeben (12).

Núria Calduch-Benages widmet sich in ihrem Beitrag dem Verhältnis Ben Siras zu Autoritäten. Sie zeigt den Spannungsreichtum auf, der zu dieser Fragestellung im Buch herrscht: von der Distanzierung, um Konflikte zu vermeiden, bis zur Betonung des positiven Wertes von Autoritäten. Für die vorliegende Fragestellung ist vor allem ihr Ausgangspunkt bedeutsam. Sie zeichnet Ben Sira als einen Weisheitslehrer mit eigener Schule, in der er die zukünftige gesellschaftliche Elite des Landes heranbilde. Dazu gehöre nicht nur, dass seine Schüler wohlhabenderen Familien entstammten, die sich eine solche Ausbildung leisten könnten, sondern auch, dass sie selber in nicht allzu ferner Zukunft verantwortungsvolle Tätigkeiten in den verschiedenen Bereichen der Gesellschaft übernähmen.[37]

Mit derselben Frage beschäftigt sich Antonino Minissale. Er zeigt die Überzeugung Ben Siras auf, dass „der schriftgelehrte Weise das Recht und die Pflicht hat, eine würdige Karriere in der Gesellschaft zu machen, die es ihm ermöglicht, einen unersetzbaren Dienst für deren

---

35 Egger-Wenzel, Renate/Krammer, Ingrid (Hg.), Der Einzelne und seine Gemeinschaft bei Ben Sira, BZAW 270, Berlin 1998.
36 Als Grundlage sieht Kaiser hier die „deuteronomistische Entscheidungsethik" (a.a.O., 12).
37 Calduch-Benages, Núria, Fear for the Powerful or Respect for the Authority?, in: Egger-Wenzel, Renate/Krammer, Ingrid (Hgg.), Der Einzelne und seine Gemeinschaft bei Ben Sira, BZAW 270, Berlin 1998, 89.

gutes Funktionieren zu leisten, und die ihm gleichzeitig den Vorteil eines verdienten Wohlstandes zusichert."[38]

Lutz Schrader bearbeitet die drei Perikopen, in denen sich Ben Sira explizit zu bestimmten Berufen beziehungsweise Berufsgruppen äußert (Sir 38,24-39,11; 26,29-27,7; 38,1-15). Er versteht Ben Siras Betonung der Muße für einen Weisen als Versuch, der griechischen Philosophie eine intellektuell ebenbürtige jüdische Weisheit entgegenzusetzen, die auch mit denselben Voraussetzungen arbeite, d.h. eigenes Durchdringen und eigene schriftstellerische Tätigkeit.[39]

Michael Reitemeyer widmet sich in seiner Dissertation unter dem Stichwort „Weisheitslehre als Gotteslob" (2000) der Psalmentheologie Ben Siras.[40] Ausgehend von der Beobachtung, dass das ganze Buch Ben Sira von Gebetselementen und Gebeten durchzogen ist, und einer dieser Beobachtung folgenden umfangreichen Analyse der Perikopen Sir 14,20-15,10 und 38,34-39,35 versteht er das Buch Ben Sira als eine Weisheitslehre in der Gestalt des Gotteslobes. Der Weise, der durch sein Studium, vor allem das Tora-Studium, eine Begegnung mit der Weisheit und damit mit Gott gehabt habe, sei von da an nicht mehr nur „reproduktiv-rezeptiv" tätig, sondern werde selber „produktiv", indem er einstimme in das Lob Gottes. Beispiele für solches Lob Gottes von inspirierten Weisheitslehrern sieht Reitemeyer in Weisheitspsalmen des Psalters aber auch in den Psalmen im Buch Ben Sira selber. In beiden Fällen vereinten sich auf kongeniale Weise Gotteslob und Lehre (343).

Ben Sira selber siedelt Reitemeyer im sozialen und lehrhaften Kontext der Endredaktoren des Psalters an. Hinweise geben ihm dazu die Nähe Ben Siras zu Ps 1 und zu den großen Lobpreisen Ps 146-150, also zu den Psalmen, die ihre Stellung im Psalter erst durch dessen Endredaktion erhalten haben (8). Mit seinem Konzept von Weisheitslehre als Gotteslob richte sich Ben Sira nach Reitemeyer gegen die hellenistische Bildungskonkurrenz und konzentriere seine Schüler auf die wesentlichen Inhalte der eigenen jüdischen Überlieferung, insbesondere auf den Psalter als der „Tora" der Armen. Der Weisheitslehrer, der Psalmen

---

38 Minissale, Antonino, Ben Siras Selbstverständnis in Bezug auf Autoritäten der Gesellschaft, in: Egger-Wenzel, Renate/Krammer, Ingrid (Hgg.), Der Einzelne und seine Gemeinschaft bei Ben Sira, BZAW 270, Berlin 1998, 115.
39 Schrader, Lutz, Beruf, Arbeit und Muße als Sinnerfüllung bei Jesus Sirach, in: Egger-Wenzel, Renate / Krammer, Ingrid (Hgg.), Der Einzelne und seine Gemeinschaft bei Ben Sira, BZAW 270, Berlin 1998, 129; 144f.
40 Reitemeyer, Michael, Weisheitslehre als Gotteslob. Psalmentheologie im Buch Jesus Sirach, BBB 127, Berlin/Wien 2000.

zu Lehre und Lob verfasse, trage dabei selber Züge eines Offenbarungsträgers.[41]

Ursel Wicke-Reuter beschäftigt sich in ihrer Dissertation wiederum mit dem Verhältnis des Buches Ben Sira zu einer nichtjüdischen Geistesströmung: der Stoa (2000).[42] Veranlassung dazu biete die zeitliche Nähe zwischen der frühen Stoa aus dem 3. Jh. und der Entstehung des Buches Ben Sira zwischen 190 und 180, die noch einmal größer erscheine, wenn man das Buch als Alterswerk des Weisheitslehrers versteht. Im Unterschied zu Middendorp, der sich ja auch schon einer ähnlichen Fragestellung gewidmet hatte[43], macht Wicke-Reuter keinen Vergleich von Einzelzitaten, sondern einen „Systemvergleich" (276), in dem sie ganze Vorstellungszusammenhänge einander gegenüberstellt.[44]

So arbeitet Wicke-Reuter heraus, dass sich Ben Sira in Grundgedanken von der Stoa habe beeinflussen lassen, ohne dabei das Eigene aufzugeben. Sein Buch sei stattdessen sogar der Versuch, angesichts der Begegnung mit dem Hellenismus das Erbe der Väter neu zu gewinnen und für die nachfolgenden Generationen zu bewahren (276). Als zentralen Punkt einer solchen Begegnung zeigt die Autorin den Gedanken auf, dass die Welt zweckmäßig geordnet sei. Ben Sira hebe diese Vorstellung durch die Begegnung mit der Stoa von der israelitischen auf eine universale Ebene (277). Dem Einwand, der durch die Theodizeefrage gestellt sei, begegne er im Unterschied zur Stoa, die im Bösen einen Teil der Harmonie sehe, mit einer Zeitenlehre, nach der Gott zu seiner Zeit alles gut gemacht habe (280f). Mit der Frage nach der Ordnung der Welt verbunden verstehe Ben Sira die Tora, ähnlich wie die Stoa ihren Nomos, auch in einem universalistischen Sinne, halte aber eindeutig im Unterschied zur Stoa an der Offenbarung der Tora fest (282). Als grundsätzlichen Unterschied zwischen Stoa und dem Buch Ben Sira hält Wicke-Reuter jedoch den Charakter des Buches fest: Es sei nämlich kein „philosophisch-theoretischer Traktat", sondern „eine praktische Lehre, die seinen Lesern den Weg zu einem frommen und gelungenen Leben zu weisen sucht" (284f). „Die gedankliche Ausein-

---

41 A.a.O., 325; 341; 344.
42 Wicke-Reuter, Ursel, Göttliche Providenz und menschliche Verantwortung bei Ben Sira und in der Frühen Stoa, BZAW 298, Berlin/New York 2000.
43 Middendorp, Stellung Jesu Ben Siras (s.o. in diesem Kapitel).
44 A.a.O., 7. Der Vergleich von Einzelzitaten ist ihres Erachtens zudem grundsätzlich methodisch fragwürdig, weil sich zum einen eine direkte literarische Beeinflussung kaum nachweisen lässt und zum anderen die stoischen Zitate nur fragmentarisch vorliegen, sodass sich kaum ein ganzes Bild ergibt (a.a.O., 275).

andersetzung mit den Stoikern hat ihm ... dazu verholfen, seinen von der Tradition bestimmten Standpunkt in größerer Klarheit zu formulieren und damit zugleich zu seiner Festigung beizutragen" (285).

Im selben Jahr erschien die umfangreiche Studie von *Jan Liesen* zu Sir 39,12-35.[45] Unter dem Titel „Full of Praise" legt er eine detaillierte Analyse dieses Textes Ben Siras zur in Weisheit geordneten Welt vor. Nach zwei einführenden Kapiteln über Einleitungsfragen und den unmittelbaren Kontext der besprochenen Perikope (die Passage über die handwerklichen Berufe und den Weisen in Sir 38,24-39,11) untersucht er den Rahmen des Textes (Sir 39,12-15.32-35) auf die handelnden beziehungsweise zum Handeln aufgeforderten Personen hin. In einem weiteren Kapitel widmet er sich den inhaltlichen Aussagen in Sir 39,16-31 selber. Zwischen diesen beiden Untersuchungen ist ein Kapitel über das Konzept der Fülle („Fullness") im Buch Ben Sira eingestellt, da Liesen dies als die zentrale Kategorie in Ben Siras Konzept des Weisheitserwerbs annimmt (187).

Als bislang letzter vollständiger Kommentar zum Buch Ben Sira erschien 2000 in der Reihe ‚Altes Testament Deutsch. Apokryphen' derjenige von *Georg Sauer*.[46] In einer dem Umfang eines ATD-Kommentars entsprechenden knappen Einleitung in das Buch beschreibt er nach den klassischen Fragen der Kanonizität, des Textbefundes und der Text- und der literarischen Formen die Bedeutung des Buches.[47]

Sauer zeichnet Ben Sira als einen Weisen, der die „ihm bekannten Traditionen seiner Väter" sammelte, um sie „der Nachwelt zu erhalten" (29). Dabei sei das Buch jedoch bei weitem nicht nur Bewahrung der Tradition, sondern ein großer „Gegenzug wider die überhand nehmende griechisch-hellenistische Bildung, der gegenüber die alten Werte jüdischer Tradition behauptet werden sollten." (30) So betone Ben Sira die Gnadengabe der Offenbarung Gottes an sein Volk und komme zu seiner „Ineinssetzung von Weisheit, Tempel und schließlich auch Tempelkult und Priestertum sadokidischer Herkunft" (31). Damit habe das Buch zwei Stoßrichtungen: zum einen eine antihellenistische, zum anderen eine antichassidische, denn über deren Versammlungsort, die Synagoge, schweige er sich aus (32). Eine weitere Leistung Ben Siras bestehe darin, dass er erstmals im weisheitlichen Denken die Katego-

---

45   Liesen, Jan, Full of Praise. An exegetical Study of Sir 39,12-35, Leiden 2000.
46   Sauer, Georg, Jesus Sirach/Ben Sira, ATD.A 1, Göttingen 2000.
47   Hier wird vor allem auf die Einleitung eingegangen. Die Kommentierung zum Buch selber wird dann in die weitere Arbeit einfließen.

rien Tora, Schöpfung und Geschichte zusammenbringe und damit die verschiedenen Traditionen alttestamentlichen Denkens vereine (32).

Bereits im Jahr 1995 fand in Salzburg ein Symposium zum Buch Ben Sira statt, das weitreichende Folgen hatte. Denn aus diesem Symposium, das sich damals mit dem Thema *Freundschaft* bei Ben Sira und den entsprechenden Perikopen des Buches beschäftigte und zu dem 1996 ein Sammelband zur Dokumentation der verschiedenen Beiträge erschienen ist[48], ging dann eine Forschungsarbeit hervor, die sich 2002 in der International Society of Deuterocanonical and Cognate Literature (ISDCL) institutionalisierte. Im Zuge dessen erschienen auch weitere Dokumentationsbände von Kongressen zum Buch Ben Sira, namentlich *„The Book of Ben Sira in Modern Research"* 1996[49] und „Ben Sira's God" 2001[50]. Dabei widmet sich der Band „The Book of Ben Sira in Modern Research" vor allem der Entdeckung der hebräischen Texte und der Textstruktur[51], in einem weiteren Teil aber auch theologischen Fragen wie der Gottesfurcht (Di Lella), dem Gerichtsmotiv (Calduch-Benages), der Weisheit des Armen (Gilbert), Ehre und Schande (Camp) und dem Einsatz Ben Siras für das Jerusalemer Priestertum (Wright).

Der Band *„Ben Sira's God"* gibt dem gegenüber einen theologischen Überblick über die verschiedenen Facetten des Gottesverständnisses Ben Siras. So streicht Di Lella die Beziehungen Ben Siras zur alttestamentlichen Tradition heraus und zeichnet Gott als den Geber der Weisheit, nach der die Schüler streben sollten, um ein von Gott gesegnetes Leben zu führen. Wischmeyer geht aus von der Aporie, die Ben Sira zwischen dem ewigen Gott und dem sterblichen Menschen aufzeige, und arbeitet die „Selbsterziehung"[52] des Menschen in der Weisheit als die Möglichkeit heraus, „eine gewisse Nähe zu Gott" (19) erreichen zu können. In weiteren Beiträgen geht es um zahlreiche Einzelthemen wie z.B. Gott als den Schöpfer des Alls (Calduch-Benages), den Gottesnamen (Hoyward), Sünde und Gnade (Gilbert; Beentjes) und das Opfer-

---

48 Reiterer, Friedrich Vinzenz (Hg.), Freundschaft bei Ben Sira. Beiträge des Symposions zu Ben Sira, Salzburg, 1995, BZAW 244, Berlin/New York 1996.
49 Beentjes, Pancratius (Hg.), The Book of Ben Sira in Modern Research. Proceedings of the First International Ben Sira Conference, 28.-31. July 1996, Soesterberg, Netherlands, BZAW 255, Berlin 1997.
50 Egger-Wenzel, Renate (Hg.), Ben Sira's God. Proceedings of the International Ben Sira Conference, Durham, Ushaw College 2001, Berlin/New York 2002.
51 So die Beiträge von S. C. Reif, F. V. Reiterer, J. Marböck, C. Martone und P. C. Beentjes.
52 Wischmeyer, Oda, Theologie und Anthropologie im Sirachbuch, in: Egger-Wenzel, Ben Sira's God, 18.

verständnis Ben Siras (Reiterer). Schließlich wird auch die Linie von Ben Sira in das rabbinische Judentum und ins Neue Testament ausgezogen (Corley; Kaiser; Levene).

Ebenfalls im Jahr 2002 erschien der erste Teilband des auf zwei Bände geplanten Kommentars von *Josef Schreiner* in der Neuen Echter Bibel. Aufgrund des Todes von Josef Schreiner noch im Erscheinungsjahr ist der zweite Teilband in nächster Zeit nicht zu erwarten, sodass Sauers Kommentar von 2000 in ATD.A in der Tat das aktuellste vollständige Kommentarwerk zu Ben Sira darstellt.

Dem Konzept der NEB folgend ist die Auslegung allgemeinverständlich und ohne Fachdiskussion, sodass leider gelegentlich Fragen offen bleiben und kaum argumentiert wird. Die besondere Stärke des Kommentars, die trotz seiner Kürze sein bereicherndes Profil ausmacht, liegt vor allem in den herangezogenen Bibelstellen, die ein gutes Licht auf die von Ben Sira – möglicherweise – aufgegriffenen Traditionen werfen, hatte dieser doch bereits den späteren biblischen Kanon in seinen wesentlichen Grundzügen vor Augen.

Fast ohne Bearbeitung des Buches Ben Sira erschien 2005 der von Beate Ego und Helmut Merkel herausgegebene Sammelband „Religiöses Lernen in der biblischen, frühjüdischen und frühchristlichen Überlieferung".[53] *Ludger Schwienhorst-Schönberger* bietet dazu den Beitrag aus der weisheitlichen Perspektive, in dem er ausführlich auf Spr und nur am Rande auf Hi, Koh und Sir eingeht. Immerhin erkennt er in Sir das „personal-kommunikative Verhältnis zwischen Schüler und Weisheit", das Lernen als lebenslangen Prozess und die Bedeutung des Lehrers (80). Doch nennt er diese nur, gelangt nicht einmal dazu, sie zu umreißen, obwohl er damit zentrale Aspekte des Buches Ben Sira anspricht.

Der Überblick über die Forschungslage zeigt, dass erst in den letzten Jahren intensiv zum Buch Ben Sira gearbeitet wurde, was die anfängliche Feststellung nicht aufhebt, dass, im Verhältnis zur übrigen Forschung der alt- und neutestamentlichen Wissenschaft betrachtet, dem Buch noch relativ wenig Aufmerksamkeit geschenkt wurde.

In diesem Kontext stellt sich die vorliegende Untersuchung dem kaum bearbeiteten Themenkomplex Weisheit und Bildung im Buch Ben Sira und fragt danach, wie Bildung nach dem Verständnis des Verfassers geschieht, was ihre Voraussetzungen sind und ihre Bedeutung für den späteren Weisen ausmacht.

---

53 Ego, Beate/Merkel, Helmut (Hgg.), Religiöses Lernen in der biblischen, frühjüdischen und frühchristlichen Überlieferung, Tübingen 2005.

2. Das Buch und seine Umwelt

In diesem Kapitel wird auf das Buch Ben Sira als Ganzes geschaut. Es geht um den Textbefund, daran anschließend um die für die wissenschaftliche Arbeit zur Verfügung stehenden Textausgaben und um die Datierung des Buches. Die zum Kreis der Einleitungsthemen gehörende, nach wie vor umstrittene Frage nach der Identität Ben Siras soll dagegen erst in einem Exkurs am Ende von Kapitel 5.5 aufgegriffen werden, weil sie dort, nach einer Klärung des Selbstverständnisses Ben Siras im Zusammenhang des Bildungsgeschehens, besser zu beantworten ist.

In einem zweiten Teil wird ein Überblick über den zeitgeschichtlichen Hintergrund, politisch und geistesgeschichtlich, gegeben, um das Buch in seinem Kontext verorten zu können.

2.1 Das Buch Ben Sira

2.1.1 Der Textbefund

Das Buch Ben Sira umfasst 51 Kapitel. Es gibt zahlreiche Gliederungsversuche, die sich an unterschiedlichen Kriterien orientieren und auch unterschiedlich ins Detail gehen.[1]

Die beiden Extreme bieten Preuß und Sauer auf der einen und Reitemeyer auf der anderen Seite. Preuß kann keine klare Gliederung im Buch erkennen und schlägt deshalb lediglich eine „Grobgliederung in zwei oder drei Teile"[2] vor: nach einer Einleitung (Sir 1) die Kapitel 2-23, die Lehren zum Leben des Einzelnen behandelten, dann die Kapitel 24-50, in denen es „um Sozialethik innerhalb der Gemeinschaft"[3] gehe und

---

1 Einen Überblick über die Forschungslage im Blick auf die Gliederung des Buches bis zu Haspecker, Gottesfurcht, 1967, gibt Marböck, Structure. Neuere Ansätze stellt Reitemeyer, Gotteslob, 11ff dar.
2 Preuß, Einführung, 139f.
3 Ebd.

schließlich das Schlusskapitel 51. Aus Sir 24-50 hebt er dann noch einmal die Kapitel 44-49 als „Rückblick in Israels Geschichte"[4] heraus.

Ähnlich hält auch Sauer fest, dass „kein eindeutiger Gedankenfortschritt in der Abfolge der Kapitel festzustellen ist"[5]. Er sieht die Weisheitstexte in Sir 1; 24; 51 als tragendes Gerüst und gliedert das Buch wie Preuß in die Kapitel 2-23, die „das Leben des einzelnen in Familie und Ehe betreffen", und 25-50, in denen „das Verhalten im öffentlichen Leben, in der verschiedenartig gestalteten Gemeinde und im religiös-kultischen Bereich im Mittelpunkt steht".[6] Aus dem zweiten Buchteil hebt Sauer Sir 42,15-50,26 als Darstellung der Geschichte von der Schöpfung bis zur Zeit Ben Siras hervor.

Dagegen legt Reitemeyer eine geradezu akribische Feingliederung des Buches vor, in der er sich nach inhaltlichen und formalen Kriterien richtet.[7] Zwar geht auch er von einer Dreigliederung (1-23; 24-43; 44-51) aus, nimmt dann aber die einzelnen Weisheitsgedichte und Reflexionen[8] als inhaltliche Gliederungen und fügt dem noch weitere formale Gliederungszeichen wie Stichwörter, Gegenüberstellungen, Personenwechsel (1. Person und 3. Person Singular) etc. hinzu, anhand derer er dann eine detaillierte Feingliederung vornimmt.

Zwischen diesen beiden Positionen bewegen sich die übrigen Vorschläge. Sie alle nehmen wie Reitemeyer die Weisheitsgedichte und Reflexionen als Gliederungsmerkmale, gehen aber nicht in dem Maße ins Detail.[9]

Eine wenig beachtete Sonderrolle spielt der Vorschlag von Jüngling, sich an den Texten mit den „Ich"-Aussagen Ben Siras zu orientieren. So kommt Jüngling zu einer Gliederung des Buches in drei Abschnitte (Sir 1,1-24,29; 24,30-39,11; 39,12-50,26; dem folgen der Epilog Sir 50,27-29 und der Anhang Sir 51), die ebenfalls wiederum in jeweils zwei Unterabschnitte untergliedert sind.[10]

---

4 Ebd.
5 Sauer, Jesus Sirach/Ben Sira, 34.
6 A.a.O., 35.
7 Reitemeyer, Gotteslob, 17ff.
8 Sir 1,1-10; 4,11-19; 6,18-36; 14,20-15,10; 16,26-18,14; 24; 32,14-33,18; 38,24-39,11; 39,12-15.16-31; 51,1-30.
9 So z.B. der Kommentar von Skehan/Di Lella, Ben Sira, aber auch Kaiser, Grundriss, 101f; ders., Anweisungen, 59; entsprechend dann auch die Gliederung seiner Übersetzung: Weisheit für das Leben, 2005, und Marböck, Das Buch, 364f, sowie in seinem Beitrag zu „The Book of Ben Sira in Modern Research" ders., Structure.
10 Jüngling, Bauplan, 104f. Wie an der Gliederung erkennbar, kommt auch Jüngling auf die reflektierenden Passagen im Buch Ben Sira zurück, allerdings nicht als Auftakt eines neuen Abschnitts, sondern als Endpunkte.

Auch in dieser Arbeit wird davon ausgegangen, dass die Weisheitsgedichte und Reflexionen des Buches sowohl formal als auch inhaltlich Einschnitte in die sonst dargebotene Spruchweisheit darstellen, sodass ihnen eine gliedernde Wirkung für das Ganze des Buches zuzuerkennen ist. Eine Abgrenzung der jeweiligen Sinnabschnitte und Einzelperikopen ergibt sich aus den Betrachtungen der Einzeltexte. Die Frage nach einem Gedankenfortschritt im Buch ist in der Richtung zu beantworten, dass Sauer zweifellos Recht zu geben ist, wenn er im Gesamtaufriss des Werkes keinen solchen erkennen kann, auch wenn dabei zu beachten ist, dass das Buch Ben Sira nicht mit den Vorstellungen von einer Abhandlung unserer Zeit verglichen werden kann.

Wie bereits bei dem Gliederungsvorschlag von Reitemeyer anklang, enthält das Buch zahlreiche unterschiedliche *literarische Formen*. Dabei herrscht die typisch weisheitliche Grundform des Maschal vor.[11] Er besteht, wie in der klassischen Spruchweisheit[12] auch, in der Regel aus einem zweizeiligen Parallelismus membrorum. Daneben finden sich im Buch auch Zahlensprüche und Gedichte. Sauer ist also darin Recht zu geben, dass Ben Sira ganz klar am Traditionsstrom der Weisheit von Ägypten und Mesopotamien her partizipiert und ihn in sein formales Arbeiten und inhaltliches Denken integriert.[13] Die Besonderheit gegenüber der klassischen Weisheit liegt dabei darin, dass Ben Sira thematisch gliedernd vorgeht und Sprüche zu Texten zusammenstellt. Zudem integriert er ein neues Element: das Gebet. Reitemeyer hat mit seiner Untersuchung besonders auf die zahlreichen Gebete und Gebetselemente, die das Buch ebenfalls prägen, aufmerksam gemacht und sie in ihrer Doppelfunktion als Lob und Lehre herausgestellt.[14] So rückt er Ben Sira in die Nähe der Psalmen, die ebenfalls Lob und Lehre miteinander verbinden.

Am auffälligsten am Buch Ben Sira ist jedoch die komplizierte *Textüberlieferung*. Das Buch ist uns in seinem vollständigen Umfang in griechischer, in syrischer und in lateinischer Sprache bekannt, jedoch nicht in hebräischer. In dieser Sprache wurde es aber ursprünglich geschrieben. Während die Rabbinen das Buch noch auf Hebräisch kannten und be-

---

11 Sauer, Jesus Sirach/Ben Sira, 28. Zur Gattung des Maschal siehe auch von Rad, Weisheit, 41ff.
12 Von Rad, Weisheit, 42.
13 Vgl. Sauer, Jesus Sirach/Ben Sira, 28f.
14 Reitemeyer, Gotteslob, 8-10.

nutzten[15] – auch noch Saadja Gaon (882-942) zitiert aus ihm und beschreibt sogar, dass es wie biblische Texte punktiert sei[16] – ging diese Überlieferung später verloren. So wurde das Buch Ben Sira vor allem durch die Septuaginta- und die Vulgata-Überlieferung bedeutsam. Nachdem Ende des 19. Jh. in der Genisa der Kairoer Karäer-Synagoge[17] und dann wieder Mitte des 20. Jh. in Qumran und auf Massada hebräische Fragmente des Buches Ben Sira gefunden wurden, sind heute wieder 68 % des Gesamtumfangs des Buches in hebräischer Sprache bekannt.[18] Die Genisa-Handschriften werden mit den Buchstaben A-F bezeichnet (Ms A-F), die Qumran-Manuskripte mit ihrer Bezeichnung nach DJD (2Q18 und 11QPs^a) und das Fragment aus Massada mit M (Ms M).[19]

Der „Urtext", den Ben Sira verfasste, ist in keiner der überlieferten Handschriften in Reinform bezeugt. Vielmehr bieten schon die hebräischen Textzeugen zwei verschiedene Varianten: eine dem Original wohl am nächsten kommende (H I) und eine später überarbeitete (H II).[20] Der Hauptunterschied zwischen H I und H II besteht vor allem in Ergänzungen, die in H II im Verhältnis zu H I vorgenommen wurden und die etwa in das 1. Jh. vor Beginn der christlichen Zeitrechnung zu datieren sind.[21]

Analog zu H I und H II stellt sich auch der griechische Textbefund dar, bei dem ebenfalls zwischen Gr I und Gr II zu unterscheiden ist. Dabei ist Gr I die Übersetzung von H I und vor allem in den Kodizes

---

15 Vgl. u.a. GenR 8,2; bHag 13a. Zu weiteren Stellen siehe die Ausgabe von Bereschit Rabba, hg.v. Mirkin, 51, insbesondere aber die Ben Sira-Ausgabe von Vattioni, der immer wieder rabbinische Quellen als Belege für Textvarianten in der hebräischen Überlieferung anführt.
16 Lévi, Hebrew Text, V-VI.
17 Einen Abriss der Entdeckungsgeschichte des Fundes aus der Kairoer Geniza bietet Lévi, Hebrew Text, Vff. Noch ausführlicher ist Smend, Weisheit, in der Einleitung. Spannend erzählt sie Reif, Discovery.
18 Eine gute Übersicht über die einzelnen hebräischen Textzeugen gibt die Neuausgabe von Beentjes (The Book of Ben Sira in Hebrew. A Text Edition of all extant Hebrew Manuscripts and a Synopsis of all parallel Hebrew Ben Sira Texts, VT.S 68, Leiden/New York/Köln 1997). Eine Auflistung über ihren Umfang bietet auch Sauer, Jesus Sirach/Ben Sira, 24-26.
19 Zum Inhalt der einzelnen hebräischen Fragmente siehe Beentjes, Ben Sira in Hebrew, 13-19.
20 Siehe dazu Skehan/Di Lella, Ben Sira, 55, die auf die Arbeit von Kearns, Ecclesiasticus, zurückgreifen.
21 Skehan/Di Lella, Ben Sira, 58.

2.1 Das Buch Ben Sira

Vaticanus und Sinaiticus bezeugt.[22] Dennoch gilt auch hier, dass keiner der überlieferten Textzeugen – das Buch ist in allen Majuskeln bezeugt – die exakte „Originalfassung" – und damit die Übersetzung des Enkels – bietet.[23] Ein wesentlicher Unterschied zwischen dem hebräischen und dem griechischen Text besteht in einer Textumstellung, bei der in der griechischen Texttradition die Textpartie Sir 33,16b-36,13a zwischen die Verse Sir 30,26 und 30,27 eingeschoben ist.[24]

Die syrische Übersetzung in der Peschitta datiert Sauer in die ersten Jahrhunderte nach Beginn der christlichen Zeitrechnung und lokalisiert sie in den östlichen Kirchen. Sie scheint mehr vom hebräischen als vom griechischen Text abzuhängen, ja zum Teil sogar vom griechischen unabhängig zu sein.[25] Ziegler geht sogar von einer alleinigen Abhängigkeit der Peschitta von H aus.[26]

Die dritte vollständige Bezeugung hat das Buch Ben Sira in der Vulgata. Sie beruht auf der Vetus Latina, die in Kirchenväterzitaten bezeugt ist. Diese war offenbar so verbreitet, dass sich Hieronymus gar nicht erst an eine Neuübersetzung gemacht hat.[27] Problematisch an der lateinischen Übersetzung ist, dass sie sehr stark vom hebräischen und auch vom griechischen Text abweicht, das heißt sehr frei und zudem auch noch umfangreicher ist.[28] Unklar ist die Frage, welcher Text der Übersetzung zugrunde liegt. Für eine griechische Vorlage sprechen die Abweichungen und Zusätze gegenüber H, dagegen spricht die Tatsache, dass der lateinische Text die Reihenfolge von H hat, also nicht die Textumstellung von Sir 33,16b-36,13a zwischen 30,26.27 vornimmt.[29]

---

22 Sauer, Jesus Sirach/Ben Sira, 26. Gr II ist bezeugt in Origenes' Hexapla und in der Lukianischen Rezension/dem Antiochenischen Text der Septuaginta (Skehan/Di Lella, Ben Sira, 56).
23 Sauer, Jesus Sirach/Ben Sira, 26.
24 A.a.O., 27. In jüngster Zeit hat sich noch einmal Böhmisch, Blattvertauschung, dieser Frage gewidmet.
25 Ebd. Skehan/Di Lella, Ben Sira, 57, bieten eine andere, spätere Datierung der Peschitta, aber ebenfalls die Lokalisierung im christlichen Raum des Ostens. Di Lella beschreibt auch etwas ausführlicher das Verhältnis von syrischer zur griechischen Übersetzung. Siehe auch Winter, Ben Sira in Syriac.
26 Ziegler, 31.
27 Sauer, Jesus Sirach/Ben Sira, 27. Hieronymus Vorrede findet sich in der Biblia Sacra Vulgata, 957.
28 Ebd.
29 A.a.O., 27f. Eine ausführliche Darstellung der Textgeschichte unter der Fragestellung der Zielgruppen der jeweiligen Textversionen bietet Böhmisch, Textformen.

2.1.2 Texteditionen

Der komplizierten Textgeschichte entsprechend gibt es zahlreiche Editionen des Buches Ben Sira, die zu einem großen Teil die Überlieferung in jeweils einer der Sprachen betreffen, in denen Sir heute vorliegt.

Die wissenschaftliche Arbeit an der *hebräischen Texttradition* begann erst mit der Entdeckung der ersten hebräischen Fragmente des Buches Ben Sira in der Kairoer Genizah. Schon bald danach erschienen deren erste Veröffentlichungen.[30] So publizierte Solomon Schechter den ersten Textabschnitt aus Sir 39f bereits 1896 in der Zeitschrift Expositor[31]. Eine erste Textedition boten dann Cowley und Neubauer.[32] Sie umfasst den Abschnitt Sir 39,15-49,11. Ihr folgten dann wiederum weitere Veröffentlichungen von Schechter und Taylor.[33]

Neben den Textdokumentationen[34] selber entstanden dann Anfang des 20. Jh. die ersten Textausgaben mit textkritischen Anmerkungen. Zu den wichtigsten gehören insbesondere für den deutschsprachigen Raum die Ausgaben von Rudolf Smend[35] und Adolf Schlatter[36]. Schlatter bietet bereits 1897 eine Synopse von hebräischem und griechischem Text mit Übersetzung und textkritischer Diskussion, wobei er vom Vorrang des griechischen Textes ausgeht.[37] Smend veröffentlichte dann 1906 ebenfalls eine Ausgabe mit dem bis dahin bekannten hebräischen Text der Mss A, B, C, D sowie einer Übersetzung, Einleitung und einem

---

30 Zur Entdeckungsgeschichte siehe den spannenden Vortrag von Reif, gehalten 1996 auf der ersten internationalen Ben Sira-Konferenz in Soesterberg/NL, abgedruckt als Reif, Discovery, im Dokumentationsband Beentjes, The Book of Ben Sira in Modern Research, 1-22.
31 Schechter, Solomon, A Fragment of the Original Text of Ecclesiasticus, Expositor 5 (4/1896), 1-15. Dabei handelte es sich um Blatt 9 von Ms B.
32 Cowley, Arthur E. /Neubauer, Adolf, The original Hebrew of a portion of Ecclesiasticus (XXXIX,15 to XLIX,11) together with the early versions and an English translation followed by the quotations from Ben Sira in Rabbinical literature, Oxford 1897.
33 Schechter, Salomo/Taylor, Charles, The Wisdom of Ben Sira. Portions of the book Ecclesiasticus from Hebrew manuscripts in the Cairo Genizah Collection, Cambridge 1899.
34 Siehe dazu die Aufstellung bei Beentjes, Ben Sira in Hebrew, 13-19.
35 Smend, Rudolf, Das hebräische Fragment der Weisheit des Jesus Sirach, Berlin 1897.
36 Schlatter, Adolf, Das neu gefundene hebräische Stück des Sirach. Der Glossator des griechischen Sirach und seine Stellung in der Geschichte der jüdischen Theologie, Beiträge zur Förderung christlicher Theologie 5 und 6, Gütersloh 1897.
37 Schlatter, Sirach, 3.

auf die hebräische Überlieferung bezogenen textkritischen Apparat.[38] Kurz zuvor hatte bereits 1903 Hermann Strack eine hebräische Ausgabe mit textkritischem Apparat und hebräisch-deutschem Wörterbuch im Anhang herausgegeben.[39]

Die in Qumran und auf Massada gefundenen hebräischen Textteile des Buches Ben Sira wurden jeweils in DJD 3 und DJD 4 für Qumran und von Yadin[40] für Massada veröffentlicht.

Für die heutige Arbeit am hebräischen Text des Buches Ben Sira sind vor allem drei Ausgaben maßgeblich:

Beentjes, Pancratius C., The Book of Ben Sira in Hebrew. A Text Edition of all extant Hebrew Manuscripts and a Synopsis of all parallel Hebrew Ben Sira Texts, VT.S 68, Leiden/New York/Köln 1997 (korrigierte Neuausgabe durch SBL, Atlanta 2006[41]):

> Die Ausgabe bietet in einem ersten Teil alle bislang bekannten hebräischen Handschriften einzeln und nacheinander und in einem zweiten Teil eine Synopse der parallelen Überlieferungen. Damit wahrt Beentjes die jeweilige Eigenart der einzelnen Handschriften und entgeht im Großen und Ganzen dem Problem, bereits in der Textdarstellung eine Entscheidung insbesondere über die Anordnung und Reihenfolge einzelner Verse zu fällen.[42]

The Book of Ben Sira. Text, Concordance and an Analysis of the Vocabulary, hg.v. Academy of the Hebrew Language and the Shrine of the Book, Jerusalem 1973.

> Diese Ausgabe bietet den hebräischen Text, indem sie die verschiedenen Handschriften versweise untereinander druckt. Das ermöglicht gut einen textkritischen Vergleich. In der Anordnung des Textes folgt sie allerdings der Reihenfolge der griechischen Textüberlieferung, stellt also die Textpas-

---

38   Smend, Rudolf, Die Weisheit des Jesus Sirach. Hebräisch und Deutsch mit einem hebräischen Glossar, Berlin 1906. Ein Jahr später (1907) legte Smend einen griechisch-syrisch-hebräischen Index vor, in dem er die jeweiligen hebräischen und syrischen Begriffe für griechische Vokabeln auflistet.
39   Strack, Hermann L., Die Sprüche Jesus', des Sohnes Sirachs. Der jüngst gefundene hebräische Text mit Anmerkungen und Wörterbuch, Leipzig 1903.
40   Yadin, Yigael, The Ben Sira Scroll from Massada. With Introduction, Emendations and Commentary (Sir 39,27-43,30), ErIs 8 (1965), 1-45.
41   Grundlage ist die Zusammenstellung der Korrekturen von Beentjes in Egger-Wenzel, Ben Sira's God, 375-377.
42   Beentjes hat seine Ausgabe in seinem Beitrag „Reading the Hebrew Ben Sira Manuscripts Synoptically" für den von ihm herausgegebenen Dokumentationsband der ersten internationalen Konferenz über Ben Sira in Leiden (Beentjes, The Book of Ben Sira in Modern Research, 95-111) selber vorgestellt.

sage Sir 30-36* entgegen der hebräischen Texttradition um. Hilfreich sind die beigegebene Konkordanz und die Wortanalyse.

Vattioni, Francesco, Ecclesiastico. Testo ebraico con apparato critico e versioni greca, latina e siriaca, Pubblicazioni del Seminario di Semitistica 1, Neapel 1968.

> Vattioni bietet in seiner viersprachigen Ausgabe den hebräischen Text mit Apparat, indem er jeweils eine Handschrift abdruckt und im Apparat die Parallelstellen mit eventuellen Abweichungen ausweist. Gelegentlich gibt er auch Sir-Zitate in der jüdischen Traditionsliteratur wieder.

Ein für die Darstellung des hebräischen Textes schwieriges Moment besteht darin, dass sich zwischen den Ausgaben des hebräischen Textes des Buches Ben Sira kein Konsens zeigt, welche Buchstaben und Worte der Handschriften gut lesbar sind und was erschlossen werden muss. So gibt Beentjes Buchstaben und Worte als Konjektur oder gar nicht wieder, die in anderen Ausgaben als gesichert dargestellt werden. In dieser Arbeit wird bei der Wiedergabe des hebräischen Textes der jeweils vorsichtigsten Textedition gefolgt, wobei auch die Konjekturen der verschiedenen Ausgaben Berücksichtigung finden.

Für die Arbeit am *griechischen Text* stehen im Wesentlichen zwei wissenschaftliche Ausgaben zur Verfügung:

Ziegler, Joseph (Hg.), Sapientia Iesu Filii Sirach, Septuaginta. Vetus Testamentum Graecum, Bd. XII,2, Göttingen ²1980 [1965].

> Ziegler bietet einen rekonstruierten griechischen Text, in dem er bereits durch das Druckbild zwischen Gr I und Gr II unterscheidet, mit einem ausführlichen textkritischen Apparat. In der Textanordnung folgt er in Sir 30-36* der ursprünglichen hebräischen Textreihenfolge und macht dies durch die Zählung der Kapitel und Verse kenntlich.[43]

Rahlfs, Alfred (Hg.), Septuaginta. Id est Vetus Testamentum graece iuxta LXX interpretes, Stuttgart 1979 (Neuausgabe von Hanhart 2006).

> In der Gesamtausgabe der Septuaginta von Rahlfs ist Sir dem Kanon der Septuaginta folgend im zweiten Teilband wiedergegeben (S. 377-471). Dem Duktus des Gesamtwerks entsprechend greift Rahlfs textkritisch nur auf die großen Kodizes zurück.

Den heute in der griechisch-orthodoxen Kirche maßgeblichen Text für Sir bietet: Η ΑΓΙΑ ΓΡΑΦΗ. Η ΠΑΛΑΙΑ ΔΙΑΤΗΚΗ ΚΑΙ Η ΚΑΙΝΗ ΔΙΑΤΗΚΗ, Athen 1999, 634-664.

---

43 Dem Text der Ausgabe von Ziegler folgt im wesentlichen auch Vattioni, Ecclesiastico.

Die *syrische Texttradition* bieten:
Vattioni, Francesco, Ecclesiastico. Testo ebraico con apparato critico e versioni greca, latina e siriaca, Pubblicazioni del Seminario di Semitistica 1, Neapel 1968.

> Vattioni bietet neben der hebräischen, griechischen und lateinischen Textwiedergabe auch eine syrische und ist damit eine unverzichtbare Größe in der Textkritik im Buch Ben Sira. Für das Syrische gibt er den von de Lagarde edierten und 1861 veröffentlichten Text wieder.

Calduch-Benages, Núria/Ferrer, Joan/Liesen, Jan, La Sabiduría del Escriba – Wisdom of the Scribe. Diplomatic Edition of the Syriac Version of the Book of Ben Sira according to Codex Ambrosianus, with Translation in Spanish and English, Estella (Navarra/Spanien) 2003.

> Diese Ausgabe legt den Kodex Ambrosianus zugrunde und bietet damit den ältesten syrischen Textzeugen zu Sir (6. Jh.; a.a.O., 52), zudem eine englische und spanische Übersetzung.

Die *lateinische Texttradition* ist im Wesentlichen durch die Vulgata bezeugt: Biblia Sacra iuxta vulgatam versionem, hg.v. Robert Weber, Stuttgart ³1983.[44]
Eine kritische Ausgabe der Vetus Latina[45] wird zur Zeit erarbeitet.

In dieser Arbeit werden die hebräische (H), griechische (G) und syrische (S) Textüberlieferung zugrunde gelegt. Dabei wird grundsätzlich der hebräische Text wiedergegeben, sofern vorhanden; er wird dann in den verschiedenen überlieferten Handschriften nebeneinander geboten. G wird vor allem dann wiedergegeben, wenn sich Differenzen zu H zeigen, die für textkritische oder textgeschichtliche Fragen wichtig sind. Auch wenn kein hebräischer Text erhalten ist, wird der griechische Text dargestellt.[46] S wird in der Regel nicht angezeigt, ist aber in der textkritischen Diskussion ebenso wie auch G zu H im Verhältnis zu den anderen Zeugen gleichberechtigter Partner. Die deutsche Übersetzung beruht auf dem Ergebnis der textkritischen Diskussion, die jeweils in den

---

44 Sir ist a.a.O., 1029-1095.
45 Bereits erschienen ist: Thiele, Walter (Hg.), Ecclesiasticus. Sir 20,1-23,6, Vetus Latina 11/2, Freiburg 2001.
46 Während bei der Wiedergabe der hebräischen Texte die einzelnen Handschriften kenntlich gemacht werden, wird darauf aufgrund der großen Fülle der griechischen Textzeugen bei der Wiedergabe des griechischen Textes verzichtet. Die textkritisch relevanten Abweichungen in G bietet der Apparat der Zieglerschen Ausgabe; sie werden ebenfalls diskutiert.

Fußnoten geboten wird; sie ist also keine Übersetzung einzelner Textzeugen oder einer Texttradition aus H, G oder S, sondern stellt den textkritisch rekonstruierten, vermutlichen „Urtext" dar – wenn auch nicht im Original, sondern in Übersetzung.

Da G in der Version von Gr I im Großen und Ganzen eine qualitativ gute Übersetzung bietet, wird auch im nur griechisch überlieferten Text nur an den Stellen zwischen Großvater und Enkel unterschieden, wo dies sinnvoll beziehungsweise notwendig ist.[47]

In der Kapitel- und Verszählung wird aufgrund der vielen Zählvarinten der Septuaginta-Zählung nach Ziegler gefolgt.

Eine weitere Form von Literarkritik in dem Sinne, dass zwischen Traditionsgut und Eigenleistung des Autors unterschieden würde, ist bei der Beschäftigung mit dem Buch Ben Sira nicht nötig und auch nicht sinnvoll. Zwar ist unbestreitbar, dass Ben Sira Gedanken aufnimmt,[48] aber ebenso unbestreitbar ist, dass er sich mit diesen identifiziert und sie so in seinem Werk zu „seinem" Lehrgut werden lässt.

2.1.3 Datierung und Lokalisierung

Es ist heute zumeist unumstritten, dass das Buch Ben Sira in Jerusalem zu Beginn des zweiten Jahrhunderts vor Beginn der christlichen Zeitrechnung verfasst wurde.[49]

Für die *Zeit der Entstehung* gilt als terminus post quem das Leben Simons des Hohenpriesters, der in Sir 50,1-21 erwähnt wird. Simon gehörte zur Familie der Oniaden, in der das Hohepriesteramt vererbt wurde, und lebte in der zweiten Hälfte des 3. Jh. und zu Beginn des 2. Jh. und amtierte in den Jahren 219-196 als Hoherpriester.[50] Als Anfang des 2. Jh. die Seleukiden Juda von den Ptolemäern eroberten, wechselte er rechtzeitig seine politische Loyalität und schaffte es so, seine Macht und seinen Einfluss unbeschadet beizubehalten. Die Beschreibung, die Ben Sira in seinem Väterlob gibt, legt nun einerseits nahe, dass er Si-

---

47 Siehe dazu die kleine Untersuchung von Sauer, Ben Sira in Jerusalem, 340-347, die er zum Verhältnis der Übersetzung des Enkels zum Text Ben Siras – und damit von H zu G – vorgelegt hat.
48 Haspacker, Gottesfurcht, 199, spricht an dieser Stelle richtigerweise lieber von „traditionellem Gut" als von „Traditionsgut".
49 Eine Außenseitermeinung vertritt McKechnie, Career, der Ben Sira in Alexandria lokalisieren möchte. Doch seine Argumente können für ein hellenistisches Lebensumfeld in Jerusalem ebenso in Anspruch genommen werden bzw. lassen sich aus weisheitlichen Topoi oder traditionsgeschichtlichen Verbindungslinien erklären.
50 Skehan/Di Lella, Ben Sira, 9.

mon mit eigenen Augen gesehen hat, andererseits spricht er von ihm grammatikalisch in der Vergangenheit, sodass es wahrscheinlich ist, dass Simon zum Zeitpunkt der Buchabfassung bereits tot ist.[51] Damit wäre mit einer Abfassung des Väterlobs – und damit wahrscheinlich des ganzen Buches, auch wenn dessen übriger Inhalt von etwas zeitloserer Natur ist – um 190 zu rechnen.

Dafür spricht auch der terminus ante quem, den man in zweifacher Hinsicht festmachen kann. Zum einen muss man feststellen, dass das ganze Buch in einem unpolemischen Ton geschrieben wurde – und das, obwohl es sich mit hellenistischen und jüdischen Traditionen auseinandersetzt. Ben Sira kann völlig frei hellenistische Gebräuche wie zum Beispiel die Gastmähler (Sir 31,12-32,13) aufnehmen; er setzt sich mit ihnen auseinander und gibt Ratschläge, aber er lehnt sie nicht grundsätzlich ab und polemisiert nicht gegen sie. Stattdessen versucht er gerade im theologischen Bereich einen jüdischen Kurs in vom Hellenismus geprägter Zeit zu steuern. Das ist aber nur in einem Klima denkbar, in dem es noch keine grundsätzliche Konfrontation wie nach den Ereignissen von 167 gab, als Antiochos IV. Epiphanes (175-164) den Tempel durch die Errichtung des Altars für Zeus entweiht und damit den Makkabäeraufstand provoziert hatte.[52] Mit anderen Worten: Das Buch Ben Sira lässt von den Spannungen und Konflikten, die dem Jahr 167 vorausgingen und ihm folgten, nichts erkennen und ist demnach wahrscheinlich mit einigem Abstand dazu geschrieben worden.

Zum anderen gibt der Enkel des Verfassers in seinem Prolog zum Buch an, dass er im 38. Jahr des Königs Euergetes nach Ägypten kam.

27 ἐν γὰρ τῷ ὀγδόῳ καὶ τριακοστῷ ἔτει ἐπὶ τοῦ Εὐεργέτου βασιλέως
28 παραγενηθεὶς εἰς Αἴγυπτον καὶ συγχρονίσας
29 εὑρὼν οὐ μικρᾶς παιδείας ἀφόμοιον

27 Denn in dem 38. Jahr unter dem König Euergetos,
28 nachdem ich ankam in Ägypten und die Zeit verbrachte,
29 fand ich ein nicht kleines Werk an Bildung vor.
(Prolog 27-29)

---

51 Ob allein aus der Art der Beschreibung geschlossen werden kann, dass Simon zu diesem Zeitpunkt bereits tot war, wie dies Skehan/Di Lella, Ben Sira, 9, annehmen, ist kaum plausibel. Verbunden mit der Darstellung in der Vergangenheit ist es jedoch in der Tat sehr wahrscheinlich, kommt doch so Onias III., Simons Nachfolger, als heimlicher Adressat in den Blick.
52 Siehe dazu unter Kapitel 2.2. dieser Arbeit. Vgl. auch Donner, Geschichte, 445.

Da nun von den beiden Königen mit Namen Euergetes – Ptolemäus III. Euergetes I. (246-221) und Ptolemäus VII. Physkon Euergetes II. (170-164 und 146-117) – nur Euergetes II. eine entsprechend lange Regierungsdauer hatte, kann es sich nur um ihn handeln, sodass der Enkel Ben Siras vom Jahr 132 spricht (gerechnet vom offiziellen Thronbesteigungsjahr 170 an).[53] Geht man davon aus, dass eine Generation gute 25 Jahre dauert, dann lebte der Großvater etwa 50 Jahre zuvor; und geht man ebenfalls davon aus, dass der Enkel bereits erwachsen und vielleicht auch schon ein bisschen älter war, dann kann man für den Großvater etwa eine Lebenszeit bis 180 vermuten. Das gilt insbesondere dann, wenn man das Buch als ein Alterswerk[54] betrachtet, das sozusagen die Summe eines Lebens in der Lehre zusammenfasst.

Damit ergibt sich eine Abfassungszeit zwischen 190 und 180 vor Beginn der christlichen Zeitrechnung.[55]

Als *Ort der Entstehung* des Buches ist Jerusalem anzunehmen. Im Epilog zu Kapitel 50 wird Jerusalem ausdrücklich erwähnt (50,27), aber auch die vielen Hinweise auf dem Tempelkult[56] und vor allem auch die Beschreibung des Hohenpriesters Simon (50,1-21) legen das nahe.

Über die *Person Ben Siras* ist viel geschrieben und spekuliert worden. Das liegt zweifellos an den spärlichen Angaben, die er in seinem Werk hinterlassen hat. Doch dazu soll an dieser Stelle nur auf den Exkurs am Ende von Kapitel 5.5 in dieser Arbeit verwiesen werden. Denn gerade weil die Person Ben Siras nur in seinem Werk erkennbar wird, soll es erst um dieses selber gehen, bevor ein Blick auf seinen Autor geworfen wird.

---

53 Vgl. Skehan/Di Lella, Ben Sira, 8.
54 So auch Hengel, Judentum und Hellenismus, 242.
55 Marböck, Das Buch, 367, datiert das Buch später um 175, weil er in den Gebeten in Sir 45,26; 50,23.24 doch schon die beginnenden Spannungen in Jerusalem im Hintergrund sieht. Dies ist durchaus möglich, aber nicht zwingend. Dazu sind sie zu schwach, als dass man auf konkrete Ereignisse zurückschließen könnte. So ist Di Lella zum Beispiel der Ansicht, dass Ben Sira im Jahr 175 bereits tot war (Skehan/Di Lella, Ben Sira, 10).
56 Vgl. dazu vor allem die Untersuchung von Stadelmann, Schriftgelehrter, 47.

2.2 Ein Blick auf den zeitgeschichtlichen Hintergrund

2.2.1 Die geschichtliche Entwicklung bis zur Zeit Ben Siras

Der Beginn des Hellenismus ist mit einer der großen Figuren der Weltgeschichte verbunden, mit *Alexander dem Großen*.[57] Alexander trat 336 vor Beginn der christlichen Zeitrechnung[58] die Nachfolge seines Vaters Philipps II. als König von Makedonien an. Schon Philipp II. hatte mit einer Eroberungspolitik begonnen, die Alexander fortführte.[59] Im Jahr 334 begann er den Krieg mit dem Perserreich unter Darius III. Kodomannos, den er 333 in der berühmten Schlacht bei Issos vernichtend schlug. Von Issos aus wandte sich Alexander nach Süden Richtung Ägypten, um seine Macht im östlichen Mittelmeerraum zu festigen. 332 eroberte Alexander Tyros und Gaza. Nach Jerusalem kam er entgegen dem Bericht von Josephus[60] jedoch nicht.[61]

Nach der Unterwerfung Ägyptens zog Alexander 331 wieder durch den Nahen Osten hindurch und marschierte mit seinem Heer über Syrien und Phönikien in das Herz des Perserreiches. Bei Gaugamela schlug Alexander Darius und konnte die persischen Hauptstädte Babylon, Susa, Persepolis und Ekbanata einnehmen. Mit der weiteren Eroberung des gewaltigen Reiches war Alexander bis zu seinem Tod 323 beschäftigt, er starb aber noch vor ihrer Vollendung.[62]

Als nach dem Tod Alexanders seine Generäle in den *Diadochenkriegen* das Reich im Großen und Ganzen unter sich aufgeteilt hatten, begann für die Region zwischen Jordan und Mittelmeer eine kriegerische Zeit. Das Gebiet lag nämlich genau zwischen zwei machtvollen Nachfolge-Reichen, dem ptolemäischen in Ägypten und dem seleukidischen in

---

57 Die folgende Darstellung der Geschichte des Hellenismus folgt im Wesentlichen der von Hans-Joachim Gehrke in ders., Geschichte, und der von Haag, hellenistisches Zeitalter, 34ff, sowie für den ägyptischen Bereich Hölbl, Geschichte. Andere Literatur wird kenntlich gemacht.
58 Alle Jahreszahlen verstehen sich als Angaben vor Beginn der christlichen Zeitrechnung, sofern es nicht anders angegeben wird.
59 Heinen, Geschichte, 15f, zeigt, dass Alexander bei den Eroberungen in seinen Anfangsjahren den von seinem Vater vorgezeichneten Linien folgte.
60 Antiquitates XI,8,4-5 (=XI §§ 321-339).
61 Die rabbinische Überlieferung in bJoma 69a weicht ebenfalls von Josephus ab. Nach ihr ging der Hohepriester Simon der Gerechte Alexander entgegen. Falls beide sich begegnet sein sollten, dann wäre dies die wahrscheinlichere Überlieferung.
62 In der Forschung ist umstritten, welche Pläne Alexander noch hatte. Vgl. dazu Heinen, Geschichte, 30f.

Syrien, die beide das Land als Pufferzone gegeneinander nutzen wollten.

Nach den Schlachten von Ipsos 301 und von Kurupedion 281 war das politische Gleichgewicht zwischen den bis dahin verbliebenen Generälen Alexanders zunächst einmal festgelegt. In ihrer Folge gehörte Israel nun zum Reich der Ptolemäer.

Die *Ptolemäer* gehen auf Ptolemaios I. Soter (323-283) zurück. Er hatte es im Verlauf seiner Regierung geschafft, aus der Satrapie Ägypten ein unabhängiges Königreich zu machen, das zu einem der großen Protagonisten der Weltpolitik wurde. Seine Nachfolger Ptolemaios II. Philadelphos (283-246) und Ptolemaios III. Euergetes (246-221) setzten diese Politik fort und versuchten, ihr Reich zur Vorherrschaft im Mittelmeerraum zu führen. Nach und nach eroberten sie Territorien außerhalb Ägyptens, unter anderem in Karien, Lykien und Pamphylien in Kleinasien, und gewannen Stützpunkte in der Ägäis.

In Koilesyrien schwelte ein Dauerkonflikt zwischen Ptolemäern und Seleukiden. Nachdem sich der Seleukidenherrscher Antiochos I. Soter (281-261, Nachfolger des Diadochen Seleukos I. Nikator) erfolgreich bei der Niederschlagung verschiedener Aufstände in seinem Reich durchgesetzt hatte, wandte er sich zum Krieg gegen Ägypten, um sich gegen die Begehrlichkeiten der Ptolemäer zur Wehr zu setzen und seine eigene Macht auszubauen. So kam es 274-271 zum *ersten Syrischen Krieg*, der jedoch nur die bestehenden Verhältnisse zementierte: Koilesyrien und damit auch Juda blieb in ptolemäischer Hand.

Als nach dem Tod Antiochos I. das Seleukidenreich in der Phase der Thronfolge geschwächt war, versuchte Ptolemaios II. die Chance zu nutzen. Dieser *zweite Syrische Krieg* 260-253 führte jedoch zu einem Machtverlust Ägyptens, weil sich die Gegner stärker als angenommen erwiesen. Beide Seiten, Ptolemäer und Seleukiden, waren nun um Ausgleich bemüht und knüpften dynastische Bande: Ptolemaios II. verheiratete seine Tochter Berenike mit Antiochos II. (261-246), der dafür seine bisherige Frau Laodike verstieß.

Doch schon 246 kam es zum *dritten Syrischen Krieg*, der fünf Jahre lang bis 241 dauerte. Die Hintergründe dieses Konflikts sind nur schwer rekonstruierbar. Wahrscheinlich hatten beide Seiten unter dem Eindruck des Todes Ptolemaios II. zum Krieg gerüstet. Als nach dem Tod Antiochos II. (ebenfalls 246) dessen verstoßene Ehefrau Laodike ihren Sohn Seleukos zum König ausrief, bat die Witwe des Königs, Berenike, ihren Bruder Ptolemaios III. um Hilfe, die dieser nur zu gerne gewährte. Ptolemaios III. eroberte Antiochia, konnte aber nicht verhindern, dass seine Schwester den von Laodike ausgesandten Mördern kurz zuvor zum Opfer fiel. Von Antiochia aus startete er den größten Feldzug der ptolemäischen Geschichte, in dessen Verlauf er bis nach Mesopotamien und Indien gelangt sein soll. Erst Unruhen in Ägypten zwangen ihn zur Rückkehr. 241 schlossen Ptolemaios III. und Seleukos II. Frieden. Ägypten beherrschte nun auch noch ehemals seleukidische Häfen in Syrien, sodass es fast die gesamte Küste des östlichen Mittelmeeres unter sich vereinigte. Das war der Höhepunkt der ptolemäischen Machtentfaltung und zugleich ihr Wendepunkt.

219-217 fand der *vierte Syrische Krieg* statt. Vorangegangen war eine Restaurationspolitik in Syrien, mit der die Seleukiden, allen voran *Antiochos III. Megas* (223-187), die Wiederherstellung des alten Herrschaftsbereiches betrieben. Ihnen ging es nun nicht nur um die Rückeroberung verloren gegangener Gebiete, sondern auch um die Vorherrschaft im östlichen Mittelmeerraum. Doch Ptolemaios IV. Philopator (221-204) wehrte sich und ging aus der Schlacht von Raphia 217 und damit aus dem Krieg als Sieger hervor.

Trotz dieses militärischen Erfolges war die Herrschaft Ptolemaios IV. von einer gewissen Passivität geprägt. Antiochos III. nutzte sie und eroberte verloren gegangene Gebiete von Kleinasien bis nach Indien und an den Hindukusch zurück. Schließlich legte er sich den persischen Titel Großkönig zu und trat so in aller Öffentlichkeit deren Nachfolge an. Aber nicht nur das: nachdem er nun wie Alexander bis an die Grenzen der „bewohnten Welt" gelangt war, konnte er einen ähnlichen Machtanspruch wie der große Vorvater des hellenistischen Reiches erheben.

Als nach dem Tod Ptolemaios IV. 204 sein Nachfolger Ptolemaios V. Epiphanes (204-180) noch unmündig war, rutschte das ägyptische Reich von der Passivität in die Handlungsunfähigkeit. Auch diese Chance nutze Antiochos III. und begann gemeinsam mit dem Makedonenkönig Philipp V. den *fünften Syrischen Krieg* (202-198) gegen Ägypten, das sie besiegten. Philipp V. gewann Gebiete in Griechenland hinzu, und Antiochos III. eroberte in der Schlacht von Paneion 200 Koilesyrien und Phönikien. Von da ab war *Juda Bestandteil des seleukidischen Reiches*. Die Ptolemäer konnten das im Friedensschluss 194 nur noch anerkennen.

In der Folgezeit wandte sich Antiochos III. wieder nach Norden und versuchte, weitere Gebiete in Kleinasien zu erobern. Hier traf er jedoch auf eine neue Großmacht: Rom war während der Feldzüge Philipps V. von griechischen Stadtstaaten um Hilfe gebeten worden und griff nun, gestärkt und selbstbewusst durch den Triumph über Karthago 201, aktiv in das Geschehen im östlichen Mittelmeerraum ein. Antiochos nutzte den Konflikt zwischen den Römern und Philipp, eroberte ganz Kleinasien und gelangte 196 sogar auf europäischen Boden. Doch als er 193/192 militärisch in Griechenland aktiv werden wollte, zwangen ihn die Römer zum Rückzug. In der Schlacht von Magnesia 190/189 schlugen sie ihn vernichtend und diktierten ihm 188 einen Frieden, durch den er Kleinasien verlor und sein Reich auf Syrien, Mesopotamien und den Iran beschränkt wurde. Der Höhepunkt der seleukidischen Machtentfaltung war überschritten. 187 starb Antiochos III.

Auf Antiochos III. folgte sein Sohn Seleukos IV. Philopator (187-175), der kaum Bedeutung hatte. 175 wurde er ermordet, und Antiochos IV. Epiphanes (175-164), ein Bruder Seleukos' IV., kam unter Mitwirkung Eumenes' II., des Königs von Pergamon, an die Macht.

Möglicherweise von Ägypten ausgehend begann 169 der *sechste Syrische Krieg*. Antiochos IV. nutzte die Gunst der Stunde und marschierte nach Alexandria. Dort wurde er 168 erst im Vorort Eleusis durch den römischen Senatsgesandten Popillius Laenas gestoppt, der ihn ultimativ aufforderte, sich zurückzuziehen. Unter dem Eindruck der Macht Roms, die es zuvor im dritten römisch-makedonischen Krieg (171-168) durch seine gnadenlose Brutalität demonstriert hatte[63], lenkte der Seleukide ein. Er feierte danach zwar mit großem publizistischen Aufwand seine Siege und engagierte sich in seinem Land als Wohltäter, aber nach diesem Vorfall war sein Reich nur noch eine Macht von weltpolitisch untergeordneter Bedeutung.[64]

Für *Juda* hatte Antiochos IV. Epiphanes dagegen sehr große Bedeutung, doch daran hatte er selbst nur bedingt Anteil.[65]

Schon seit der Mitte des 3. Jahrhunderts wurde die Geschichte Israels von zwei Familien bestimmt: den Oniaden und den Tobiaden. Die Familie der *Oniaden* stellte den Hohenpriester in Jerusalem. Für die Zeit Ben Siras haben besondere Bedeutung Onias II., Simon II., den Ben Sira in Kap. 50,1-24 geradezu feiert, und Onias III.

Ihre Rivalen waren die *Tobiaden*. Möglicherweise haben sie sich auf den im Buch Nehemia erwähnten Tobia (Neh 2,10.19; 4,1; 6,1ff.17ff; 13,4ff) zurückgeführt.[66] Nach Auskunft des Josephus liegt es nahe, dass

---

63 Vergleiche dazu Heinen, Geschichte, 45f.
64 Gehrke, Hellenismus, 212.
65 Haag, hellenistisches Zeitalter, 57.
66 Haag, hellenistisches Zeitalter, 49f.

2.2 Ein Blick auf den zeitgeschichtlichen Hintergrund

sie jedenfalls Mitte des 3. Jahrhunderts in Jerusalem wohnten[67], und aus den Zenon-Papyri[68] ist ersichtlich, dass Tobias mindestens in den Jahren 261-252, den Jahren der Zenon-Papyri, Befehlshaber einer ptolemäischen Kolonie von Veteranen oder Söldnern, einer Kleruchie, in der Ammanitis im Ostjordanland war.[69] Er galt als der mächtigste Mann neben dem Hohenpriester und überragte diesen zeitweise sogar. Tobias' Sohn Josef setzte den Aufstieg der Familie fort. So trat er als Vermittler zwischen dem Hohenpriester Onias II. und den Ptolemäern auf, nachdem Onias II., wahrscheinlich unter dem Eindruck der militärischen Erfolge der Seleukiden, im dritten Syrischen Krieg die Steuerleistung an die Ptolemäer eingestellt hatte und sein Kalkül auf einen Herrschaftswechsel nicht aufgegangen war. Wohl im Gefolge dessen wurde Onias II. die Prostasia, das heißt die Repräsentanz des jüdischen Volkes (Ethnos) vor dem ptolemäischen König, ab- und im Gegenzug Josef zuerkannt.[70] Des Weiteren ersteigerte sich Josef die Generalsteuerpacht für Koilesyrien und Phönikien, die er gut zwanzig Jahre lang inne hatte.

Unter Josefs Söhnen ging die Macht der Familie zurück, nachdem sie sich über das Erbe zerstritten hatten.[71] Während die älteren Söhne Josefs in Jerusalem blieben und dort weiterhin im Rahmen ihrer Prostasia Politik als Vertreter des jüdischen Ethnos betrieben, zog sich der Sohn Hyrkanos in die Ammanitis zurück und behauptete dort eine gewisse Unabhängigkeit.[72]

---

67 Ant XII,4,2 (XII § 160): „Ein gewisser Josephus, Sohn des Vaters Tobias und geboren von der Schwester des Hohenpriesters Onias, zwar jungen Jahrens an Lebensalter, an Würde und Sorgfalt aber hatte er gerechte Ehre bei den Jerusalemern..."
68 Zenon war der Verwalter eines Landgutes des ptolemäischen Dioiketen Apollonios. Er führte im Auftrag seines Herrn eine umfangreiche Korrespondenz, durch die wir Nachrichten aus fast dem gesamten von den Ptolemäern beherrschten östlichen Mittelmeerraum haben. Etwa 2000 Belege sind erhalten, davon betreffen um die 40 den Bereich Syrien und Juda. Dokumentiert sind die Papyri bei Edgar, Zenon Papyri; Vitelli, Papiri Greci, und Westermann/Hasenoehrl, Zenon Papyri. Bevor Zenon mit der Verwaltung des Gutes beauftragt worden war, hatte er ebenfalls für seinen Herrn um das Jahr 259 umfangreiche Reisen durch den Nahen Osten unternommen. Auch das geht aus den erhaltenen Papyri hervor. Tobias wird beispielsweise in den Papyri 59003 (Edgar, Zenon Papyri I, 5f), 59075 und 59076 (Edgar, Zenon Papyri I, 97ff) sowie 59802 (Edgar, Zenon Papyri V, 1ff) erwähnt.
69 Vgl. Hengel, Judentum und Hellenismus, 487.
70 Vgl. Sasse, Geschichte, 129f.
71 Zu den Details vgl. Sasse, Geschichte, 130-132.
72 Hyrkanos baute dort einen mächtigen Palast. Die älteren Hypothesen, nach denen es sich um einen Konkurrenztempel zu dem in Jerusalem gehandelt haben könnte (vgl. Hengel, Judentum und Hellenismus, 496; 499), müssen als widerlegt angesehen

Die Rivalitäten beider Familien und auch die Überlieferungen in 1Makk 1,11 und bei Josephus (Ant XII,4,4-5 [XII §§ 175-185]) dürfen nicht darüber hinwegtäuschen, dass sowohl die Tobiaden als auch die Oniaden dem *Hellenismus* gegenüber grundsätzlich offen waren. Es waren wohl eher die guten Beziehungen, die die Tobiaden zu den ptolemäischen und später zu den seleukidischen Königshöfen hatten, die die Oniaden im Gegenzug dazu veranlassten, mehr Rückhalt in der Bevölkerung zu suchen und deshalb auch den Kontakt zu „konservativeren" Kreisen zu halten. So hat wahrscheinlich der Hohepriester *Simon II.*, Sohn des Onias II., seine Machtposition in Jerusalem ausgebaut und sogar die Prostasia erhalten, als der Tobiade Josef im Zuge einer ptolemäischen Neuordnung der Verwaltung das Amt verlor.[73] Simon II. stützte sich dabei wahrscheinlich auf religiös aktive Gruppen. Er nutzte beim Machtwechsel zwischen Ptolemäern und Seleukiden in Koilesyrien die Prostasia und erreichte, nachdem er die Zeichen der Zeit erkannt und sich von den Ptolemäern ab- und den Seleukiden zugewandt hatte, für das jüdische Ethnos das Recht, nach den Rechtstraditionen der Tora zu leben, und erhielt damit die alten Privilegien aus persischer Zeit von Antiochos III. aufs Neue gewährt. Offenbar hatte sich dieser die Religionspolitik der Perser zu eigen gemacht.

Nach Simons II. Tod trat sein Sohn *Onias III.* das Amt als Hohepriester an. Als Antiochos III. die Niederlage durch die Römer erlitten hatte, scheint Onias III. einen proptolemäischen Richtungswechsel gemacht zu haben, wahrscheinlich weil er angesichts der Schwäche des seleukidischen Königs eine Rückeroberung durch die Ptolemäer erwartete. Doch das geschah nicht, und er wurde von dem nach wie vor proseleukidischen Tempelvorsteher Simeon bei Seleukos IV., dem Nachfolger Antichos' III., denunziert.

Onias III. musste sich nach Antiochia begeben und traf dort zu einem ungünstigen Zeitpunkt ein. Seleukos IV. wurde ermordet, und Antiochos IV. trat die Nachfolge an. Dieser hatte ein Interesse, Juda schnell wieder zur Ruhe zu bringen. So setzte er *Jason*, den Bruder Onias' III., als Hohenpriester ein, der ihm dafür auch eine bedeutende Summe Geld bot. Aus der Sicht der toratreuen Juden war das ein Skandal, denn schließlich amtierte Onias III. rechtsgültig. Jason erwarb sich zudem vom König das Recht, in Jerusalem hellenistische Institutionen

---

werden. Vgl. Zayadine, Iraq El-Amir, 177-181. Auch der Bericht in Josephus, Ant. XII,4,11 (XII §§ 229-236), spricht eher für eine Palastanlage.

73 Hengel datiert Simons II. Übernahme der Prostasia etwas später, indem er sie mit dem Streit zwischen den Söhnen des Tobiaden Josef in Verbindung bringt (Hengel, Judentum und Hellenismus, 493).

2.2 Ein Blick auf den zeitgeschichtlichen Hintergrund

wie ein Gymnasium und eine Ephebie zu gründen und die Stadt zu einer Polis nach griechischem Vorbild umzugestalten, indem er eine Bürgerliste einführen und so die Polis der Antiochier in Jerusalem gründen wollte.

> 7 Nachdem Seleukos gestorben war und Antiochos, Epiphanos genannt, die Königsherrschaft übernahm, erschlich sich Jason, der Bruder des Onias, die Hohepriesterschaft.
> 8 Indem er dem König durch eine Petition dreihundertsechzig Talente Silber und zusätzliche Einkünfte von achtzig Talenten versprach,
> 9 versprach er zu diesen noch weitere hundertfünfzig auszuzahlen, wenn ihm erlaubt würde, sich durch seine Macht ein Gymnasion und ein Ephebeion zu errichten und die Antiochier in Jerusalem einzuschreiben.
> 10 Nachdem der König seine Zustimmung gegeben und er [Jason] die Herrschaft ergriffen hatte, änderte er sofort seine Landsleute hin zu hellenistischer Lebensart.
> (2Makk 4,7-10)

Diese Initiative ging also nicht von Antiochos IV., sondern von Jason aus. Ob er sein Ziel wirklich erreicht hat, ist unklar.[74]

Jason wurde schon wenige Jahre nach seinem Amtsantritt durch *Menelaos*, den Bruder des Tempelvorstehers Simeon, verdrängt, der sich das Amt bei Antiochos IV. erkaufte. Hinter ihm standen wahrscheinlich die wieder erstarkten Tobiaden. Diese hatten damit die Oniaden endgültig ausgeschaltet.

Doch die Macht des Menelaos wackelte. Das Geld, das er Antiochos IV. für das Amt geboten hatte, musste er aus dem Tempelschatz nehmen. Das rief großen Unmut in Jerusalem hervor. Als dann Antiochos IV. während des sechsten Syrischen Krieges nach seinem ersten Feldzug gegen die Ptolemäer aus Ägypten zurückkam, suchte er 169 Jerusalem auf und verlangte die Übergabe des Tempelschatzes. Menelaos konnte dem nichts entgegensetzen, und so plünderte Antiochos IV. den Tempel und entweihte ihn dadurch. Der Tempelgottesdienst ruhte danach.[75]

---

74 Zu den Beweggründen Jasons, mit denen er auf der einen Seite dem Konzept der Polis nachstrebte, aber auf der anderen Seite es auch nicht vollkommen umsetzen wollte, siehe Haag, Hellenistisches Zeitalter, 56-62.

75 Antiochos IV. hatte alle Kultgeräte mitgenommen, sodass mit Ausnahme des Tamid-Opfers, das auf dem äußeren Brandopferaltar dargebracht wurde, kein Opfern mehr möglich war (Haag, Hellenistisches Zeitalter, 66). Vgl. 2Makk 5,15f.20; 1Makk 1,21-28; Dan 9,27.

Als 168 während eines weiteren Feldzuges in Ägypten das Gerücht aufkam, Antiochos IV. sei gefallen, kehrte Jason, der nach seiner Absetzung als Hoherpriester in die Ammanitis geflohen war, nach Jerusalem zurück und eroberte die Stadt. Er wurde jedoch nicht in sein altes Amt wieder eingesetzt. Dazu hatte er zu wenig Rückhalt, denn den hatte er durch sein brutales Vorgehen bei der Eroberung verloren. Antiochos IV. verstand diese Vorgänge als Abfall des jüdischen Ethnos vom seleukidischen Reich. Auf seiner Rückkehr von Ägypten schickte er seinen General Apollonios nach Jerusalem und ließ die Stadt plündern und einen Teil der Bevölkerung in die Sklaverei verkaufen. Bei der seinerzeitigen Davidsstadt wurde die Akra, eine Festung, als Zeichen der seleukidischen Herrschaft und als militärischer Stützpunkt errichtet. Auch Menelaos war mittlerweile für einen Großteil der Bevölkerung aus allen gesellschaftlichen Schichten untragbar geworden.[76] So war der Befehl, den Tempel in Jerusalem dem Zeus Olympios zu weihen,[77] dann auch ein wesentlicher Faktor, als es schließlich zum Aufstand der Makkabäer kam.

---

[76] An diesem Punkt trifft die tendenziöse Darstellung der Makkabäerbücher in 2Makk 5,15 wohl durchaus die Stimmung der Zeit.

[77] Dieser Befehl, den Tempel in Jerusalem dem Zeus Olympios zu weihen, ging wahrscheinlich nicht von Antiochos IV., sondern vom Hohenpriester Menelaos selber aus (vgl. 2Makk 13,3f; Ant XII,9,7 [= XII § 384f]). Jedenfalls ist das angeblich reichsweit geltende Gebot (so 1Makk 1,41f) außer in Juda sonst nicht belegt und auch von Juden in der Diaspora nie praktiziert worden. Umgekehrt aber brauchte Menelaos die Truppen in der Akra, denn sie waren für ihn offenbar noch die einzige Machtbasis, die er in Jerusalem hatte. So versuchte er wohl durch einen synkretistischen Kult, ihnen den Zugang zum Jerusalemer Kult zu ermöglichen. Hinter Zeus Olympios steht dann auch möglicherweise eine Verbindung zwischen dem „Gott des Himmels" in Esr 7,12 und dem syrisch-kanaanäischen Baal Schamin (so Haag, Hellenistisches Zeitalter, 71). Es handelt sich also nicht um eine völlig „fremde" Gottheit, die neu eingeführt wurde, sondern um eine Identifikation von JHWH mit weiteren Gottesvorstellungen und damit um eine Vermischung mehrerer Kulte, die die Integration der Truppen in der Akra erleichtern sollte.

Diese Soldaten waren mit einiger Wahrscheinlichkeit keine Griechen; woher sie stammten, lässt sich aber nicht mit Sicherheit sagen. Tcherikover geht davon aus, dass es sich um Siedler aus dem syro-palästinischen Raum handelt (Tcherikover, Hellenistic Civilization, 194f). Haag, Hellenistisches Zeitalter, 68, folgt ihm durch die Vermittlung von Bringmann, Hellenistische Reform, 128, unkritisch. Sicher ist diese Annahme aber nicht. Der Kommandant der Militärsiedler, Philippus, war nach der Angabe in 2Makk 5,22 Phrygier, stammte also aus dem mittleren Kleinasien. Es hat also relativ wahrscheinlich, dass die Kleruchen, die er befehligte, auch aus dieser Gegend kamen, sodass es sich ebenfalls um Phrygier handelte.

2.2.2 Politische und gesellschaftliche Gegebenheiten zur Zeit Ben Siras

Die hellenistischen Reiche waren Monarchien.[78] Der *König* zeichnete sich vor allem dadurch aus, dass er erfolgreicher Heerführer war.[79] Die Erbfolge vom Vater auf den Sohn war zwar gängige Praxis, war aber nie das einzige Mittel zur Legitimation. Der Erfolg als Heerführer und Regent war konstitutiv und musste in allen gesellschaftlichen Vollzügen dargestellt werden.[80] Auch bei Niederlagen musste der König diese als Triumphe darstellen. Das Königtum wurde regelrecht inszeniert, und dazu wurde ein großer publizistischer Aufwand betrieben.

Daneben treten viele weitere Modelle der Legitimation, die damit zusammenhängen, dass die hellenistischen Herrscher nicht einfach nur ihr griechisches Bild von einem König in ihre Reiche und die von ihnen beherrschten Völker hineintrugen, sondern auch an lokalen Traditionen anknüpften. So stellten sich beispielsweise die Ptolemäer als Erben der Pharaonen dar. Zudem führten sich die Herrschergeschlechter auf einen Gott oder einen göttlichen Helden der Vergangenheit zurück, wobei auch die eigenen Vorfahren vergöttlicht und entsprechend verehrt werden konnten. Und mancher Herrscher ließ sich schon zu Lebzeiten gottgleich verehren. Wenn es dabei zu Unausgeglichenheiten und sogar Widersprüchen kam, insbesondere zwischen der griechischen und der jeweils einheimischen Tradition, wurde das in den weitgesteckten Grenzen des Polytheismus hingenommen.[81]

Die hellenistischen Reiche waren *Vielvölkerstaaten*. Mit Ausnahme des griechischen oder ägyptischen Kernlandes waren in ihnen viele verschiedene Völker vereinigt worden, die größtenteils keine gemeinsame Kultur, Sprache und Geschichte hatten. Bemerkenswerterweise scheint das nicht besonders konfliktträchtig gewesen zu sein. Jedenfalls zeigen die wenigen Belege für interkulturelle Konflikte, dass es entweder Priester waren, die sich gegen eine Überfremdung der eigenen Kulte zur Wehr setzten, oder dass es sich eigentlich um ökonomische oder

---

78 Die Darstellung folgt im Wesentlichen der Gehrkes in ders., Hellenismus, insbesondere 46ff.
79 Vgl. dazu für die Ptolemäer Hölbl, Geschichte, 83f.
80 Vgl. dazu die Titel, die sich die hellenistischen Herrscher zulegten: Soter, Nikator, Euergetes usw.
81 Hölbl zeigt diese Phänomene exemplarisch am Geschlecht der Ptolemäer auf (Hölbl, Geschichte, 85-107). Und Haag resümiert: „So wurde unter den ersten Ptolemäern mit griechischer Logik die orientalische Idee von der göttlich sanktionierten Allmacht des Königs bis in die letzte Konsequenz hinein verwirklicht." (Haag, Hellenistisches Zeitalter, 96).

politische Konflikte handelte, die auch einen ethnischen oder kulturellen Aspekt hatten.[82]

Kulturell kann man davon ausgehen, dass die Griechen selber eine relativ dünne Oberschicht bildeten und in den von ihnen gegründeten Poleis lebten. Griechen im eigentlichen Sinne und Makedonen waren aufgrund ihrer Hellenisierung nicht mehr voneinander zu unterscheiden. Dagegen blieben die Differenzen zu den beherrschten Völkern bestehen. Eine Hellenisierung beherrschter Völker hat es durchaus gegeben, sie blieb aber größtenteils auf Kleinasien beschränkt. Im Wesentlichen lebten die verschiedenen Kulturen nebeneinander her.

Politisch bezeichnend ist in diesem Kontext auch, dass sowohl Seleukiden als auch Ptolemäer eigene Hauptstädte gründeten und sich damit in einem gewissen Sinne unabhängig von den lokal herrschenden Traditionen machten.

Wie die Griechen durch die Gründung eigener Hauptstädte eigene, neue Traditionen setzten, so brachten sie auch eine neue *Elite* hervor. Der König hatte einen Verwaltungsstab um sich. Diese hohen Beamten galten als „Freunde des Königs". Tatsächlich kam man in die Führungskreise durch die persönliche Beziehung zum Herrscher, eine Rangfolge gab es lange nicht und bildete sich erst zur Wende vom 3. ins 2. Jahrhundert aus.[83] Das Modell der Freundschaft hatte jedoch auch zwei Seiten: einerseits zeigte es das feste Band zwischen dem König und seinen Freunden, andererseits konnte Freundschaft auch zerbrechen, wenn sie nicht von beiden Seiten getragen wurde.

Die neue Führungselite bestand fast ausschließlich aus Griechen, die aus den neu gegründeten Poleis stammten. Der König teilte ihnen in der Regel ein Lehen zu, von dem sie lebten.

Politisch gab es innerhalb der Reiche verschiedene Grade von politischer *Abhängigkeit und Autonomie*. Grundsätzlich galt das ganze Reich als Eigentum des Königs. Er konnte Ländereien als Lehen vergeben, die dann nach dem Tod des Belehnten wieder an den König zurückfielen. Doch es gab auch andere Systeme, die unverbunden daneben standen.

Ein solches System sind Kleruchien, Kolonien von Söldnern oder ehemaligen Soldaten. Im seleukidischen Reich wurden sie vom König vergeben und fielen an ihn wieder zurück, wenn sie nicht mehr in einem genau bestimmten Verwandtschaftsgrad vererbt werden konnten.

---

[82] Siehe auch Heinen, Geschichte, 86f.
[83] Zu Rangfolge und Titulatur siehe Gehrke, Hellenismus, 54.

Ein weiteres System sind die Poleis, die aufgrund der griechischen Tradition eine gewisse Autonomie beanspruchten, mit ihren Ländereien. Wer Bürger einer Polis war, konnte tatsächlichen Landbesitz erwerben, also Landbesitz, über den er unbeschränkt verfügen und den er auch weitervererben konnte.

Bei den Poleis wird auch deutlich, dass es innerhalb eines Reiches *unterschiedliche politische Systeme* gab. Die *Poleis* beriefen sich auf die alten demokratischen Traditionen Griechenlands: alle freien Bürger der Stadt waren gleich, sie alle hatten Anteil an der politischen Macht. Doch schon vor der hellenistischen Zeit hatte sich diese politische Landschaft verändert, und diese Veränderung trat nun nur noch offensichtlich zu Tage: Nach und nach hatte sich eine aristokratische Schicht herausgebildet, die sich vor allem auf ihren wirtschaftlichen Erfolg stützte. Ihre Angehörigen traten als Wohltäter hervor, indem sie religiöse und staatliche Feste inszenierten (und dabei auch sich selber), aber auch wirtschaftliche Engpässe bei der Versorgung oder der Erhebung der Steuerlast auffingen. Sie pflegten die Beziehungen zum König und traten für die Interessen ihrer Stadt (und wohl auch für die eigenen) bei ihm ein. So kam es, dass die demokratischen Strukturen zwar beibehalten wurden und möglicherweise sogar auch die wichtige Funktion der Erinnerung an das Ideal einer Polis hatten, dass es aber faktisch eine untereinander um die Macht konkurrierende Oberschicht war, die die Polis beherrschte.

Im Verhältnis von Poleis und Königtum treffen also zwei unterschiedliche Traditionen aufeinander, die sich eigentlich widersprechen: einerseits die alte griechische Tradition von freien Bürgern und andererseits das hellenistische, gewissermaßen absolutistische Königtum. Beide arrangierten sich, indem sie sich gegenseitig anerkannten und Nutzen voneinander hatten. Der König erwies sich gegenüber der Stadt als Wohltäter und gewährte ihr Schutz, die Stadt brachte umgekehrt ihre wirtschaftliche Potenz ein und erkannte den König aufgrund seiner Wohltätigkeit an. So bemühten sich beide Seiten umeinander, die einen, um Schutz zu erhalten, der andere, um sein Reich geschlossen zu halten.

Ebenfalls eine gewisse Autonomie genossen die *Ethnoi*, also bestimmte Stämme, sowie Tempelgebiete und manche Kleinherrschaften. Eines davon war Jerusalem mit dem Tempel und dem Ethnos der Juden.[84] Ethnoi durften nach ihren eigenen Traditionen leben und ihren eigenen Obrigkeiten dienen; denn nach der herrschenden Ideologie dienten sie, indem sie ihrer eigenen Obrigkeit gehorsam waren, auch dem König.

Dabei sind Ethnoi territoriale Größen. Die ihnen zugestandenen Privilegien galten nur für die Einwohner eines bestimmten Gebietes – das Volk Israel betreffend also nur die Einwohner der Provinz Juda, nicht aber der Diaspora.[85]

Die Seleukiden haben in diesem Punkt aus der Not eine Tugend gemacht. Ihr gewaltiges und sehr ausdifferierendes Reich war nicht zentralistisch regierbar, und so begnügten sie sich mit diesen Strukturen, was nicht unbedingt als ein Zeichen von Schwäche gewertet werden darf. In Ägypten gab es dieses System zwar auch, praktisch spielte es jedoch kaum eine Rolle. Sie konnten viel direkter an der alten ägyptischen Vorstellung, dass das Land unmittelbar dem Herrscher gehört, anknüpfen.

Militärisch unterhielten sowohl Ptolemäer als auch Seleukiden ein kleines stehendes *Heer* und zusätzlich eine gewisse Anzahl an Reservisten, die bei Bedarf eingezogen wurden. Außerdem gab es noch Söldnertruppen. Reservisten und Söldner wurden in der Regel in einem Landstrich angesiedelt (Kleruchien), von wo sie dann auch ihre wirtschaftliche Versorgung erhielten. Sie bildeten gerade in der Region des Nahen Ostens das Rückgrat des Staates.[86] Alle Soldaten dienten dem König, nicht dem Reich. Das Heer war das Heer des Königs, auch wenn es für ihn ein Machtfaktor war, der ihm auch entgegentreten konnte.

Von der *zivilen Verwaltung* des Reiches ist fast ausschließlich das ptolemäische System bekannt. Die Ptolemäer haben eine doppelte Führungsspitze eingerichtet. Für den wirtschaftlichen Bereich war der Dioiketes zuständig. In Ägypten folgten ihm dann in der Hierarchie nach unten ein Oikonomos und ein Grammateus in jeder Provinz sowie entsprechende Ämter in den Städten und Dörfern. Für den polizeilichen Bereich waren die Strategoi zuständig, in jeder Provinz einer. Sie

---

84 Territorial umfasste das Gebiet wohl auch nur die spätere römische Provinz Juda, denn Samaria, Galiläa, Idumäa und Aschdod waren eigene Verwaltungsbezirke (Hyparchien) auf gleicher verwaltungstechnischer Ebene (Donner, Geschichte, 443).
85 Für die Diaspora sind sog. Politeumata belegt, beispielsweise in Herakleopolis in Ägypten. Siehe dazu Cowey/Maresch, Urkunden des Politeuma der Juden von Herakleopolis (144/3-133/2) (P.Polit.Iud.).
86 Heinen, Geschichte, 76f.

waren nicht dem Dioiketes, sondern dem König unmittelbar zugeordnet.

Privatleute konnten wirtschaftliche, aber auch staatliche Funktionen pachten. So gab es ein staatlich sanktioniertes Ölmonopol. Ein Beispiel für das Verpachten staatlicher Funktionen ist die Steuerpacht: der Pächter bezahlte den zu erwartenden Steuerbetrag im Voraus und trieb ihn dann auf eigene Rechnung ein.

Die gleichen Verwaltungsstrukturen führten die Ptolemäer auch in den von ihnen eroberten und beherrschten Gebieten ein, vor allem in Koilesyrien und Phönikien.

Angesichts einer Königsideologie, die die militärischen Erfolge in den Vordergrund stellte, darf nicht übersehen werden, dass die Ptolemäer große Investitionen in die wirtschaftliche Prosperität machten. Das geschah natürlich nicht ohne Eigennutz. Auf diese Weise machten sie zum einen das Reich unabhängig vom Außenhandel und erwirtschafteten zum anderen das Kapital, das zur Deckung der Kosten für die prunkvolle Lebensführung und die Kriege nötig war.[87]

Über das seleukidische System ist sehr wenig bekannt. Sie scheinen an die traditionellen Strukturen der von ihnen beherrschten Länder angeknüpft und sie beibehalten zu haben. Im palästinischen Raum führte das dazu, dass die Seleukiden das ptolemäische System übernahmen, als sie die Region eroberten. Im übrigen Reich ist jedoch zumindest unter Antiochos III. ein Unterschied zum ausdifferenzierten ptolemäischen Regierungssystem zu erkennen: neben dem König erscheinen zwei Beamte. Der eine ist für die Steuererhebung zuständig, der andere offenbar für alle weiteren Verwaltungsaufgaben. Haag beschreibt letzteren unter Hinweis auf dessen Titel ὁ ἐπὶ τῶν πραγμάτων als eine Art Geschäftsführer.[88] Diese Zuständigkeiten scheinen sich dann auch in den einzelnen Provinzen des Reiches jeweils widergespiegelt zu haben,[89] wobei die Seleukiden an der persischen Königsideologie anknüpften, nach der sich die Macht des Königs in der Macht seiner Statthalter in den Provinzen widerspiegelte.[90] Deutlich erkennbar ist, dass auch die Seleukiden in die wirtschaftliche Kraft ihres Reiches investiert haben, vor allem in die Infrastruktur. So haben sie Maße und Gewichte

---

[87] Zu den Handelsbeziehungen durch den ganzen Mittelmeerraum siehe Heinen, Geschichte, 82.
[88] Haag, Hellenistisches Zeitalter, 99.
[89] Haag, Hellenistisches Zeitalter, 99.
[90] Sasse, Geschichte, 118.

sowie den Geldverkehr vereinheitlicht.[91] Unter Antiochos III. scheint sich eine königliche Kasse entwickelt zu haben, auf die das wirtschaftliche System hin orientiert wurde. Aber dabei handelte es sich wohl eher um eine Verwaltung zur Steuererhebung, jedenfalls ist nicht erkennbar, dass sie so stark in das wirtschaftliche Leben eingriff wie der Dioiketes in Ägypten. Insgesamt scheinen die Statthalter in den Satrapien größere Handlungsfreiheiten gehabt zu haben als ihre „Kollegen" in Ägypten.

2.2.3 Jüdisches Leben zur Zeit Ben Siras

Die Nachrichten aus Juda, das zur Provinz Koilesyrien und Phönikien gehörte, sind aus frühhellenistischer Zeit sehr spärlich.[92] Das verwundert nicht, denn die griechischen Historiker haben sich in ihren Darstellungen vor allem an den großen Taten ihrer Könige orientiert und nur wenig Interesse für eine kleine Provinz am Rande des Reiches aufgebracht. So bleiben die späten biblischen und die apokryphen Schriften, die sich jedoch hauptsächlich mit den Ereignissen um den Makkabäeraufstand und die nachfolgende Zeit auseinandersetzen, sowie Josephus, einige andere Textfunde und wenige rabbinische Überlieferungen als Quellen.

Nach dem Tod Alexanders wurde die alte Provinz Jehud oder Juda von den *Ptolemäern* beherrscht. Sie haben in der Gesamtprovinz Koilesyrien und Phönizien wahrscheinlich wie in allen anderen Provinzen ihres Reiches auch ihre übliche *Verwaltungsstruktur* installiert: einen Strategos für die polizeiliche und einen Oikonomos für die wirtschaftliche und zivile Verwaltung sowie einen Epistates für Tempelstaaten und -länder, der die Abgaben an den König beaufsichtigte. Als Hauptverwaltungssitz kann aufgrund seiner häufigen Nennung in den Zenon-Papyri das heutige Akko, 261 in Ptolemais umbenannt, gelten.[93]

Welchen Status die „Teil-"Provinz Juda hatte, ist umstritten. Jedoch liegt es nahe, dass die Ptolemäer hier keine Ausnahme gemacht haben, sodass Jerusalem als Tempelstaat galt. Dafür spricht auch die Bezeichnung ‚Hierosolyma' für Jerusalem.[94] An der Spitze des Tempelstaates stand der Hohepriester. Ihm wurde dann wahrscheinlich auch ein Epi-

---

91 Heinen, Geschichte, 76.
92 Die Darstellung in diesem Abschnitt folgt im wesentlichen der Schäfers in ders., Antike, 17-77.
93 Hengel, Judentum und Hellenismus, 36.
94 Hengel, Judentum und Hellenismus, 45.

states zur Seite gestellt; zur Zeit Ben Siras war dies möglicherweise bei Onias III. der Tempelvorsteher (Prostates) Simeon.[95] Die politische Macht, die der Hohepriester ausübte, hängt also maßgeblich von der Stärke seiner Persönlichkeit ab: während Onias II. relativ schwach war und der Tobiade Josef viel Macht auf sich vereinigte, konnte Simon II. wieder eine starke Stellung erringen, wogegen sein Sohn Onias III. wiederum eher defensiv war und schließlich auch abgesetzt wurde.[96] Belegt ist, dass es auch in Juda Steuerpächter gab; das prominenteste Beispiel sind die Tobiaden. Der Vorteil dieses Systems liegt auf der Hand: Indem die Oberschicht an den Gewinnen, die die Provinz erzielte, beteiligt wurde, wurde sie zugleich an die ptolemäische Herrschaft gebunden. Das machte auch das Regieren dieser Länder einfacher.[97]

Die Ptolemäer haben viel in ihr Reich und die von ihnen eroberten Gebiete investiert. So haben sie es geschafft, ihrem Land zu einer *wirtschaftlichen Blüte* ohnegleichen zu verhelfen. Darüber geben die Zenon-Papyri für Juda ein deutliches Zeugnis ab. Aus ihnen geht hervor, dass technische Verbesserungen vorgenommen[98] und sogar neue Pflanzen in das Land eingeführt und angebaut wurden. Sie belegen auch, dass diese Maßnahmen gefruchtet haben und die Provinz danach mehr „abwarf" als vorher.[99] All das natürlich nur, um den größtmöglichen Gewinn daraus zu ziehen.[100] So blutete eine breite Bevölkerungsschicht, während sich eine kleine wohlhabende Oberschicht ausbildete.[101]

---

95 Wischmeyer, Kultur, 59, nimmt mit Zucker, jüdische Selbstverwaltung, 29, an, dass es keine ptolemäischen Beamten in Juda gab, sondern dass alles durch die Generalsteuerpacht der Hohenpriester bzw. der Tobiaden geregelt wurde. Die Wahrscheinlichkeit spricht dafür, dass auch die Steuerpächter überwacht wurden und dass diese Aufgabe ptolemäischen Beamten übertragen wurde. In der Regel waren diese ptolemäischen Beamten auch selber Griechen oder Makedonen. Unsicher bleibt, ob Juda eine Ausnahme bildete, was die Person Simeons zeigen würde, oder ob Simeon selber als Einheimischer im Amt eines Epistates eine Ausnahme war.
96 Hengel, Judentum und Hellenismus, 47.
97 Vgl. Hengel, Judentum und Hellenismus, 41f.
98 Siehe dazu Hengel, Judentum und Hellenismus, 90f.
99 Siehe dazu Schäfer, Antike, 33, und Hengel, Judentum und Hellenismus, 86.
100 Der in Juda angebaute „syrische Weizen" war, wie es Hengel darlegt, in Ägypten sehr geschätzt. Ebenso importierten die Ptolemäer aus Juda Olivenöl, weil in Ägypten fast ausschließlich anderes Pflanzenöl produziert wurde, und Wein (Hengel, Judentum und Hellenismus, 81f).
101 Diese konnte dann auch die umgekehrt aus Ägypten nach Juda exportierte Manufakturware wie Papyrus, Glas, Keramik etc. kaufen (Hengel, Judentum und Hellenismus, 82).

Im Unterschied zu Ägypten, wo die relativ kleine griechische Oberschicht der arbeitenden einheimischen ägyptischen Bevölkerung gegenüberstand, hat sich in Juda zwischen diesen beiden noch eine *einheimische Oberschicht* aus Großgrundbesitzern und Priesteraristokratie[102] herausgebildet. Auch dafür sind die Tobiaden das bekannteste Beispiel. Während die Landbevölkerung noch effektiver ausgebeutet wurde als zuvor, profitierte diese einheimische Oberschicht von den wirtschaftlichen Verbesserungen, die durch die Ptolemäer ins Land gekommen waren. Zudem konnten sie auch kulturell „aufsteigen" und ihr – aus griechischer Sicht – „Barbarentum" hinter sich lassen, wenn sie die griechische Sprache und die hellenistische Lebensweise annahmen.[103]

Daraus ergaben sich vielfältige Spannungsmomente innerhalb der judäischen Bevölkerung. Es verwundert bei all dem nicht, dass die einheimische Oberschicht aus Priester- und Laienaristokratie aufgrund ihrer für sie vorteilhaften Kontakte zu den griechischen Herren zu den Vorkämpfern für den Hellenismus wurde. Aus Sicht der unteren Schichten und der Landbevölkerung jedoch kollaborierten sie mit den Besatzern, verließen die Tradition der Vorfahren und eigneten sich fremde Kulturen an. Zu diesem ideologischen Konflikt kam noch hinzu, dass die Oberschicht mehr und mehr nicht mehr auf dem Land, sondern in der Stadt, insbesondere in Jerusalem wohnte und lebte.[104] Selbst die Tobiadenfamilie, die eigentlich aus dem Ostjordanland stammte, residierte zeitweise in der Provinzhauptstadt. Dagegen lebte der größte Teil der erwirtschaftenden Bevölkerung in einer agrarischen Region auf dem Land, sodass zusätzlich ein Stadt-Land-Gegensatz bestand, der zweifellos auch im Bewusstsein der Bevölkerung existent war.

Unterhalb dieser Oberschicht gliederte sich die Gesellschaft in Handwerker und Kaufleute, vor allem aber in Bauern. Letztere hatten den größten Anteil an der Bevölkerungszahl und trugen auch deren Hauptlasten. Schließlich gab es noch Lohnarbeiter oder Tagelöhner und Soldaten, die als Söldner ihr Geld verdienten.[105]

Doch die herrschende Elite saß nicht so fest im Sattel, wie es von außen vielleicht den Anschein gehabt haben mag. Sie war nämlich

---

102 Zu dieser einheimischen Oberschicht gehörten sicherlich beide Gruppen. Wenn Bringmann ausschließlich auf die Priesterschaft verweist, fokussiert er dabei zu eng (Bringmann, Hellenistische Reform, 70).
103 Hengel, Judentum und Hellenismus, 93. Hengel geht sogar davon aus, dass das die Möglichkeit zur Gleichberechtigung mit den Griechen bot.
104 Hengel, Judentum und Hellenismus, 101.
105 Wischmeyer, Kultur, 297.

durchaus vom Wohlwollen des Königs und seines Führungszirkels abhängig und dementsprechend auch davon, dass sie auf Änderungen der politischen „Wetterlage" schnell reagierte. Das zeigt das beständige Schwanken zur seleukidischen Seite, sobald die ptolemäische Macht abzunehmen schien, und später unter seleukidischer Herrschaft auch umgekehrt. Markantestes Beispiel ist der proseleukidische Umschwung, den die jüdische Oberschicht, vor allem der Hohepriester Simon II., gerade noch rechtzeitig während des fünften Syrischen Krieges, in dem Antiochos III. Jerusalem und die Provinz Juda eroberte, vollzogen hatte.

Über das seleukidische Steuersystem erfahren wir etwas durch den Dank, den Antiochos III. für die judäische Unterstützung und die neue Loyalität der Provinz aussprach. Denn er erließ ihr nach dem Bericht des Josephus (Ant XII,3,3 [XII §§ 138-144]) für drei Jahre einen Teil der *Steuern*. Auch das war aber wahrscheinlich wohl kalkuliert[106], denn dadurch band er die neue Provinz an sich und förderte gleichzeitig den wirtschaftlichen Aufschwung der kriegszerstörten Region. Kennzeichnend ist die Befreiung der Priesterschaft von den Steuern. Diese Maßnahme zeigt, dass Tempel in einem gewissen Sinne als Organ des Staates verstanden wurden. Wie die Steuern eingezogen wurden, ist unbekannt. Es spricht aber einiges dafür, dass auch die Seleukiden das System von Steuerpächtern angewandt haben.

Aus dem Erlass Antiochos III. anlässlich seiner Eroberung Koilesyriens von den Ptolemäern, in dem er das Tempelpersonal und die Gerusia von Steuern befreit, ist auch etwas über die zu zahlenden Steuern bekannt. Es gab demnach eine Salzsteuer, eine Kranzsteuer und eine Kopfsteuer. Hinzu kamen Zölle, Steuern auf Einkünfte und Ernteerträge, und darüber hinaus musste Tribut gezahlt werden, der möglicherweise die Höhe von 300 Talenten hatte, die Jason gegenüber Antiochos IV. auf 360 erhöhte, um die Hohepriesterwürde zu erhalten, für die dann später wiederum Menelaos 660 Talente bieten sollte.[107]

Aus dem Bericht des Josephus wird auch die *politische Verfassung* der Provinz Juda erkennbar.[108] An ihrer Spitze stand der Hohepriester; ihm

---

106 Wenn Donner, Geschichte, 445, die Steuererlassung als „Politik des seleukidischen Wohlwollens" bezeichnet, dann schreibt er Antiochos III. eine Sentimentalität zu, die dieser sicher nicht hatte.
107 Hengel, Judentum und Hellenismus, 53f.
108 Vgl. neben dem o.g. Abschnitt auch Ant XI,4,8 (XI §§ 111-113).

zur Seite gestellt war die Gerusia.[109] Die Zusammensetzung der Gerusia ist umstritten. In jedem Fall gehörte ihr die weltliche Aristokratie an, fraglich ist, ob auch die Priesterschaft Mitglied war. Wenn letzteres nicht zutrifft, dann wäre nach Kippenberg die Gerusia der erste Beleg für eine Emanzipierung des weltlichen Adels gegenüber der Priesterschaft.[110] Dagegen geht Hengel davon aus, dass der Gerusia auch die vornehme Priesterschaft angehörte, und zählt neben dem Laienadel auch die Großgrundbesitzer und Sippenoberhäupter dazu.[111] Noch einen Schritt weiter geht Bringmann, der die Gerusia fast vollständig von der Priesterschaft dominiert sieht.[112]

Die Bevölkerung der Provinz Juda galt als *Ethnos*. Ethnos ist in hellenistischer Zeit ein Terminus technicus, der ein Volk und sein Land bezeichnet, dem eine gewisse Autonomie mit eigenen Rechten zugestanden wurden. Zum Recht des jüdischen Ethnos gehörte, dass die Juden nach ihrer eigenen Rechtsüberlieferung, also nach der Tora des Mose, leben durften. Das impliziert natürlich, dass die Tora umgekehrt aus seleukidischer Sicht als vom König legitimiertes Gesetz galt. Die Seleukiden knüpften hier also an der persischen Rechtstradition an.[113]

Ethnoi waren jedoch politisch weniger angesehen als Poleis und besaßen auch weniger Rechte. So ist anzunehmen, dass Jason, als er sich das Amt des Hohenpriesters bei Antiochos IV. erkaufte, auch versuchte, durch die *Erhebung Jerusalems zur Polis* den Anschluss an die gesellschaftlichen und politischen Gegebenheiten zu gewinnen. Er beschaffte sich beim König das Recht, ein Gymnasium und ein Ephebeion zu bauen, zwei der herausragendsten Merkmale hellenistischer Bildung und Kultur, sowie das Recht, „die Antiochener in Jerusalem aufzuschreiben" (2Makk 4,9), das heißt eine Bürgerliste anzulegen. Nur als Bürger hatte man volle Rechte, zu denen auch der Besuch von Gymnasium und Ephebeion und damit der Zugang zu hellenistischer Bildung gehörte, und nur als Bürger war man an der Macht beteiligt. Dass Jason und seine Parteigänger über die Eintragung in diese Bürgerliste wachten, versteht sich von selbst, ebenso, dass er sie zum Machterhalt ge-

---

109 Siehe auch die Darstellung von Kaiser, Athen, 101f.
110 So Kippenberg, Klassenbildung, 84.
111 Hengel, Judentum und Hellenismus, 49. Hengel geht zudem davon aus, dass die Tobiaden hier ihr Machtzentrum hatten. Im Anschluss an Hengel auch Haag, hellenistisches Zeitalter, 101.
112 Bringmann, Hellenistische Reform, 79. Auch die Tobiaden hätten dem kein Gewicht entgegenzusetzen gehabt.
113 Vgl. Wischmeyer, Kultur, 57f. Bernett, Polis und Politeia.

nutzt haben wird.[114] Der übrige Teil der Bevölkerung war damit nämlich vom Bürgerrecht ausgeschlossen und faktisch entrechtet. Die tenz des jüdischen Volkes in der Provinz Juda als Ethnos mit einem Tempelstaat war außer Kraft gesetzt, denn die Tora als religiöse und staatliche Norm war damit praktisch abgeschafft worden. Stattdessen hatte sie nur noch religiöse Bedeutung. Diese wurde ihr aber wohl auch nicht von den Befürwortern der hellenistischen Reform abgesprochen. Es gibt mit Ausnahme der desavouierenden Notiz in 2Makk 4,14 keinen Hinweis darauf, dass beispielsweise die Reinheitsbestimmungen nicht mehr beachtet worden wären. Bringmann schreibt: „Die Option für Gymnasium, Ephebie und Polisverfassung bedeutete keine Entscheidung gegen die Religion und das ‚Gesetz' der Väter."[115]

Dennoch muss es besonders anstößig aus der Sicht der toratreuen Kreise gewesen sein, dass man das Gymnasium in unmittelbarer Nähe zum Tempel baute.[116] Der Betrieb des Gymnasiums in Jerusalem schien sich nach der Überlieferung der Makkabäerbücher von dem in anderen Städten durch nichts unterschieden zu haben.[117] Auch hier wurde nackt trainiert und gekämpft, was scheinbar viele dazu brachte, ihre Beschneidung operativ wieder rückgängig zu machen[118] – ebenfalls aus Sicht der toratreuen Kreise ein Abfall vom Glauben der Vorfahren.

Sicherlich kann nicht davon ausgegangen werden, dass die Reformen des Jason in einem Akt vollzogen wurden. Es ist noch nicht einmal sicher, ob er sie überhaupt zum Abschluss bringen konnte.[119] Zwar zeigt die Einladung zu den Spielen in Tyros, von der in 2Makk 4,18-19 berichtet wird, dass die „Antiochener in Jerusalem" von anderen Poleis ebenfalls als Polis anerkannt wurden, denn andernfalls wären sie nicht eingeladen worden.[120] Aber schon 173/172 wurde Jason von Antiochos IV. abgesetzt, und als sich der König 163 an die politische Führung wendet, schreibt er „an die Gerusia der Juden und an die übrigen Juden" (2Makk 11,27). Von einer βουλή, dem gewählten Rat, und anderen Organen einer Polis ist hier keine Rede. Offenbar haben sie nicht mehr existiert – wenn sie überhaupt jemals in der für eine Polis üblichen Art und Weise bestanden haben.[121]

---

114 Darauf verweist Bringmann, Hellenistische Reform, 74.
115 Bringmann, Hellenistische Reform, 67.
116 Vgl. dazu 2Makk 4,13-15.
117 1Makk 1,15 (vgl. auch Ant XII,5,1 [XII § 241]); 2Makk 4,12-20.
118 Ebd.
119 Bringmann, Hellenistische Reform, 86.
120 Vgl. Bringmann, Hellenistische Reform, 89f.
121 Vgl. Bringmann, Hellenistische Reform, 93f.

Als drei Jahre nach dem Amtsantritt Jasons Menelaos, der Bruder des Jerusalemer Tempelvorstehers Simon, sich bei König Antiochos IV. das Hohepriesteramt erkaufte, indem er ihm höhere Einnahmen aus der Provinz Juda versprach, kam es zum Bruch mit einer jahrhundertealten Tradition. Zum ersten Mal war nun ein Nicht-Zadokid im Amt des Hohenpriesters. Jason, der zwar auch nicht berechtigter Amtsinhaber gewesen war, war immerhin Zadokid gewesen. Dieser musste fliehen und lebte sicher beim proptolemäischen Zweig der Tobiaden, bei Hyrkan in der Ammanitis. Doch Onias III., den letzten legitimen Hohenpriester, der seit seiner Absetzung durch Jason im Exil lebte, ließ Menelaos ermorden. Damit endete die in den heiligen Schriften Israels begründete Priesterdynastie in Jerusalem. Doch von all dem ist im Buch Ben Sira noch nichts zu spüren, sodass hier nicht weiter darauf eingegangen werden soll.

Der Anteil Alexanders des Großen bei der *Verbreitung des Hellenismus* ist umstritten.[122] Tatsache bleibt aber, dass mit seinem Eroberungsfeldzug durch den östlichen Mittelmeerraum und weit darüber hinaus der Ausbreitung hellenistischer Kultur Bahn gebrochen wurde.[123]

Es war die *Sprache*, die die hellenistischen Reiche auch nach Alexanders Tod zusammenhielt, auch wenn sie sich untereinander als Rivalen und Feinde gegenüberstanden. Das zeigt sich bis hinein in die Begrifflichkeit der damaligen Zeit.[124] „Das Wort ἑλληνίζειν bedeutete in erster Linie ,griechisch korrekt sprechen' und erst sekundär ,griechi-

---

122 Vgl. dazu die Kontroverse zwischen Gehrke, Hellenismus, und Will, Alexander, die Haag, Hellenistisches Zeitalter, 41f, referiert. Aber unabhängig davon legt Hengel, Judentum und Hellenismus, 62f, überzeugend dar, dass griechische Kultur schon lange vor Alexander dem Großen im Nahen Osten bekannt ist. Phönizische Händler importierten griechische Waren, und griechische Münzen sind bis in das judäische Hinterland hinein nachgewiesen. So wurde die älteste griechische Münze in Tell Balatah (Sichem) gefunden und je nach Interpretation der Prägung zwischen 550 und 460 datiert (Wright, Tell Balatah, 19f). Siehe ebenfalls Grabbe, Hellenistic Judaism, 55ff. Zudem wurden in Arad griechische Ostraka aus dem beginnenden 6. Jh. gefunden, nach deren Auskunft griechische Söldner in Jojakims Diensten standen (siehe Renz/Röllig, Epigraphik, Bd. 1, 353-383, insb. 353f, auch 348f). Weitere Hinweise gibt Kaiser, Athen, 93-96. Vorsichtiger beantwortet die Frage Wenning, Griechischer Einfluss.
123 Ein sichtbares Zeichen dafür sind die zahlreichen Städte, die in Koilesyrien entweder neu gegründet wurden oder sich nach der Eroberung durch Alexander bzw. seine Generäle in griechischem Stil neu organisierten und zur Polis ausbildeten. Siehe dazu die ausführliche Darstellung bei Tcherikover, Hellenistic Civilization, 90ff, und Sasse, Geschichte, 141f; 158f.
124 Zur modernen Definition des Begriffs Hellenismus siehe Grabbe, Hellenistic Judaism, 54f.

sche Lebensweise annehmen."[125] Das Griechische der hellenistischen Zeit war die Koine, ein aus dem ionisch beeinflussten Attischen hervorgegangener sprachlicher Standard, der zahlreichen Texten dieser Epoche zugrunde liegt.[126]

Diese Kulturmacht der Sprache begegnete den Völkern des Nahen Ostens zweifellos schon vor Alexander, und so ist Hengel auch Recht zu geben, wenn er schon Mitte des 3. Jh. mit einer Griechisch sprechenden Minderheit auch in Jerusalem rechnet.[127] Jedoch gemeinsam mit der deutlich demonstrierten militärischen und wirtschaftlichen Stärke trat der Hellenismus dann erst mit Alexander auf, und ohne ihn ist die Entwicklung, wie sie geschehen ist, nicht denkbar.[128]

Die kulturelle Veränderung, die der Hellenismus auch in Juda mit sich brachte, lässt sich auch an den Namen ablesen, die in dieser Zeit auftraten. Seit dem 3. Jahrhundert treten Doppelnamen auf, das heißt Menschen tragen einen hebräischen Namen als ersten und einen griechischen als zweiten. Dabei wird man den hebräischen zu Hause und den griechischen bei auswärtigen Kontakten genutzt haben.[129] Der Zweitname entstand in der Regel entweder durch Übersetzung oder durch klangliche Anlehnung an den hebräischen.[130] Ein berühmter jüdischer Vertreter, von dem sogar nur der griechische Name bekannt ist, ist Antigonos von Sokko.[131] Er ist insofern noch bemerkenswert, als er

---

125 Hengel, Judentum und Hellenismus, 108; vgl. Heinen, Geschichte, 9.
126 Das bedeutet allerdings nicht, dass es sich um eine in allen sprachlichen Bereichen homogene Entwicklung handelt. Binder, Koine, 631f.
127 Hengel, Judentum und Hellenismus, 111.
128 Auch das zeigt sich wiederum an der Sprache. So hat das mischnische Hebräisch zahlreiche Lehnwörter aus dem Griechischen aufgenommen, die vor allem aus den Bereichen Militär, Recht und Verwaltung, Handel und Alltagsgegenstände stammen (Hengel, Judentum und Hellenismus, 113; er verweist dazu auch auf Schürer, Geschichte, Bd. 2, 59-84).
129 Hengel, Judentum und Hellenismus, 115. Hengel zeigt diese Entwicklung auch für die Diaspora in Ägypten auf, wobei sie hier naturgemäß noch stärker besteht, sodass sich dort um das Jahr 200 überwiegend griechische Namen eingebürgert haben (Hengel, Judentum und Hellenismus, 117). Siehe dazu die Urkunden des Politeuma in Herakleopolis in Ägypten (Cowey/Maresch, Urkunden).
130 Hengel, Judentum und Hellenismus, 118. Bekanntestes Beispiel gerade auch für die klangliche Anlehnung ist wohl Saulus Paulus aus neutestamentlicher Zeit (s. Schneider, Apostelgeschichte, 42).
131 mAvot 1,3 (Mischna-Zählung nach der Ausgabe Ueberschaer/Krupp). Antigonos von Sokko ist nur aus dieser Mischna bekannt. Er lebte noch in der Zeit vor dem ersten der fünf Paare der Mischna und erhielt nach mAvot 1,3 die Tora von Simon dem Gerechten, der oft als der Hohepriester Simon II. identifiziert wird, von dem auch Ben Sira spricht (Sir 50,1-21). Doch diese Zuordnung ist nicht sicher (Ueberschaer/Krupp, Avot, XVI; 2f).

mit Sokko aus einem kleinen Städtchen entweder südlich von Jerusalem oder südlich von Hebron stammt[132] und damit belegt, dass die Hellenisierung der Namen nicht nur ein städtisches Phänomen ist. Und schließlich haben auch die Hasmonäer trotz ihres ursprünglichen Kampfes gegen die hellenistische Überfremdung ab Johannes Hyrkan (135-104) griechische Namen getragen.[133]

Doch der Hellenismus war nicht nur eine sprachliche, sondern eben auch eine kulturelle Macht. Insbesondere die *Bildung* und die Erziehung spielten eine große Rolle. Die dazu notwendigen Einrichtungen brachten die Griechen und Makedonen in alle von ihnen eroberten Gebiete mit: das Gymnasium und das Ephebeion. Mehr noch als für die einheimische Bevölkerung hatten diese Institutionen für die Eroberer und Siedler die Funktion, nicht in den aus ihrer Sicht barbarischen Völkern, unter denen sie lebten, aufzugehen.[134] Für die einheimische Bevölkerung boten sie allerdings die Möglichkeit, durch Teilnahme und Teilhabe an der hellenistischen Bildung Zugang zu den Führungsschichten zu erhalten.[135]

Aus den beiden Makkabäerbüchern geht hervor, dass auch in Jerusalem ein Gymnasium gebaut wurde.[136] Zwar wird hier nichts von einem Ephebeion berichtet, aber es ist davon auszugehen, dass es ebenfalls dazu gehörte. Treibende Kraft waren hier allerdings wohl eher nicht Griechen, sondern Einheimische aus der jüdischen Oberschicht.

---

132 Avot, hg.v. Ueberschaer/Krupp, 3.
133 Dass die Furcht vor Überfremdung in religiösen Dingen in der Diaspora durchaus anders beurteilt wurde, als es die Hasmonäer taten, zeigen griechische Inschriften in Synagogen, die in Ägypten seit der Mitte des 3. Jahrhunderts belegt sind. So waren die Synagogen in Schedia/Chédia (Kafr ed Daouar) und in Arsinoe-Krokodilopolis mit einer Widmungsinschrift für Ptolemaios III. Euergetes (246-221) und seine Frau Berenike versehen (Tcherikover/Fuks, Corpus Papyrorum, 141 (Nr. 1440); 164 (Nr. 1532A); für Nr. 1440 auch: Frey, Corpus Inscriptorum, 366), die zudem unübersehbare Ähnlichkeiten mit Weiheinschriften heidnischer Sakralbauten aufweisen (Hengel, Proseuche, 159f). Zu weiteren Überlegungen zu Synagogen und ihrer Bedeutung in dieser und der nachfolgenden Zeit siehe Hengel, Proseuche, 158ff.
134 Hengel, Judentum und Hellenismus, 122.
135 Hengel, Judentum und Hellenismus, 123. Diese Möglichkeit war für Einzelne gegeben. Es kann jedoch keine Rede davon sein, dass man von griechischer Seite aus versucht hätte, die eigene Kultur den anderen Völkern aufzuerlegen bzw. ihnen den Zugang zu hellenistischer Bildung nahe zu legen (Grabbe, Hellenistic Judaism, 57; gegen Skehan/Di Lella, Ben Sira, 16).
136 1Makk 1,14; 2Makk 4,9-14.

2.2 Ein Blick auf den zeitgeschichtlichen Hintergrund 59

Ihr Ziel war zweifellos, in eben jene hellenistische Kultur einzusteigen und als gleichberechtigt anerkannt zu werden.[137]

Bemerkenswerter als dieses Ansinnen des Hohenpriesters Jason und seiner Anhängerschaft ist jedoch, dass Jason selber, wollte er als Gymnasiarch das Gymnasium leiten, eine hellenistische Ausbildung zumindest bis zu einem gewissen Grad genossen haben musste.[138] Der Hellenismus war also um 175, als Jason begann, seinen Plan in die Tat umzusetzen, in der Oberschicht fest verankert. Andernfalls hätte er wohl auch kaum die Anhängerschaft zusammenbekommen, die es für eine solche Neuerung in Jerusalem brauchte. Wahrscheinlich hat Hengel Recht, wenn er sagt, dass die Ausbreitung griechischer Bildung parallel einherging mit der Ausbreitung der griechischen Sprache in Juda und dass es schon vor Errichtung des Gymnasiums eine kleine Elementarschule gab, in der die Kinder der Oberschicht schon seit geraumer Zeit griechische Sprache und Sitte kennen lernten.[139]

So ist auch bemerkenswert, dass in den Makkabäerbüchern im Kontext der hellenistischen Reform unter Jason nichts von Aufständen oder Protesten berichtet wird, obwohl die Überlieferung in 2Makk 4 eindeutig gegen Jasons Politik Stellung bezieht. Sie ergeht sich jedoch nur in allgemeinen Wertungen (vgl. 2Makk 4,13). Offenbar sind Jasons Maßnahmen nicht auf wirklichen Widerstand gestoßen, und möglicherweise hat sich auch für den größten Teil der Bevölkerung kaum etwas geändert. Jedenfalls ist auch in den Makkabäerbüchern keine Rede davon, dass Jason konkret etwas am Kult oder an den Bestimmungen des Judentums geändert habe.[140] Das ändert sich erst unter Menelaos.[141]

Die Konflikte, die sich dann unter dem Hohenpriester Menelaos abspielten und zum Makkabäeraufstand führten, dürfen nicht darüber hinwegtäuschen, dass Judentum und Hellenismus nicht zwangsläufig und in ihrer Gänze Gegensätze waren.[142] Grabbe resümiert zu Recht: „All Jews were part of the Hellenistic world and thus in some sense ‚Hellenistic'; the fact that one used Hebrew or Aramaic does not negate this."[143] Ein Beispiel dafür ist gerade das Buch Ben Sira.

---

137 Hengel, Judentum und Hellenismus, 135.
138 Vgl. Hengel, Judentum und Hellenismus, 139.
139 Hengel, Judentum und Hellenismus, 140.
140 Vgl. Grabbe, Hellenistic Judaism, 66f.
141 Grabbe, Hellenistic Judaism, 67f.
142 Gruen, Heritage, XIV. Die Empörung, mit der Tcherikover darüber schreibt, ist unbegründet (siehe Tcherikover, Hellenistic Civilization, 117). Siehe ebenfalls die Bewertung von Grabbe, Hellenistic Judaism, 67f.
143 Grabbe, Hellenistic Judaism, 55.

3. Das Schul- und Bildungswesen in Israel und seiner Umwelt

Bevor es um die Vorstellung von Bildung geht, die Ben Sira in hellenistischer Zeit in seinem Buch vertritt beziehungsweise dort zu erkennen gibt, werden in den folgenden beiden Kapiteln die Traditionen und Gegebenheiten beleuchtet, die Ben Sira vorfand, aus denen er schöpfen konnte und mit denen er sich auseinander setzen musste: die Bildungstradition Israels und die des Hellenismus.

Beide verliefen in der späteren Zeit parallel. Doch gemäß der historischen Entwicklung wird zuerst ein Überblick über die Diskussion über das Schul- und Bildungswesen in Israel mitsamt seiner altorientalischen und ägyptischen Vorgeschichte gegeben, bevor dann das hellenistische Erziehungs- und Bildungssystem vorgestellt wird. Dabei ist die folgende Darstellung an die sehr unterschiedliche Quellenlage in den einzelnen Bereichen, Orten und Epochen, aber auch an eine Forschungslage, die ebenfalls sehr unterschiedliche Schwerpunktsetzungen und Fragestellungen aufweist, gebunden.[1]

---

1   Diese Problematik zeigt sich bereits in den den folgenden beiden Kapiteln 3.1 und 3.2 zugrundliegenden Forschungsarbeiten. Während bei der Frage nach Schule, Schulwesen und Unterricht in der Altorientalistik auf das tatsächlich von Schülern und Lehrern verwendete Material zurückgegriffen und dieses ausgewertet wird, greift die Ägyptologie stark auf die Weisheitslehren zurück. Während erstere ihr Bild von den heute noch auffindbaren unmittelbaren Hinterlassenschaften des Schulalltags her entwirft, tut dies die Ägyptologie von „theoretischen", gelegentlich auch den Schulalltag beschreibenden Texten her, zieht also gewissermaßen Texte einer Metaebene heran. Wer dieselbe Frage für Israel stellt, stößt auf ein Schweigen der Quellen und eine umso lebhaftere Diskussion für und gegen die Annahme von Schulen in Israel, die gelegentlich doch sehr einseitig und zum Teil auch sehr auf das jeweils eigene Ziel hin gerichtet geführt wird.

3.1 Babylonien und die altorientalische Umwelt Israels

Das Schulwesen in Babylonien[2] hat seinen Ursprung in der Entwicklung der Schrift.[3] Während das handwerkliche Wissen meist vom Vater auf den Sohn weitergegeben wurde, bedurfte das Lesen und Schreiben einer besonderen Ausbildungsstätte und eines besonderen Curriculums. Denn Lesen und Schreiben waren vor allem die Tätigkeiten der Verwaltungsbeamten der Reiche des Alten Orients, aber auch der Priesterschaften, die so einen reibungslosen Ablauf der Verwaltungsvollzüge oder eine korrekte Weitergabe der Tradition gewährleisteten. Um dieses zu erreichen, brauchte es eine gewisse Vereinheitlichung und Normierung. Dies geschah durch ein Schulsystem, das einheitlichen Vorgaben und einem festen Curriculum folgt.[4]

3.1.1 Geschichte des babylonischen und altorientalischen Schulwesens

Dabei kann das Schul- und Bildungswesen in Babylonien auf eine lange Geschichte zurückblicken. Ende des 4. Jt. wurde in Mesopotamien die Schrift entwickelt. Zu der Zeit war in den Tempeln, aber auch in der staatlichen Verwaltung ein Apparat entstanden, der ein einheitliches System brauchte, um die immer komplexer werdenden administrativen Vorgänge zu bewältigen. So lassen sich in der Uruk III-Schriftstufe (ab 3000 vor Beginn der christlichen Zeitrechnung) in ganz Südmesopotamien einheitliche Schreibkonventionen nachweisen.[5] Die Schüler lernten Lesen und Schreiben anhand von Listen mit Zeichen und Worten, die das gängige Verwaltungsvokabular enthielten.[6]

---

2   Die folgenden Ausführungen orientieren sich im wesentlichen an der Arbeit von Petra Gesche, Schulunterricht, die mit ihrer Dissertation zum Schulwesen im Babylonien des ersten Jahrtausends vor Beginn der christlichen Zeitrechnung eine lange bestehende Lücke in der altorientalischen Forschung schloss (vgl. Hermisson, Spruchweisheit, 107; Waetzoldt, Schreiber, 33). Siehe ebenso die Darstellung bei Carr, Writing, 17-46, der sich aber im Wesentlichen auf dieselben Quellen bezieht, wie sie auch hier verwendet werden.
3   Kramer, Tablets of Sumer, 3.
4   Gesche, Schulunterricht, 3; 9. Ich schließe mich im Folgenden terminologisch der Definition von Gesche, Schulunterricht, 43, an, die zwischen „Schultext" als einem für die Schule normativen Text, unabhängig vom Medium, und „Schülertafeln", den von Schülern geschriebenen Tontafeln, unterscheidet.
5   Nissen, Frühe Schriften, 147; Gesche, Schulunterricht, 9f.
6   Solche Listen sind bereits aus der Zeit vor Uruk III belegt. Zu weiterführenden Informationen siehe Gesche, Schulunterricht, 10.

Aus Fara sind aus der Mitte des 3. Jt. umfangreiche Textsammlungen bekannt.[7] Hier lässt sich ca. 2600 vor Beginn der christlichen Zeitrechnung auch ein verbreitetes festes Curriculum nachweisen, denn mehrere Schülertafeln, die aus unterschiedlichen Fundzusammenhängen stammen, enthalten dieselben Texte. Dabei scheint dieses Curriculum in Fara bereits von anderen Städten übernommen worden zu sein, denn die Stadtgötter von Fara werden in der zu Übungszwecken abgeschriebenen Götterliste nur an untergeordneter Stelle genannt.[8] Ebenfalls auf einen geordneten Schulbetrieb weisen die standardisierten Maße der Schreibtafeln der Schüler hin.[9]

Für die Akkadzeit (2350-2200) sind neben den üblichen Listen auch literarische Texte belegt, so zum Beispiel ein Hymnus beziehungsweise Gebet, aber auch eine Sammlung von Briefformularen.[10] Zudem werden hier historische Texte geübt.[11] Die Listen geben die Didaktik der Lehrer zu erkennen. So haben beispielsweise die Schüler, nachdem sie ein Zeichen gelernt haben, offenbar zur Vertiefung Namenslisten geschrieben, in denen dieses Zeichen vorkam.[12]

Für die Neusumerische Zeit (Uruk III-Zeit, 2111-2003) geht aus Wirtschaftstexten hervor, dass Lesen und Schreiben eine Kenntnis wurde, die durch alle Bevölkerungsschichten hindurch ging. So lernten Sklaven zumindest die für ihren Tätigkeitsbereich wichtigen Zeichen,[13]

---

7 Veröffentlicht in Deimel, Fara II. Schöne Abbildungen bietet auch der Katalog des Vorderasiatischen Museums Berlin (Nr. 27; 29).
8 Gesche, Schulunterricht, 11, lokalisiert den Ursprung der Liste in Lagaš und Umma, da die dortigen Götter vollständig genannt werden.
9 Die Tafeln sind entweder groß und rechteckig, gelegentlich auch quadratisch, oder klein und abgerundet. Die beiden im Katalog des Vorderasiatischen Museums abgebildeten Ausstellungsstücke (Nr. 27 und 29) haben beispielsweise eine Größe von 21x20 cm als großes und 6x6 cm als kleines Exemplar; dabei ist letzteres abgerundet. Die Tafeln sind in mehreren Kolumnen mit Listen beschriftet, die Götternamen, Berufe, Zahlen und thematisch zusammengestellte Begriffe enthalten (Gesche, Schulunterricht, 11). In Bezug auf das Letztere sollten die Schüler auf diese Weise wohl lernen, Worte bei Gleichklängen zu unterscheiden (Marzahn, Vorderasiatisches Museum, 77).
10 Gesche, Schulunterricht, 12f. Dabei ist bemerkenswert, dass beide Textformen ohne erkennbare Trennung auf derselben Tafel aufeinander folgen. Dokumentiert ist die Tafel in Gelb, Sargonic Texts, MAD 5, 91.
11 Tafeln sind belegt in Gelb, Sargonic Texts, MAD 1, 186; 192; 194.
12 Gesche, Schulunterricht, 13.
13 Waetzoldt, Keilschrift, 40, mit Verweis auf Reisner, Tempelurkunden, 159 III 37f; V 19f; XII 15-21.

aber auch Šulgi, König in Uruk 2093-2046, rühmt sich als Königssohn in die Schule gegangen zu sein:[14]

Von Kindheit an war ich in der Schule
und lernte die Schreibkunst auf Tafeln von Sumer und Akkad.

Das bedeutete natürlich keine Chancengleichheit. Es ist aber dennoch erkennbar, dass je nach Qualität der Ausbildung und des Schreibers Aufstiegsmöglichkeiten bestanden.[15] Die Bemerkung des Königs Šulgi ist dabei zugleich der erste Hinweis auf institutionalisierte Schulen.[16] Šulgi selber gründete weitere in Ur und Nippur und trug so dem gewachsenen Verwaltungsbedarf seines Reiches Rechnung.[17] Vorher, aber wohl auch parallel zu den eigentlichen Schulbetrieben fand die Ausbildung zum Schreiber im Rahmen der Familie statt.[18] „Der Vater unterrichtete seinen Sohn selbst oder nahm ein Kind bei sich auf. Er zog sich so seinen Nachfolger selbst heran"[19]. Nun lässt sich eine Ausbildungslaufbahn erkennen: Am Anfang stand der Besuch der Schule, wo die Schüler Lesen und Schreiben lernten, dann erhielten sie in einem zweiten Schritt eine auf ihren späteren Beruf ausgerichtete praktische weitere Ausbildung.[20]

Aus der altbabylonischen Zeit (1. Hälfte des 2. Jt.) lassen sich sowohl ein Curriculum als auch der Unterrichtsablauf rekonstruieren.[21] Am Anfang stand eine kanonisierte Zeichenliste, die durch Abschreiben gelernt wurde; dem folgten Silbenzeichen, dann Personennamen,

---

14 Šulgi B 13-14; dokumentiert in Castellino, Šulgi, 30-33 (Zeilen 13-20), hier Übersetzung nach Gesche, Schulunterricht, 14.
15 Waetzoldt, Keilschrift, 42.
16 Gesche, Schulunterricht, 14f.
17 Nissen, Frühe Schriften, 150; Gesche, Schulunterreicht, 15. In Nippur wurden im Bereich TA im Haus F zahlreiche Schülertafeln gefunden. Die gefundenen großen Krüge wurden wahrscheinlich dazu benutzt, den Ton für die Schreibtafeln feucht zu halten, um sie wiederverwenden zu können. In einem weiteren Raum wurde ungeformter Ton gefunden, der wahrscheinlich zur Herstellung der Tafeln bestimmt war. Auffällig ist, dass die Räume nicht größer waren als die in normalen Wohnhäusern (Veldhuis, Elementary Education, 26).
18 Nissen, Frühe Schriften, 150; Waetzoldt, Schreiber, 33.
19 Waetzoldt, Schreiber, 33.
20 Gesche, Schulunterricht, 15.
21 Siehe Gesche, Schulunterricht, 16-20. Die grundlegende Arbeit dazu hat Veldhuis, Elementary Education, vorgelegt. Vgl. dazu a.a.O., 24-39, wo Veldhuis einen Überblick über die Quellen gibt, die er in literarische und archäologische differenziert. Literarische Quellen nennt er Texte, die das Schulwesen darstellen, als archäologische Quellen bezeichnet er die gefundenen Schülertafeln, aus denen auf den Unterricht rückgeschlossen werden kann.

sumerische idiomatische Ausdrücke und lexikalische Listen sowie sumerische Sprichwörter. Schließlich wurde der Unterricht mit Modelltexten fortgesetzt. In einer letzten, aber wahrscheinlich nicht mehr von allen Schülern erreichten Stufe wurden literarische Texte geschrieben. Da diese Texte auf Sumerisch – zu dieser Zeit bereits eine Sprache der Vergangenheit – verfasst waren, mussten die Schüler zugleich sumerische Fremdsprachenkenntnisse erwerben.[22]

Während sich wegen der geringen Anzahl aus den Funden aus mittelbabylonischer Zeit (1600-1150) kein Curriculum feststellen lässt, weist die frühneubabylonische Zeit (Mitte 8. Jh.) ähnliche Listen wie die altbabylonische Zeit auf.[23] Bemerkenswert ist, dass zu dieser Zeit, in der sich das Aramäische ausbreitet, diese Sprache offenbar auch von den Schülern gelernt, dabei aber nicht im aramäischen Buchstabenalphabet, sondern in der babylonischen Silbenschrift geschrieben wurde.[24]

Neben dem engeren babylonischen Raum ist auch in umliegenden Städten und Staaten Schulunterricht belegt, so im Bereich Assyriens und des Hethiterreiches, aber auch in Ebla und Ugarit. Doch hier ist die Quellenlage in Bezug auf Schülertafeln aufgrund fehlender Forschung noch nicht zur Genüge erschlossen, sodass sich wenig über das jeweilige Schulwesen oder gar ein Curriculum sagen lässt. So richtete man sich in Ebla (2. Hälfte 3. Jt.) nach den babylonischen Vorgaben, modifizierte sie aber entsprechend den eigenen Ansprüchen. Auch Funde aus Assur (2. Jt.) legen nahe, dass die Assyrer sich eng an das babylonische System anlehnten, nach dem die Schüler zunächst die Schriftzeichen in Listenform lernten und dann Textauszüge abschrieben, sodass sie zugleich Kenntnis der eigenen kulturellen Tradition erlangten.[25] Aus Ugarit (1400-1200) sind wiederum zahlreiche Schülertafeln bekannt. Hier wurden die Schüler sowohl in der sumerischen als auch in der akkadischen Sprache unterrichtet, sodass sie mit dem heimatlichen Ugaritisch in insgesamt drei Sprachen Texte lernten. Dabei richtete man sich in Ugarit nach der mesopotamischen Keilschrift, schuf aber auch ein eigenes Buchstabenalphabet, das sich der äußeren Form nach zwar an die Keilschrift anlehnte, sich von der Systematik her jedoch stark davon

---

22 Weitere Details in Gesche, Schulunterricht, 18-20.
23 Cole, Nippur IV, Nr. 114-118.
24 Siehe dazu Gesche, Schulunterricht, 22. Die betreffende Tafel BM 25636 aus dem British Museum ist noch nicht publiziert.
25 Gesche, Schulunterricht, 23f.

unterschied.²⁶ Im Schulunterricht wurden beide Systeme offenbar unabhängig voneinander behandelt, denn es gibt nur wenige Schülertafeln, auf denen beide verwendet werden. Im Großen und Ganzen entsprach das Curriculum in Ugarit dem altbabylonischen.²⁷ Für das zeitlich zu Ugarit parallele Hethiterreich (1600-1200) lässt sich wiederum kaum etwas über den Schulunterricht sagen. Immerhin weist ein Brief auf Schulen auch außerhalb der Hauptstadt Hattuša hin.²⁸

3.1.2 Das Schul-Curriculum

Gesche unterscheidet in ihrer Darstellung zwei bis drei Ausbildungsstufen, die sich aufgrund des Schwierigkeitsgrades der gefundenen Schülertafeln feststellen lassen.²⁹ Die erste Stufe müssen alle Schüler absolvieren. In ihr lernen sie zunächst die Zeichen zu schreiben und dann in Begriffslisten anzuwenden.³⁰ Dabei erlernten sie zugleich das für eine Verwaltungslaufbahn notwendige Vokabular sowie die üblichen Formulare. Nach heute kaum sicher feststellbaren Kriterien – gesellschaftliche Stellung und finanzielle Möglichkeiten der Eltern spielten sicherlich ebenso eine Rolle wie ihre Pläne für ihren Sohn,³¹ aber

---

26   Siehe dazu Tropper, Ugaritische Grammatik, 27, der elf Alphabettäfelchen zählt, die wahrscheinlich Schreibübungen waren.
27   Gesche, Schulunterricht, 25f.
28   Rost, Briefe, 349. Gesche, Schulunterricht, 27.
29   Gesche, Schulunterricht, 43. Siehe auch Waetzoldt, Schreiber, 38-42. Für einen kurzen, älteren Überblick siehe Kramer, Sumerians, 229-248.
30   Die Tafeln aus dieser Lernstufe haben einen charakteristischen Aufbau, den Gesche, Schulunterricht, 44-49, in drei Typen beschrieben. Gemeinsam ist ihnen allen, dass die Schüler Listen geschrieben haben, zunächst Listen von Zeichen, dann von Zeichenkombinationen, von Worten, Namen, Ortsbezeichnungen und auch von Göttern. Zu Weiterem siehe Waetzoldt, Schreiber, 36; zu den Charakteristika der einzelnen Listen siehe Gesche, Schulunterricht, 61ff; 211.
31   Kramer, Tablets of Sumer, 5, verweist auf die von Schneider, dub-sar [sic!], zusammengestellte Liste, aus der hervorgeht, dass die meisten Schreiber aus den höher gestellten Kreisen der Gesellschaft stammten.
     Falkenstein, Sohn des Tafelhauses, 182, schließt umgekehrt aus den Angaben im Text „Sohn des Tafelhauses" (Zeilen 20-22), nach denen die Mutter selber das Schulbrot für ihren Sohn gebacken habe, dass zumindest dieser Schüler aus der „einfachen städtischen Schicht" stamme. Doch muss auch Falkenstein zugeben, dass der Text schwer lesbar ist und es sich bei der Basis für seine Annahme, nämlich das Vorkommen des Wortes „Backofen", um eine Konjektur seinerseits handelt. Römer, der die Übersetzung des Textes für TUAT besorgt hat, widerspricht dann auch Falkenstein (Römer, Sohn des Tafelhauses, 70). Gegen eine soziologische Verortung der Schüler in den einfachen Schichten spricht auch der beträchtliche Zeitaufwand, den der Schulbesuch darstellte. Mit Hermisson, Spruchweisheit, 109, und Kramer, Schu-

auch die intellektuellen Fähigkeiten des Schülers waren wohl kaum zu vernachlässigen[32] – wechselten die Schüler dann entweder direkt in eine Fachausbildung zu Verwaltungsbeamten und Schreibern oder in die zweite Schulstufe. Mit Abschluss der ersten Schulstufe ist die Ausbildung also nicht beendet. Eine konkrete Berufsausbildung muss in jedem Fall noch folgen.[33]

In der zweiten Schulstufe lernten die Schüler neben den Wortlisten, die weiter geübt wurden, literarische Texte zu schreiben, indem sie Exzerpte anfertigten.[34] Auf diese Weise wurden sie zugleich mit der klassischen Bildung ihrer Tradition vertraut und lernten Grundbegriffe verschiedener Berufsfelder, die sich ihnen nach dieser Schulstufe eröffneten.[35] Den Lehrern stand in ihrem Unterricht ein festgelegter Kanon von Texten zur Verfügung, zu dem unter anderem das Enūma Eliš, weisheitliche Texte, aber auch topographische und lexikalische Listen sowie Beschwörungen und Gebete gehörten.[36]

Nach Absolvierung der zweiten Schulstufe stand den Schülern nun der Weg in eine Fachausbildung zu Gelehrten und Schreibern von literarischen und religiösen Texten offen.[37] Bis dahin konnte die Ausbildung in der Schule von der frühen Kindheit bis zum Erwachsenwerden dauern.[38] So heißt es im „Examenstext A":[39]

Von Kindheit an, bis du ein reifer Mann wurdest, saßest du im Tafelhaus.

Die Schüler saßen täglich von frühmorgens bis in den Nachmittag im Unterricht an 24 von 30 Tagen im Monat.[40]

---

le, 657, ist davon auszugehen, dass nur reichere Eltern ihre Söhne zum Unterricht schicken konnten.
32 Gesche, Schulunterricht, 211. Wenn ein Fürst Bedarf an Verwaltungskräften hatte, kam es sogar vor, dass er Stipendien in Form von Lebensmittelrationen für Schüler bereit stellte (Waetzoldt, Keilschrift, 39, mit Verweis auf seine eigene unpublizierte Habilitationsschrift „Das Schreiberwesen in Mesopotamien nach den Texten aus neusumerischer Zeit (ca. 2164 - 2003 v.Chr.)" von 1974).
33 Vgl. dazu die Skizze bei Gesche, Schulunterricht, 210.
34 Siehe dazu Gesche, Schulunterricht, 49-52.
35 Gesche, Schulunterricht, 172.
36 Gesche, Schulunterricht, 173; Hermisson, Spruchweisheit, 110-112. Einen knappen Überblick bietet Dürr, Erziehungswesen, 61-66.
37 Gesche, Schulunterricht, 210.
38 Gesche, Schulunterricht, 219.
39 Zeile 4, ediert bei Sjöberg, Examenstext A, 140f; zitiert auch bei Waetzoldt, Schreiber, 38.
40 Hermisson, Spruchweisheit, 109; Waetzoldt, Schreiber, 38.

3.1 Babylonien und die altorientalische Umwelt Israels

Auffällig am babylonischen Curriculum ist, dass der Lernstoff insgesamt wenig praxisorientiert ist. So wurden beispielsweise in den Zeichenlisten zahlreiche Zeichen gelernt, die keine Anwendung mehr fanden. Auch die Begriffslisten waren für die Schüler ohne Erklärung kaum verständlich; ob die Lehrer die nötigen Erklärungen gaben, ist jedoch unbekannt. So scheint der Wert der Schule vor allem darin zu bestehen, dass die Schüler vor allem Lesen und Schreiben lernten sowie eine kulturelle Grundbildung erhielten.[41] Die praktische Seite des Bildungssystems wurde offenbar in Fachausbildungen geleistet, in denen sich die Schüler nach der Schule für bestimmte Berufe spezialisierten.[42] Das bestätigt indirekt die Vermutung, dass die babylonischen Schulen relativ selbstständig gegenüber Tempeln und Verwaltung waren.[43]

Am Ende der Schulzeit stand in der neuassyrischen Zeit eine Prüfung. Wie eine solche Prüfung vor sich ging, ist im „Examenstext A" beschrieben: Ein Schüler muss vor einem Prüferkollegium Platz nehmen und wird dann auf sein Wissen hin befragt.

1 Der Schreiber prüft seinen Sohn (und sagt):
2 „In der Versammlung der Meister, im Hofe des Tafelhauses,
3 setze dich, wohlan, mein Sohn, zu meinen Füßen nieder;
   ich will dir (etwas) sagen, und du wirst mir Auskunft geben.
   ... ich will zu dir sprechen, öffne du (mein[sic!]) O(hr)!"[44]

---

41 Kramer, Tablets of Sumer, 6; Gesche, Schulunterricht, 212.
42 Vgl. dazu Gesche, Schulunterricht, 213-218, die die verschiedenen Berufssparten (Beschwörungskunst, Kultgesang/Musik, Omenkunde, Mathematik/Astronomie, Wirtschaft und Recht) darstellt.
43 Hermisson, Spruchweisheit, 108f.
44 Die Zeilen 1-3 beschreiben das Setting; die Fragen beginnen ab Zeile 12. Übersetzung nach Sjöberg, Examenstext A, 140f. Dabei kann aus diesem Text aber wohl nur das Prüfungsverfahren abgelesen werden, nicht dessen Inhalt. Denn zum einen gehen die von den Prüfern gestellten Fragen nach Gesche, Schulunterricht, 198, weit über das Curriculum der Schule hinaus und gehören wohl eher zum Abschluss einer Fachausbildung. Zum anderen stellt sich die Frage, wie realistisch es war, dass ein Schüler bereits vor der Prüfung eingeschüchtert wurde, wie dies die Zeilen 4-5 zu erkennen geben:
   4 Von Kindheit an, bis du ein reifer Mann wurdest, saßest du im Tafelhause.
   5 Du kennst (aber) nicht die Zeichen der Schreibkunst, die du gelernt hast.
Damit muss offen bleiben, ob hier eine tatsächliche, missglückte Prüfung geschildert wird oder ob es sich insbesondere angesichts der Beschimpfungen des Prüflings am Anfang und dann wieder am Ende der Prüfung (ab Zeile 32 in Sjöberg, Examenstext A, 144-147; Waetzoldt, Schreiber, 37) nicht doch eher um eine Mahnung und Warnung für künftige Prüflinge handelt.

In der neu- und spätbabylonischen Zeit sind keine Prüfungen belegt. Dagegen gibt es Weihungen von Schultafeln an Götter. Wahrscheinlich wurde so der Abschluss eines Lernabschnitts religiös begangen.[45]

3.1.3 Methodisch-didaktische Aspekte

Wie der Unterricht in seiner Didaktik aufbereitet war, lässt sich nur in Grundzügen feststellen. In einem der Texte ist möglicherweise die Rede davon, dass der Lehrer die Hand des Schülers führt, damit dieser die Zeichen richtig einritzt:[46]

> Er ließ meine Hand auf dem Ton richtig sein.

Für die altbabylonische Zeit ist belegt, dass der Lehrer die abzuschreibenden Texte auf der Schreibtafel vorschrieb und der Schüler sie rechts daneben abschreiben musste. So heißt es in dem Text „Der Vater und sein missratener Sohn":[47]

> Du hast gesagt, dass mein großer Bruder meine neue Tafel beschreiben soll.

Auch die Tatsache, dass die großen Epen in kleine, je nach Fortschritt des Schülers verlängerte Abschnitte unterteilt wurden,[48] kann als Konsequenz didaktischer Überlegung gewertet werden. Jedoch betrifft dies nur die Menge des Stoffs, nicht seinen Inhalt, denn dessen Verständnis geht bei einer sehr mechanischen Aufteilung von 3 Zeilen in der ersten und 4-10 Zeilen in der zweiten Schulstufe zwangsläufig verloren. Mehr Freiheit gaben den Lehrern die sogenannten nicht-kanonischen Texte[49],

---

45 Gesche, Schulunterricht, 198.
46 Aus dem Text „Ugula und der Schreiber" (Zeile 11). Übersetzung nach Gesche, Schulunterricht, 168, die dem Textzeugen SRT 28 folgt und diesen Satz auch in dem Sinne interpretiert, dass der Lehrer die Hand des Schülers führt und ihm so die Grundzüge des Schreibens beibringt.
47 Zeile 5. Der Text ist ein Dialogtext. Unter dem „großen Bruder" ist der Hilfslehrer zu verstehen. Der Text ist bei Sjöberg, Der Vater, ediert. Übersetzung nach Gesche, Schulunterricht, 168.
48 Gesche, Schulunterricht, 167.
49 Unter „kanonischen" Texten sind die Texte zu verstehen, die als Schultexte allgemein anerkannt waren und weit gestreut belegt sind. Daneben gab es regional unterschiedliche Texte; diese werden als „nicht-kanonisch" bezeichnet. Vgl. Gesche, Schulunterricht, 61f.

mit denen die zu erlernenden Zeichen an praxisorientierteren Beispielen gelehrt und gelernt wurden.

Aus Texten, in denen über den Schulunterricht geschrieben wird, geht hervor, dass auch die mündliche Erklärung des Lehrers sowie das laute Vorlesen im Unterrichtsvollzug eine Rolle spielten. So heißt es wieder im Text „Der Vater und sein missratener Sohn":[50]

> Lies dein Arbeitspensum vor!

Diese Informationen können auch aus Schülertexten selber erschlossen werden. So finden sich in von professionellen Schreibern geschriebenen Schultexten neben den Silben in parallelen Spalten auch deren Aussprache; diese Spalten fehlen aber auf Schülertafeln, sodass davon ausgegangen werden kann, dass die Schüler die Silben schrieben und laut aussprachen, um sie zu lernen.[51] Weitere Texte geben auch zu erkennen, dass das Gespräch zwischen Lehrer und Schüler und möglicherweise auch unter den Schülern eine bedeutende Rolle spielte, so beispielsweise ein Abschnitt aus „Ugula und der Schreiber":[52]

> Er hat in meinem Mund das Wort gelockert,
> er hat guten Rat hineingerufen.
> Er hat mir genau die Regeln vor Augen geführt,
> wie man einen Auftrag richtig ausführt.

Gerade in der zweiten Schulstufe werden Worte gelernt, die den Schülern ohne Erklärung sicherlich nicht zugänglich waren; möglicherweise fand in Anknüpfung an diese Worte auch ein Unterricht statt, der sie erläuterte.[53] Daneben spielte offenbar auch das Auswendiglernen eine große Rolle; in einem der überlieferten Texte über die Schule rühmt sich der Schüler, 600 Verse auswendig zu können.[54]

---

50 Zeile 7. Edition bei Sjöberg, Der Vater. Übersetzung nach Gesche, Schulunterricht, 169.
51 Dies gilt beispielsweise für den Syllabar Sa (BM 47778, zugänglich bei Gesche, Schulunterricht, 328f) und die Vokabulare SbA (BM 55240, zugänglich a.a.O., 420f) und SbB (BM 37804, zugänglich a.a.O., 306). A.a.O., 169.
52 Ab Zeile 6. Übersetzung nach Gesche, Schulunterricht, 169, die dem Textzeugen SRT 28 folgt.
53 Gesche, Schulunterricht, 197.
54 Waetzoldt, Schreiber, 36. Eine ähnliche Textstelle bietet Sjöberg, Eduba, 164:
    The whole vocabulary of the scribes in the eduba
    I will recite for you, I know it much better than you.

Unklar bleibt allerdings, was den Lehrer zum Lehrer qualifizierte. Bezeichnungen wie „Vater des Tafelhauses" oder „Meister" weisen auf ein gewisses Alter hin. Möglicherweise handelt es sich also um besonders erfahrene Verwaltungsbeamte.[55] Da in einem Fundzusammenhang immer nur 2-4 Schülertafeln mit exakt demselben Textabschnitt gefunden wurden, haben diese Lehrer wohl nur die entsprechende Anzahl an Schülern gehabt.[56] Diese für heutige Verhältnisse sehr geringe Zahl legt die Frage nahe, ob damit wirklich von einem Schulsystem gesprochen werden kann oder nicht doch die Bezeichnung als Famulus-System angemessener wäre. Doch, wie eingangs bereits gesagt, ist Schule nicht durch die Schülerzahl definiert, sondern durch einheitliche Vorgaben und ein festes Curriculum; beides lässt sich in Babylonien nachweisen, sodass auch mit der geringen Schülerzahl von einem Schulsystem und einem Schulwesen zu sprechen ist.

3.1.4 Aspekte des Bildungsverständnisses

Fragt man nach dem Bildungsverständnis, das hinter diesem Curriculum steht, dann kann man mit Gesche sagen: „Die Schule im Alten Orient bewahrte den Wissensbestand der Kultur über die Generationen hin und qualifizierte damit die jeweils nachfolgende Generation, ihre Aufgaben in der Gesellschaft zu erfüllen."[57] So ermöglichte den Schülern ihre Bildung einerseits den Zugang zum Schreiberberuf in Verwaltungsämtern und Tempeln sowie bei Absolvierung der zweiten Schulstufe den Zugang zur Gelehrsamkeit im Sinne eines beratenden Weisen – und damit den Zugang zu führenden Positionen in der Gesellschaft. Zugleich wurden sie aber auch, indem sie mit ihrer Bildung die traditionellen Werte adaptierten und in ihren Berufen lebten, zu Garanten der traditionellen Ordnung, in der sie erzogen worden waren. Nicht zu erkennen geben die babylonischen Schul- und Schülertexte, ob man eine anthropologische Notwendigkeit sah, dass der Mensch erzogen werde beziehungsweise sich bilde. Das unterscheidet sie von den altägyptischen und alttestamentlichen Quellen.

---

55 Waetzoldt, Schreiber, 34.
56 Waetzoldt, Schreiber, 39.
57 Gesche, Schulunterricht, 8.

3.2 Ägypten

Ob auch in Ägypten der Ursprung des Schulwesens mit der Erfindung der Schrift zusammenhängt, die in etwa parallel zu der in Sumer vonstatten ging,[58] ist unklar, liegt aber nahe. Die Quellen, die zur Verfügung stehen, geben darüber keine Auskunft. Dies liegt wahrscheinlich am altägyptischen Verständnis dessen, was bleibenden Wert besitzt – und Schulen, die nur eine Technik und ein Durchgangsstadium sind, gehören nicht dazu.[59] So bleiben Schultexte und Weisheitslehren, die für den Schreiberberuf und damit auch für entsprechende Ausbildung werben, aber beispielsweise keine bildlichen Darstellungen.[60]

3.2.1 Geschichte des ägyptischen Schulwesens

3.2.1.1 Altes Reich

Die Geschichte der Schule[61] oder besser des Unterrichts beginnt bei aller Unklarheit über die genauen Ursprünge doch im Alten Reich (2700-2200), denn bereits hier ist Unterricht belegt, wenn auch noch

---

58 Schlott, Schrift, 27, nimmt an, dass die Ägypter durch Handelskontakte mit Sumer bzw. wahrscheinlicher noch mit Elam die Erfindung der Schrift kennen gelernt und daraufhin eine eigene Schrift entwickelt haben. Diese Hypothese erklärt, warum die Schrift in Ägypten relativ kurz nach der in Sumer bzw. Elam nachweisbar ist, indem sie einen Zusammenhang, aber keine unmittelbare Abhängigkeit annimmt, die aufgrund der sehr unterschiedlichen Zeichenformen und Schreibsysteme auch kaum plausibel ist. Allerdings muss Schlott auch zugeben, dass Ägypten vor einer ähnlichen Herausforderung wie Sumer stand, nämlich ein entstehendes Staatswesen organisatorisch zu fassen (Schlott, Schrift, 101), sodass sich auch durch diese gleiche Ausgangslage die parallele Entwicklung erklären ließe. Schenkel, Schrift, 57, hält allerdings zu Recht fest: „In Anbetracht der langen Dauer des Prozesses der Schriftwerdung in Sumer und in Ägypten – es geht um Jahrhunderte – und in Anbetracht der Kommunikationsmöglichkeiten, die zwischen beiden Ländern bestanden, wird man ein gewisses Maß an Interdependenz der Entwicklung nicht ausschließen dürfen." Selz, Schrift, 472f, hält demgegenüber wiederum eindeutig daran fest, dass der Ursprung der Schrift in Mesopotamien zu finden ist.
59 Brunner, Erziehung, 8.
60 Brunner, Erziehung, 8. Einen kurzen Überblick bietet Dürr, Erziehungswesen, 7-14. Aktueller ist Carr, Writing, 65-77.
61 Über die Erziehung, die die Kinder durch ihre Eltern erhielten, lässt sich kaum etwas sagen, weil darüber die erhaltenen Quellen keine Auskunft geben (Brunner, Erziehung (LÄ), 22). Ebenso ist kaum etwas über die Ausbildung der Bauern und der Handwerker bekannt, außer dass sie wahrscheinlich durch die frühzeitige Einbeziehung in den Arbeitsprozess praktisch lernten (ebd.).

nicht in Schulen.[62] Vielmehr fand er im Einzel- oder im Gruppenunterricht statt, indem ein älterer, erfahrener Beamter einen oder mehrere Schüler[63] bei sich aufnahm und ihn oder sie in einem Famulus-System unterrichtete.[64]

> Da ließ der Wesir seine Kinder[65] kommen,
> nachdem er der Menschen Wesen durchschaut hatte
> und nachdem ihr Charakter ihm aufgegangen war.
> *(Lehre für Kagemni, Zeilen 39-41)*[66]

> Wenn du ein bedeutender Mann bist,
> dann zeuge[67] einen Sohn, zum Wohlgefallen Gottes.
> *(Lehre des Ptahhotep, §12, Zeile 197)*[68]

Auf diese Weise zogen sich die Beamten zugleich ihre eigenen Nachfolger heran.[69] Dabei kam es offenbar nicht ausschließlich auf die soziale und gesellschaftliche Herkunft der Schüler an, was allerdings wohl auch dem steigenden Schreiber- und Beamtenbedarf des sich im Alten Reich entwickelnden zentralistischen Regierungs- und Verwaltungswesens geschuldet war.[70]

---

62 Brunner, Erziehung, 10.
63 Wie in Babylonien kann auch in Ägypten fast nur von männlichen Schülern und damit auch Schreibern die Rede sein. Dass Frauen Lesen und Schreiben lernten, war eine seltene Ausnahme (Baines/Eyre, Literacy, 81; auf den folgenden Seiten 81-85 werden die bekannten Ausnahmen dargestellt).
64 Brunner, Erziehung, 10f. Einige dieser Lehrer aus dem Alten Reich haben Berühmtheit erlangt, indem ihre Lehren, die sie verfasst haben oder die ihnen zugeschrieben wurden, später in den allgemeinen Kulturschatz Eingang gefunden haben, so zum Beispiel die Wesire Imhotep, auch Baumeister seines Pharao Djoser aus der 3. Dynastie, und Ptahhotep, aber auch der Prinz Djedefhor, der Sohn des Cheops (Brunner, Erziehung, 34).
65 Gemeint sind die Schüler.
66 Die Lehre für Kagemni stammt wahrscheinlich aus dem Alten Reich. Sie ist nur auf einem Textzeugen, dem P.Prisse (Paris), und auch nur in ihrem Schluss erhalten. Übersetzung nach Brunner, Weisheitsbücher, 134.
67 „Zeugen" ist in diesem Kontext wohl nicht leiblich zu verstehen, sondern als Metapher für das Aufnehmen von Schülern. So die Übersetzungen von Brunner in ders., Weisheitsbücher, 116, und ders., Erziehung, 155.
68 Die Lehre des Ptahhotep stammt wahrscheinlich aus dem Alten Reich. Sie ist auf mehreren Papyri, die zum Teil einander ergänzendes Textmaterial enthalten, überliefert. Siehe dazu Burkard, Ptahhotep, TUAT III/2, 195. Übersetzung nach TUAT III/2, 204.
69 Brunner, Erziehung, 11.
70 Schlott, Schrift, 130f.

3.2 Ägypten

Habe nicht beständig eine frühere Armut [eines Reichen] vor Augen,
und sei nicht überheblich ihm gegenüber.
Achte ihn für das, was er geworden ist,
denn Wohlstand kommt nicht von selbst:
Das ist ihr [der Götter] Gesetz für den, den sie lieben.
(Lehre des Ptahhotep §10, Zeilen 175-182)

Wenn du bedeutend wurdest, nachdem du früher unbedeutend warst,
und Reichtum erworben hast nach früherer Armut, [...]
vertraue nicht zu sehr auf deinen Besitz,
der dir [doch] zugeteilt wurde als ein Geschenk Gottes.
(Lehre des Ptahhotep §30, Zeilen 428f.433f)

Im Alten Reich sind zahlreiche Schreiber belegt, die ihre Eltern nicht angeben und daher wahrscheinlich aus nicht adeligen Schichten stammen. Der Schreiberberuf war also in dieser Zeit ein Mittel zum beruflichen und gesellschaftlichen Aufstieg,[71] und wurde so zum Idealberuf.[72] Die beruflich aussichtsreichste Ausbildung geschah wohl am Hof des Königs. Denn hier wurden die Söhne von „Bürgerlichen" gemeinsam mit denen von Provinzadeligen und vor allem den Söhnen des Königs selber unterrichtet.[73] Das förderte zweifellos zugleich die gegenseitige Bindung: der König band die Schüler an sich und für spätere Zeiten auch an den Sohn, der einmal sein Nachfolger werden sollte, indem er sie durch die gemeinsame Erziehung mit seinen Söhnen ehrte; die Schüler und zukünftigen Beamten des Reiches ihrerseits nahmen diese Ehrung sicherlich gerne an, sicherte sie ihnen doch gesellschaftliches Ansehen.[74] Doch selbst bei solchen „Förderungsmaßnahmen" darf nicht übersehen werden, dass der Anteil der Lese- und Schreibkundi-

---

71 Brunner, Erziehung, 12. Zwar war es auch im alten Ägypten in der Regel so, wie Schlott, Schrift, 94, zeigt, dass der Beruf und die gesellschaftliche Stellung des Vaters den Beruf und die gesellschaftliche Stellung des Sohnes bestimmte und der Sohn eines niederen Schreibers in der Regel auch selber wieder ein niederer Schreiber wurde, aber dennoch bot die Kenntnis des Lesens und Schreibens immerhin die Möglichkeit, dass die streng hierarchisch gegliederte Gesellschaft Ägyptens eine gewisse Durchlässigkeit zeigen konnte. Vgl. die Lehre des Cheti, in der einem künftigen Schüler die Vorteile und Karrierechancen eines Schreibers vor Augen gestellt werden.
72 Nicht umsonst wurde Imhotep, der erste historisch greifbare Schreiber unter König Djoser (3. Dynastie), später göttlich verehrt. Vgl. dazu Schlott, Schrift, 131-133.
73 Die Erzieher der Königssöhne hatten möglicherweise die besondere Titulatur „Gottvater". Siehe dazu Brunner, Gottvater.
74 Brunner, Erziehung, 13; Schlott, Schrift, 201f.

gen durch die Jahrhunderte der altägyptischen Geschichte nur bei etwa 1% der Bevölkerung lag.[75]

In die Zeit der ersten Zwischenphase (2200-2033) fällt in die 10. Dynastie die erste Erwähnung einer Schule in Ägypten.

> Was jeden Schreiber und jeden Gelehrten anlangt, [Textlücke] der in die Schule gegangen ist, der an dieser Treppe vorbeikommt und in dies Grab eintritt, der seine Schrift schützt und seine Statuen pietätvoll behandelt ... [für den werde ich eintreten im Jenseits]
> *(Inschrift am Eingang zu Grab 4 in Siut)*[76]

3.2.1.2 Mittleres Reich

Mit dem Beginn des Mittleren Reiches (2033-1710) ist das erste Schulbuch, die „Kemit"[77] (Ende der 11. oder Anfang der 12. Dynastie)[78], greifbar, und aus der 12. Dynastie, also aus der mittleren Phase des Mittleren Reiches, ist die Lehre des Cheti bekannt, nach der ein einfacher Mann aus dem Nildelta in die Hauptstadt fährt, um dort seinen Sohn in die „Residenzschule" zu geben.[79] Offenbar geht, wie schon in Babylonien unter Šulgi, auch in Ägypten die Gründung von Schulen auf den erhöhten Bedarf des Staates an Verwaltungsbeamten zurück.[80] Zugleich gewährleistete eine einheitliche Erziehung und Ausbildung, dass die künftigen Schreiber denselben, zweifellos staatstreuen, Idealen folgten.[81] Im Unterschied zum babylonischen Bildungssystem mit zwei möglichen Schulstufen und einer anschließenden Fachausbildung, scheint es im Ägypten des Mittleren Reiches nur eine Schulstufe für die Allgemeinbildung und dann eine Fachausbildung, die auf den konkreten Beruf vorbereitete, gegeben zu haben. Dabei lernten die Schüler im

---

75 Siehe die Berechnung bei Baines/Eyre, Literacy, 67.
76 Brunner, Siut, 29 (Übersetzung); 60 (Textdarstellung).
77 „Kemit" bedeutet „das Vollendete, Vollkommene" (Brunner, Erziehung, 83). Es handelt sich dabei um eine Bezeichnung, nicht um den Titel des Werkes. Im Werk selber wird das Wort „Kemit" nicht erwähnt, sondern erst in der Lehre des Cheti im Zusammenhang mit einem Zitat aus der Kemit (Brunner, Kemit, 383).
78 Barta, Kemit, 7. Dort ab Seite 8 auch Dokumentation und Übersetzung des Textes.
79 Brunner, Erziehung, 14. Die Lehre des Cheti ist dokumentiert und übersetzt in Brunner, Cheti (der hieroglyphische Text ist in seinen verschiedenen Textzeugen wiedergegeben auf den Seiten 93-210, die Übersetzung auf den Seiten 22-24). Eine Übersetzung findet sich ebenfalls in Brunner, Weisheitsschriften, 155-168.
80 Posener, Littérature, 7f; Brunner, Erziehung, 14.
81 Schlott, Schrift, 203.

Unterricht zunächst die klassischen Lehren und dann anhand des Buches Kemit die für einen Beamten notwendigen Formeln wie Briefformulare, Steuerlisten etc., aber auch Mathematik und Sport.[82] Ihre Lehrer waren ältere, erfahrene Beamte,[83] die die Lehrertätigkeit neben ihrem eigentlichen Beruf ausübten.[84] Ebenfalls aus dieser Zeit stammt nun die Bezeichnung „Schule": ꜥt-sbꜣ – Raum des Unterrichts.[85]

3.2.1.3 Neues Reich

Für das Neue Reich (1550-1069) sind nun Schulen archäologisch nachgewiesen und Klassen, in denen die Schüler zusammengefasst wurden, literarisch belegt:[86]

> Dann schickte man ihn zur Schule, und er lernte vollkommen schreiben und übte sich in allen männlichen Arbeiten[87], und er übertraf alle seine älteren Kameraden, die mit ihm in der Schule waren.
> *(Wahrheit und Lüge 4,7-5,2)*[88]

> Ich war ein Armer, der in die Schule aufgenommen wurde ohne Unregelmäßigkeit.
> *(Inschrift des Onurismoses)*[89]

> Ich schicke dich in die Schule zusammen mit den Kindern der Großen, damit du unterrichtet werdest und erzogen zu diesem Amte, das vorwärtsbringt. Ich will dir die Lebensart eines Schülers schildern, wenn es für

---

82 Brunner, Erziehung, 15f; Schlott, Schrift, 205f; Dürr, Erziehungswesen, 18.
83 Vgl. dazu das oben genannte Zitat aus der Lehre des Ptahhotep, §12, Zeile 197. Das Alter der Lehrer scheint für die Ägypter zur Berufsvoraussetzung gezählt zu haben (Brunner, Erziehung, 37). Vermutlich ist diese Hochschätzung des Alters dem Famulus-System des Alten Reiches, das im wesentlichen auf der Weitergabe von Erfahrung beruht, geschuldet.
84 Brunner, Erziehung, 32.
85 Kaplony-Heckel, Schüler, 238. Kaplony-Heckel schreibt ꜥt-abꜣ, doch dabei handelt es sich um einen offensichtlichen Tippfehler (a liegt neben s). ꜥt bezeichnet das Haus, sbꜣ bedeutet „lehren"; vgl. Hannig, Handwörterbuch, 658f.
86 Brunner, Erziehung, 18. Das alte Famulus-System hatte daneben anscheinend zwar weiterhin Bestand (Brunner, Erziehung, 19), war aber nach Brunners Einschätzung sehr eingeschränkt (a.a.O., 21).
87 Nach Brunner, Erziehung, 169, handelt es sich dabei wahrscheinlich um Waffenspiele.
88 „Wahrheit und Lüge" ist ein Märchen aus dem Neuen Reich. Übersetzung nach Brunner, Erziehung, 169.
89 Onurismose war Hoherpriester des Onuris von This. Die Inschrift stammt aus der 19. Dynastie. Editiert in ZÄS 73, 77f.

ihn heißt: Wach auf, an deinen Platz! Die Bücher liegen schon vor deinen Kameraden.
(P.Anastasi V)[90]

Offenbar ist die Schuldichte jetzt auch so groß, dass die Schüler zu Hause wohnen und von dort zum Unterricht gehen konnten;[91] entsprechend gab es auch keine „Residenzschule" mehr, zu der die Jungen aus den Provinzen gebracht wurden, vielmehr fand die Erziehung mit den Königssöhnen jetzt nur noch für die gesellschaftliche Elite statt.[92] Die Lehre des Ani gibt für diese Zeit auch zum ersten Mal einen Hinweis auf das Alter der Schüler: Der Junge wurde bei Schuleintritt nach wie vor von seiner Mutter umsorgt, war also offenbar noch in Kindesalter;[93] über das Austrittsalter gibt es allerdings keine sicheren Quellen. Möglicherweise liegt das daran, dass die Entlassung der Schüler aus der Schule nach ihrem Kenntnisstand und nicht nach ihrem Alter festgelegt wurde.[94] Aus der von Hellmut Brunner zitierten Inschrift des Amun-Priesters Bekenchons geht hervor, dass er vier Jahre lang in die Schule gegangen sei und dann weitere zwölf Jahre eine Schreiberlaufbahn absolviert habe.[95] Damit wäre Bekenchons um zwölf Jahre als gewesen,

---

90 Der Papyrus Anastasi ist eine Schulhandschrift aus der 20. Dynastie (Brunner, Erziehung, 172). Übersetzung nach Brunner, a.a.O., 173.
91 So liegen in Dêr el-Medîne, der Stadt der Arbeiter, die die Königsgräber im Neuen Reich bauten, Wohn- und Schulort dicht beieinander, und auch die Lehre des Ani aus der 2. Hälfte der 18. Dynastie setzt voraus, dass der Schüler zu Hause wohnte und dort von seiner Mutter versorgt und zur Schule geschickt wurde (Brunner, Erziehung, 19; der Text ist wiedergegeben a.a.O., 166, auch in Brunner, Weisheitslehren, 208, Zeilen 251-254).
Dêr el-Medîne ist damit einer der wenigen Orte, an dem eine Schule archäologisch nachgewiesen ist. Weitere sind das Ramesseum (in der Nähe der Magazine hinter dem Tempelgebäude), das Grab des Ptahhotep in Sakkara und der Mut-Tempel in Karnak. Brunner, Schule, 742; ders., Ausbildung, 573.
92 Brunner, Erziehung, 26.
93 „Drei Jahre war ihre Brust in deinem Munde.
[...]
Als sie dich dann in die Schule gab,
damit du schreiben lerntest,
da war sie täglich da und passte auf dich auf,
mit Brot und Bier aus ihrem Hause."
(Lehre des Ani, 248.251-254)
Übersetzung nach Brunner, Weisheitslehren, 208.
94 Brunner, Erziehung, 40.
95 Brunner, Erziehung, 39; 168. Die Quelle gibt Brunner hier als eigene Abschrift wieder.

als er die Schule verließ; andere Schüler mögen etwas älter gewesen sein.[96]

In den ersten Schuljahren schrieben die Schüler vor allem die klassischen Werke der altägyptischen Literatur ab, während sie später auch neuere Werke und für den Schreiberberuf praktische Dinge lernten; zudem wurde auch in dieser Phase der ägyptischen Geschichte Sport getrieben.[97] Nach der Schule schloss sich wie in Babylonien eine Fachausbildung an, in der der Schüler sich auf seinen künftigen Beruf hin spezialisierte.[98] Zwar durfte er jetzt schon den Schreibertitel tragen, wurde aber noch als „der unter der Hand ist", also als Gehilfe, bezeichnet.[99]

3.2.1.4 Spätzeit

Für die Spätzeit nach dem Niedergang des Neuen Reiches ist die Quellenlage über das Bildungssystem wieder sehr schlecht. Möglicherweise ist das Schulwesen in dieser Zeit ganz in den Bereich der Tempel gelangt; dafür sprechen Titel wie „Vorsteher der Lehrer der Kinder der Gottesdiener und wʿb-Priester" oder „Gelehrter jedes Bücherkastens vom Lebenshaus am Tempel des Min" aus ptolemäischer Zeit.[100] Daneben etablierte sich aber auch wieder fest die innerfamiliäre Ausbildung.[101]

3.2.2 Das Schul-Curriculum

Fragt man nach einem Curriculum in den Schulen Ägyptens, so ist auch wieder über die Zeit der Geschichte hinweg zu differenzieren.

Der Form der Ausbildung im Famulus-System entsprechend und auch der wenigen Quellen geschuldet ist im *Alten Reich* kein Curricu-

---

96 Dahingehend können einzelne Hinweise gedeutet werden (siehe Brunner, Erziehung, 39f). Dieses Alter entspricht auch den Versuchungen, vor denen die Schüler in Weisheitslehren gewarnt werden, nämlich davor zu tanzen, Alkohol zu trinken und durch die Straßen zu schlendern, vor allem aber vor Prostituierten (Brunner, Erziehung, 40; siehe dort auch die Quellen, die Brunner zusammengestellt hat).
97 Brunner, Erziehung, 19; Dürr, Erziehungswesen, 18.
98 Brunner, Erziehung, 20; 36.
99 Brunner, Erziehung, 20.
100 Kaplony-Heckel, Schüler, 238. Umgekehrt nehmen die Griechen ägyptische Schulen über deren jeweilige Leiter wahr, denn sie benennen sie nach deren Namen (ebd.). Zum Lebenshaus allgemein siehe Gardiner, House of Life, und Weber, Lebenshaus.
101 Brunner, Erziehung, 28.

lum nachweisbar. Belegt ist nur eine Schreibübung aus der 5. Dynastie aus Gize. Es handelt sich dabei um den Stuckbelag einer mittlerweile verrotteten Holztafel, die in einem Grab gefunden wurde. Es sind Vorder- und Rückseite erhalten, auf denen der Schüler Listen von Götternamen, Königsnamen und Ortsnamen je vier- oder siebenmal hintereinander geschrieben hat. Auf der Rückseite sind zudem Zeichenübungen erhalten.[102] Neben dem Lesen- und Schreibenlernen durch solche Übungen scheinen auch Weisheitslehren eine Rolle gespielt zu haben; dafür spricht, dass sie zu dieser Zeit entstehen: Belegt sind die Lehren des Djedefhor, des Ptahhotep und die für Kagemni, die alle aus der Zeit des Alten Reiches stammen, auch wenn sie heute nur in späteren Überarbeitungen vorliegen. Zudem muss es eine Lehre des Imhotep gegeben haben, die aber verloren gegangen und nicht mehr rekonstruierbar ist.[103] Welchen Raum diese Lehren im konkreten Unterricht einnahmen, wird wohl nicht zu klären sein, bestimmt doch in einem Famulus-System der Vater – sei es der leibliche oder der „Lehrer-Vater" – den Unterrichtsinhalt. Ebenso legte er fest, wann der Schüler die Kenntnis hatte und reif war, um in den Beruf einzusteigen.

Im *Mittleren Reich* entsteht gemeinsam mit der Neuordnung des Unterrichtssystems durch die Gründung von Schulen eine neue Literaturgattung: das Schulbuch. Dieses Schulbuch, die „Kemit" enthält in kurzen erzählenden Episoden eingebettet vor allem die Schreib- und Höflichkeitsformeln, die ein Schreiber beherrschen musste.[104] Es stammt aus der 11. Dynastie[105] und wurde von da an im ägyptischen Unterricht bis lange in das Neue Reich hinein immer wieder abgeschrieben. Daneben stehen weiterhin Weisheitslehren, zum einen die aus dem Alten Reich, dann aber auch neue, die in dieser Zeit entstehen. Zu letzteren zählt vor allem die Lehre des Cheti, die offenbar schon im Mittleren Reich eine

---

102 Der Text ist in Abbildungen dokumentiert in Reisner, A Scribe's Tablet. Eine Abbildung bietet auch Brunner, Erziehung, in Abbildung 5 nach Seite 72. Siehe auch Brunner, Erziehung, 77.
103 Brunner, Erziehung, 81f.
104 Der Text ist dokumentiert in Posener, Catalogue des Ostraca, Bd. 2, Tafeln 1-21. Eine vollständige Übersetzung liegt noch nicht vor. Einen kurzen Ausschnitt hat Brunner in ders., Weisheitsbücher, 368f, vorgelegt.
105 Für diese Datierung sprechen die Ausrichtung der Schreibweise in senkrechten, durch Linien getrennten Zeilen, die sonst bereits im Verlauf des Mittleren Reiches aufgegeben wurde, die Form der Zeichen, die typisch für das Mittlere Reich ist, und vor allem die Liste der Götter, die die Zeit vor dem Umzug der königlichen Residenz nach Memphis Anfang der 12. Dynastie widerspiegelt (vgl. Brunner, Erziehung, 83).

3.2 Ägypten

zentrale Rolle spielte, bevor sie im Neuen Reich unumstritten fester Bestandteil des Unterrichts war, aber auch die Lehre des Königs Amenemhet sowie der Nilhymnus.[106] In welcher Reihenfolge und in welcher Form diese Lehren in den Unterricht eingebracht wurden, lässt sich aufgrund der schmalen Quellenlage jedoch nicht rekonstruieren.[107]

Im *Neuen Reich* war die Kemit *das* Lehrbuch für die Schulanfänger. Dafür sprechen die zahlreichen Schülertexte, die auf Ostraka gefunden wurden und die zum Teil mit ungeübter Handschrift geschrieben sind.[108] Obwohl es bei weitem nicht mehr den Normen der Zeit entsprach, wurde es mindestens bis in die 20. Dynastie (12. Jh.) verwendet.[109] Sobald die Schüler lesen und schreiben konnten, mussten sie die mittlerweile klassisch gewordenen Lehren aus dem Alten und dem Mittleren Reich abschreiben oder bekamen sie diktiert.[110] Hinzu kamen weitere Texte aus dem Neuen Reich, die die alten aber nicht ersetzten.[111] Diese Erweiterung des Stoffplans war der Entwicklung der ägyptischen Sprache geschuldet. Das in der Schule zu schreiben gelernte Ägyptisch des Mittleren Reichs verstanden die Schüler nicht mehr.[112] So wurden Texte und weitere Lehrinhalte ergänzt, wie zum Beispiel die Lehre des Ani, die ins Neuägyptische übersetzt wurde, aber auch neue Listen und Aktenformulare, die abgeschrieben werden mussten und die nun den aktuellen Bedürfnissen entsprachen, sowie mathematische

---

106 Brunner, Erziehung, 85. Die Lehre des Königs Amenemhet ist dokumentiert und übersetzt in Helck, Amenemhet; eine Übersetzung bietet auch Brunner, Weisheitslehren, 173-177. Der Nilhymnus ist dokumentiert und übersetzt in Helck, Nilhymnus.
107 Darin ist Brunner, Erziehung, 86, Recht zu geben.
108 Van de Walle, Transmission, 19, mit Verweis auf ein Gespräch mit Posener; im Anschluss an van de Walle auch Brunner, Erziehung, 87.
109 Brunner, Erziehung, 86f.
110 Dazu gehörten nach Brunner, Erziehung, 88, aus dem Mittleren Reich die Lehre des Cheti, die Lehre des Amenemhet, der Nilhymnus, die Geschichte des Sinuhe (dokumeniert in Koch, Sinuhe), die Prophezeiungen des Neferti (dokumentiert und übersetzt in Helck, Nfr.tj), die loyalistische Lehre (auch Lehre Sehetepibre nach der Stele, auf der sie belegt ist [Posener, Revue d'Égyptologie 6, 38 {Nr. 27}]; dokumentiert in Posener, L'enseignement loyaliste) und die Lehre eines Mannes an seinen Sohn (dokumentiert und übersetzt in Helck, Lehre; Posener, Littérature, 124f). Aus dem Alten Reich wurde vor allem die Lehre des Djedefhor weitertradiert, wogegen die Lehre des Ptahhotep offenbar kaum noch eine Rolle spielte, nachdem von ihr nur zwei Ostraka gefunden wurden.
111 Brunner, Erziehung, 88.
112 Brunner, Erziehung, 90, zeigt, dass in den Schülertexten Fehler gemacht wurden, die sich darauf zurückführen lassen, dass die Schüler den Sinn des Textes, den sie abschrieben, nicht verstanden haben.

Übungen.[113] Schließlich wurde in der Schule auch Sport getrieben.[114] In der Zeit des Neuen Reiches sind dann zum ersten Mal Tempelschulen belegt,[115] sodass hier eine stärkere Ausdifferenzierung des Bildungssystems als vorher erkennbar ist.

In der *Spätzeit* Ägyptens änderte sich durch den zunehmenden Einfluss des Griechischen noch einmal das Schulwesen. Galt vorher, dass die fremden Völker in der Sprache und Kultur Ägyptens zu unterrichten waren, schickte nach dem Bericht Herodots mit König Psammetich I. (26. Dynastie; ausgehendes 7. Jh.) zum ersten Mal ein ägyptischer Herrscher Jungen zu Griechen, und damit zu Ausländern, in die Schule, um griechische Sprache und Kultur zu lernen:[116]

> Seinen Helfern, den Ioniern und Karern, gab Psammetichos Land zum Besiedeln ...
> Er ordnete ihnen sogar junge Ägypter zu, damit sie die griechische Sprache lernten.
> *(Herodot, Historien II,154)*[117]

Als 332 Alexander der Große Ägypten eroberte, war die hellenistische Kultur schon tief nach Ägypten eingedrungen – und das hat auch im dortigen Schulwesen nachhaltige Veränderungen mitgebracht. So finden sich nun gehäuft Grammatikübungen in Listenform, mit denen vor allem Konjugationen gelernt wurden,[118] aber auch sonstige Wortlisten, die nach ihrem Sachzusammenhang oder nach ihren ersten Radikal systematisch geordnet sind.[119] Bei letzteren ist nun auffällig, dass die Worte eben nicht nach ihren Schriftzeichen, sondern nach ihrer (spätägyptischen) Aussprache geordnet sind[120] – möglicherweise ein helle-

---

113 Brunner, Erziehung, 91f; 93-98; 99f.
114 Brunner, Erziehung, 104.
115 Otto, Bildung, 42. Die Schüler heißen hier nicht „Schüler", sondern „Gehilfen", scheinen also bereits von Anfang an in ihre künftigen Tätigkeiten mit einbezogen worden zu sein.
116 Kaplony-Heckel, Schüler, 227.
117 Übersetzung nach der Ausgabe von Feix.
118 Zu Beispielen siehe Kaplony-Heckel, Schüler, 229-232. Sie weist zwar auch darauf hin, dass Grammatikübungen bereits aus der Zeit des Neuen Reiches erhalten sind, aber die gefundene Masse aus der ägyptischen Spätzeit spricht doch für einen Paradigmenwechseln in der Didaktik des Schreibunterrichts.
119 Kaplony-Heckel, Schüler, 232f; 235.
120 Da das Demotische keine Buchstabenschrift ist, kann dieselbe Aussprache mit verschiedenen Schriftzeichen wiedergegeben werden.

nistischer Einfluss aufgrund des griechischen Alphabets und seiner auch in den Vokalen festgelegten Aussprache.[121] Dass man überhaupt noch Demotisch schrieb, zeigt jedoch auch, dass es im Ägypten der ptolemäischen Zeit Kreise gab, die sich der hellenistischen Kultur zumindest in Teilbereichen widersetzten und an ihrer eigenen Tradition festhielten.[122] Sie waren zwar im Wesentlichen auf die alten Tempel beschränkt, jedoch nicht ausschließlich.

3.2.3 Methodisch-didaktische Aspekte

Wie in Babylonien war die Didaktik im Wesentlichen auf das Lesen- und Schreibenlernen konzentriert.[123] Die Anfänger lernten zumindest in der Zeit des Neuen Reiches dabei mit Hilfe der sogenannten „Ganzheitsmethode"[124], das heißt, sie lernten nicht zuerst Schriftzeichen und dann Wörter und Sätze, sondern die Wörter und möglicherweise auch Sätze als Ganzes zu erkennen und zu schreiben.[125] Übungen zur

---

121 Kaplony-Heckel, Schüler, 233. In der Folgezeit zeigt sich dann, dass die Kenntnis der ägyptischen Sprache immer weiter zurückgeht. Das fängt mit der gleichzeitigen Verwendung beider Sprachen im Schriftverkehr an und endet damit, dass Priesteranwärter nachweisen müssen, dass sie überhaupt noch die demotische Schrift lesen und schreiben können (a.a.O., 239f).

122 Diese Kreise waren im wesentlichen auf die alten Tempel begrenzt, doch gerade in Unterägypten offenbar nicht ausschließlich. Zu näheren Ausführungen siehe die Untersuchung von Zauzich, Ägyptische Schreibertradition, der vor allem die formalen Gesichtspunkte herausarbeitet.

123 Brunner, Erziehung, 65. Zur Semantik des Unterrichtens und des Lernens in Ägypten und in Israel siehe die umfangreiche Arbeit von Shupak, Wisdom, insbesondere dies., Wisdom, 46-77.

124 Brunner, Erziehung, 67. Die Nachrichten aus älteren Zeiten sind so spärlich, dass sich hierüber kaum etwas aussagen lässt. Allerdings zeigt die Tatsache, dass die Ägypter Buchstaben- und Silbenzeichen und nicht Wortzeichen verwendeten, dass sie durchaus in der Lage waren, in Worten auch auf diese Zeichen hin zu abstrahieren. Insofern gilt die Ganzheitsmethode zweifellos für das Neuere Reich, kann aber wohl nicht ungebrochen mindestens in die Zeiten zurückprojiziert werden, als das Schul- und Unterrichtswesen noch in den Anfängen war. Dieser Befund zeigt aber zugleich, dass der Ganzheitsmethode, auch wenn Ägyptisch eine Schrift besitzt, die am besten wortweise erfasst wird, offenbar eine didaktische Entscheidung zugrunde liegt. Vgl. Brunner, Erziehung, 68f.

125 Brunner, Erziehung, 66. Auf diese „Ganzheitsmethode" weisen die zahlreichen Funde von Ostraka hin, auf denen Schüler ihre Übungen gemacht haben. Hier finden sich nirgendwo einzelne Buchstaben bzw. Zeichen, sondern immer nur ganze Sätze bzw. Formeln. Offenbar haben die Schüler die Worte bzw. Ausdrücke gehört und dann aufgrund eines gelernten Musters aufgeschrieben, denn es gibt zahlreiche Beispiele, in denen sie die Zeichen eines Wortes beim Diktat aufgrund der Lautähnlichkeit mit anderen Worten mit diesen verwechselt und damit das eigentlich dik-

Grammatik spielten konsequenterweise kaum eine Rolle.[126] All dies lässt sich bis in die späteste Zeit Ägyptens verfolgen. Vermittelt wurden die Texte zum einen durch Abschreiben, zum anderen durch Diktat. Darauf weisen die vielen Fehler in den Schülertexten hin, die als Hörfehler zu erklären sind.[127]

Neben dem Schreiben spielte aber auch das Auswendiglernen der zu schreibenden Texte eine große Rolle. So heißt es in dem an die Lehre des Ani angehängten Dialog zwischen dem Schreiber Chonsuhotep und seinem Vater, dem Schreiber Ani:

> Der Sohn dagegen versteht nur wenig und sagt bloß Sprüche aus den Büchern auf. ... Ein Knabe handelt noch nicht nach der Erziehungslehre, auch wenn die Bücher auf seiner Zunge sind.
> *(Lehre des Ani, Zeilen 357f; 363f)*[128]

Auf dem Papyrus Chester Beatty IV heißt es:

> Gut ist Unterricht, ohne dabei zu ermüden, und wenn der Sohn zu antworten weiß mit Wendungen seines Vaters.
> *(Papyrus Chester Beatty IV 6, Zeilen 209f)*[129]

---

tierte Wort falsch geschrieben haben. Vgl. dazu Brunner, Erziehung, 67, sowie die ausführlichere Darlegung in Brunner, Anfängerunterricht, 208-211; 217f, wo er auch das pädagogische Ziel der Ganzheitsmethode formuliert: indem die Schüler die Ganzheit wahrnehmen und unverändert (auswendig) lernen, lernen sie nicht kritisch oder analytisch zu denken; sie werden weiterhin die Welt in ihrem Dasein und Sosein wahrnehmen und nicht nach Sinn oder Zweckmäßigkeit fragen.

126 Brunner, Erziehung, 72.
127 Brunner, Erziehung, 71. Hier auch weitere Überlegungen zur Entstehung von Fehlern in Schülertexten. Wobei auch Brunners Überlegung, dass einige Fehler bereits in den Diktatvorlagen der Lehrer waren, eine gewisse Plausibilität hat. Das würde dann in der Tat bedeuten, dass es zumindest im Neuen Reich auch eine Abstufung der Qualifikation innerhalb der Lehrerschaft gab, denn man muss, wenn man Brunner folgt, annehmen, dass die Lehrer der Eingangsphase selber die Texte, die sie vermittelten, nicht mehr verstanden. Angesichts dessen, dass sie in der Sprachgestalt des mittleren Reiches verfasst waren und diktiert wurden, ist das durchaus möglich. Siehe dazu Brunner, Erziehung, 72.
128 Zitiert nach Brunner, Weisheitslehren, 212. Die Lehre des Ani ist wahrscheinlich in der 18. Dynastie noch vor der Amarna-Zeit entstanden. Sie ist in einer sogenannten Basishandschrift und verschiedenen zum Teil stark verderbten Varianten erhalten, die fast alle in Theben gefunden wurden. A.a.O., 196-198.
129 Zitiert nach Brunner, Weisheitslehren, 229. Der Papyrus Chester Beatty IV ist eine Sammelhandschrift für den Schulgebrauch, auf der Texte von verschiedenen Verfassern zusammengestellt sind. Er stammt aus der Ramessidenzeit und wurde in Dêr el-Medîne gefunden (heute im British Museum; Nr. 10684). A.a.O., 218-222.

3.2 Ägypten

Brunner sieht hier eine Parallele zu einer Beobachtung aus islamischem Unterricht im Nahen Osten seiner Zeit, nach der die Schüler eine Passage geschrieben und dann so lange miteinander gesprochen haben, bis sie diese auswendig konnten.[130] Möglicherweise wurden die geschriebenen und zu lernenden Lehren auch gesungen, wie es in der Lehre an Merikare angedeutet wird.[131] Im Unterricht wurden die auswendig gelernten Texte dann wieder aus dem Gedächtnis niedergeschrieben. Auch darauf weisen Fehler in den Schülertexten hin.[132] Indem die Schüler an Weisheitstexten Lesen und Schreiben lernten, nahmen sie zugleich die gesellschaftlich erwünschten Normen auf.[133]

Das Auswendiglernen hatte auch in der Mathematik einen hohen Stellenwert. So lernten die Schüler die Mathematik an einfachen Beispielaufgaben kennen, anhand derer sie dann später reale mathematische Probleme lösen können sollten. Diese Beispielaufgaben wurden offenbar wie die Weisheitslehren auswendig gelernt.[134] Mathematische Beweise oder Herleitungen finden sich in den Schülertexten nicht.[135] Die Aufgaben wurden in Beispiele aus der Lebenswelt gekleidet, die den Schüler später in seiner Tätigkeit als Schreiber möglicherweise erwartete. „Doch ist diese Einkleidung oft recht ungeschickt und wenig der Praxis entsprechend gewählt."[136] Dennoch beweisen die Bauwerke, die die Ägypter hinterlassen haben, mit welcher Präzision die damaligen Schreiber mit ihren begründungslos auswendig gelernten Paradigmen umgehen konnten.

---

130 Brunner, Erziehung, 67. Solche Parallelen zwischen der Welt des neuzeitlichen Nahen Ostens und der des Alten Orients zu ziehen, ist mit Recht in Frage zu stellen, doch in diesem Falle sicherlich nicht ganz falsch, zumal man dazu zweifellos auch Beispiele im Europa vor noch nicht allzu langer Zeit finden könnte.

131 „Töte aber keinen, dessen gute Seiten du kennst, da du einst mit ihm die Schriften gesungen hast" (zitiert nach Brunner, Erziehung, 158). In Brunner, Weisheitsschriften, 144, übersetzt er statt „gesungen" „rezitiert".

132 Brunner, Erziehung, 72, nennt ein eindrückliches Beispiel, in dem ein Schüler in der Überschrift der Lehre des Cheti die Namen und Titel so durcheinander bringt, dass er sie sich aller Wahrscheinlichkeit nach nicht richtig merken konnte.

133 Einen knappen Überblick über die verschiedenen Aspekte, die auf diese Weise vermittelt wurden, bietet Dürr, Erziehungswesen, 24-48.

134 Die Beispielaufgaben sind Rechnungen, in denen mit einfachen, ganzen Zahlen eine Aufgabe vorgerechnet wird. Sie entsprechen also in etwa unseren mathematischen Formeln, nur dass die Ägypter statt Variablen ganze Zahlen benutzt haben, die die Schüler dann jeweils passend austauschen mussten.

135 Brunner, Erziehung, 69f. Das bedeutet aber nicht, dass Her- oder Ableitungen unbekannt gewesen wären. Sie sind nur im Schulunterricht nicht nachweisbar.

136 Brunner, Erziehung, 70.

Während beim Schreiben und beim Rechnen im Unterricht Ruhe herrschen musste, wurden die abgeschriebenen Texte laut vorgelesen. So heißt es im Papyrus Anastasi III: „Schreibe mit deiner Hand und lies mit deinem Mund"[137]. Auf diese Weise hielten die Ägypter Wort und Schrift eng beieinander.[138]

In der demotischen Zeit (ab 6. Jh.) verändert sich die Methodik grundlegend. Nun entstehen systematische Übungen für die Schüler. So werden besonders schwierige Zeichen- und Wortformen sowie Homonyma aufgelistet und regelrecht eingeübt. Auch Grammatikübungen sind in dieser Zeit belegt. Die Ganzheitsmethode bleibt aufgrund des demotischen Schriftbildes weiterhin in Verwendung.[139]

Mit welchem Alter die Schüler zum Unterricht zugelassen wurden und wann sie ihn abschlossen, ist unklar. Die erhaltenen Quellen machen unterschiedliche Angaben; zudem stammen sie aus sehr unterschiedlichen Zeiten, sodass ihnen kaum etwas Sicheres zu entnehmen ist. Brunner nimmt an, dass die Ausbildung um das fünfte Lebensjahr begonnen werden konnte und im Blick auf die Schule allein zwischen dem zwölften und dem 15. Lebensjahr und im Blick auf die Berufsausbildung zwischen dem 20. und 25. Lebensjahr beendet wurde.[140] Dabei macht auch der Umstand, dass der Schulbesuch freiwillig war und damit vom jeweiligen Wollen der Eltern abhing, eine genauere Altersangabe unmöglich.[141] Der Unterricht fand vormittags statt, wobei unbekannt ist, ob er innerhalb oder außerhalb der Dienstzeiten der unterrichtenden Beamten geschah.[142]

---

137 Zitiert nach Brunner, Erziehung, 171. Der Papyrus Anastasi III ist eine Schulhandschrift aus den Neuen Reich. Der Lehrer ist ein Offizier, der sich an einen seiner Schreiber wendet (ebd.). Die zitierte Wendung findet sich häufiger in Schulbüchern aus der Zeit des Neuen Reiches (vgl. dazu die von Brunner, Erziehung, 172-176, zusammengestellten Lehren).
138 Brunner, Erziehung, 73.
139 Brunner, Erziehung, 78.
140 Brunner, Erziehung, 39f; siehe dort auch die Darstellung und Auswertung der Quellen.
141 Fischer-Elfert, Schreiber, 61.
142 Fischer-Elfert, Schreiber, 61.

3.2.4 Aspekte des Bildungsverständnisses

Im Unterschied zu den babylonischen Quellen geben die ägyptischen explizit ein klares Bildungsverständnis zu erkennen.[143] So geht schon die Lehre des Ptahhotep aus dem Alten Reich von der allgemeinen Bildungsbedürftigkeit des Menschen aus:

> Es halte das Hören bei ihm Einzug und alle Zuverlässigkeit dessen,
>   der zu ihm spricht,
> denn keiner wird weise geboren.
> *(Lehre des Ptahhotep, Zeilen 40f)*[144]

Daraus entsteht umgekehrt die Verpflichtung der Erwachsenen die nachfolgende Generation zu erziehen.[145] Zugleich weiß die ägyptische Tradition – wenn auch erst sehr viel später literarisch greifbar – darum, dass zwischen Lernen und Befolgen des Gelernten ein Unterschied besteht:

> Es gibt den, der nicht erzogen wurde, und er kennt (doch) die Lehre für einen anderen. Es gibt den, der die Lehre kennt, und er versteht es (dennoch) nicht, danach zu leben. ... Gott ist es, der das Herz gibt, der das Kind gibt, der den guten Charakter gibt.
> *(Papyrus Insinger 9,16-19)*[146]

---

143 Dieser Sachverhalt hängt eng damit zusammen, dass aus Ägypten zahlreiche Weisheitslehren erhalten sind, die auch über Bildungsvorstellungen und -ziele Auskunft geben, während aus dem babylonischen Bereich vor allem Schulsatiren überliefert sind, die einzelne Aspekte karikieren und so nur begrenzt Auskunft auf der Metaebene geben.

144 Zitiert nach TUAT III/2, 198. Die Lehre des Ptahhotep ist dokumentiert in Žaba, Pthahotep; für weitere Literatur siehe bei TUAT III/2, 195f.

145 Vgl. die Lehre des Ptahhotep, Zeilen 197-219 (= §12). Dieser Abschnitt, dessen erste Zeilen oben zitiert sind, setzt voraus, dass ein Lehrer einen Schüler als „Sohn" annimmt und unterscheidet so zwischen dem leiblichen Sohn und dem angenommenen Schüler-Sohn. Diese Differenz arbeitet, wie oben dargelegt, Brunner, Weisheitslehren, 116f, in seiner Übersetzung heraus, wogegen sie bei Burkard in TUAT III/2, 204, nur angedeutet ist.

146 Zitiert nach TUAT III/2, 291. Die auf dem Papyrus Insinger erhaltene Weisheitslehre wurde in ptolemäischer Zeit zusammengestellt. Sie war so weit verbreitet, dass heute relativ viele Manuskripte erhalten sind, die allerdings zum Teil stark voneinander abweichen (a.a.O., 281; dort auch Angaben zur weiteren Literatur und zur Dokumentation des Textes). Weitere Erwägungen zu den Grenzen der Erziehung in Brunner, Erziehung, 110-116.

Dabei kennt die altägyptische Tradition ein Bildungsziel, das auf zwei sehr unterschiedlichen Ebenen liegt. Die eine ist eine „ideelle": Hier besteht das Bildungsziel darin, ein „rechter Schweiger" zu sein, ein Ausdruck, der wohl am treffendsten mit „gerechter Selbstbeherrscher" übersetzt werden kann.[147] Dabei bezeichnet Selbstbeherrschung eine innere Haltung, die die Welt nimmt, wie sie von Gott geordnet ist beziehungsweise der Maat entspricht.[148] „Der Mensch muss wissen, wo zu sprechen und wo zu schweigen ist; er hat nicht Schweiger zu sein um jeden Preis, sondern ein ‚rechter' Schweiger, der Gottes Ordnung in der Welt und auch das, was ihm Gott oder das Schicksal auferlegt, ruhig und zufrieden hinnimmt, der aber gegen Störenfriede der Ordnung einschreitet"[149].[150]

Die andere Ebene ist eine sehr praktische: Hier besteht das Bildungsziel darin, als Schreiber zu arbeiten und den beruflichen Aufstieg zu schaffen.[151] Dazu gehören nicht nur Lesen und Schreiben sowie Mathematik, sondern auch die Kenntnis gesellschaftlicher Umgangsformen.[152] Diese sehr unterschiedlichen Aspekte fallen für die Ägypter

---

147 Brunner, Erziehung, 120.
148 Zur ägyptischen Vorstellung der Maat siehe die umfangreiche Untersuchung von Assmann, Maat, der sie als konnektive Gerechtigkeit und vertikale Solidarität beschreibt, die immer wieder neu errungen werden müssen.
149 Brunner, Erziehung, 123.
150 Dieses Bildungsziel hat die gesamte Gesellschaft durchdrungen. Wie altägyptische Autobiographien zeigen, unterscheiden sich in diesem Punkt Arbeiter nicht von hochgestellten Beamten. Ebenso lassen sich keine lokalen Unterschiede innerhalb des Landes nachweisen. So prägte der Unterrichtsinhalt der Schule das ganze Land, obwohl nur dem geringsten Bevölkerungsanteil der Schulbesuch möglich war (Brunner, Erziehung (LÄ), 23f).
151 Vgl. dazu oben das Zitat aus P.Anastasi V sowie die Lehre des Cheti.
152 Vgl. beispielsweise aus der Lehre des Ptahhotep (zitiert nach TUAT III/2, 199f) über das Verhalten bei öffentlicher Rede:
Wenn du auf einen Diskussionsgegner triffst bei dessen Auftritt,
einen führenden Geist, der fähiger ist als du,
dann beuge deine Arme und krümme deinen Rücken.
(aus §2, Zeilen 60-62)
Wenn du auf einen Diskussionsgegner triffst bei dessen Auftritt,
einen dir Gleichgestellten, der dir ebenbürtig ist,
dann sollst du ihm überlegen werden durch Schweigen.
(aus §3, Zeilen 68-70)
Wenn du auf einen Diskussionsgegner triffst bei dessen Auftritt,
einen Armseligen, dir in keiner Weise gleichgestellt,
dann ziehe nicht über ihn her, wie es seinem Erbärmlichsein entspricht.
(aus §4, Zeilen 74-76)
über das zwischenmenschliche Verhalten:

zusammen und sind untrennbar miteinander verbunden, ist doch tatsächlich das in den Weisheitslehren propagierte Lebens- und Berufsideal das des Schreibers.[153]

So sollen die Schüler dazu erzogen werden, sich in die Welt der Erwachsenen einzufügen. Dabei werden sie als unvollkommene Erwachsene betrachtet, die sich in einem Stadium befindet, das es zu überwinden gilt: „Die Kinder sollen erwachsene Menschen werden und haben sich so früh wie möglich die für diese gültigen Normen anzueignen"[154] – und nach ihnen zu leben. Es geht also gerade nicht um die Entfaltung der eigenen Persönlichkeit[155] – und es geht auch nicht darum, selbstständig kritisch denken zu lernen.[156] So werden, wie auch in Babylonien, die Schüler in Ägypten zu Trägern und Garanten der bestehenden Ordnung erzogen, die seit dem Mittleren Reich in der Verarbeitung der ersten Zwischenzeit nach ägyptischer Vorstellung von Anbeginn an besteht.

3.3 Israel

Wer nach dem Schul- und Bildungswesen im biblischen Israel fragt, stößt auf ein beharrliches Schweigen der Quellen, das bis in das 2. Jh. vor Beginn der christlichen Zeitrechnung anhält. Erst Ben Sira spricht in seinem Buch von einer Schule oder einem Lehrhaus, das er בית מדרש nennt (Sir 51,23). Auch der archäologische Befund gibt kaum etwas zu erkennen. Schulen, beziehungsweise deren „Produkte", nämlich Tonscherben oder Tontafeln mit Schülerübungen, wurden in israelitischem Gebiet nicht sicher gefunden; Schriftübungen auf organischem Material wie Papyrus und Pergament fehlen, weil es zumeist verrottet und da-

---

       Schmiede keine Pläne unter den Menschen,
       denn Gott vergilt mit Gleichem.
       (aus §6; Zeilen 99f)
   über das Verhalten beim Mahl (thematisch eine Analogie zu Sir 31f):
       Wenn du zu den Gästen gehörst,
       an der Tafel eines Mannes, der bedeutender ist als du,
       dann nimm, was er dir gibt, was dir vorgesetzt wird,
       und blicke [nur] auf das, was vor dir liegt.
       (aus §7, Zeilen 119-123)

153 Brunner, Erziehung, 123, arbeitet heraus, wie eng das Ideal des „rechten Schweigers" mit dem Beamten als Leitbild für die Ägypter zusammenhing.
154 Brunner, Erziehung, 140.
155 Brunner, Erziehung (LÄ), 26.
156 Brunner, Anfängerunterricht, 214.

mit für einen Nachweis verloren ist.[157] Es gibt allerdings einzelne Schriftfunde, die auf solche Schulübungen zurückgehen könnten.[158] Je nach Einschätzung ist deren Anzahl bemerkenswert hoch oder ebenso bemerkenswert gering, und so wundert es nicht, dass die Existenz von Schulen in Israel in der Forschung heftig umstritten ist.[159]

3.3.1 Hinweise auf die Existenz von Schriftlichkeit in Israel

Im Vergleich zu seinen Nachbarvölkern sind die ältesten Hinweise auf Schrift in Israel verhältnismäßig jungen Datums. Die ersten archäologischen Schriftfunde stammen aus vorisraelitischer Zeit. Sie sind in einer protosinaitischen beziehungsweise protopalästinischen Schrift verfasst worden und finden sich auf Fundstücken aus Serabit el Khadim, Geser, Lachisch und Sichem aus der Zeit von 1700 bis 1200.[160] Im Unterschied zu den mesopotamischen und ägyptischen Schriftsystemen handelt es sich hier um eine Buchstabenschrift und nicht um eine Kombination aus Buchstaben-, Silben- und Wortzeichen.[161] Die nächste Stufe in der Entwicklung der Schrift im palästinischen Raum ist die phönizisch-althebräische Schrift. Sie ist belegt auf einem Ostrakon mit einer alpha-

---

157 Insofern ist dieser negative Befund, dass es kaum Schriftfunde in Israel gibt, in einem gewissen Sinne zu relativieren, denn es ist damit zu rechnen, dass ein Großteil des verwendeten Schreibmaterials in der Tat verrottet ist.
158 Vgl. Lemaire, Écoles, 10-33.
159 Die bedeutendsten Befürworter der Existenz eines Schulsystems in Israel sind Klostermann, Hermisson, von Rad, Lemaire, Lang, Davies, Crenshaw. Ihnen gegenüber stehen die Bezweifler der Existenz eines Schulsystems und Befürworter eines Famulus-Systems in Israel; bedeutende Vertreter sind Weeks, Whybray und Golka. Siehe dazu Kapitel 3.3.2.
160 Beispiele in Albright, Proto-Sinaitic Inscriptions, 16-30, und Würthwein, Text, 5 (mit Abbildung eines Beispiels auf Bildtafel 1, Seite 137). Siehe auch Gardiner, Egyptian Origin. In Taanach sind zudem keilschriftliche Texte aus dem 15. Jh. gefunden worden. Beispiele in Übersetzung bieten Horowitz/Oshima/Kreuzer, Keilschrifttexte, 87-97; eine Abbildung zeigen Horowitz/Oshima, Taanach Cuneiform Tablets, 82. In jüngster Zeit wurden 1993 in Ägypten im Wadi el Hol Schriftzeichen gefunden, die der protosinaitischen Schrift sehr nahe stehen und zwischen 2000 und 1800 zu datieren sind. Diese waren zwischenzeitlich im Internet veröffentlicht, haben aber keinen Eingang in die Dokumentation von 49 der über 250 Inschriften gefunden, die Darnell, Wadi el-Hol, vorgelegt hat. Einen allgemeinen guten Überblick gibt Naveh, Alphabet, der auch immer wieder Textbeispiele bringt.
161 Insofern ist es sicher richtig, den Ursprung der Alphabetschrift im westsemitischen Bereich zu suchen, „wo die Einflüsse von Keilschrift und Hieroglyphen zusammentrafen" (Röllig, Alphabetschrift, 295). Neben den oben genannten Funden ist auch auf die Amarna-Korrespodenz hinzuweisen, die allerdings in Keilschrift verfasst ist.

betischen Schulübung aus Izbet Sartah (12./11. Jh.)[162], mit der Ahiram-Inschrift aus Byblos (um 1000), dem Bauernkalender aus Geser (um 950)[163], der Mescha-Stele (um 840)[164], diverser mit Tinte beschriebener Ostraka aus Samaria (8. Jh.)[165], der Bileam-Inschrift aus Deir 'Alla (8. Jh.)[166], der Siloah-Inschrift (um 700)[167] sowie auf Ostraka aus Lachisch[168] (9./8. Jh.)[169], Arad[170] (6. Jh.),[171] Kadesch-Barnea[172] und Kuntillet-Ajrud (8. Jh.)[173],[174] schließlich auch ein Papyrus aus dem Wadi Murabba'at (8./7. Jh.).[175] Diese Funde[176] zeigen, wie weit Schriftkenntnisse schon früh im palästinischen Raum verbreitet waren.[177] Die bis heute gebräuchliche Quadratschrift stammt aus dem assyrischen Raum und ist die ursprüngliche aramäische Schrift. Sie findet seit der nachexilischen Zeit

---

162 Zeichnung in Lemaire, Écoles, 9; siehe auch a.a.O., 7-10.
163 Dokumentiert bei Albright, Gezer Calendar. Zeichnung auch in Lemaire, Écoles, 9; siehe auch a.a.O., 10f. Eine Umschrift und Übersetzung findet sich auch in Donner/Röllig, Inschriften, Bd. 1 (5.Aufl.), 43 (Nr. 182); Bd. 2, 181.
164 Siehe Donner/Röllig, Inschriften, Bd. 1 (5. Aufl.), 41f (Nr. 181); Bd. 2, 168-179.
165 Crenshaw, Education, 37, zählt 102 Ostraka aus Samaria. Donner/Röllig, Inschriften, Bd. 1, 43 (Nr. 183-188); Bd. 2, 183-186), geben einige der gefundenen Ostraka wieder.
166 Siehe Weippert, Bileam-Inschrift, 80 (Textdokumentation); 83 (Transliteration); 102f (Übersetzung).
167 Siehe dazu Donner/Röllig, Inschriften, Bd. 1 (5.Aufl.), 44 (Nr. 189); Bd. 2, 186-188.
168 Zeichnungen in Lemaire, Écoles, 13; siehe auch a.a.O., 12-15. Ebenso dokumentieren die Texte Donner/Röllig, Inschriften, Bd. 1 (5.Aufl.), 44f (Nr. 192-199); Bd. 2, 189-199.
169 Ebenfalls in Lachisch wurde ein unvollständiges Alphabet auf einer Treppe gefunden, dokumentiert in Tufnell, Lachish, 118 (Abbildung 10), aber auch weitere Reste von Inschriften (siehe Tufnell, Lachish, 357; Abbildungen im Abbildungsband, Plates 48B; 52, Nr. 8 und 10). Siehe auch Renz/Röllig, Epigraphik, Bd. 1, 74-76.
170 Crenshaw, Education, 37, zählt 70 Ostraka aus Arad und eine unbestimmte Zahl weiterer aus Lachisch. Einige Darstellungen sind gezeichnet in Lemaire, Écoles, 17; 21; siehe auch Lemaires Erläuterungen, a.a.O., 15-19. Weitere Funde siehe in Renz/Röllig, Epigraphik, Bd. 1, die diese unter dem Stichwort „Arad" chronologisch sortiert bieten.
171 Würthwein, Text, 4f.
172 Lemaire, Écoles, 20-25, mit Zeichnungen einzelner gefundener Ostraka.
173 Lemaire, Écoles, 25-32, mit Darstellung einzelner gefundener Inschriften und Zeichnungen. Siehe auch Renz/Röllig, Epigraphik, Bd. 1, 52-64.
174 Siehe zu diesen Funden auch Smelik, Historische Dokumente, der einzelne Inschriften vorstellt.
175 Abgebildet in DJD 2 Planches, Nr. 28, vorgestellt und ausgewertet in DJD 2 Texte, 93-100.
176 Siehe grundsätzlich die zahlreichen Zeugnisse, die Renz/Röllig, Epigraphik, bieten. Einen weiteren Überblick bis 2005, zum Teil allerdings auch mit Rückgriff auf Renz/Röllig, Epigraphik, gibt Davies, Uses of Writing.
177 Zur Entwicklung der Schrift im kanaanäischen Raum siehe Sass, Alphabet, der sie anhand einzelner Funde nachzeichnet. Überlegungen zur Anordnung schließlich des hebräischen Alphabets stellt Schart, Ordnung, 244-247, an.

Verwendung. Wahrscheinlich wurde sie angesichts der Bedeutung des Aramäischen als internationaler Verkehrssprache auch als Schriftsystem für das Hebräische übernommen.[178]

Doch nicht nur die Archäologie gibt Hinweise auf Schriftkenntnisse in Israel. Auch einige biblische Bücher setzen Schrift und Schreiben geradezu als Selbstverständlichkeit voraus. So schickt David seinem Feldherrn Joab durch Uriah einen Brief (סֵפֶר[179]; 2Sam 11,14f), ebenso wie auch Königin Isebel Briefe zur Ermordung Nabots verfasst (1Kön 21,8f); in Ri 8,14 schreibt ein „נַעַר" für Gideon die 77 Oberen von Sukkot auf.[180] Im Buch des Propheten Jeremia spielen Schriften eine große Rolle.[181] Für die Rechtstradition in Israel ist verschriftlichtes Recht ab dem 8. Jh. belegt: so kennt Hosea in Hos 8,12 Recht, das als von Gott geschrieben gilt und dessen Autorität er fraglos anerkennt,[182] und in Jes 10,1 klagt Jesaja Schreiber an, die ungerechte Urteile schreiben, sodass für diese Zeit davon auszugehen ist, dass Rechtsvorgänge schriftlich festgehalten werden.[183] Schließlich bietet Jer 8,8f ein Zeugnis für schriftlich verfasstes Recht im ausgehenden 7. Jh.[184]

Als Schreibmaterial nennen die biblischen Texte Schriftrollen (so beispielsweise Jer 36,6), entweder aus Leder (Pergament)[185] oder Papy-

---

178 Würthwein, Text, 4.
179 סֵפֶר bezeichnet ein Schriftstück im allgemeinen, also nicht allein ein Buch oder einen Brief. Es ist von anderen beschreibbaren Gegenständen dadurch unterschieden, dass die Schrift nicht eingegraben oder eingeritzt wird – so die Grundbedeutung von כתב (Haag, כתב, 387f).
180 Hermisson, Spruchweisheit, 99, weist mit Recht darauf hin, dass Ri 8,14 nicht als Beleg für eine in der Bevölkerung weit verbreitete Literalität gelten kann, denn bei diesem „נַעַר" handele es sich nicht um einen Jugendlichen, sondern um einen Schreiber der Stadtoberen (נַעַר מֵאַנְשֵׁי סֻכּוֹת).
181 Jeremia schickt Briefe an die Exilierten in Babylon (Jer 29), er diktiert seine Aussagen dem Schreiber Baruch (Jer 36) und in Jer 32,10-14 verfasst Jeremia einen Kaufbrief (הַסֵּפֶר הַמִּקְנָה) im Zuge des Ackerkaufs bei Anatot, wobei Crenshaw, Education, 36, zu Recht darauf hinweist, dass die Bestätigung der Zeugen auf dem Kaufvertrag nicht unbedingt voraussetzt, dass diese schreiben konnten. Möglicherweise haben sie nur mit einem Zeichen ihre Anwesenheit bestätigt.
182 Crüsemann, Tora, 28.
183 Crüsemann, Tora, 31f; dort auch der Nachweis, dass Jes 10,1 mit seinem engeren Kontext zum jesajanischen Grundbestand gehört.
184 Crüsemann, Tora, 35. Den Nachweis, dass Jer 8,8f zu den jeremianischen Worten gehört, führt Crüsemann auf Seite 36f. Weitere Beispiele bietet Haag, כתב, 389-394.
185 Die Bedeutung des Pergaments als Schriftträger zeigen auch die Funde von Qumran, wo fast ausschließlich Pergamentrollen entdeckt wurden.

rus[186], Stein (Dtn 27,4; Jos 8,32) oder (Holz-) Tafeln (Hab 2,2).[187] Hinzu kommen die oben genannten Ostraka.[188]

In den Völkern aus der Umwelt Israels kam mit der Erfindung beziehungsweise vor allem mit dem verwaltungstechnischen Gebrauch der Schrift auch die Schule als Ausbildungsstätte auf. Sowohl in Mesopotamien als auch in Ägypten sind sie – wie oben dargestellt – eindeutig belegt, und es lässt sich sogar ein Curriculum ausmachen, wenn auch nicht überall und durch alle Zeitepochen hindurch in gleicher Form und in gleichem Maße. In Israel ist das jedoch nicht der Fall. Hier gibt es keinen unmittelbaren Beweis für die Existenz von Schulen, weder am Tempel noch am Königshof. Dennoch kann nicht bestritten werden (und wird es auch nicht), dass die Schreiber sowohl des Hofes und der sonstigen Verwaltung im Land als auch des Tempels eine Ausbildung erhalten mussten. So gibt es verschiedene Argumente, die für oder gegen die Existenz von Schulen in Israel sprechen.[189]

3.3.2 Der Streit um die Existenz von Schulen in Israel

Die unbestreitbare Tatsache, dass es keinen eindeutigen Nachweis für Schulen oder gar ein ganzes Schulwesen in Israel gibt, hat in der Forschung zu einem erbitterten Streit über die Existenz von Schulen geführt.

Insgesamt zeigt sich die Tendenz, dass die Diskussion sehr einseitig geführt wird. So entsteht bisweilen der Eindruck, dass das jeweilige Ziel der Analyse einzelner Textstellen übergeordnet wird. Grundsätzlich zeigt sich in der Diskussion das Problem, dass wenig differenziert auch über Entwicklungsmöglichkeiten im Verlauf der Geschichte Israels gesprochen wird. So bleibt bei beiden Positionen im Großen und Ganzen unklar, wie möglicherweise zwischen Zeiten und Orten zu unterscheiden ist.

---

186 Archäologisch nachgewiesen mit dem Papyrus aus dem Wadi Murabba'at, der aus dem 8. oder 7. Jh. stammt (abgebildet in DJD 2 Planches, Nr. 28, vorgestellt und ausgewertet in DJD 2 Texte, 93-100).
187 Crenshaw, Education, 37; Crüsemann, Tora 27.
188 Neben den oben genannten 102 Ostraka aus Samaria, den 70 aus Arad sowie den weiteren aus Lachisch zählt Crenshaw, Education, 37, noch 30 Ostraka aus Jerusalem.
189 Scherer, Das weise Wort, 341, spricht zu Recht von einem „prominenten Zankapfel", zu dem sich die Auseinandersetzung über die Existenz von Schulen im biblischen Israel entwickelt habe.

Im Folgenden werden nun die jeweiligen Argumente für (3.3.2.1.) und gegen (3.3.2.2.) die Existenz von Schulen in Israel dargestellt. Sie können an dieser Stelle keinesfalls abschließend diskutiert werden, da dies den Rahmen der vorliegenden Studie zum Bildungsverständnis Ben Siras sprengen würde. Daher soll es in Bezug auf die jeweiligen Argumente oder Argumentationen hier bei einer Darstellung bleiben.[190]

3.3.2.1 Argumente für die Existenz von Schulen in Israel

Die Argumente für Schulen in Israel basieren im wesentlichen auf einem Argumentum e silentio: Für die Verfasser der biblischen Schriften war die Existenz von Schulen eine Selbstverständlichkeit, sodass sie sie nicht explizit erwähnen mussten.[191] Entsprechend sind die Argumente auch mit indirekten Hinweisen, die den biblischen Texten entnommen werden, begründet.

- Jes 28,9-13 gibt eine Verballhornung des Schulbetriebs wieder: die Schüler haben das Alphabet gelernt, indem sie die Konsonanten mit verschiedener Vokalisation lesen und sprechen gelernt haben; der Text setzt also eine gewisse Vertrautheit mit Schulunterricht voraus, damit er von seinen Hörern bzw. Lesern verstanden werden kann.[192]
- Die Aussage Jes 48,17, in der Gott als Lehrer auftritt, ist nur verständlich, wenn ein Unterrichtsbetrieb eine gewisse Verbreitung und damit Bekanntheitsgrad hat.[193]
- Jes 50,4 aus dem dritten Gottesknechtslied „suggests familiarity with something resulting from intentional training"[194]. Selbst wenn dies nicht

---

190 Siehe auch die Darstellung in Carr, Writing, 112-173.
191 Crenshaw, Education, 90. Heaton, School, 1f, treibt dies mit beißender Ironie auf die Spitze, indem er das Schweigen über das Schulwesen im Alten Testament mit dem Schweigen über viele andere Dinge des Alltags in Parallele setzt; wenn er dann allerdings unter dem Titel „A Jerusalem School inspected" das Schulwesen darstellt, muss auch er auf Ben Sira zurückgreifen.
192 Crenshaw, Education, 90f; Lemaire, Écoles, 37f. Während vor allem Crenshaw hier vorsichtiger ist, rekonstruiert Klostermann, Schulwesen, 214f, sogar eine richtige „Schulszene": „Es ist also verkehrt, in den berühmten Ausdrücken in V. 10a sinnvolle Wörter oder abstrakte Begriffswerte finden und für die bloss räumlich zusammengereihten eine jenen Begriffen entsprechende innere Verbindung durch willkürlich ergänzte Prädikate herstellen zu wollen. Ich sage ,bloss räumlich', weil der Lehrer mit den Fingern auf eine Fläche deutet, wenn er in V. 10b sagt: ,eine Kleinigkeit hier, eine Kleinigkeit dort'. Die unterrichteten Kinder sollen also die Kleinigkeiten wahrnehmen und beachten oder selbst ergänzend herstellen." Es handelt sich nach Klostermann also um Konsonantenreihen, in denen die Buchstaben צ und ק als צַו bzw. קַו ausgesprochen wurden (a.a.O., 216).
193 Lemaire, Écoles, 41.

3.3 Israel

zwingend auf Schulbetrieb hinweisen muss, ist dennoch eine Analogie zur prominenten Stellung des Hörens im Schulwesen der anderen altorientalischen Kulturen in Israels Umwelt gegeben.[195]

- Spr 22,17-21 spiegelt Schulbetrieb wider: Schon Klostermann hat sie als „Abschiedsworte des Lehrers an seinen ausgereiften Schüler" bezeichnet.[196]
- Spr 4,5.7; 17,16; 23,23, alle Sentenzen in Spr, in denen es um den Erwerb und Kauf von Einsicht und Weisheit geht, werde als Hinweis auf ein Schulsystem gesehen, in dem für den Unterricht Schulgeld bezahlt wurde.[197]
- Einen Hinweis auf Lehrer bietet Spr 5,13 (מוֹרָי und וְלִמְלַמְּדַי) aus einer Rede, in der der Lehrer seinen Schüler warnt, ihm nicht zuzuhören. Zwar ermöglicht die Partizipialform der Worte ein allgemeineres Verständnis als nur Lehrpersonal im engeren Sinne, aber wer wäre dann zu erwarten? Sollten tatsächlich die Eltern gemeint sein, könnten diese auch direkt angesprochen werden, wie es oft genug geschieht (z.B. Spr 1,8; 6,20).[198] In dieselbe Richtung geht Ps 119,99 (מְלַמְּדַי).[199]
- Ein Hinweis auf Schulunterricht können auch Spr 13,14 und 15,7 sein.[200] Die Schule wäre der nicht genannte, weil selbstverständliche Ort der Lehre.
- Die Rede von der Tafel des Herzens in Spr 3,3 und 7,3 (כָּתְבֵם עַל־לוּחַ לִבֶּךָ) setzt als Bildwort voraus, dass eine solche Tafel bekannt ist; da damit aller Wahrscheinlichkeit nach in Schulen von Schülern verwendete Schreibtafeln

---

194 Crenshaw, Education, 91.
195 Crenshaw, Education, 91f. Auch Lemaire, Écoles, 39. Schon Klostermann, Schulwesen, 211-214, versteht die Passage aus dem Schulunterricht heraus, legt allerdings den Schwerpunkt auf den Sprechunterricht (a.a.O., 213): „Es stehen sich also in der Schule des prinzipalen Lehrers gegenüber der zungensichere Eliteschüler, der korrekt artikulieren, klar und mit richtiger Betonung Wörter und Sätze so sprechen gelernt hat, dass der Hörer sie richtig verstehen kann, und ihm zur Hut und Leitung übergeben, solche, deren Sprechen noch ein hilfloses ohnmächtiges Stammeln ist." Diese Fokussierung auf das richtige „Sprechen der Laute" (a.a.O., 214) ist sicherlich zu einseitig, denn ein Schüler, der die Schule besucht, wird bereits richtig sprechen gekonnt haben. Sie wäre allenfalls verständlich, wenn es Klostermann um Leseunterricht ginge, doch das ist nicht der Fall.
196 Klostermann, Schulwesen, 231. Er versteht diese Worte zugleich als einen Beleg dafür, dass „in den altisraelitischen Schulen auf den höheren Stufen der Lehrer diktierte, was der Schüler schreiben sollte" (ebd.). Das dieser Deutung entgegenstehende כְּתַבְתִּי in V 20 liest Klostermann dann auch der Septuaginta (ἀπόγραψαι) folgend als כָּתְבָה.
197 Crenshaw, Education, 97; Davies, Schools, 200.
198 Davies, Schools, 200.
199 Davies, Schools, 200.
200 Davies, Schools, 200.

gemeint sind, setzen diese Sprüche also sowohl ein Schulwesen als auch einen gewissen Bekanntheitsgrad desselben voraus.[201]
- Der Prophet Jeremia kann auf Schreiber wie Baruch zurückgreifen, und mit Schafan spielt ein Schreiber eine entscheidende Rolle im Kontext der josianischen Reform. Solche qualifizierten Schreiber, die Texte nicht nur abschreiben, sondern auch verfassen konnten, müssen eine Ausbildung erhalten und damit auch eine Ausbildungsstätte aufgesucht haben.[202]
- Die Nachrichten, dass David an Joab und Isebel an die Dorfältesten des Nabot Briefe geschickt haben, lässt darauf schließen, dass zumindest die führenden Schichten der Gesellschaft lesen und schreiben konnten.[203]
- 1Kön 12,8.10 kann auf eine Hofschule hinweisen, in der wie in Ägypten die Kinder der gehobenen Schicht gemeinsam mit dem Königssohn erzogen wurden,[204] kann doch גדל Piel auch „aus den Kindern ‚etwas machen', sie ‚etwas werden lassen'" bedeuten und damit in die Richtung von „erziehen" gehen.[205]
- Die „Männer Hiskias" (אַנְשֵׁי חִזְקִיָּה), die nach Spr 25,1 die nachfolgende Sammlung zusammengestellt haben, müssen eine Ausbildung und eine Organisation hinter sich gehabt haben.[206] Möglicherweise eifert Hiskia hier auch nur seinem Vorbild Salomo nach, sodass sich hinter der Wendung „אֲנָשֶׁיךָ" (1Kön 10,8) eine ähnliche Institution wie hinter den „Männern Hiskias" verbirgt und bereits zu Salomos Zeiten eine (Weisheits-) Schreiberschule anzunehmen ist.[207]
- Die Episode in 2Kön 6,1-7 hat als Ausgangspunkt die Feststellung der Schüler des Elisa, dass der Raum, in dem sie vor ihm sitzen, zu klein sei. Dies scheint einen Schulbetrieb widerzuspiegeln, in dem die größer werdende Schülergruppe einen größeren „Klassenraum" erfordert.[208] Möglicherweise sind in diesem Kontext auch die verschiedentlichen Erwähnungen von Prophetenschülern zu verstehen (Jes 8,16; Elia, der Elisa als Schüler (1Kön 19,19-21), und Elisa, der Gehasi als Schüler nimmt).[209] Die-

---

201 Vgl. Crenshaw, Education, 98.
202 Crenshaw, Education, 99.
203 Crenshaw, Education, 99.
204 Lemaire, Écoles, 35. Hermisson, Spruchweisheit, 118. Ein biblischer Reflex auf ägyptische Hofschulen kann auch in 1Kön 11,20 vorliegen.
205 Mosis, ldg, 941. Ähnlich auch Hermisson, Spruchweisheit, 118.
206 Vgl. Crenshaw, Education, 107f.
207 Crenshaw, Education, JBL, 613, der nicht davon ausgeht, dass in umgekehrter Weise Verhältnisse aus hiskianischer Zeit in die salomonische zurückprojiziert worden sein könnten.
208 Lemaire, Écoles, 36; Davies, Schools, 199.
209 Lemaire, Écoles, 37.

- sen Textstellen wird eine besondere Dignität zugeschrieben, weil sie im Gegensatz zu den anderen Belegen aus vorexilischer Zeit stammen.[210]
- Nach 2Kön 10,1.5-6 befinden sich die Söhne des Königs Ahab bei „Erziehern" (אֹמְנִים), bei denen sie aufwachsen und von denen sie begleitet werden (מְגַדְּלִים אוֹתָם, V 6).[211]
- König Joasch ist nach 2Kön 12,3 vom Priester Jehojada unterrichtet worden (הוֹרָהוּ).[212]
- Das Auffinden des סֵפֶר הַתּוֹרָה im Tempel in 2Kön 22,8 zeigt unabhängig von der Frage, ob es sich dabei um ein zufälliges oder ein gewolltes Auffinden handelt, dass dort natürlicherweise mit Schriften umgegangen wurde. Auch die Entstehung der Priesterschrift setzt voraus, dass die Priester lesen und schreiben konnten. All dieses legt nahe, dass es eine Ausbildungsstätte am Tempel gab.[213]
- 1Chr 27,32 legt nahe, dass Jonatan, der Onkel und Berater Davids, gemeinsam mit Jehiel nicht nur so verstanden wurden, dass sie „bei" den Söhnen Davids waren, sondern diese wohl auch unterrichteten, auch wenn dies nicht explizit gesagt wird.[214]
- Mit 2Chr 17,7-9 nimmt die Chronik offenbar eine Art Volksbildungsprogramm unter König Joschafat an, an dem mehrere Beamte sowie vor allem Leviten beteiligt gewesen sein sollen.[215]

---

210 Davies, Schools, 200.
211 Lemaire, Écoles, 36f. Allerdings muss Lemaire auch zugeben, dass der Hinweis auf eine schulische Erziehung eher schwach ist. Mit Lemaire auch Hermisson, Spruchweisheit, 118. Zu גדל Piel siehe Mosis, גדל, 941.
212 Lemaire, Écoles, 37.
213 Hermisson, Spruchweisheit, 131. Für das Dtn wäre auch auf Dtn 17,18f hinzuweisen, wo Schriftlichkeit am Königshof – und sei es in der Rückschau – vorausgesetzt wird.
214 Lemaire, Écoles, 40. Japhet, 1 Chronik, 432, stellt das jedoch aufgrund der Kürze der Notiz in Frage und sieht sie eher unter Hinweis auf 1Kön 12,6ff als Berater.
215 Lemaire, Écoles, 40. Dies ist das einzige Mal, wo „die Verbreitung der Lehre nicht als künftige Aufgabe geschildert wird, sondern als konkretes historisches Ereignis" (Japhet, 2 Chronik, 217). Die Zusammensetzung der ausgesandten Gruppe spiegelt die Realität in nachexilischer Zeit wider, in der Leviten als Lehrer auftraten (vgl. Neh 8,7); die königlichen Beamten könnten nach Japhet, 2 Chronik, 217, Schreiber gewesen sein. Ihres Erachtens gibt der Text eine nachexilische Praxis zu erkennen, die in die Königszeit zurückprojiziert wurde (ebd.; ähnlich auch Crenshaw, Education, JBL, 613, der allerdings zusätzlich noch einen Zusammenhang mit Spr 25,1 herstellt). Während Japhet einen Anhalt dieser Passage an der historischen Realität zumindest der nachexilischen Zeit sieht, geht Crüsemann, Tora, 114f, davon aus, dass es sich hier um eine „typisch chronistische Version des in 19,5ff Berichteten" handelt. Sein historischer Anhaltspunkt ist also 2Chr 19,5-11, was allerdings auch seiner Intention entspricht, kleine lokale Gerichtshöfe und dann vor allem ein Jerusalemer Obergericht zu begründen.

- Hab 2,2 geht wie selbstverständlich davon aus, dass die auf Tafeln aufgeschriebene Vision öffentlich zugänglich und lesbar ist.[216]
- Die Existenz von Literatur, die in den Völkern der Umwelt Israels im Schulbetrieb Verwendung fand, namentlich der Weisheitsliteratur, auch in Israel (bis zu so engen Verbindungen wie zwischen der Lehre des Amenemope und Spr 22,17-24,22) ist ein Hinweis darauf, dass es auch hier eine ähnliche Institution gegeben haben muss.[217] Dagegen spricht auch nicht der Hinweis auf einen eventuellen Ursprung in der Volksweisheit, denn dieser schließt weder eine Verwendung der Sentenzen im Schulbetrieb aus,[218] noch berücksichtigt er, dass die Texte letztlich ja doch gesammelt, zusammengestellt und redigiert wurden, und zwar von Menschen, die dafür einer Ausbildung bedurften.[219]
- Spr 1-9 wird als ein Schulbuch verstanden, aus dem der Lehrer sein Unterrichtsmaterial für Diktate oder Schreibübungen entnehmen konnte.[220] „Vater" und „Sohn" bezeichnen dementsprechend Lehrer und Schüler und nicht leibliche Väter und Söhne.[221]
- Die literarischen Formen des „Lehreröffnungsrufes"[222] und der „katechetischen Lehrfrage"[223] lässt sich am besten durch die Annahme von Schulunterricht erklären.[224]
- Auch für das Famulus-System gibt es keine wirklichen Belege. So ist gerade das Beispiel von Samuel, der bei Eli zur Erziehung abgegeben wird (1Sam 1-3), kein Beleg für eine Famulatur, da es sich bei Eli um einen Pries-

---

216 Seybold, Habakuk, 65.
217 Davies, Schools, 202f. Hermisson, Spruchweisheit, 122f.
218 Davies, Schools, 204. Hermisson, Spruchweisheit, 123-125.
219 Scherer, Das weise Wort, 341f, der in den Schreiberschulen am Königshof den Ort der Redaktion der Komposition von Spr 10,1-22,16 sieht. Ähnlich Kieweler, Erziehung, 245, für Spr 25-29.
220 Klostermann, Schulwesen, 203. Lang, Frau Weisheit, 18. Lang lässt dabei die Datierung der Sammlung offen: „weder formale, noch inhaltliche und sprach-historische Gründe ermöglichen eine genauere Datierung innerhalb der Zeit zwischen dem zehnten und dem dritten vorchristlichen Jahrhundert", sodass er mit einer Tradierung seit der Königszeit rechnet (Lang, Lehrrede, 60).
221 Lang, Schule, 193. Die Nennung der Mutter in Spr 1,8; 4,3; 6,20 spricht nicht gegen diese Deutung, denn an diesen Stellen geht es lediglich um einen Verweis auf die häusliche Erziehung, aber nicht um den Unterricht, der mit Spr 1-9 geschieht (a.a.O., 194). Lang sieht die Mutter sogar nur um des parallelismus membrorum willen aufgrund des „Stilzwangs" eingefügt (ebd.). Schon Dürr, Erziehungswesen, 107, hat den „Vater" in Spr 1-9 als einen „väterlichen" Erzieher identifiziert.
222 Von Rad, Weisheit, 33, der hier auf Wolff, Hosea, 122f, zurückgreift. Beispiele: Dtn 32,1; Jes 28,23; 34,1; Ps 49,2-5; Hi 32; 33,1-3; 34,1f).
223 Von Rad, Weisheit, 34. Beispiele: Ps 34,13f; Spr 30,4; Jes 40,12.
224 Von Rad, Weisheit, 31-34.

ter handelt, das Priesteramt aber erblich war und nicht durch Famulatur erlernt werden konnte.[225]
- Neben den biblischen Hinweisen werden auch die oben bereits angesprochenen Beispiele von Schriftzeugnissen[226] als Hinweise auf kanaanäischen Schulbetrieb verstanden, aus dem dann der israelitische hervorgegangen ist, auch wenn sie offen lassen, wie dieser ausgesehen hat.[227]
- Grundsätzlich stellt sich die Frage, warum es in Israel keinen Schulbetrieb gegeben haben sollte, wenn er in den Nachbarvölkern sicher nachzuweisen ist. Warum Israel hier eine Ausnahme gemacht haben sollte, während man sonst gerne an den Traditionen und auch Institutionen der Umwelt partizipierte, ist kaum plausibel zu machen.[228] Je nach historischer Einordnung der Beamtenlisten (2Sam 8,16-18; 20,23-26; 1Kön 4,1-6) könnten die Anfänge dann sogar in der Zeit Davids, also zur Staatsgründung, oder kurz danach unter Salomo datiert werden, als das Staatswesen in seinen Anfängen auch eine Verwaltung brauchte.[229]
- Schließlich nötigt allein schon die Tatsache, dass es Weise und Schreiber gab, zu der Annahme, dass es für sie auch eine Ausbildungsstätte gegeben haben muss,[230] möglicherweise je nach Ausbildungsziel auch verschiedene.[231] Eine Ausbildung allein im Elternhaus oder auch eine Famulatur wird dazu kaum ausreichend gewesen sein,[232] andernfalls wäre die geringe Feh-

---

225 Vgl. Delkurt, Erziehung, 243.
226 In Kuntillet-Ajrud ist neben drei Alphabetfragmenten auch ein Briefanfang gefunden worden, der möglicherweise als Formular zu Unterrichtszwecken diente (Lang, Schule, 189).
227 Lemaire, Écoles, 32f. Crenshaw, Education, 112.Vgl. auch die kritische Auseinandersetzung mit Lemaire, Écoles, 7-33, in Crenshaw, Education, 100-108, sowie Davies, Schools, 205, der auch herausstellt, dass einige der von Lemaire genannten Texte nicht einfach nur in den „Elementarunterricht" gehören, sondern bereits in den fortgeschrittenen Bereich.
228 Vgl. Davies, Schools, 201.
229 Vgl. Davies, Schools, 202.
230 Hermisson, Spruchweisheit, 116. Wolff, Anthropologie, 298, der hier vollmundig von „Schule" und nicht vorsichtiger von einer Ausbildungsstätte spricht, obwohl er zugeben muss, dass das Alte Testament Genaueres nur vermuten lässt.
231 Von Rad, Weisheit, 31f. Das gilt nicht nur für die große Unterscheidung zwischen Priestern und Beamten, sondern auch innerhalb der Beamtenschaft, die ja zum Teil auch Fremdsprachenkenntnisse für den diplomatischen Verkehr haben musste (Hermisson, Spruchweisheit, 117). Aufgrund dieser bestehenden Beziehungen liegt es auch nahe, dass man sich in Israel an den Nachbarn in Ägypten und Mesopotamien orientiert hat (Hermisson, Spruchweisheit, 116).
232 Crenshaw, Education, JBL, 614; Davies, Schools, 201f, der hier einen Unterschied macht zwischen „being able to write and being able to write well". Lang, Schule, 190f.

lerzahl in den gefundenen Schriftbeispielen kaum zu erklären.[233] Allerdings muss wohl auch gesagt werden, dass solche Schulen nur in den Verwaltungszentren, wenn nicht gar nur in Jerusalem bestanden haben werden.[234]

3.3.2.2 Argumente gegen die Existenz von Schulen in Israel

Die Argumente gegen die Annahme einer Existenz von Schulen in Israel stützen sich zum Teil auf dieselben Texte und Überlegungen, bewerten sie aber anders.

- Für Jes 28,9-13 gibt es keinen Beweis, dass es sich bei V 10a um Buchstabenbezeichnungen handelt, wie Klostermann es angenommen hat, und auch für V 10b gibt diese Annahme keine Verstehenshilfe.[235] Versuche, V 10b einen Sinn abzuringen, sind bislang nicht erfolgreich gewesen.[236] Insofern ist es nicht plausibel Jes 28,9-13 mit Schulunterricht in Verbindung zu bringen,[237] worauf auch hinweist, dass gerade Entwöhnte, selbst wenn sie bereits dreijährig sind, sicherlich noch keinen Lehrer hatten, sondern von den Eltern erzogen wurden.[238]
- Jes 50,4-5 steht nicht in Verbindung mit einem Schulwesen, sondern bezieht sich einzig und allein auf das Verhältnis Gottes zu seinem Propheten:[239] Gott öffnet dem Propheten das Ohr, damit er den Ermüdeten unterstützt. Diese Thematik hat jedoch mit Schule nichts zu tun. Weeks übergießt diese Annahme dann auch mit beißender Ironie: „There is no reference to school education here, unless we really think that the school taught how 'to sustain the weary with a word'"[240]. Stattdessen hat Gott seinen Propheten dazu bereit gemacht, dass er sein Wort recht hören und verstehen kann. Dennoch muss auch Weeks zugeben, dass Jes 50,4f, wenn vielleicht nicht mit einem fest organisierten Schulwesen, dann aber doch durchaus mit „education in broader terms" in Verbindung steht.[241] Whybray

---

233 So Lang, Schule, 191, der daraus auf eine längere Schulausbildung schließt.
234 Davies, Schools, 210.
235 Weeks, Wisdom, 133.
236 Weeks, Wisdom, 134, und Golka, Weisheitsschule, 259, verwerfen die Erklärungsversuche von van Selms, Isaiah, und Lemaire, Écoles, und favorisieren stattdessen die Interpretation als Nachahmung des Lallens eines Babys oder eines Betrunkenen.
237 Whybray, Intellectual Tradition, 37, Golka, Weisheitsschule, 260.
238 Golka, Weisheitsschule, 260.
239 Whybray, Intellectual Tradition, 37.
240 Weeks, Wisdom, 136.
241 Weeks, Wisdom, 136. Dem Hinweis, der in dem ב des Ausdrucks לִשְׁמֹעַ כַּלִּמּוּדִים steckt, geht er nicht nach, auch wenn er ihn erwähnt.

schränkt das jedoch klar ein: „The disciples of a prophet were certainly not schoolboys"[242], und nach Golka handelt es sich hier lediglich um eine „prophetische Traditionskette"[243].

- 1Kön 12,8 berichtet zwar von jungen Leuten, die mit dem neuen König aufgewachsen waren, sagt aber nichts über Unterricht aus, geschweige denn darüber, wer und wie viele an einem angeblichen Unterricht teilnehmen durften. Zudem werden die „Alten" nicht als „Weise" oder gar Lehrer eingeführt.[244]
- Die Rede von der Weisheit, die in Spr 1-9 auf den Straßen und Plätzen für sich wirbt, ist bildhafte Sprache und kann nicht als Hinweis auf im Freien wirksame Weisheitslehrer verstanden werden.[245] Sie ist vielmehr als Werbung des Autors für das leichte Lernen der Weisheit zu verstehen.[246]
- Der Hinweis auf Gebühren zum Erlernen von Weisheit in Spr 17,16 ist kein echter Hinweis auf ein fest gefügtes Schulsystem.[247] Vielmehr geht es in dieser Sentenz darum, „that the fee does not compensate for the pupil's lack of ability"[248].
- Spr 22,17-21 ist kein Hinweis auf israelitische Schulen, wie auch die Befürworter eines israelitischen Schulwesens zugeben[249], da es sich hier um eine Übertragung aus der Lehre des Amenemope handelt.[250] Die Kenntnis außerisraelitischer Weisheitslehren in Israel, auch wenn diese aus dem Schulbetrieb stammen, kann nicht als Hinweis auf Schulen in Israel verstanden werden.[251]
- Die Nennung der Mutter als Lehrende in der biblische Weisheitsliteratur (Spr 1,8; 6,20; 31,1.26) ist ohne Parallele in der literarischen Umwelt Israels und insofern besonders bemerkenswert. Die Nennung des Vaters ist in der ägyptischen Literatur üblich. Wahrscheinlich handelt es sich hier um eine Adaption für die spezifisch israelitischen Verhältnisse, für die die entsprechenden Lehren verfasst wurden: „a domestic situation in which the father and mother together shared the responsibility for the education of the child."[252]

---

242 Whybray, Intellectual Tradition, 37.
243 Golka, Weisheitsschule, 261.
244 Whybray, Intellectual Tradition, 33.
245 Whybray, Intellectual Tradition, 33.
246 Whybray, Intellectual Tradition, 34.
247 Weeks, Wisdom, 136.
248 Whybray, Intellectual Tradition, 34.
249 Siehe Crenshaw, Education, 94f.
250 Whybray, Intellectual Tradition, 40.
251 Whybray, Intellectual Tradition, 40; Golka, Weisheitsschule, 259.
252 Whybray, Intellectual Tradition, 42.

3. Das Schul- und Bildungswesen in Israel und seiner Umwelt

- Es ist keine Frage, dass Spr einen pädagogischen Impetus hat und dass die Sentenzen einen erzieherischen Wert haben. Aber die Tatsache, dass Weisheitslehren in Ägypten für den Unterricht verwendet wurden, darf nicht einfach auf Israel übertragen werden, schließlich gibt es dafür keinen Beweis.[253]
- Die im israelitischen Raum gefundenen Inschriften haben keine Beweiskraft für ein Schulsystem, denn es reicht nicht, Literalität nachzuweisen, sondern es muss auch einen Beweis für konkrete Schulen geben, in denen Schüler unterrichtet werden konnten. Dieser steht jedoch noch aus,[254] was angesichts der intensiven archäologischen Arbeiten im Land Israel zu denken geben müsste, vergleicht man dieses Ergebnis mit den Funden in Ägypten und Mesopotamien.[255]
- Aufgrund der Unterschiede im Schriftsystem und nur, weil es Literalität außerhalb Israels gab, können nicht unbedingt Analogien zwischen Israel und Ägypten oder Mesopotamien hergestellt werden. Auch der Hinweis auf Ugarit hat keinen Beweischarakter, weil es in Ugarit aller Wahrscheinlichkeit nach mesopotamischen Einfluss gab, was so für Israel nicht zutrifft.[256] Hinzu kommt, dass die sehr unterschiedlichen Bedürfnisse der einzelnen Völker, was Verwaltung und damit auch die Fähigkeit zu lesen und zu schreiben angeht, kaum zu ein- und derselben Lösung geführt haben werden, sodass auch deshalb nicht von einem Volk auf ein anderes geschlossen werden kann.[257] Die Notwendigkeit, in Jerusalem oder anderswo in Israel eine Schreiberschule zu haben, war einfach nicht so groß wie in den großen Reichen in Ägypten oder Mesopotamien.[258] Auch der Umstand, dass die Schüler in Israel nicht auf eine so lange Geschichte der Schrift und ihrer Entwicklung zurückblicken konnten (oder mussten) wie beispielsweise in Mesopotamien, wo die Schüler neben ihrer Muttersprache auch Sumerisch lernen mussten, um ihre literarische Vergangenheit

---

253 Vgl. Weeks, Wisdom, 132. So auch Whybray, Intellectual Tradition, 36f.
254 Weeks, Wisdom, 137, der zugleich feststellt, dass gerade Lemaire, Écoles, in seiner Untersuchung einen solchen Beweis schuldig bleibt. Vgl. die intensive Auseinandersetzung Weeks mit Lemaire in Weeks, Wisdom, 137-151.
255 Golka, Weisheitsschule, 263. Auch Jamieson-Drake, Scribes, 157, kann nach seiner Untersuchung lediglich Hinweise für die Weiterarbeit geben. Auf die Frage des Schreibmaterials wird jedoch in der Diskussion nicht eingegangen.
256 Weeks, Wisdom, 153. Vgl. auch Whybray, Intellectual Tradition, 36.
257 Weeks, Wisdom, 153f: „there is no uniform path of development". Auch Whybray, Intellectual Tradition, 36.
258 Whybray, Intellectual Tradition, 38, der allerdings kaum plausibel auch die Stadtstaaten in Israels unmittelbarer Umgebung dazu nimmt.

kennen zu lernen, spricht gegen ein so umfangreiches Ausbildungssystem wie im Zweistromland.[259]
- Da selbst die Befürworter eines Schulsystems in Israel zugeben müssen, dass alle Hinweise relativ wage bleiben, ist es besser, nicht von einem Schulsystem auszugehen.[260] Versuche, sogar eine Ausdifferenzierung des Schulsystems festzustellen, wie sie Hermisson[261] und von Rad[262] vornehmen, sind allerdings klar abzulehnen, denn diese basieren im Wesentlichen auf der Vielgestaltigkeit der alttestamentlichen Literatur und nicht auf wirklichen Anhaltspunkten oder gar Beweisen.[263]
- Stattdessen ist von einer Ausbildung der Schreiber in einem Famulus-System auszugehen, in dem der Vater seinem Sohn den Beruf weiter „vererbte", vielleicht aber auch einzelne Schüler aufnahm, um sie zu unterrichten.[264] „Die israelitische Beamtenschaft konnte sich auf diese Weise durch Familientradition und Famulussystem kontinuierlich entwickeln."[265] Für ein solches System gibt es dann im Gegensatz zur Schule textliche Belege im Alten Testament: So sind Salomos Schreiber Elihoref und Ahija (1Kön 4,3) Söhne von Davids Schreiber Schewa (2Sam 20,25).[266] Auch der in 2Kön 22 im Kontext der josianischen Reform erwähnte Schafan scheint eine Beamtenfamilie hervorgebracht zu haben: in Jer 26,24 wird ein Sohn namens Ahikam erwähnt, in Jer 36,9-13 werden ein weiterer Sohn, Gemarja, und ein Enkel, Michaja, genannt. In 1Chr 2,55 wird dann ausdrücklich ein Schreibergeschlecht aus Jabez erwähnt.[267] Auch die Erziehung des jungen Samuel (1Sam 1-3) kann als Hinweis auf ein Famulus-System, in dem Eltern Söhne zur Ausbildung in andere Hände gaben, verstanden werden.[268]

---

259 Weeks, Wisdom, 154.
260 Weeks, Wisdom, 136, der hier auf die Zurückhaltung von Crenshaw, Education, JBL, und Lemaire, Écoles, eingeht. Wobei Weeks auch deutlich macht, dass beide Positionen ihr Anliegen weder stichhaltig beweisen noch die Gegenposition widerlegen können, sodass er die Entscheidung trifft, bei aller Unklarheit nicht von einem „large, integrated, school system" zu sprechen (153).
261 Hermisson, Spruchweisheit, 129-131.
262 Von Rad, Weisheit, 31f.
263 Whybray, Intellectual Tradition, 39.
264 Golka, Weisheitsschule, 265.
265 Golka, Weisheitsschule, 265.
266 Dabei wird angenommen, dass es sich bei Seraja (2Sam 8,17), Schewa (2Sam 20,25) und Schicha (1Kön 4,3) um dieselbe Person handelt. Golka, Weisheitsschule, 263.
267 Golka, Weisheitsschule, 263.
268 Golka, Weisheitsschule, 265. Bemerkenswert an diesem Beispiel Golkas ist, dass gerade er, der in seinem Aufsatz über die Annahme von Unterricht für gerade entwöhnte Kinder, auch wenn sie schon drei Jahre alt sind, spottet (S. 260), gerade diese Umstände (vgl. 1Sam 1,22) in diesem Fall als selbstverständlich hinnimmt (S. 265).

3.3.3 Eine Überlegung zum Unterrichtswesen in Israel

Crenshaw fasst die Auswertung dieser Argumente angemessen zusammen, wenn er sagt: „The evidence clearly points to the existence of literate persons at an early period in Israel. What remains unclear, however, is the place where that literacy was acquired"[269]. Darüber helfen auch nicht „gelehrte Spekulation[en]"[270] hinweg, durch die beispielsweise Lang meint, in Details gehen zu können, indem er einen dreistufigen Lehrplan aufstellt[271] und die öffentliche Straße als Unterrichtsort angibt.[272]

Wie bereits eingangs festgehalten, zeigt sich bei der Durchsicht der Argumente für oder gegen die Existenz von Schulen in Israel, wie wenig differenziert und teilweise sehr einseitig von beiden Argumentationsrichtungen her die biblischen Texte ausgewertet werden. So kommt beispielsweise die Frage nach älteren Traditionen oder auch umgekehrt nach Rückprojektionen kaum zum Tragen. Auch eine innere Differenzierung der Ausbildung, insbesondere zwischen einer Schul- und einer konkreten Berufsfachausbildung, wie sie in Babylonien und Ägypten zu finden ist, wird kaum erwogen oder erstreckt sich, wie bei Lang, in spekulative Details. Letztlich wird in der Diskussion auch die Möglichkeit einer historischen Entwicklung in Israel kaum berücksichtigt. Eine stärker differenzierende und mögliche Entwicklungen im Laufe der Geschichte Israels berücksichtigende Untersuchung wäre dringend notwendig.

Die Frage nach der Existenz von Schulen im Alten Israel ist also aufgrund der relativ geringen konkreten Quellen- und der oben skizzierten Forschungslage vorsichtig zu beurteilen.[273] Folgt man der geführten Debatte, drängt sich aber bald eine Frage auf, die der Sachfrage nach der Existenz von Schulen in Israel zugrunde zu liegen scheint: Die Fra-

---

269 Crenshaw, Education, JBL, 604.
270 Lang, Schule, 196.
271 Nach Lang wird in der ersten Stufe das Alphabet gelernt, dann folgen in der zweiten Stufe Schreibübungen auf der Grundlage von Spr 10ff und in der dritten Textsammlungen wie Spr 1-9 und Sir sowie Briefformulare wie das aus Lachisch (Lang, Schule, 199).
272 Lang, Schule, 200f.
273 Der Hinweis von Wanke, Lehrer, 57, dass dies an der Ausrichtung der alttestamentlichen Literatur liege, die sich für die religiöse Dimension interessiere, aber nicht für die gesellschaftliche, ist zwar nicht ganz zu vernachlässigen, übersieht aber, dass auch die altägyptischen Texte das dortige Schulwesen meist nur indirekt zu erkennen geben.

ge, ob es Schulen in Israel gab, erscheint im Wesentlichen als die Frage, was man unter Schulen verstehen möchte.[274]

Aus der Umwelt Israels stehen zwei Ausbildungssysteme als Analogien zur Verfügung: das echte Schulsystem mit einem oder mehreren neben- oder hauptberuflichen Lehrern, die nach einem mehr oder weniger festen Lehrplan arbeiten, und das Famulus-System, in dem sich jeder Schreiber seine(n) Nachfolger selber heranzieht, indem er ihn oder sie frühzeitig an seiner Arbeit beteiligt. Beide Modelle sind offen für eine „Schnittmenge", nämlich ein System, in dem ein Lehrer kleine Gruppen unterrichtete und auf ihren (d.h. seinen) Beruf vorbereitete.[275] Hier wäre der Lehrer also wie im Famulus-System ein erfahrener Beamter, der allerdings mehr als nur seinen eigenen Nachfolger vielleicht sogar „klassenweise" unterrichtet, ohne dabei als ein hauptamtlicher Lehrer gelten zu können. Dieses System erscheint für Israel am wahrscheinlichsten – und dafür sprechen folgende Gründe:

Sowohl in Mesopotamien als auch in Ägypten sind Schulen mit haupt- und nebenamtlichen Lehrern in einer Zeit aufgekommen, in der der Staat einen starken Bedarf an Verwaltungskräften hatte: in Babylonien unter Šulgi im Zuge der Ausweitung seines Reiches, in Ägypten im Zuge des Wiedererstarkens der Zentralgewalt im Mittleren Reich nach dem Zusammenbruch der ersten Zwischenzeit. Ein solches Bedürfnis hatte Israel im Laufe seiner Geschichte nicht. Israel kam im Großen und Ganzen die ganze Zeit seiner Existenz mit einer sich selber an Zahl immer wieder „reproduzierenden" Schreiberschicht aus. Das spricht für ein Famulus-System.

Für ein erweitertes Famulus-System spricht, dass nicht jeder Verwaltungsbeamte (auch nicht jeder gute) seine Tätigkeit anderen vermitteln kann. Hinzu kommt, dass wahrscheinlich auch nicht jeder Verwaltungsbeamte die Zeit hat, sich einem Famulus zu widmen. Darüber hinaus ist kaum vorstellbar, dass sich ein führender Hofbeamter mit Schreibübungen von Anfängern beschäftigte. Es ist also anzunehmen, dass es Schreiber gab, die einen Teil ihrer Zeit der Ausbildung neuer Schreiber widmeten, während andere dies nicht taten, also erstere die Nachfolger für zweitere mit ausbildeten. Insbesondere für die Zeit des Schreibenlernens ist dies sehr plausibel. Ein solcher Unterricht bedarf

---

[274] Auch Hermisson, Spruchweisheit, 133, hält bei all seinen Überlegungen zur Schule in Israel fest, dass „Schule" hier nicht im modernen Sinne aufgefasst werden darf. Solche einschränkenden Überlegungen halten die sonst unversöhnlich gegenüberstehenden Fronten der Schul-Befürworter und der Famulus-Vertreter offen.

[275] Conrad, Junge Generation, 27, hat dies in seiner Studie ganz beiläufig als „persönlichen Schülerkreis" eines Lehrers bezeichnet.

keiner großen Räume, ist also archäologisch an Gebäuden nicht nachweisbar.[276] Wenn darunter eine „Schule" verstanden werden soll, dann handelt es sich um eine Schule;[277] es ist aber angemessener, vorsichtiger von einem erweiterten Famulus-System zu sprechen. Denn ebenso kann nur unstrittig sein, dass nach einer allgemeinen Grundausbildung die Schüler in einem konkreten Beruf durch eine Fachausbildung angelernt und eingeführt wurden;[278] wahrscheinlich ist auch, dass hierbei Familienbande eine große Rolle spielten.[279]

Die Problematik dieser Argumentation liegt darin, dass sie sich lediglich auf eine allgemeine Plausibilität stützen kann. In der oben dargestellten Debatte werden zwar zahlreiche Bibelstellen zugunsten oder gegen die Existenz von Schulen gedeutet, doch haben sie in keine der beiden Richtungen überzeugende Beweiskraft. Schließlich muss auch bei einer Argumentation für ein Famulus-System letztlich klar sein, dass es auch dafür keinen eindeutigen Beweis in den Schriften des Alten Testaments gibt.[280]

---

276 Die archäologisch bislang noch nicht nachgewiesenen Schreibübungen können hier außer Acht gelassen werden, weil sie ohnehin nur einen geringen Anhaltspunkt für die Entscheidung zugunsten des einen oder des anderen Ausbildungssystems gäben.
277 Ein wesentliches Kriterium für die Bestimmung eines Unterrichtswesens als Schule ist nach der Definition von Gesche, Schulunterricht, 3, die Existenz eines für die Lehrer verbindlichen Systems, modern ausgedrückt: eines Lehrplans. Diese Frage nach einem Lehrplan muss allerdings in der Tat infolge des Fehlens von Schülerübungen, anhand deren man diesen rekonstruieren könnte, wie es Gesche in ihrer Studie für Babylonien geleistet hat, unbeantwortet bleiben. Aus der biblischen Literatur lässt sich ein solcher Lehrplan jedenfalls nicht entnehmen. Auch mit der Bewertung der Wichtigkeit dieses Aspekts steht und fällt die Bezeichnung des nicht zu leugnenden Ausbildungssystems als Schule oder nicht.
278 Vgl. Brunner, Zentralbegriffe, 403, der ein solches Famulus-System für Ägypten ab dem Jahr 2000 vor Beginn der christlichen Zeitrechnung beschreibt.
279 Vgl. dazu oben die Schafan-Familie (2Kön 22; Jer 26,24; 36,9-13).
280 Es reicht nicht, den Vertretern der Schul-Hypothese die Beweislast zuzumuten. Auch ein eventuelles Famulus-System muss bewiesen werden, bevor es als gesichert angenommen werden kann. Siehe auch Hausmann, Menschenbild, 168f, die ebenfalls klar feststellt, dass es bei aller Didaktik, die Spr zu erkennen gibt, keinerlei Hinweise in die eine oder andere Richtung gibt.

3.3.4 Methodisch-didaktische Aspekte

Auch wenn die Frage nach dem Ort und der genauen Form des Unterrichts letztlich nicht exakt zu beantworten ist, gibt die Weisheitsliteratur Israels doch didaktische Überlegungen zu erkennen.[281]

Grundsätzlich gilt, dass der Mensch der Bildung und Erziehung bedarf (Spr 23,12).[282] Ihr Ziel ist „das ethisch richtige Verhalten im Rahmen der gegebenen Ordnung"[283]. Sowohl der Schüler-Sohn als auch der Lehrer-Vater[284] werden aufgefordert, ihre Rolle im Erziehungssystem wahrzunehmen (Spr 19,20; 22,6). Beide müssen also eine aktive Rolle im Bildungsprozess wahrnehmen. Dem widerspricht auch nicht, dass der Schüler-Sohn in der Weisheitsliteratur nicht selber zu Wort kommt, beziehungsweise keine Aussprüche von dieser Seite überliefert sind, geht es hier doch um seinen – rezeptiven – Lernvorgang.[285] Wie Spr 22,6 zu erkennen gibt, ist offenbar bereits im Alten Israel die Bedeutung der frühen Prägung bekannt gewesen.[286] Bildung und Erziehung werden grundsätzlich sehr hoch eingeschätzt (Spr 8,10).[287] Ihr Hauptan-

---

281 Dass hier die Weisheitsliteratur zugrunde gelegt wird, beruht auf einem Analogieschluss aus der oben dargestellten Umwelt Israels, in der die dortige Weisheitsliteratur eine ähnliche Funktion hatte.
282 Hausmann, Menschenbild, 169.
283 Conrad, Junge Generation, 26.
284 Die Rede vom zu unterweisenden Sohn und vom lehrenden Vater stammt aus dem familiären Bereich. Doch ist auch für Israel, wie es bereits in Ägypten war, anzunehmen, dass es sich in der Weisheitsliteratur in der Regel um eine beibehaltene Terminologie handelt, als die Unterweisung den Rahmen der Familie überschritt. Für Spr 1,8 hat dies Plöger, Sprüche, 14, exemplarisch angemessen dargestellt, auch wenn Hausmann, Menschenbild, 120, Recht zu geben ist, dass es im Einzelfall oftmals schwer eindeutig nachzuweisen ist. Dennoch ist nicht einfach nur zu sagen, dass der Sprachgebrauch, durch den der Lehrer als Vater und der Schüler als Sohn bezeichnet wird, anzeige, dass die Erziehung des Lehrers die der Eltern voraussetze, wie dies Conrad, Junge Generation, 28, tut. Vielmehr handelt es sich hier um einen Relationsbegriff: der Lehrer tritt gegenüber dem Schüler in die Rolle und die Funktion des Vaters mit entsprechender Fürsorgeverpflichtung und Autorität, und der Schüler ist ihm wie ein Sohn Gehorsam schuldig, darf sich aber auch auf die guten Absichten des Lehrers verlassen. Ein Beispiel aus der näheren Umwelt Israels geben die Achiqar-Sprüche: Achiqar nimmt seinen Neffen als „Sohn" an, bildet ihn aus und stellt ihn als seinen Nachfolger als Berater des Königs vor (Achiqar I,1-11; Übersetzung durch Kottsieper in TUAT III/2, 324f).
285 Eine Ausnahme mag Spr 31,1-9 sein, doch hier wiederholt der Schüler Lemuel lediglich die Worte seiner Mutter.
286 Hausmann, Menschenbild, 170.
287 Delkurt, Erziehung, 230. Ob sich damit auch eine Relativierung des Strebens nach Wohlstand verbindet, ist wohl eher in Frage zu stellen. Spr 8,10 benennt mit Bildung

liegen ist die „charakterliche Bildung der jungen Männer, die ihnen moralische Integrität sichern und privaten wie gesellschaftlichen Erfolg ermöglichen soll"[288], denn grundsätzlich ist die Zukunft eines Menschen offen, und er muss dafür den Weg gewiesen bekommen.[289] Es geht also um „weit mehr als ein Berufswissen": „Weisheit umfasst die gesamte Lebensführung"[290]. Zugrunde liegt ein festes Leitbild von dem Weisen, dem idealtypisch der Tor entgegengestellt wird.[291]

Dabei wird Erziehung als ein kognitiver Vorgang verstanden, der vor allem durch das Hören geschieht.[292] Offenbar spielte der Lehrvortrag eine erhebliche Rolle.[293] Für widerspenstige Schüler sah die Pädagogik dabei durchaus die körperliche Züchtigung vor. Ob diese nur dann Anwendung fand, wenn die belehrenden Worte ihr Ziel verfehlt haben (Spr 13,24; 23,13f),[294] lässt sich aus den Sentenzen kaum sicher erheben. Anerkennung der Schülerleistung spielt in den alttestamentlichen Zeugnissen dagegen offenbar kaum eine Rolle.[295]

Sprachlich bietet das Hebräische vor allem vier Verben, die mit Lehre und Erziehung im Zusammenhang stehen:

(a) למד, kann je nach Stamm lernen (Qal/Paal) oder lehren (Piel) bedeuten. Borchert erklärt diese enge Verbindung durch den Lernvorgang als solchen: „Der Lernvorgang ist mit einem Üben verbunden, und der Lehrvorgang kommt dem mit einem gewissen Einprägen durch Wiederholung entgegen."[296] Doch spiegelt die enge sprachliche Verknüpfung wohl eher ganz schlicht die enge sachliche Verknüpfung von Lehren und Lernen wider.

---

und Erziehung das Handwerkszeug, mit dem dann Wohlstand erarbeitet werden kann; insofern sind sie auch wertvoller einzuschätzen als der Reichtum selber.
288 Fox, Erziehung, 1510.
289 Hausmann, Menschenbild, 117.
290 Beide Zitate Wolff, Anthropologie, 300.
291 Conrad, Junge Generation, 32. Hausmann, Menschenbild, 9-27.
292 Delkurt, Erziehung, 233, der auf die zentrale Bedeutung der Wurzeln שמע und אזן hinweist.
293 Conrad, Junge Generation, 28, spricht von der „Dominanz des Wortes" in den Erziehungsmethoden.
294 So Delkurt, Erziehung, 233, der sie quasi als ultima ratio versteht, und Conrad, Junge Generation, 25. Dagegen Hausmann, Menschenbild, 171f.
295 Borchert, Erziehung, 29. Hausmann, Menschenbild, 176, die zusätzlich noch herausstellt, dass es auch keine Orientierung an positiven Vorbildern gibt.
296 Borchert, Erziehung, 21.

(b) יסר, bedeutet ‚erziehen' im eigentlichen Sinn des Wortes, kann dabei auch „eine gewisse Strenge der Erziehung" ausdrücken, bezeichnet aber in der Regel die belehrende Erziehung.[297]

(c) ירה III, das nur im Hifil vorkommende Verb bedeutet ‚lehren', ‚unterweisen'.

(d) יכח, stammt aus der Rechtssprache und hat als Grundbedeutung ‚feststellen, was Recht ist'.[298] Daneben wird es in der pädagogischen Literatur Israels gebraucht.

„So ist die Weisheit bestimmt von der Intention, die Heranwachsenden zu einer Lebensführung zu erziehen, die das Recht des anderen achtet und damit dazu beiträgt, Gerechtigkeit in der Gesellschaft Israels zu verwirklichen."[299] Die Erziehung zielt also auf eine Grundhaltung, auf verinnerlichte Normen, die die Schüler erwerben sollen, damit sie dann in der jeweiligen konkreten Situation richtig entscheiden können.[300]

Die konkreten Unterrichtsinhalte liegen der Quellenlage entsprechend im Dunkeln. Doch ist es plausibel, dass natürlich auch in Israel Lesen, Schreiben und Rechnen gelernt wurde und dabei analog zu Ägypten und Mesopotamien die Weisheitsschriften eine zentrale Rolle einnahmen, sei es, um an ihnen einfach das Schreiben zu üben, sei es, dass sie in ihren Inhalten gelernt wurden.[301]

Neben dieser schulischen und weisheitlich orientierten Sicht auf das Lehren und Lernen darf nicht übersehen werden, dass es auch einen starken, zweifellos sogar für die Bevölkerung unmittelbar bedeutenderen Informationsfluss insbesondere der religiösen Traditionsweitergabe gegeben hat.[302] Dieser beinhaltete die thematische Bandbreite, die auch der biblische Kanon repräsentiert, und ging sicherlich sogar weit darüber hinaus. Er geschah zwar nicht unabhängig vom Schulwesen, denn die Priester und Gelehrten der staatlichen und religiösen

---

297 Borchert, Erziehung, 22.
298 Boecker, Redeformen, 47. Vgl. auch Kapitel 5.4.
299 Delkurt, Erziehung, 237.
300 Delkurt, Erziehung, 237f, mit Rückgriff auf Nipkow, Erziehung, 235.
301 Dieser Analogieschluss aus der Umwelt Israels auf die Verhältnisse in Israel ist insofern berechtigt, als mit Spr 22f der Nachweis besteht, dass Lehren aus der eigenen Umwelt (hier Amenemope) auch in Israel bekannt waren und für so wertvoll erachtet wurden, dass man sie übernahm. Auch die Tradierung der aramäischen Achiqar-Sprüche in Elephantine zeigt die Übernahme ursprünglich fremder (weisheitlicher) Traditionen. Vgl. dazu Kottsieper, Geschichte, 320f, und ders., Sprache, 245f.
302 Borchert, Erziehung, 83-88.

Institutionen werden dort ihre Ausbildung, auch ihre religiöse, erhalten haben, aber er hatte durch seine andere Form der Institutionalisierung und seine andere Aufgabe und Zielrichtung auch einen anderen Charakter. Hier geht es oft vor allem um das Erlernen beziehungsweise Weitergeben und Verstehen einer Praxis, durch die dann die grundlegenden, für Israel Identität stiftenden Überlieferungen weitergegeben werden.[303] Dies ist jedoch nicht Gegenstand der vorliegenden Fragestellung und wird deshalb nicht weiter vertieft.[304] Davon wiederum zu unterscheiden ist die Unterweisung in der alltäglichen Praxis zur Bewältigung des eigenen Lebens;[305] diese wird in den allermeisten Fällen rein inner(groß)familiär vonstatten gegangen sein.

Ben Sira und der Unterricht in seinem בית מדרש ist aufgrund der Inhalte des Buches zweifellos in einem höheren beziehungsweise fortgeschrittenen organisierten Lehrbetrieb zu verorten. Für Schüler auf diesem Niveau wird er auch seine Lehre beziehungsweise sein Buch vorgesehen und konzipiert haben. An der Wende vom 3. zum 2. Jh. konnte er dabei jedoch nicht nur auf die innerisraelitische beziehungsweise innerjüdische Entwicklung mit ihren Vorgängern und eventuell auch Vorbildern in der altorientalischen Umwelt zurückgreifen, sondern ebenso auf die schulischen und die Bildungstraditionen, die der Hellenismus spätestens seit 332 mit sich brachte. Und so muss letztlich offen bleiben, aus welchen „Quellen" Ben Sira schöpfte, als er sein Lehrhaus konzipierte und ins Leben rief.

---

303 Vgl. Crüsemann, Bildung, 280f, der damit am Beispiel von Ps 78,3-11 zugleich auch ein kritisches Moment gegenüber der Tradition verbindet, da deren Weitergabe den Zweck habe, „dass die Kinder nicht werden wie die Väter" (ebd.).
304 Für weiteres siehe dazu Finsterbusch, Kollektive Identität; zum Aspekt „Glauben lernen" Lohfink, Glauben lernen, insbesondere 87 im Blick auf Feste und 92-94 im Blick auf das Programm des Dtn; zu dieser Frage im Dtn allgemein siehe die umfangreiche Studie Finsterbusch, Weisung, und kurz: Finsterbusch, Mose als Lehrer.
305 Siehe Borchert, Erziehung, 30f.

4. Das hellenistische Schul- und Bildungswesen

Zu Beginn des zweiten Jahrhunderts vor Beginn der christlichen Zeitrechnung waren hellenistische Kultur und Lebensart in Jerusalem schon lange präsent. So hat sich auch Ben Sira nicht nur mit der kulturellen Tradition auseinander zu setzen gehabt, die ihm von seinen jüdischen Wurzeln her überliefert war, sondern auch mit der als von außen kommend empfundenen hellenistischen, die wahrscheinlich gerade deshalb zu seiner Zeit eine große Attraktivität besaß.

In diesem Kapitel wird ein Überblick über die Entwicklung des Schulwesens und seiner Ziele von der klassischen in die hellenistische Zeit gegeben.
    Die Quellenlage zu dieser Frage ist leider sehr bruchstückhaft. Archäologische Quellen geben in der Regel nur Auskunft über einen bestimmten Ort zu einer bestimmten Zeit; literarische Quellen tragen oft eine Tendenz in sich. Das macht es schwer, ein objektives Bild zu entwerfen. So ist es kaum möglich, generelle Aussagen zu machen, sondern nur Einblicke in einzelne Tatbestände zu erheben. Dennoch soll an dieser Stelle in aller Vorsicht ein Überblick gegeben werden.[1]

4.1 Die vorklassische Zeit

Noch zu Platons Zeiten galt *Homer* als der Erzieher Griechenlands. So spricht er im „Staat" gegenüber Glaukon von Würdigern Homers,

> „die da behaupten, daß dieser Dichter Griechenland gebildet, daß in bezug auf Staats- und Kriegsregiment sowie auf Unterrichtung der Menschheit

---

[1] Einen allgemeinen, nach Lebensphasen geordneten Überblick gibt auch Christes/Klein/Lüth, Handbuch der Erziehung und Bildung in der Antike, das allerdings die o.g. Problematik der sehr verschiedenen Quellen in der Darstellung nicht berücksichtigt.

man ihn in die Hand nehmen und studieren müsse, daß man nach diesem Dichter sein ganzes Leben einrichten und führen müsse"[2].

Damit zeigt Platon die hohe Wertschätzung, die Homer noch im 4. Jh. entgegengebracht wurde.

Homer (Mitte 8. Jh.) nennt in der Ilias[3] mit Phoinix eine für ihn idealtypische Erziehergestalt seiner Zeit[4] (9,434-605).[5] Er hat Achilleus, nach der Ilias der Sohn der Thetis und des Peleus, erzogen. In einer Rede an seinen Schützling erinnert er diesen an das, was er für ihn getan hat.

Ich habe dich groß gemacht, du göttergleicher Achilleus,
dich von Herzen liebend; du wolltest ja mit keinem andern
weder zum Gastmahl gehen noch in den Hallen auch speisen,
ehe ich dich auf meine Knie gesetzt und dich gesättigt
mit dem Fleisch, das ich vorschnitt für dich, und dem Wein,
    den ich reichte.
Oftmals hast du das Kleid an der Brust mir mit Wein befeuchtet,
den du hervorgesprudelt in unbeholfener Kindheit.
(Ilias 9,485-491)[6]

Wie könnte denn ohne dich, liebes Kind, ich allein hier
bleiben? Mich sandte mit dir ja der Greis, der Lenker der Rosse,
Peleus, als er aus Phthia zu Agamemnon dich sandte,
jung und unerfahren in dem gemeinsamen Kampfe
und in der Ratsversammlung, darin sich Männer hervortun;
darum sandte er mich mit, um dich das alles zu lehren,
Redner von Worten zu sein sowie Vollbringer von Taten.
(Ilias 9,437-443)

---

2   Platon, Staat, 10,606e; Übersetzung von Wilhelm Wiegand in: Platon, Sämtliche Werke, Bd. 2, 386.
3   Die Ilias wurde zwischen 750 und 650 vor Beginn der christlichen Zeitrechnung verfasst. Zu ihrer Einordnung in die historischen Zusammenhänge sowie ihren Themen siehe Patzek, Homer (zur Datierungsfrage siehe a.a.O., 32-35).
4   Phoinix erscheint als ein Repräsentant einer alten Adelsschicht, die sich schon zu Homers Zeiten zu verändern begann, an deren Idealen Homer aber festhalten wollte.
5   Marrou, Erziehung, 20f, der noch Cheiron aus der Ilias hinzufügt. Dieser kann als Zentaur und damit als mythologisches Wesen aber kaum ein Bild für das Erziehungswesen abgeben. In den Fällen, in denen es um „Lehre" geht, handelt es sich um Wissen in Heilkräutern (Ilias 4,216-219; 11,828-832).
6   Die Übersetzungen aus der Ilias sind Homer, Ilias, hg.v. Hampe, entnommen.

Peleus, der Vater des Achilleus, hat seinen Sohn offenbar schon in frühester Kindheit seinem „Lehnsmann" Phoinix anvertraut, sodass der junge Achilleus fern vom Elternhaus bei diesem aufwuchs und seine Jugend verlebte. So begann die Sorge, die Phoinix für Achilleus trug, bei der Stillung der kindlichen Grundbedürfnisse (siehe Ilias 9,485-491) und ging dann bis zur Erziehung im Jugend- und jüngeren Erwachsenenalter weiter (Ilias 9,437-443). Dabei erstreckte sich nach Ilias 9,442f die Erziehung offenbar auf zwei Bereiche: die (später so genannte) Rhetorik und Tatkraft zu erlangen.

Ein weiteres, weniger prominentes Beispiel einer solchen Erziehung ist Aineias mit seinem Lehrer Alkathoos:

Komm nun und räche mit mir den Alkathoos, der dich doch früher
als dein Schwager erzog in den Häusern, als du noch klein warst.
(Ilias 13,465f)

Damit gibt Homer Grundzüge eines frühen Erziehungswesens für junge Adlige zu erkennen: die Eltern geben ihre Söhne schon von frühester Kindheit an vom eigenen Hof weg in die Hände anderer Adliger ihres Vertrauens, wo sie aufwachsen und einerseits die kulturellen und gesellschaftlichen Gepflogenheiten und Werte am Hof sowie andererseits das Kriegshandwerk lernen.

In der Nachwelt wirkte Homer dann vor allem durch die Werte, die die Helden seiner Werke Ilias und Odyssee verkörperten. Eine zentrale Rolle spielt die ἀρετή, die nur unzulänglich mit Begriffen wie Tüchtigkeit, Tapferkeit, Tugend[7] übersetzt ist. Es geht in ihr um das, was einen Helden zum Helden macht.[8] Ihr Maß sind Ruhm und Ehre, die ein Held in seiner Umwelt genießt. Das Leben wird dabei als eine Art sportlicher Wettstreit verstanden, in dem jeder versucht, Sieger zu werden, um sich so seinen Zeitgenossen als überlegen zu erweisen.[9] Zweimal drückt sich dieses Ideal in der Ilias aus: „Immer der Beste zu sein und hervorzuragen vor den anderen" (6,208; ähnlich auch 11,784: „Immer der Beste zu sein und ausgezeichnet vor andern").[10] Dabei geht es

---

7 Menge/Güthling, 104.
8 Marrou, Erziehung, 26.
9 Marrou, Erziehung, 26.
10 Marrou, Erziehung, 27. Wenn nötig, werden Ruhm und Ehre auch das eigene Leben untergeordnet, nämlich dann, wenn es darum geht, Schmach von sich abzuwenden: so geht Achilleus wohl wissend in den Tod, um Patroklos zu rächen und die Schande zu vermeiden, die ihm drohen würde: Am Ende des 19. Gesangs wird geschildert, wie Xanthos, dem Pferd des Achilleus, durch Hera die Sprache gegeben wird

nicht nur um den sportlichen beziehungsweise kriegerischen Bereich, sondern auch um moralische Werte.

Der pädagogische Ansatz, der im Werk Homers erkennbar ist, liegt nun in seiner mehr oder weniger offen vorgetragenen Idee von der Nachahmung der Helden.[11] So stellt bereits Phoinix in seiner oben angesprochenen Rede an Achilleus die „Heroen" der Vergangenheit als Beispiele für Tapferkeit, aber auch für Versöhnungsbereitschaft zur rechten Zeit dar, indem er eine Begebenheit der Vergangenheit erzählt.

> Also hörten wir auch von den früheren Männern erzählen,
> den Heroen, wann immer ein heftiger Zorn einen ankam;
> doch sie waren für Gaben empfänglich, durch Worte bewegbar.
> Eines Geschehens von alters her gedenk ich, nicht erst von neulich,
> wie es war, und will's vor euch allen, den Freunden, berichten.
> *(Ilias 9,524-528)*

Was für Achilleus diese Helden der Vergangenheit, sind für die Leser der Ilias die Helden der Ilias selber: „idealisierte Beispiele heroischer ἀρετή"[12], der sie nacheifern sollen, um ebenfalls wie Achilleus „Redner von Worten" und „Vollbringer von Taten" zu werden. Diese beiden in Homers Werk angelegten Erziehungsziele ziehen sich durch die gesamte griechische Geschichte hindurch.[13]

---

und er Achilleus weissagt, dass er sterben werde, wenn er den Tod des Patroklos rächen wollte. Achilleus antwortet darauf (zitiert nach der Ausgabe von Hampe):
> Was weissagst du den Tod mir, Xanthos? Das brauchst du doch gar nicht.
> Weiß ich doch selber gut, daß mein Los ist, hier zu verderben,
> fern von Vater und Mutter; und dennoch lasse ich ab nicht,
> eh ich die Troer genugsam umgetrieben im Kampfe.
> *(Ilias 19,420-423)*

Diese Szene wird im 9. Gesang motivisch vorbereitet. Hier spricht Achilleus:
> Meine Mutter, die Göttin Thetis mit silbernem Fuße,
> sagt, daß zwiefache Lose mich führen zum Ziele des Todes:
> Wenn ich hier bleibe und kämpfe um die Feste der Troer,
> wird mir verloren die Heimkehr, doch unvergänglicher Ruhm sein;
> kehre ich aber zurück zum lieben Land der Väter,
> wird mein Ruhm verloren, doch lang wird die Dauer des Lebens,
> und es wird mich nicht schnell das Ziel des Todes erreichen.
> *(Ilias 9,410-416)*

11   Marrou, Erziehung, 28.
12   Marrou, Erziehung, 28.
13   Vgl. auch Baumgarten, Jugend, 61-63.

Während die Ilias noch ein zwar außerfamiliäres, aber doch sippenorientiertes Erziehungssystem voraussetzt und dabei vor allem den Adel und seine Ideale im Blick hat und fördert, ändert sich ab dem 7. Jh. die Erziehung unter den Bedürfnissen einer *Polis*. Hier ist sie notwendigerweise stärker auf die Erfordernisse des Gemeinwesens ausgerichtet.[14]

Am deutlichsten ist das Bildungs- und Erziehungswesen in Sparta und Athen fassbar. Im *Sparta* des 7. Jh. begegnet die erste systematische Ausbildung in einem öffentlichen Schulwesen (ἀγωγή). Sie begann mit dem siebten Lebensjahr. Zuvor blieben die Kinder ihrer Familie anvertraut.[15] In der Schule durchliefen die Kinder eine 13-jährige Ausbildung,[16] an die sich eine weitere, streng militärisch orientierte Ausbildung anschloss.[17]

Doch auch die vorausgehende Schulzeit war militärisch ausgerichtet. Musische Aspekte finden nur so weit Aufnahme, als sie als nützlich angesehen werden.[18] Entsprechendes berichtet Plutarch (45-125) über Sparta:

> Auf ihre Lieder und Gesänge wandten sie viel Sorgfalt. Diese hatten eine besondere Kraft, um erhabene Gesinnungen, einen feurigen enthusiastischen Mut zu erwecken.
> *(Plutarch, Gebräuche der Spartaner, 233)*

---

[14] Allerdings richtet sich die Erziehung auch in den Poleis im wesentlichen an den Bedürfnissen der oberen Schichten aus. Das liegt einerseits daran, dass diese die finanziellen Möglichkeiten haben, ihre Kinder einer systematischen Erziehung zu übergeben (Christes, Erziehung, 111), andererseits aber sicherlich auch daran, dass vor allem sie die Einsicht in die Notwendigkeit von Bildung und Erziehung hatten.

[15] Die ersten sieben Lebensjahre galten noch nicht als Erziehung im eigentlichen Sinne, sondern nur als „Aufzucht" (ἀνατροφή). Marrou, Erziehung, 39.

[16] Diese schulische Ausbildung lässt sich in drei Phasen einteilen, die jeweils wiederum in „Jahrgangsstufen" untergliedert wurden: vom 8.-11. Lebensjahr die „kleinen Jungen" (μικκι(χι)ζόμενος), vom 12.-15. Lebensjahr die Jungen (mit verschiedenen Bezeichnungen) und vom 16.-20. Lebensjahr die Jugendlichen (εἰρήν). Dabei waren die jeweiligen „Jahrgangsstufen" noch einmal in sich in kleinere Gruppen von 6 Personen unterteilt.

[17] Vom 12. Lebensjahr an mussten die Schüler in Internaten leben, die sie auch nach der Schule bis zu ihrem 30. Geburtstag bewohnten. „Diese Staatserziehung ist also eine Gemeinschaftserziehung, die das Kind aus der Familie herausreißt, damit es in einer Gemeinschaft junger Menschen leben soll" (Marrou, Erziehung, 40).

[18] Marrou, Erziehung, 40f.

Im Mittelpunkt stehen sportliche Betätigung und Jagd. Schon früh wird der Umgang mit Waffen und das Verhalten in der Schlacht geübt.[19] Charakterlich sollen die Jugendlichen zu Gemeinschaftssinn, vor allem aber zu Disziplin und Gehorsam erzogen werden. So schreibt Xenophon in seiner Schrift „Λακεδαιμονίων Πολιτεία / Die Verfassung der Spartaner" (4. Jh.[20]):

> Lykurg aber, statt daß ein jeder privat Sklaven als *paidagogoi* für seine Kinder einsetzt, stellte sie unter die Aufsicht eines Mannes, der aus derselben Schicht wie diejenigen kommt, die die höchsten Ämter bekleiden; dieser wird daher auch *paidonomos* genannt. Lykurg ermächtigte ihn, die Knaben zu versammeln, sie zu mustern und Leichtsinn hart zu bestrafen. Ihm stellte er ebenfalls eine Gruppe von angesehenen Männern zur Seite, denen Peitschen gegeben wurden, um – falls nötig – zu strafen, so daß dort große Scheu und strenger Gehorsam herrscht.
> *(Xen. Lak.pol. 2,2)*[21]

Die Jugendlichen waren nach der Beschreibung Xenophons niemals allein; sie standen stets unter einer Aufsicht, der sie absoluten Gehorsam schuldig waren (Xen. Lak.pol. 2,10f). Dem folgt später auch Plutarch, wenn er in seiner Biographie des Lykurg schreibt:

> Lykurg gewöhnte die Bürger daran, dass sie nicht allein leben wollten, ja es nicht einmal konnten, sondern immer wie die Bienen um ihre Führer geschart waren um des Gemeinwohls willen.
> *(Plut. Lyc. 15)*

Xenophon beschreibt, dass die Jugendlichen in ihrer fast militärischen Ausbildung gerade ausreichend zu Essen erhielten. Es war ihnen aber in gewissem Sinne erlaubt, sich weiteres zu stehlen (Xen. Lak.pol. 2,6). Auf diese Weise sollten Geschicklichkeit, Durchsetzungsfähigkeit und Berechnung – und damit die militärische Qualifikation – gefördert werden. So fasst Xenophon zusammen:

---

19 Platon, Gesetze I 633b. Die Jagd, zuvor ein Adelszeitvertreib, wird „demokratisiert", das heißt zu einer Betätigung für die gesamte männliche Bevölkerung der Stadt und damit zu einer vor-militärischen Übung. Marrou, Erziehung, 41.
20 Zur Diskussion um die Datierung dieser Schrift Xenopohons siehe die Darstellung von Stefan Rebenich in seiner Ausgabe von Xen. Lak.pol. (S. 14-31, insbesondere S. 25-31); Rebenich selber datiert sie nach 378 (a.a.O., 31).
21 Übersetzungen aus Xen. Lak.pol. nach der Ausgabe von Rebenich.

> Es ist offenkundig, daß seine [Lykurgs] ganze Erziehung darauf abzielte, die Knaben gewandter in der eigenverantwortlichen Beschaffung von Lebensmitteln und tauglicher für den Krieg zu machen.
> *(Xen. Lak.pol. 2,7)*

Damit ist Sparta ein Beispiel für eine Gesellschaft, die vor allem eine der beiden Zielrichtungen der Erziehung verfolgt, die von Homer propagiert worden waren, nämlich die der Tapferkeit und des kriegerischen Mutes.

In *Athen*, der politischen Konkurrentin Spartas, verlor die Erziehung dagegen im 6. Jh. die primär kämpferische Ausrichtung.

> Die, welche zuerst die Waffen abgelegt und in minder strenger Lebensweise sich einer größeren Bequemlichkeit zugewendet haben, sind die Athener.
> *(Thukydides, Peloponesischer Krieg, I,6)*

Im Volk wurde das, was bislang dem Erlernen der Kriegskunst diente, zur sportlichen Betätigung.[22] Bis zum Ende des 5. Jh. besuchen viele Athener die Gymnasien der Stadt.[23] Pseudo-Xenophon beschreibt dies in seiner Verfassung der Athener, wahrscheinlich aus dem ausgehenden 5. Jh.:

> Einige Reiche besaßen Gymnasien, Bäder und Umkleideräume für sich selbst, aber das Volk erbaute für sich selbst viele Ringkampfplätze, Umkleideräume und Bäder.
> *(Pseudo-Xenophon, Reip. Athen. 2,10)*

Das hatte natürlich auch ideelle Folgen: „Mit der Ausübung der Athletik ging das ganze alte homerische Ideal der ‚Tüchtigkeit', des Wetteifers, der Heldentat von den Rittern auf den Demos über."[24] Vor allem

---

22 Man erhielt also keine militärische Ausbildung mehr im engeren Sinne, sondern trieb Sport, wobei klar ersichtlich ist, dass auch der in Athen übliche Ringkampf und die Gymnastik die jungen Männer körperlich so trainierte, dass aus ihnen schnell auch einsatztaugliche und schlagkräftige Soldaten werden konnten. Da für Ringkampf und Gymnastik keine teure Rüstung mehr nötig war, kann Marrou, Erziehung, 63, auch zu Recht festhalten, dass dieser Prozess zu einer „Demokratisierung" der nun sportlichen Ausbildung geführt hat.
23 Marrou, Erziehung, 65. Harris, Ancient Literacy, 141, geht dann auch von einer Quote von 20-30% der Männer aus, die Lesen und Schreiben konnten.
24 Marrou, Erziehung, 65.

hatte es aber institutionelle Folgen. Die Erziehung, die vormals im familiären Rahmen geschah, brauchte angesichts des Volkes feste Formen: Die Schule entstand – und mit ihr die pädagogische Reflexion.[25]

Gelehrt wurden in den Schulen die nun nicht mehr vorrangig militärischen, sondern athletischen Disziplinen: Laufen, Diskus- und Speerwerfen, Weitsprung, Ringen und Faustkampf.[26] Daneben standen Musik und Dichtung.[27] Letztere transportierten die Bildungsinhalte, propagierten die ethischen Werte, dienten aber auch der Unterhaltung, waren sie doch ein fester Bestandteil aller gesellschaftlichen Ereignisse.[28] Erst später entstand der dritte Zweig der Ausbildung, die literarische Erziehung. Lesen und Schreiben zu lernen, war dabei nicht nur historisch, sondern auch in seinem Ansehen der letzte Inhalt der klassischen griechischen Erziehung. Eingeführt wurde es offenbar erst, als Lesen und Schreiben als Grundfähigkeiten für immer mehr Menschen unumgänglich geworden waren.[29] Über die konkrete Durchführung des Unterrichts in dieser Zeit gibt es jedoch keine sicheren Auskünfte.

So bleibt die Erziehung auch in den demokratischen Poleis am aristokratischen Leben orientiert, indem sie vor allem Sport, und dann erst daneben Musik und Dichtung und nur gezwungenermaßen Lesen und Schreiben bietet. Ihr Bildungsziel war die καλοκαγαθία, die „Tatsache, ein schöner und guter Mensch zu sein"[30]. Dabei bezeichnet ἀγαθός den moralischen und sozialen Aspekt der Bildung und καλός den der körperlichen Schönheit, der durch sportliche Betätigung erreicht wurde, wobei der Vorzug klar bei letzterem lag.[31]

---

25 Meister, Allgemeinbildung, 23, mit Verweis auf Platons „Protagoras".
26 Marrou, Erziehung, 67.
27 Marrou, Erziehung, 68, der betont, dass sich die Griechen insbesondere der klassischen Zeit vor allem als Musiker verstanden.
28 Wahrscheinlich wurden für solche Zwecke beispielsweise die Elegien des Theognis von Megara (2. Hälfte 6. Jh.) zusammengestellt. Die Elegien des Solon (2. Hälfte 7. Jh.; Solon, Dichtungen) sind dagegen eher pädagogisch ausgerichtet (Marrou, Erziehung, 69).
29 Marrou, Erziehung, 70.
30 Marrou, Erziehung, 71. Meister, Allgemeinbildung, 22.
31 Marrou, Erziehung, 71f. Marrou, Erziehung, 73, weist dabei zugleich auch auf die Problematik dieser einseitigen Betonung hin: so musste sich Sokrates seine Schüler aus dem Gymnasium herausholen, um ihnen Logik und Mathematik beizubringen. „Zwischen den beiden Formen der Bildung, der körperlichen und der geistigen, herrschte nicht ... Harmonie, sondern vielmehr die schärfste Feindschaft." (ebd.)

4.2 Die klassische Zeit

Schon in der vorklassischen Zeit, im 6. Jh., hatte sich Xenophanes gegen die Überbewertung der körperlichen Betätigung gewandt und stattdessen ein Ideal propagiert, das sich an den geistigen Fähigkeiten und an der auf Wissen gegründeten Philosophie orientierte:[32]

> Ist besser als Kraft von Männern und Pferden doch unsere Kunst und Kenntnis. ...
> Es ist nicht recht, Stärke höher zu schätzen als nützliche Weisheit. Denn mag einer tüchtig sein im Volk als Boxer ... so wäre deshalb die Stadt nicht mehr (als vorher) in guter Ordnung; und kurz wäre das Vergnügen, das die Stadt daran hätte, wenn einer im Wettkampf siegte an den Ufern des Pises: denn nicht bereichert das die Kammern der Stadt.
> *(Xenophanes, Fragment 2)*[33]

An diesen Gedanken knüpften zunächst die *Sophisten* im 5. Jh. an. Da kaum direkte Quellen erhalten sind, können Hinweise auf die Sophisten nur aus der Überlieferung der Nachwelt, vor allem aus der Feder Platons, entnommen werden.[34] So beschreibt Platon als ihr vordringlichstes Anliegen, παιδεύειν ἀνθρώπους – die Menschen zu erziehen (Protagoras, 317b). Dabei war ihr Ziel, die jungen adligen und reichen Männer auf die Aufgabe vorzubereiten, den Staat, das heißt konkret die Polis, zu leiten. So lässt Platon Protagoras zu Sokrates sagen:

> Diese Kenntnis aber ist die Klugheit in seinen eigenen Angelegenheiten, wie er sein Hauswesen am besten verwalten, und dann auch in den Angelegenheiten des Staats, wie er am geschicktesten sein wird, diese sowohl zu führen [sic!] als auch darüber zu reden. – Folge ich wohl, sagte ich [= Sokrates] darauf, deiner Rede? Du scheinst mir nämlich die Staatskunst[35] zu be-

---

32 Vgl. dazu auch in der biblischen Weisheit Spr 16,32:
    Besser ist ein Landmütiger als ein Starker,
    und einer, der seinen Geist beherrscht, als einer, der Städte einnimmt.
33 Die Übersetzung folgt Xenophanes, Die Fragmente, hg.v. Heitsch.
34 Hierin liegt allerdings die Problematik, dass Platon die Sophisten in eigener Abgrenzung und somit tendenziös beschreibt. Dies ist insbesondere bei Bewertungen zu beachten.
35 Mit „Staatskunst" ist hier τὴν πολιτικὴν τεχνὴν wiedergegeben.

zeichnen und zu verheißen, du wollest zu tüchtigen Männern für den Staat die Männer bilden?

(Platon, Protagoras 318e-319a)[36]

Die Sophisten trugen in ihrem Bildungsziel nach der Darstellung Platons den Gegebenheiten der demokratischen Polis Rechnung, zu deren Lenkung ein gewisses Maß an Bildung unumgänglich war. Dazu lehrten sie ihre Schüler vor allem Rhetorik und Dialektik.[37] Methodisch erhielten die Schüler von ihren Lehrern Reden als „Unterrichtsmaterial", die diese dann auswendig lernen und in eigenen Versuchen nachahmen mussten.[38]

Um am Unterricht teilnehmen zu dürfen, mussten die Schüler Schulgeld zahlen. Sie lebten dann mit ihrem Lehrer, der nun im Unterschied zur alten Zeit ihren vollständigen Unterricht übernahm, indem sie entweder zu ihm in den Unterricht gingen oder mit ihm durch das Land zogen, stets auf der Suche nach Gelegenheiten, bei denen ihr Lehrer sein Können unter Beweis stellen und neue Schüler anwerben konnte. Dabei dienten die Schüler selber oftmals als Erfolgsnachweis.[39]

Nach Platons Darstellung trat gegenüber der bis dahin üblichen Ausbildung in den Poleis die intellektuelle Ausbildung in den Vordergrund; der Sport wurde dagegen relativiert,[40] sodass die Erziehung nun keine Kämpfer mehr heranbildete, sondern Staatsmänner und Politiker, die ihr Können und Wissen in den Dienst der Gesellschaft stellen sollten.[41] Dabei blieb die Ausbildung in den Händen von privaten Lehrern, die von ihren Schülern bezahlt wurden.

---

36 Die Übersetzung folgt der Friedrich Schleiermachers aus Platon, Werke, Bd. 1.
37 Vgl. Marrou, Erziehung, 82-86.
38 Das zeigt eine kurze Szene in Platons Phaidros, in der Sokrates Phaidros' Wunsch, ihm den Inhalt des Gelernten darzulegen, abwehrt, solange dieser die Rede selber bei sich trägt (Platon, Phaidros, 228de).
39 Protagoras ließ sich Mitte des 5. Jh.s mit 10000 Drachmen bezahlen; er war auch der erste, der Unterricht gegen Geld anbot. Isokrates konnte im 4. Jh. wegen des Preisverfalls nur noch 1000 Drachmen verlangen. Der Preis galt für die gesamte Zeit der Ausbildung. 1 Drachme machte ungefähr den Tageslohn eines qualifizierten Arbeiters aus. Siehe dazu die Studie von Forbes, Teachers' Pay, die einen guten Überblick über die Entwicklung des Schul- bzw. Lehrgeldes von sophistischer Zeit bis in die römische hinein gibt.
40 Marrou, Erziehung, 93.
41 Möglicherweise ist diese Darstellung in ihren Wertungen aber auch zu sehr von Platon verzerrt. Sicher ist nur, dass neben den sportlichen Fächerkanon eine verstärkt intellektuelle Ausbildung hinzutrat.

Platon (428-348) legte ein explizites und umfassendes Erziehungs- und Bildungsprogramm vor. Um 387 eröffnete er seine Schule, die Akademie,[42] doch auch in ihr konnte er seine Vorstellungen nicht verwirklichen, sind sie doch zu sehr mit seiner Gesamtvision eines Staatswesens verbunden.

Nach dem Entwurf Platons sollte die Ausbildung in den Händen staatlicher, zum Teil sogar aus dem Ausland angeworbener (Gesetze VII,804cd) Lehrer liegen (Gesetze VI,765d; VII,801d). Jungen und Mädchen sollten dieselbe Erziehung durchlaufen (Gesetze VII, 804de).

Wie die Sophisten möchte auch Platon Führungspersönlichkeiten für den Staat heranziehen und ausbilden. Während die Sophisten dies jedoch unter einseitiger Betonung des Intellekts taten, entwirft Platon ein Bild von einem umfassenden und ganzheitlichen Erziehungs- und Bildungsprogramm, in dem sowohl der Intellekt als auch die sportliche Betätigung ihren Platz findet.

> Was ferner die Lerngegenstände angeht, so ergeben sich sozusagen zweierlei Arten hinsichtlich ihrer Anwendung: alle, die mit dem Leib zu tun haben, fallen in den Bereich der Gymnastik, die auf eine gute Seelenverfassung abzielenden in den Bereich der Musenkunst.
> *(Gesetze VII,795d)*[43]

Dabei versteht Platon unter „Gymnastik" (γυμναστική[44]) die Vorbereitung auf den militärischen Dienst[45] und Tanz (Gesetze VII,796c). Der Bereich der „Musenkunst" (μουσική) umfasst dann die gesamte intellektuelle Ausbildung. Neu ist hierbei die Mathematik, die Platon fest in den Unterrichtskanon eingefügt wissen möchte.[46]

Konkret stellt sich Platon eine Ausbildung vom siebten bis zum 50. Lebensjahr vor. Bis zum siebten Lebensjahr sollten die Kinder bei ihren Eltern bleiben bzw. in eine Art „Kindergarten" gehen. Im Alter von sieben bis zehn Jahren gehen sie in die Elementarschule, von zehn bis 18 Jahren in die höhere Schule. Es folgen zwei bis drei Jahre in der

---

42 Marrou, Erziehung, 95; 103-105.
43 Die Übersetzung folgt der Friedrich Schleiermachers aus Platon, Werke, Bd. 8/2.
44 Von γυμνός – nackt.
45 Der Idee der gleichen Erziehung für Mädchen und Jungen folgend bedeutet das nach den Vorstellungen Platons auch militärischen Dienst für Frauen. Zu den genaueren Inhalten des sportlichen Unterrichts siehe Marrou, Erziehung, 107.
46 Marrou, Erziehung, 111. Konkret geht es um Arithmetik (siehe Staat VII,521cf), Geometrie (Staat VII,526cf), Astronomie (Staat VII,527cf) und Akustik als Teil der musischen Ausbildung (Staat VII,530d).

Ephebie, wo die jungen Männer und Frauen eine militärische Ausbildung erhalten. In weiteren zehn Jahren sollen sich die jungen Menschen der Wissenschaft widmen und ihre Zusammenhänge verstehen, bevor sie sich dann fünf Jahre der philosophischen Methode, der Dialektik, zuwenden dürfen. Nach weiteren 15 Jahren, in denen die nunmehr lange erwachsenen Männer und Frauen im öffentlichen Leben Erfahrungen gesammelt und sich bewährt haben, sind sie mit 50 Jahren am Ziel:

> Haben sie aber fünfzig erreicht, dann muß man die sich gut gehalten und überall vorzüglich gezeigt hatten in Geschäften und Wissenschaften, endlich zum Ziel führen und sie nötigen, das Auge der Seele aufwärtsrichtend in das allen Licht Bringende hineinzuschauen, und wenn sie das Gute selbst gesehen haben, dieses als Urbild gebrauchend, den Staat, ihre Mitbürger und sich selbst ihr übriges Leben hindurch in Ordnung zu halten, jeder in seiner Reihe, so daß sie die meiste Zeit der Philosophie widmen, jeder aber, wenn die Reihe ihn trifft, sich mit den öffentlichen Angelegenheiten abmühe.
> (Staat VII,540ab)

Es geht Platon also im Unterschied zu den Sophisten nicht so sehr um den unmittelbaren Erfolg, den ein Politiker erreicht, sondern um das höhere Ziel der Wahrheit. Daher der lange Bildungsweg, den die idealen Staatslenker zu durchlaufen haben, und selbst danach ihre strenge Bindung an die Philosophie als stete Begleiterin, ja sogar als Hauptinhalt ihrer weiteren Tätigkeit, bei der die politische Aktivität die Ausnahme sein soll. – Es ist kaum nötig zu erwähnen, dass es sich hierbei um einen utopischen Entwurf eines Ideals handelt, den Platon hier vorlegt.

Zur gleichen Zeit und – aus heutiger Sicht – im Schatten seines großen Zeitgenossens lebte *Isokrates* (436-338), obwohl er derjenige von beiden war, der beider Nachwelt im Bereich der Pädagogik am meisten beeinflusst hat.

Isokrates war Logograph (Schreiber für Gerichtsreden) und Lehrer der Rhetorik; Redner konnte er selber aufgrund einer schwachen Stimme nicht werden. Wie seine Lehrer, die Sophisten, lebte er vom Schulgeld seiner Schüler und brachte es mit seinem Schulbetrieb zu erheblichem Wohlstand.[47] Als Lehrer wandte er sich gegen den reinen

---

47 Marrou, Erziehung, 123; 125f.

rhetorischen Formalismus der späteren Sophistik und betonte die individuellen Gaben und Fähigkeiten seiner Schüler.

> Wenn mich jemand unabhängig von den anderen Aspekten fragte, was von ihnen die größte Kraft hat zur Bildung der Worte [= eines Rhetors], würde ich antworten, dass das Natürliche unübertrefflich ist und sich mehr als alles auszeichnet.
> *(Antidosis 189)*

Aufgrund des großen Erfolgs, den Isokrates hatte, war ihm mehr Nachwirkung für die nachfolgende Zeit gegeben als der Akademie des Platon. Zahlreiche angehende Politiker, die er selber in Antidosis 93 aufzählt, gingen durch seine Schule. So vertrat Isokrates die Idee der panhellenischen Einheit und suchte Zeit seines Lebens eine Persönlichkeit, unter der dieses im 4. Jh. vor Alexander dem Großen undenkbar erscheinende Ziel Wirklichkeit werden konnte.[48]

Wenn Isokrates sich um die Rhetorik verdient gemacht hat, dann ist dies für ihn mehr als der Einsatz für schöne Rede. Nicht nur Form und Inhalt sind untrennbar miteinander verbunden – eine gute Rede braucht auch ein edles Thema (Antidosis 276[49]), und ein Redner, der überzeugen möchte, braucht einen rechtschaffenen Lebenswandel (Antidosis 277f[50]) –, sondern es gilt grundsätzlich:

---

48 Isokrates hat seinen unterschiedlichen „Kandidaten" Reden gewidmet, die uns zum Teil erhalten sind. Darunter sind Archidam, sein Schüler und Freund Nikokles sowie Philipp von Makedonien, der Vater Alexanders des Großen.

49 „Erstens nämlich ist es unmöglich, daß jemand, der sich vornimmt, Reden zu halten oder zu schreiben, die Lob und Ehre verdienen, ihnen Gegenstände gibt, die ungerecht oder geringfügig sind ..., sondern seine Themen werden erhaben und schön sein und das Wohl der Menschen und Angelegenheiten der Allgemeinheit betreffen." (zitiert nach E. Glaser-Gerhard, aus: Ballauff, Pädagogik, 127).

50 „Weiter wird er unter den Begebenheiten, die sich auf seinen Gegenstand beziehen, die ansehnlichsten und am meisten förderlichen auswählen; wer aber daran gewöhnt ist, solche Tatbestände zu betrachten und zu beurteilen, der wird nicht allein für die gerade vorliegende Rede, sondern auch für das sonstige Tun eben dieselbe Fähigkeit erlangen, so daß in denen, die voll Weisheitsliebe und Ehrgeiz auf Reden eingestellt sind, das Gutreden und das Verständigsein zugleich entsteht. Schließlich wird auch derjenige, der überreden will, keinesfalls die Tauglichkeit vernachlässigen, sondern sich die größte Mühe darum machen, daß er bei seinen Mitbürgern einen so tadellosen Ruf wie möglich erwirbt. Denn wer wüsste nicht, daß einerseits die Reden wahrhaftiger zu sein scheinen, die von wohlangesehenen Männern vorgebracht werden, als die von übel beleumdeten, und daß andererseits auch die Beweise eine größere Wirkung tun, die das Leben eines Menschen liefert, als diejenigen, die nur die Rede aufstellt? Je stärker daher jemand das Verlangen empfindet, die Hörer zu überreden, um so mehr wird er sich auch bemühen, ein anständiger

> Ein gutes, rechtmäßiges und gerechtes Wort [λόγος] ist eines guten und glaubwürdigen Lebens Abbild.
>
> *(Antidosis 255)*

„Isokrates' Bildungsziel ist der Mensch der staatlichen Wirksamkeit und des gesellschaftlichen Lebens"[51]. Dazu wollte Isokrates seine Schüler heranführen, indem er sie das Reden lehrte.[52] Dabei ist die vernunftvolle Sprache, der λόγος, das, was den Menschen zum Menschen macht[53], insbesondere aber auch das, was den Griechen vom Barbaren unterscheidet.

> Die Bezeichnung der Griechen scheint nicht mehr eine Sache der Abstammung, sondern der Gesinnung zu sein, und es werden besser jene Griechen genannt, die unsere Bildung haben, als diejenigen, die mit uns eine gemeinsame Abstammung haben.
>
> *(Panegyricus 50)*

Paradoxerweise lag gerade in dieser Abgrenzung zugleich das Moment, das wenig später alle Grenzen sprengen und damit den Weg für den Hellenismus bereiten sollte.

Mensch zu sein und bei seinen Mitbürgern dafür zu gelten." (zitiert nach E. Glaser-Gerhard, aus: Ballauff, Pädagogik, 127).

51 Meister, Allgemeinbildung, 27.
52 Isokrates wusste dabei sehr wohl, dass es für eine solche Erziehung Grenzen gibt. Gegen die Sophisten schreibt er:
    Lasst niemanden behaupten, dass ich sage, wie Gerechtigkeit lehrbar ist. Denn ich meine, dass es gar keine Methode gibt, die die Schlechten zur tugendhaften Besonnenheit und zur Gerechtigkeit bringt. Dennoch denke ich, dass es am besten ist, die Übung der politischen Rede zu lernen.
    (Gegen die Sophisten 21)
53 „Unsere anderen Eigenschaften verschaffen uns keine Überlegenheit über die anderen Geschöpfe ... Da uns aber verliehen ist, einander zu überzeugen und uns über alles auszusprechen, was uns am Herzen liegt, haben wir uns nicht nur über das tierische Leben erhoben, sondern sind auch zusammengetreten, haben Städte gegründet, Gesetze gegeben, Künste erfunden, und die Sprache ist es, die nahezu alle unsere Erfindungen ermöglicht hat." (zitiert nach E. Glaser-Gerhard, aus: Ballauff, Pädagogik, 127).

4.3 Die hellenistische Zeit[54]

Die in hellenistischer Zeit im gesamten von Alexander eroberten Gebiet errichteten Gymnasien und anderen Erziehungseinrichtungen zeugen von der zentralen Bedeutung, die die gemeinsame Bildung für die Griechen als Integrationsinstrument hatte, und sind zugleich ein Hinweis darauf, dass sich nun das Gemeinwesen des Bildungssystems angenommen hat und es nicht mehr der Zufälligkeit einzelner freiberuflicher Lehrer überließ.[55] Das bedeutet allerdings nicht, dass das Gemeinwesen, auch in hellenistischer Zeit nach wie vor im wesentlichen die Polis, für die Finanzierung eines Gymnasiums oder einer Ephebie aufkam. Dies blieb offenbar Sache von Privatleuten, wie zahlreiche Stiftungsurkunden zeigen.[56]

> Auf zwei Lebensspannen muss man die Erziehung verteilen, vom siebten Jahre bis zur Reifezeit[57] und von dieser bis zum einundzwanzigsten Jahre. (*Aristoteles, Politik VII, 1336b*)[58]

---

54 Eine Darstellung der hellenistischen Zeit und insbesondere von Aspekten der Lebensart in dieser Zeit unterliegt der Schwierigkeit, dass sich zwar der Anfang dieser Epoche relativ gut festhalten lässt, sie dann jedoch, gerade was die Frage der Lebensweise angeht, fast bruchlos in die römische und teilweise sogar bis in die byzantinische Zeit hinein fortbesteht. Dies wird insbesondere an den archäologischen Quellen deutlich, die zum Teil erst aus christlicher Zeit stammen (auch wenn sie selber nicht christlichen Ursprungs sind). Gerade aber diese weitgehende Kontinuität in der Lebensgestaltung ermöglicht es bei aller Vorsicht, auch dieser sehr disparaten Quellenlage Aussagen zu entnehmen.
55 Aristoteles hat dies an der Schwelle zum Hellenismus gefordert: „Am besten wäre es nun, wenn eine öffentliche, und zwar eine zweckgerechte Vorsorge getroffen werden und wenn die Aufgabe bewältigt werden könnte" (Nik. Ethik X 1180a; zitiert nach der Übersetzung von Dirlmeier).
56 Vgl. die Inschriften aus Milet von 200/199 v. (SIG 577; auch Ziebarth, Schulwesen, 2-9, mit Text und Übersetzung) und Teos aus dem 2. Jh.v. (SIG 578), nach denen Eudemos bzw. Polythrous den Unterhalt der Schule und des Lehrkörpers durch Einrichtung einer Stiftung sicherstellten. Aber auch in anderen hellenistischen Städten ist das Bemühen der Stadtversammlungen um Mäzene für die örtlichen Schulen belegt (siehe dazu Ziebarth, Schulwesen, 46-50). Zu weiteren Beispielen siehe die umfangreiche Darstellung mit Quellentexten in Ziebarth, Schulwesen, 45-78.
57 Aristoteles geht offenbar von zwei siebenjährigen Abschnitten aus, wie er im nachfolgenden Absatz seiner Schrift zeigt, sodass die Pubertät um das 14. Lebensjahr angenommen wird. Dennoch darf nicht übersehen werden, dass der Begriff ἥβη nicht exakt zeitlich fixierbar ist, sodass auch ein individual-biographischer Spielraum bleibt.
58 Die Übersetzung folgt der Aristoteles-Ausgabe von Gohlke.

Aristoteles schreibt hier von der Erziehung, die im Rahmen der Öffentlichkeit geschieht, und ist damit ein guter Zeuge für die Verhältnisse, die im Übergang zur hellenistischen Zeit im Bildungssystem herrschten.

Die *Erziehung im Lebenslauf* begann mit der Kindererziehung bis zum siebten Lebensjahr im Bereich der Familie. Danach gingen die Jungen in die öffentliche Schule.[59] Diese gliederte sich in ihrem verpflichtenden Teil, wie es Aristoteles beschreibt, in zwei Einrichtungen: die Schule für die Jungen (παῖδες) und die für die Jugendlichen (ἔφηβοι)[60]. Dem folgte dann, offenbar auf freiwilliger Basis, eine weitere Bildung für die jungen, aber bereits erwachsenen Leute (νέοι).

Nach welchen Kriterien die Versetzung zwischen den Einrichtungen vorgenommen wurde, ist unbekannt. Wahrscheinlich spielte die Einschätzung der Lehrer und Einrichtungsleiter aufgrund von Alter und persönlichem Lernfortschritt eine große Rolle.[61] Die Grenzen werden jedenfalls relativ fließend gewesen sein, wie ja auch Aristoteles kein genau bestimmtes Lebensalter festhält. In welcher Form ein Übertritt in die nächste Stufe oder gar aus der Schule heraus geschah, ist nicht bekannt.[62] Wie wichtig aber die schulische Ausbildung insgesamt war, zeigt eine Bestimmung in Pellene (nördlicher Peloponnes), nach der diejenigen, die das Gymnasium nicht durchlaufen hatten, nicht in

---

59 Aristoteles beschreibt in der Nikomachischen Ethik die Notwendigkeit möglichst früher Erziehung, da er davon ausgeht, dass der Mensch letztlich nur durch Gewöhnung erzogen werden kann: „Darum müssen wir unseren Handlungen einen bestimmten Wertcharakter erteilen, denn je nachdem sie sich gestalten, ergibt sich die entsprechende feste Grundhaltung. Ob wir also gleich von Jugend auf in dieser oder jener Richtung uns formen – darauf kommt nicht wenig an, sondern sehr viel, ja alles." (Nik. Ethik II, 1103b, zitiert nach der Übersetzung von Dirlmeier).

60 Die allgemeine Bezeichnung ἔφηβοι ist von der spezifisch Attischen zu unterscheiden. In Athen gab es die Ephebie als eine Institution, in die die bereits erwachsenen jungen Männer eintraten, um dort zwei Jahre lang ihre militärische Ausbildung zu erhalten. Aristoteles beschreibt sie im ‚Staat der Athener' (Kap. 42) als Voraussetzung zur vollen Wahrnehmung des Bürgerrechts. Siehe auch Nielsson, Schule, 17-29; gegen Marrou, Erziehung, 155, der die attische Ephebie als „Muster" der hellenistischen Ephebie darstellt.

61 „Wegen des Lebensalters dieser Knaben [bei der Versetzung von der Jungenschule in die Ephebie] soll der Paidonomos die oberste Entscheidung haben." (aus der Stiftungsinschrift des Polythrus in Teos; SIG 578,19f; zitiert nach der Übersetzung in Ziebarth, Schulwesen, 57; dort auch der griechische Text).

62 Ebenso unklar ist, wie sich bei fehlenden Versetzungen in einen nächsten Jahrgang innerhalb einer Schulstufe für die einzelnen Schüler der persönliche Lernfortschritt niederschlug. Nielsson, Schule, 41.

das Bürgerverzeichnis eingetragen werden durften und damit nicht die vollen Bürgerrechte erlangen konnten.[63]

Über die *Unterrichtsbereiche* geben zahlreiche Siegerinschriften, aber auch einige Stiftungsinschriften Auskunft.[64] An erster Stelle steht der Sport. Die Siegerlisten, insbesondere die aus Chios[65] und Samos[66], zeigen die Bandbreite der Aktivitäten: Dauerlauf, Stadionlauf, Doppellauf, Fackellauf, Ringkampf, Faustkampf, ein „Allkampf", aber auch militärische Übungen wie Bogenschießen, Speerwerfen und Kampf mit Schilden. Daneben gab es, wenn auch wesentlich weniger als für die sportlichen Aktivitäten, auch für die intellektuellen Fächer Wettbewerbe und damit auch Sieger mit ihren Inschriften.[67] Genannt werden vor allem musische Wettbewerbe, beispielsweise im Zither- und Saitenspiel, aber auch die Rezitation von Epen und Dialogen, das Vorlesen, Zeichnen sowie in Teos ein Fach πολυμαθία, dessen Bedeutung unbekannt ist.[68]

Diese Siegerlisten zeigen jedoch nicht nur den Fächerkanon, der offenbar unterrichtet wurde, sondern spiegeln auch das Klima wider, in dem die Kinder und Jugendlichen erzogen wurden: es ging stets um den Wettbewerb. Jeder musste sich immer wieder mit anderen messen und versuchen, sich zu beweisen. Das wird um so deutlicher, wenn man Schulkalendern entnimmt, dass es neben den oben genannten

---

63 So nach Nielsson, Schule, 39, der dafür auf den Bericht des Pausanias verweist. Allerdings ist die von Nielsson angegebene Textstelle (VII 2,5) diesbezüglich nicht aussagekräftig.

64 Aristoteles sah „Grammatik, Turnen, Musik und gelegentlich das Zeichnen" vor (Politik VIII 2,1337b).

65 In der Siegerliste von Chios werden die Sieger nach Altersstufe und „Fach" aufgelistet (SIG 959).

66 SIG 1061. Die Liste stammt aus dem 2. Jh.

67 Für diesen Bereich finden sich auch Siegerinschriften mit weiblichen Namen, die Robert, Études anatoliennes, 58f, allerdings ohne Datierungen zusammengestellt hat. Inwieweit Mädchen sonst an Wettkämpfen und Schulbildung teilhaben durften, ist aus dem Quellenmaterial nicht allgemein zu erheben. Es ist zweifellos mit historischen und geographischen Unterschieden zu rechnen. Jedenfalls kann nicht gesagt werden, dass Mädchen grundsätzlich vom Unterricht ausgeschlossen waren.

68 Beispiele sind die Inschriften in Chios (s.o.), Teos (CIG 3088a,8) und Magnesia aus dem 2. Jh.v. (SIG 960). Nielsson, Schule, 46; Meister, Allgemeinbildung, 23; 26f, versteht sie allgemein als „Wissenschaft", ohne dies jedoch inhaltlich zu begründen oder genauer zu bestimmen. Zu genaueren Ausführungen über die einzelnen Fächer siehe auch Marrou, Erziehung, 197-203, der allerdings zu Recht auch immer wieder auf die ungünstige Quellenlage aufmerksam macht. Bemerkenswerterweise fehlt – worauf Nielsson, Schule, 60, hinweist – bei all dem die Mathematik; sie wird nur sehr selten erwähnt.

großen Wettkämpfen auch immer wieder kleinere gab, die offenbar auch für jede Altersstufe ausgetragen wurden.[69]

In den literarischen Fächern lernten die Schüler zunächst Lesen und Schreiben, dann aber vor allem die großen Epen Homers.[70]

Der Unterricht wurde von jeweils einheimischen *Lehrern* gehalten, die, auch wenn die Schulen selber eine private Stiftung waren, von der Stadtversammlung gewählt wurden, und zwar für eine Dienstzeit von einem Jahr.[71] Inwieweit die angehenden Lehrer eine besondere Qualifikation nachweisen mussten, ist unbekannt.[72] Bezahlt wurden diese Lehrer auf demselben Gehaltsniveau wie qualifizierte Arbeiter.[73] Geistige Arbeit wurde also nicht höher geschätzt als handwerkliche, sofern sie nicht auf höchstem Niveau war, da der Lehrer mit seinem Können seinen Lebensunterhalt verdienen musste – für die auch noch in hellenistischer Zeit aristokratisch denkenden Griechen unter der Würde eines freien Menschen.[74] Neben den einheimischen Lehrern wurde der

---

69 Ein Beleg dafür ist der Schulkalender von Kos, der in die Jahre 159-133 datiert wird (SIG 1028) und der sogar mehrere Wettkämpfe in einem Monat vorsieht.

70 Strabo (63v-23n) zeigt durch die vielen Homer-Zitate in seinen Geographica, welchen Stellenwert Homers Epen noch um die Zeitenwende im allgemeinen Kulturgut hatten.

71 Siehe die Eudemos-Inschrift in Milet (200/199v): „Wer Turnlehrer werden oder den Elementarunterricht erteilen will, soll sich bei den für das nächste Jahr bestellten Paidonomen melden, und zwar soll die Meldung jährlich vom 15.-20. Artemision stattfinden." (SIG 577,25-30; Übersetzung zitiert nach Ziebarth, Schulwesen, 5; dort auch der griechische Text). Offenbar geschah die jährliche Wahl des Lehrpersonals in einer eigens dafür anberaumten Sitzung der Stadtversammlung; dafür spricht das in der Stiftungsurkunde extra erwähnte Gebet, das zu Beginn der Sitzung gesprochen werden sollte (SIG 577,37-41). Vgl. auch SIG 578: In Teos stiftete ein gewisser Polythrous im 2. Jh. seiner Heimatstadt Geld, um die Gehälter des dortigen Gymnasiums sicherzustellen.

72 Ziebarth, Schulwesen, 17, weist zumindest für Milet darauf hin, dass es offenbar keine besondere nachzuweisende Qualifikation gegeben habe. In der Tat fehlt in der betreffenden Stiftungsinschrift jeder Hinweis auf eine Auswahl der Lehrer nach bestimmten objektivierbaren Kriterien. Ziebarth lässt allerdings außer Acht, dass es möglicherweise auch nicht das Recht des Stifters war, in die Lehrerauswahl einzugreifen, oblag doch die Leitung der Schule dem Gymnasiarchen, worauf Ziebarth selber später hinweist (Ziebarth, Schulwesen, 61; s.u.).

73 Im Falle Milets waren dies 30 Drachmen monatlich für einen Sportlehrer und 40 Drachmen monatlich für einen Elementarlehrer (SIG 577,51-53). Siehe auch Forbes, Teachers' Pay, 29-34.

74 Vgl. dazu die Verunglimpfung des Epikur bei Diogenes Laertios X, 4 (3. Jh.), nach der er mit seinem Vater „gegen erbärmliches Honorar Elementarunterricht erteilt" habe (zitiert nach der Ausgabe von Kochalsky). Noch Athenaios, Deipnosophistae IV 184c (2.-3.Jh.n.), spricht fast mitleidig von den Gelehrten, die Ptolemaios VII. aus Ägypten vertrieben hatte, sodass sie danach als Lehrer ihren Lebensunterhalt mit ih-

Unterricht gerade in den höheren Stufen zu einem großen Teil auch von wandernden Lehrern bestritten, die ihr je eigenes Spezialgebiet hatten, darin Unterricht gaben und so von Stadt zu Stadt zogen. Sie waren für die meisten Menschen der Ersatz für eine weite und kostspielige Reise in die Zentren der Gelehrsamkeit wie Athen, Alexandria und Rhodos.[75]

Geleitet wurde ein Gymnasium von einem Gymnasiarchen, der für ein Jahr von der Volksversammlung gewählt wurde und die Kosten der Einrichtung tragen musste, sofern es sich nicht um eine Stiftung handelte.[76] Dafür hatte er aber auch freie Hand in der Gestaltung des Unterrichts.[77]

Alle drei oben genannten Altersgruppen (παῖδες, ἔφηβοι, νέοι) hatten in hellenistischer Zeit in vielen Städten jeweils eigene *Gymnasien*. Waren die Städte kleiner, mussten sich zwei Altersstufen eines teilen, aber

---

rem Wissen verdienen mussten. Ebenso lässt Lukianos (120-180) den Menippos aus der Unterwelt berichten, dass dort „die, welche bei uns Könige und Satrapen waren, bei ihnen als Bettler herumzogen und ... Pökelheringe verkauften aus Not oder Elementarunterricht erteilten" (Menhippos 17; zitiert nach der Übersetzung von Weber).

Grundlegend für die hellenistische Zeit schreibt Artistoteles (384-322): „Darum nennen wir alle Handwerke banausisch ... und ebenso die Lohnarbeit. Denn sie machen das Denken unruhig und niedrig. Unedel ist es nicht, die edlen Wissenschaften teilweise und bis zu einem gewissen Grad kennenzulernen, aber sich allzu intensiv mit ihnen zu beschäftigen, führt zu den eben genannten Schädigungen." (Politik VIII 2, 1337b).

75 Nielsson, Schule, 50f.
76 Auch bei Stiftungsgymnasien griff der Stifter offenbar nicht in den Schulbetrieb ein, sondern überließ die Leitung einem Gymnasiarchen. So nahm er bzw. sein jeweils ältester Nachkomme in Milet lediglich an den feierlichen Veranstaltungen und Prozessionen der Schule teil und zeigte so seine Nähe zu der von ihm bzw. später seinem Vorfahren gestifteten Einrichtung (SIG 577,30-37.68-75).
77 „Die Stiftungen sind meist Gymnasiarchie-Stiftungen, d.h. der Stifter setzt ein Kapital aus, von dessen Zinsen die Unkosten des Amtes des Gymnasiarchos alljährlich bestritten werden sollten ... In welcher Weise dann im einzelnen die sehr erheblichen Einnahmen dieser Stiftung verwendet werden sollten, bestimmte der amtierende Gymnasiarch" (Ziebarth, Schulwesen, 61). Das schließt offenbar auch die Einstellung bzw. Entlassung von Lehrpersonal ein, wie eine Inschrift in Priene (113,26f; siehe Gaertringen, Priene, 107) in Bezug auf den Gymnasiarchen und Paidonomos Zosimos zu erkennen gibt, und sichert ihm damit eine große Freiheit. Eine Einschränkung ist allerdings die nur einjährige Amtszeit, die eine kontinuierliche Arbeit erschwert, sofern die Wiederwahl nicht eine einfach Formalie war (Marrou, Erziehung, 168, berichtet sogar von der Vererbung des Amtes).

selbst in den kleinen Orten gab es in der Regel zumindest ein Gymnasium.[78]

Das Zentrum eines Gymnasiums war der Ringplatz (παλαίστρα), auf dem ganz allgemein Sport getrieben wurde. Vitruv beschreibt ihn in seinem Werk De architectura[79] als einen von Säulenhallen umgebenen rechteckigen Sandplatz.[80] An drei der vier Seiten waren Räume mit Bänken gebaut, in denen die Lehrer ihren Unterricht hielten. Die vierte Seite besaß eine doppelte Säulenreihe; in ihrer Mitte war das Ephebeum untergebracht, wo sich die Epheben versammelten und wahrscheinlich auch ihren Unterricht hatten. Auf derselben Seite waren ein Bad, ein Raum mit Sandsack für den Faustkampf sowie Lagerräume für die beim Training benötigten Dinge – Öl und Sand – untergebracht.[81] An die Palaistra schloss sich das Stadion mit in der Regel mehreren Bahnen für die Laufwettkämpfe an. Vitruvs Beschreibung stimmt ziemlich genau mit den archäologischen Funden überein, auch wenn die Gymnasien natürlich aufgrund der finanziellen Mittel einer Stadt oder eines Stifters, aber auch einfach aufgrund der topographischen Gegebenheiten variierten.[82]

Neben den Gymnasien standen oftmals Bibliotheken, die für die Jugendlichen, vor allem aber für die Erwachsenen die Gelegenheit zur eigenen Bildung gaben. Die weite Verbreitung von Bibliotheken spricht jedenfalls für die schulische Bildung der Bewohner der hellenistischen Poleis.[83]

---

78 Nilsson, Schule, 30f, unter Hinweis auf den Bericht Strabos (Geographica V,4,7 (c.246)) und eine Bemerkung Pausanias' (X 4,1), der fragt, ob eine Stadt ohne Gymnasium überhaupt die Bezeichnung Stadt verdiene.
79 De architectura 5,11. Vitruv verfasst dieses Werk in mehreren Phasen gegen Ende des 1. Jh. vor Beginn der christlichen Zeitrechnung.
80 Seit dem 6. Jh. wurde dieser Platz zunächst mit einer Mauer umgeben, dann ab dem 5. Jh. mit Säulenreihen. Was Vitruv beschreibt, ist so seit dem 4. Jh. allgemein archäologisch nachweisbar. Frühe Beispiele sind Thera, Nemea und Delphi. Höcker, Gymnasion, 20f.
81 Das warme Bad, das Vitruv nennt, ist entgegen der Annahme von Nilsson, Schule, 30, nicht erst eine römische Neuerung, sondern bereits im 3. Jh. vor Beginn der christlichen Zeitrechnung belegt: zu dieser Zeit stifteten der Gymnasiarch Onasipolis auf der Insel Kythera (Südostspitze des Peloponnes) ein solches Warmbad (πυριατήριον) zusätzlich zu einem Sandraum für die Ringkämpfer (SIG 948) und der Gymnasiarch Eukratides ein allerdings nicht näher bezeichnetes Bad (λουτρών) in Peparethos (SIG 950).
82 Vgl. Nilsson, Schule, 31f, der ausführlich das Gymnasium in Pergamon darstellt.
83 Bibliotheken sind nicht nur in den bekannten und bedeutenden Zentren wie Athen, Alexandria, Pergamon, Halikarnass, Teos, Korinth, Delphi, Kos, Rhodos, Nysa, Ephesus belegt, sondern auch in vielen kleinen Städten. Meist handelt es sich um Schenkungen von wohlhabenden Bürgern. Nielsson, Schule, 51f.

Über den *Unterricht*, der in den Gymnasien der hellenistischen Zeit vonstatten ging, geben Schul- und Schülertexte, aber auch nachträglich den Schulunterricht beschreibende Darstellungen Auskunft.

Ein gut erhaltenes Beispiel für einen Schultext ist der Papyrus Guéraud/Jouguet[84] aus dem 3. Jh.v., der mit Silben in verschiedenen Schwierigkeitsstufen anfängt, dann Listen mit Götter- und Flussnamen sowie vier- bis fünfsilbigen Wörtern und schließlich eine Sammlung mit Texten von Homer, Euripides und einigen anderen Autoren bietet. Am Ende stehen Rechenbeispiele (Quadratzahlen) und die Währungsuntergliederung.[85]

Den Aufbau des Schulunterrichts beschreibt Dionysios von Halikarnas (1. Jh.v):

> Wenn wir die Buchstaben lernen, lernen wir zuerst ihre Bezeichnungen, dann ihre Formen und Laute, dann die Silben und ihre Veränderungen und nach diesem die Worte, und was zu ihnen gehört: Langformen, Abkürzungen, Akzente usw. Nachdem wir dieses Wissen erlangt haben, beginnen wir zu schreiben und zu lesen, silbenweise und zunächst langsam.
> *(Dionysios von Halikarnas, De Compositione Verborum, 211)*

Ähnlich zeigt dies auch Quintilian (35-96n) für das 1. Jh. nach Beginn der christlichen Zeitrechnung in seinem Werk „Institutionis oratoriae". Er berichtet, dass die Schüler in der Regel die Buchstaben von ihren Eltern zunächst nach ihren Lauten lernen, sodass die Lehrer in der Schule sie dann mit ihrer Bezeichnung lehren;[86] es folgten die Silben und schließlich die Wörter und Sätze, die die Schüler von der Vorschrift des Lehrers auf ihren Tafeln abschrieben, bevor sie dann anfingen, Tex-

---

84 Der P. Guéraud/Jouguet ist dokumentiert bei Guéraud/Jouguet, Un livre d'écolier.
85 Ein weiteres Beispiel ist der Papyrus Bouriant, der ähnlich aufgebaut ist (dokumentiert bei Ziebarth, Schule, 21-24). Siehe zum Papyrus Guéraud/Jouguet auch Schade, Griechische Papyri, 60f, der den Text auch fotografisch dokumentiert. Weitere Beispiele sind bei Ziebarth, Schule, 2-6, leicht zugänglich, der entsprechende Schulübungen von Papyri und Ostraka zusammengestellt hat. Ebenso ist auf die Auswertung von Cribiore, Writing, 37-55, hinzuweisen, die zahlreiche Textbeispiele zu allen Lernstadien, zum Teil auch mit fotografischer Darstellung bietet. Auf den besonderen Wert der abzuschreibenden Wortlisten oder kurzen Sätze hat Schade, Griechische Papyri, 58, hingewiesen: sie geben den Schülern neben der Übung im Schreiben auch „eine gewisse elementare, geistige Orientierung".
86 Dass dies eine alte Tradition ist, zeigt ein Buchstabengedicht aus dem 5. Jh. vor Beginn der christlichen Zeitrechnung, das bei Athenaios, Deipnosophistae X, 453d, überliefert ist.

te zu lesen (I 1,24f; 30; 37). Geschrieben wurde auch in hellenistischer Zeit im Wesentlichen auf Ostraka sowie Holz- und Wachstäfelchen.[87]

Auch Rechnen lernten die Schüler, indem sie zuerst das Zählen lernten und dann langsam fortschritten.[88] „Lernmotivierend" wirkte neben den bereits erwähnten Wettbewerben vor allem die Züchtigung durch den Lehrer.[89]

Sobald die Schüler einigermaßen flüssig Lesen und Schreiben konnten, wechselten sie in die nächst höhere Stufe und lernten dort die auch schon für sie „klassischen" Schriftsteller und ihre Werke: die Ilias Homers[90], die Werke Hesiods, das Epos über die Perserkriege des Choirilos von Samos, die Argonautika des Apolonios von Rhodos sowie Werke von Sappho, Pindar und Euripides[91]. Als Geschichtsschreiber wurden Herodot, Xenophon, Hellanikos und Thukydides gelesen.[92] Dabei lasen die Schüler zunächst Zusammenfassungen der Werke oder einzelner Teile, bevor sie sich dem Gesamtwerk widmeten.[93] Die Schü-

---

87 Eine umfangreiche Aufstellung von Schul- und Schülertexten nach Inhalt und Material bietet Debut, Documents scholaires, 251-280.

88 Marrou, Erziehung, 230-232.

89 Dies war offenbar so normal, dass sich Quintilian in 1. Jh.n. genötigt sah, einen ausführlichen Exkurs gegen die Prügelstrafe zu schreiben (I 3,14f): „Daß aber die Schüler beim Lernen geprügelt werden, wie sehr es auch üblich ist ..., möchte ich keineswegs, erstens, weil es häßlich und sklavenmäßig ist und jedenfalls ein Unrecht – was sich ja, wenn man ein anderes Alter einsetzt, von selbst versteht; zweitens, weil jemand, der so niedriger Gesinnung ist, daß Vorwürfe ihn nicht bessern, sich auch gegen Schläge verhärten wird wie die allerschlechtesten Sklaven; schließlich weil diese Züchtigung gar nicht nötig sein wird, wenn eine ständige Aufsicht die Studien überwacht. Heutzutage scheint man gewöhnlich die Nachlässigkeit des Pädagogenpersonals dadurch zu verbessern, daß man die Knaben nicht zwingt, zu tun, was recht ist, sondern sie straft, weil sie es nicht getan haben." (zitiert nach der Ausgabe von Rahn).

90 Neben dem bereits genannten P. Guéraud/Jouguet (Zeilen 131-139 bieten Odyssee V,116-124) ist Papyrus Argentorat 2374 (verso) aus dem 3. Jh.v. (in: West, The Ptolemaic Papyri of Homer, 73) ein weiteres Beispiel.

91 P. Guéraud/Jouguet,115-125, bieten einen Abschnitt aus Euripides, Die Phönikierinnen,529-534.

92 Marrou, Erziehung, 240f.

93 Siehe beispielsweise P.Ryl. I 23, der eine Zusammenfassung aus dem dritten und dem sechsten Buch der Odyssee bietet, und P.Achm. 2, der eine Zusammenfassung der Ilias beinhaltet.

Bis zur Zeitenwende hatte sich auch ein methodischer Kanon der Textlektüre herausgebildet, der sich mit den vier Stichworten διόρθωσις (Textkritik), ἀνάγνωσις (Lektüre), ἐξήγησις (Erklärung) und κρίσις (Beurteilung) beschreiben lässt (Quintilian I 4,2-4: „Auch ist es nicht genug, die Dichter gelesen zu haben: jede Art von Schriftstellern muß man durcharbeiten, nicht nur wegen ihrer Wissensschätze, sondern auch wegen der Wörter, die häufig ihre Rechtfertigung von den anerkannten Schriftstellern gewinnen." (Übersetzung zitiert nach Rahn); Dionysios Thrax, Ars Gramma-

ler lasen laut[94] und trugen ihre Lernerfolge bei den Schulwettbewerben vor. Neben der Textlektüre wurde auch eigenes Verfassen von Texten und Reden geübt (Quintilian I 9,6). Dieser schulische Unterricht wurde durch Vorträge und Vorlesungen ergänzt, wie eine Inschrift in Eretria aus dem 2. Jh.v. zeigt (SIG 714). Zudem stand den Schülern an den Gymnasien in der Regel eine Bibliothek zur Verfügung.

Noch schlechter als für den sprachlichen Unterricht ist die Quellenlage für den mathematischen Unterricht. Hier gibt es keinerlei Quellen, die eine Methodik für den Unterrichtsverlauf erkennen ließen.[95] Erhalten ist mit Euklids „Elementen" (3. Jh.v)[96] zwar ein Lehrbuch, in dem er die Grundlagen der Geometrie und der Arithmetik darlegt, doch daraus können keine Schlussfolgerungen für den konkreten Unterricht gezogen werden, da nicht bekannt ist, ob Euklids Werk im Schulunterricht verwendet wurde.[97] Dasselbe gilt für den Bereich der Astronomie, in dem man in hellenistischer Zeit bahnbrechende Fortschritte machte.[98]

---

tica 1, nennt sogar sechs Methoden: „Ihre Einzelheiten sind sechs: erstens das geübte Lesen nach der Betonung, zweitens die Erklärung nach den vorkommenden dichterischen Wendungen, drittens Aussprechen und die Wiedergabe der Geschichte, viertens die etymologische Erklärung, fünftens das Ausfindigmachen von Analogien, sechstens die Beurteilung der Taten, welche die schönste ist von allen Methoden."). Die „Textkritik" war eine Notwendigkeit, die sich aus der handschriftlichen Verbreitung der Bücher ergab: kaum eine Handschrift war so wie die andere, sodass Lehrer und Schüler sich zuerst über den zu verwendenden Text verständigen mussten. Es folgte die laute Lektüre, bei der Dramen wohl auch in verteilten Rollen gelesen wurden. In der Texterklärung bemühte man sich, den Text zu verstehen, zunächst von der Wortbedeutung her (so stellen beispielsweise der P.Oslo II 12 und der Papyrus Berlin 5014 [Erman-Krebs 232; Text in Ziebarth, Schule, 13] das homerische Vokabular dem zur Zeit der Lektüre gebräuchlichen in Spalten gegenüber), dann vom Inhalt her, indem man Personen und Ortsnamen erklärte (vgl. dazu den Papyrus PSI I 19 aus dem 5. Jh., auf dem in einem Frage-Antwort-Schema Personen und ihre Beziehungen aus Homers Ilias erklärt werden, z.B.: Wer sind die Barbaren? Wer sind die Könige der Troer? etc.). In der Beurteilung suchte man nach ethischen Folgerungen aus den alten Texten: das Streben nach der ἀρετή war Ziel- und Höhepunkt der literarischen Beschäftigung. Zu weiterem siehe Marrou, Erziehung, 243-249.

94 So beschreibt es Dionysios Thrax, Ars Grammatica § 2 (περὶ ἀναγνώσεως).
95 Marrou, Erziehung, 259. Aus den bereits erwähnten Siegerinschriften ist nur zu entnehmen, dass es mathematischen Unterricht gab (siehe SIG 960,17, eine Inschrift aus dem 2. Jh.v.).
96 Euklid, Die Elemente, 13 Bücher, hg.v. Clemens Thaer.
97 Euklid verwendet bereits die Methode, die für den Mathematikunterricht heute maßgeblich ist, von Axiomen ausgehend durch Beweisverfahren auf den nächsten Schritt zu kommen und weiter zu entwickeln. Marrou, Erziehung, 261-266.
98 Zu nennen sind Aristarch von Samos (310-250) und Hipparch (Ende 2. Jh.v). Die Ergebnisse dieser Epoche sind im „Almagest" des Ptolemaios (2. Jh.n) gesammelt, einem mathematisch-astronomischen Werk, das ursprünglich den Titel „Mathemati-

4. Das hellenistische Schul- und Bildungswesen

Ziel des Unterrichts war die Erlangung der ἐγκύκλιος παιδεία. Dabei geht es nicht um einen fest gefügten Kreis an Wissensgebieten oder gar um die Erlangung spezieller Kenntnisse, sondern um „die allgemeine Bildung, die der anständige Mensch zu besitzen hat"[99].[100] Es geht um den Menschen als ganzen, in seiner Körperlichkeit und seiner Geistigkeit. Daher auch die herausgehobene Bedeutung der sportlichen Betätigung gegenüber der geistigen Bildung. Sie ist nicht nur ein Rest militärischer Ausbildung aus vergangener Zeit. Vielmehr soll der Mensch[101], der die Schule verlässt, der die ἐγκύκλιος παιδεία „absolviert" hat, dies körperlich und geistig gereift und gebildet tun, ohne sich in Detailwissen zu verlieren.[102] Er soll als „Allrounder" alles können können: „Die Idealvorstellung der παιδεία ist, daß der Gebildete durch die umfassende Entfaltung aller seiner Fähigkeiten in der Lage sei, jede Aufgabe zu bewältigen"[103]. Dabei ist er zwar nicht mehr der angehende Polites, der die Geschicke der Polis mitgestaltet, aber er soll dennoch seine Fähigkeiten in der Gesellschaft nutzen. Entsprechend bilden Sport, musischer, literarischer und durch letzteren ethischer Unterricht die Schwerpunkte des Bildungsprogramms der ἐγκύκλιος παιδεία. Für die weitere Bildung nach dem Verlassen des Gymnasiums war dann jeder selber zuständig; wie bereits dargestellt, waren die Vorträge und Vorle-

---

ke Syntaxis" „Μαθηματικὴ Σύνταξις" trug, aber unter seiner arabischen Bezeichnung und in seiner arabischen Übersetzung bekannt wurde und bis in das 17. Jh. das entsprechende Standardwerk war.

99 Marrou, Erziehung, 260.

100 Koller, ΕΓΚΥΚΛΙΟΣ ΠΑΙΔΕΙΑ, hat überzeugend philologisch nachgewiesen, dass in hellenistischer Zeit unter ἐγκύκλιος παιδεία keine Allgemeinbildung im modernen Sinne zu verstehen ist. Nach Letzterer ist Allgemeinbildung inhaltlich bestimmt durch einen grundlegenden Wissensbestand, den jeder Mensch einer Gesellschaft haben sollte. In hellenistischer Zeit aber bezeichnet ἐγκύκλιος παιδεία die Bildung der Mitglieder „im κύκλος des Chores freier attischer Bürger" (15). Wer sie nicht genossen hat, ist ἀκύκλιος, also außerhalb dieses Kreises, und damit ἀπαίδευτος, ungebildet. Es handelt sich also primär um eine soziologische Größe. Die inhaltliche Bestimmung mit „Allgemeinbildung" im modernen Sinne findet sich allerdings auch relativ früh, jedoch erst bei Quintilian (Institutio I 10,1) und dann bei Vitruv (6 praef. 4).

101 An dieser Stelle kann nicht mehr ungebrochen davon die Rede sein, dass nur Jungen bzw. junge Männer schulisch erzogen wurden und sich bildeten. So beweisen Inschriften in Teos (SIG 578,9f), Pergamon (J. v. Perg. II 463, Ath. Mitt. 37 (1912), 277), Magnesia (SIG 589,20) und Smyrna (CIG 3185,19f), dass im 2. Jh. vor Beginn der christlichen Zeitrechnung ebenfalls Mädchen unterrichtet wurden, entweder gemeinsam mit den Jungen wie in Teos oder parallel zu ihnen.

102 „Wenn παιδεία dem Freien vorbehalten ist, so ist dabei nicht zuerst an die rechtliche Stellung der Freiheit gedacht ..., sondern an das Freisein von der Bindung an eine τέχνη; denn deren Ausübung würde die geistigen und physischen Kräfte binden" (Christes, Bildung, 15f).

103 Christes, Bildung, 19.

sungen sowie die Bibliotheken öffentlich zugänglich. Jedoch verachtete das antike Denken mit seiner aristokratischen Ausrichtung und der Betonung der Muße eine fachliche Spezialisierung, zumindest sofern damit dann auch der Broterwerb einhergeht.

Das Ideal des „Allrounders" spiegelt dabei zugleich die nach den Eroberungszügen Alexanders groß und unübersichtlich gewordene Welt wider, in der sich die Menschen nicht mehr auf den Zusammenhalt in der Polis, sondern nur noch auf sich und die selbst erworbenen Kenntnisse stützen konnten, um so alle Situationen meistern zu können.

Wie sehr die Gymnasien *Stätten der Bewahrung der griechischen Identität* waren, zeigt sich weniger im griechischen Mutterland als vielmehr in den von Alexander dem Großen eroberten Gebieten.[104] In allen größeren Städten wurden Gymnasien erbaut.[105]

Diese Gymnasien sicherten zum einen den Bestand der hellenistischen Kultur für die sich neu ansiedelnde griechische Bevölkerung und zementierten die Kluft zwischen ihnen und den Einheimischen. Zum anderen waren sie zugleich für eben diese Einheimischen ein Anziehungspunkt, denn sie suchten hier den sozialen Aufstieg und den Anschluss an die kulturelle Entwicklung.[106] So wurde das Gymnasium zu einem Herrschaftsinstrument. Denn nur wer es durchlaufen hatte,

---

104 Siehe dazu die bereits angezeigte Stelle bei Strabo, Geographica V,4,7 (c.246), der darauf hinweist, dass die einheimische Bevölkerung im Neapolis der Kymaier von den Griechen die Gymnasien und die Ephebie übernahmen und ebenfalls nutzten, nachdem sie in der Stadt die Bevölkerungsmehrheit waren.

105 Das reicht von Ombos an der Südgrenze Ägyptens (Anfang des 2. Jh.s; siehe Wilcken, Omboi, 410-416) bis nach Babylon, wo auf einer Tontafel eine Siegerliste aus einem Gymnasium aus dem Jahr 109v erhalten ist (Archäologischer Anzeiger (1941), 816; 819), und nach Susa, wo Anfang des ersten Jahrhunderts vor Beginn der christlichen Zeitrechnung ein Gymnasiarch erwähnt wird (SEG VII 3). Vgl. zu den Gymnasienbauten im ptolemäischen Reich Schubart, Griechen, 19f. Aus dem palästinischen Raum geben zuerst die Makkabäerbücher (1Makk, 1,11-15; 2Makk 4,9-14) ein Zeugnis und dann relativ spät Josephus, Bellum I,422, wo er die Bautätigkeit Herodes' lobt und dabei Gymnasien in Tripolis, Damaskus (auch II,520) und Byblos erwähnt. In der jüdischen Tradition geht die Einrichtung der Elementarschule (ספר הבית) auf Schimon ben Schetach (1. Jh.v.) zurück (jKeth 8,11 32c); größere Wirksamkeit war allerdings Jehoschua ben Gamla (1. Jh.n) beschieden, der das Schulwesen systematisierte, um auf diese Weise das Bildungssystem zu vereinheitlichen und so die Tradition zu bewahren (bBB 21a).

106 Schubart, Griechen, 19f, führt dies für das Ptolemäerreich aus. Für Israel siehe 1Makk, 1,11-15; 2Makk 4,9-14; hier ist trotz der Polemik der Verfasser die Anziehungskraft zu spüren, die der Hellenismus und seine Lebensweise auf die oberen Bewohnerschichten in Jerusalem ausübte.

konnte den gesuchten Anschluss finden[107] – und der Zugang wurde streng reglementiert.[108] Umgekehrt zeigen die vielen griechischen Inschriften über den gesamten Nahen Osten, wie weit bereits im 3. Jh. trotz dieser Einschränkungen die griechische Sprache und mit ihr die hellenistische Bildung gekommen ist.[109]

Vor diesem Hintergrund der Bildungsziele und Bildungsformen – israelitisch-jüdisch und hellenistisch – lehrte Ben Sira in Jerusalem und verfasste sein Buch. Die folgende Analyse in Kapitel 5 wird zeigen, dass sich Ben Sira einerseits zwar mit hellenistischer Lebensart befasste und auch mit einzelnen Punkten gut leben konnte. Gleichzeitig ist aber vor allem erkennbar, dass Ben Sira einen Richtungswechsel von der altorientalisch-israelitisch-jüdischen Traditionslinie hin zur hellenistischen nicht mitmacht: Er bleibt bei der starken Betonung des Studiums, der intellektuellen Betätigung im Bildungsprozess; sportliche Betätigung – und damit das zentrale Element jeder hellenistischen Bildungsarbeit – findet bei ihm keinen Anklang, ja wird nicht einmal reflektiert, sondern vollständig ignoriert. Damit setzt Ben Sira, auch wenn er nicht als Anti-Hellenist verstanden werden kann, doch ein eindeutiges Zeichen.

---

107 Auch dafür sind die beiden Texte 1Makk 1,11-15 und 2Makk 4,9-14 ein guter Beleg. Denn in beiden Fällen bedurfte es für die Errichtung eines Gymnasiums offenbar der Erlaubnis des Königs. Das zeigt, wie sehr ein Gymnasium in dieser Zeit – und sei es auch nur in der Zeit und aus der Sicht der Verfasser – als Herrschaftsinstrument verstanden wurde. Eine schlichte Sporteinrichtung mit Griechischunterricht hätte sicher keiner Genehmigung bedurft.
108 In Namenslisten von Epheben findet sich ein genealogischer Nachweis, der offenbar die reine griechische Abstammung belegen sollte (siehe beispielsweise den Oxyrhynchus Papyrus 2186 (in Bd. 18), auf dem ein Vater für seinen 14jährigen Sohn die Aufnahme in das Gymnasium beantragt).
109 Siehe dazu die detailreiche Untersuchung von Harris, Ancient Literacy, 116ff, zu privatwirtschaftlichen Verträgen, der für die hellenistische Zeit zu dem Schluss kommt: „Every city-dweller, whether literate or not, was commonly in the presence of the written word." (124). Dittenberger bietet mit OGIS eine umfangreiche Zusammenstellung.

5. Weisheit und Bildung. Der sich bildende Mensch und die bildende Weisheit

Ben Sira lernte und lehrte vor dem Hintergrund der in den vorangegangenen Kapiteln dargestellten Bildungslandschaft. Dennoch wird sich zeigen, dass er nicht gleichermaßen aus ihnen geschöpft hat. Er setzt sich zwar mit ihnen auseinander, insbesondere mit der hellenistischen Kultur, geht dann aber seinen eigenen Weg – einen selbstständigen Weg, in dem er die Weisheit, die sich vor allem in Israel zu erkennen gibt, dem Schüler individuell begegnen lässt.

In diesem Kapitel geht es um Ben Siras Bildungsverständnis und das von ihm skizzierte Bildungsgeschehen.

Dazu werden zuerst die anthropologischen Voraussetzungen geklärt, denen sich Ben Sira theologisch verpflichtet (Kapitel 5.1), dann wird die Zielgruppe, der sich Ben Sira zuwendet, umrissen (Kapitel 5.2). In Kapitel 5.3 werden Methoden und Inhalte in Ben Siras Lehrhaus dargestellt, soweit er sie zu erkennen gibt. Das zentrale Element des Bildungsverständnisses Ben Siras wird in Kapitel 5.4 herausgearbeitet. In Kapitel 5.5 geht es um Ben Siras Selbstverständnis als Lehrer und in den abschließenden beiden Kapiteln um Bildungshemmnisse und die Grenzen der Erkenntnis (5.6) sowie um die Tätigkeitsfelder der nach Ben Siras Verständnis Weisen und damit auch um sein Bildungsziel (5.7).

Zum Umgang mit den Texten des Buches Ben Sira

Das Buch Ben Sira ist im Verhältnis insbesondere zur klassischen alttestamentlichen Spruchweisheit dadurch gekennzeichnet, dass sein Verfasser nicht mehr einfach nur eine Sentenzensammlung bietet, sondern das Spruchgut thematisch zusammenstellt und so kleine „Abhandlungen" zu einzelnen Themenfeldern bietet. Dies ermöglicht für die Darstellung eines Themas zwei Verfahren: Entweder man geht von einzelnen Passagen aus und stellt diese dar oder man schaut thematisch auf das Buch Ben Sira und fügt die im Buch verteilten Passagen und Einzeläußerungen zusammen.

Die erste Methode hat den Vorteil, nahe am Text arbeiten und ihn auch in seiner Struktur würdigen zu können. Sie bringt jedoch den Nachteil mit sich, dass sich Wiederholungen ergeben können, da im Buch Ben Sira ein Thema in der Regel nicht nur an einer Stelle, sondern an mehreren zu finden ist. Die zweite Methode hat umgekehrt den Vorteil, eine gute inhaltliche Darstellung leisten zu können, indem in ihr von vorneherein die zueinander gehörigen Passagen und Einzelaussagen zusammengefügt werden. Sie hat jedoch den Nachteil, dass auf diese Weise der Charakter der Einzeltexte, ihr Duktus, verloren geht.

In der vorliegenden Arbeit wird daher ein Zusammengehen beider Möglichkeiten gewählt. In der Regel liegt einem Kapitel eine grundlegende Passage des Buches Ben Sira zugrunde. Von dieser werden dann einzelne thematische Linien ausgezogen, indem weitere Texte zur Besprechung hinzugenommen werden. Auf diese Weise wird versucht, sowohl den thematischen Zusammenhängen als auch den einzelnen Texten gerecht zu werden.

Zugleich bedeutet dieses Verfahren, dass auf einzelne Texte mehrfach zurückgegriffen werden muss. Die Texte werden in der Regel in hebräisch – sofern vorhanden – dargestellt. Dabei werden die einzelnen Handschriften je für sich parallel geboten und kenntlich gemacht.[1] Ist kein hebräischer Text überliefert oder bietet die griechische Texttradition bedeutende Abweichungen vom Hebräischen, wird auch der griechische Text wiedergegeben. Dieser folgt der überzeugendsten Lesart aus den Quellen, wie sie in den Ausgaben von Ziegler und Rahlfs geboten werden. Die syrische Texttradition wird nur stichwortartig dargestellt, aber dennoch gleichberechtigt in der textkritischen Diskussion berücksichtigt. Um innerhalb dieser Arbeit eine doppelte Darstellung hebräischer und/oder griechischer Texte zu vermeiden, wird die Textdarstellung und die textkritische Diskussion in dem Kapitel vorgenommen, in dem ein Text in seiner jeweils längsten Fassung erscheint. An den übrigen Stellen in dieser Arbeit wird dann nur die deutsche Übersetzung geboten und auf die hebräische und/oder griechische Textdarstellung sowie auf die dazugehörige textkritische Diskussion an der besagten Stelle verwiesen.

---

1   Randglossen von Korrektoren werden in geschweiften Klammern ({ }) wiedergegeben, erschlossene Buchstaben in eckigen ([ ]).

Der deutschen Übersetzung liegt jeweils immer der angenommene und textkritisch verantwortete ursprüngliche Text des Buches zugrunde, also keiner der jeweiligen Textüberlieferungsstränge allein.

5.1 „Was ist der Mensch?" (Sir 18,8) Aspekte der Anthropologie bei Ben Sira

„Was ist der Mensch?" Diese Grundfrage der Anthropologie, die aus Ps 8,5 wohl am bekanntesten ist, aber mit Hi 7,17 und 15,14 ebenfalls in der Weisheitsliteratur aufgegriffen wird, stellt auch Ben Sira (Sir 18,8)[2].

Dabei ist die Anthropologie ein weites Feld. Sie umfasst das geschöpfliche Beschaffensein des Menschen ebenso wie seine soziale, biographische und religiöse Lebenswelt.[3] All diese Themen nimmt auch Ben Sira auf und behandelt sie in seinem Buch; an dieser Stelle geht es jedoch um die geschöpfliche Konstitution des Menschen als Voraussetzung des Bildungsverständnisses, das Ben Sira in seinem Werk entfaltet.[4]

Mit Sir 16,24-17,14 reflektiert Ben Sira in einer langen Perikope über die Schöpfung und in deren zweiten Abschnitt auch über den Menschen (Sir 17,1-14). Er gibt darin wesentliche Aspekte seiner Anthropologie zu erkennen, sodass dies geradezu als die grundlegende Passage zum Verständnis von Ben Siras Lehre vom Menschen betrachtet werden kann.

Aus diesem Grund werden im vorliegenden Kapitel von Sir 17,1-14 ausgehend verschiedene Aspekte der Anthropologie Ben Siras dargestellt, indem die in der Passage angesprochenen Einzelaspekte aufgegriffen und im Kontext weiterer Aussagen des Buches Ben Sira und des Ben Sira vorliegenden biblischen Kanons beleuchtet werden.

---

2   Die Textstelle ist nur griechisch überliefert, sodass sich nicht feststellen lässt, ob sie wörtlich dem מה אנוש aus Ps 8,5 und Hi 7,17; 15,14 entspricht.
3   Vgl. zu den drei erstgenannten Aspekten die umfassende Darstellung von Hans Walter Wolff (ders., Anthropologie), der sie unter den Stichworten „Des Menschen Sein", „Des Menschen Zeit" und „Des Menschen Welt" beschreibt, und zum Letzteren Janowski, Konfliktgespräche, der sich jedoch auf die Psalmen konzentriert. Köhler, Hebräischer Mensch, bietet einen kurzen Überblick über Lebenswelt und Biographie zu alttestamentlicher Zeit.
4   Zu den weiteren biblischen Grundlagen der Anthropologie Ben Siras siehe die Darstellung in Kaiser, Anthropologie, 1-5.

Im Zusammenhang bietet Sir 17,1 einen Neuansatz; nachdem es vorher um die Schöpfung allgemein beziehungsweise nach Sir 16,27 um die kosmischen Dimensionen der Schöpfung ging,[5] fokussiert die nachfolgende Passage Sir 17,1-14 auf den Menschen hin. Ab Sir 17,15 wird das Thema „Mensch" dann noch in eine andere Richtung gelenkt; hier läuft Ben Siras Ausführung auf das Gericht Gottes über die Menschen hinaus. Statt vom „dem" Menschen ist hier dann auch von den Völkern die Rede (Sir 17,17).

1 κύριος ἔκτισεν ἐκ γῆς ἄνθρωπον
καὶ πάλιν ἀπέστρεψεν αὐτὸν εἰς αὐτήν
2 ἡμέρας ἀριθμοῦ καὶ καιρὸν ἔδωκεν αὐτοῖς
καὶ ἔδωκεν αὐτοῖς ἐξουσίαν τῶν ἐπ' αὐτῆς
3 καθ' ἑαυτὸν ἐνέδυσεν αὐτοὺς ἰσχὺν
καὶ κατ' εἰκόνα αὐτοῦ ἐποίησεν αὐτούς
4 ἔθηκεν τὸν φόβον αὐτοῦ ἐπὶ πάσης σαρκὸς
καὶ κατακυριεύειν θηρίων καὶ πετεινῶν
6 διαβούλιον καὶ γλῶσσαν καὶ ὀφθαλμοὺς
ὦτα καὶ καρδίαν ἔδωκεν διανοεῖσθαι αὐτοῖς
7 ἐπιστήμην συνέσεως ἐνέπλησεν αὐτοὺς
καὶ ἀγαθὰ καὶ κακὰ ὑπέδειξεν αὐτοῖς
8 ἔθηκεν τὸν ὀφθαλμὸν αὐτοῦ ἐπὶ τὰς καρδίας αὐτῶν
δεῖξαι αὐτοῖς τὸ μεγαλεῖον τῶν ἔργων αὐτοῦ
9 ἵνα διηγῶνται τὰ μεγαλεῖα τῶν ἔργων αὐτοῦ
10 καὶ ὄνομα ἁγιασμοῦ αἰνέσουσιν
11 προσέθηκεν αὐτοῖς ἐπιστήμην
καὶ νόμον ζωῆς ἐκληροδότησεν αὐτοῖς
12 διαθήκην αἰῶνος ἔστησεν μετ' αὐτῶν
καὶ τὰ κρίματα αὐτοῦ ὑπέδειξεν αὐτοῖς
13 μεγαλεῖον δόξης εἶδον οἱ ὀφθαλμοὶ αὐτῶν
καὶ δόξαν φωνῆς αὐτοῦ ἤκουσεν τὸ οὖς αὐτῶν
14 καὶ εἶπεν αὐτοῖς προσέχετε ἀπὸ παντὸς ἀδίκου
καὶ ἐνετείλατο αὐτοῖς ἑκάστῳ περὶ τοῦ πλησίον

1 Der Herr[6] schuf aus Erde den Menschen[7]

---

5   So auch Sauer, Jesus Sirach/Ben Sira, 138.
6   So mit G. S bezeugt ܐܠܗܐ (Gott). Eine eindeutige Entscheidung ist kaum möglich, daher sind beide Möglichkeiten im Blick zu behalten.
7   In H stand vermutlich אדם. G übersetzt dies als Gattungsbegriff mit ἄνθρωπος, S bleibt bei ܐܕܡ und betont so gegenüber dem allgemeinen Ausdruck ܒܪܢܫܐ, der sonst in der Regel im syrischen Sir verwandt wird, den Anklang an Gen 1-3.

5.1 Aspekte der Anthropologie bei Ben Sira   139

und bringt ihn wieder zu ihr zurück.
2 Gezählte Tage und einen Zeitpunkt gab er ihnen,[8]
und er gab ihnen Macht über sie[9].
3 Wie sich selbst zog er sie an mit Kraft,
und nach seinem Bild machte er sie.
4 Er legte seine Furcht auf alles Fleisch,
um Tiere und Vögel zu beherrschen.
6[10] Er formte[11] Mund und Zunge und Augen,
Ohr und Herz gab er ihnen, um zu verstehen.
7 Mit Wissen des Verstehens erfüllte er sie,
und Gutes und Schlechtes legte er ihnen dar.
8 Er gab sein Auge[12] in ihre Herzen,[13]

---

8   S ergänzt: „die sie bestehen".
9   Gemeint ist die Erde aus V 1. Entsprechend übersetzt auch S: „über alle Dinge".
10 V 5: Sie empfingen den Nutzen der fünf Wirkungen des Herrn,
          und als sechsten schenkte er ihnen den Verstand, indem er [es ihnen] zuteilte,
          und als siebten das Wort als Auslegung seiner Wirkungen.
    Dieser Vers ist nur im Antiochenischen Text bezeugt und dem Gr II-Texttyp zuzurechnen. Zudem ist der Text insgesamt sehr schwach bezeugt, denn die Minuskel 248 lässt V 5a aus, und die Minuskel 404' den Teil V 5b-c. Möglicherweise geht diese Erweiterung auf V 6 zurück und soll die fünf dort aufgezählten Gaben Gottes an den Menschen explizieren (so auch Skehan/Di Lella, Ben Sira, 279). Traditionsgeschichtlich könnte er auf stoischen Einfluss zurückgehen (vgl. Sauer, Jesus Sirach/Ben Sira, 141; Skehan/Di Lella, Ben Sira, 282).
11 Das Wort διαβούλιον geht auf eine fehlerhafte Vokalisierung beim Lesen des hebräischen Textes zurück. Im Anklang an S (ܗ‍) sind für διαβούλιον die hebräischen Konsonanten יצר anzunehmen. Im Unterschied zu Sir 15,14, wo יצר eindeutig als Nomen יֵצֶר mit der Bedeutung ‚Sinn/Trieb/Gebilde' zu lesen ist, ist hier also יצר als Verb in der 3. Person Singular maskulinum zu verstehen. Gestützt wird diese Annahme durch die so gewonnene Struktur des V 6, der sich in einer Rückübersetzung ins Hebräische wie folgt darstellt:
    יצר לשון ועינים
    אזן ולב נתן להם להבין
    Nimmt man nun יצר als Verb an, ergibt sich ein Parallelismus membrorum mit chiastischer Struktur, die die Verben יצר und נתן mit den jeweils zwei Nomina ועינים לשון und אזן ולב bilden. Die Worte להם להבין stellen dabei den Ziel- und Höhepunkt der Argumentation dar.
    Angesichts dieser klaren Struktur ist kaum mit einer nominalen Bedeutung des Wortes יצר zu rechnen. Das überflüssig scheinende καί zeigt an, dass ein Wort ausgefallen ist. Mit S ist „Mund" (ܦܘܡ) als erstes von drei Nomina in der Aufzählung zu ergänzen. Bei dem καί handelt sich also nicht um eine notwendige Ergänzung des Übersetzers, der mit einem nominalen Verständnis von יצר zwangsläufig eine Aufzählung nennen musste, deren Verb ἔδωκεν ist.
12 Einige Handschriften bieten statt ὀφθαλμόν die Lesart φόβον, der auch Ziegler im Gegensatz zu Rahlfs in seiner Ausgabe folgt. Das entspricht aufgrund der textkritischen Bezeugung jedoch nur einem sehr schmalen Traditionsstrom. Textlich legt zu-

um ihnen die Großartigkeit seiner Werke zu zeigen,[14]
9 damit sie erzählten die Großartigkeit seiner Werke,
10 und den Namen der Heiligung werden sie loben.[15]
11 Er legte ihnen Wissen vor,
und das Gesetz des Lebens vererbte er ihnen.[16]
12 Einen ewigen Bund richtete er mit ihnen auf,
und seine Entscheidungen legte er ihnen dar.
13 Die Großartigkeit der Herrlichkeit sehen ihre Augen,
und die Herrlichkeit seiner Stimme hörten ihre Ohren.
14 Und er sagte ihnen: Nehmt euch in Acht vor jedem Ungerechten.
Und er gebot ihnen, einem jeden für seinen Nächsten.
(Sir 17,1-14)

---

dem der in V 8b verwendete Infinitiv δεῖξαι-zeigen die Bezeugung ὀφθαλμὸν nahe. So erscheint φόβον zunächst als Lectio difficilior. Jedoch ist neben der schwachen textlichen Bezeugung auch die Bedeutung des Begriffs φόβος im Buch Ben Sira zu beachten. Bei 32 Belegen des Nomens und 24 Belegen des entsprechenden Verbs im Buch handelt es sich um ein Theologumenon Ben Siras, sodass die Lesart φόβον eher eine Theologisierung der Aussage aufgrund des Topos Gottesfurcht bietet.

Auch die textkritischen Überlegungen Haspeckers (Gottesfurcht, 66-68), in V 8 doch φόβον zu lesen, überzeugen nicht. Er rekonstruiert aufgrund der syrischen Bezeugung, die er als „glatten und sinnvollen Text" (66) bezeichnet, den griechischen Text, wobei er die gesamte Frage der Textbezeugung außer Acht lässt. Dazu stellt er insgesamt den V 8 zu V 8b.a um und möchte den alten V 8a final verstehen. Nach dieser Umstellung erkennt er dann im Text „eine ganz traditionelle Gedankenfolge" (67) von der Offenbarung der Werke Gottes zur Gottesfurcht, weshalb er hier φόβον lesen möchte. Insgesamt fällt an Haspeckers Argumentation auf, dass er mit vielen Annahmen und kaum wirklichen Begründungen arbeitet, sodass sich der Verdacht nahe legt, dass er den Text erst umstellt, um dann das gewünschte Ergebnis zu erhalten – immerhin schreibt Haspecker über das Thema Gottesfurcht.

Möglicherweise handelt es sich hier auch um eine Theologisierung der weisheitlichen Methodik des Schauens und Formulierens (vgl. z.B. auch die Bedeutung des Verbs הזח bei Koh wenige Jahrzehnte vor Ben Sira) und vielleicht auch um einen hellenistischen Einfluss, mit dem Ben Sira der griechischen Betonung des Schauens (θεωρία) Eingang in sein Denken gewährt (vgl. Boman, Hebräisches Denken, 177).

13 S bezeugt stattdessen: „um ihnen zu zeigen die Macht seiner Werke".
14 In der griechischen Überlieferung gibt es noch einen V 8c: „und er gab in Ewigkeit, dass sie seine Wunder rühmten". Dieser ist jedoch nur im Antiochenischen Text bezeugt und der Überarbeitung von Gr II zuzurechnen.
15 Die Umstellung der Verse 9.10, wie sie Ziegler in seiner Ausgabe vornimmt, ist nicht nötig.
16 In der griechischen Textüberlieferung gibt es noch V 11c: „um zu begreifen, dass sie sterblich seiend jetzt leben". Dieser ist jedoch nur im Antiochenischen Text bezeugt und Gr II zuzurechnen.

5.1.1 Die Geschöpflichkeit des Menschen

„Der Herr schuf aus Erde den Menschen" (Sir 17,1a).
Der Mensch ist Geschöpf. Gott schuf ihn aus Erde. Ben Sira steht damit voll und ganz in der Tradition der biblischen Überlieferung, wie sie in der Tora und der Psalmenfrömmigkeit[17] bezeugt ist[18]:

Und JHWH Gott formte den Menschen, Staub aus der Erde,
und er blies in seine Nase den Atem des Lebens.
Und der Mensch wurde zu einem lebendigen Wesen.
(Gen 2,7)

Denn Staub bist du, und zum Staub wirst du zurückkehren.
(Gen 3,19b)

13 Denn du hast meine Nieren geschaffen,
du hast mich herausgezogen aus dem Leib meiner Mutter.
14 Ich preise dich, darum dass ich Ehrfurcht gebietend wunderbar gemacht bin – wunderbar sind deine Werke –;
meine Seele erkennt es genau.
15 Nicht ist mein Gebein vor dir verborgen, denn ich wurde im Verborgenen gemacht,
gebildet wurde ich in den Tiefen der Erde.
16 Als Embryo sahen mich deine Augen,
in dein Buch wurden sie alle geschrieben,
von den Tagen, die geschaffen wurden, ist nicht einer unter ihnen ...[19]
(Ps 139,13-16)

Die besondere Nähe von Sir 17,1a zu Gen 2,7 und 3,19 ergibt sich vor allem aus der traditionsgeschichtlichen Übereinstimmung, aber sprachlich auch dadurch, dass die Septuaginta ebenso wie der Enkel Ben Siras in diesen Texten die Vokabel γῆ verwendet. Der Enkel knüpfte offenbar bewusst an der Septuaginta-Übersetzungstradition an.

---

17 Vgl. außer Ps 139 noch Ps 22,10-11 und auch Hi 10,8-12.
18 Zur Entwicklung der Schöpfungsvorstellung vgl. Albertz, Weltschöpfung, bes. 173-175.
19 Der Text in Ps 139,13-16 ist teilweise sehr verderbt und nur schwer zu erschließen. Vgl. dazu Seybold, Psalmen, 517. Über diese Schwierigkeiten hinweg bleibt aber die Schöpfungsaussage klar erkennbar.

Doch auch an die weisheitliche Tradition konnte Ben Sira sich anlehnen, beispielsweise an Kohelet, der in seinem Werk eine Sentenz zitiert, die mit Gen 3,19 verwandt ist:

> Alles geht hin zu einem Ort;
> alles wurde aus Staub, und alles kehrt zum Staub zurück.
> *(Koh 3,20)*

Damit ist bereits in der Geschöpflichkeit des Menschen ein Moment mitgegeben, auf das Ben Sira in Sir 17,1b zu sprechen kommt.[20]

5.1.2 Die Sterblichkeit des Menschen

„und bringt ihn wieder zu ihr zurück" (Sir 17,1b)
Zur Geschöpflichkeit des Menschen gehört auch seine Sterblichkeit. Er gibt kein Menschsein ohne Sterben und Tod. Und auch hier rezipiert Ben Sira (wie auch Kohelet) die Tradition der Tora und der Psalmenfrömmigkeit:

> Denn Staub bist du, und zum Staub wirst du zurückkehren.
> *(Gen 3,19b)*

> 48 Gedenke: Ich – was ist meine Lebensdauer?
> Auf welchen Trug hin hast du alle Menschenkinder geschaffen?
> 49 Wer ist der Mann, der lebt und den Tod nicht sieht,
> der sein Leben rettet aus der Hand der Unterwelt? – Sela
> *(Ps 89,48-49)*[21]

Dabei steht für Ben Sira fest, dass der Tod kein Schicksal ist, das den Menschen trifft, sondern vielmehr ein Teil des Handelns Gottes: Er schafft den Menschen, und er bringt ihn auch zu seinem Ende. An wei-

---

20 Dass mit der Erschaffung des Menschen aus Erde zugleich mitgegeben sei, dass er Gottes Gebote überschreiten würde, ist eine kritiklose Übernahme Di Lellas der Behauptung von Duesberg und Fransen, Ecclesiastico, 165, die so nicht haltbar ist (Skehan/Di Lella, Ben Sira, 281). Gerade der Hinweis auf Sir 17,30-32 zeigt zwar, dass Ben Sira von der Sündhaftigkeit des Menschen überzeugt ist, aber in diesem Abschnitt geht es um die grundsätzliche Differenz zwischen dem ewigen, allwissenden Gott und dem sterblichen, begrenzten Menschen und sagt nichts über eine angebliche Konditionierung des Menschen zu einer geradezu zwangsläufigen Übertretung der Gebote Gottes aus.
21 Siehe auch Ps 90,12.

5.1 Aspekte der Anthropologie bei Ben Sira

teren Stellen in seinem Buch wird Ben Sira ausführlicher, wenn er sich mit dem Tod auseinandersetzt.

עסק גדול חלק אל 1
ועול כבד על בני אדם
מיום צאתו מרחם אמו
עד יום שובו אל אם כל חי
מיושב כסא לגבה 3
עד לשוב עפר ואפר
[...]
9 [..]ר ודם חרחר וחרב
שד ושבר רעה ומות

(Ms B)

1 Eine große Beschäftigung ist der Anteil von Gott
und ein schweres Joch auf den Menschenkindern:
vom Tage ihres Ausgangs vom Mutterleib
bis zum Tag ihrer Rückkehr zur Mutter alles Lebendigen;[22]
3[23] von dem, der auf dem Thron sitzt,
bis zu dem, der in Staub und Asche sitzt.[24]
[…]
9[25] Pest[26] und Blut, Fieber und Schwert
Gewalttat und Zerstörung, Böses und Tod.
(Sir 40,1-3.9)

Ben Sira zeichnet in dieser Passage 40,1-11 den Tod als Anteil des Menschen, der ihm von Gott zugeteilt wird und an dem er zeitlebens schwer zu tragen hat. Der Tod ist für alle Menschen gleich, unabhängig von ihrem Stand und ihrer gesellschaftlichen Stellung. Er dominiert das

---

22 S und der Korrektur von Ms B bezeugen: „Land der Lebendigen". Die Bezeugung von Ms B* ist jedoch als Lectio difficilior beizubehalten.
23 Die Übersetzungen bieten an dieser Stelle als V 2 noch eine Ergänzung über den in Ms B bezeugten Text hinaus:
G: Ihre Überlegungen und Furcht des Herzens,
    [ihre] Gedanken der Erwartung [bestimmt] der Tag des Endes.
S: Ihr Lob und das Denken ihres Herzens,
    und das Ergebnis ihrer Worte bis zum Tag ihres Todes.
Der Vers ist jedoch der Textversion II zuzurechnen.
24 So mit S. לשב ist in ליושב und nicht in לובֿ, wie der Korrektor von Ms B meint, zu ändern.
25 V 9 ist in S nicht bezeugt.
26 Zu Beginn dieser Zeile ist nur ein ר erhalten. Das Wort דבר ist erschlossen. G bietet dagegen θάνατος.

5. Weisheit und Bildung

Leben des Menschen, sodass sich ein Überarbeiter des Buches zu dem explizierenden Zusatz V 2[27] genötigt fühlte.[28]

Einen etwas anderen Akzent setzt Ben Sira kurz danach in seinem Werk.

(Ms M)	(Ms B)
3 אל [.]פחד ממות [.]קך	3 אל תפחד ממות חוקיך
זכר קדמון ואחרון עמך	ז[.]ר כי ראשנים ואחרנים עמך
4 ז[.] קץ כל [...]	4 זה חלק כל בשר מאל
[...] עלי[...]	ומה תמאס בתורת עלי[..]

3 Fürchte dich nicht vor dem Tod, dem für dich bestimmten.
Gedenke, dass die Früheren und Späteren mit dir sind.[29]
4a Dies ist der Anteil alles Fleisches von Gott;
was willst du ablehnen die Weisung des Höchsten?
(Sir 41,3-4a)

Hier ist der Tod für Ben Sira nicht einfach nur eine unausweichliche Angelegenheit, die zum menschlichen Dasein gehört, sondern eine Setzung Gottes und von da her der Anteil des Menschen, dem er sich zu beugen hat. Bemerkenswert ist, dass Ben Sira in dieser Passage im Unterschied zur vorigen auch Trost findet und versucht, diesen an seine Schüler weiterzugeben:[30] Der Mensch, dem unausweichlich der Tod droht, ist damit nicht allein; vielmehr ist er verbunden mit allen Generationen der Vergangenheit und der Zukunft. Dieses Eingebundensein des Einzelnen in den Ablauf der Geschichte und der Generationen hat für Ben Sira eine offenbar sehr tröstliche Qualität, denn diese Argumentationsfigur findet sich in ähnlicher Form bereits in Sir 2,10f[31]. Hier

---

27 Siehe Fußnote 23.
28 Vgl. dazu ähnlich bedrängend Ps 39,5-7.
29 Beide Verse sind in Ms B und der Massada-Handschrift (M) bezeugt. Ms M weist in V 3b leichte textliche Abweichungen gegenüber Ms B auf und kann übersetzt werden mit: „Gedenke des Früheren und des Letzten bei dir."
30 Zu weiteren Aspekten der Kontingenzbewältigung bei Ben Sira siehe Kaiser, Verständnis des Todes, 190.
31 10 Blickt auf die Anfangsgeschlechter und seht:
Wer vertraute dem Herrn und wurde zuschanden?
Oder wer blieb in der Furcht seiner [=des Herrn] und wurde verlassen?
Oder wer rief ihn an, und er übersah ihn?
11 Denn barmherzig und gnädig [ist] der Herr,
und er erlässt Sünden und rettet in der Zeit der Bedrängnis.
(Sir 2,10-11; die griechische Textdarstellung siehe in Kapitel 5.5)

zieht er Trost daraus, dass den Generationen der Vergangenheit in ihrem Vertrauen auf Gott kein substantielles Leid geschah, eine Aussage, die sich allerdings nur bei einem sehr eingeschränkten Blick auf die biblische Gesamttradition aufrechterhalten lässt. Für Ben Sira jedoch hat sie die Bedeutung, dass man im Blick auf die vergangenen und kommenden Generationen die Vergänglichkeit und auch die Relativität des eigenen Lebens erkennen kann. Insgesamt hält Ben Sira, ganz in der Psalmenfrömmigkeit stehend, daran fest, dass mit dem Tod das Verhältnis des Menschen zu Gott endet (Sir 17,27f).[32] „Mit dem Tod ist für Ben Sira das Leben des Menschen unwiderruflich vorüber. Das einzige, was von ihm bleibt, sind seine Nachkommen ... und sein guter Name ..."[33].[34]

5.1.3 Die Begrenztheit des Menschen

„Gezählte Tage und einen Zeitpunkt gab er ihnen,
und er gab ihnen Macht über sie." (Sir 17,2)

In V 2 geht Ben Sira dann einen Schritt weiter und zeigt die angesichts des Todes gegebene Begrenztheit des Menschen auf. Das bezieht sich zunächst auf die Lebensspanne. Auch hier greift Ben Sira auf die biblische Tradition zurück:

Und JHWH sagte:
Mein Geist soll im Menschen nicht ewig herrschen,
denn schließlich ist er Fleisch.
Seine Tage sollen einhundertzwanzig sein.
(Gen 6,3)

---

32 Vgl. Ps 6,6; 30,10; 88,11-13; 115,17f. Kaiser, Tod als Schicksal, 77; Janowski, Konfliktgespräche, 243-250.
33 Kaiser, Anthropologie, 18. Zur Todesthematik bei Ben Sira insgesamt und zu den Folgerungen, die Ben Sira für ein Leben angesichts des Todes zieht, siehe Kaiser, Tod als Schicksal, und ders., Verständnis des Todes. Zur Frage einer Jenseitserwartung nach dem Tod siehe Hamp, Zukunft, 97, der eine solche Hoffnung bei Ben Sira zu Recht, aber mit unangebrachter antijüdischer Wertung bestreitet.
34 Alonso Schökel, Vision of Man, 236, weist zu Recht darauf hin, dass der Tod bei Ben Sira keine Folge menschlicher Sündhaftigkeit ist (wie religionsgeschichtlich später in Röm 5,12-14; vgl. auch Sap 2,23f), sondern der geschöpflichen Konstitution des Menschen entspricht. Zu Gen 2,17 vgl. auch die Ausführungen in Westermann, Genesis, 305f, der an dieser Stelle von der „'Inkonsequenz' Gottes" im Blick auf Strafansage und Strafvollzug spricht.

Die Tage unserer Jahre sind siebzig,
und wenn es Stärke gibt, dann achtzig Jahre.
(Ps 90,10)

Jedoch weicht Ben Sira von der theologischen Zahl 120 in Gen 6,3 ab und nähert sich mit einem realistischen Blick auf die Dinge der Altersangabe in Ps 90 an, wenn er einhundert Jahre als ein hohes Lebensalter angibt:

ἀριθμὸς ἡμερῶν ἀνθρώπου πολλὰ ἔτη ἑκατόν

Die Zahl der Tage des Menschen: viel sind hundert Jahre.
(Sir 18,9)

Doch die Begrenzung des Menschen besteht nicht nur darin, dass seine Tage gezählt sind. Sie betrifft auch seine geistige Disposition und bezeichnet so auch eine geistige Begrenztheit.

οὐ γὰρ δύναται πάντα εἶναι ἐν ἀνθρώποις
ὅτι οὐκ ἀθάνατος υἱὸς ἀνθρώπου

Denn nicht kann alles sein im Menschen,
denn nicht unsterblich ist der Sohn des Menschen.
(Sir 17,30)

Das „alles" (πάντα) ist zweifellos die Übersetzung des hebräischen כל bzw. הכל, das in dieser Form des absoluten „Alles" erstmals bei Kohelet auftritt und hier sicher auf hellenistischen Einfluss zurückgeht.[35] In diesem Sinne ist hier auch das sirachsche πάντα (bzw. כל) in der Linie von Koh 3,1.11 her zu verstehen, sodass Ben Sira bei aller Abgrenzung von Kohelet doch an seinem Denken Teil hat.[36]

Diese Beschränkung des Menschen in den geistigen Möglichkeiten zeigt Ben Sira auch schon in der Eröffnungssequenz seines Buches.

2 Den Sand des Meeres und die Tropfen des Regens
und die Tage der Ewigkeit – wer zählt sie?

---

35 Amir, Koheleth, 46f, der daneben weitere gedankliche Verbindungen Koh's zu griechischer Philosophie sieht.
36 S übersetzt den Vers rückbezüglich auf die ihm vorangegangenen Ausführungen:
    Denn nichts wie sie ist im Menschen,
    denn deine Gedanken sind nicht wie die Gedanken der Menschen.

3 Die Höhe des Himmels und die Weite der Erde
und die Urtiefe – wer erkundet sie?
(Sir 1,2-3)[37]

Hier kontrastiert Ben Sira den Menschen mit Gott, dessen unendliche Weisheit er niemals wird fassen können. Vor dem Hintergrund der großen Fortschritte, die die Wissenschaft in hellenistischer Zeit auf den Gebieten der Astronomie und Geographie machte[38], erscheint dieser Text als kritische Bezugnahme auf diese menschlichen Bemühungen. An die Weisheit, so möchte Ben Sira hier sagen, kommt man auf diesem Wege nicht heran. Explizit macht er das an einer weiteren Stelle deutlich:

5 Die Macht seiner Größe – wer wird sie auszählen?
Und wer wird es darlegen, um sein Erbarmen zu erzählen?
6 Es ist nicht zu vermindern und nichts hinzuzufügen,
und nicht sind zu erkunden die Wunder des Herrn.
7 Wenn ein Mensch damit endet, dann fängt er [erst] an;
und wenn er aufhört, dann ist er in Zweifel.
(Sir 18,5-7)[39]

Wiederum ausgehend von der Größe Gottes und der Frage nach dem menschlichen Bemühen, die Welt kennen zu lernen und auch zu beherrschen, zeigt Ben Sira, dass der Mensch an dieser selbstgewählten Aufgabe scheitern muss. Die Wunder Gottes sind für ihn nicht zu erkunden, und selbst wenn er anfinge, käme er zu keinem Ende. Und das, was er als Ende ansieht, ist tatsächlich nur ein Zwischenstopp und führt ihn in die Verzweiflung.

Doch Ben Sira weiß auch darum, dass Gott sich dem Menschen in dieser Begrenzung gnadenvoll zuwendet:

10 ὡς σταγὼν ὕδατος ἀπὸ θαλάσσης καὶ ψῆφος ἄμμου
οὕτως ὀλίγα ἔτη ἐν ἡμέρᾳ αἰῶνος

---

[37] Für die Textdarstellung und textkritische Diskussion siehe Kapitel 5.6.2.
[38] Siehe die Darstellungen von Samursky, Weltbild, 74-111; Szabo, Weltbild; Talbert, Geographie, 928; Krafft, Astronomie, 135f, insbesondere Schneider, Kulturgeschichte, 339-383, der in seiner Bewertung ein sehr differenziertes Bild zeichnet. So könnte bei Ben Siras Aussage im Hintergrund stehen, dass beispielsweise um 300 Aristarchos von Samos das heliozentrische System beschrieb und Eratosthenes im 3. Jh. den Erdumfang berechnete.
[39] Die Textdarstellung und textkritische Diskussion siehe in Kapitel 5.6.2.

11 διὰ τοῦτο ἐμακροθύμησεν κύριος ἐπ' αὐτοῖς
καὶ ἐξέχεεν ἐπ' αὐτοὺς τὸ ἔλεος αὐτοῦ
12 εἶδεν καὶ ἐπέγνω τὴν καταστροφὴν αὐτῶν ὅτι πονηρά
διὰ τοῦτο ἐπλήθυνεν τὸν ἐξιλασμὸν αὐτοῦ
13 ἔλεος ἀνθρώπου ἐπὶ τὸν πλησίον αὐτοῦ ἔλεος
δὲ κυρίου ἐπὶ πᾶσαν σάρκα
ἐλέγχων καὶ παιδεύων καὶ διδάσκων
καὶ ἐπιστρέφων ὡς ποιμὴν τὸ ποίμνιον αὐτοῦ
14 τοὺς ἐκδεχομένους παιδείαν ἐλεᾷ
καὶ τοὺς κατασπεύδοντας ἐπὶ τὰ κρίματα αὐτοῦ

10 Wie ein Tropfen Wasser vom Meer und ein Steinchen Sand,
so wenig sind die Jahre am Tag der Ewigkeit.[40]
11 Deshalb ist der Herr langmütig mit ihnen
und gießt auf sie aus sein Erbarmen.
12 Er sieht und[41] erkennt ihr Ende, dass es böse ist;
deshalb vermehrt er seine Vergebung.
13 Das Erbarmen des Menschen [richtet sich] auf seinen Nächsten,
aber das Erbarmen des Herrn auf alles Fleisch,
indem er richtig stellt und erzieht und lehrt
und lenkt wie ein Hirte seine Herde.
14 Über die, die Bildung annehmen, erbarmt er sich,
auch über die, die seine Entscheidungen annehmen.[42]
(Sir 18,10-14)

Gerade die Begrenztheit des Menschen ist für Gott Motivation, zu seinem Geschöpf eine gnadenvolle Beziehung einzugehen.[43] Im Unterschied zum Menschen, der in seiner Begrenzung nur auf seinen Nächsten eingehen kann, wendet sich Gott allen Menschen („alles Fleisch", V 13) zu. Dass Gott die Menschen führt wie ein Hirte seine Herde, ist im Alten Testament ein häufig verwendetes Motiv bei der Beschreibung des Verhältnisses Gottes zu Israel sowie zum Einzelnen (vgl. Gen 48,15; 49,24; Ez 34,11-22; Ps 80,2; auch Ps 79,13; 95,7; 100,3). Bedeutsam ist bei

---

40 S übersetzt theologisierend: „Tausend Jahre von dieser Welt sind nicht wie ein Tag in der Welt der Gerechten." Damit gibt S aber klar eine Hoffnung auf ein Leben nach dem Tod zu erkennen, die Ben Sira so nicht hatte.
41 So mit G. S lässt „sieht und" aus.
42 So mit S. Die Übersetzung von G bietet jedoch denselben Bedeutungsgehalt.
43 Vgl. auch Ps 103,14-18, in dem nach Kaiser, Anthropologie, 2, ebenfalls die Barmherzigkeit Gottes ihre Begründung in der Begrenztheit, konkret in der Vergänglichkeit des Menschen findet.

5.1 Aspekte der Anthropologie bei Ben Sira

Ben Sira die Ausgestaltung beziehungsweise Konkretisierung dieser Beziehung: Gott weist den Menschen zurecht, das heißt er stellt richtig, er bildet und lehrt ihn. Damit sind einige wichtige Aspekte des Bildungsverständnisses Ben Siras umrissen, die in Kapitel 5.4 weiter aufgegriffen werden. Neben diesem bildenden Handeln Gottes steht aber auch das Wollen und das Handeln des Menschen (V 14). Er ist dazu aufgefordert, die ihm dargelegte Bildung anzunehmen. Tut er dies, gilt ihm das Erbarmen Gottes. So wird deutlich: Zugleich bedarf es des Handelns des Menschen, und es gehört ebenso konstitutiv dazu wie das Handeln Gottes auch.

5.1.4 Die Gottesebenbildlichkeit des Menschen

„Wie sich selbst zog er sie an mit Kraft,
und nach seinem Bild machte er sie." (Sir 17,3)

Ein weiterer Aspekt seiner Anthropologie, wie sie Ben Sira in Sir 17 entfaltet, besteht in der Gottesebenbildlichkeit des Menschen. Ben Sira stellt sich ganz in die Tradition der Schöpfungserzählung von Gen 1:

> 27 Und Gott schuf den Menschen in seinem Bild;
> im Bild Gottes schuf er ihn.
> Männlich und weiblich schuf er sie.
> 28 Und Gott segnete sie.
> Und Gott sagte zu ihnen:
> Seit fruchtbar und mehret euch und erfüllt die Erde
> und unterwerft sie
> und herrscht über die Fische im Meer und die Vögel im Himmel und über alles Lebende, das umherkriecht auf der Erde.
> *(Gen 1,27-28)*

Wie in Gen 1 steht der Mensch auch nach Ben Sira in einem sehr engen Verhältnis zu Gott.[44]

---

44 Vgl. Westermann, der in der Gottesebenbildlichkeit eine „Ermöglichung des Geschehens zwischen Gott und Mensch, nicht aber eine Qualität des Menschen an sich" sieht (ders., Genesis, 217), aber auch Barth: „Sie [die Gottesebenbildlichkeit des Menschen] besteht [sic! ohne Komma] indem der Mensch selber und als solcher als Gottes Geschöpf besteht. Er wäre nicht Mensch, wenn er nicht Gottes Ebenbild wäre. Er ist Gottes Ebenbild, indem er Mensch ist. Denn das war Gottes Sinn und Absicht bei seiner Erschaffung: er wollte die Existenz eines solchen Wesens, das ihm in seiner ganzen Nicht-Göttlichkeit und also Andersartigkeit ein wirklicher Partner ... sein möchte." (KD III/1, 207). Gegen Wischmeyer, Anthropologie, 26, die bei Ben Siras

Vom Begriff der Gottesebenbildlichkeit her entfaltet Ben Sira dann das Verhältnis des Menschen zu seiner Umwelt.[45] In all der Begrenztheit, der der Mensch unterliegt, hat Gott ihn doch mit Macht (17,2) und Kraft (17,3) ausgestattet. Diese nimmt der Mensch wahr, indem er seinem göttlichen Auftrag gemäß über die Tiere (V 4) herrscht.[46] Umgekehrt hat Gott „auf alles Fleisch" Furcht gelegt, damit der Mensch seinem Auftrag auch nachkommen kann. Ben Sira nimmt auch hier eine deutliche Anleihe an der Urgeschichte:

> Die Furcht vor euch und der Schrecken vor euch wird auf allem Lebendigen der Erde sein ...
> *(Gen 9,2)*

Noch mehr jedoch lehnt er sich an Ps 8 an:

> 5 Was ist der Mensch, dass du seiner gedenkst,
> und das Menschenkind, dass du sich seiner annimmst?
> 6 Du lässt ihm nur wenig fehlen gegenüber den Göttern,
> mit Herrlichkeit und Auszeichnung hast du ihn bekränzt.
> 7 Du lässt ihn herrschen über die Werke deiner Hände,
> alles hast du unter seine Füße getan.
> 8 Kleinvieh und Rinder alle,
> und auch die Tiere des Feldes,
> 9 den Vogel des Himmels und die Fische des Meeres,
> die, die in den Meeren ihre Bahnen ziehen.
> *(Ps 8,5-9)*

Ben Sira formuliert in 17,3-4 lehrhaft, was Zimmerli für Ps 8 als die „staunende Frage nach dem Wesen des Menschen, der als der Geringe

---

    Rede von Gottesebenbildlichkeit keine Partnerschaft zu erkennen vermag. Dagegen stellt Sauer, Jesus Sirach/Ben Sira, 141, die Partnerschaft zwischen Gott und Mensch auch für Ben Sira wieder heraus. Siehe auch Meinhold, weisheitliche Sicht, 41.

45 Es ist also nicht allzu schnell auf die noetischen Fähigkeiten bzw. geistigen Bedingungen des Menschen hinzuweisen, wie dies Middendorp, Stellung Jesu Ben Siras, 52, tut. Ben Sira entfaltet den Gedanken der Gottesebenbildlichkeit unmittelbar im oben genannten Kontext der Beziehung zur Umwelt und nicht im Rückgriff auf die noetischen Fähigkeiten.

46 Der Enkel Ben Siras verwendet hier in seiner Übersetzung denselben Begriff wie er in Gen 1,28LXX gebraucht wird: κατακυριεύω.

so gewaltigen Adel erhalten hat"⁴⁷, bezeichnet; und wie Ps 8 kommt auch Ben Sira wieder zurück zum Lobpreis Gottes.⁴⁸

So umfasst die Gottesebenbildlichkeit des Menschen für Ben Sira dreierlei: die Macht beziehungsweise Kraft, mit der er ausgestattet ist, die Furcht vor ihm, die Gott auf alles Fleisch gelegt hat, und die Herrschaft, die er in der Welt gegenüber den Tieren ausübt. Der Mensch erscheint als Partner Gottes auf Erden,⁴⁹ trotz seiner Begrenztheit im Leben.⁵⁰

5.1.5 Die geistige Disposition des Menschen

„Er formte Mund und Zunge und Augen,
Ohr und Herz gab er ihnen, um zu verstehen.
Mit Wissen des Verstehens erfüllte er sie." (Sir 17,6-7a)

Nach den physischen Bedingungen des Menschen und nach seiner relationalen Einbindung in die Beziehungen zu Gott und seiner Umwelt kommt Ben Sira ab 17,6 auf die geistigen Bedingungen des Menschen zu sprechen. Diese werden, wie Löhr im Verhältnis zu Gen 1 herausgearbeitet hat,⁵¹ auffällig stark betont. So ist der Mensch mit Zunge, Augen und Ohren ausgestattet, also Organen der Wahrnehmung und der Kommunikation. Er hat ein Herz und damit das Organ, dem der Verstand zugeordnet ist, mit dem er denkt, mit dem er sich erinnert, und damit den Ort seiner Einsicht und Bildung.⁵² All das sind die Instrumente, die der Mensch von Gott erhalten hat – um nachzudenken und zu verstehen (διανοεῖσθαι, V 6b).⁵³ Nimmt man den nachfolgenden V 7a hinzu, wird deutlich, dass Gott dem Menschen nicht nur die physischen Voraussetzungen wie die Organe der Kommunika-

---

47 Zimmerli, Was ist der Mensch?, 314.
48 Vgl. Sir 17,10. Zimmerli, Was ist der Mensch?, 314.
49 So zu Recht Sauer, Jesus Sirach/Ben Sira, 141.
50 Darin hat Ben Sira Anteil an der Vielfältigkeit und Umfassenheit des biblischen Zeugnisses. Von einer „Gebrochenheit des alttestamentlichen Menschenbildes" zu reden, wie Kaiser es in seinem Aufsatz zur Anthropologie bei Ben Sira tut (Kaiser, Anthropologie, 5), geht angesichts der Vielfältigkeit der menschlichen Lebenswirklichkeit, die die biblischen Texte reflektieren, an der Sache vorbei. Dieser Vielfältigkeit ist nicht mit einer negativen Wertung zu begegnen, sondern als Anteil an der Realität der Menschen zu verstehen.
51 Löhr, Bildung, 55f.
52 Wolff, Anthropologie, 79-83; Schmidt, Anthropologische Begriffe, 87f.
53 Zur weiteren Darstellung der physischen und psycho-physischen Begrifflichkeit Ben Siras siehe Kaiser, Anthropologie, 5-7.

tion und Verständigung und mit dem Herzen das Organ der intellektuellen Betätigung gegeben hat, sondern dass er ihn auch tatsächlich mit Wissen (ἐπιστήμη) und Verstehen (σύνεσις) ausgestattet hat. Beides, Wissen und Verstehen, gehört also zu den grundkonstituierenden Dingen des Menschen, und zwar aller Menschen. In dieser Betonung Ben Siras wird nicht nur die grundsätzliche Erkenntnisfähigkeit des Menschen schöpfungstheologisch begründet, sondern es wird zugleich deutlich, dass für Ben Sira der Mensch sein Ziel im Intellekt und in der intellektuellen Betätigung findet, ein Motiv, das er an anderen Stellen des Buches explizit ausformuliert (vgl. das Lob des Weisen in Sir 39,1-11). Zugleich ist er in diesem Denken sehr „demokratisch". Denn auch wenn er unter den Berufen und Tätigkeiten in der Gesellschaft deutliche Wertunterschiede sieht (Sir 38,24-39,11), sind doch prinzipiell alle Menschen befähigt, Bildung und Weisheit zu erlangen, denn sie alle haben unterschiedslos die geschöpflichen Voraussetzungen dazu.[54] Ben Sira hat hier ganz Anteil an der Tradition der Weisheit in Israel, für die der Mensch bildungsbedürftig ist,[55] doch hat die klassische Weisheit noch nicht in dem Maße wie Ben Sira die geschöpflichen Voraussetzungen des Menschen dazu reflektiert, sodass dieser Topos bei ihm zum ersten Mal auftritt.

Ebenfalls zu den geistigen Bedingungen des Menschen, zu seiner geistigen Disposition, gehört für Ben Sira der freie Wille[56], mit dem er sein Tun und Ergehen wesentlich selber gestaltend „in die Hand nehmen" (vgl. nachfolgend Sir 15,16b) kann und muss. Dies zeigt exemplarisch Sir 15,14-17:

---

54 Löhr, Bildung, 119, sieht in der Nutzung dieser geschöpflichen Voraussetzungen sogar die „Verwirklichung der menschlichen Existenz". Diese Aussage darf allerdings nicht darüber hinwegtäuschen, dass der Zugang zur Bildung faktisch nur einer kleinen gesellschaftlichen Elite möglich war und für Ben Sira Frauen grundsätzlich ausgeschlossen waren. Offenbar hat ihn die relative Offenheit des Bildungsweges für Frauen im hellenistischen Bereich nicht beeindruckt oder war ihm unbekannt. Grundsätzlich ist das Bild, das Ben Sira hier vom Menschen entwirft, ein rein männliches; Frauen kommen in diesen grundsätzlichen Überlegungen zur menschlichen Beschaffenheit faktisch nicht vor.
55 Siehe dazu die Darstellung von Hausmann, Menschenbild, 168-171.
56 Zur Thematik des freien Willens in der Antike siehe die Studie Dihle, Wille, insbesondere 31ff. Auch Kaiser, Menschliche Freiheit, 299, weist im Anschluss an Dihle, Wille, auf die Problematik von Begriffen wie „freier Wille" und „Willensfreiheit" für die Zeit Ben Siras hin. Doch ist es – mit dieser Problematik im Blick – verantwortbar, von einem freien Willen zu sprechen, wenn dies nicht im Sinne moderner Philosophie und Geistesgeschichte geschieht, sondern er als „Wahlfreiheit" (Kaiser, Menschliche Freiheit, 299) verstanden wird.

5.1 Aspekte der Anthropologie bei Ben Sira

(Ms A)	(Ms B)
14 אלהים מבראשית א[ה]{ה} ברא }אדם	14 הוא מראש ברא אדם
וישתיהו ביד חותפו	וישיתהו [...]
ויתנהו ביד יצרו	
15 אם תחפץ תשמר מצוה	15 אם תחפץ תשמר מצוה
ותבונה לעשות רצונו	ואמונה לעשות רצון אל
אם תאמין בו	[...]
גם אתה תחיה	[...]יה
16 מוצק לפניך אש ומים	16 [.]וצק לפניך מים ואש
באשר תחפץ שלח ידיך	באשר תחפץ תשלח י[...]
17 לפני אדם חיים ומות	17 לפני אדם חיים ומות
אשר יחפץ ינתן לו	וכל שיחפץ יתן לו

14 Gott[58], vom Anfang schuf er den Menschen,[59]
und er gab ihn in die Hand seines Sinnens[60].
15 Wenn du willst, halte das Gebot,
Treue zu tun, ist Gottes Wohlgefallen.[61]
Wenn du ihm vertraust, wirst du auch leben.[62]
16 Ausgegossen ist vor dir Feuer und Wasser[63],
zu dem, woran du Wohlgefallen hast, schicke deine Hand.
17 Vor dem Menschen sind Leben und Tod,
woran er Wohlgefallen hat, [das] wird ihm gegeben werden.[64]
(Sir 15,14-17)

Gott hat zudem den Menschen mit einem freien Willen ausgestattet, der es diesem ermöglicht, sich für Bildung und Erziehung oder dage-

---

[57] Sic!
[58] So mit Ms A und S.
[59] In den hebräischen Handschriften (A und B) ist an dieser Stelle noch folgender Versteil überliefert: „und er setzte ihn in die Hand dessen, der ihn hinwegrafft". Da er jedoch in allen griechischen Handschriften fehlt, ist er als Teil der Überarbeitung H II auszuscheiden.
[60] יצר hat als Stamm die Grundbedeutung ‚bilden', ‚formen', sodass sich für das Substantiv die Bedeutung ‚Gebilde' (Otzen, יצר, 830f) oder auch ‚Gedanke', im Mittelhebräischen dann auch ‚Trieb' (Schmidt, יצר, 762) ableiten lässt. Steht יצר allein als Substantiv, ist es mit ‚Sinn' wiederzugeben (Otzen, יצר, 838). Hier wird יצר in der Linie ‚Gebilde', ‚Gedanke', ‚Sinn' mit ‚Sinnen' übersetzt. Di Lella, Free Will, 261, versteht in diesem Kontext bereits יצר selber als „free choice". In der griechischen Übersetzung ist יצר mit διαβούλιον wiedergegeben und in S mit יצר (vgl. dazu auch die fehlerhafte Übersetzung in Sir 17,6).
[61] So Ms B. Ms A bezeugt: „Verstehen zu tun, ist sein Wohlgefallen".
[62] So mit H und S. In G ist dieser Stichos nicht enthalten.
[63] So Ms A. Ms B: Wasser und Feuer.
[64] So mit H und G. S übersetzt interpretierend: „damit er das Leben wählt und den Tod verlässt".

gen zu entscheiden. Er ist für sein Leben selbst verantwortlich; von Gott her ist er mit allem, was er dazu braucht, ausgestattet, sodass es nun in seinen Händen liegt.[65]

Dabei betrachtet Ben Sira diesen freien Willen des Menschen als wertneutral. „Anders als für den für das Urteil Jahwes über die Menschen in Gen 6,5b und 8,21 verantwortlichen jüdischen Theologen ist der Trieb des Menschen für Ben Sira nicht von Geburt an böse, sondern seinem Willen unterworfen."[66] So hat der Mensch die Freiheit der Entscheidung, muss allerdings auch für sie gerade stehen (vgl. Sir 15,11ff).[67] Schließlich scheiden sich an ihr dann auch die Geister, wie Westermann zutreffend bemerkt: „Da sie [= die Weisheit] aber kein Besitz ist [sic! ohne Komma] sondern eine Möglichkeit, stehen im Leben der Gemeinschaft oft die Weisen und die Toren, das törichte und das weise Handeln einander gegenüber"[68]. Wie sich in den Kapitel 5.3 und 5.6 zeigt, ist der Wille des Menschen, sich der Weisheit zuzuwenden und sich an sie zu halten, für Ben Sira eine Grundbedingung zu ihrer Erlangung.

5.1.6 Normen für den Menschen

„Gutes und Schlechtes legte er ihnen dar" (Sir 17,7b)

Um nun dem Menschen Orientierung in seinem Erkennen und seinem „Ermessen" (Sir 17,6) zu geben, gab Gott ihm Normen. Worin sich diese konkretisieren, wird an dieser Stelle nicht deutlich. Zwar erinnert V 7b sprachlich an das Deuteronomium:

---

65 Dabei ist Löhrs Hinweis berechtigt, dass der freie Wille des Menschen für Ben Sira nicht im philosophisch existentialistischen Sinne frei sei, da er sich in einer bereits von Gott geordneten Welt vorfinde (Löhr, Bildung, 56). Aber innerhalb dieser Vorfindlichkeiten ist der Wille wahrhaft frei, sodass jeder seines eigenen Glückes Schmied ist. Siehe auch Maier, Wille, 91-95.

66 Kaiser, Verständnis des Todes, 180. Kaiser, Anknüpfung und Widerspruch, 208, sieht Ben Sira hier nicht nur aus der biblischen Tradition, sondern auch aus der hellenistischen schöpfen, indem er aus ihr die Entdeckung des freien Willens übernähme. Doch diese Alternative ist zu scharf gezogen, weiß doch auch die altorientalische Weisheit – und mit ihr die biblische Weisheit – von der freien Willensgestaltung des Menschen.

67 Di Lella, Free Will, 262, erkennt in der Wendung שלח יד (Sir 15,16b) einen Anklang an Gen 3,22 und bekräftigt damit noch einmal die Dimension der freien Entscheidung, der dann aber auch die Verantwortlichkeit und die Konsequenzen folgen.

68 Westermann, Wurzeln, 131.

nach dem masoretischen Text:	*nach der Septuaginta:*
Siehe, ich habe dir heute vorgelegt	Siehe, ich habe dir heute vorgelegt
das Leben und das Gute,	das Leben und den Tod,
und den Tod und das Böse.	das Gute und das Böse.
(Dtn 30,15)	*(Dtn 30,15)*

Interpretiert man Sir 17,7b zudem im Anschluss an Dtn 30,15, dann wäre bei diesen Normen an die von Gott geoffenbarte Tora zu denken, was im Zusammenhang mit Sir 24,23 durchaus nahe läge. Jedoch widerspricht das dem Duktus des Abschnitts 17,1-14, denn auf die Tora kommt Ben Sira dann später in V 11 explizit zu sprechen. An dieser Stelle ist wohl eher an weisheitliche Normen zu denken, die auch allen Menschen einsichtig sind. Die sprachliche Nähe zu Dtn 30,15 weist jedoch schon hier darauf hin, dass sich diese weisheitlichen Normen in der Tora konkretisieren.

Als Ort, an dem diese Normen zu Entscheidungen führen, gibt Ben Sira das Herz an, das an dieser Stelle geradezu die Funktion des Gewissens übernimmt:

וגם עצת לבב הבין
מי יאמין לך אמן ממנו
(Ms B)

[.]כך וגם עצת לבב
כי אם אמון ממנו
(Ms D)

καὶ βουλὴν καρδίας στῆσον
οὐ γὰρ ἔστιν σοι πιστότερος αὐτῆς

Und auch: den Rat des Herzens verstehe,
wer ist dir glaubwürdiger als dieser?
(Sir 37,13)

5.1.7 Die Bestimmung des Menschen

„Er gab sein Auge in ihre Herzen,
um ihnen die Großartigkeit seiner Werke zu zeigen,
damit sie erzählten die Großartigkeit seiner Werke,
und den Namen der Heiligung werden sie loben." (Sir 17,8-10)

Sir 17,8 scheint zunächst auf derselben Ebene wie V 7 zu liegen, doch hier beginnt ein neuer thematischer Abschnitt, in dem es weniger um Normen als vielmehr um die Bestimmung beziehungsweise das Ziel des Menschen geht.

Ben Sira beginnt mit einem Moment der Wahrnehmung. Er spricht vom „Auge" Gottes, das dieser den Menschen ins Herz gegeben hat. So führt er eine Einsicht in eine umfassendere Anthropologie ein, die sich bereits in der klassischen Weisheit ausgesprochen hat:

> Ein hörendes Ohr und ein sehendes Auge,
> JHWH hat sie beide gemacht.
> *(Spr 20,12)*

Geht es in Spr 20,12 um das körperliche Auge (und das körperliche Ohr), das auf seine relationale Bedeutung hin bedacht wird, handelt es sich in Sir 17,8 nicht um ein körperliches, physisches Organ, sondern vielmehr um eine Größe, die die Anlage des Menschen hin zur Erkenntnis (-möglichkeit) bezeichnet.[69] Das verbindende Moment beider Aussagen ist Gottes Wirken, in dem er die Wahrnehmungsfähigkeit und die Wahrnehmungsmöglichkeit im Menschen schafft. Schon in Spr 20,12 wird, wie Hans-Joachim Kraus festgehalten hat, „Hören und Sehen der absoluten Verfügungsgewalt des Menschen entzogen"[70]. In Sir 17,8 wird diese Wahrnehmungsmöglichkeit nun in der menschlichen Disposition verankert.

Zugleich geht Ben Sira eine große strukturelle Nähe zu Kohelet ein:

> Alles hat er schön gemacht zu seiner Zeit.
> Auch die Ewigkeit gab er in ihr Herz,
> jedoch ohne dass der Mensch erkennt die Tat,
> die Gott vom Anfang bis zum Ende tut.
> *(Koh 3,11)*

Sowohl Kohelet als auch Ben Sira vertreten, dass Gott dem Menschen etwas mitgegeben hat, das ihn besonders auszeichnet. Bei Kohelet ist es die Ewigkeit (עולם), bei Ben Sira das Auge (ὀφθαλμός) Gottes. Doch für Kohelet ist die dem Menschen ins Herz gelegte Ewigkeit etwas, womit dieser sich abplagt (Koh 3,10), und angesichts des vorangestellten Zeitengedichts (Koh 3,2-8) ist das ein deutlicher Hinweis auf die Unzulänglichkeit des Menschen und zugleich eine ins Grundsätzliche gehende Infragestellung weisheitlicher Aussagen. Dagegen sieht Ben Sira in dieser besonderen Qualität des Menschen etwas Positives, das einen erkennbaren Sinn und Zweck hat und das der Mensch auch nutzen kann bzw. soll. So dient dieses „Auge" dazu, dass der Mensch das

---

69 Vgl. auch die spätere Aufnahme einer solchen Vorstellung in Eph 1,18.
70 Kraus, Hören und Sehen, 87.

Großartige der Werke Gottes (τὸ μεγαλεῖον τῶν ἔργων αὐτοῦ)[71] erkennen kann. Daran wird deutlich, wie groß die Rolle ist, die das Erkennen und mit dem Erkennen die intellektuelle Betätigung nach Ben Sira für den Menschen spielt. Das „Auge" (V 8a) und damit Wahrnehmung und Erkenntnis haben ihren Sitz im Herzen. Die Erkenntnis – und das bedeutet für Ben Sira weisheitliche Erkenntnis – macht den Menschen zum Menschen. Sie ist das Zentrum des Menschseins, wohin alles fließt und von wo alles wieder ausgeht.

Doch damit hat der Mensch noch nicht seine letzte Bestimmung erfahren. Die Erkenntnis der Werke Gottes führt vielmehr dazu, dass der Mensch das Großartige weitererzählt (V 9) und dadurch den Namen Gottes preist (V 10). Mit diesem Lobpreis der Großartigkeit der Werke Gottes und damit der Größe Gottes und also Gottes selbst kommt der Mensch für Ben Sira zu seiner Bestimmung. Der Mensch hat sein letztes Ziel im Gotteslob, im Lob seines Schöpfers.[72]

5.1.8 Ein israel-theologischer Abschluss

„Er legte ihnen Wissen vor,
und das Gesetz des Lebens vererbte er ihnen.
Einen ewigen Bund richtete er mit ihnen auf,
und seine Entscheidungen legte er ihnen dar.
Die Großartigkeit der Herrlichkeit sehen ihre Augen,
und die Herrlichkeit seiner Stimme hörten ihre Ohren.
Und er sagte ihnen: Nehmt euch in Acht vor jedem Ungerechten.
Und er gebot ihnen, einem jeden für seinen Nächsten." (Sir 17,11-14)

Fast bruchlos setzt Ben Sira in Sir 17,11 noch einmal ein.[73] Wieder geht es um das Wissen (ἐπιστήμη), das Gott dem Menschen vorgelegt hat. Doch diesmal ist es konkreter gefasst. Es geht um das „Gesetz des

---

71 Der Begriff. μεγαλεῖον ist in der griechischen Übersetzung der hebräischen Texte des Alten Testament in der Regel die Wiedergabe von גֹּדֶל (Dtn 11,2; Ps 71,19; bei Ps 105,1 [Übersetzung von עֲלִילָה] und 106,21 [hebräische Zählung] nur in einzelnen Textzeugen). Im Buch Ben Sira bezieht es sich vor allem auf „Großartigkeiten" bzw. „Größen" in der Schöpfung bzw. im Schöpfungshandeln Gottes (Sir 18,4; 42,21; 43,15), kann aber auch zur Bezeichnung der Hohenpriesterwürde dienen (ἱερωσύνης μεγαλεῖον Sir 45,24).
72 Vgl. dazu die Untersuchung Reitemeyer, Gotteslob, die eben dieses an paradigmatischen Texten des Buches nachweist.
73 Die Zusammenhänge zwischen Sir 17,1-10 und 17,11-14 hat Alonso Schökel, Vision of Man, 240-242, aufgezeigt.

Lebens" (νόμος ζωῆς), um den „ewigen Bund" (διαθήκη αἰῶνος[74]) und um Gottes „Entscheidungen" (κρίματα), die er den Menschen darlegt. Ben Sira nennt hier Begriffe, die Spezifika des Volkes Israel und seiner Beziehung zu und Bindung an seinen Gott bezeichnen. Darin hebt sich dieser Teil von dem rein weisheitlich formulierten ersten Abschnitt der Verse 1-10 ab. Da kein Zweifel daran besteht, dass Ben Sira als Jude für Juden schrieb, ist kein Wechsel der Adressaten zu erwarten. Stattdessen spezifiziert Ben Sira an dieser Stelle das vorher Gesagte noch einmal: Während er in VV 1-10 von *dem* Menschen sprach, ohne Unterschied der Volks- und Glaubenszugehörigkeit, redet er hier nun von Israel.[75] Für Israel konkretisiert sich alles weisheitlich in den Versen 1-10 Gesagte in der Tora, im Bund und den am Sinai von Gott mitgeteilten „Entscheidungen". Ben Sira sagt hier also nichts Neues, sondern fokussiert noch einmal. Dass er dabei mühe- und problemlos von dem ersten weisheitlich orientierten zu dem zweiten offenbarungsorientierten Abschnitt wechseln kann, liegt daran, dass sich hier für ihn nichts Unterschiedliches ausspricht.[76] Denn die Weisheit konkretisiert sich in der Tora, wie das Weisheitsgedicht in Sir 24 deutlich zeigt.[77] In diesem Sinne ist auch umgekehrt die deutlich wahrzunehmende Anspielung an das Nächstenliebegebot aus Lev 19,18b in Sir 17,14b keine „Überhöhung" des weisheitlichen Horizontes durch die Tora, sondern eine Konkretisierung der bereits gemachten Aussage in 17,7b.[78]

---

[74] διαθήκη αἰῶνος wird an dieser Stelle dem Sinn folgend adjektivisch und nicht als Genetivverbindung übersetzt, obwohl dies nicht der griechischen Syntax entspricht. Doch da der Enkel Ben Siras in der Regel nah an seiner Vorlage arbeitet, kann hier die hebräische Wendung בְּרִית עוֹלָם vorausgesetzt werden, die adjektivisch zu übersetzen ist (siehe auch beispielsweise Ps 105,10).

[75] Ben Sira unterschlägt also nicht die Erwählungstradition, sondern erwähnt sie ausdrücklich mit dem Hinweis auf Tora, Bund und Rechtssatzungen (gegen Löhr, Bildung, 55).

[76] So kann auch Ben Siras Enkel in V 11 ungebrochen αὐτοῖς übersetzen und damit den Gedankengang unter Beibehaltung des Redehorizontes der VV 1-10 fortsetzen.

[77] Das Konzept der sich in der Tora konkretisierenden Weisheit bedeutet einerseits, dass die Weisheit mehr ist als die Tora und die Tora von der Weisheit her bestimmt ist, dass die Tora aber andererseits nicht einfach als Ausschnitt der Weisheit verstanden werden kann (so Haspecker, Gottesfurcht, 154, der von der Tora als „Stück der universalen Weisheit Gottes" spricht, und unter ausdrücklichem Bezug auf Haspecker auch Marböck, Weisheit im Wandel, 137, für den die Tora „ein Teil, wenn auch ein ganz vorzüglicher, der göttlichen Weltordnung ist"; siehe auch ders., Gottes Weisheit, 57).

[78] Im Übrigen geht Ben Sira hier einen Stichwortzusammenhang zwischen 17,14 und 16,28 ein. 16,28 zeigt, dass das Gebot „über den Nächsten" auch kosmologische Bedeutung hat und dort auch eingehalten wird. „Offensichtlich sollen die kosmischen

5.1.9 Zusammenfassung

„Was ist der Mensch?" – In seiner anthropologischen Reflexion ist Ben Sira von der Erschaffung des je einzelnen Menschen über seine Endlichkeit, seine Gottesebenbildlichkeit mit der damit verbundenen Macht, Herrschaft und Ehrfurcht der übrigen Geschöpfe ihm gegenüber hin zur geschöpflichen geistigen Konstitution des Menschen gelangt: Jeder Mensch ist von Gott her zur Erkenntnis fähig.[79] Als Wegweisung hat Gott ihm „Gutes und Schlechtes" dargelegt, und er hat ihm mit seinem „Auge" eine besondere Befähigung gegeben, die Werke Gottes zu erkennen und diese – und über sie Gott selber – zu rühmen. Hierin, in der Erkenntnis und im Lob Gottes, wird der Mensch zum Menschen und hat er seine letzte Bestimmung gefunden.

Im Blick auf die Bildungsfrage zeichnet Ben Sira den Menschen als ein Geschöpf, das begrenzt ist, sowohl physisch als auch psychisch, das aber gerade in dieser Begrenztheit dazu befähigt und berufen ist, Erziehung und Bildung anzunehmen. Mit den geschöpflichen Voraussetzungen dafür ist jeder Mensch ausgestattet. Es liegt für Ben Sira an der Entscheidung des Willens eines Jeden, diese Voraussetzungen zu nutzen.

Dinge hier als Modell für das Verhalten des Menschen zu der ihm gegebenen Gottesordnung hingestellt werden" (Haspecker, Gottesfurcht, 152).
79 So auch Stadelmann, Schriftgelehrter, 298f: Ben Sira sei überzeugt „von der universalen Bildungsfähigkeit des Menschen". Vgl. auch a.a.O., 234f.

5.2 „Wendet euch zu mir, Unwissende!" (Sir 51,23)
Die Zielgruppe Ben Siras

Die Einschätzung der Zielgruppe, die Ben Sira mit seinem erzieherischen und bildnerischen Wirken durch seinen Schulbetrieb sowie durch sein Buch ansprechen möchte, bewegt sich zwischen zwei Grundpositionen, die in jüngerer Zeit vorgetragen wurden. Während Martin Löhr deutlich herausstellte: „Das ganze Volk soll zur Lebensform des Weisen erzogen werden!"[1], betonte dagegen Oda Wischmeyer in ihrer Schrift zur Kultur des Buches Ben Sira dessen elitären Charakter, und zwar sowohl des Buches als auch des Wirkens Ben Siras insgesamt. Sie spricht von der neuen „Bildungselite"[2], die Ben Sira unterrichte.

5.2.1 Methodische Vorüberlegungen

An dieser Stelle soll nun anhand ausgewählter Textbeispiele der Zielgruppe, soweit Ben Sira sie in seinem Buch zu erkennen gibt, auf die Spur gekommen werden. Die Vorsicht, die in dieser Formulierung bereits anklingt, ist dabei nicht so sehr im aufgezeigten Forschungsdissens begründet, als vielmehr in einer methodischen Schwierigkeit.

Das Buch Ben Sira gibt einiges von der Lebenswelt zu erkennen, aus der es stammt und in die es hineingeschrieben wurde. Oda Wischmeyer hat in ihrer Studie zur Kultur des Buches Grundlegendes dazu aufgezeigt. Doch sobald man sich aus der allgemeinen Soziologie und Kultur herausbewegt und eine Gruppe konkreter zu beschreiben versucht, stellt sich die Frage, ob und wie weit die Erörterungen Ben Siras dahingehend auswertbar sind. Denn schließlich beschreibt er seine Schüler nicht, sondern gibt durch seine Lehren nur indirekt zu erkennen, an wen er gedacht hat.

Hier wird die Annahme vertreten, dass Ben Sira in seinem Buch, das die inhaltliche Summe seines Lehrbetriebes darstellt, über Dinge spricht, die seine Schüler entweder in ihrer Gegenwart oder auch in ihrer (durch die Ausbildung im Lehrhaus Ben Siras ermöglichte) Zukunft betreffen. So lassen sich aufgrund der Äußerungen Ben Siras

---

1 Löhr, Bildung, 123.
2 Wischmeyer, Kultur, 181.

5.2 Die Zielgruppe Ben Siras

Rückschlüsse auf seine Schüler, ihren Hintergrund und ihre Bedürfnisse ziehen. Doch ist dabei eine gewisse Vorsicht geboten. Denn Ben Sira lehrt auch allgemein weisheitliche und damit traditionelle Themen, bei denen ein unmittelbarer Bezug zu seinen Schülern nicht direkt vorausgesetzt werden kann. Zudem bleibt durch die literarische Form des weisheitlichen Spruchs in letzter Konsequenz unklar, ob der Autor jeweils konkret seine Schülergruppe anspricht und sie für ihre Aufgaben vorbereiten möchte oder ob er eben diese allgemeinen weisheitlichen Topoi zur Sprache bringt.

Einen sehr differenzierten Beitrag für die Frage nach der Zielgruppe Ben Siras hat Franz Böhmisch geleistet. Er hat in seinen Aufsätzen zu den verschiedenen Versionen des Buches deren unterschiedliche Zielgruppen herausgearbeitet.[3] Zunächst ausgehend von den unübersehbaren Varianten in der Textüberlieferung plädiert er dafür, diese nicht als Abschreibfehler zu verstehen, sondern als Fortschreibung des Textes und als „Zeugen theologischer Tradition, die sich im Laufe des Überlieferungsprozesses im Bibeltext anlagert" (89). Aus dieser „theologischen Evolution" (89) entsteht eine „Pluriformität der Textformen" (92) deren jeweilige Stufen eine theologische Vielfalt darstellen (122). Da jedoch für die Fragestellung der vorliegenden Untersuchung die spätere Entwicklung der Textüberlieferung weniger interessant ist, wird hier kurz Böhmischs Ausarbeitung zur Adressatenfrage dargestellt, die sich auf die Textform H I bezieht.

Böhmisch nimmt für den Entstehungsprozess des Buches, das Ben Sira selber schrieb, fünf unterschiedliche Adressatenkreise an. Der erste besteht in seinen Schülern, die er in seinem Lehrhaus unterrichtete. Die Texte, die sich auf diese Gruppe beziehen, sind an dem Höraufruf bzw. an der Anrede בני zu erkennen. An dieser Stelle geht es also noch gar nicht um die verschriftlichte Form des Buches, sondern um dessen Lehrinhalte. Diese bestanden formal aus dem „inspirierten mündlichen Lehrvortrag"[4], aber auch aus der schriftlichen Überlieferung Israels, wie Böhmisch im Anschluss an Wischmeyer aufgrund von Sir 44,4.5 feststellt. Die Schüler, die Ben Sira unterrichtete, – und damit seine erste Zielgruppe – stammten aus „wohlhabenden und kulturell heraus-

---

3   Böhmisch, Textformen; ders., Haec omnia liber vitae. Eine graphische Aufstellung zu Entstehung und gegenseitigen Abhängigkeiten der von ihm besprochenen Textversionen bietet er in ders., Textformen, 88. Seitenangaben zu Böhmisch, Textformen, befinden sich im folgenden Abschnitt in Klammern im Text.
4   Böhmisch, Textformen, 94, der hier Wischmeyer, Kultur, 186, zitiert.

ragenden Familien" (93). Diese wollte er auf ihre Rolle in der Gesellschaft adäquat vorbereiten (93).

Mit der Veröffentlichung seines Buches, die er in Sir 39,32 selber andeutet, spricht Ben Sira dann eine weitere Zielgruppe an. Seine Absicht gibt er in Sir 33,16-18 erkennen: Weisheitserkenntnis zu bieten allen, die sie suchen. Ben Sira stellt also seine eigene Weisheitserkenntnis in den Dienst aller und wendet sich damit einer breiten Öffentlichkeit zu.[5]

Aus Sir 33,19 schließt Böhmisch auf einen dritten Adressatenkreis: die Anführer des Volkes (95). Als vierte Zielgruppe des Buches macht er dann die Aaroniden aus. Sie sollen sich durch die starke Betonung Aarons, Pinchas' und des Hohenpriesters Simon im Lob der Väter (Sir 44-50) angesprochen fühlen (96). Schließlich weitet Sir 24,30-33 als fünftes den Adressatenkreis bildlich weit über Israel in die Ferne hinaus (99). Aufgrund der Annahme, dass das Kapitel 24 überlegt in das Zentrum des Buches gestellt worden ist, erkennt Böhmisch hier auch die „fortentwickelteste Phase des Selbstverständnisses Ben Siras und ebenso seiner Adressatengruppe, die er in Raum und Zeit entgrenzt" (101).

Das Verdienst der Ausarbeitung von Böhmisch liegt vor allem darin, für den römisch-katholischen Bereich auf die kanontheologische Frage der Textüberlieferung aufmerksam gemacht zu haben. Für die hier vorliegende Fragestellung nach der Zielgruppe Ben Siras selber hat er insofern einen wichtigen Beitrag geleistet, als er auf die Differenzierung zwischen der Hörergruppe im Lehrhaus und die weiter zu fassende Lesergruppe des Buches aufmerksam gemacht hat. Hier handelt es sich sicherlich auch um eine zeitliche Abfolge in dem Sinne, dass anzunehmen ist, dass er zuerst mündlich lehrte und dann erst später sein Buch abfasste (ab dem Zeitpunkt kann dann mit einer parallelen Tätigkeit von mündlicher und schriftlicher Lehre gerechnet werden, auch wenn dies nicht nachweisbar ist). Ob diese zeitliche Abfolge auch für die weitere Ausgestaltung des Buches gilt, mit der Ben Sira neben einer allgemeinen Leserschaft zusätzlich noch speziell die führenden Persönlichkeiten des Volkes, die Aaroniden und dann schließlich auch über Israel hinaus die Völker der Welt ansprechen möchte, wie Böhmisch es in seiner Darstellung suggeriert, ist jedoch sehr fraglich.[6] Hier

---

5   Böhmisch, Textformen, 94. Böhmisch übersieht, dass es sich bei dieser Zielgruppe natürlich nur um diejenigen handeln kann, die lesen und schreiben sowie sich außerdem auch noch den Kauf eines Buches leisten können, also ebenfalls um Angehörige der Oberschicht.

6   Vgl. vor allem Böhmisch, Textformen, 93: „Ben Sira hat seinen Adressatenkreis (seine Zielgruppe) Schritt für Schritt ausgeweitet: Standen ihm *anfänglich* die Schüler

handelt es sich wohl eher um verschiedene Gruppen der Öffentlichkeit, die Ben Sira mit der Herausgabe seines Werkes ansprechen wollte, sodass insgesamt nur zwei Adressatenkreise zu unterscheiden sind: die Schüler im Lehrhaus und eine soziologisch schwer fassbare Leserschaft nach der Herausgabe des Buches.

Die von Böhmisch aufgezeigte Differenzierung zwischen den Schülern Ben Siras im Studienprozess des Lehrhauses und den Adressaten seines Buches ist insbesondere bei der Frage nach der Zielgruppe beziehungsweise den Zielgruppen Ben Siras zu beachten. In Bezug auf die konkreten Lehrinhalte können nur die einzelnen Passagen des Buches daraufhin befragt werden, ob sich hier jeweils thematische Schwerpunkte herauskristallisieren, die spezifisch auf die eine oder andere Gruppe hinweisen könnten. Denn auch wenn grundsätzlich kaum anzunehmen ist, dass Ben Sira seine Schüler im Lehrhaus etwas anderes gelehrt haben sollte, als er in seinem Buch schreibt, sind Ergänzungen, die bei der Erarbeitung des Buches entstanden sein können, nicht auszuschließen.

Im Blick auf die in dieser Arbeit untersuchte bildungstheoretische Fragestellung sind hier jedoch kaum Verschiebungen zu erwarten, bewegt sich dieser Aspekt doch auf einer Metaebene, die im Wesentlichen beiden Bereichen gemeinsam ist, auch wenn im Blick auf die soziologische Einordnung der Schüler und der Leser mit Unterschieden zu rechnen ist.

Wer sind also die Menschen Ben Siras, die er auf ihr Leben vorbereiten möchte? Dieser Frage soll nun unter vier Aspekten nachgegangen werden: ihre familiäre Situation, ihre finanziellen Verhältnisse und ihre Zukunftsaussichten, wie sie sich in ihrer möglichen beruflichen und gesellschaftlichen Stellung zeigen. Wie oben bereits angedeutet, ist dabei eventuell zwischen den Schülern im Lehrhaus und der Leserschaft zu differenzieren.

(בני) und Weisheitssuchenden vor Augen, so kamen *später* auch die Mächtigen des Volkes und ganz Israel in den Blick; im Laus Patrum sind primär die Aaroniden angesprochen (בני אהרון) und im zentralen Weisheitskapitel Sir 24 sieht er die Ausstrahlung seiner Lehre bis in die Ferne und zu den fernsten Generationen." (Böhmisch, Textformen, 93; kursiv FUe). Die Einleitung und die kursivierten Bestimmungen „anfänglich" und „später" geben dem ganzen Satz den Anstrich einer Beschreibung einer Abfolge. Diesem Duktus unterliegt dann auch der folgende Text von Böhmisch. Leider bestimmt der Verfasser nicht, ob es sich dabei um eine zeitliche Abfolge in der Lehrtätigkeit Ben Siras, aus der dann das Buch in einem Schreibakt erwachsen ist, oder ob es sich um eine sukzessive Ausweitung im Zuge einer fortschreitenden Entstehung des Buches handelt.

5.2.2 Die familiäre Situation

Nur wenig gibt Ben Sira über die familiäre Situation seiner Schüler zu erkennen. Doch auffällig früh in seinem Werk kommt er auf die Ehrung der Eltern zu sprechen: Bereits im dritten Kapitel, gleich nach der programmatischen Eröffnung, in der er die Zuteilung der Weisheit und die Gottesfurcht als angemessenes Verhalten des Menschen thematisiert, und dem geradezu seelsorgerlichen Abschnitt in Kapitel 2, in dem Ben Sira um die Ausdauer seiner Schüler wirbt, ist die Ehrung der Eltern in Sir 3,1-16 die erste weisheitlich-inhaltliche Ausführung, die er vornimmt.

6 ... מכבד אמו
8 בני במאמר ובמעשה כבד אביך
עבור ישיגוך כל ברכות
9 ברכת אב תיסד שרש
וקללת אם תנתש נטע
10 אל תתכבד בקלון אביך
כי לא כבוד הוא לך
11 כבוד איש כבוד אביו
ומרבה חטא מקלל אמו
12 בני תתחזק בכבוד אביך
ואל תעזבהו כל ימי חייך
13 וגם אם יחסר מדעו עזוב לו
ואל תכלים אותו כל ימי חייו
14 צדקת אב לא תמחה
ותמור חטאת היא תנתע {תנטע}
15 ביום צרה תזכר לך
כחם על כפור להשבית עוניך
16 כי מזיד בוזה אביו
ומכעיס בוראו מקלל אמו
(Ms A)

14 צדקת אב אל תשכח
ותחת ענותו תתנצ...
15 ביום יזכר לך
וכחורב על קרח נמס חטאתיך
16 כמגדף העוזב אביו
וזועם אל יסחוב אמו
(Ms C)

1 ἐμοῦ τοῦ πατρὸς ἀκούσατε τέκνα[7]
καὶ οὕτως ποιήσατε ἵνα σωθῆτε
2 ὁ γὰρ κύριος ἐδόξασεν πατέρα ἐπὶ τέκνοις
καὶ κρίσιν μητρὸς ἐστερέωσεν ἐφ' υἱοῖς
3 ὁ τιμῶν πατέρα ἐξιλάσκεται ἁμαρτίας

---

[7] Die griechische Textdarstellung folgt der Wiedergabe bei Rahlfs, zu der er für die von ihm bearbeiteten griechischen Zeugen auch keine Alternative Lesart bietet. Ziegler stützt sich bei seiner Darstellung (ἐλεγμὸν πατρὸς ἀκούσατε τέκνα) auf die Latina und führt im textkritischen Apparat weitere Varianten an. Er weicht damit allerdings von den griechischen Hauptzeugen ab.

5.2 Die Zielgruppe Ben Siras 165

4 καὶ ὡς ὁ ἀποθησαυρίζων ὁ δοξάζων μητέρα αὐτοῦ
5 ὁ τιμῶν πατέρα εὐφρανθήσεται ὑπὸ τέκνων
καὶ ἐν ἡμέρᾳ προσευχῆς αὐτοῦ εἰσακουσθήσεται
6 ὁ δοξάζων πατέρα μακροημερεύσει
καὶ ὁ εἰσακούων κυρίου ἀναπαύσει μητέρα αὐτοῦ
7 [8]καὶ ὡς δεσπόταις δουλεύσει ἐν τοῖς γεννήσασιν αὐτόν
8 ἐν ἔργῳ καὶ λόγῳ τίμα τὸν πατέρα σου
ἵνα ἐπέλθῃ σοι εὐλογία παρ' αὐτοῦ
9 εὐλογία γὰρ πατρὸς στηρίζει οἴκους τέκνων
κατάρα δὲ μητρὸς ἐκριζοῖ θεμέλια
10 μὴ δοξάζου ἐν ἀτιμίᾳ πατρός σου
οὐ γάρ ἐστίν σοι δόξα πατρὸς ἀτιμία
11 ἡ γὰρ δόξα ἀνθρώπου ἐκ τιμῆς πατρὸς αὐτοῦ
καὶ ὄνειδος τέκνοις μήτηρ ἐν ἀδοξίᾳ
12 τέκνον ἀντιλαβοῦ ἐν γήρᾳ πατρός σου
καὶ μὴ λυπήσῃς αὐτὸν ἐν τῇ ζωῇ αὐτοῦ
13 καὶ ἐὰν ἀπολείπῃ σύνεσιν συγγνώμην ἔχε
καὶ μὴ ἀτιμάσῃς αὐτὸν ἐν πάσῃ ἰσχύι σου
14 ἐλεημοσύνη γὰρ πατρὸς οὐκ ἐπιλησθήσεται
καὶ ἀντὶ ἁμαρτιῶν προσανοικοδομηθήσεταί σοι
15 ἐν ἡμέρᾳ θλίψεώς σου ἀναμνησθήσεταί σου
ὡς εὐδία ἐπὶ παγετῷ οὕτως ἀναλυθήσονταί σου αἱ ἁμαρτίαι
16 ὡς βλάσφημος ὁ ἐγκαταλιπὼν πατέρα
καὶ κεκατηραμένος ὑπὸ κυρίου ὁ παροργίζων μητέρα αὐτοῦ

1 Kinder, die Zurechtweisung des Vaters hört und tut,[9]
damit ihr lebt,[10]
und so handelt, damit ihr gerettet werdet.

---

8   In der origeneischen und der lukianischen Rezension ist noch ein V 7a bezeugt:
    ὁ φοβούμενος κύριον τιμήσει πατέρα
9   Die Übersetzung folgt abweichend von den griechischen Hauptzeugen und damit
    auch von der Textdarstellung oben derjenigen von Ziegler. Dies ist nicht in der Latina begründet, sondern in der H nahestehenden syrischen Übersetzung. Diese bietet
    ܥܬ wobei ܥܬ auch ‚Regel', ‚Anweisung' bedeuten kann (Payne Smith, Syriac Dictionary, 90); diese Bedeutungsebene beinhalten einige der von Ziegler angeführten abweichenden griechische Textzeugen. Damit kann trotz der griechischen Textbezeugung, die für die Wiedergabe von Rahlfs spricht, dennoch der von Ziegler vorausgesetzten Lesart der Vorzug gegeben werden.
10 Die Übersetzung stützt sich auf S. Im ersten Stichos des Verses weichen S und G nur übersetzungsbedingt voneinander ab. Im zweiten Teil sind beide offenbar christlich übermalt worden. S denkt an ein ewiges Leben (ܠܚܝܐ ܕܠܥܠܡ), G an eine Rettung und gibt damit eine starke Anlehnung an christliche Erlösungsaussagen zu erkennen (vgl. Jo 5,34). Der letzte Teil dieses Stichos ist damit zu streichen.

2 Denn JHWH[11] ehrt einen Vater über Kinder
und das Recht der Mutter macht er stark über Söhnen.
3 Wer den Vater ehrt, sühnt Sünden,
4 und wie einer, der Schätze aufbewahrt, [ist] der, der seine Mutter ehrt.
5 Wer den Vater ehrt, wird jubeln über [seine] Kinder,
und am Tag seines Gebets wird er erhört werden.[12]
6 Wer den Vater ehrt, wird lange Tage verleben,[13]
und wer auf den Herrn hört, ehrt seine Mutter.
8[14] Mein Sohn, in Wort und Tat ehre deinen Vater,
damit dich alle Segen[15] erreichen.
9 Der Segen des Vaters gründet eine Wurzel,
und der Fluch der Mutter reißt Gepflanztes aus.[16]
10 Ehre dich nicht durch Schmähung deines Vaters,
denn es ist keine Ehre für dich.
11 Ehre eines Mannes ist Ehre seines Vaters,
und wer Sünde vermehrt, flucht seine Mutter.[17]
12 Mein Sohn, stärke dich an der Ehre deines Vaters,
und verlasse ihn nicht alle Tage deines Lebens.[18]

---

11 Da S ܡܪܐ und G κύριος bezeugt, ist an dieser Stelle der Gottesname zu erschließen.
12 S ergänzt: „und erhält Antwort".
13 S ergänzt: „Er hat Vergeltung eingesetzt".
14 V 7 ist nur in G bezeugt:
    Wer den Herrn fürchtet, ehrt den Vater.
    Und wie Herrschern wird er dienen denen, die ihn hervorbrachten.
15 S und G verstehen den Segen als den Segen des Vaters und übersetzen entsprechend „sein Segen" (S) bzw. „der Segen von ihm kommend" (G).
16 In V 9 weist die griechische Übersetzung bemerkenswerte Abweichungen auf. Statt שרש liest sie οἴκους, und statt נטע liest sie θεμέλια. Ohne dass sie den Sinngehalt der Aussage ändert, überträgt sie ihn von der agrarisch geprägten Gesellschaft Judas in die städtisch geprägte Kultur Ägyptens, wie sie sich dem Enkel aller Wahrscheinlichkeit nach in Alexandria dargestellt hat. Dass hier der hebräische Text vorzuziehen ist, verrät noch die griechische Vokabel ἐκριζοῖ, die den Begriff der „Wurzel" noch in sich trägt. So auch Sauer, Jesus Sirach/Ben Sira, 33. Dasselbe Phänomen weist auch S auf. Da kaum davon auszugehen ist, dass H nachträglich zu שרש geändert wurde, ist entweder anzunehmen, dass die Änderung, die S und G aufweisen bereits in einem verloren gegangenen Textstrang von H geschehen ist und S und G davon abhängig sind oder dass sich die beiden Übersetzungen beeinflusst haben. Aufgrund der geschichtlichen Wirksamkeit der Septuaginta bedeutete dies eine Abhängigkeit der syrischen Textüberlieferung von der griechischen.
17 So mit H und in Anlehnung an S (ܠܐܡܗ ܡ̇ܛܘܐ̇ ܚܘ̈ܒܐ – große Schulden entstehen durch den, der seiner Mutter flucht). G dagegen: „Eine Schande für Kinder ist eine Mutter in Unehre."
18 H und S einerseits und G andererseits bieten hier völlig unterschiedliche Überlieferungen. G scheint an dieser Stelle vom Ende von V 13 her beeinflusst zu sein; sie bezeugt statt חייך (כל ימי חייך mit Suffix der 2. Person Singular) mit ihrer Übersetzung ἐν

13 Und auch wenn sein Wissen abnimmt, lass ihn,
und beschäme ihn nicht alle Tage seines Lebens.
14 Die Wohltätigkeit des Vaters wird nicht weggewischt werden[19],
und anstatt[20] Sünden wird sie dir hinzu gepflanzt werden[21].
15 Am Tag der Bedrängnis[22] wird er sich an dich erinnern,
wie Wärme auf Raureif werden wegschmelzen deine Sünden.[23]
16 Wie ein Lästerer ist der, der den Vater verlässt[24],
und einer, der seinen Schöpfer erzürnt, ist einer, der seine Mutter verflucht.[25]
(Sir 3,1-16)

Die erste Erziehung begegnet den Kindern im Elternhaus. Zweifellos hat es daher seinen guten Grund, dass Ben Sira diese Betrachtung über die Ehrung der Eltern an den Anfang seiner inhaltlichen Ausführungen stellt. Ein weiterer Grund wird aber auch die weisheitliche Tradition sein, die diesen Einstieg nahe legt: Schon das Buch der Sprüche, das Ben Sira wahrscheinlich in seiner Endgestalt vorlag, beginnt nach ei-

---

τῇ ζωῇ αὐτοῦ denselben Text wie das Ende von V 13 auch im Hebräischen (כל ימי חייו). Wahrscheinlich hat ein Lesefehler, der in V 12 zur Übersetzung ἐν τῇ ζωῇ αὐτοῦ geführt hat, dann auch die Übersetzung des ersten Versteils hin zu ἀντιλαβοῦ ἐν γήρᾳ πατρός σου bestimmt.

19 So Ms A. Ms C bezeugt stattdessen: „wird nicht vergessen werden"; LXX folgt Ms C. Als Lectio difficilior ist לא תמחה (Ms A) der Vorzug zu geben.
20 Das von Ms A bezeugte ותמור ist in seiner Bedeutung unsicher und kann nur erschlossen werden. Es ist aber mit einem ähnlichen Bedeutungsgehalt zu rechnen wie in der Überlieferung von Ms C und LXX.
21 Bei der ursprünglichen Bezeugung von Ms A (תנוס) handelt es sich zweifellos um eine Buchstabenverwechselung, die durch einen späteren Korrektor richtig zu תנתע berichtigt wurde.
22 So mit Ms A und LXX. Ms C lässt die Worte „der Bedrängnis" weg. Dabei handelt es sich wahrscheinlich um eine unabsichtliche Auslassung.
23 Die Übersetzung folgt Ms C und LXX. Ms A bietet einen inhaltlich ähnlichen Text. So haben zwar קרח (Eis, Frost) und כפור (Rauhreif) je unterschiedliche Bedeutungen, weisen aber im Duktus der vorliegenden Sentenz eine ähnliche Konnotation auf. Vgl. auch Hi 38,29, wo beide Begriffe parallel stehen. V 15bβ bietet vor allem syntaktisch einen Unterschied. Während Ms A eine Infinitivkonstruktion hat, bietet Ms C ein Verbum. Dieses scheint LXX durch die Konstruktion mit οὕτως aufzunehmen.
24 So mit Ms C und LXX. Ms A bietet stattdessen: „Wie einer, der Böses tut, ist der, der seinen Vater verachtet." Wobei כי מזיד als Schreibfehler für כמזיד zu verstehen ist. Beide Versionen weichen in der Wortwahl, jedoch nicht in der Botschaft ab.
25 So mit Ms A und in Anlehnung an S. Ms C bietet stattdessen: „und einer, der Gott verwünscht, zerrt seine Mutter umher." LXX: „und verflucht vom Herrn ist der, der seine Mutter erzürnt." Alle Versionen verwenden die gleichen oder ähnlichen Begrifflichkeiten.

nem programmatischen Vorwort in Spr 1,1-7 mit der Aufforderung zur Ehrung der Eltern:[26]

> Höre, mein Sohn, die Lehre deines Vaters,
> und lass nicht liegen die Weisung deiner Mutter.
> *(Spr 1,8)*

Im Abschnitt Sir 3,1-16 verdeutlicht Ben Sira, dass bereits die Erziehung durch die Eltern zum Wohl des Kindes geschieht (V 1), auch wenn es hier thematisch um die Ehrung der Eltern geht.[27] Die starke Anlehnung von Sir 3,1-16 an das Dekaloggebot der Elternehrung (Ex 20,12; Dtn 5,16) liegt aufgrund der Thematik nahe. Di Lella stellt in diesem Zusammenhang heraus: „the commandment to honor one's parents is the first one to which a promise is attached"[28]. Daran scheint sich auch Ben Sira zu orientieren, wenn er der Elternehrung Sünden sühnende, Kinder fördernde[29] und eine Leben verlängernde Wirkung zuschreibt (3,3-6),[30] alles Aussagen, die die Wertschätzung der Familie als erster, auch religiöser, „Bildungsstätte" zeigen, denn „das Leben der Frömmigkeit ist mit dem Funktionieren der Familie [eng] verbunden", wie Sauer zu Recht herausstellt.[31] Besonders plastisch vor Augen tritt dies in V 9: Der Segen des Vaters setzt eine Wurzel ein, von der sich die Kinder „nähren" können.[32]

---

26 Ähnlich auch der Anfang der Spruchsammlung Spr 10,1-22,16. Diese Sammlung setzt zwar nicht mit einer Mahnung zur Elternehrung ein, beginnt aber auffällig genug mit der Elternthematik.
27 Vgl. Sauer, Jesus Sirach/Ben Sira, 63.
28 Skehan/Di Lella, Ben Sira, 155.
29 Bei dem in Sir 3,5 angesprochenen Jubel über die Kinder geht es wohl um zweierlei: einmal um Kinderreichtum ganz allgemein, wie es beispielsweise auch in Ps 127,3-5 angesprochen ist, dann aber sicher auch um den Erfahrungswert, dass „die kommende Generation am Verhalten ihrer Eltern abliest, wie mit Vater und Mutter umzugehen ist" (Schreiner, Jesus Sirach, 27).
30 Durch die weisheitliche und damit allgemein-menschliche Auslegung des Elterngebots zeigt Ben Sira auch, dass die auf das Land Israel bezogene Verheißung in Ex 20,12 und Dtn 5,16 eine allgemeine Bedeutung hat, also nicht allein auf das Land beschränkt ist, sondern für den Verheißungscharakter an sich steht, der im Tun der Gebote liegt. Ein Hinweis auf das Sammeln guter Werke im Blick auf das Endgericht, wie ihn Trenchard, Women, 43 („accumulation of meritorious credit"), unter Hinweis auf 1Tim 6,19 sehen möchte, ist hier jedoch kaum zu erkennen.
31 Sauer, Jesus Sirach/Ben Sira, 63. Ähnlich auch a.a.O., 64.
32 Dieses Bild, das Ben Sira hier verwendet, lebt natürlich auch von seinen biblischen Wurzeln, konkret von den zahlreichen Geschichten, in denen Väter ihre Kinder segnen: Gen 9,27; 27,27-38; 28,1.8; 48,15f, insbesondere aber Gen 49 und Dtn 33. Zum

5.2 Die Zielgruppe Ben Siras

Für die Frage nach der familiären Situation und damit verbunden auch nach dem Alter der Zielgruppe Ben Siras lassen sich aus der Reflexion in Sir 3,1-16 mehrere, allerdings auch sehr disparate Hinweise entnehmen.

Zunächst geht Ben Sira davon aus, dass seine Schüler[33] die grundlegende Erziehung im Haus ihrer Eltern bereits hinter sich gebracht haben,[34] und nicht mehr allzu jung sind, denn er setzt ein Reflexionsvermögen voraus, das erst im fortgeschrittenen Jugendalter zu erwarten ist.[35] So setzt beispielsweise V 3, der von der Sünden sühnenden Wirkung der Ehrung des Vaters spricht, voraus, dass die Schüler einen Begriff von Sünde haben und dass sie in der Lage sind, diese Sünden, die zunächst durchaus unabhängig von der Familie zu sehen sind, zugleich doch in einer Verbindung von Wohlverhalten in der Familie und Tilgung zu denken. Ben Sira leistet also keine Elementarerziehung mehr. Einen Hinweis auf junges Erwachsenenalter bietet demgegenüber V 5: Wenn die Verheißung der Freude über (eigene) Kinder nicht als ferne Zukunftsansage verstanden werden soll, dann legt sie nahe, dass ihre Adressaten kurz vor der Verheiratung stehen oder bereits verheiratet sind.[36]

Unterschied zwischen hebräischem Text und griechischer Übersetzung siehe Fußnote 16.

33 An dieser Stelle könnte man mit Verweis auf den Plural τέκνα mit Sauer, Jesus Sirach/Ben Sira, 62, „Mädchen und Buben" als Adressaten annehmen und damit inklusive Sprache anwenden. Doch ist das für die Unterweisung Ben Siras kaum der Fall, wie sich noch zeigen wird, auch wenn Sauer, ebd., Recht zu geben ist, dass in der Familie beide Geschlechter erzogen wurden – und zwar zumindest die Söhne von Vater und Mutter.

34 Ob sich Ben Sira an dieser Stelle gegen den Einfluss hellenistischer Erziehungsideale wendet, wie es Schreiner, Jesus Sirach I, 26, behauptet, ist fraglich, denn gerade über die vornehmen Familien, die es sich leisten konnten, ihre Kinder in Schulen zu schicken, und das heißt potentiell auch über die Eltern der Schüler Ben Siras, kam der hellenistische Einfluss in die judäische Gesellschaft und nach Jerusalem.

35 Vgl. dazu die Darstellungen von Schweitzer, Lebensgeschichte, 71-105, die, auch wenn sie die Neuzeit betreffen, dennoch grundlegende Einsichten in die Entwicklung des Menschen beinhalten, die zweifellos auch in die Antike übertragen werden können.

36 Aus Sir 16,1-3 könnte zudem geschlossen werden, dass Ben Siras Schüler noch kinderlos seien:

1 שוא ... 1	1 אל תתאוה תואר נערי שוא
ואל תשמח על בני עולה	ואל תשמח בבני עולה
2 ... תשמח בם	2 וגם אם פרו אל תבעבם
כי אין אתם יראת ייי	אם אין אתם יראת ייי
3 ... [ב]חייהם	אל תאמין בחייהם
ואל תבטח בחיליהם	אל תבטח בעקבותם
כי לא תהיה להם אחרית טובה	כי לא תהיה להם אחרית טובה

Auf Schüler im Jugend- oder jungen Erwachsenenalter weist auch der Eingangsvers zu der in Sir 6 vorliegenden, den Weisheitserwerb reflektierenden Passage hin:

> Mein Sohn, von deiner Jugend an wähle Bildung,
> und bis zum Alter wirst du Weisheit finden.
> (Sir 6,18)[37]

Aus diesem Aufruf, aber auch aus dem Hauptthema des obigen Abschnitts Sir 3,1-16, der Ehrung der Eltern, lässt sich weiter entnehmen, dass Ben Sira insgesamt Mündige voraussetzt, die eine gewisse Entscheidungsfreiheit und Unabhängigkeit von ihren Eltern haben oder ihr entgegengehen. Nur so lässt sich die nachhaltige Mahnung in Sir 3 erklären. So geht V 8 von einer gewissen Handlungsfreiheit der Kinder aus, sodass sie als erwachsen angenommen werden können.

Möglicherweise weisen Sir 3,9 und Sir 3,13 auf ein nicht mehr ganz junges Alter der Schüler Ben Siras hin, wenn es hier um bereits ältere Eltern geht. So bezeichnet der in V 9 (möglicherweise auch in V 8) erwähnte Segen wahrscheinlich den Abschiedssegen des sterbenden Vaters an seine Kinder, wie er in Gen 49 und Dtn 33 für Ben Sira sein biblisches Vorbild hat. Zudem scheint V 13 die Problematik der Alters-

---

... אחד עושה רצון אל מאלף	כי טוב אחד עושה רצון מאלף
[טו]ב מות ערירי	מות ערירי
	מאחרית זדון
(Ms B)	(Ms A)

1 Verlange nicht nach der Gestalt von Kindern des Trugs,
und freue dich nicht über Kinder der Verkehrtheit.
2 Und auch wenn sie viele sind, freue dich nicht,
wenn sie keine Furcht JHWHs haben.
3 Vertraue nicht auf ihr Leben
Ms A: und fühle dich nicht sicher auf ihren Spuren
Ms B: und fühle dich nicht sicher in ihrer Kraft.   [Stichos in S nicht bezeugt]
Denn sie werden kein gutes Ende nehmen.
[In G statt dieses und des vorhergehenden Stichos: Halte nicht fest an ihrer Menge]
Denn besser ist einer, der Wohlgefallen findet, als tausend,
        [אל in Ms B ist mit Ms A, S und G zu streichen.]
und besser ist, kinderlos zu sterben
als ein Ende in Bosheit.
(Sir 16,1-3)
    Doch dies ist unwahrscheinlich. Anzunehmen ist eher, dass Kinderlosigkeit des Gerechten ein Thema der späteren jüdischen Weisheit aus hellenistischer Zeit ist und einer Bearbeitung bedurfte (vgl. auch Sap 4,1).

37 Zur Textdarstellung und textkritischen Diskussion siehe Kapitel 5.3.1.

demenz anzusprechen, denn die Rede von einem abnehmenden Wissen wird mehr bezeichnen, als dass die ältere Generation gegen über der jüngeren langsamer ist. Vielmehr geht es hier um einen echten Wissensverlust. Ben Sira stellt sich damit einer Realität und geht über die pauschale Rede von der Weisheit des Alters hinaus. Doch kann daraus nicht mit Sicherheit auf das Alter der Schüler zurückgeschlossen werden, kann es sich doch auch um eine Lehre und um Hinweise für die Zukunft handeln.

Diese disparaten Hinweise lassen sich am schlüssigsten erklären, indem Ben Sira zum einen für seine Lehre auch auf Themen der weisheitlichen Tradition zurückgegriffen hat, auch wenn diese seine Schüler in ihrer Situation nicht unmittelbar betreffen, und zum anderen eine ebenfalls in ihrer Altersstruktur disparate Schüler- beziehungsweise Leserschaft angenommen wird. So liegt es nahe, dass der Schwerpunkt der Bildungsarbeit Ben Siras in seinem Lehrhaus in der Arbeit mit älteren Jugendlichen und jungen Erwachsenen lag, dass er aber durchaus auch ältere Hörer in späteren Lebensphasen hatte. Schließlich gilt, dass die Publikation des Buches eine alle Überlegungen zur Altersstruktur sprengende Ausweitung der Zielgruppe bedeutet, da diese nun nicht mehr fassbar ist.

5.2.3 Die finanziellen Verhältnisse

Über die finanziellen Verhältnisse seiner Schüler gibt Ben Sira mehr zu erkennen, denn häufig spricht er über den Umgang mit Geld beziehungsweise setzt bei seinen Schülern eine Lebenswelt voraus, die etwas über ihre finanziellen Verhältnisse erkennen lässt.[38]

1 אל תשען על חילך
ואל תאמר יש לאל ידי
אל תשען על כוחך
ללכת אחר תאות נפשך
[...]
8 אל תבטח על נכסי שקר
כי לא יועילו ביום עברה

(Ms A)

---

38 Zu grundsätzlichen Überlegungen zu Fragen von Reichtum, Verwendung des Reichtums, Armut etc. siehe Asensio, Poverty and Wealth.

1 Stütze dich nicht auf dein Vermögen[39],
und sage nicht: Es liegt in meiner Hand.[40]
Stütze dich nicht auf deine Kraft,
um deinem Verlangen[41] nachzugehen.
[...]
8 Verlasse dich nicht auf unrechte Güter,
denn sie nützen nichts am Tag des Zorns.
(Sir 5,1.8)

Auch wenn diese Verse negativ formuliert sind, heißt das nicht, dass Ben Sira Reichtum grundsätzlich ablehnend gegenüber steht. Doch die Warnung zeigt, dass er Schüler hatte, die seines Erachtens in der Gefahr stehen können, sich ausschließlich auf ihren Reichtum zu verlassen und den ihnen durch den Hellenismus entstehenden Möglichkeiten blind nachzugehen.[42] Dies setzt immerhin einen Wohlstand voraus, der so groß ist, dass er einem selber und auch der eigenen Familie das Gefühl von Unabhängigkeit und Macht vermittelt.[43]

Zu diesem Reichtum gehören offenbar auch Sklaven.

26 העב[ד] עבדך שלא יבקש נ[ח]ת
ואם נשא ראשו יבג[ד] ...
28 העב[ד] עבדך שלא מרוד
כי הרבה רעה עו[ן...]
(Ms E)

26 ἔργασαι ἐν παιδί καὶ εὑρήσεις ἀνάπαυσιν
ἄνες χεῖρας αὐτῷ καὶ ζητήσει ἐλευθερίαν
28 ἔμβαλε αὐτὸν εἰς ἐργασίαν ἵνα μὴ ἀργῇ
πολλὴν γὰρ κακίαν ἐδίδαξεν ἡ ἀργία

---

39 Der Begriff חיל ist von seiner Bedeutung her weiter, bezeichnet aber im engeren Kontext des Buches Ben Sira die finanzielle Kraft und wird deshalb mit „Vermögen" wiedergegeben.
40 Zur Übersetzung siehe Skehan/Di Lella, Ben Sira, 181, wo verschiedene Übersetzungsmöglichkeiten diskutiert werden. S hat wahrscheinlich יש לי די gelesen und bietet: „Ich habe genug".
41 S bietet לב statt נפש, doch das hat an dieser Stelle denselben Bedeutungsgehalt.
42 Sauer, Jesus Sirach/Ben Sira, 76.
43 Ben Sira bewegt sich mit dieser Mahnung im Rahmen der klassischen Weisheit in Israel: vgl. Spr 10,2; 11,4; Koh 6,2, aber auch der prophetischen Tradition: Ez 7,19.

26 Lass deinen Sklaven arbeiten, damit er nicht Ruhe verlangt,[44]
denn wenn er sein Haupt erhebt, wird er Freiheit suchen.[45]
28 Lass deinen Sklaven arbeiten, damit er nicht widerspenstig wird,
denn sehr übel ist ein Sklave in Muße.
(Sir 33,26.28)[46]

20 אל תר[ע] עבד עובד אמת
וכן שכיר נותן נפשו
21 עבד מש[כי]ל אהוב כנפש
אל תמנע ממנו חופש

(Ms C)

20 Behandle einen treu arbeitenden Sklaven nicht schlecht,
und ebenso auch einen Tagelöhner, der sein Leben [für dich] gibt.
21 Einen klugen Sklave liebe wie deine Seele;
verweigere ihm nicht die Freiheit.
(Sir 7,20-21)

Die Familien, aus denen Ben Siras Schüler kommen, sind Sklavenbesitzer. Das setzt wiederum einen gewissen Wohlstand voraus, denn zum einen müssen Sklaven erworben werden, was auf „flüssige" Geldmittel hinweist, zum anderen muss es einen Bedarf, das heißt Arbeit für Sklaven geben, denn Sklaven sind kein Statussymbol, sondern Arbeiter, die wahrscheinlich zur Erwirtschaftung des Lebensunterhalts benötigt werden. Ben Sira warnt ausdrücklich vor den Gefahren, die für den Besitzer von müßiggehenden Sklaven ausgehen können.[47] Dennoch tritt er auch für sie ein. Einem gut arbeitenden Sklaven steht auch gute Behandlung zu. Schließlich soll der Besitzer dem Sklaven die Freiheit nicht verweigern. Bei all dem steht wohl das biblische Sklavenrecht (Ex 21,2ff; Lev 25,39ff; Dtn 15,12ff) im Hintergrund. Allerdings macht Ben Sira keinen Unterschied zwischen jüdischen und nichtjüdischen Sklaven – möglicherweise spiegelt er damit in seiner Reflexion die histori-

---

44 So mit H. S bietet: „Gib ihm keine Ruhe".
45 Im ersten Teil dieses Stichos stimmen H und S überein, im zweiten Teil S und G. Daraus ist die Übersetzung rekonstruiert.
46 Die Verszählungen differieren an dieser Stelle. Beentjes zählt V28 hier als V 27 und lässt nachfolgend V 29 aus. V 26 in G ist in H jedoch nicht bezeugt.
47 Di Lella kommentiert den Rat in 33,26 lakonisch: „something that slave owners have known in every age and culture." (Skehan/Di Lella, Ben Sira, 405).

sche Realität eher wider, als dies das Konzept des Heiligkeitsgesetzes tut (Lev 25,47-54).[48]

Wie die Sklaven, die zur Erwirtschaftung des eigenen Wohlstandes eingesetzt werden, weisen auch verschiedene Aspekte des Umgangs mit Geld auf Reichtum bei den Schülern Ben Siras hin.
Dazu gehört die Möglichkeit, wohltätig zu sein:

ולא תבזה שאולות דל
(Ms A)

Verachte nicht die Bitten eines Armen.
(Sir 4,4a)

וגם לאב[יון הוש]יט יד
למען תשלם ב[ר]כתך
(Ms A)

Und auch zu einem Armen strecke die Hand aus,
damit dein Segen erfüllt werde.
(Sir 7,32)

Zweifellos gilt die Aufforderung, Armen zu helfen, jedem, doch es bedarf auch eines gewissen Kapitals, um dem so umfassend nachzukommen, wie Ben Sira es mehrfach in seinem Werk fordert (so Sir 4,1-10; 7,32-36 und indirekt auch 18,15-17).
Insbesondere für andere zu bürgen und Geld zu verleihen, ist eine Form von Wohltätigkeit, die Kapital voraussetzt:

12 אל תלוה איש חזק ממך
ואם הלוית כמאבד
13 אל תערב יתר ממך

---

[48] Vgl. Sauer, Jesus Sirach/Ben Sira, 237f, der den Tenor des gesamten Textes sehr einfühlsam wiedergibt.
   Ob Ben Sira Sklaven jedoch letztlich als Brüder sieht, wie Sauer, a.a.O., 238, für Sir 33,31 nahe legt, ist fraglich. Schließlich formuliert er אחד עבדך כאח חשבנהו und macht durch das כ bei aller Nähe doch einen Unterschied zwischen Bruder und Sklave. Zwar könnte hier die dtn Vorstellung von Israel als einem Volk von Brüdern im Hintergrund stehen (vgl. Dtn 13,7; 15,1-11.12; 17,15; 19,18f; 22,1-3; 23,20f u.ö.), doch wäre auch hier die o.g. Einschränkung, dass Ben Sira gerade nicht zwischen Sklaven aus dem eigenen Volk und aus fremden Völkern unterscheidet, zu bedenken, denn es ist kaum anzunehmen, dass Ben Sira nur jüdische Sklaven im Blick hatte.

5.2 Die Zielgruppe Ben Siras

ואם ערבת כמשלם

(Ms A)

12 Verleihe nicht an einen Menschen, der stärker ist als du;
aber wenn du verliehen hast, fühle dich wie ein Verlierer.
13 Bürge nicht mehr als du kannst,[49]
aber wenn du gebürgt hast, fühle dich wie einer der bezahlt.

(Sir 8,12-13)

ἀνὴρ ἀγαθὸς ἐγγυήσεται τὸν πλησίον
καὶ ὁ ἀπολωλεκὼς αἰσχύνην ἐγκαταλείψει αὐτόν

Ein guter Mann bürgt für den Nächsten,
aber der, der die Scham verloren hat, lässt ihn zurück.

(Sir 29,14)

ἀντιλαβοῦ τοῦ πλησίον κατὰ δύναμίν σου
καὶ πρόσεχε σεαυτῷ μὴ ἐμπέσῃς

Nimm dich des Nächsten an nach deiner Kraft,[50]
aber gib Acht auf dich selbst, damit du nicht fällst.

(Sir 29,20)

Ben Sira behandelt das Thema Geldverleihen und Bürgschaftgeben bemerkenswerterweise nicht unter der Fragestellung des Verdienstes durch Zinsen, sondern im Kontext der Wohltätigkeit. Dabei verliert er sich, wie Sir 8,12f aber auch 29,20 zeigen, im Anschluss an die weisheitliche Tradition nicht in Sozialromantik, sondern weist ausdrücklich auf die ruinösen Gefahren hin, die zu großes finanzielles Engagement für den Bürgen selber haben kann.[51]

Neben dem sozialen Engagement durch Almosen oder Bürgschaften, also dem verpflichtenden Charakter des eigenen Wohlstandes, weiß Ben Sira aber auch um seine angenehme Seite, die es einem ermöglicht, es auch sich selber gut gehen zu lassen. So setzen die Passa-

---

49 S bezeugt: „Bürge nicht einem, der stärker ist als du", doch das ist eine Wiederholung aus V 12a.
50 S bezeugt: „Bürge für deinen Nächsten ..." Doch das ist eine Wiederholung aus V 14 (s.o.).
51 Vgl. in der weisheitlichen Tradition Spr 6,1; 11,15; 17,18; 20,16; 22,26f; 27,13.

gen über das Verhalten bei Gelagen (Sir 31,12-32,13) auch den finanziellen Spielraum voraus, sie sich leisten zu können.[52] Nebenbei zeigen sie, dass sich Ben Sira nicht pauschal gegen hellenistische Einflüsse oder gar den Hellenismus an sich wendet, denn Gelage beziehungsweise Gastmähler in der speziellen Form des Symposions sind erst durch die neue griechische Kultur nach Israel gelangt und haben dort offenbar schnell eine ähnliche Selbstverständlichkeit erhalten wie in ihrem Ursprungsland.[53]

Bei all dem Wohlstand, der über die Zielgruppe Ben Siras durch die Zeilen hindurchscheint, darf nicht verkannt werden, dass sie – jedenfalls nicht alle – dennoch offenbar nicht zu den Reichsten der Gesellschaft gehörten. In Sir 13,1-7 warnt Ben Sira ausdrücklich vor Reicheren

---

52 Sir 18,33 erscheint dabei als Warnung, mit der Ben Sira „den Teufel an die Wand malt". Aber hier ist nicht von der Veranstaltung von Gelagen und Symposien die Rede, sondern vom Zechen:
אל תהי זולל וסובא
ומאומ[ה] אין בכיס
Sei kein Leichtfertiger und Zecher,
während nichts in [deiner] Tasche ist.
(Sir 18,33)

53 Sauer, Jesus Sirach/Ben Sira, 223. Sauer weist wiederholt darauf hin, dass Ben Sira seine Lehren in 31,12-32,13 wahrscheinlich durch eigene Anschauung gewonnen hat (224; 226f). Zu grundsätzlichen Überlegungen zu diesen Passagen siehe Kieweler, Benehmen bei Tisch.

Der Ablauf eines griechischen Symposions war durch die Tradition streng geregelt. In einem ersten Teil fand das gemeinsame Essen statt. Man aß im Liegen auf Speisesofas (Klinen), die an den Wänden des Raumes entlang aufgestellt waren. Für den zweiten Teil wurde ein Leiter der Gesellschaft, der Symposiarch, gewählt. Er hatte darauf zu achten, dass die religiösen und gesellschaftlichen Gepflogenheiten eingehalten wurden. Dazu gehörten zu Beginn dieses Teils Trankopfer für die Götter. Danach war Zeit für das gesellige Gespräch, Musik und Spiel. Da der Symposiarch auch für den Mischkrug für den Wein zuständig war, konnte er zugleich den Alkoholkonsum der Teilnehmer kontrollieren und so auf die Eintracht untereinander achten.

Zum Symposion waren nur Männer zugelassen, die persönlich vom Gastgeber eingeladen wurden. Dem gemeinsamen Essen von demselben Stück Fleisch und vor allem dem gemeinsamen Trinken aus demselben Mischkrug Wein liegt die Idee der allgemeinen Gleichheit der Gäste zugrunde, die das Symposion trägt (Schmitt-Pantel, Gastmahl, 801f).

Inwieweit Ben Sira hier modifizierte Gepflogenheiten bei Gastmählern hatte, um den heidnischen Elementen auszuweichen, ist aus seinen Darlegungen nicht zu klären. Ebenso ist nicht zu erkennen, inwieweit die hellenistischen Symposien im östlichen Mittelmeerraum mit alten lokalen Traditionen, wie sie beispielsweise auch in der alttestamentlichen Literatur (Am 6,7b) und auch der Umwelt Israels belegt sind, verschmolzen sind.

5.2 Die Zielgruppe Ben Siras

und Mächtigeren, die seine Schüler zu nützlichen Ausbeutungsobjekten machen könnten.

> 2 Etwas gewichtigeres als du selbst – was trägst du es?
> Und bei einem Reicheren als du selbst – was bindest du dich [an ihn]?
> Was verbindet sich ein Topf mit einem Kessel,
> der ihn anstößt, und er wird zerbrochen?
> Oder was verbindet sich ein Reicher mit einem Geringen?
> [...]
> 5 Wenn etwas dein ist, wird er seine Worte mit dir gut sein lassen,
> aber er wird dich zerstören und keinen Schmerz haben.
> *(Sir 13,2.5)*[54]

Dass Ben Sira in dieser Passage mit seinen Schülern spricht, zeigen die direkten Anreden in VV 2.4.5.6.7. Es ist also unwahrscheinlich, dass er sich hier tatsächlich an Arme wendet, weder in wirtschaftlichem noch in frömmigkeitsgeschichtlichem Sinne, nach dem unter den „Armen" nach der „Armenfrömmigkeit" der Zeit die Bewahrer der Tradition gelten.[55] Vielmehr arbeitet Ben Sira mit zwei Extremen, um so den Zielpunkt seiner Aussage deutlich zu machen: Hüte dich vor Reicheren und Mächtigeren![56]

Schließlich bleibt die Frage, wie die Schüler Ben Siras an ihr Geld kommen. Unabhängig von der Frage, wie alt der Adressat an dieser Stelle ist, setzt die Passage Sir 33,20-22.24 offenbar ein Erbe voraus, bei dem der Sterbende Pater familias auch etwas zu verteilen hat.

> 20 בן ואשה אהב ורע
> אל תמשיל בחייך
> אל תתן שלך לאחר
> לשוב לחלות א...
> 21 עד עודך חי ונשמה בך

---

54 Textdarstellung und Textkritik siehe unten in diesem Kapitel unter 5.2.4.
55 So Sauer, Jesus Sirach/Ben Sira, 120; Schreiner, Jesus Sirach, 76, im Unterschied zu Di Lella, der hier in der Tat das soziale und wirtschaftliche Spannungsfeld von Arm und Reich sieht (Skehan/Di Lella, Ben Sira, 252).
56 An dieser Stelle hat von Rads Hinweis auf die spezielle Methodik des weisheitlichen Denkens, Arbeitens und Formulierens seinen guten Sinn: „Nicht die Schärfe des Begriffs wird hier angestrebt, sondern die Schärfe der Nachzeichnung der gemeinten Sache, und zwar möglichst in ihrer ganzen Breite. ... Die Verpflichtung zur Präzision der Aussage kannte auch das alte Israel; aber es hat diese Präzision nicht von einer Begriffsbildung gefordert, sondern von der Wiedergabe von Tatbeständen." (von Rad, Weisheit, 43)

אל תשלט בך כל ...
22 כי טוב לחלות בניך פניך
מהביטך על ידי ...
[...]
24 בעת מספר מצער ימיך
ביום המות הנח[ל] ...

(Ms E)

20 Sohn oder Frau, Bruder oder Bekannter,[57]
lass sie nicht herrschen in deinem Leben.
Gib das, was dir gehört, keinem anderen,
damit du nicht zurückkehren und gnädig stimmen musst.
21 Solange du lebst und Atem in dir ist,
lass keinen über dich herrschen.
22 Denn besser ist es, dass deine Söhne dich gnädig stimmen,
als dass du blickst auf die Hände deiner Söhne.[58]
[...]
24 In der Zeit des weniger Werdens deiner Tage,
am Tag des Todes vererbe dein Erbe.[59]
(Sir 33,20-22.24)

Vermutlich partizipieren die Schüler Ben Siras als Söhne am Reichtum ihrer Familie, der eines Tages beim Tod ihres Vaters an sie übergehen wird.[60]

Schließlich gilt auch für den Schulbetrieb Ben Siras grundsätzlich, was Gordis über die Weisheitsschulen sagt: „The existence of Wisdom academies presupposes the youth of the leisure class"[61]. Denn es setzt bereits einen gewissen Wohlstand und auch geistige Weitsicht voraus, dass die Kinder einer Familie nicht schon frühzeitig in den Erwerbsarbeitsprozess der Familie eingebunden werden bzw. eingebunden werden müssen.

Bei all dem bleibt Ben Sira aber zumindest theoretisch seinem theologisch-anthropologischen Grundansatz der Bildbarkeit eines jeden

---

57 So mit S und G. In H ist wahrscheinlich אהב aus אח geworden.
58 Ergänzt mit G.
59 Ergänzt aufgrund von S und G.
60 Bei diesen Versen handelt es sich indirekt um ein leidenschaftliches Plädoyer für das Festhalten an der alten biblischen Ordnung, dass der Patriarch in der Stunde seines Todes seine Kinder segnet, das Erbe verteilt und dann „alt und lebenssatt" stirbt (vgl. Isaak Gen 27; Jakob Gen 49; David 1Kön 1). Wodurch sich Ben Sira zu diesen Äußerungen veranlasst sieht, geht aus der Passage allerdings nicht hervor.
61 Gordis, Social Background, 89.

Menschen treu und geht davon aus, dass auch Arme Weisheit und Bildung erlangen und auf diesem Wege Karriere machen können:

(Ms B)	(Ms A)
חכמת דל תשא ראשו	חכמת דל תשא ראשו
[ובין נדיבים תו]שיבנו	ובין נדיבים תשיבנו

Die Weisheit eines Geringen erhebt sein Haupt,
und zwischen Fürsten lässt sie ihn sitzen.
(Sir 11,1)

Wie sehen nun die Zukunftsaussichten der Schüler Ben Siras aus? Dazu gibt sein Werk sowohl unter beruflichen als auch unter gesellschaftlichen Gesichtspunkten Auskunft.

5.2.4 Berufsperspektiven

Das Bild der zukünftigen beruflichen Tätigkeiten, das Ben Sira zeichnet, ist breit gefächert. Zuvor jedoch seien ein paar Hinweise zitiert, die Grundsätzliches zu erkennen geben.

(Ms C)	(Ms A)
11 היה נכון בשמועה טובה	11 היה ממהר להאזין
ובארך ענה תענה נכונה	ובארך רוח השב פתגם
12 אם יש אתך ענה ריעיך	12 אם יש אתך ענה רעך
ואם אין שים ידך על פיך	ואם אין ידך על פיך
13 כבוד וקלון ביד בוטה	13 כבוד וקלון ביוד בוטא
ולשון אדם מפליטו	ולשון אדם מפלתו

11 Sei schnell, um zu hören,
aber bedächtig, Antwort zu geben.[62]
12 Wenn du kannst, antworte deinem Nächsten,
und wenn nicht, sei deine Hand auf deinem Mund.
13 Ehre und Schande sind in der Hand des Schwatzenden,

---

62 Die Übersetzung folgt Ms A. Ms C lässt sich leichter als Präzisierung (בשמועה טובה statt nur להאזין) und als stilistische Verbesserung von Ms A verstehen (zweifaches נכון; תענה als Fachausdruck), als dass man eine umgekehrte Entwicklung annimmt.

180   5. Weisheit und Bildung

und die Zunge des Menschen lässt ihn fallen.[63]
(Sir 5,11-13)

Die Weisheit eines Geringen erhebt sein Haupt,
und zwischen Fürsten lässt sie ihn sitzen.
(Sir 11,1)[64]

אשרי ש...
... עבד נקלה ...
(Ms C)[65]

μακάριος ὁ συνοικῶν γυναικὶ συνετῇ
καὶ ὃς ἐν γλώσσῃ οὐκ ὠλίσθησεν
καὶ ὃς οὐκ ἐδούλευσεν ἀναξίῳ ἑαυτοῦ

Selig derjenige, der mit einer verständigen Frau zusammenlebt
und der mit seiner Zunge nicht fällt
und der nicht dient einem, der unwürdiger ist als er selbst.
(Sir 25,8)

Ben Sira greift in Sir 5,11-13 eine alte weisheitliche Thematik auf (vgl. biblisch Spr 18,13 und außerbiblisch die Lehre des Achikar X,3: „Hüte dich, dass er [der eigene Mund] nicht deine Vorzüge zunichte mache." [Zitiert nach TUAT III/2, 336])[66]. Die mahnenden Worte zeigen aber auch, wie wichtig offenbar Konversation und Unterhaltung für seine Schüler zu sein scheinen. Am Gespräch hängen Ehre und Schande, aber wohl auch der berufliche Erfolg. Denn der tiefe Fall, von dem in 5,13b die Rede ist, ist sicherlich nicht nur gesellschaftlich gemeint.

Sir 11,1 führt dies noch einen Schritt weiter. Hier geht es vordergründig um die Weisheit des Armen, die ihm einen Aufstieg ermöglicht, der sonst für jemanden seines Standes nicht denkbar wäre. Für

---

63   Die Übersetzung folgt Ms A, S und G. Ms C bietet stattdessen: „... rettet ihn." Angesichts des inhaltlichen Zusammenhangs, in dem Ben Sira auf die Gefahren des Redens aufmerksam macht, ist die oben gewählte Bezeugung vorzuziehen. Die Variante von Ms C ist als Hörfehler erklärbar, passt aber nicht in den Kontext.
64   Textdarstellung siehe oben bei Kapitel 5.2.3.
65   Die Darstellung folgt der Ausgabe der Academy of the Hebrew Language und des Shrine of the Book. Beentjes bietet in seiner Ausgabe einen rekonstruierten Text.
66   Die Hand auf den Mund zu legen (V 12), deutet als Geste die Bereitwilligkeit zu hören an. Vgl. Spr 30,32; Hi 21,5; 29,9; 40,4.

die Schüler Ben Siras bedeutet er aber auch einen Ansporn, sich vor Fürsten mit ihrer Weisheit nicht zurückzuhalten, sondern sich mit ihren Fähigkeiten zu präsentieren. Offenbar werden Ben Siras Schüler auch darauf angewiesen sein, sich selbst darzustellen und mit ihrem Wissen und Können zu empfehlen.

Gut geht es dann dem, der bei niemandem in Lohn und Brot steht, der sich als weniger würdig als er selber erweist. Denn der Ruf des Arbeitgebers färbt auf den des Arbeitnehmers ab.

Aus weiteren Worten Ben Siras lassen sich über diese allgemeinen Hinweise hinaus Tätigkeitsprofile umreißen.

אל תהי זורה לכל רוח   אל תהיה זורה לכל רוח
ואל תלך לכל שביל   ופונה דרך שבולת

(Ms A)   (Ms C)

Sei nicht einer, der bei jedem Wind streut,
wandle nicht auf jedem Pfad.[67]
(Sir 5,9)

בהמה לך ראה עיניך
ואם אמנה היא העמידה

(Ms A)

κτήνη σοί ἐστιν ἐπισκέπτου αὐτά
καὶ εἰ ἔστιν σοι χρήσιμα ἐμμενέτω σοι

Wenn du Vieh hast, schaue [nach ihm] mit deinen [eigenen] Augen;
und wenn es treu ist, lass es [bei dir] stehen.[68]
(Sir 7,22)

3 על חשבון חובר ואדון {ארח}	3 על חשבון שותף ודרך
ועל מחלקות נחלה ויש	ועל מחלקת נחלה ויש
4 ועל שחק מאזנים ופלס	4 על שחקי מזנים ופלס
ועל תמהות איפה ואבן	ו[ע]ל תמחי איפה ואבן
על מקנה בין רב למעט	על מקנה בין ר[..] ל[...]

---

67 So mit Ms C und G sowie in Anlehnung an S. Ms A nimmt noch einmal das Bild des ersten Stichos auf. Siehe auch Rüger, Text, 30.
68 Gemeint ist: Behalte es!

5. Weisheit und Bildung

5 ‏מ[...] מחיר ממכר תגר‎   5 ‏ועל ממחיר [ממכ] ר תגר‎
(Ms M)   (Ms B)

3 περὶ λόγου κοινωνοῦ καὶ ὁδοιπόρων
καὶ περὶ δόσεως κληρονομίας ἑταίρων
4 περὶ ἀκριβείας ζυγοῦ καὶ σταθμίων
καὶ περὶ κτήσεως πολλῶν καὶ ὀλίγων
5 περὶ διαφόρου πράσεως ἐμπόρων

[Schäme dich nicht ...][69]
3 für die Rechnung[70] für einen Freund oder Weggefährten
und für die Zuteilung von Erbe und dem, was man hat,
4 für das Abreiben von Waage und Handwaage[71],
und für das Abwischen[72] von Epha und (Gewichts-) Stein,
für einen Kauf von viel bis wenig,
5 und für den Preis des Verkaufs eines reisenden Händlers[73].
(Sir 42,3-5a)[74]

29 μόλις ἐξελεῖται ἔμπορος ἀπὸ πλημμελείας
καὶ οὐ δικαιωθήσεται κάπηλος ἀπὸ ἁμαρτίας
1 χάριν διαφόρου πολλοὶ ἥμαρτον
καὶ ὁ ζητῶν πληθῦναι ἀποστρέψει ὀφθαλμόν
2 ἀνὰ μέσον ἁρμῶν λίθων παγήσεται πάσσαλος
καὶ ἀνὰ μέσον πράσεως καὶ ἀγορασμοῦ συντριβήσεται ἁμαρτία
3 ἐὰν μὴ ἐν φόβῳ κυρίου κρατήσῃ κατὰ σπουδήν
ἐν τάχει καταστραφήσεται αὐτοῦ ὁ οἶκος

---

69 Ben Sira reflektiert an dieser Stelle (Sir 42,1-8) über Dinge, derer man sich nicht zu schämen braucht, sondern die man unbedingt tun sollte. Der oben wiedergegebene Satz in Klammern paraphrasiert die Einleitungssentenz in V 1.
70 So mit H, das den inneren, auf Handel ausgerichteten Zusammenhang der Sentenzen wahrt.
71 ‏פלס‎ wird sowohl mit „Handwaage" als auch mit „Standwaage" wiedergegeben (Koehler/Baumgartner, Lexikon, 883).
72 Die Übersetzung folgt Ms M, da ‏תמהות‎ unverständlich ist (so auch Sauer, Jesus Sirach/Ben Sira, 287).
73 ‏תגר‎ ist biblisch nicht belegt. In Qumrantexten hat es die Bedeutung ‚Prozess' (Beyer, Aramäische Texte, 501). In der talmudischen Überlieferung ist dies ebenfalls belegt, daneben ist aber auch die Bedeutung „reisender Händler" bezeugt (Jastrow, Dictionary, 1646f). Aufgrund des Vokabulars aus dem Bereich des Handels im engeren Kontext wird letztere Bedeutung vorgezogen.
74 Die Passage ist in S nicht überliefert.

29 Kaum wird der Großhändler sich aus dem Vergehen herausreißen,[75]
und nicht wird gerecht gesprochen werden der Kleinhändler
   von der Sünde.
1 Wegen Geldes haben viele gesündigt,
und der, der sucht zu vermehren, wird das Auge abwenden.
2 Inmitten der Fuge von Steinen wird ein Pflock festgemacht,
und inmitten von Verkauf und Kauf wird sich die Sünde hineinzwängen.
3 Mein Sohn,[76] wer nicht an der Furcht des Herrn festhält,
dessen Haus wird nach dem Eifer in Schnelligkeit zerstört werden.
(Sir 26,29-27,3)

בני למה תרבה עשקך	בני למה [תר]ב[ה] עושק
ואץ להרבות לא ינקה	ואץ להרבות לא ינקה
בני אם לא תרוץ לא תגיע	בני אם לא תרוץ לא תגיע
ואם לא תבקש לא תמצא	[ו]אם לא תבקש לא תמצא
(Ms A)	*(Ms B)*

Mein Sohn, warum vermehrst du deine Beschäftigung?
Indem du drängst, um zu vermehren, wirst du nicht unschuldig bleiben.
Mein Sohn,[77] wenn du nicht läufst, wirst du nicht ankommen,
und wenn du nicht suchst, wirst du nicht finden.
(Sir 11,10)

1 נוגע בזפת תדבק ידו
וחובר אל לץ ילמד דרכו
2 כבד ממך [מה] תשא
ואל עשיר ממך מה תתחבר
מה יתחבר פרור אל סיר
אשר הוא נוקש בו והוא נשבר
או מה י[ת]חבר עשיר אל דל
3 עשיר יענה הוא יתנוה
ועל דל נעוה הוא יתחנן
4 אם תכשר לו יעבד בך
ואם תכרע יחמל עליך
5 אם שלך ייטיב דבריו עמך
וירששך ולא יכאב לו
6 צריך לו עמך והשיע לך

---

75 S ergänzt: „ܠܐ ܒܗܕܐ, ܒܗܕܐ – wenn nicht in diesem, dann in jenem". Doch das ist als Zusatz auszulassen.
76 Mit S zu ergänzen.
77 G lässt „mein Sohn" aus, doch es ist mit H und S beizubehalten.

ושוחק לך והבטיחך
7 עד אשר יועיל יהתל בך
פעמים שלש יעריצך
ובכן יראך והתעבר בך
ובראשו יניע אליך

(Ms A)

1 Wer Pech berührt, dem klebt die Hand,
und wer sich bindet an einen Spötter, wird dessen Weg lernen.
2 Etwas Gewichtigeres als du selbst – was trägst du es?
Und bei einem Reicheren als du selbst – was bindest du dich [an ihn]?
Was verbindet sich ein Topf mit einem Kessel,
der ihn anstößt, und er wird zerbrochen?
Oder was verbindet sich ein Reicher mit einem Geringen?
3 Ein Reicher duckt sich, [aber dadurch] preist er sich.
Ein Geringer wird zerstört, [und so] fleht er um Gnade.
4 Wenn du ihm gefällst, wird er dich arbeiten lassen,
aber wenn du zusammenbrichst, wird er dich zurücklassen[78].
5 Wenn etwas dein ist, wird er seine Worte mit dir gut sein lassen,
aber er wird dich zerstören und keinen Schmerz haben.
6 Hat er dich nötig, rettet er dich,
und er lacht dir zu und lässt dich sich sicher fühlen.
7 Bis er Nutzen hatte, [danach] wird er dich verspotten,
zweimal, dreimal wird er dich erschrecken,
und sieht er dich so, geht er an dir vorüber,
und mit seinem Haupt wird er dir zunicken.
(Sir 13,1-7)

Sir 5,9 und 7,22 verweisen auf einen landwirtschaftlichen Hintergrund. Dabei kommt 7,22 besondere Bedeutung zu, denn hier handelt es sich um eine direkte Anweisung an die Schüler. „In lockerer Folge werden hier [in diesem Kontext] die dem Menschen in einer bäuerlichen Umgebung nahen Bezugspunkte und Bezugspersonen angegeben."[79] Die Sentenz setzt nicht nur voraus, dass Vieh zum Lebensalltag gehört, sondern auch dass es sich dabei um eigenes Vieh handelt. Ein Teil der Schüler Ben Siras hatte also wahrscheinlich nicht nur landwirtschaftlichen Betrieb anschaulich vor Augen, sondern lebte auch von ihm.

---

78 Die Übersetzung folgt der griechischen Texttradition: „καὶ ἐὰν ὑστερήσῃς καταλείψει σε".
79 Sauer, Jesus Sirach/Ben Sira, 91.

Dagegen ist die Bedeutung von Sir 5,9 für den beruflichen Hintergrund der Schüler Ben Siras schwer zu entscheiden. Liest man ihn tatsächlich auf den beruflichen Alltag der Schüler hin, dann würde das bedeuten, dass sie auch am landwirtschaftlichen Tagesgeschäft einschließlich der mühseligen Arbeit mitwirkten. Wahrscheinlicher ist aber, dass diese Sentenz auf den allgemeinen agrarischen Hintergrund der judäischen Gesellschaft verweist und es mehr um die Anschaulichkeit der Aussage als um die Arbeitswirklichkeit des Einzelnen geht. Dafür spricht auch die Einbettung der Sentenz in ihren Kontext von Sir 5,9-11, und so ist Di Lella in seiner Einschätzung Recht zu geben, dass es sich um „exhortations to avoid frickleness and indecision"[80] handelt. Während Sir 7,22 möglicherweise einen unmittelbaren Bezug zur Lebenswelt eines Teils seiner Schüler hat, hat Ben Sira in Sir 5,9 Anteil an einer alten weisheitlichen Tradition. „The farming ideal was part of Israel's ‚intellectual tradition' ... which was incorporated in this wisdom and which continued to exist even after the post-exilic period"[81]. Die Sentenz ist hier dennoch angeführt, da sie ohne die entsprechende Lebenswelt der Schüler gerade ihre Anschaulichkeit nicht hätte.

Die Texte Sir 42,3-5a und 26,29-27,3 geben einen weiteren beruflichen Hintergrund zu erkennen: den des Handels. Aus der Anrede der Schüler in Form der Mahnung und der Konkretheit der Beispiele, die insbesondere in 42,4-5a genannt werden und die keine Bildseite haben, sondern eher als Partes pro toto zu verstehen sind, lässt sich schließen, dass es sich hier um Tätigkeiten handelt, die sie selber ausüben. Ben Sira mahnt an dieser Stelle zur Ehrlichkeit, ebenso in Sir 26,29-27,3.[82] Er steht damit in einer langen biblischen Tradition, die sich sowohl in prophetischen Worten (Am 8,4-8; Hos 12,8f; Mi 6,9-13; Ez 45,10-12) als auch in rechtlichen Regelungen (Lev 19,35f; Dtn 25,13-16) und weisheitlichen Sprüchen (Spr 11,1; 16,11; 20,10.23) niedergeschlagen hat. Versteht man Sir 42,3a im Kontext des Handels, dann liegt auch hier die Vermutung nahe, dass Schüler Ben Siras nicht nur Händler vor Ort waren, die Waren von Fernhändlern kauften und in Jerusalem weitervertrieben, sondern auch selber reisten und diese Reisen abrechneten. Dass das Rech-

---

80 Skehan/Di Lella, Ben Sira, 183.
81 Botha, Social-ethical contribution, 200.
82 Collins, Jewish Wisdom, 31, hält zu Recht fest, dass Ben Sira mit diesem Passus nicht den Handel im allgemeinen unter den Verdacht der Sündhaftigkeit stellt, sondern nur eine Problemanzeige macht. Ben Sira möchte lediglich ein Problembewusstsein schaffen.

nungs- und Buchführungswesen eine wichtige Rolle spielte, zeigt auch Sir 42,7.

Sir 11,10 ist eine grundsätzliche Bemerkung. Sie stellt die Spannung dar, in der sich ein wirtschaftlich Tätiger befindet: Viele Geschäfte können schnell zu viele Geschäfte werden und stellen die Gefahr dar, dass sie in Sünde führen; zugleich gilt aber, dass derjenige, der nichts tut, auch zu nichts kommt. In dieser Spannung werden die Schüler Ben Siras leben und jeweils das rechte Maß finden müssen.[83] So ist diese Sentenz ein indirekter Hinweis darauf, dass Schüler Ben Siras als selbstständige Unternehmer agierten oder einmal agieren würden, die sich tagtäglich in eben diesem Spannungsfeld bewähren mussten.[84] Jedenfalls ist aus diesen Stellen ersichtlich, dass Ben Sira trotz seiner Hochschätzung der Muße in Sir 38,24 Arbeit keineswegs grundsätzlich ablehnt,[85] sondern sie vielmehr als Selbstverständlichkeit für Arme und Reiche ansieht und sie hoch schätzt[86].[87]

---

83 Die griechische Textüberlieferung formuliert 11,10b positiv:
    καὶ ἐὰν διώκῃς οὐ μὴ καταλάβῃς
    καὶ οὐ μὴ ἐκφύγῃς διαδράς
    Und wenn du [ihm] nachjagst, wirst du es nicht ergreifen,
    und du wirst nicht entfliehen, wenn du wegläufst.
    Dies ist wohl am ehesten durch einen Lesefehler zu erklären: das לא wurde ausgelassen. Inhaltlich ergibt die griechische Überlieferung im Kontext keinen Sinn.

84 Auch hier schöpft Ben Sira aus der alten Weisheit: Spr 28,20 bietet nicht nur den ideengeschichtlichen Hintergrund, sondern ist sogar in seinem zweiten Teil fast wörtlich zitiert (nur להעשיר durch להרבות ersetzt). Ähnliche Gedanken finden sich in der alten Weisheit auch in Spr 11,18.28; 13,11; 15,27; 20,21; 28,20.22 und in der späteren Weisheit in Koh 5,9-11 sowie zeitlich nach Ben Sira in mAv 2,5 (Mischna-Zählung nach Ueberschaer/Krupp, Avot).

85 Vgl. dazu auch die Ausführungen bei Schrader, Beruf. Ben Sira ist damit stärker sozial integrierend als die großen griechischen Philosophen. Diese sahen vor allem die körperliche Arbeit als minderwertig an und verweigerten Handwerkern und Arbeitern in ihren politischen Konzeptionen die vollen Bürgerrechte (vgl. v.a. Platon, Staat, 496d; Aristoteles, Politik III,5,1278a). Allerdings stehen diesem Bild auch Vorstellungen gegenüber, nach denen vor allem die Arbeit, die der Erhaltung der eigenen Unabhängigkeit galt, geschätzt wurde (vgl. Hesiod, Werke, 286-296; Sophokles, Philoctetes, 1419f; Xenophon, Memorabilia 2,1,21ff). Auch die Handwerker, die von den sozial höheren Schichten verachtet wurden, trugen ihre Profession selbstbewusst zur Schau (z.B. auf Vasen und anderen bildlichen Darstellungen). So lässt sich bei der Frage der Bewertung der Arbeit im griechischen Kulturraum eine Ausdifferenzierung in die gesellschaftlichen Schichten festmachen (von Reden, Arbeit, 967).

86 Reiterer, Arbeit, insbesondere 266; 268 u.ö. Ben Sira steht hier in der klassischen weisheitlichen Tradition, wie Spr 10,4; 11,16b; 12,24.27; 13,4 zeigen.

87 Mit dieser Hochschätzung der Arbeit bei gleichzeitigem Achten auf die notwendige Muße zur Erlangung der Weisheit gibt Ben Sira einen Rahmen vor, den später die Rabbinen mit der Verbindung von Arbeit und Tora-Studium auf ihre Weise ausfüllen (mAv 4,10).

Hinzu kommt die Konkurrenz und die Übermacht Reicherer, gegen die man sich abgrenzen und durchsetzen muss. Davon spricht Sir 13,1-7. Ben Sira warnt hier vor allzu großer Nähe zu mächtigen Konkurrenten und lässt keinen Zweifel über deren Geschäftsgebaren. Wie bereits gezeigt, gehören die Schüler Ben Siras zwar zur gesellschaftlichen Elite in Jerusalem, jedoch gibt es auch für sie Reichere und gesellschaftlich Höherstehende. Zwar wird die Oberschicht in Jerusalem nicht allzu groß gewesen sein, doch ist auch in ihr selber mit einer Ausdifferenzierung zu rechnen, die den Betroffenen deutlich bewusst war.[88]

Schließlich lässt allerdings der bereits erwähnte Hinweis zu Beginn der Abhandlung über die Handwerker und den Weisen in Sir 38,24-39,11 erkennen, dass Ben Siras Schüler bei aller Berufstätigkeit von dieser doch nicht so in Anspruch genommen werden, dass sie sich nicht auch dem Studium und der Bildung widmen könnten:

חכמת סופר תרבה חכמה
וחס[ר] עסק הוא יתח[כם]
(Ms B)

σοφία γραμματέως ἐν εὐκαιρίᾳ σχολῆς
καὶ ὁ ἐλασσούμενος πράξει αὐτοῦ σοφισθήσεται

Die Weisheit des Schriftgelehrten vermehrt Weisheit,[89]

---

[88] Einen Hinweis auf die Zugehörigkeit der Schüler Ben Siras zur reichen Oberschicht gibt Ms A zu Beginn des Abschnitts über die Demut. Sie überliefert:
בני בעשרך התהלך בענוה
ותאהב מנותן מתנות
Mein Sohn, in deinem Reichtum wandle in Demut
und werde mehr geliebt als einer, der Geschenke verteilt.
(Sir 3,17 – Ms A)
Ms A unterscheidet sich darin von Ms C, die in Übereinstimmung mit der griechischen Überlieferung den Fokus auf die Arbeit richtet:
בני את כל מלאכתיך בענוה הלוך
ומאיש מתן תאהב
τέκνον ἐν πραΰτητι τὰ ἔργα σου διέξαγε
καὶ ὑπὸ ἀνθρώπου δεκτοῦ ἀγαπηθήσῃ
Mein Sohn, deine ganze Arbeit begehe in Demut,
und werde mehr als ein Mann des Geschenkes geliebt.
(Sir 3,17 – Ms C)

[89] So mit H und S. G nimmt bereits den Gedanken des zweiten Stichos auf.

und [wer] wenig Beschäftigung [hat], wird sich zur Weisheit bilden.[90]
(Sir 38,24)

So zeigt sich, dass Ben Sira seine Schüler auf ein Leben vorbereiten möchte, in dem sie zwar arbeiten müssen, aber dabei dennoch Zeit zum Studium in Muße haben.

5.2.5 Die erwartete gesellschaftliche Stellung

Neben den beruflichen Perspektiven gibt Ben Sira auch einiges über die zu erwartende gesellschaftliche Stellung und Tätigkeit seiner Schüler zu erkennen.

בני גדול אתה כן תשפיל נפשך
ובעיני אלהים תמצא חן
(Ms C)

Mein Sohn, [so] groß du bist, so sehr demütige deine Seele,
und in den Augen Gottes wirst du Wohlgefallen finden.
(Sir 3,18)[91]

8 Lasse nicht unbeachtet das Gespräch von Weisen,
auf ihre Rätsel stürze dich,
denn von ihnen wirst du Lehre lernen,
um vor Fürsten zu stehen.
(Sir 8,8)[92]

Hohe Ämter werden die Schüler Ben Siras bekleiden. „גדול – groß" (3,18) bezeichnet hier ihre gesellschaftliche Stellung. Sie werden zu den Führungspersönlichkeiten des Volkes gehören,[93] und darin liegt auch eine wesentliche Motivation, Bildung zu erlangen, wie Calduch-Benages herausstellt: „Therefore, in order to be a ruler it is necessary to know how to speak with wisdom, i.e. to know how to use the right

---

90 So mit H und G. S bietet: „Wer sich nicht mit Nichtigem beschäftigt, wird weise werden." Doch das ist eine klar erkennbar interpretierende Übersetzung.
91 So nach Ms C, das nach Rüger, Text, 30, den älteren Text bietet.
92 Zur Textdarstellung und textkritische Diskussion siehe Kapitel 5.3.1.2.
93 Calduch-Benages, Fear for the Powerful, 89.

words, in the right way, in the right time, and with the right measure"[94]. Dazu gehört auch, dass sie Zugang haben werden zu den Kreisen der Reichen und Mächtigen und mit ihnen bei Gelagen und Symposien speisen werden:

בני אם על שלחן {איש} גדול ישבתה
אל תפתח עליו גרנך{גרון}

(Ms B)

Mein Sohn, wenn du am Tisch eines Großen[95] sitzt,
reiße an ihm deine Kehle nicht auf.
(Sir 31,12)

(Ms F)	(Ms B)
1 ראש סמוך אל תותר	1 [...]
ובראש עשירים אל תסתורה	
והיה לך כאחד מהם	1 והיה להם כאחד מהם
דאג להם ואחר תסוב	דאג להם ואחר תסוב
הבו צרכם ובכן תרבץ	2 הכין צרכם ואחר {ובכין} תרבץ
2 למען תשמח בכבודם	למען תשמח בכבודם
ועל מוסר תשא שכל	ועל מוסר תשא שכל

1 ἡγούμενόν σε κατέστησαν μὴ ἐπαίρου
γίνου ἐν αὐτοῖς ὡς εἷς ἐξ αὐτῶν
φρόντισον αὐτῶν καὶ οὕτω κάθισον
2 καὶ πᾶσαν τὴν χρείαν σου ποιήσας ἀνάπεσε
ἵνα εὐφρανθῇς δι' αὐτοὺς
καὶ εὐκοσμίας χάριν λάβῃς στέφανον

1 Zum Haupt gesetzt, überhebe dich nicht,
und als Haupt von Reichen stelle dich nicht falsch.
Sei für sie wie einer von ihnen;
sorge für sie, und dann lege dich zu Tisch[96].
2 Sorge für ihren Bedarf und danach lege dich nieder,
damit du dich erfreust an ihrer Ehre

---

94 Calduch-Benages, Fear for the Powerful, 91.
95 Die Übersetzung hält sich an die ursprüngliche Textbezeugung als kürzere Lesart; das eingefügte איש ist eine Präzisierung, die verdeutlichen soll, dass גדול nicht als Adjektiv zu verstehen ist.
96 תסוב von סבב hat hier die Bedeutung „zu Tisch legen" (vgl. auch 1Sam 16,11).

und wegen [deiner] Erziehung Einsicht davonträgst.[97]
(Sir 32,1-2)

Sir 31,12 eröffnet die Verhaltensregeln für eine Gesellschaft bei Tisch (VV 12-31). Diese und die nachfolgende Passage (Sir 32,1-13) zeigen – wie oben dargelegt – deutlich, dass Ben Sira kein pauschaler Gegner des Hellenismus ist. Er nimmt vielmehr die Kulturerrungenschaften, die dieser mit sich bringt, auf und weist ihnen ihren Ort im Gesamtgefüge der jüdischen Tradition zu.[98] Für die vorliegende Fragestellung ist jedoch bedeutsam, dass die Schüler Ben Siras offensichtlich Zugang zu dieser Gesellschaft hatten. Dabei nahmen sie als Gäste teil, konnten aber auch durch die übrigen Teilnehmer zum Leiter des Symposiums gemacht werden. Wer also bei Ben Sira ins Lehrhaus ging, gehörte zu den gesellschaftlichen Schichten, für die die Teilnahme an hellenistischer Lebensart zum Alltag gehörte. Für sie ging es nicht um die Frage, ob man an einem Symposium teilnehmen dürfe, sondern wie man sich dort zu verhalten habe. All das setzt eine deutlich gehobene Stellung in der Jerusalemer Gesellschaft mit einem entsprechend weiten geistigen Horizont voraus.

האהב לנפשך לעדה
ולשלטון עוד הכאף ראש
(Ms A)

Mache dich beliebt in der Gemeinde,
und vor der Regierung der Stadt[99] neige das Haupt.
(Sir 4,7)

אל תצע לנבל נפשך
ואל תמאן לפני מושלים
(Ms A)

Erniedrige deine Seele nicht vor dem Toren,
und verweigere dich nicht vor Herrschenden.[100]
(Sir 4,27)

---

97 So mit H. S und G bezeugen „Ehre" (S) bzw. „(Ehren-) Kranz" (G).
98 Siehe die Ausführungen zur Stelle bei Sauer, Jesus Sirach/Ben Sira, 223f.
99 Statt עוד ist hier עיר zu lesen. So auch S. G lässt es aus.
100 Mit H und S ist Plural zu lesen.

5.2 Die Zielgruppe Ben Siras

Gemeinsam mit den bereits oben zitierten Überlegungen in Sir 13,1-14 zeigen auch diese beiden Texte, dass Ben Siras Schüler bei aller Zugehörigkeit zur gesellschaftlichen Oberschicht doch noch Höherstehende über sich haben, von denen sie auch abhängig sein können.[101] So rät Ben Sira immer wieder zur Vorsicht bei der Wahl des gesellschaftlichen Umgangs – siehe dazu die Reflexionen zum Thema Freundschaft, ebenfalls ein aus dem Hellenismus übernommener Topos –[102] aber auch beim Streben nach Führungspositionen:

4 אל תבקש מא[ל ממ[שלת	4 אל תבקש מאל ממשלת
וכן כמלך מושב ...	וכן ממלך מושב כבוד
	5 אל תצטדק לפני מלך
	ופני מלך אל תתבונן
6 אל תבקש להיות	6 אל תבקש להיות מושל
אם אין לך חיל להשבית זדון	אם אין לך חיל להשבית זדון
(Ms C)	(Ms A)

4 μὴ ζήτει παρὰ κυρίου ἡγεμονίαν
μηδὲ παρὰ βασιλέως καθέδραν δόξης
5 μὴ δικαιοῦ ἔναντι κυρίου
καὶ παρὰ βασιλεῖ μὴ σοφίζου
6 μὴ ζήτει γενέσθαι κριτής
μὴ οὐκ ἰσχύσεις ἐξᾶραι ἀδικίας
μήποτε εὐλαβηθῇς ἀπὸ προσώπου δυνάστου
καὶ θήσεις σκάνδαλον ἐν εὐθύτητί σου

4 Erbitte nicht von Gott Herrschaft
sowie vom König einen Sitz der Herrlichkeit.[103]
5 Stelle dich nicht als gerecht dar vor einem König,[104]
und vor einem König gib dich nicht klug.

---

101 Siehe Schreiner, Jesus Sirach, 32.
102 Vgl. Minissale, Ben Siras Selbstverständnis, 110. Zum Thema Freundschaft siehe den von Reiterer herausgegebenen Dokumentationsband zum Salzburger Symposium von 1995 „Freundschaft bei Ben Sira".
103 So mit H und G. S bietet ܡܘܗܒܐ (Geschenk).
104 So mit H. G übersetzt mit κύριος sowohl auf Gott, als auch auf einen menschlichen Herrn hin interpretierbar. S dagegen versteht den Stichos theologisch und überliefert ܐܠܗܐ (Gott). Da Ben Sira offensichtlich in VV 4-6 keine durchgehende Parallelität der Sentenzen angestrebt hat, denn sie fehlt im textkritisch unstrittigen V 6, ist es auch nicht zwingend, sie für VV 4.5 anzunehmen. Daher bleibt es bei H; es geht hier um die Übertragung rein innerweltlicher Ämter in der Volksversammlung (siehe dazu auch Kapitel 5.7).

5. Weisheit und Bildung

6 Begehre nicht, ein Herrscher[105] zu werden,
wenn du nicht die Macht hast, das Böse zu beenden,
damit du dich nicht vor dem Vornehmen fürchten musst
und ein Einschnitt[106] in deine Rechtschaffenheit gemacht wird.
(Sir 7,4-6)

Dabei ist es aufgrund der sehr unterschiedlichen Bezeichnungen, die Ben Sira für die politischen und gesellschaftlichen Autoritäten verwendet, nicht möglich, diese genauer zu spezifizieren. Das gilt sowohl für die Frage nach der Zuordnung konkreter historischer Personen zu bestimmten Ämtern als auch für den Versuch, diese Ämter überhaupt näher zu bestimmen.[107]

Bei all dem leben die Schüler Ben Siras im Wesentlichen von ihrem guten Namen.[108] Er ist das Kapital, auf dem sie bauen:[109]

(Ms M)	(Ms B)
12 [פ]חד על שם כי הוא ילוך	12 פחד על שם כי הוא ילוך
מאלפי ...	מאלפי אוצרות חכמה {חמדה}
13 [ט]ובת חי מספר ימים	13 טובת חי ימי מספר
וטובת ... אין מספר	וטובת שם ימי אין מספר

12 Achte ängstlicher auf deinen Namen – denn er wird dich begleiten – als auf tausend kostbare[110] Schätze.
13[111] Das Gut des Lebens hat eine gewisse Anzahl an Tagen,

---

105 So mit H (Ms A; in Ms C ist das entsprechende Wort ausgefallen), auch wenn G und S übereinstimmend „Richter" lesen. Eine Entscheidung ist schwierig und in jedem Fall problematisch, doch soll hier bei dem unbestimmteren Begriff geblieben werden.
106 Die Übersetzung versucht, die Bedeutungsebenen von בצע in H, ܣܩܠܐ in S und σκάνδαλον in G einzufangen, da S und G angemessen die Aussage von H treffen.
107 Calduch-Benages, Fear for the Powerful, 92; Middendorp, Stellung Jesu Ben Siras, 140-162. Siehe auch die Aufstellung in Minissale, Ben Siras Selbstverständnis, 108-112. Gegen Schreiner, Jesus Sirach, 49.
108 Das betrifft sicherlich nicht nur den Nachruf nach dem Tod, wie der Kontext der nachfolgend zitierten Sätze in Sir 41,1-13 nahe legt, sondern bereits auch das Leben im Diesseits. Spr 22,1 zeigt, dass dies ein allgemeines Phänomen bei weisheitlich Gebildeten war.
109 Ben Sira greift hier wieder eine alte weisheitliche Thematik auf (siehe Spr 22,1; Koh 7,1a) und spitzt sie auf seine Schüler zu.
110 Die Übersetzung folgt dem Korrektor (wie auch die griechische Textüberlieferung).
111 Ab V 13 besteht eine Textlücke in S bis Sir 42,9.

aber das Gut des Namens hat Tage ohne Zahl.
(Sir 41,12-13)

5.2.6 Zusammenfassung

So kann also festgehalten werden, dass die Schüler Ben Siras junge Männer aus der gesellschaftlichen Oberschicht in Jerusalem sind, die einen relativ großzügigen finanziellen Hintergrund haben. Durch ihr Studium im Lehrhaus Ben Siras erhoffen sie sich die Möglichkeit, wirtschaftlich, aber vor allem gesellschaftlich weiterzukommen.

Sie besuchten keine Elementarschulen mehr, sondern sind fortgeschrittene Schüler, die die Anfänge ihrer Bildungslaufbahn bereits erfolgreich hinter sich gelassen haben und sich nun auf die neuen Möglichkeiten und Herausforderungen vorbereiten, die sie in einem Leben mit Verantwortung wahrnehmen können. Dass dies eine reale Perspektive ist, zeigen die zahlreichen Stellen, bei denen es um das Dienen vor Fürsten, aber auch um die Übernahme eigener Herrschaftsämter geht.

Bei Ben Siras Schülern handelt es sich also um die angehende Führungselite der Jerusalemer und der Judäischen Gesellschaft,[112] sowohl in wirtschaftlicher als auch in gesellschaftlicher und politischer Hinsicht.[113]

5.3 „Frage und forsche, suche und finde" (Sir 6,27) Im Beth Midrasch Ben Siras

Am Anfang des Bildungsweges steht das Bemühen des Schülers um Weisheit. Es ist sein freier Entschluss, sich ihr zuzuwenden und sich um sie zu bemühen. Das bedeutet für ihn ein großes Engagement und strenge Disziplin. Doch über all dem steht zunächst der lockende Ruf der Weisheit, mit dem Ben Sira sie in seinem zentralen Kapitel 24 für sich werben lässt:

19 προσέλθετε πρός με οἱ ἐπιθυμοῦντές μου
καὶ ἀπὸ τῶν γενημάτων μου ἐμπλήσθητε
20 τὸ γὰρ μνημόσυνόν μου ὑπὲρ τὸ μέλι γλυκύ

---

112 Calduch-Benages, Fear for the Powerful, 90, spricht von "the new leaders of the Jewish society".
113 Siehe dazu auch Kapitel 5.7 dieser Untersuchung.

καὶ ἡ κληρονομία μου ὑπὲρ μέλιτος κηρίον
21 οἱ ἐσθίοντές με ἔτι πεινάσουσιν
καὶ οἱ πίνοντές με ἔτι διψήσουσιν
22 ὁ ὑπακούων μου οὐκ αἰσχυνθήσεται
καὶ οἱ ἐργαζόμενοι ἐν ἐμοὶ οὐχ ἁμαρτήσουσιν

19 Kommt zu mir, die ihr mich begehrt,
und werdet satt von meiner Frucht.
20 Denn mein Angedenken ist weit süßer als Honig,
und mein Erbteil [süßer] als die Honigwabe.
21 Die mich essen, hungern noch [nach mehr],
und die mich trinken, dürsten noch [nach mehr].
22 Die auf mich hören, werden nicht beschämt werden,
und die in mir handeln, werden nicht sündigen.
(Sir 24,19-22)

Wie stellt Ben Sira sich vor, dass seine Schüler an der Weisheit kosten und noch mehr verlangen, dass sie einerseits satt werden (V 19b) und doch nach Weiterem hungern und dürsten (V 21)? – Was gibt er in seinem Buch über seine Lehrinhalte und Unterrichtsmethodik zu erkennen?

5.3.1 Aspekte der Unterrichtsmethodik

In Sir 6,18-37 spricht Ben Sira in einem großen Abschnitt über die Mühen bei der Suche nach Weisheit.

18 ... תשיג חכמה	
19 כחורש וכקוצר קרב אליה	19 כחורש וכקוצר קרב אליה
וקוה לרוב תבואתה	וקוה לרב תבואתה
כי בעבודתה מעט תעבוד	כי בעבדתה מעט תעבוד
ולמחר תאכל פריה	ולמחר תאכל פריה
	20 עקובה היא לאויל
	ולא יכלכלנה חסר לב
	21 כאבן משא תהיה עליו
	ולא יאחר להשליכה
	22 כי המוסר כשמה כן הוא
	ולא לרבים היא נכוחה
	25 הט שכמך ושאה
	ואל תקץ בתחבולתיה
	27 דרש וחקר בקש ומצא

5.3 Im Beth Midrasch Ben Siras

והחזקתה ואל תרפה	
28 כי לאחור תמצא מנוחתה	28 כי לאחור תמצא מנוחתה
ונהפך לך לתענוג	ותהפך לך לתענוג
29 והיתה לך רשתה מכון עז	
וחבלתה בגדי כתם	
30 עלי זהב עולה	
ומוסרתיה פתיל תכלת	
31 בגדי כבוד תלבשנה	
ועטרת תפארת תעטרנה	
32 אם תחפוץ בני תתחכם	
ואם תשיים לבך תערם	
33 אם תובא לשמע	
והט אזנך תוסר	
35 כל שיחה חפוץ לשמוע	35 כל שיחה חפוץ לשמוע
ומשל בינה אל יצאך	ומשל בינה אל יצאך
36 ראה מה יבין ושחריהו	
ותשחוק בסיפי רגלך	
37 והתבוננת ביראת עליון	
ובמצותו והגה תמיד	
והוא יבין לבך	
ואשר איותה יחכמך	
(Ms A)	(Ms C)

18 τέκνον ἐκ νεότητός σου ἐπίλεξαι[1] παιδείαν
καὶ ἕως πολιῶν εὑρήσεις σοφίαν
19 ὡς ὁ ἀροτριῶν καὶ ὁ σπείρων πρόσελθε αὐτῇ
καὶ ἀνάμενε τοὺς ἀγαθοὺς καρποὺς αὐτῆς
ἐν γὰρ τῇ ἐργασίᾳ αὐτῆς ὀλίγον κοπιάσεις
καὶ ταχὺ φάγεσαι τῶν γενημάτων αὐτῆς
20 ὡς τραχεῖά ἐστιν σφόδρα[2] τοῖς ἀπαιδεύτοις
καὶ οὐκ ἐμμενεῖ ἐν αὐτῇ ἀκάρδιος
21 ὡς λίθος δοκιμασίας ἰσχυρὸς ἔσται ἐπ' αὐτῷ
καὶ οὐ χρονιεῖ ἀπορρῖψαι αὐτήν
22 σοφία γὰρ κατὰ τὸ ὄνομα αὐτῆς ἐστιν

---

1   Ziegler bietet im Anschluss an die Vetus Latina (excipe) ἐπίδεξαι. Dies ist jedoch durch keine griechische Handschrift gestützt. Eine hebräische Textbezugung ist nicht erhalten. Der Unterschied ist sowohl in der Wortbedeutung als auch im Erscheinungsbild der Buchstaben marginal, sodass von der griechischen Mehrheitsbezeugung auszugehen ist.

2   Ziegler bietet im Anschluss an die Vetus Latina, die Bezeugung bei Johannes Damaszenus und die armenische Übersetzung stattdessen σοφία, wogegen alle griechischen Sir-Texte die obige Lesart nennen. Im hebr. Text fehlt ein Äquivalent.

καὶ οὐ πολλοῖς ἐστιν φανερά
23 ἄκουσον τέκνον καὶ ἔκδεξαι γνώμην μου
καὶ μὴ ἀπαναίνου τὴν συμβουλίαν μου
24 καὶ εἰσένεγκον τοὺς πόδας σου εἰς τὰς πέδας αὐτῆς
καὶ εἰς τὸν κλοιὸν αὐτῆς τὸν τράχηλόν σου
25 ὑπόθες τὸν ὦμόν σου καὶ βάσταξον αὐτὴν
καὶ μὴ προσοχθίσῃς τοῖς δεσμοῖς αὐτῆς
26 ἐν πάσῃ ψυχῇ σου πρόσελθε αὐτῇ
καὶ ἐν ὅλῃ δυνάμει σου συντήρησον τὰς ὁδοὺς αὐτῆς
27 ἐξίχνευσον καὶ ζήτησον καὶ γνωσθήσεταί σοι
καὶ ἐγκρατὴς γενόμενος μὴ ἀφῇς αὐτήν
28 ἐπ' ἐσχάτων γὰρ εὑρήσεις τὴν ἀνάπαυσιν αὐτῆς
καὶ στραφήσεταί σοι εἰς εὐφροσύνην
29 καὶ ἔσονταί σοι αἱ πέδαι εἰς σκέπην ἰσχύος
καὶ οἱ κλοιοὶ αὐτῆς εἰς στολὴν δόξης
30 κόσμος γὰρ χρύσεός ἐστιν ἐπ' αὐτῆς
καὶ οἱ δεσμοὶ αὐτῆς κλῶσμα ὑακίνθινον
31 στολὴν δόξης ἐνδύσῃ αὐτὴν
καὶ στέφανον ἀγαλλιάματος περιθήσεις σεαυτῷ
32 ἐὰν θέλῃς τέκνον παιδευθήσῃ
καὶ ἐὰν ἐπιδῷς τὴν ψυχήν σου πανοῦργος ἔσῃ
33 ἐὰν ἀγαπήσῃς ἀκούειν ἐκδέξῃ
καὶ ἐὰν κλίνῃς τὸ οὖς σου σοφὸς ἔσῃ
34 ἐν πλήθει πρεσβυτέρων στῆθι
καὶ τίς σοφός αὐτῷ[3] προσκολλήθητι
35 πᾶσαν διήγησιν θείαν θέλε ἀκροᾶσθαι
καὶ παροιμίαι συνέσεως μὴ ἐκφευγέτωσάν σε
36 ἐὰν ἴδῃς συνετόν ὄρθριζε πρὸς αὐτόν
καὶ βαθμοὺς θυρῶν αὐτοῦ ἐκτριβέτω ὁ πούς σου
37 διανοοῦ ἐν τοῖς προστάγμασιν κυρίου
καὶ ἐν ταῖς ἐντολαῖς αὐτοῦ μελέτα διὰ παντός
αὐτὸς στηριεῖ τὴν καρδίαν σου
καὶ ἡ ἐπιθυμία τῆς σοφίας δοθήσεταί σοι

18[4] Mein[5] Sohn, von deiner Jugend an wähle Bildung,

---

3   Ziegler bietet im Anschluss an die Vetus Latina stattdessen τῇ σοφίᾳ αὐτῶν. Die obige Lesart wird im Wesentlichen von S* gestützt. Eine hebr. Bezeugung des Verses gibt es nicht.
4   V 18 ist zu großen Teilen nur in S und G erhalten; Ms C bietet das Versende.
5   So mit S, das auch der zumeist von Ben Sira verwendeten Ausdrucksweise בני entspricht.

und bis zum Alter wirst du Weisheit finden.
19 Wie ein Pflügender und ein Erntender[6] nähere dich ihr,
und hoffe auf die Fülle ihres Ertrages.[7]
Denn bei der Beschäftigung mit ihr wirst du dich wenig plagen[8],
und bald wirst du ihre Früchte essen.
20 Trügerisch ist sie dem Törichten,[9]
und der Herzlose[10] geht nicht mit ihr um.
21 Wie ein Gewichtsstein wird sie auf ihm sein,
und er wird nicht zögern, sie wegzuwerfen.
22 Denn die Erziehung ist wie ihre Benennung,[11]
und nicht vielen[12] ist sie einsichtig[13].
23[14] Höre, mein Sohn[15], und nimm meine Lehre[16] an
und verweigere nicht meinen Rat.
24 Lege deine Füße in ihre Fesseln[17]
und ihr Joch auf deinen Hals.
25 Beuge deinen Rücken und ertrage sie,
und sei nicht zornig über ihre Lenkung.
26[18] Mit deiner ganzen Seele[19] gehe zu ihr,

---

6   So mit H. S übersetzt ähnlich „Säender und Schnitter", G: „Pflügender und Säender". H mit seiner Analogie in S ist beizubehalten (siehe dazu die Auslegung unten).
7   S liest eine Verheißung: „Die Fülle ihrer Erträge wirst du ernten." G bietet: Erwarte ihre guten Früchte. H ist vorzuziehen, ist es doch klar als Ausgangspunkt der Übersetzungen von S und G zu erkennen. G bewahrt den ersten Teil des Stichos, S den zweiten. Die Abweichung in G mit τοὺς ἀγαθοὺς lässt sich als Lesefehler von לריב zu לטוב gut erklären, und καρποὺς kann als eine legitime Übersetzung von תבואה gelten.
8   So mit S und G. In H ist עבד wohl aus עמל entstanden. Vgl. Rickenbacher, Weisheitsperikopen, 58.
9   S: „Wie schwer ist die Weisheit auf dem Toren." S und G bieten Interpretationen des schwierigen Textes von H. Doch H ist beizubehalten; siehe dazu die Auslegung unten.
10 S bietet hier Plural, doch ist mit H und G Singular zu lesen. Unter dem „Herzlosen" ist ein Unverständiger zu verstehen.
11 S stellt um: „Wie ihr Name/ihre Bezeichnung ist die Lehre". Die Übersetzung folgt der Übereinstimmung von H und G.
12 S bietet statt „viele" ܣܟܠܐ – Törichte". Doch kann es sich dabei um eine sprachliche Angleichung an V 20a handeln.
13 „Einsichtig" fasst sowohl das Hebräische נכוחה als auch das syrische ܓܠܝܐ und das griechische „φανερά" zusammen.
14 V 23f sind nicht in H bezeugt.
15 So mit S, das den hebräischen Duktus übernimmt.
16 So mit S (ܝܘܠܦܢܝ).
17 S übersetzt „Netz" (ܒܚܨܪܗ) und korrespondiert auf diese Weise mit V 29; G gibt „Fußfesseln" (zur Wortbedeutung vgl. Menge/Güthling, 535) an und präzisiert damit den Ausdruck. Die Übersetzung oben sucht die gemeinsame Bedeutungsebene.
18 V 26 ist nicht in H bezeugt. Ms A fügt an dieser Stelle Sir 27,5f ein.

und mit deiner ganzen Kraft bewahre ihre Wege.
27 Frage und forsche, suche und finde[20],
überwältige sie und lass nicht von ihr ab.
28 Denn am Ende wirst du ihre Ruhe finden,
und sie wird sich dir in Genuss verwandeln.
29 Ihr Netz wird dir zu einer Stätte der Stärke werden
und ihr Seil zu goldenen Gewändern;
30[21] bei ihr wird ihr Joch golden werden
und ihre Fesseln zu purpurnen Fäden.
31 Als Gewänder der Ehre wirst du sie anziehen,
als eine Krone der Herrlichkeit wirst du sie dir anlegen.
32 Wenn du willst, mein Sohn, wirst du es zu Weisheit bringen,
und wenn du aufpasst, wirst du klug werden.
33 Wenn du hören möchtest, lerne,[22]
und wenn du dein Ohr neigst, wirst du weise werden.[23]
34[24] In der Versammlung der Alten stehe,
und wer weise ist, an den schließe dich an.
35 Habe Gefallen daran, jedes Gespräch zu hören,
ein einsichtsvoller Spruch entgehe dir nicht.
36 Siehe, was er versteht, und sei auf es aus,
dein Fuß reibe die Schwelle ihrer Tür ab.[25]
37 Achte auf die Furcht JHWHs,[26]
und über seine Gebote sinne stets nach.[27]
Er wird dein Herz lehren,
und wenn du es begehrst, wird er dich weise machen.
(Sir 6,18-37)

Nach einer Passage über das Wesen der Freundschaft schließt Ben Sira diesen Abschnitt mit einer Betrachtung über den Weisheitserwerb an.[28]

---

19 So mit G. S bezeugt dagegen „Herz".
20 G bietet verkürzend: Forsche und suche, und sie wird dir bekannt werden.
21 V 30 ist in S nicht bezeugt.
22 So mit S und G. H bietet einen verderbten Text, in dem zudem ein Wort ausgefallen zu sein scheint.
23 So mit S und G, die die parallele Struktur zu V 32 aufrecht erhalten.
24 V 34 ist in H nicht bezeugt.
25 So mit G, das hier verdeutlichend übersetzt; H ist an dieser Stelle offenbar verkürzt.
26 So mit G. Zum hebräischen עליון dem syrischen ܡܪܝܐ und dem griechischen κύριος vgl. die Untersuchung bei Rickenbacher, Weisheitsperikopen, 64.
27 So mit H und S. Das ו von והגה ist auszulassen (trotz Rickenbacher, Weisheitsperikopen, 64, der es als „elegant" bezeichnet). G betont vor allem die Handlungsdimension, die in diesem Studium impliziert ist und die für Ben Sira immer mitschwingt.

5.3 Im Beth Midrasch Ben Siras 199

Ohne Schwierigkeiten wird der Schüler seinen Weg nicht gehen können. Ben Sira verschweigt nichts: Weisheit ist nicht einfach nur ein Geschenk des Himmels.

Bereits im einleitenden V 18 zeigt Ben Sira auf, dass es sich um einen lebenslangen Prozess des Lernens handelt, der schon früh in der Jugend begonnen werden muss. Immer wieder, so ist wohl der Imperativ in V 18a zu verstehen, muss sich der Schüler für die Weisheit, für sein Lernen und sein Studium entscheiden – er muss sie ‚wählen' (ἐπίλεξαι) und auch immer wieder ‚annehmen' (ἐπίδεξαι)[29].[30] Die Weisheit ist erst im Alter am Ende eines langen Entwicklungsweges und nach vielen Erfahrungen erreichbar.[31]

Die nötige Entwicklung ist hart und anstrengend. Ben Sira nutzt als Vergleich ein Bild aus dem Ackerbau (V 19), das seinen Schülern durch die agrarisch geprägte Umgebung von Jerusalem vertraut war: Vom Pflügen bis einschließlich Ernten[32], vom Anfang bis zum Ende muss man sich der Weisheit immer wieder nähern und auf sie hoffen. Dabei stehen Pflügen und Ernten für Tätigkeiten mit ganzem Körpereinsatz; wer sie ausübt, geht gebeugt über das Feld und weiß, was es heißt, sich im Schweiße seines Angesichts das tägliche Brot, die ‚Fülle des Ertrags', zu verdienen. Dennoch verspricht Ben Sira nur wenig Mühe und baldigem Erfolg. Hier hat er wohl die andere Seite der Landwirtschaft im Blick, denn gerade in ihr wird auch deutlich, dass nicht alles in der

---

28 Sauer, Jesus Sirach/Ben Sira, 84, stellt eine Verbindung zu beiden Passagen her: „So wie der Umgang in der Öffentlichkeit und mit den Freunden nicht frei ist von Enttäuschungen und Mühen, so ist auch der Weg und die Suche zum Ziele der Weisheit nicht frei von widerstrebenden Erfahrungen."
29 Darin hat auch die lateinische Texttradition ihr Recht.
30 Ben Sira unterscheidet sich hier nicht von der klassischen Weisheit Israels, wie sie in Spr 10ff überliefert ist. Auch sie betont, dass der Weise immer wieder Rat und Orientierung annehmen muss: vgl. u.a. Spr 10,8; 12,15; 13,10; 15,31; 19,20; 25,12.
31 Ben Sira nimmt damit ebenfalls einen Gedanken aus der klassischen Weisheit Israels auf (Spr 22,6). Durch den nachfolgenden Vers in Sir 6,19 modifiziert Ben Sira ihn jedoch dahingehend, dass es nun nicht mehr nur um die frühzeitige Erziehung des Sohnes geht, damit dieser sich auch im Alter nach ihr richten kann, sondern dass Weisheit zwar einerseits dem Alter verheißen ist, andererseits auch dann immer wieder ergriffen werden muss. Mit ähnlicher Thematik, aber an den erwachsenen Weisheitsschüler gerichtet ist Spr 19,20.
32 G betont in V 19aα durch die Übersetzung mit „Säender" anstatt „Erntender" besonders den Hoffnungsaspekt aus V 19aβ, da sowohl der Pflügende als auch der Säende erst am Anfang des Wachstumsprozesses stehen. Dagegen umfasst H mit S, indem es Anfang und Ende des Prozesses in den Blick nimmt, noch einmal die Spanne, die bereits in V 18 angesprochen worden ist, nämlich von der Jugend bis zum Alter. So kann deutlich werden, dass sich der Weisheitssuchende während der ganzen Zeit seiner Beschäftigung mit der Weisheit ihr immer nur wieder neu nähern kann.

Hand des Bauern liegt, sondern viel abgewartet und erhofft werden muss. Am Ende steht jedenfalls große Freude, auch das ist seinen Schülern von den großen Erntefesten her ein Begriff.

Mit V 20 wechselt Ben Sira den Blickwinkel.[33] Nun spricht er von der Wahrnehmung der Weisheit im Erziehungsprozess. Gedanklicher Zielpunkt ist V 22: „Denn die Erziehung ist wie ihre Benennung, / und nicht vielen ist sie einsichtig." Dabei steht hinter מוסר die Wurzel יסר mit der Bedeutung „zurechtweisen", was sowohl verbal als auch körperlich geschehen konnte.[34] Für den Schüler ist dies äußerst unangenehm, sodass Erziehung in der Tat auch eine starke Nähe zu Zucht bekommen konnte. Dem Unverständigen und Törichten erscheint die Erziehung damit trügerisch[35], wohl weil es ihm nicht schnell genug geht, sie zu erlangen.[36] Und so hält er sich nicht an sie, sondern empfindet die Arbeit, die er aufwenden muss, als zu große Belastung, sodass er sie von sich wirft. Zurechtweisung bedeutet, so Ben Sira, eben das, was der Begriff sagt – und das ist nicht immer angenehm, ist sie doch auch eine Krisis für das eigene Wollen und die eigenen Zielsetzungen. Der Törichte nimmt dies nur als Belastung wahr, der Weise dagegen wird seinen Rücken beugen und sie ertragen (V 25)[37]. Auf diese Weise reflektiert Ben Sira die Tatsache, dass es einerseits erfolgreiche, andererseits weniger erfolgreiche oder schlicht unwillige Schüler gibt.[38]

Letztlich bleiben nur wenige (V 22b). Doch Ben Sira setzt seine Hoffnung darauf, dass er von diesen wenigen einige vor sich hat. In S und G bildet V 23 diesen neuen Einsatz; in H ist er erst in V 25. Nach

---

33 Ohne direkt von Strophen zu sprechen, hat die Einteilung Rickenbachers in die Abschnitte VV 18-19.20-22.23-25.26-28.29-31.32-35.36-37 viel für sich. Zur näheren Diskussion siehe ders., Weisheitsperikopen, 56f. Dem übergeordnet sind drei Einheiten, die jeweils durch die Anrede ‚mein Sohn' (bzw. in G ‚Kind') eröffnet werden (V 18.23.32).

34 Siehe dazu die Ausführungen in Kapitel 3.3.4 und 5.4.1. Für die Zurechtweisung im Sinne der körperlichen Züchtigung gibt Spr 22,15 ein beredtes Zeugnis. Vgl. dazu auch Delkurt, Einsichten, 41-44.

35 ‚Trügerisch-עקובה' bezeichnet dabei den Gegenbegriff zu ‚einsichtig-נכוחה'. Beide Begriffe bilden so eine Klammer um die VV 20-22.

36 Die Übersetzung ‚trügerisch' nimmt dabei ein Doppeltes auf: zum einen durchaus den Aspekt einer gewissen Uneinschätzbarkeit, die auch als betrügerisch erlebt werden kann, zum anderen aber auch das Bild eines unebenen und daher auch gefährlichen Weges (vgl. Jes 40,4), was wiederum die Prozesshaftigkeit der Aneignung von Weisheit unterstreicht.

37 V 25 stellt in H den Anschluss an V 22 dar (s.o.).

38 So auch Crenshaw, On Knowing, 142, der in seiner Darstellung zum Thema des Wissens bzw. Lernens und Nicht-Wissens bzw. Nicht-Lernens einen weit über Ben Sira hinaus reichenden Bogen in der altorientalischen Weisheitsliteratur spannt.

der Beschreibung der Gefahren und Mühseligkeiten, die den Schüler sowohl von sich aus als auch von Seiten der Weisheit aus erwarten, greift Ben Sira diese erneut auf und wirbt um seine Schüler. Es gilt, sie wie ein Sklave zu (er)tragen und sich ihrer Leitung anzuvertrauen (VV 24f[39]),[40] sie aber auch mit ganzer Kraft aktiv selber zu suchen und in sie zu dringen, ja sie sogar zu überwältigen (VV 26-28). Die Anklänge in V 26 an Dtn 6,5 durch die Stichwörter ψυχή-Seele und δύναμις-Kraft sind sicherlich kein Zufall.[41] Weisheitssuche wird nach V 27 zu einem Ringen. Ben Sira verwendet hier eine Anspielung an den Unterrichtsbetrieb in einem hellenistischen Gymnasium, in dem die Schüler vor allem sportlichen Unterricht, darunter das Ringen, aber auch geistige Bildung erhielten.[42] Am Ende ist dem Weisheitsschüler ihre Ruhe[43] und ihr Genuss verheißen.[44]

In den VV 29-31 nimmt Ben Sira diese beiden Bilder mit den Kennzeichen des Sklaven und des Jägers wieder auf und beschreibt, wie sie sich ins Positive kehren. Das Netz[45] als Zeichen der Gefangenschaft an einem Ort und als Ausdruck der Schwäche und Abhängigkeit wird zu einer Stätte der Stärke; die Seile, mit denen der Sklave zieht und durch

---

39 In diesem Sinne wird V 25 aus H mit V 24 in S und G ausgeführt und mit V 23 eingeleitet.
40 Sauer, Jesus Sirach/Ben Sira, 85, versteht die Metapher dagegen als ein Bild aus dem Strafrecht. Das wird insbesondere durch das Stichwort ‚Fußfessel' nahe gelegt. Beides muss sich nicht ausschließen, kann doch Bestrafung auch durch Fronarbeit geschehen. Bei beiden Interpretationen bleibt als Tertium comparationis die fehlende eigene Bewegungs- und Willensfreiheit sowie eine Macht, der man sich in durchaus unangenehmer Weise beugen muss.
41 Der Vers ist in H nicht überliefert, aber der griechische Text entspricht der Wortwahl von Dtn 6,5LXX.
42 Wie in Kapitel 4 gezeigt, wird die Wertigkeit der sportlichen Betätigung gegenüber der geistigen bereits in den baulichen Anlagen augenfällig sichtbar: Der Ringkampf fand auf der Palästra im Zentrum der Anlage statt, die Unterrichtsräume für die nichtsportlichen Inhalte lagen am Rand neben vielen weiteren.
  Auffällig ist, dass Ben Sira auf die sportliche Betätigung, die doch den Hauptanteil an dem Betrieb eines hellenistischen Gymnasiums ausmachte, gar nicht eingeht. Für ihn steht die intellektuelle Bildung, die zu einem moralischen Leben führt, im Vordergrund. Hier sieht er den Menschen seiner Vervollkommnung nachstreben.
43 Marböck, Weisheit im Wandel, 117, weist auf die Verschiebung in der Ruhe-Vorstellung hin, die sich bei Ben Sira im Verhältnis zur biblischen Literatur vollzogen hat: „Ort der Ruhe ist nicht mehr das Land wie im Deuteronomium [sic!, Komma fehlt] sondern die Person der Weisheit bzw. Gott selber."
44 Löhr, Bildung, 34, spricht in diesem Zusammenhang von der Weisheit, die „das individuelle Leben hebt und lebenswert macht".
45 G übersetzt רשת mit πέδη-Fußfessel. Der Unterschied ist aber für die konkrete Funktion im Text unerheblich. In beiden Fällen geht es um Zeichen der Knechtschaft beziehungsweise Sklaverei.

die Lasten niedergebeugt ist, werden zu goldenen Gewändern, die ihn zu einem Vornehmen aufrichten, der Ehrenkleider trägt[46] und wie ein Sieger bekränzt wird. Mit diesem letzten Bild greift Ben Sira wie schon bei der Metapher des Ringens um die Weisheit auf ein Motiv aus der hellenistischen Welt zurück: der Siegeskranz war die Auszeichnung des erfolgreichen Athleten, der sich im Gymnasium trainiert und dann im Wettkampf bewiesen hat. Dass Ben Sira solch ein sprachliches Bild verwendet und von seinen Lesern verstanden wird, aber auch dass sich dieses Motiv ebenfalls in Spr 1,9; 4,9 findet, zeigt, wie stark hellenistische Lebensart im Alltag sichtbar war und wie unbefangen damit nicht nur Ben Sira umgehen konnte.[47]

In V 32 schlägt Ben Sira einen neuen Ton an: Er wechselt wieder zur direkten Anrede an seine Schüler. Dabei wird er vor allem aber inhaltlich konkret, indem er die poetische Sprache weitestgehend verlässt[48] und zu konkreten Anweisungen übergeht. Auf diese Weise gibt er Grundlinien seiner Didaktik zu erkennen, die im Folgenden, zum Teil unter Hinzuziehung weiterer Texte des Buches, dargestellt werden.

5.3.1.1 Lehrvortrag

Die Anrede „mein Sohn"[49] (Sir 6,18.23.32) zeigt nicht nur die literarische Verwurzelung Ben Siras in der Weisheitsliteratur, sondern auch in der Didaktik des weisheitlichen Unterrichts. Dieser ist vor allem mündlich.[50] Im Mittelpunkt steht der Lehrvortrag. Das geben neben den einfachen Anreden gerade die ,שמע בני'-Stellen (Sir 16,24; 31,22) deutlich zu

---

46 Durch das Stichwort תכלת wird er sogar in die Nähe der Priesterschaft gerückt, denn תכלת verwendet Ben Sira nur in 6,30 und dann wieder bei der Vorstellung Aarons als Hoherpriester in 45,10. Zugleich wird hier deutlich, dass für Ben Sira das Priestertum bzw. die Erscheinung des Priesters während des Kultes „Inbegriff höchster Herrlichkeit" ist (Stadelmann, Schriftgelehrter, 48), greift er doch damit insbesondere auf die Beschreibungen in Ex 25-31.35-40 zurück, wo tlkt als Farbe für die Stoffe der Priestergewänder und des Stiftszeltes angegeben wird.

47 Um so bemerkenswerter ist es, dass Ben Siras Enkel dieses Motiv übernimmt, obwohl er nach dem Konflikt um die Errichtung eines Gymnasiums in Jerusalem und dem erfolgreichen Makkabäeraufstand schreibt. Möglicherweise ist der Siegeskranz zu seiner Zeit aber auch schon ein gängiges Bild in der Sprache der Weisheitsschulen seiner Zeit gewesen und nicht mehr als spezifisch hellenistisch empfunden worden. In Alexandria hat sich die Situation ohnehin anders dargestellt als in Jerusalem.

48 V 36 ist dabei eine Ausnahme, bietet aber zugleich einen Schlüssel für das Verständnis anderer Texte wie Sir 14,20-15,10.

49 So mit H; G bietet durchgängig τέκνον, übergeht also das Possessivpronomen. (In 16,24; 31,22 wird die Wendung שמע בני mit ἄκουσόν μου τέκνον wiedergegeben.)

50 Vgl. dazu Crenshaw, Listening, 183, der eine Linie von Pthahotep bis zur biblischen Weisheit auszieht.

erkennen. Aber auch Wendungen wie „wenn du hören möchtest" und „wenn du dein Ohr neigst" (Sir 6,33) verweisen auf den Lehrvortrag. Schließlich formuliert Ben Sira in Sir 6,33b in schlichter Klarheit die Verheißung, die im Hören liegt: „wenn du dein Ohr neigst, wirst du weise werden". In diesem „Vorrang des Hörens" hat Ben Sira Anteil an einem breiten Strom der alttestamentlichen Tradition.[51]

Neben diesen Aussagen legt aber auch gerade die Textstruktur von Sir 6,32f den mündlichen Vortrag nahe. So lassen sich diese vier aufeinander folgenden „Wenn du..."-Sätze gut als eingängig formulierte Rhetorik verstehen, die sich den Schülern beim Hören um so besser einprägt. Schließlich liegt es im Wesen der Sentenzen selber, dass sie dem Vortrag, dem Wiederholen und dem Auswendiglernen dienen.[52] Offen bleibt, wie die Schüler das Gehörte konkret gelernt haben; vermutlich werden sie es selber mitgeschrieben haben, sodass sie es repetieren konnten.[53]

5.3.1.2 Lehrgespräche

Doch Ben Sira schränkt den Unterricht nicht auf Schulstunden mit Lehrvorträgen ein. Hinzu kommen Lehrgespräche zwischen Weisen (שׂיחה), an denen die Schüler zuhörend partizipieren können (Sir 6,35a). So bezeichnet der Ausdruck כל שׂיחה in V 35 nicht jede Art des Gesprächs.[54] In diesem Sinne wird die Aussage auch in V 34 verstanden, indem hier auf das Gespräch zwischen den Alten und Erfahrenen verwiesen wird. Da dieser Vers jedoch nicht im hebräischen Text überlie-

---

51 Siehe dazu die Ausführungen in Kraus, Hören und Sehen, 89-94.
52 In diesem Zusammenhang hat Wischmeyer, Kultur, 172, darauf hingewiesen, dass die Sentenzenform zwar das Lernen erleichtert, aber umgekehrt „diskursives oder gar dialektisches Denken", wie dies in Prosatexten möglich ist, verhindert: „Das Ziel der Lehrdichtung ist richtiges Verhalten, das durchaus sachgemäße Prüfung, nicht aber kritisches Denken zulässt." (ebd.) Damit ist der Didaktik Ben Siras auch ein problematischer Aspekt mitgegeben.
53 Wie in der Weisheitsliteratur üblich, hat Ben Sira diesen Stil des mündlichen Lehrvortrags auch bei der schriftlichen Niederlegung seines Buches beibehalten, sodass er damit seinen Lesern seine eigene, ins Schriftliche geronnene Lehre vorlegt.
54 Für diese Einschränkung spricht die Verwendung des Begriffs שׂיחה in Sir 8,8f, wo eindeutig das Gespräch zwischen Gelehrten gemeint ist. Ben Sira geht eben nicht davon aus, dass Weisheit zufällig in jedem Gespräch wirkt, sondern bindet sie an die Person des Weisen. Stadelmann, Schriftgelehrter, 305, sieht in dem in V 35 genannten Gespräch sogar bereits ein Famulus-System vorausgesetzt, indem sich ein Schüler einem weisen Mann anschließt und bei ihm lernt. Das ist jedoch aufgrund dieser Textbasis kaum plausibel zu machen. Zudem geht es bei der שׂיחה in V 35 um ein Gespräch zwischen den Alten und nicht um ein Gespräch mit Schülern, das erst in V 36 anklingt.

fert ist, kann nicht mit Sicherheit gesagt werden, ob diese Aussage von Ben Sira selber stammt. Ein eigenes Gespräch der Schüler, in dem sie selber Sprüche hervorbringen, sieht Ben Sira offenbar nicht vor. Damit fügt er sich in seiner Methodik ganz in die weisheitliche Tradition der Lehre ein, ist es doch insgesamt ein Charakteristikum der Weisheit, dass die Schüler im Bildungsgeschehen, abgesehen vom lautem Wiederholen der Lehrinhalte, nicht zu Wort kommen.[55]

Ebenfalls auf die Lehrgespräche kommt Ben Sira in Sir 8,8-9 zu sprechen:

8 אל תטש שיחת חכמים
ובחידתיהם התרטש
כי ממנו תלמוד לקח
להתיצב לפני שרים
9 אל תמאס בשמיעת שבים
אשר שמעו מאבתם
כי ממנו תקח שכל
בעת צ[רך] להשיב פתגם

(Ms A)

8 Lasse nicht unbeachtet das Gespräch von Weisen,
auf ihre Rätsel stürze dich,
denn von ihnen wirst du Lehre[56] lernen,
um vor Fürsten zu stehen.
9 Verschmähe nicht das Gehörte[57] von Alten,
die [es wiederum] von ihren Vätern gehört haben.
Denn von ihnen wirst du Wissen[58] annehmen,
um zur nötigen Zeit einen Spruch antworten zu können.
(Sir 8,8-9)

---

55 Siehe Crenshaw, Education, 187, unter der viel sagenden Überschrift „The Missing Voice". Crenshaw weist auch darauf hin, dass es sich bei den Worten Lemuels in Spr 31,1-9 in dem Sinne um eine Ausnahme handelt, allerdings auch hier wiederum deutlich wird, dass Lemuel nicht seine eigenen Worte spricht, sondern die seiner Mutter (a.a.O., 189).

56 G übersetzt an dieser Stelle לקח mit παιδεία.

57 So mit H. S und G bezeugen beide „Gespräch" (ܐܫܬܥܝ, διήγημα) und damit dasselbe Wort wie in V 8aα. Möglicherweise handelt es sich um eine Aberratio oculi bereits in einem verlorenen Teil der hebräischen Textüberlieferung, der S und G zugrunde liegt. In jedem Fall ist H beizubehalten. Eine Herleitung des שמיעת שבים von שמעו im folgenden Stichos durch die Annahme einer Aberratio oculi ist jedenfalls nicht plausibel.

58 So mit H und G. S bietet den in S üblichen Fachbegriff ܝܘܠܦܢܐ (Lehre).

Diese Passage sticht durch ihr Thema und ihre Geschlossenheit aus ihrem Kontext heraus. Inmitten von einzelnen Anweisungen zum sozialen Umgang mit Menschen in verschiedenen Bezügen schreibt Ben Sira diesen kurzen zusammenhängenden Text über den Erwerb von Lehre und Wissen – und nennt dabei auch grundlegende Methoden.[59]

So geht Ben Sira auch hier von dem Lehrgespräch (שיחה) der Weisen aus. „Nicht das innerliche Geschäft der Meditation, sondern die Formulierung des Gedankens in der Rede meinen auch die bei Sir. häufig im weisheitlichen Sinne verwendeten Nomina שיח und שיחה."[60] Ersteres ist der im Alten Testament zumeist verwendete Bedeutungsinhalt, der sich in seiner Entwicklung über die Verwendung als Bezeichnung für laute Äußerungen hin zu einem Gespräch verschiebt.[61] Wenn in Sir 44,4 dann die חכמי שיח (die Weisen des Lehrgesprächs) mit den מושלים (Formulierern von Sentenzen) parallel gestellt werden, dann ist dies der sichtbare Beleg für diese Bedeutungswandlung, zugleich aber auch der Hinweis darauf, dass Lehrgespräche einerseits und literarische Sentenzen zu verfassen andererseits zusammengehören, jedoch auch zu unterscheiden sind. Dabei kann und darf dies nicht als eine strikte Trennung verstanden werden, sondern macht lediglich darauf aufmerksam, dass es ein Unterschied ist, ein (Lehr-) Gespräch zu führen und literarisch tätig zu werden und auf diese Weise (Lehr-) Sentenzen zu verfassen. Sicherlich handelt es sich um denselben Personenkreis, doch in ihrer Tätigkeit jeweils unterschieden; in diesem Sinne kommentieren sich beide Glieder des Parallelismus membrorum gegenseitig.

Aus der vorherrschenden literarischen Gattung der klassischen Weisheit in Israel, aber auch aus dem Buch Sir selber kann geschlossen werden, dass in den in Sir 8,8 angesprochenen Lehrgesprächen die Unterrichtsinhalte im Wesentlichen in Form von Sentenzen erörtert werden. Möglicherweise entstammen solchen Gesprächen auch Sen-

---

[59] Diese Passage ist allerdings insofern thematisch in ihrem Kontext eingebettet, als auch sie vom Umgang mit denen handelt, von denen Weisheit zu erlangen ist. Sie ist aber nicht nur thematisch in sich geschlossen und unterscheidet sich so von ihrem Kontext, sondern sprengt auch stilistisch den Rahmen einer Reihe von „אל..."-Sätzen, die in V 1 beginnt und das ganze Kapitel 8 umfasst, indem hier ein zweifaches „אל... כי..."-Schema verwendet wird (auch in V 15f, wo sie aber mit einer Wortumstellung verbunden ist). Calduch-Benages, Authority, 92, sieht hier ein Schema aus einem „negative counsel" (V 8aa), einem „positive counsel" (V 8ab) und einer Motivation (V 8b), das sich in V 9 mit der Reihe „negative counsel" (V 9aa), „explanation" (V 9ab) und Motivation (V 9b) wiederholt bzw. variiert. Da die Annahme einer Variation in den Versteilen ab erst durch die Parallelsetzung notwendig wird, ist es besser von den oben beschriebenen „אל... כי..."-Schema zu sprechen.
[60] Müller, שיח, 366.
[61] Vgl. Hausmann, שיח, 758f.

tenzen, die die Schüler später wieder in ihrem Unterricht lernen werden. Die Schüler ihrerseits konnten an den Lehrgesprächen zuhörend partizipieren.

5.3.1.3 Rätselsprüche

Eine weitere Methode stellen die in Sir 8,8 erwähnten חידות dar. Mit ihnen können Rätselfragen gemeint sein (vgl. Ri 14; 1Kön 10,1,[62] auch in Sir 10,19; 22,14), aber auch Weisheitssprüche, deren „Rätselhaftigkeit" darin bestand, dass „die chiffrierte Sondersprache vom Wissenden enträtselt werden"[63] musste. Aufgrund des Parallelismus liegt es nahe, sie neben den Sentenzen als Bestandteil und besonderes didaktisches Element des weisheitlichen Lehrgesprächs zu verstehen. Sie haben nun nicht mehr ihre alte Funktion, die Macht der beziehungsweise des Fragenden herauszustellen, sondern wollen Anreiz zum eigenen Überlegen geben.[64]

5.3.1.4 Einübung

In Sir 6,37 nennt Ben Sira noch einen weiteren Ort des Lernens: Neben den in Sir 6 erwähnten weisheitlichen Lehrvortrag und das Gespräch der Weisen stellt er die Einübung in die Praxis der Frömmigkeit.[65] Es geht um das Studieren[66] und Tun[67] der Gebote. Das ist für die Weisheit in Israel eine neue Qualität, denn damit tritt neben die weisheitliche Lehre, die auf menschlicher Erfahrung und Einsicht beruht, die göttliche Offenbarung, hier zunächst in Form der Gebotstraditionen Israels,

---

62 Müller, Rätsel, 465; 477, weist ausgehend von Ri 14 und 1Kön 10 auf die Machtstrukturen beim Stellen und Lösen von Rätseln hin.
63 Hamp, חידה, 872. Vgl. insgesamt zu חידות Müller, Rätsel, der aufzeigt, dass die Grenzen zwischen den verschiedenen weisheitlichen Gattungen nicht mehr klar zu ziehen sind. Entsprechend sieht er auch keine Möglichkeit mehr, חידה in Sir 8,8 genauer zu bestimmen (a.a.O., 481).
64 Für die weitere Exegese von Sir 8,8f siehe in diesem Kapitel 5.3.2.1.
65 Haspecker, Gottesfurcht, 131, sieht in dieser Aufforderung zur Einübung in die Frömmigkeit den Zielpunkt der ganzen Perikope. Wie die weitere Erörterung (siehe 5.3.2.) zeigen wird, ist es angemessener, das Studium der heiligen Schriften in die weiteren Lernfelder einzureihen. Es ist ein nicht unwesentlicher, aber eben doch nur ein Bestandteil des Curriculums, das Ben Sira vorsieht. Marböck, Weisheit im Wandel, 118, weist dann auch zu Recht darauf hin, dass die Gottesfurcht „nur Voraussetzung für die Weisheit" ist.
66 V 37bH greift unverkennbar Ps 1,2 auf.
67 Diesen Aspekt betont der Enkel in seiner Übersetzung, indem er הגה (nachsinnen) mit μελετάω (sich befleißigen) wiedergibt.

in weiteren Stellen dann auch in der übrigen biblischen Überlieferung. So deutet sich an dieser Stelle Ben Siras Wertschätzung der biblischen Schriften sowie ihre Integration in sein weisheitliches Denken bis in den Unterricht hinein an.

5.3.1.5 Erfahrung

Von der Einübung zu unterscheiden ist noch einmal die eigene Erfahrung. Darüber spricht Ben Sira in Sir 25,3-6:

3 ἐν νεότητι οὐ συναγείοχας
καὶ πῶς ἂν εὕροις ἐν τῷ γήρᾳ σου
4 ὡς ὡραῖον πολιαῖς κρίσις
καὶ πρεσβυτέροις ἐπιγνῶναι βουλήν
5 ὡς ὡραία γερόντων σοφία
καὶ δεδοξασμένοις διανόημα καὶ βουλή
6 στέφανος γερόντων πολυπειρία
καὶ τὸ καύχημα αὐτῶν φόβος κυρίου

3 Wenn du nicht in deiner[68] Jugend[69] gesammelt hast,
wie willst du dann finden in deinem Alter?
4 Wie angenehm ist Grauhaarigen das Gericht
und Alten, Rat zu wissen.
5 Wie angenehm ist Weisheit der Alten
und Geehrten der Gedanke und der Rat.
6 Der Ehrenkranz der Alten ist die große Erfahrung,
und ihr Ruhm ist die Furcht des Herrn[70].
(Sir 25,3-6)

Wie schon in Sir 6 kommt Ben Sira auch hier wieder auf Bildung als einen lebenslangen Prozess zu sprechen, mit dem ein Mensch nicht früh genug anfangen kann. Dass es auch unverständige Alte gibt und dass Alter somit kein Gut zur Wertschätzung an sich ist, hat er in V 2bβ aufgezeigt.[71] In dieser Passage formuliert Ben Sira nun seine Vorstel-

---

68 So mit S, das den Parallelismus zum folgenden Stichos wahrt.
69 S ergänzt nachfolgend „Weisheit" (ܚܟܡܬܐ). Doch dabei handelt es sich um eine präzisierende Glosse.
70 S bietet hier „Gottesfurcht" (ܕܚܠܬܗ ܕܐܠܗܐ).
71 Sir 25,2: „Drei Erscheinungen hasst meine Seele: ... einen ehebrecherischen Alten, dem es an Verstehen mangelt." Hinzu kommen die Überlegungen in Sir 3,12f, in denen Ben Sira offenbar das Phänomen der Altersdemenz berücksichtigt. Damit mar-

lung von einem würdigen Alten:[72] er hat teil am Gericht, weiß Rat, er hat Weisheit, ist geehrt mit seinen Gedanken und hat große Erfahrung, schließlich fürchtet er den Herrn.

Dabei führt Ben Sira hier gegenüber den vorigen Texten eine neue Kategorie ein, die der Erfahrung (πολυπειρία). Diese kann nur eingeschränkt in der Schule und im Unterricht erworben werden, sondern muss selbst, ganz individuell durch „trial and error" erlangt werden. Damit gibt sich Ben Sira auch einen Zug von Bescheidenheit. Er weiß um die Begrenzung, die der Unterricht bietet. Weisheit zeichnet sich eben nicht nur durch anstudiertes Wissen aus, sondern auch durch Lebenspraxis. Den Schülern kann dies ein Ansporn sein, ist doch hier passend von der Weisheit eines Alten die Rede.

5.3.1.6 Psalmen

In Sir 39,12-16 gibt Ben Sira noch einen weiteren Einblick in seine Methodik.

15 [בשי]רות נבל וכלי מיני[ם]
וכן תאמר בתרועה
16 ... אל כלם טובים
וכל צורך בעתו יספיק

(Ms B)

12 ἔτι διανοηθεὶς ἐκδιηγήσομαι
καὶ ὡς διχομηνία ἐπληρώθην
13 εἰσακούσατέ μου υἱοὶ ὅσιοι καὶ βλαστήσατε
ὡς ῥόδον φυόμενον ἐπὶ ῥεύματος ὑγροῦ
14 καὶ ὡς λίβανος εὐωδιάσατε ὀσμὴν
καὶ ἀνθήσατε ἄνθος ὡς κρίνον
διάδοτε ὀσμὴν[73] καὶ αἰνέσατε ᾆσμα[74]
εὐλογήσατε κύριον ἐπὶ πᾶσιν τοῖς ἔργοις
15 δότε τῷ ὀνόματι αὐτοῦ μεγαλωσύνην
καὶ ἐξομολογήσασθε ἐν αἰνέσει αὐτοῦ
ἐν ᾠδαῖς χειλέων καὶ ἐν κινύραις

---

kiert er einen Einschnitt in der sonstigen Darstellung des Alters in der biblischen Tradition.

72 Skehan/Di Lella, Ben Sira, 341, gehen davon aus, dass Ben Sira dabei auch sich selbst im Blick hat. Doch dies muss offen bleiben; dazu ist die Passage zu unbestimmt, spricht er doch an anderen Stellen ausdrücklich von sich in der 1.Person.
73 Ziegler bietet mit schwachen Textzeugen, aber gut verständlich im Kontext φωνήν.
74 Ziegler bietet mit der syrischen Übersetzung ἅμα.

καὶ οὕτως ἐρεῖτε ἐν ἐξομολογήσει
16 τὰ ἔργα κυρίου πάντα ὅτι καλὰ σφόδρα
καὶ πᾶν πρόσταγμα ἐν καιρῷ αὐτοῦ ἔσται

12 Versteht! Ich will meine Lehre kundtun.[75]
wie der Vollmond bin ich erfüllt.[76]
13 Hört mich an, fromme Söhne, und lasst sprießen
wie eine Rose, die hervorsprießt am feuchten Strom.
14 Wie Weihrauch lasst Duft ausströmen
und erblüht als Blume wie eine Lilie.
Verteilt Duft und lobt mit einem Lied,
lobt den Herrn über allen [seinen] Werken.
15 Gebt seinem Namen Größe
und dankt ihm in seinem Lob
mit Gesang auf der Harfe[77] und dem Saitenspiel.
So sollt ihr[78] sagen im Dank:
16 Alle Werke Gottes sind gut,
jedem Bedarf ist zu seiner Zeit Genüge.[79]
(Sir 39,12-16)

Die Dominanz des gesprochenen, aber vor allem des gehörten beziehungsweise des zu hörenden Wortes zeigt sich auch in diesem Abschnitt. So beginnt Ben Sira bei sich selber, seiner eigenen Reflexion, die er dann erzählen, weitergeben und erörtern möchte.[80] Dann folgt wieder eine Aufforderung zu hören, von deren Bedeutung bereits oben die Rede war.

Doch dem folgt nun das Handeln der Schüler. Sie dürfen selbst tätig werden. Dafür sieht Ben Sira das Gotteslob vor. Mit Gesang (שׁירוֹת;

---

75 Die Übersetzung folgt S: ܠܡܚܟܡܐ ܨܘܬܘ ܠܡܠܝ. Eine Textrekonstruktion von H ist schwierig. Vgl. Rickenbacher, Weisheitsperikopen, 186.
76 So mit G. In S scheinen Worte ausgefallen zu sein.
77 G bietet: „in Lobgesängen der Lippen".
78 Angesichts des Kontextes in G, in dem alle Verben in Pluralformen stehen, ist dies auch hier durchzuhalten.
79 So mit H; G gibt dies sinngemäß wieder: „und jede Bestimmung wird zu ihrer Zeit gelten".
80 G übersetzt V 12:
    Noch einmal will ich, nachdem ich nachgedacht habe, erzählen;
    wie der Vollmond bin ich erfüllt.
    Zu den einzelnen Begrifflichkeiten in V 12G siehe die ausführliche Darstellung in Liesen, Full of Praise, 117-122; 127-130. Auf den folgenden Seiten gibt er eine Einführung in die in V 13-15 verwendete Bilderwelt.

ᾠδαῖς) bei instrumentaler Begleitung (V 15) sollen die Schüler Gottes Größe und Erhabenheit preisen. Zweifellos ist hier an Psalmen zu denken, zeigt sich doch Ben Siras Begeisterung für sie an den vielen eigenen Dichtungen, die sein Buch durchziehen.[81] Doch aller Wahrscheinlichkeit nach ist nicht nur an seine eigenen Werke, sondern insbesondere auch an den Psalter selber zu denken, vereinigen sich doch in ihm Lob und Lehre, ganz im Sinne dieser Passage im Buch Ben Sira, indem in ihm Ereignisse der Geschichte Israels oder die Schöpfung, in jedem Fall aber das Verhältnis des Beters oder der Beter zu Gott aufgegriffen werden. Dafür sprechen zum einen gerade an dieser Stelle die Anklänge an den Psalter wie beispielsweise das Bild von der Rose am fließenden Gewässer, das in seiner Bildebene an den Baum in Ps 1,3 erinnert, auch wenn beide Texte in ihrer Wortwahl nicht übereinstimmen,[82] dann aber vor allem die Gattungsbezeichnung ᾠδή selber, durch die in der Regel die Bezeichnung שיר übersetzt wird und die in zahlreichen Psalmüberschriften steht.[83]

Für die Methodik ist dies insofern wichtig, als die Schüler hier nicht mehr nur passiv rezeptiv aufnehmen, sondern selber ganz elementar „den Mund aufmachen" und sich nicht nur sprachlich äußern, indem sie die Lehre mündlich wiedergeben, sondern Teile der Lehrinhalte, vermittelt durch Psalmen, auch singen.[84] Das hat insofern eine beson-

---

81 Vgl. dazu die umfangreiche Untersuchung von Reitemeyer, Michael, Weisheitslehre als Gotteslob. Psalmentheologie im Buch Jesus Sirach, der Ben Sira in enger zeitlicher und geistiger Nähe zur Endredaktion des Psalters sieht. Konkret machen dies Marböck, Gottes Weisheit, 91-96, und vor ihm Rickenbacher, Weisheitsperikopen, 81-83, am Beispiel von Ps 1 deutlich.
82 Dabei gilt allerdings die Einschränkung, dass bei Sir für diesen Vers nur der griechische Text vorliegt, sodass auf den hebräischen Text nicht zurückgegriffen werden kann. Unabhängig davon verweist Sir 39,13 auch auf den Strom der Weisheit in Sir 24 zurück. Ebenfalls auf Sir 24 greift die Erwähnung des Weihrauchs in 39,14 zurück; so werden hier die Schüler in poetischer Sprache aufgefordert, Anteil am Duft der Weisheit zu werden, den diese nach Sir 24,15 ausströmt, ja ihn selber hervorzubringen, sodass auch sie Weisheit verbreiten, wie der Weihrauch seinen Duft verbreitet.
83 Siehe die Psalmüberschriften in Ps 4; 18 (17LXX); 30 (29LXX); 39 (38LXX); 45 (44LXX); 48 (47LXX); 65 (64LXX); 66 (65LXX); 67 (66LXX); 68 (67LXX); 75 (74LXX); 76 (75LXX); 83 (82LXX); 87 (86LXX); 88 (87LXX); 92 (91LXX); 96 (95LXX); 108 (107LXX); 120-134 (119-133LXX), oft in Kombination mit ψαλμός, was die zahlreichen Verbindungen von שיר und מזמור in den Psalmenüberschriften wiedergibt. Hinzu kommen noch Ps 90LXX (91); 92LXX (93); 94LXX (95), in denen eine Überschrift mit der Gattungsbezeichnung ᾠδή angegeben ist, die aber im masoretischen Text fehlt.
84 Dabei ist nicht daran zu denken, dass Teile des Buches Sir gesungen wurden. Vielmehr ist anzunehmen, dass Ben Sira hier auf Psalmen, traditionelle und eigene, zurückgegriffen hat. Dass er die dort besungenen Geschehnisse und damit insgesamt

dere Qualität, als Musik mit Rhythmus, Melodie und Takt noch ganz andere Schichten des menschlichen Bewusstseins erreicht und anspricht, als dies das gesprochene Wort kann.[85] Zugleich können sie sich so in die alten Traditionen Israels, insbesondere in die Frömmigkeit der Psalmen stellen und sich die Welt von Lob, Lehre und Gottesdienst erschließen. Zielpunkt dessen ist, sich in die von Gott geordnete Welt hineinzufinden und -zufügen – und Gott dafür zu loben.[86]

5.3.1.7 Das Buch

Erwähnt sei neben diesen Formen der Unterrichtsgestaltung natürlich auch Ben Siras Buch selber. Mit ihm legt er eine „Methode" eigener Art vor: verschriftlichte mündliche Lehre, mit der er auch Menschen erreichen kann, die niemals in seinem Lehrhaus gesessen haben beziehungsweise sitzen konnten.[87] Ob Ben Sira es selber im Unterricht verwendet hat, muss offen bleiben, aber immerhin erwähnt er sein Buch in Sir 39,32.

על כן מראש התי[צ]בתי
והתבוננתי ובכתב הנחתי
(Ms B)[88]

Deshalb habe ich von Anfang an fest dazu gestanden
und Acht gegeben und es schriftlich niedergelegt.
(Sir 39,32)

Deutlich formuliert er den Anspruch für sein Werk: *Er* hat es erforscht, und *er* hat es schriftlich niedergelegt. Dafür steht Ben Sira in Sir 39,32

---

die Dimension der Geschichte in seine Lehre mit integriert hat, zeigt das Väterlob (siehe dazu unten).
85 Vgl. dazu die zahlreichen Lieder von Martin Luther, mit denen er die reformatorische Lehre im Volk zu verankern suchte, indem er sie singen ließ.
86 Ob Ben Siras Schüler an dieser Stelle ebenso produktiv wurden wie ihr Lehrer, der mehrere Psalmen verfasst und diese in sein Werk aufgenommen hat, muss offen bleiben. Vermutlich handelt es sich dabei aber auch um einen Bereich, der nach Ben Sira in die Tätigkeit des Weisen fällt, der eben ‚seine' Weisheit (vgl. Sir 39,6) lehrt – und das in unterschiedlichen Formen und Gattungen.
87 Dieses offensichtliche Anliegen, das Ben Sira mit der Abfassung seines Buches hatte, hat der Enkel im Sinne seines Großvaters aufgenommen, indem er es (wahrscheinlich den Alexandrinern) in Übersetzung anbot.
88 In Ms M sind Teile des voranstehenden Textes erhalten, von diesem Vers jedoch nur das י von הנחתי.

mit seiner Person, mit seinem „Ich", und am Ende seines Buches auch mit seinem Namen ein.

In jedem Fall zeigt er, dass sein pädagogisches Anliegen nicht an den Mauern seines Lehrhauses endet, sondern weit darüber hinaus reicht – so sehr, dass er sich berufen fühlte, der Literatur Israels ein weiteres Werk zu schenken, um mit der Quintessenz seiner Lehre auch ferne Generationen zu erreichen.[89]

5.3.1.8 Muße

Grundlegend für den Weisheitserwerb ist nach Ben Sira die Muße:

> Die Weisheit des Schriftgelehrten vermehrt Weisheit,
> und [wer] wenig Beschäftigung [hat], wird sich zur Weisheit bilden.
> *(Sir 38,24)*[90]

Diese Muße hat zweifellos zunächst einmal einen ökonomischen Aspekt, muss sich doch vor allem ein Schüler, aber in eingeschränkterem Maße auch ein Leser eine solche Freiheit von der Erwerbsarbeit leisten können. Dass es sich bei dieser Freiheit nicht unbedingt um eine grundsätzliche Beschäftigungslosigkeit handeln muss, hat Schrader terminologisch aufgezeigt.[91] Es darf sich aber nicht um eine Tätigkeit handeln, die den Menschen zeitlich ganz ausfüllt. An diesem Punkt vollzieht Ben Sira eine Gratwanderung zwischen der Hochschätzung der Arbeit und des Fleißes in der weisheitlichen Tradition Israels einerseits (vgl. Spr 6,6.9-11; 11,16; 13,4) und der bis in die Verachtung gehende Ablehnung von Erwerbsarbeit im griechisch-hellenistischen Kulturkreis andererseits.[92] Wie neu dieses Thema für Ben Sira ist, zeigt sich auch daran, dass ihm im Hebräischen offensichtlich kein Ausdruck für Muße zur Verfügung steht: Während sich Ben Sira mit der Wendung חסר עסק noch einer sprachlichen Hilfskonstruktion bedienen muss,

---

89   Ein weiteres Motiv könnte auch gewesen sein, dass er sich durch sein Werk eben einen solchen Namen macht, den er den Weisen verheißt, nämlich einen ewigen, an den sich die Generationen nach ihm noch erinnern werden (vgl. Sir 15,6; 37,26; 39,9; 40,19; ähnlich auch 41,13). Ziel ist es, zu denen zu gehören, von denen er in Sir 44,8.14 spricht.

90   Hebräische und griechische Textdarstellung sowie textkritische Diskussion siehe in Kapitel 5.2.4.

91   Schrader, Beruf, 121, der עסק an dieser Stelle inhaltlich eng mit עמל verknüpft. Hinzu kommt, wie in Kapitel 5.2.4 gezeigt, dass Ben Sira auch nicht grundsätzlich davon ausgeht, dass seine Schüler nicht arbeiten würden.

92   Siehe dazu Christes, Bildung, 25; 47-57.

kann der Enkel die Sentenz sinngemäß übersetzen und dabei den griechischen Begriff σχολή verwenden.[93]

Grundsätzlich aber hält Ben Sira an dieser Stelle fest: Ein Weiser, vor allem ein angehender Weiser, braucht Zeit und Ruhe zum Studium und zur Reflexion. Dies ist für ihn die unabdingbare Voraussetzung für die Erlangung der Weisheit.

5.3.2 Unterrichtsinhalte

Im folgenden werden nun die Unterrichtsinhalte umrissen, die Ben Sira in seinem Werk zu erkennen gibt. Leider ist einschränkend festzustellen, dass Ben Sira kein Curriculum nennt, aus dem eine Abfolge oder Gleichzeitigkeit der Lehrinhalte zu entnehmen wäre.

Methodisch sind die Unterrichtsinhalte den Lehrinhalten des Buches zu entnehmen. Das bringt eine gewisse Unsicherheit mit sich, schließlich kann es über die in seinem Buch gebotenen Lehren hinaus noch weitere gegeben haben, die Ben Sira nur im mündlichen Schulbetrieb vorgetragen hat; ebenso ist es möglich, dass er Inhalte verschriftlicht hat, die er in seinem Lehrhaus (noch) nicht unterrichtet hat. Dieser Unsicherheit muss man sich gewiss sein; der Versuch einer Bestimmung dieser Lehren wäre reine Spekulation.

5.3.2.1 Die weisheitliche Lehrtradition

Das Vornehmste, was Ben Sira seine Schüler lehrt, ist die Tradition der weisheitlichen Lehre.

> Verschmähe nicht das Gehörte von Alten,
> die [es wiederum] von ihren Vätern gehört haben.
> Denn von ihnen wirst du Wissen annehmen,
> um zur nötigen Zeit einen Spruch antworten zu können.
> (Sir 8,9)[94]

In der oben bereits genannten Passage von Sir 8,8-9 führt Ben Sira in V 9 mit der Wendung שמיעת שבים einen Begriff ein, der als eine Art Oberbegriff zu verstehen ist.[95] Dabei handelt es sich zunächst um einen for-

---

93 Siehe dazu auch Marböck, Gottes Weisheit, 31f.
94 Zur Textdarstellung und Textkritik siehe in diesem Kapitel 5.3.1.2.
95 Schreiner, Jesus Sirach, 56, versteht diesen Begriff vor dem Hintergrund von Ps 71,18f als Spezifizierung auf die religiöse Tradition hin. Doch stellt dies eine Veren-

malen Begriff: Er verdeutlicht noch einmal, welche herausragende Bedeutung das Hören in der Didaktik Ben Siras einnimmt.

Vor allem aber ist שמיעת שבים ein inhaltlicher Begriff. Durch ihn verdeutlicht Ben Sira die Kontinuität des weisheitlichen Traditionsstroms, in dem er sich bei aller eigenen Kreativität[96] versteht: Ein wesentlicher Teil der weisheitlichen Lehre ist Weitergabe des von den Vorvätern Empfangenen und damit Anteilhabe an deren Wissen, Erfahrung und Reflexion. Es geht darum, in dieser weitergegebenen Tradition zu stehen, in ihr zu leben und sie durch eigene Adaption und „Anwendung" lebendig zu halten.[97] Für den Bildungsprozess bedeutet dies zugleich: Wer Weisheit lernt, ist Zeit seines Lebens Schüler der Alten.

Was es inhaltlich zu lernen gibt, bezeichnet Ben Sira hier mit den Stichworten לקח und שכל. לקח meint, wie Seebass plausibel aufzeigt, das, „was man sich an Weisheit oder Lehre zu eigen hat machen können und daher weiterzugeben in der Lage ist"[98]. Von der Wurzel לקח und damit vom eigenen Aneignungsprozess ausgehend handelt es sich also um Lehre, die angenommen wurde, das heißt einen Reflexionsprozess durchlaufen hat, und nun wiedergegeben und angewendet werden kann.

שכל bezeichnet die „Einsichtigkeit"[99] eines Menschen. Es handelt sich also um ein Abstraktum, das zugleich den Vorgang und das Ergebnis bezeichnet. Darauf weist die häufige Parallelsetzung von שכל mit der Wurzel בין hin (vgl. Neh 8,8; 1Chr 22,12; 2Chr 2,11). Dabei handelt es sich um eine „Einsichtigkeit" zu etwas beziehungsweise auf etwas hin (vgl. 2Chr 30,22). שכל ist also zielgerichtet und bezeichnet so das Erkennen beziehungsweise die Erkenntnis, die einsetzbar ist und auch eingebracht werden soll. Ben Sira nennt dazu in Sir 8,8f zwei konkrete Beispiele: das Stehen vor Fürsten, also eine Tätigkeit als Berater von Persönlichkeiten, die zur politischen Führungsschicht gehören,[100] sowie

---

gung dar, die in ihrer Ausschließlichkeit nicht haltbar ist. Dasselbe gilt für den Hinweis von Di Lella auf mAv 1,1 (Skehan/Di Lella, Ben Sira, 213). Stattdessen gehört die religiöse Tradition als Teil des von den Alten Gehörten dazu.

96 Siehe dazu Kapitel 5.4.2 und 5.5 dieser Untersuchung.
97 Di Lella, Meaning, 142, weist zu Recht darauf hin, dass durch eine solche Weitergabe der Weisheit zugleich auch eben diese Traditionen und Werte legitimiert werden.
98 Seebass, לקח, 594, im Gefolge von Spr 16,23.
99 Koenen, שכל, 792f.
100 Eine genauere Einordnung dieser Personen aus den politischen Ämtern, von denen Ben Sira schreibt, und deren Identifizierung in der seleukidischen Hierarchie ist nicht möglich. Auch die griechische Übersetzung hilft nicht, weil das Griechische durchaus dasselbe hebräische Wort verschieden übersetzen kann. Einen Überblick gibt Minissale, Ben Siras Selbstverständnis, 108. Er zeigt auf, dass 20 hebräischen Termini nur sechs griechische gegenüberstehen.

Antwort zu geben in der Zeit, in der sie gebraucht wird.[101] Dieses erscheint offener als das erste, ist in der Tat nicht eingegrenzt durch den Parallelismus der Verse 8 und 9; es ist jedoch plausibel, dass sie beide aufeinander zu beziehen sind, sodass auch V 9bβ eine Beratertätigkeit für Regierungsbeamte voraussetzt: Der Weise kann zur rechten Zeit den rechten Rat geben.[102] Ben Sira adaptiert hier für seine Zeit einen alten weisheitlichen Berufswert, wie Spr 22,29 mit fast demselben Vokabular zeigt.[103]

Seinem Selbstverständnis als einem bei aller eigenen Kreativität in der weisheitlichen Tradition stehenden Lehrer entsprechend greift Ben Sira auch in seinem Werk auf die klassischen weisheitlichen Formen und Inhalte der Lehre zurück.[104]

לב חכם יבין משלי חכמים
ואזן מקשבת לחכמה תשמח
(Ms A)

Das Herz des Weisen versteht die Sprüche von Weisen,
und ein auf Weisheit hörendes Ohr erfreut.
(Sir 3,29)

משלים lernen die Schüler Ben Siras. Wie die klassische Weisheit fasst auch Ben Sira die Inhalte, die an die nachfolgende Generation weitergegeben werden sollen, in Sentenzen und benennt sie auch mit dieser Gattungsbezeichnung (vgl. Spr 10,1; 25,1, auch Spr 1,1). Es sind die Weisen, die diese Sentenzen formulieren und lehren,[105] denn sie sind auch diejenigen, die die Einsicht haben, dies zu tun.

In seinem Kontext setzt der Vers einen Schlusspunkt unter einen Abschnitt, in dem es um Demut und Bescheidenheit geht. Dabei steht weniger das Verhalten gegenüber Mitmenschen im Zentrum als vielmehr die Demut gegenüber den großen Dingen, die Gott in der Welt getan hat und auch weiter wirkt: „Was zu wunderbar für dich ist, suche

---

101 Vgl. auch Sir 5,11.
102 פתגם in V 9bb hat die Bedeutung ‚Spruch'. Es ist nach Koehler/Baumgartner, Lexikon, 925, ein persisches Lehnwort, sodass es nicht wundert, dass es nur in relativ jungen Schriften vorkommt (Koh 8,11; Est 1,20; Sir 5,11; 8,9; im aramäischen Text in Dan 3,16; 4,16; Esra 4,15; 5,7.11; 6,11; vgl. Schwienhorst-Schönberger, Kohelet, 424).
103 Siehe dazu auch Kapitel 5.7 dieser Studie.
104 Zum Selbstverständnis Ben Siras als Lehrer siehe aus Kapitel 5.5. dieser Arbeit.
105 Vgl. Koh 12,9, wo dies ein Schüler Kohelets über seinen Lehrer aussagt. Die Wendung משלי חכמים in Sir 3,29 ist als Genitivus subjectivus zu verstehen.

nicht!" (Sir 3,21a). Hier wird deutlich, dass der Mensch nicht alles erforschen und begreifen kann. Ben Sira warnt davor, darüber zu verbittern (V 23a), denn ein verhärtetes Herz (לב כבד) führt ins Unglück.[106] Dagegen bietet die Weisheit, die die Weisheitslehrer darbieten (allen voran wohl Ben Sira selber), alle nötige Erkenntnis. Wer auf sie hört, wird statt Unglück Freude haben. Die Weisheitssuche trägt eben eine große Verheißung in sich selber.[107]

Neben all diesem wirft auch dieser Vers noch einmal ein Schlaglicht auf die Didaktik: Weisheit zu lernen, erfordert intensives Zuhören. Darauf weist die Verwendung von קשב anstelle von שמע hin, das eine besondere Aufmerksamkeit in sich schließt.[108]

Wie der Überblick über die Methodik Ben Siras gezeigt hat, hat er auch an weiteren klassischen weisheitlichen Formen Teil, so beispielsweise an Rätselsprüchen und Zahlensprüchen.[109]

In seinen Lehrinhalten nimmt Ben Sira zahlreiche Themen der weisheitlichen Lehrtradition auf und erweitert diese im Blick auf seine Gegenwart. Dazu gehören beispielsweise die Reflexionen über den Wert der Weisheit und das Verhältnis von Weisheit und Torheit sowie des Weisen und des Toren,[110] Reflexionen über inner- und außerfamiliäre Beziehungen,[111] über Fragen des sozialen und des wirtschaftlichen Verhaltens,[112] über die Obrigkeit und das Verhältnis zu ihr.[113]

Deutlich ausgeweitet hat Ben Sira die Reflexionen über religiöse Fragen,[114] über das Leiden und den Tod.[115]

---

106 Zu den Grenzen der Erkenntnis, die Ben Sira aufzeigt, siehe Kapitel 5.6. dieser Untersuchung.
107 Vgl. Spr 23,15; Ben Sira steht auch hier ganz in der weisheitlichen Tradition.
108 Mosis, קשב, 201, sieht hier sogar eine Aufmerksamkeit, die „der Aufteilung auf die unterschiedlichen Sinnesbereiche des Sehens einerseits und des Hörens andererseits vorausliegt".
109 Zu letzteren siehe auch Kapitel 5.5 dieser Arbeit.
110 Siehe u.a. Sir 22,1-23,6; 27,22-30; 32,14-23; 39,1-11; 41,14-42,8.
111 Siehe die Reflexionen über die Eltern (Sir 3,1-16; 7,27f), über die Ehefrau (Sir 7,19.26; 9,1f; 22,5; 25,13-20.22f; 26,1-27; 36,21-26), Söhne (Sir 7,23; 22,3; 30,1-13; 41,5-13) und Töchter (Sir 7,24f; 22,3f; 42,9-14), aber auch über die Gefährdung durch die fremde Frau (Sir 9,3-9; 23,16-28; 25,21).
112 So bedenkt Ben Sira das soziale Miteinander der Menschen (Sir 5,14f; 8,5-7; 11,7-13), fordert soziales Engagement (Sir 4,1-6.8-10.31; 7,32-36; 12,1), mahnt aber auch zur Vorsicht im Miteinander (Sir 11,27-32; 12,8-18; 33,20-24).
113 Sir 4,7; 7,4-6; 8,14; 10,1-5.8.24.
114 Siehe dazu u.a. Sir 1,21; 4,25.26; 5,1-8; 7,8.10; 11,2-6.14.19; 17,21-32; 21,1-10, wo es um allgemeine religiöse Fragen geht, aber auch um Gottes Handeln in der Welt sowie den den Themenkreis Sünde / Sühne / Vergebung; zu Priester, Kult und Opfer siehe

Doch Ben Sira fügt auch neue Themen der weisheitlichen Reflexion hinzu. Dazu gehört die Schwerpunktsetzung in der Reflexion über die Freundschaft,[116] insbesondere aber auch über die Schöpfung[117], die Anthropologie[118] und die Geschichte[119]. Zudem bietet Ben Sira erstmalig in der Weisheitsliteratur Israels Reflexionen über Berufe.[120] Neu ist auch, dass er biographische Notizen macht;[121] ebenso kommen die Reflexionen über das Verhalten bei Symposien – aller Wahrscheinlichkeit nach eine Reaktion auf den hellenistischen Einfluss – ebenfalls erstmalig vor.[122] Grundlegend neu sind die Reflexionen über die Weisheit, den Weisheitserwerb und das Streben nach Weisheit;[123] dies gilt zwar nicht grundsätzlich für das Thema, wohl aber für das Niveau der Reflexion, mit dem Ben Sira das des weisheitlichen Denkens vor ihm bei Weitem übersteigt.

Eine literarische Besonderheit des Werkes Ben Siras sind dabei insbesondere die thematischen Zusammenstellungen, die die Sentenzen nicht nur zu Sammlungen zusammenwachsen lassen, sondern ihnen bisweilen sogar einen Abhandlungscharakter geben.

Über die, die sich mit diesen Themen befassen und sich ihnen auch existentiell stellen, stellt Ben Sira eine große Verheißung:

> Über die, die Bildung annehmen, erbarmt er sich,
> auch über die, die zu seinen Geboten hasten.
> *(Sir 18,14)*[124]

Sir 7,29-31; 34,21-35,15. Ben Siras eigene Gebete finden sich u.a. in Sir 36,1-17; 51,1-12.
115 Sir 11,16f; 14,11-19; 38,16-23; 40,1-11; 41,1-4. Ben Sira räumt dem Tod damit einen relativ breiten Raum in seinem Denken ein. Möglicherweise reagiert er damit auf die Grundfragestellung in Koh, der in seinem Denken ebenfalls vom Phänomen des unterschiedslos eintreffenden Tod ausgeht, doch kommt Ben Sira im Großen und Ganzen zu ganz anderen Ergebnissen als Koh. Ähnlich auch in der Reflexion über das Leiden (Sir 2,1-8).
116 Sir 6,4-16; 7,18; 9,10; 27,16-21; 37,1-6. Siehe dazu die Beiträge im Sammelband Reiterer, Freundschaft.
117 Sir 16,24-30; 18,1-7; 33,7-15; 39,12-35; 42,15-43,33.
118 Sir 17,1-14.15-20; 18,8-14.
119 Sir 44,1-50,24. Zum „Lob der Väter" kommen im Buch verstreut noch weitere kurze Anklänge hinzu: vgl. Sir 2,10; 16,6-10.
120 Über den Arzt (Sir 38,1-15), Handwerker (Sir 38,25-34) und den Weisen (Sir 39,1-11).
121 Sir 33,16-19; 51,13-30; in bildhafter Sprache auch in Sir 24,30-34.
122 Sir 31,12-32,13.
123 Siehe dazu u.a. Sir 1,1-10; 4,11-19; 6,18-37; 8,8f; 14,20-15,10; 19,22.24; 24.
124 Zur Textdarstellung und Textkritik siehe Kapitel 5.1.3.

Neben der weisheitlichen Tradition und der eigenen reflektierten Erfahrung nennt Ben Sira hier Gottes Gebote. Angesichts des Themas dieses Abschnitts Sir 18,1-14 – der unbegrenzte Gott wendet sich dem Menschen gerade aufgrund dessen Begrenzung erbarmungsvoll zu – hat dieser Vers nicht nur für die Anthropologie Ben Siras Bedeutung,[125] sondern auch für den Bildungsweg des Menschen. Gott erbarmt sich über die, die Bildung annehmen und sich mit seinen Geboten beschäftigen. Ganz allgemein spricht Ben Sira hier von Bildung (παιδεία), ohne sie näher zu konkretisieren. So ist in diesem Begriff die Gesamtheit dessen umfasst, was Ben Sira lehren möchte. Einen besonderen Akzent legt er dann zusätzlich mit dem Stichwort κρίμα. Dieses gibt in der Septuaginta in der Regel משפט wieder,[126] das im biblischen Schrifttum einmal die Bedeutung ‚(Rechts-) Entscheidung'[127] hat, wenn es aber um Gottes (מ)משפט(ים) geht, das von ihm Festgestellte und damit seine Gebote – sowohl umfassend als Gesamtheit als auch im einzelnen – bezeichnet.[128] Im letzteren Sinne verwendet es Ben Sira, sodass er dadurch einen weiteren Themenkomplex anspricht.

5.3.2.2 Die Tora

Neben der klassischen weisheitlichen Bildung gehört für Ben Sira zu der zu erwerbenden Bildung auch die Rechtstradition Israels.[129]

33b οὐδὲ μὴ ἐκφάνωσιν παιδείαν καὶ κρίμα
καὶ ἐν παραβολαῖς οὐχ εὑρεθήσονται
34 ἀλλὰ κτίσμα αἰῶνος στηρίσουσιν

---

125 Siehe dazu Kapitel 5.1.3.
126 Siehe Hatch/Redpath, Concordance, 786f. Auch Büchsel, κρίμα, 944.
127 משפט ist im menschlichen Bereich in der Regel mit der Rechtssprechung bei Gericht verbunden, kann aber auch unabhängig davon einfach die Entscheidung oder den Beschluss bezeichnen (vgl. Johnson, משפט, 95).
128 Johnson, משפט, 103, der in diesem Kontext auch auf die kaum mögliche Abgrenzung zwischen משפט und תורה, חוק und מצוה hinweist.
129 Dabei ist völlig unstrittig, dass die Tora eben nicht nur die Gebotstraditionen, sondern auch die grundlegenden Identitätserzählungen Israels umfasst. Auch diese kommen bei Ben Sira zur Geltung, vor allem im Lob der Väter, sie liegen aber auch immer wieder seinen Gedanken zugrunde und finden sich eingestreut in seinem Werk. So greift er beispielsweise in seinen anthropologischen Überlegungen stark auf Gen 1-3 zurück (siehe Kapitel 5.1) und spielt in seiner Reflexion in Sir 16,1-14 auf zahlreiche Erzählungen in Gen, Ex und Num an. Eine Zusammenstellung der Anspielungen bietet Eberharter, Kanon, 6-52. Rickenbacher, Weisheitsperikopen, 85-89, hat die Belegstellen in Sir für תורה/ܢܡܘܣܐ/νόμος bzw. den entsprechenden Übersetzungen zusammengestellt und ausgewertet. Zu weiteren Aspekten des Tora-Verständnisses Ben Siras siehe Reiterer, תורת חיים.

καὶ ἡ δέησις αὐτῶν ἐν ἐργασίᾳ τέχνης
πλὴν τοῦ ἐπιδιδόντος τὴν ψυχὴν αὐτοῦ
καὶ διανοουμένου ἐν νόμῳ ὑψίστου
1 σοφίαν πάντων ἀρχαίων ἐκζητήσει
καὶ ἐν προφητείαις ἀσχοληθήσεται
2 διήγησιν ἀνδρῶν ὀνομαστῶν συντηρήσει
καὶ ἐν στροφαῖς παραβολῶν συνεισελεύσεται

33b Sie[130] erklären keine Lehre der Weisheit,
und unter Herrschenden werden sie nicht gefunden.[131]
34 Denn in der Arbeit der Welt sind sie klug[132],
und sie bedenken[133] die Tätigkeit ihres Handwerks.
Anders jedoch wer seine Seele übergibt, um Gott zu fürchten,[134]
und denkt nach über das Gesetz des Lebens[135].
39,1 Weisheit aller Vorfahren sucht er,
und mit den Propheten[136] beschäftigt er sich.
2 Die Erörterung namhafter Männer[137] bewahrt er,
und in Wendungen von Sprüchen dringt er gemeinsam ein.
(Sir 38,34-39,2)[138]

---

130 Gemeint sind die Handwerker aus den voranstehenden Versen Sir 38,25-33a.
131 Skehan, Parables, 40, rekonstruiert plausibel den schwierigen Text dieses Stichos, indem er annimmt, dass G grundsätzlich den Konsonantenbestand von H richtig wiedergibt, allerdings במשלים statt במשלים liest. Dadurch ergibt sich die Übersetzung von G: „aber in Sprüchen werden sie nicht gefunden". S vokalisiert ebenso, bietet aber eine Harmonisierung: „und Sprüche von Weisen erklären sie nicht". Möglicherweise handelt es sich allerdings um eine Aberratio oculi, da in diesem und dem vorangehenden Stichos dasselbe Verb bezogen wird. Zur Explikation der Übersetzung mit „Sprüche" könnte dann „die Weisen" eingefügt worden sein.
132 So mit S (ܚܟܝܡܘ), das den Parallelismus membrorum des Verses bewahrt. G: sondern die Schöpfung der Welt stärken sie.
133 So mit S (ܢܣܝܘ). Rickenbacher, Weisheitsperikopen, 183, erklärt δέησις in G für einen Fehler, ohne dies jedoch zu begründen. Möglicherweise handelt es sich um einen Eintrag analog zu Sir 39,5.6, um den Handwerker nun doch vom dort beschriebenen Weisen abzusetzen.
134 Die Übersetzung folgt der syrischen Texttradition, die zusätzlich überliefert: ܠܡܕܚܠ ܠܐܠܗܐ. G hat dies offenbar verloren und ergibt so für sich keinen Sinn.
135 Die Übersetzung folgt S, das ܒܢܡܘܣܐ ܕܚܝܐ statt νόμος ὑψίστου bezeugt. S entspricht eher dem Sprachgebrauch Ben Siras (vgl. Sir 17,11; 45,5). Vgl. die Auseinandersetzung in Rickenbacher, Weisheitsperikopen, 184.
136 Statt des Abstraktums προφητεία in G ist das Konkretum ܢܒܝܐ in S vorzuziehen.
137 Die Lesart von S (ܕܟܠ ܐܢܫܐ ܕܥܠܡܐ – von allen Menschen der Welt) ist eine Übertreibung, die auch nicht dem Duktus des Buches Ben Sira entspricht. G ist daher vorzuziehen.
138 Die Verszählung folgt der Sir-Ausgabe von Ziegler.

Am Ende seiner Abhandlung über die verschiedenen Berufe, die es in und um eine Stadt gibt, fasst Ben Sira seine Gedanken zusammen. Die Bauern und Handwerker haben ihr Recht und ihre große Bedeutung[139] – insofern ist dieser Text auch keine Berufspolemik[140] –, aber sie gleichen eben nicht dem Weisen, der sich mit seiner Seele, also mit seinem ganzen Leben dem Studium widmet und ihm verschreibt.

Als erstes in einer langen Liste dessen, was der Weise auch zu seiner Ausbildung tut, nennt Ben Sira das Studium der Tora. Das zeigt, welch prominente Stellung sie in seinem Verständnis von einem gelungenen Bildungsweg einnimmt.[141]

Dabei ist Tora ein vielschichtiger Begriff. Von der konkreten Einzelweisung kommend, die ein Priester, aber auch ein Weiser ausgesprochen haben kann, erfährt der Begriff im Laufe seiner Entwicklung eine Ausweitung, bis er schließlich den Pentateuch und später dann sogar noch umfassender den biblischen Kanon, aber auch die gesamte Gebotstradition Israels mit schriftlicher und mündlicher Tora bezeichnen kann. Aufschluss über die Frage, in welchem Sinne bei Ben Sira von Tora zu reden ist, können zwei Textstellen geben. Zum einen die oben genannte aus Sir 38,34. Zweifellos ist es kein Zufall, in welcher Konstellation sie hier genannt wird. Klar sind mehrere Teile zu erkennen: das Gesetz (38,34), die Weisheit (39,1a) und die Propheten (39,1b). Die Nähe zur kanonischen Aufteilung der Septuaginta ist auffällig.[142]

---

139 Vgl. wenige Zeilen vorher im Text Sir 38,32: ἄνευ αὐτῶν οὐκ οἰκισθήσεται πόλις – Ohne sie wird eine Stadt nicht erbaut werden.

140 So auch Rickenbacher, Weisheitsperikopen, 186-192, und im Anschluss an ihn Marböck, Gottes Weisheit, 27. Ben Sira geht es um ein Idealporträt des Weisen, nicht um eine Abqualifizierung anderer Berufe.

141 Dieser Abschnitt wird weiter unten noch einmal aufgegriffen. Für einen guten Überblick über Ben Siras Tora-Verständnis und dessen Einordnung in den biblischen Hintergrund siehe Reiterer, חיים תורת. Dass Ben Sira im zweiten Versteil die „Weisheit aller Vorfahren" nennt, gibt diesem Vers zugleich eine Art Scharnierfunktion, indem er zwischen Weisheit und Tora vermittelt. Zu Recht weist Reitemeyer, Gotteslob, 305, aufgrund der Formulierung σοφίαν πάντων ἀρχαίων darauf hin, dass Ben Sira offenbar keine Zensur ausübt, sondern sich auf eine umfassende Bandbreite der Lehre stützen möchte.

142 Die Reihenfolge dieser „Kanonteile" kann je nach Bewertung der Textgrundlage unterschiedlich gesehen werden. So ist es einerseits möglich, in diesen Versen bereits eine Andeutung des dreiteiligen Kanons der späteren masoretischen Tradition zu sehen, indem man sich auf die jeweils zweiten Stichen der zitierten Verse stützt (Sir 38,34bβ; 39,1b.2b). Dann stünde νόμος/ܢܡܘܣܐ für die Tora, προφητεία/ܢܒܝܘܬܐ für die Prophetenbücher und den Ausdruck „Wendungen von Sprüchen" (στροφαῖς παραβολῶν/ܒܗܦܟܐ ܕܡܬܠܐ) für den Bereich der Schriftwerke (so Beentjes, Scripture, 276f). Konzentriert man jedoch den Blick auf Sir 38,34bb-39,1b, ergibt sich aus den oben

5.3 Im Beth Midrasch Ben Siras

An dieser Stelle ist von Tora beziehungsweise vom νόμος zweifellos im Sinne des schriftlich vorliegenden Pentateuchs zu reden. Die zweite Stelle ist Sir 24,23. Hier spricht Ben Sira vom „Buch des Bundes JHWHs" und präzisiert: „das Gesetz, das Mose gebot".[143] Hier handelt es sich um eine offene Anspielung an Dtn 33,4, die in der Übersetzung von G sogar zu einem wörtlichen Zitat wird. So wird auch hier deutlich, dass es sich um eine schriftlich vorliegende Größe handelt und nicht mehr um die oben angesprochene Einzelweisung in einer konkreten Situation. So geben diese beiden Passagen klar zu erkennen, dass im Hintergrund des Denkens Ben Siras in der Tat die Tora im Sinne des Pentateuchs steht.

ἐπιθυμήσας σοφίαν διατήρησον ἐντολάς
καὶ κύριος χορηγήσει σοι αὐτήν

---

genannten Begriffen νόμος/ܢܡܘܣܐ, σοφία/ܚܟܡܬܐ und προφητεία/ܢܒܝܘܬܐ die Reihenfolge des Kanons der Septuaginta.

Eine Entscheidung zu fällen, ist schwierig, bestimmt doch immer die zuvor getroffene Textauswahl das Ergebnis. Problematisch an der ersten Überlegungen ist allerdings, dass es relativ unwahrscheinlich ist, dass es sich bei στροφαῖς παραβολῶν oder gar bei ܡܬܠܐ, ܚܟܡܬܐ um ein Synonym für einen ganzen Kanonteil handeln könnte, welch rudimentäre Züge für diesen auch immer angenommen werden. Dafür sind sowohl der griechische als auch der syrische Ausdruck zu stark an der literarischen Form von Spruchgut ausgerichtet. Es liegt also näher, in dieser Wendung lediglich die weisheitliche (Spruch-) Tradition zu sehen und nicht noch die weiteren Schriften des dritten masoretischen Kanonabschnitts. Damit besteht eine größere Option für die zweite Variante. Diese wäre dann allerdings sehr auffällig, handelte es sich doch um die erste Nennung einer solchen Anordnung. Sie ist aber unbedingt für Ben Sira in Anspruch zu nehmen, denn da sie sich sowohl in G als auch in S findet, handelt es sich zweifellos um die Nennung, die Ben Sira in dieser Form niedergeschrieben hat. Gerade S, das viele Eigenheiten von H in der Übersetzung beibehält, belegt, dass es sich nicht um eine Sonderüberlieferung der griechischen Texttradition und damit um eine eventuelle Angleichung an die Septuaginta handelt. Auch der möglichen Annahme einer unbewussten Setzung des Enkels, der ja immerhin im Kontext der Septuaginta übersetzt hat, widerspricht die von ihm angegebene Reihenfolge des Kanons im Prolog; dort nennt er nämlich dreimal die Reihenfolge des masoretischen Kanons (Prol.Sir 1f.8-10.24f) und nicht den der Septuaginta.

Grundsätzlich gilt: Bei dem Begriff des „Kanon" ist an dieser Stelle noch Vorsicht geboten, da der Umfang des heutigen Kanons noch lange nicht feststand, stellte sich doch die Frage nach Umfang des Kanons erst, als man sich genötigt sah, eine eigene Identität gegenüber anderen Einflüssen zu behaupten, und die Frage nach der Anordnung erst, als man von der Sammlung von einzelnen Schriftrollen zum Kodex überging, zwischen dessen zwei Buchdeckeln ganz pragmatisch eine Anordnung der Bücher geschehen musste.

143 Zur Übersetzung und zur Besprechung von Sir 24,23 siehe Kapitel 5.6.2.

Wenn du Weisheit begehrst, halte die Gebote,
und der Herr wird sie dir geben.
(Sir 1,26)

Der Weg zur Weisheit führt nicht nur in die weisheitliche Lehrtradition, sondern auch zum Halten der Gebote. Das beinhaltet einmal die Kenntnis der Gebote und damit ihr Lernen, also ganz konkret das Studium der Tora. Zum anderen hält Ben Sira ebenfalls fest, dass die Gebote der Tora nicht nur gewusst, sondern auch im Alltag praktiziert werden sollen. Wieder kommt die Prozesshaftigkeit des Bildungsgedankens bei Ben Sira zum Ausdruck. Das Leben des Weisheitsschülers wird nicht nur bestimmt durch das Studium, sondern auch durch das Tun der Gebote Gottes. Dies wiederum ist die Voraussetzung für das Erlangen der Weisheit: ohne Leben in der Tora keine Weisheit. Weisheit und Tora sind unauflöslich miteinander verbunden. So wird das „Studium", das heißt das Erlangen von Weisheit ganz konkreter Bestandteil der Lebensführung.

Der das Gesetz bewahrt, überwältigt seine Eigenmächtigkeit,
und wer Gott fürchtet, dem fehlt nichts.
(Sir 21,11)[144]

לא יחכם שונא תורה	... שונא תורה	לא יחכם שונא תורה
ומתמוטט כמס..{במסער}..	ומתמוטט כמסערה אזנו	ומתמוטט כמסערה {אזנו}
(Ms B)	(Ms E)	(Ms F)

ἀνὴρ σοφὸς οὐ μισήσει νόμον
ὁ δὲ ὑποκρινόμενος ἐν αὐτῷ ὡς ἐν καταιγίδι πλοῖον

Nicht wird weise, wer die Tora hasst[145]
und schwankt wie ein Schiff[146] im Sturm.
(Sir 33,2)[147]

---

144 Zur Textdarstellung und textkritischen Diskussion siehe Kapitel 5.6.3.
145 So mit H. G lässt sich mit dem hebräischen Textbestand kaum überein bringen.
146 Statt אזן (Ms E) ist mit G (πλοῖον) אני (Schiff; von אֳנִיָּה; zur Schreibweise vgl. 2Chr 8,18; möglicherweise hat man in späterer Zeit י als mater lectionis verwendet) zu lesen. In H liegt offensichtlich ein Schreibfehler vor.
147 Dieser Vers ist in S nicht überliefert, denn S weist eine Lücke im Textbestand auf, durch die VV 2-4 fehlen.

Dabei hat das Beachten der Tora eine klare Zielsetzung. Es geht darum, die eigenen Vorstellungen, die eigenen Gedanken und Erwägungen im Zaum zu halten, sich nicht von ihnen treiben zu lassen, sondern in Gottesfurcht zu leben.[148] Mit einem solchen Lebensstil entgeht der Weisheitsschüler dem Tod (vgl. den Kontext in 21,1-10), und ihm ist schließlich die Weisheit verheißen. Wer sich dagegen nicht an der Tora orientiert, wankt wie ein Schiff im Sturm und erliegt seinen Irrungen und Wirrungen; ihm fehlt jene Geradlinigkeit, die erreicht wird, indem man sich nicht von seinen eigenen Vorstellungen treiben, sondern von der Tora leiten lässt. Er kann deshalb Weisheit nicht erlangen. Wieder wird der enge Zusammenhang von Weisheit und Leben in und mit der Tora deutlich, in Sir 21,11 vermittelt durch den Begriff der Gottesfurcht.[149] Weisheit will in die Tat umgesetzt werden. Sie bedeutet Lebenspraxis.

μνήσθητι ἐντολῶν καὶ μὴ μηνίσῃς[150] τῷ πλησίον
καὶ διαθήκην ὑψίστου καὶ πάριδε ἄγνοιαν

Gedenke der Gebote und zürne nicht dem Nächsten
sowie des Bundes[151] des Höchsten und meide Unwissenheit.
(Sir 28,7)

Mit dem Stichwort Tora verbindet Ben Sira mehr als nur Rechtsvorschriften, die in das Alltagsleben hinein zu bringen und hier durch einen Anklang an das Gebot zur Nächstenliebe angedeutet sind. Indem er die Tora beziehungsweise ihre Gebote mit dem Begriff „Bund" parallel setzt, greift er den Bundesschluss am Sinai auf[152] und stellt so das konkrete Studium der Tora und das Leben nach ihrem Recht in den

---

148 Skehan/Di Lella, Ben Sira, 304, übersetzen ἐννοήματος mit „impulses". Das entspricht wohl nicht der Grundbedeutung des von ἔννοια herzuleitenden Wortes, nimmt aber gut das Moment des Sichtreibenlassens von den eigenen Vorstellungen auf.
149 Vgl. dazu Haspecker, Gottesfurcht, 161, der an dieser Stelle für die Gottesfurcht festhält: „Gottesfurcht ist auch hier mehr und Tieferes als das konkrete Meiden der Sünde und die Beobachtung des Gesetzes. Eher ist sie eine innere religiöse Haltung, die zu beidem führt."
150 Ziegler gibt μηνιάσῃς an. Er beruft sich dazu auf die Arbeit von Katz, Scholien, 284. Dagegen sprechen jedoch alle Textzeugen. In der Wortbedeutung ändert sich in beiden Fällen nichts.
151 μνήσθητι steht hier einmal mit Genitiv und einmal mit Akkusativ. Beides ist möglich und verändert nicht die Bedeutung (vgl. Menge/Güthling, 456). Die Konstruktion wird in der Übersetzung mit „sowie" wiedergegeben.
152 Ben Sira weiß also durchaus um diesen Bundesschluss, auch wenn er ihn in seinem Väterlob in Sir 44-50 nicht erwähnt.

biblisch-geschichtlichen Kontext von Exodus/Befreiung, Bundesschluss und Rechtsgabe als Voraussetzung und Anleitung für ein Leben mit Gott. Ben Sira stellt die Tora gewissermaßen in ihren eigenen Kontext, denn er greift damit ihren Inhalt auf: Tora besteht aus Geschichte, Verheißung und Gebot, aus Begegnungen mit Gott, die Identität stiften durch Identifikation und Nachvollzug. Der Schüler wird angesprochen als ein Glied des Volkes Israel, das Gott erwählt hat, mit dem er eine feste und geregelte Beziehung eingegangen ist. Das Studium ist also nicht einfach nur individuelles Studium, bei dem es um die persönliche Entwicklung geht, sondern es geschieht zugleich in der doppelten Bindung an Gott, den Bundesgeber, und an das Volk mit seiner Geschichte und seiner Gegenwart. Hier scheint durch, dass der Schüler niemals nur Individuum ist, sondern sich immer in der Gesamtheit des Volkes befindet. Das unterscheidet Ben Sira in seinem Bildungsverständnis für seine Schüler von den Ansätzen seiner hellenistischen Umwelt.[153] Der Aufruf, Unwissenheit zu meiden, ist demnach auch mehr als ein Aufruf zur Bildung. Denn nur wer Bildung erlangt, kann nach Ben Sira als vollwertiges Glied seines Volkes im vollen Bewusstsein seines Verhältnisses zu Gott sowie seiner Geschichte mit ihm leben und seine Verantwortung wahrnehmen.

Dabei deutet Ben Sira allerdings auch Grenzen an, die der Erkenntnis gesetzt sind.[154]

> 28 Der Erste hat nicht beendet, sie[155] zu erkennen,
> und so wird auch der Letzte sie nicht erkunden.
> 29 Denn mehr als das Meer sind vermehrt ihre Gedanken
> und ihr Rat als die große Urtiefe.
> *(Sir 24,28-29)*[156]

Nachdem Ben Sira in Sir 24,23 Weisheit und Tora miteinander verwoben hat, vergleicht er die Bildung, die die Tora enthält und bietet, mit den Paradiesströmen (sowie dem Jordan und dem Nil[157]; VV 25-27), um

---

153 Vgl. dazu Kapitel 4 dieser Arbeit.
154 Siehe zu den Grenzen der Erkenntnis auch Kapitel 5.6. dieser Arbeit.
155 Zur Problematik des „sie" siehe die nachfolgende Auslegung im Text oben.
156 Die Textdarstellung sowie die textkritische Diskussion siehe in Kapitel 5.6.
157 An dieser Stelle (Sir 24,27) ist der Text schwierig. G überliefert ὡς φῶς, was von כיאור herkommen könnte, wobei der Übersetzer אור (‚Licht') gelesen hat, aber wahrscheinlich כ יאר zu lesen ist und damit „wie der Nil" zu übersetzen ist. Vgl. Sauer, Jesus Sirach/Ben Sira, 179.

dann diesen Vergleich mit dem Meer und sogar mit den Urtiefen vom Anfang der Schöpfung[158] zu bringen. Dabei ist offen, worauf sich αὐτήν bezieht, nachdem vorher (VV 25-27) vom grammatikalisch maskulinen νόμος, aber in V 23 auch von der βίβλος διαθήκης (beides feminin!) und natürlich der Weisheit (σοφία) als Hauptthema des Kapitels die Rede war.[159] Möglicherweise ist dies bewusst gesetzt, sodass sich hier in der Übersetzung des Enkels eine erste Konsequenz aus der Verbindung von Tora und Weisheit zeigt, von der letztere ja ebenfalls unausforschlich ist (vgl. Sir 1,1-10[160]).[161] In aller Bedeutung, die Ben Sira also dem Studium der Tora zumisst,[162] hält er aber doch fest, dass beide – die Tora in ihrem Sinngehalt und die Weisheit – für den Menschen letztlich nicht vollständig erfassbar sind. „Wisdom is beyond all human beings and their attempts to attain her."[163] Wie die Weisheit, so bleibt auch die Tora immer größer als ihr Schüler. So deutet sich hier an, dass es zur Erlangung der Weisheit ebenso wie eines umfassenden Tora-Verständnisses mehr braucht als bloßes eigenes Studium.

Dennoch vermittelt die Tora gemeinsam mit der Weisheit gesicherte Erkenntnisse und ist damit allen anderen Formen der Erkenntnisgewinnung überlegen.

> 5 Weissagungen und Vogelflugomen und Träume sind nichtig,
> und wie bei einer, die Geburtswehen hat, hat das Herz Erscheinungen.
> 6 Wenn sie nicht vom Höchsten zur Heimsuchung gesandt sind,
> richte nicht dein Herz auf sie.
> 7 Denn viele verwirrten die Träume,
> und es wurden hinfällig, die auf sie gehofft hatten.
> 8 Ohne Lügen wird das Gesetz vollendet sein,

---

158 In V 29b klingt Gen 1,2 an, wo תְהוֹם mit ἄβυσσος übersetzt wird. Siehe dazu auch Rickenbacher, Weisheitsperikopen, 136-138.

159 αὐτή ist auf keinen Fall einfach in αὐτός zu ändern, wie dies Rickenbacher, Weisheitsperikopen, 129, im Anschluss an Smend vorschlägt, um so den Bezug zu νόμος wieder herzustellen.

160 Außerdem finden sich in der Wasser- und Meeresmetaphorik noch weitere Bezüge von Sir 24,23-29 zu Sir 1,1-10, die sicherlich kein Zufall sind. Dass die weiteren Vergleichspunkte in Sir 1,1-10 (Tage der Vorzeit, Himmel, Erde) keinen Eingang in Sir 24 gefunden haben, darf nicht irritieren, ist das doch durch den Zielpunkt der Darstellung und ihr Bild in Sir 24,30ff motiviert.

161 S bezieht V 28 klar auf die Weisheit, indem hier der Anschluss durch die nochmalige Nennung von ܚܟܡܬܐ geschaffen wird.

162 Marböck hält an dieser Stelle fest: in „V 28-29 wird das Gesetz zur Quelle der Weisheit für die forschenden Schriftgelehrten" (Marböck, Weisheit im Wandel, 78).

163 Skehan/Di Lella, Ben Sira, 337.

und Weisheit in einem treuen Mund ist die Vollendung.
(Sir 34,5-8)[164]

Ben Sira weiß auch um andere Quellen des Wissens. Aber an kaum einer anderen Stelle wird so deutlich wie hier, dass er sie für nur sehr bedingt zuverlässig hält. In dieser negativen Einschätzung entspricht er in Bezug auf Weissagungen[165] und Vogelflugomen[166] ganz alttestamentlicher Tradition, in Bezug auf Träume gibt er hier in dieser Radikalität eine eigene Meinung kund. Sie ist vielleicht vor dem Hintergrund der Josef-Geschichte und der Bedeutung, die Träume in ihr einnehmen, schwer nachvollziehbar,[167] doch liegt hier der Schlüssel in dem Zielpunkt, den Ben Sira vor Augen hat: Er möchte Tora und Weisheit vor dieser Abgrenzung um so heller erstrahlen lassen. Anders lässt sich seine harte Polemik nicht erklären, die angesichts hellenistischer Praktiken der Götterbefragung durchaus nicht der gesellschaftlichen Realität entspricht und mit der er solche religiösen Formen als Fieber- oder Schmerzenserscheinungen einer Gebärenden darstellt (V 5) und vor ihnen warnt, weil man durch sie zu Fall kommen könne, erscheinen doch Weisheit und Tora beide in Vollendung und Vollkommenheit.[168]

Bei all diesen Überlegungen zur Tora fällt auf, dass Ben Sira an keiner Stelle in seinem Buch konkret Auslegung einzelner Textstellen betreibt.[169] Er zitiert sie auch nicht ausdrücklich.[170] Selbst in Passagen, an

---

164 Die Darstellung des griechischen Textes und die Textkritik siehe in Kapitel 5.6.2.
165 μαντεία gibt in der Septuaginta in der Regel קֶסֶם (Wahrsagung, Orakelentscheidung) wieder (vgl. Hatch/Redpath, Concordance, 896).
166 Mit dem Begriff οἰωνισμός wird in der Septuaginta נַחַשׁ (Bannspruch, insbesondere in der Bileam-Erzählung Num 22-24) wiedergegeben, was allerdings nicht der Wortbedeutung von οἰωνισμός (Vogelflugomen, von gr. οἰωνός, was einen Raubvogel oder einen Weissagevogel bezeichnet) selber entspricht. In jedem Fall aber ist es negativ besetzt.
167 Auch das wenige Jahrzehnte nach Ben Sira entstandene Daniel-Buch zeigt, welche Bedeutung und Wertschätzung Träume und Traumdeutung zumindest in manchen Kreisen genossen.
168 Eine ähnliche Argumentationsstruktur findet sich in Dtn 13,2-6. Hier geht es thematisch um die Warnung vor dem Abfall vom Gott Israels durch die Verkündigung von Propheten. Selbst Zeichen, die durch sie angekündigt waren und eingetroffen sind, sonst ein Beweis für die Authentizität des Propheten (vgl. Dtn [!] 18,21f; Jer 28,9), können nicht als Beweis ihrer und ihres legitimen Prophetenanspruchs gelten, wenn sie zu fremden Göttern verführen. Dagegen wird die Botschaft des Dtn als fest und verlässlich profiliert.
169 Das gilt sowohl für den Pentateuch als auch für die gesamte Schrift.
170 So verwendet Ben Sira keine Zitateinleitungsformel oder ähnliches, sondern fügt seine Zitate oder mal näher oder entfernter liegende Anspielungen nahtlos in den

denen es unbestreitbar ist, wie beispielsweise in Sir 3 mit dem Elterngebot, Sir 17 mit Gen 1-3 oder bei dem oben besprochenen Vers in Sir 28,7 in Bezug auf Lev 19,18b, hält er sich fest an die weisheitliche Tradition sowie ihre literarische und sprachliche Form. Das unterscheidet ihn von den Rabbinen der späteren Jahrhunderte, die sich zwar ebenfalls als im Traditionskontinuum stehend verstanden (vgl. mAv 1,1), dem aber so Rechnung trugen, dass sie die Schrift zitierend, kommentierend und aktualisierend auslegten.[171] So ist es unmöglich, exakt zu bestimmen, aus welcher Quelle, der weisheitlichen Lehrtradition oder der Tora, Ben Sira die Inhalte seiner Lehre schöpfte, auch wenn die von ihm gewählte literarische Form der weisheitlichen Tradition entspricht. Dies ist um so markanter, als es Auslegung und Kommentierung der Tora bereits zu Ben Siras Zeiten gab, wie es Esr 7,10 und Neh 8,8f nahe legen.[172] Eine allzu enge Eingrenzung der Toraauslegung auf die Priesterschaft, wie sie Rivkin gerade in Bezug auf Ben Sira ableitet, ist jedoch angesichts der oben dargestellten Texte kaum vorstellbar.[173] So weist Rivkin zwar die Priesterzentriertheit Ben Siras nach, begrenzt diese aber (offenbar unwillkürlich) auf die reine Frage der Rechtsauslegung (und den Kult).[174] Da Ben Sira aber stärker in die individuelle Praxis und damit in die persönliche Frömmigkeit zielt,[175] greift er einen anderen Aspekt der Tora auf, als dies die Priester, ebenfalls als Ausleger der

---

Text ein. Eine Aufstellung bieten Eberharter, Kanon, 6-52, und Middendorp, Stellung Jesu Ben Siras, 35-91. Dass dieses Verfahren innerhalb der jüngeren Weisheit Israels durchaus Tradition hatte, zeigt auch die Diskussion um Zitate bei Kohelet seit Gordis Aufsatz „Quotations in Wisdom Literature", die er dann in seinem Kommentar zu Koh 1955 verarbeitete und von Lohfink in seinem Kommentar (1980) wiederum aufgegriffen wurde.

171 Dass dies wiederum für die Rabbinen bereits eine Tradition hatte, zeigen die Pescharim in Qumran, beispielsweise den Pescher Habakuk (dokumentiert in Trever, Scrolls fom Qumrân, 149-163, übersetzt bei Lohse, Texte aus Qumran, 227-243).

172 Das gilt selbst dann, wenn Esr 7,10 und Neh 8,8f für die Zeit Nehemias oder Esras als historisch unzutreffend eingestuft werden, denn spätestens mit der Chronik (2Chr 17,9) kann dies für ihre Zeit als (in der Darstellung des Chronisten zurückprojizierte) Realität angenommen werden.

173 Rivkin, Ben Sira and the Nonexistance of the Synagogue, 343: „Ben Sira does not accord the sofer any authority over the Law. The sofer's realm of creative activity is outside the Law", und weiter: „Only descendants of Aaron can speak with authority as to what the Law meant." Vgl. auch Rivkin, Nonexistance, 348.

174 Zur Rechtsauslegung siehe Rivkin, Nonexistance, 323-331, insbesondere das Fazit auf Seite 331: „The Pentateuchal legislation was administered through the Aaronides, and the Aaronides only." Zur Frage des Kultes, aber auch des Ortes des persönlichen Gebets siehe a.a.O., 331-334.

175 An dieser Stelle hat Haspeckers Betonung der Gottesfurcht durchaus ihren guten Sinn.

Tora, tun.¹⁷⁶ So setzt Ben Sira gegenüber den Priestern zwei eigene Akzente: Zum einen legt er einen Schwerpunkt auf den zwischenmenschlichen Bereich und bleibt so ganz im thematischen Bereich der Weisheit,¹⁷⁷ in der kultische und rituelle Fragen nur eine sehr untergeordnete Rolle spielen.¹⁷⁸ Zum anderen bietet Ben Sira das Studium und die Auslegung der Tora seinen Schülern zur Selbst-Bildung an und entspricht auch darin der weisheitlichen Tradition, in der Menschen Menschen Orientierung geben, dies aber aus eigener Autorität tun beziehungsweise aus der der hinter ihnen stehenden Lehrtradition,¹⁷⁹ aber nicht aus einer Vollmacht Gottes heraus wie die Priester, deren Aufgabe es ist, die Tora zu lehren.¹⁸⁰ Dass Ben Sira sich bei seiner Beschäftigung mit der Tora auch gezielt auf sie beruft, zeigen Sir 29,9 (χάριν ἐντολῆς) und 29,11 (κατ' ἐντολάς).

5.3.2.3 Kosmologie

Wiederum einem klassischen weisheitlichen Thema wendet sich Ben Sira in seinem dritten thematischen Schwerpunkt zu: der Kosmologie. Dazu konnte er auf Traditionen zurückgreifen, die sich vor ihm bereits in Hi 38f¹⁸¹; Spr 8,22-31und Ps 104 (deutlich in V 24)¹⁸²; 148, aber auch in Gen 1 ausgedrückt haben.¹⁸³

---

176 Insofern ist Rivkins Aussage, für Ben Sira sei der Weise lediglich „supporter" der Priesterschaft, kaum nachvollziehbar. Auch die Differenzierung zwischen einem Weisen als „student of the Law" und den Priestern, die eine „authority over the Law" hätten, wirkt gekünstelt. Dagegen hat Rivkin durchaus Recht mit dem Hinweis darauf, dass Priester und Weise auf unterschiedliche Funktionen in der Gesellschaft ausgerichtet sind. Dass sich Ben Sira auch auf die weiteren Schriften der Bibel bezieht, zeigt zudem seine Darstellung im Väterlob (Sir 44-50).
177 Konkret wird Ben Sira in der Gebotsauslegung bei Anweisungen zur Nächstenliebe (s.o. Sir 28,7), zur Elternehrung (Sir 3) und zum Kreditgeben (Sir 29,1), aber auch zum Opferkult, hier allerdings in dem Sinne, dass er zum Opfern anhält, ohne auf rituelle Vorschriften einzugehen (Sir 35,1-2.7 [Verszählung nach Ziegler, bei Rahlfs: 35,1.4]).
178 Siehe dazu Ernst, Kultkritik, 9, und des Weiteren seine vorgelegten Exegesen weisheitlicher Texte aus der klassischen und aus der nachexilischen Weisheit Israels.
179 Dass Ben Sira eine besondere Stellung innerhalb dieser weisheitlichen Lehrtradition beansprucht, ist davon unbenommen (siehe dazu Kapitel 5.5).
180 In dieser Frage, dass die Priester diese Funktion haben, ist dem Ergebnis der Untersuchung von Rivkin, Nonexistance, 343, durchaus zuzustimmen, auch wenn sie das Verhältnis von Priester und Weisem zu stark pointiert, indem sie den Weisen zu sehr in seiner Rolle beschneidet.
181 Die Verbindungen von Sir 43 zu bereits vor ihm bestehenden Traditionen weist von Rad, Hiob 38, 264f, nach und hält fest, „daß sich auch diese Dichtung an ein ihr vorgegebenes Schema hält", ohne eine unmittelbare literarische Abhängigkeit insbesondere zu ägyptischen Texten mit Listenweisheit anzunehmen. Vielmehr macht er

5.3 Im Beth Midrasch Ben Siras

        אזכר נא מעשי אל   אזכרה נא מעשי אל
        וזה חזיתי ואספרה   וזה חזיתי ואשננה
        (Ms B)   *(Ms M)*

μνησθήσομαι δὴ τὰ ἔργα κυρίου
καὶ ἃ ἑόρακα ἐκδιηγήσομαι

Ich will nun gedenken an die Werke Gottes[184],
und was ich gesehen habe, will ich erzählen[185].
(Sir 42,15a)

Mit diesem Vers lässt Ben Sira seine Darstellung der Kosmologie beginnen. Eine Besonderheit der Weisheitslehre des Ben Sira, wie sie uns in seinem Buch überliefert ist, ist an dieser Stelle das „Ich", mit der er seine Darstellung einleitet. Damit erhebt er den Anspruch, seine kosmologischen Erkenntnisse nicht einfach dem Lehrgut der weisheitlichen Tradition zu entnehmen. Stattdessen behauptet er, hier aus eigener Erkenntnis und eigener Erfahrung zu sprechen.[186]

Ein strukturell ähnliches Phänomen in der Weisheitslehre findet sich auch in Koh, der in seiner Lehre ebenfalls von der eigenen Anschauung ausgeht (vgl. das zahlreiche ראיתי in Koh, insbesondere in Koh 2, aber auch öfter). Hier kann sich Ben Sira anschließen und darauf aufbauen. Wie dieses „Ich" zeigt, ist auch für ihn nun Grundlage der Lehre nicht mehr allein die über Generationen hinweg den Abläufen der Schöpfung und des gesellschaftlichen Lebens entnommene und sprachlich in Sentenzenform gegossene Einsicht wie in der klassischen Weisheit Israels. Daneben tritt nun, wie schon in Koh, die individuelle Erkenntnis und das aus der persönlichen Erfahrung Entnommene.

---

    plausibel, dass „solche enzyklopädischen Werke auch nach Israel gekommen sind" (ebd.) und sie in Israel verwendet wurden.

182 Hossfeld, Schöpfungsfrömmigkeit, 130-138, nennt zahlreiche Berührungspunkte zwischen Ben Siras Buch und Ps 104. Davon ist einiges durchaus plausibel. Doch ist die Fülle, die Hossfeld aufzeigen möchte, überzogen, erscheint doch bei ihm Ps 104 schon fast als Grundtext, den Ben Sira für sein Werk meditiert hat.

183 Dass er dies in aller Freiheit und in Eigenständigkeit tut, weist Sauer, Hintergrund, nach (siehe insbesondere a.a.O., 312f).

184 So mit H und S, das ebenfalls ܡܪܝܐ bezeugt, sodass κυρίος nicht als Übersetzung des Gottesnamens gelten kann.

185 Die Übersetzung folgt Ms B, S und G. Ms M sticht mit ואשננה heraus, möchte aber wahrscheinlich dasselbe sagen, sodass diese Variante für die Bedeutung unerheblich ist.

186 In diesem „Ich" drückt sich das Selbstverständnis Ben Siras aus. Vgl. dazu Kapitel 5.5 dieser Arbeit.

Doch Ben Sira fügt dem noch ein weiteres – für ihn konstitutives – Element hinzu, und zwar ein im Leben eines Weisen einschneidendes Erlebnis, nämlich die unmittelbare Begegnung mit der Weisheit selber.[187] Diese ermöglicht es dem Weisen, die Werke Gottes in seiner Schöpfung – denn diese sind das Hauptthema dieses Abschnitts – nicht nur zu erkennen, sondern ihnen auch Lehren zu entnehmen, die für die Schüler von Bedeutung sind.[188] „Nicht nur durch das Wort lehrt Gott. Wer recht zu verstehen weiß, wird auch durch die Werke Gottes belehrt."[189] Dieses „rechte Verständnis" schafft nach Ben Sira erst die Weisheit in der Begegnung mit ihr.

Der Bogen, den Ben Sira thematisch in diesen eineinhalb Kapiteln seines Buches spannt, reicht dabei von der Himmelsfeste[190], Sonne und Mond, über Wettererscheinungen wie (Regen-) Bogen, Blitz, Wolken, Wind und Regen bis hin zur Urflut.[191] Dabei geht es zum einen um Gottes Größe, um sein Wirken und seine Herrlichkeit, die niemals an ihr Ende kommen, sodass Ben Sira am Ende seines Lobes sagen kann: „הוא הכל – er ist Alles" (43,27), zum anderen aber auch um die Lehren, die der Weise diesen Schöpfungswerken und den Abläufen in und zwischen ihnen entnehmen kann. Dazu gehört insbesondere die Verlässlichkeit der Aussagen des Weisen als Lehrer. Denn Gott, der die Urflut ebenso ausforscht wie das Herz des Menschen und in alles Einsicht hat (43,18), verkündet den steten Fortgang des Geschehenden und enthüllt Verborgenes (43,19); von ihm gibt es jede Einsicht, denn an ihm ist nichts „vorbeigegangen" (43,20).[192] Ben Sira schließt auf diese Weise einen Bogen, indem er wieder an den Anfang seines Buches verweist und auf Sir 1,1-10 zurückgreift.

Für die Lehre bedeutet dies, dass Ben Sira mit der individuellen Begegnung mit der Weisheit und den darauf folgenden neuen Einsichten und Erkenntnismöglichkeiten einen neuen Erkenntnisweg einführt. Um diese Dinge wahrnehmen und dann auch lehren zu können, bedarf es eben dieser Begegnung mit der Weisheit. Da sie durch das Wirken

---

187 Siehe dazu die nachfolgenden Kapitel 5.4.
188 Ben Sira spricht in Sir 42,15bβ ausdrücklich von לקח, also von der Lehre, die er sich selber angeeignet hat bzw. ihm in der Begegnung mit der Weisheit angeeignet wurde, um sie weitergeben zu können.
189 Sauer, Jesus Sirach/Ben Sira, 292.
190 Gemeint ist wohl der Sternenhimmel, wenn Ben Sira hier von Schönheit bzw. stattlicher Erscheinung (תואר) sowie von Klarheit (טהר) spricht (43,1a).
191 Zu Ben Siras Sicht der Schöpfung siehe Reiterer, Immaterielle Ebenen, der für eine Mehrdimensionalität der Schöpfung im Verständnis Ben Siras spricht.
192 Löhr, Bildung, 83, bemerkt dazu richtig: „Damit sind, anders als bei Kohelet, das Leben und der Kosmos von aller drohenden Rätselhaftigkeit befreit."

Gottes gedeckt ist, sind die so gewonnenen und gelehrten Erkenntnisse fest und verlässlich. Ben Sira führt hier also neben den „objektiven" Größen – weisheitliche Tradition und Tora – ein drittes, sehr subjektives Moment ein. Für die Schüler bedeutet dies wiederum, dass sie auf ihren Lehrer angewiesen sind, können sie doch nur durch ihn an seinen Einsichten und Erfahrungen partizipieren.

5.3.2.4 Die Geschichte Israels

Unmittelbar nach der Kosmologie lässt Ben Sira einen weiteren, großen Abschnitt mit einem Lobpreis folgen: das Lob der Väter der Vorzeit (שבח אבות עולם, Sir 44,1-50,24).

Erstmalig in der weisheitlichen Tradition werden hier Weisheitstheologie und theologische Interpretation der Geschichte zusammengeführt.[193] Ben Sira tut dies aus pädagogischen Gründen.

3 דורי {רודי} ארץ במלכותם	
ואנשי שם בגבורתם	
היועצים בתבונתם	ויעצים בתבונתם
וחזי כל בנבואתם	וחזי כל בנב[ואתם]
4 שרי גוים במזמתם	4 שרי גוי ב[מזמ]תם]
ורוזנים במחקרותם	ורוזנים במחקק[תם]
חכמי שיח בספרתם	חכמי שיח בספרתם
ומשלים במשמרותם	ומשלים ב[...]
5 חוקרי מזמור על חוק {חקן}	5 חקרי מזמור על קו
נושאי משל בכתב	ונשאי מש[ל] ...
6 אנשי חיל וסומכי כח	6 אנשי חיל וסמכי כח
ושוקטים על מכונתם	ושק[טים] ...
7 כל אלה בדורם {נכבדו}	7 כל אלה בדרם נכבדו
ומימיהם {ובימיהם} תפארתם	...
(Ms B)	*(Ms M)*

3 Herrscher[194] der Erde in ihrer Königsherrschaft
und Männer von Namen in ihrer Heldenhaftigkeit
und Ratgeber in ihrer Einsicht
und Seher in all ihrer Prophetengabe,[195]
4 Fürsten von Völkern in ihren Planungen

---

193 Weitere Reflexionen auf die Geschichte hin finden sich in Sir 24,3-12 und Sir 36,13-21[18] (nach Ziegler; 36,10-15 nach Rahlfs).
194 So mit dem Korrektor in Ms B sowie G (κυριεύοντες).
195 In S ist von V 3 nur dieser Stichos überliefert.

und Würdenträger in ihren Entscheidungen[196],
Weise des Lehrgesprächs in ihrer Schriftgelehrsamkeit
und Spruchdichter in ihrer Sorgsamkeit,
5 Forscher von Psalmen auf ihr Regelwerk[197] hin,
Träger von Sprüchen in schriftlicher Form,
6 tapfere Männer, die sich auf ihre Stärke stützen [können]
und die Ruhe haben an ihrer Stätte.
7 All diese waren in ihrer Generation geehrt,
und in[198] ihren Tagen hatten sie Herrlichkeit.

(Sir 44,3-7)

Mit diesen Sätzen am Anfang seines Väterlobes beschreibt Ben Sira die Menschen, die er in den nun nachfolgenden sieben Kapiteln bedenkt. Sie entsprechen dem „Typus des begnadeten Mannes"[199]. Ihnen ist die Ruhe an ihrer Stätte geschenkt (V 6b). Damit wird dabei deutlich, warum Ben Sira – innerhalb der weisheitlichen Tradition ungewöhnlich – eine „Geschichte Israels" schreibt: Er stellt hier nicht einfach nur Heroen der Vergangenheit dar, sondern lebendige Vorbilder.[200]

עם זרעם נאמן טובם	אם זרעם נאמן טובם
(Ms B)	(Ms M)

---

196 So mit Ms M; Ms B liest „Forschungen".
197 Ms B bietet חוק (Festsetzung, hier eher: Regel), was der Glossator zu חקו (seine Regel) korrigiert hat. Ms M bietet dagegen קו (Maß). G bezeugt noch etwas anderes: μέλη μουσικῶν (Melodie der Musik). Wahrscheinlich ist die Lesart des Glossators von Ms B* vorzuziehen, denn von ihr aus kann Ms B* als Buchstabenvertauschung und Ms M als Auslassung des ח erklärt werden. G übersetzt dagegen sinngemäß nach seinem Verständnis; diese Differenzierung ist deshalb sinnvoll, weil μέλη zwar auch Glied und damit auch Versteil bedeuten kann, aber doch eher in den Bereich der Melodie und Harmonie geht, wogegen sich sowohl חוק bzw. חקו, insbesondere aber wohl קו eher auf die Metrik beziehen. Vgl. dazu auch die Überlegungen bei Marböck, Gottes Weisheit, 144-146.
198 So mit Ms Bmarg und G (ἐν ταῖς ἡμέραις αὐτῶν).
199 Wischmeyer, Kultur, 246.
200 Insofern folgt der Abschreiber von Ms B in 44,7 durchaus der Intention Ben Siras, wenn er ומימיהם überliefert. „Der gebildete Weise lebt in ständiger Auseinandersetzung und Beziehung mit den Vätern." (Wischmeyer, Kultur, 277).
Der Hinweis, dass Ben Sira in seinem Väterlob Menschen lobe und nicht wie die Geschichtspsalmen Gott (vgl. Martin, Ben Sira, 144), ist zwar richtig, hängt aber mit Ben Siras pädagogischer Abzweckung zusammen: er möchte dem Weisheitsschüler die Möglichkeit zur Identifikation geben, kann er doch als Weiser selber zu einem Träger der Geschichte werden. Zu weiteren Aspekten des Väterlob siehe Aitken, Hebrew Study, 30ff.

Bei[201] ihren Nachkommen hat ihr Gut Bestand.
(Sir 44,11a)

...ל...	וג]וית[ם בשלום נאספה
... ל... ודור	[ו][202]שמם חי לדור ודור
(Ms B)	*(Ms M)*

Ihre Leiber wurden in Frieden versammelt,
aber ihr Name lebt von Generation zu Generation.
(Sir 44,14)

Ben Sira bietet hier also „interpretierte Geschichte",[203] indem er sie auf Personen fokussiert, damit diese seinen Schülern als Anschauung und Beispiele im rechten Verhalten, in Gottesfurcht und Weisheit dienen können.[204] So scheinen in den ‚Ratgebern in ihrer Einsicht' und den ‚Sehern in all ihrer Prophetengabe', den ‚Weisen des Lehrgesprächs in ihrer Schriftgelehrsamkeit' und den ‚Spruchdichtern in ihrer Sorgsamkeit', den ‚Forschern von Psalmen auf ihr Regelwerk hin' und den ‚Trägern von Sprüchen in schriftlicher Form' von damals diejenigen für heute durch. Die Vergangenheit wird zur Gegenwart, indem sie gelernt und bedacht wird. Die Geschichte wird zur prägenden und Identifikation stiftenden Kraft, aus der Zukunftsgestaltung entstehen kann – persönlich, aber auch für das Volk. Diese Intention lässt Ben Sira dann auch immer wieder im nachfolgenden Text durchscheinen. Das sei an einem exemplarischen Beispiel illustriert: an den abschließenden Sätzen der Passage über Josua und Kaleb (46,1-10).[205]

---

201 Ms M bietet hier einen offensichtlichen Schreibfehler. Ms B, S und G bezeugen übereinstimmend עם.

202 In Ms M ist hier eine kleine Lücke. Das ו ist also aus S und G eindeutig zu erschließen.

203 Sauer, Jesus Sirach/Ben Sira, 322, hält dann auch richtig fest: „Gerade darum schreibt Ben Sira Geschichte, um seinen eigenen Standpunkt seiner Zeit nahezubringen. Geschichte als enzyklopädische Wissenschaft lag ihm fern."

204 Insofern ist auch das „geradlinige Geschichtsbild", das Janssen, Gottesvolk, 16, für das Väterlob bei Ben Sira konstatiert, nicht von der Hand zu weisen. Doch dies liegt an seinem pädagogischen Interesse.

205 Weitere Beispiele wären Henoch (Sir 44,16) mit dem Hinweis „ein Zeichen der Erkenntnis von Geschlecht zu Geschlecht". Auch Pinchas wird deutlich als Vorbild herausgestellt (Sir 45,12f). Samuel wird der Wunsch eines jeden Gelehrten zugesprochen, nämlich bis zum Tode seine intellektuellen Fähigkeiten nicht eingebüßt zu haben (Sir 46,20). Salomo sammelt Lieder zur Erbauung (Sir 47,15b). Durch die zusätzliche Bemerkung in Sir 48,25 schreibt Ben Sira dem Buch Jesaja explizit eine Be-

9 ויתן לכלב עצמה
ועד שיבה עמדה עמו
להדריכ[ם ע]ל [במ]תי ארץ
וגם זרעו ירש נחלה
10 למען ד[עת] כל זרע יעקב
כי טוב למלא אחרי ייי
(Ms B)

9 Und er gab Kaleb Stärke,
und bis zum hohen Alter blieb sie bei ihm,
um sie über die Höhen der Erde zu führen;
und auch seine Nachkommenschaft nahm ein Erbe ein.
10 [Das alles,] damit die ganze Nachkommenschaft Jakobs[206] weiß,
dass es gut ist, ganz hinter JHWH [zu stehen].[207]
(Sir 46,9-10)

Zwar könnte V 10 für die Kaleb-Geschichte ganz erzählungsimmanent gelesen werden. Ebenso könnte auch aus der Kaleb-Geschichte selber die Intention herausgelesen werden zu zeigen, wie es denen geht, die sich von JHWH abwenden, und denen, die auf ihn vertrauen. Doch dass Ben Sira dies hier hervorhebt, zeigt, wie wichtig ihm dieses Moment ist. Was damals geschah,[208] ist nicht nur eine Lehre für die Israeliten damals, sondern hat genauso Bedeutung für seine Zeitgenossen und darüber hinaus. Kaleb wird „beispielhaft", ein „Vorbild für die Gegenwart".[209] So wie sich Kaleb damals zwischen Gott und der lauten Menge entscheiden musste, so müssen es nun die Schüler Ben Siras; und wie Kaleb damals ganz hinter seinem Gott stand, so sollen nun Ben Siras Schüler hinter ihrer Tradition stehen. So wird Geschichte zur Lehrstunde für Orientierung und persönliches Verhalten in der Ge-

---

deutung über seine Gegenwart hinaus zu. Schließlich wird Ben Sira mit Sir 50,1-24 dem Hohenpriester Simon II. nicht nur ein literarisches Denkmal gesetzt haben wollen, sondern ihn auch seinem Nachfolger Onias III. zur dringenden Nachahmung anempfehlen.

206 So mit H und S; G: „alle Kinder Israels".
207 So mit H und G entsprechend (G bietet κύριος als Übersetzung des Gottesnamens). S dagegen bezeugt eine theologisierende Lesart, die entweder mit „dass das Gesetz Gottes und seine Rechte vollkommen sind" oder mit „dass er [Jakob] erfüllt hat das Gesetz Gottes und seine Rechte".
208 Ben Sira bleibt bei seiner Geschichtsdarstellung ganz in den biblischen Schriften und geht bei aller Freiheit seiner Geschichtsinterpretation zweifellos davon aus, dass das, was dort berichtet wird, auch so geschehen ist.
209 Janssen, Gottesvolk, 23; 33.

5.3 Im Beth Midrasch Ben Siras

genwart – und schon bei Ben Sira wird die Einsicht deutlich, dass nur Zukunft gestalten kann, wer aus der Geschichte gelernt hat.[210]

Doch Ben Sira möchte auch, dass sich seine Hörer und Leser unmittelbar in die Geschichte mit hineinnehmen lassen. So unterbricht er seine Geschichtssicht unmittelbar nach der sehr umfangreichen Darstellung Aarons (Sir 45,6-22) und der des Pinchas' (Sir 45,23f) mit einer direkten Aufforderung zum Gotteslob.

25b ועתה ברכו נא את ייי הטוב
המעטר אתכם כבוד
26 ויתן לכם חכמת לב
למען לא ישכח טובכם
[אמ]ורתכם לדורות עולם

(Ms B)

25b Und nun, lobt JHWH, den Guten,
der euch mit Ehre krönt.
26 Er gebe[211] euch Weisheit des Herzens,
um in seinem Namen sein Volk zu richten,[212]
damit man[213] nicht euer Gut vergisst,
eure Aussprüche für die Generationen aller Zeiten.
(Sir 45,25b-26)

Unvermittelt spricht Ben Sira seine Leser an.[214] Wer der Geschichte Gottes mit seinem Volk gedenkt, in der er immer wieder Menschen

---

210 Ben Sira beschränkt diese Einsicht nicht nur auf die Texte des Väterlobs, sondern konkretisiert sie auch an anderen Stellen seines Buches. So greift er auch in Sir 16,8-16 und 36,6-15 auf Ereignisse der Geschichte Israels, wie sie kanonisch dargestellt sind, zurück. Dieses Verfahren relativiert auch die Auswahl der Themen des Väterlobs bzw. eine allzu enge Eingrenzung auf diese Texte bei der Interpretation von Ben Siras Geschichtssicht.

211 ויתן ist als Jussiv zu verstehen. Entsprechend übersetzt auch G. S nimmt dagegen fälschlich einen Narrativ an und übersetzt „ܘܝܗܒ – der euch gab".

212 In H ist dieser Stichos nicht erhalten, jedoch in S und G. Die Übersetzung folgt S (ܠܡܕܢ ܥܡܗ ܒܫܡܗ). G bietet: „κρίνειν τὸν λαὸν αὐτοῦ ἐν δικαιοσύνῃ – zu richten sein Volk in Gerechtigkeit".

213 ישכח ist an dieser Stelle unpersönlich zu übersetzen, auch wenn dies im Hebräischen in der Regel durch die 3. Person Plural wiedergegeben wird. Entsprechend auch S.

214 Bei einem so plötzlichen stilistischen Bruch stellt sich die Frage nach den Adressaten dieser Aufforderung. Vielfach wird auf die Priesterschaft verwiesen (vgl. Skehan/Di Lella, Ben Sira, 514; Stadelmann, Schriftgelehrter, 282ff, dem dies aufgrund seiner These von Ben Sira als priesterlichem Schriftgelehrten besonders wichtig ist), doch Sauer, Jesus Sirach/Ben Sira, 313, hält diese Frage zu Recht offen. Spätestens mit der

herausgehoben hat, um durch sie sein Volk anzuleiten, wer sie bedenkt, der ist zum Lob aufgefordert. Doch nicht nur das: Ben Sira verbindet damit auch den Wunsch, dass Gott seinen Lobenden Weisheit gebe. So lässt er die Geschichte direkt in das Heute eingreifen. Der Hörer oder Leser wird zur Geschichte Israels, die ja auch seine eigene Geschichte ist, unmittelbar in Beziehung gesetzt und muss sich zu ihr verhalten. Damit verbindet Ben Sira die Hoffnung, dass Gott Hörer und Leser dann mit Weisheit beschenken möge – und so scheint in diesem Aufruf zum Gotteslob sein pädagogisches Anliegen durch, das er mit seiner Geschichtsdarstellung verbindet. Zugleich wird, indem er das Richten anspricht, die Handlungsdimension deutlich, die seines Erachtens im Weisheitserwerb liegt und eine Verpflichtung des Weisen darstellt.[215] Ben Sira geht damit über eine reine Darstellung der Geschichte – auch zu pädagogischen Zwecken – hinaus; hatte Homer noch die Heroen der Vergangenheit als Vorbilder dargestellt,[216] durchbricht Ben Sira die dabei immer noch bestehende Trennung zur Gegenwart und lässt die Geschichte in diese eingreifen.

5.3.2.5 Persönliche Erfahrung

Während alles Voranstehende – das Lernen von Weisheitssprüchen und Lehrgesprächen, das Studium der Tora, ihrer erzählenden und ihrer rechtlichen Teile, sowie der Geschichte Israels und der Kosmologie – gut im Rahmen einer höheren Bildung, wie sie in einer Schule vermittelt werden könnte, vorstellbar ist, fügt Ben Sira noch ein weiteres Element hinzu: die eigene, persönliche Erfahrung, die die Schüler machen sollen. Am besten geschieht dies durch Reisen, in denen die Schüler fremde Länder, Menschen und Sitten kennen lernen können.

9 ἀνὴρ πεπλανημένος ἔγνω πολλά
καὶ ὁ πολύπειρος ἐκδιηγήσεται σύνεσιν
10 ὃς οὐκ ἐπειράθη ὀλίγα οἶδεν
11 ὁ δὲ πεπλανημένος πληθυνεῖ πανουργίαν

Herausgabe des Buches kann hier nur die Leserschaft insgesamt gemeint sein, muss doch jeder Leser eine solche Aufforderung automatisch auf sich beziehen (und nicht nur Priester).
215 Siehe dazu Kapitel 5.7.
216 Siehe Kapitel 4.1 dieser Arbeit.

9 Ein weit gereister[217] Mann weiß viel
und der sehr Erfahrene kann Verständiges erzählen.
10 Wer nicht versucht wurde, kennt wenig,
11 aber der umhergezogen[218] ist, vermehrt Wissen.
(Sir 34,9-11)

Nichts formt einen Mensch so wie seine eigene Erfahrung. Doch Erfahrungen können nicht produziert und auch nicht von einem Lehrer auf seine Schüler übertragen werden. Sie entstehen durch Erlebnisse und Begegnungen, die jeder für sich machen und verarbeiten muss.

Dies geschieht sicherlich am intensivsten durch Reisen. Hier erschließen sich fremde Länder und Kulturen, für Ben Sira zur Bildung eines Weisen dazugehörig und zur Wahrnehmung einer verantwortlichen und leitenden Tätigkeit in der Gesellschaft sinnvoll, wenn nicht gar notwendig. Außerdem können die zu Hause gelernten Dinge erprobt, verifiziert oder modifiziert und Neues kann kennen gelernt werden. Dass Ben Sira dieses hier einführt, ist keine Selbstverständlichkeit. Vielmehr ist das Reisen eine Errungenschaft, die durch den kulturellen Umschwung des Hellenismus nach Juda kam.[219]

---

217 Die Bezeugung von πεπλανημένος ist nicht in allen Textzeugen gegeben. So wird von A, B und einigen Minuskeln πεπαιδευμένος überliefert. Doch diese starke äußere Bezeugung darf nicht darüber hinwegtäuschen, dass πεπαιδευμένος bei Ben Sira mit 56 Derivaten zu einem der größten von ihm gebrauchten Wortfelder gehört und also gut hier eingewandert sein könnte, wogegen πεπλανημένος eher ungewöhnlich ist. Entsprechendes gilt für die Bezeugung von S (ܓܒܪ ܚܟܝܡܐ – ein weiser Mann).
Dem sich damit ergebenden Anklang an Homers Odyssee (I,1-5), wie ihn Middendorp, Stellung Jesu Ben Siras, 11, durchaus zu Recht aufzeigt, dem sich dann auch die Auslegungstradition angeschlossen hat, sollte jedoch nicht allzu viel Bedeutung zugemessen werden. Denn es handelt sich in V 9 zwar um eine für Ben Siras Zeit relativ neue, aber doch unmittelbar einsichtige Aussage, die, selbst wenn sie aus dem hellenistischen Zeitgeist entnommen ist, nicht unbedingt eine intensive Kenntnis der homerischen Literatur bei Ben Sira voraussetzen muss.

218 Mit G. An dieser Stelle ist die Bezeugung von πεπαιδευμένος eine Marginalie. S dagegen liest ܢܣܝ (der versucht wurde). Dies hat in G allerdings nur eine Entsprechung in der Minuskel 443 aus dem 10. Jh.

219 Nicht zu Unrecht wird in diesem Kontext auf Homers Odyssee verwiesen, die er mit den Worten beginnen lässt: „Nenne mir, Muse, den Mann, den vielgewandten, der vielfach / wurde verschlagen, seit Trojas heilige Burg er zerstörte. / Vieler Menschen Siedlungen sah er und *lernte ihr Wesen / kennen* und litt auf dem Meer viel Schmerzen in seinem Gemüte, / um sein Leben bemüht und die Heimkehr seiner Gefährten." (I,1-5; Übersetzung zitiert nach Hampe, kursiv FUe). Vgl. Middendorp, Stellung Jesu Ben Siras, 11; Sauer, Jesus Sirach/Ben Sira, 241. Zwar wird Odysseus auf seine „Odyssee" verschlagen und beginnt sie nicht freiwillig, doch gilt er aufgrund seiner Erlebnisse, seiner Erfahrungen und die Art und Weise, wie er seine Abenteuer bestand, als vielerfahrener Mann.

Dabei weiß Ben Sira durchaus um die Gefahren, die mit einer Reise verbunden sind. Doch damit meint er bemerkenswerterweise nicht die Gefahren, denen sich ein Reisender in seiner Zeit aussetzen musste. Stattdessen spricht er von Versuchungen (V 10) und verwendet damit eine fest geprägte theologische Vokabel.[220] Doch diese Versuchungen bedenkt er nicht negativ, nicht einmal in dem Sinne, dass man sie umgehen und ihnen möglichst ausweichen solle. Vielmehr dienen sie der Vermehrung des Wissens, ganz im Sinne der Erfahrung, die eben immer erst durch die eigene Reflexion vom Ereignis zur Erfahrung werden kann.

So ist der Weise in der Tat ein viel „er-fahren-er" Mann, der aus den zahlreichen Quellen seines Wissens und seiner Erkenntnis schöpfen kann.[221]

5.3.2.6 Die Suche nach Gott und das Gebet

Über diesen verschiedenen Aspekten, die das Streben nach Weisheit für Ben Sira umfassen muss, damit ihm die Möglichkeit zum Erfolg gegeben ist, stehen die Suche nach Gott und das Gebet.

14 דו[רש א[ל [י׳]ק[וה] רצון {דרש אל חי וקוה רצון}	14 ... חי וקוה רצון
ומתהלה יוקש בו	וגם מתהלה י...
דורש אל יקח מוסר	
ומשחרהו ישיג מענה	
דורש חפצי אל יקח לקח	...פצי ...וצא לקח
ויענהו בתפלתו	ויענהו בכל ת...
15 דורש תורה יפיקנה	
ומתהלה יוקש בה	
(Ms B)	(Ms F)

14 ὁ φοβούμενος κύριον ἐκδέξεται παιδείαν
καὶ οἱ ὀρθρίζοντες εὑρήσουσιν εὐδοκίαν
15 ὁ ζητῶν νόμον ἐμπλησθήσεται αὐτοῦ
καὶ ὁ ὑποκρινόμενος σκανδαλισθήσεται ἐν αὐτῷ

14[222] Wer Gott sucht,[223] wird Bildung erwerben,

---

220 Vgl. Sir 2,1; 33,1. Siehe auch Seesemann, πεῖρα, 24-26.
221 Zu weiteren Überlegungen zum Reisen siehe auch Kapitel 5.7.
222 H bietet in V 14 mehr Stichen als S und G. Dabei handelt es sich allerdings lediglich um inhaltliche Variationen der Aussagen von V 14f, wie sie in S und G bezeugt sind (vgl. dazu auch Haspecker, Gottesfurcht, 220). Daher sind sie als eine spätere Erwei-

und wer auf ihn aus ist, wird Antwort erhalten.
15 Wer Tora[224] sucht, wird sie bekommen,
aber wer sich verrückt aufführt, wird in ihr gefangen werden.[225]
(Sir 32,14-15)

Wer Weisheit sucht, sucht Gott, und wer Gott sucht, wird Weisheit finden. Gegenüber allen anderen besprochenen Textstellen schlägt Ben Sira hier einen neuen Ton an. Er lässt anklingen, dass alle eigene Anstrengung, deren Wichtigkeit deutlich zu unterstreichen ist, doch nicht ausreicht, wenn der Schüler Weisheit erlangen will. Denn die Suche nach Weisheit ist mehr als eine intellektuelle Herausforderung und eine kognitive Leistung. Sie hat auch eine religiöse Dimension. Ohne die Suche nach Gott, das meint die volle Hinwendung zu ihm,[226] gibt es keine Bildung und keine Weisheit. Nur wer Gott sucht, wird Bildung erwerben (V 14). Ben Sira zeigt dies stilistisch durch das wiederholte דרש in diesen Versen. Dabei bezeichnet דרש zu Ben Siras Zeiten nicht mehr nur den konkreten, sich Gott zuwendenden Akt, beispielsweise durch eine Befragung am Heiligtum wie in vorexilischer Zeit, sondern nimmt außerdem, wie insgesamt in der nachexilischen Zeit, zusätzlich die Bedeutung als eine „stetige innere Einstellung", ein „Sich-Halten an Gott"[227] an. Wer ihn sucht (שחר Piel)[228] und wer zu ihm betet, wird von

---

terung auszulassen. Der Vollständigkeit halber seien sie hier wiedergegeben. Vor der oben übersetzten Sentenz heißt es:
  Wer Gott sucht, hofft auf [sein] Wohlgefallen,
  aber wer sich verrückt aufführt, wird darin gefangen werden.
Dabei folgt die Übersetzung des ersten Stichos Ms B*. Denn Ms F und der Korrektor von B zerstören die parallele Struktur der Stichen in V 14f, die aus einem viermaligen דורש – 3. Person Singular Präformativkonjugation / Partizip – 3. Person Singular Präformativkonjugation besteht.
Nach der oben wiedergegebenen Sentenz folgt in H noch:
  Wer das Wohlgefallen Gottes sucht, wird Lehre erwerben,
  und er wird ihm antworten bei seinem Gebet [Ms F sogar: „bei jedem Gebet"].
223 S bietet: „Wer den Dienst Gottes sucht". Doch dies hat keinerlei Entsprechung, weder in H nicht in G, sodass es als Interpolation auszulassen ist.
224 Ben Sira spielt hier mit der Vokabel תורה, die zu seiner Zeit bereits die schriftlich niedergelegte Tora bezeichnet (vgl. Esr 3,2; Neh 8,2.14; 10,35.37; siehe dazu oben den Abschnitt 5.3.2.2.), andererseits aber auch noch von alters her einfach die Weisung im Sinne einer Wegweisung für das Leben meint.
225 Das soll wohl bedeuten: Wer sich nicht an sie hält oder wer sie nicht ernsthaft erfragt, wird sich in ihr verstricken. So auch Sauer, Jesus Sirach/Ben Sira, 228.
226 Vgl. dazu die Ausführungen von Haspecker, Gottesfurcht, 224f, der Westermanns Interpretation von דרש als „stetige innere Einstellung" aufnimmt.
227 Westermann, Fragen und Suchen, 24, der darin zugleich einen Wandel der Gottesbeziehung Israels sieht, in der sakrale Institutionen an Bedeutung verlieren und an

Gott Antwort erhalten. Gebet und die Hinwendung zu Gott sind unabdingbare Voraussetzungen zur Erlangung der Weisheit. Es kommt zu einem „echten geistigen Kontakt von Person zu Person", wie es Haspecker zur Stelle herausgearbeitet hat.[229] So hält Ben Sira fest, dass die vom Menschen zu erwerbende Bildung und Lehre von Gott ausgeht.

Zugleich deutet er mit diesen Versen die zweite Seite an, die zur Erlangung von Weisheit und Bildung nötig sind. Der Mensch kann Weisheit, wie Ben Sira sie versteht, nicht allein von sich aus erreichen. Er bekommt sie geschenkt. Das soll im nächsten Kapitel (5.4) weiter ausgeführt werden. Ein Beispiel dafür bietet Ben Sira mit seiner eigenen Person, wie er es am Ende seines Buches in Sir 51,13-30 beschrieben hat.[230]

5.3.3 Die Rolle des Schülers im Lernprozess

Grundlegende Voraussetzung für den Bildungsprozess sind jedoch der Wille und der Einsatz des Schülers. Rhetorisch und stilistisch sehr eindrücklich macht Ben Sira dies mit einem vierfachen „Wenn du..." in der einleitend besprochenen Passage von Sir 6,18-37 in VV 32f deutlich. Jeder Schüler hat die freie Wahl. Entsprechend betont er auch bei den Verben in dieser Reihung das nötige Handeln der Schüler: „Wenn du willst..." (V 32aα), „Wenn du aufpasst..." (V 32bα), „Wenn du möchtest..." (V 33aα), „Wenn du dein Ohr neigst..." (V 33bα). Es liegt an jedem einzelnen und an seiner Bereitschaft, sich zu mühen und dann zu empfangen. „One must be willing to listen before one may hope to gain

---

ihre Stelle persönliche Frömmigkeit tritt. Siehe dazu Ps 9,11; 22,27; 24,6; 34,11; 69,33, wobei Ps 24,6 am ehesten von einem kasuellen Ereignis spricht. Vgl. auch Wagner, דרש, 318ff. Dieser Wandel der Gottesbeziehung hat sich allerdings bereits in vorexilischer Zeit ausgesprochen, wie Am 5,6.14 zeigt, sodass hier nicht von einer zeitlichen Entwicklung auszugehen ist, in der das Spätere das Frühere ersetzt, sondern um parallele Erscheinungen, von denen die in Sir anzutreffende insbesondere für die persönliche Frömmigkeit eine immer stärkere Rolle spielte.

228 Haspecker, Gottesfurcht, 226, sieht in שחר „eine stärkere Dringlichkeit der Hinwendung und eine ausdrücklichere Personalität" gegenüber דרש, worauf seines Erachtens der Piel-Stamm und die Verbindung mit einem personalen Objekt hinweisen wie auch מענה als persönliche Reaktion. Allerdings gelten all diese Kriterien gerade in dieser Passage in Sir auch für דרש, sodass beide Vokabeln nicht gegeneinander zu profilieren sind; dafür spricht auch der nur einmalige Gebrauch von שחר gegenüber dem stilistisch dominierenden דרש. Auch die Verwendung von שחר in den kanonischen Schriften des Alten Testaments spricht nicht für eine stärkere Bewertung von שחר gegenüber vrd.

229 Haspecker, Gottesfurcht, 225, der in diesem Moment auch das alte vorexilische Element der Gottesbefragung erhalten sieht.

230 Siehe dazu wiederum den Exkurs am Ende von Kapitel 5.5.

wisdom"²³¹. Auch hier greift Ben Sira, wie schon zu Beginn dieser Passage auf die Tradition der klassischen Weisheit zurück:

> Ein Tor verschmäht die Erziehung des Vaters,
> aber wer Zurechtweisung beachtet, wird klug werden.
> *(Spr 15,5)*

Weisheit ist zwar letztlich ein Geschenk des Himmels, aber kein einfaches. Das bedeutet: Sie wird nicht einfach nur geschenkt, und es ist nicht einfach, mit ihr umzugehen, sich also nach ihr zu richten.

Und doch nennt Ben Sira nach diesen Mahnungen am Ende des Eingangs besprochenen Abschnitts Sir 6,18-37 Gott als denjenigen, der lehrt und weise macht (V 37b). Dies benennt bereits einen Aspekt, der ein Spezifikum seines Bildungsverständnisses ausmacht und der zugleich eine Begrenzung der Lehr- und Lerntätigkeit markiert, aber auch eine große Verheißung in sich trägt.²³² Zugleich wird deutlich, dass niemand aus sich selbst heraus weise wird. So will dieser Text ein Text sein, der Mut macht, sich auf diesen langen, teilweise auch beschwerlichen, aber doch lohnenden Prozess einzulassen und den Weg *mit* der Weisheit und *zur* Weisheit zu gehen.²³³

Exkurs: περὶ τέκνων – Über die Kindererziehung (Sir 30,1-13)²³⁴

Ben Sira hat sich selber, wie die Themen seines Buches zu erkennen geben, der höheren Bildung gewidmet. Wie Kapitel 5.2 gezeigt hat, lehrte Ben Sira junge Erwachsene. Gerade deshalb reflektiert er aber auch die Erziehung junger Kinder, sind seine Schüler doch aller Wahrscheinlichkeit nach auch angehende Eltern.

In diesem Exkurs geht es also nicht mehr um die thematischen Inhalte,²³⁵ die Ben Sira seine Schüler lehrte, sondern um eine weitere, aber

---

231 Skehan/Di Lella, Ben Sira, 195.
232 Siehe dazu Kapitel 5.4.
233 Zu Recht verweist Löhr, Bildung, 34, im Kontext von Sir 6,18-37 auf Sir 4,17f: „Was dort die Weisheit selbst vortrug, wird hier vom Weisheitslehrer aufgenommen".
234 Den Neueinsatz, den Sir 30,1 im Verlauf des Buches darstellt, haben die Übersetzer oder Tradenten der Vetus Latina erkannt und diesem Abschnitt die Überschrift ‚De Filiis' gegeben, durch die sie dann bei einigen Textzeugen wieder in den griechischen Text als περὶ τέκνων eingedrungen ist.
235 Es handelt sich zwar auch hier in einem gewissen Sinne um „materiale" Weisheit, jedoch nicht mehr um die inhaltliche Beschreibung auf der Metaebene wie in den vorangegangenen Abschnitten dieses Kapitels.

anders gelagerte Reflexion über Erziehung. Es geht um die Erziehung, die Ben Siras Schüler wiederum ihren (zukünftigen) Kindern zukommen lassen sollen. Dazu zieht ihr Lehrer nun einige Grundlinien aus.

11 אל תמשילהו בנעוריו
ואל תשא לשחיתותיו
12 כפתן על חי תפגע[236]
רציץ מתניו שעודנו נער
כיף ראשו בנערותו
ובקע מתניו כשהוא קטן
למה ישקה {יקשיח} ומרה בך
ונולד {ולד} ממנו {ולוד ממך} מכח מפש
13 יסר בנך והכבד עולו
פן באולתו יתלעבך

(Ms B)

1 ὁ ἀγαπῶν τὸν υἱὸν αὐτοῦ ἐνδελεχήσει μάστιγας αὐτῷ
ἵνα εὐφρανθῇ ἐπ' ἐσχάτων αὐτοῦ
2 ὁ παιδεύων τὸν υἱὸν αὐτοῦ ὀνήσεται ἐπ' αὐτῷ
καὶ ἀνὰ μέσον γνωρίμων ἐπ' αὐτῷ καυχήσεται
3 ὁ διδάσκων τὸν υἱὸν αὐτοῦ παραζηλώσει τὸν ἐχθρὸν
καὶ ἔναντι φίλων ἐπ' αὐτῷ ἀγαλλιάσεται
4 ἐτελεύτησεν αὐτοῦ ὁ πατὴρ καὶ ὡς οὐκ ἀπέθανεν
ὅμοιον γὰρ αὐτῷ κατέλιπεν μετ' αὐτόν
5 ἐν τῇ ζωῇ αὐτοῦ εἶδεν καὶ εὐφράνθη
καὶ ἐν τῇ τελευτῇ αὐτοῦ οὐκ ἐλυπήθη
6 ἐναντίον ἐχθρῶν κατέλιπεν ἔκδικον
καὶ τοῖς φίλοις ἀνταποδιδόντα χάριν
7 περιψύχων υἱὸν καταδεσμεύσει τραύματα αὐτοῦ
καὶ ἐπὶ πάσῃ βοῇ ταραχθήσεται σπλάγχνα αὐτοῦ
8 ἵππος ἀδάμαστος ἐκβαίνει σκληρός
καὶ υἱὸς ἀνειμένος ἐκβαίνει προαλής
9 τιθήνησον τέκνον καὶ ἐκθαμβήσει σε
σύμπαιξον αὐτῷ καὶ λυπήσει σε
10 μὴ συγγελάσῃς αὐτῷ ἵνα μὴ συνοδυνηθῇς
καὶ ἐπ' ἐσχάτων γομφιάσεις τοὺς ὀδόντας σου
11 μὴ δῷς αὐτῷ ἐξουσίαν ἐν νεότητι
12 θλάσον τὰς πλευρὰς αὐτοῦ ὡς ἔστιν νήπιος
μήποτε σκληρυνθεὶς ἀπειθήσῃ σοι[237]

---

236 Ms B bietet mit diesem und dem nachfolgenden Stichos eine zusätzliche Textbezeugung, die sonst nicht belegt ist.
237 In der Lukianischen Rezension ist nachfolgend noch folgender Stichos überliefert:

13 παίδευσον τὸν υἱόν σου καὶ ἔργασαι ἐν αὐτῷ
ἵνα μὴ ἐν τῇ ἀσχημοσύνῃ αὐτοῦ προσκόψῃς

1 Wer seinen Sohn liebt, hält die Rute über ihn,
damit er jubelt an seinem Ende.
2 Wer seinen Sohn erzieht, wird Freude an ihm haben,
und inmitten seiner Bekannten wird er seinetwegen gerühmt werden.
3 Wer seinen Sohn lehrt, macht seinen Feind eifersüchtig,
und vor Freunden wird er über ihn jauchzen.
4 Ist sein Vater verstorben, ist es so, als wäre er nicht gestorben,
denn ihm gleich ist er nach ihm zurückgeblieben.
5 In seinem Leben sah er [ihn] und jubelte,
und an seinem Ende wird er nicht betrübt werden.
6 Gegenüber den Feinden ließ er einen Rächer zurück,
und für die Freunde einen, der Gunst vergilt.
7 Wer den Sohn verwöhnt, wird seine Verletzungen [selber] verbinden [müssen],
und über jedem Schrei wird sein Innerstes aufgerührt werden.
8 Ein ungezähmtes Pferd wird hart herauskommen,
und ein verlassener Sohn wird jäh herauskommen.
9 Pflege [dein] Kind, und es wird dich entsetzen,
spiele mit ihm, und es wird dich betrüben.
10 Lache nicht mit ihm, damit du nicht mit ihm leidest
und am Ende mit deinen Zähnen knirschst.
11 Lass ihn nicht herrschen in seiner Jugend,[238]
12b und brich seine Lenden, wenn er klein ist.
Warum soll er sich verhärten und bitter zu dir sein?[239]
13 Erziehe deinen Sohn und beschwere sein Joch,
damit er dich nicht in seiner Torheit verspotte.
(Sir 30,1-13)

καὶ ἔσται σοι ἐξ αὐτοῦ ὀδύνη ψυχῆς   und dir von ihm Seelenschmerz entstünde.
238 Hiernach sind als V 11b und V 12a Stichen erhalten, die jedoch nur in Ms B und/oder in der lukianischen Rezension bezeugt sind. Sie sind H II bzw. Gr II zuzurechnen. Der Vollständigkeit halber seien sie hier wiedergegeben:
  11b und versöhne nicht seine verdorbenen Taten. (H/Gr II)
  12a Wie eine Kobra über einen Lebenden herfällt, (Sondergut Ms B)
  zerbrich seine Lenden, solange er noch ein Junge ist. (Sondergut Ms B)
  Beuge sein Haupt in seiner Jugend (H/Gr II/S)
239 Ms B bietet auch hier gemeinsam mit der lukianischen Rezension H II bzw. Gr II. Er führt in H die Frage aus V 12 mit einem zweiten Teil weiter; in G handelt es sich um einen Finalsatz (Übersetzung s.o.):
  und von dir geboren sein zum Aushauchen [deiner Seele]?

Ben Sira richtet sich in diesem Abschnitt an seine Schüler als (werdende) Väter und damit als (künftige) Erzieher ihrer eigenen Kinder. Dabei geht es ihm hier zunächst um die Erziehung von Söhnen; auf Töchter kommt er an anderen Stellen zu sprechen (siehe dazu unten in diesem Kapitel).

Die Erziehung, die Ben Sira Söhnen – und wie die Textpassagen zur Erziehung der Töchter zeigen werden, auch Töchtern – angedeihen lassen möchte, ist hart. Es geht ihm offenbar nicht um die Entwicklung und Förderung einer eigenständigen und in ihrer Familie emanzipierten Persönlichkeit. Stattdessen zeigt der reflexive Stil, der immer wieder auf den Vater zurückverweist, dass es bei der Erziehung der Kinder weniger um diese als vielmehr um den Vater geht. Dabei ist auch der Vater nicht als ein Individuum mit eigenständiger Persönlichkeit und Selbst-Bewusstsein gedacht. Vielmehr reflektiert Ben Sira hier Rollen und Funktionen dieser Personen im Gesamtgefüge der Familie.[240] Das gilt für Vater und Sohn gleichermaßen. Der Vater ist als Pater familias das Oberhaupt; er vertritt die Familie nach außen, führt ihre Rechtsgeschäfte und hat für ihr Wohlergehen sowohl innerhalb der Familie als auch in ihren sozialen Gefügen nach außen, wie zum Beispiel für den guten Ruf, zu sorgen (vgl. V 2f).

Die Erziehung des Sohnes zielt nun dahin, dass er befähigt wird, diese Funktion im Alter seines Vaters und nach dessen Tod auszufüllen (vgl. VV 5.6[241]). Der Sohn hat also in die Fußstapfen seines Vaters zu

---

240 Vgl. dazu auch den Überblick in Wischmeyer, Kultur, 28-31.
241 Unter dem ‚Rächer' (V 6a) ist dabei nicht an einen Bluträcher oder ähnliches zu denken, sondern an denjenigen, der für seinen Vater Recht schafft. ἔκδικον ist also vor dem biblischen Sprachhintergrund mit שפט als ‚Recht schaffen' zu verstehen (vgl. Niehr, שפט, 418f, der hier zwar von „personae miserae" spricht, doch gilt auch für den Vater, dass er nach seinem Tod einen Fürsprecher braucht), sodass vielleicht auch mit dem ἔκδικον der gemeint ist, der die Rechtsgeschäfte des Vaters in dessen Sinne fortführt. Kügler, Sohn, 89f, betrachtet den Vers stärker als eigenes Übersetzungswerk des Enkels (auch wenn er dies am Ende seiner Überlegungen relativiert, siehe a.a.O., 92) und versteht ihn im Zusammenhang des Horus-Mythos, in dem Horus um das Erbe seiner Eltern Osiris und Isis erst kämpfen muss, aber auch im Kontext der Maat-Vorstellung, der gemäß der Sohn handelt, wenn er für seinen Vater Gerechtigkeit herstellt, indem er Gutes und Böses vergilt. Dies ist allerdings kaum plausibel, bezeugt doch S einen ganz ähnlichen Text (die vorhandenen Unterschiede zwischen S und G lassen sich gut durch den Übersetzungsvorgang erklären), ohne in dem Sinne von der Übersetzung des Enkels abhängig zu sein. Viel wahrscheinlicher ist ein alttestamentlicher Hintergrund. In Ps 127,3-5 werden die Söhne ebenfalls gepriesen und mit kriegerischen Metaphern beschrieben, doch der Zielpunkt ist auch dort nicht der Kampf oder die Rache, sondern der Rechtsprozess am Tor, in dem die Söhne für und anstelle ihres Vater eintreten können.

treten und soll aus dieser Funktion heraus für diese Aufgabe erzogen werden. Es geht Ben Sira also weder um den Vater noch um den Sohn als Individuen, sondern um beide – im Blick auf die Zukunft aber vor allem um den Sohn in seiner Funktion als künftiger Nachfolger des Vaters – in ihren sozialen Stellungen und den damit verbundenen Verpflichtungen. So soll der Sohn zum Garanten des Fortbestandes der Familie und durch die Familie als Teil der Gesellschaft auch der Gesellschaft selber herangebildet werden. Zu Recht weist Sauer darauf hin, dass „wohlgeratene" Söhne auch eine Frage der Macht und des Einflusses für eine Familie darstellen.[242] So gerät die Erziehung des Stammhalters[243] in eine gewisse Ähnlichkeit zur Pferdedressur (vgl. V 8),[244] auch wenn hier angesichts des pädagogischen Impetus, den Ben Sira in diese Passage steckt, nicht jedes Bild und jeder Ausdruck wörtlich genommen werden darf und auch diese Aussage unter dem Vorzeichen der Liebe des Vaters zu seinem Sohn zu sehen ist (vgl. V 1). So sollten VV 9f nicht in dem Sinne verstanden werden, dass Ben Sira ein Gegner der Herzlichkeit und familiärer Nähe wäre, auch wenn hier seine Grenzen sicher anders gezogen sind als unsere heute.[245]

---

242 Sauer, Jesus Sirach/Ben Sira, 214, mit eben dem Hinweis auf Ps 127,6.
243 Es geht aus dem Text nicht hervor, inwieweit Ben Sira hier von allen Söhnen spricht. Insgeheim scheint er immer vom Erstgeborenen zu reden, obwohl als sicher gelten kann, dass er für alle anderen dieselben Methoden anwenden würde, werden sie doch alle einmal Vorstände wenigstens ihres eigenen Haushaltes.
244 Kügler, Sohn, 87, weist in diesem Zusammenhang zu Recht auf das tiefe „Misstrauen gegenüber dem Kind und seinen Bedürfnissen" hin, das zu einem Erziehungsstil führt, „der darauf ausgerichtet ist, den als chaotisch eingestuften Eigenwillen des Zöglings zu brechen und ihn dem Willen des Vaters, welcher der Repräsentant der kulturellen Werte ist, zu unterwerfen."
245 Ben Sira folgt in seinen Aussagen im Wesentlichen Idealen alttestamentlicher Weisheitsliteratur:
Wer den Stock zurückhält, hasst seinen Sohn,
wer ihn liebt, ist auf Erziehung aus. *(Spr 13,24)*
Ist Torheit mit dem Herzen des Jungen verbunden,
wird der Stock der Erziehung sie von ihm entfernen. *(Spr 22,15)*
Halte nicht von einem Jungen Erziehung zurück,
wenn du ihn mit dem Stock schlägst, wird er nicht sterben.
Schlage du ihn mit dem Stock,
und du rettest sein Leben vor der Unterwelt. *(Spr 23,13f)*
Stock und Zurechtweisung gibt Weisheit,
aber ein sich selbst überlassener Junge macht seiner Mutter Schande. *(Spr 29,15)*
Vgl. auch Spr 19,18 und 29,17. An den für heutige Maßstäbe indiskutablen Erziehungsmethoden kann kein Zweifel bestehen. Körperliche Züchtigung war schon lange vor Ben Sira fester Bestandteil der Erziehung und des Unterrichts. Doch wird ebenso deutlich, dass darin keine Ablehnung des Kindes selber zum Ausdruck

Für die Erziehung von Töchtern gilt analoges. Auch sie betrachtet Ben Sira lediglich in ihrer sozialen Stellung als Tochter beziehungsweise zukünftige Ehefrau. Darauf soll sie vorbereitet werden, und hier empfiehl Ben Sira dieselbe Strenge wie bei der Erziehung der Söhne.

23 בנים לך יסיר אותם	23 בנים לך יסר אותם
ושא להם נשים בנעוריהם	ושא להם בנעוריהם
24 בנות לך נצור שארם	24 בנות לך נצור שאר[ם]
ואל תאיר אלהם פנים	... תאר להם פנים
25 הוצא בת ויצא עסק	25 הוצי[א] ... ויצא עסק
ואל נבון גבר חברה	ואל ג[בר] נבון זבדה
(Ms A)	(Ms C)

23 Wenn du Söhne hast, erziehe sie,
und verheirate sie in ihrer Jugend.
24 Wenn du Töchter hast, behüte ihren Leib,
sei ihnen gegenüber nicht zu freundlich.
25 Führe eine Tochter [zur Hochzeit] hinaus, und eine Sorge geht hinaus,
einem verständigen Mann verbinde sie.
(Sir 7,23-25)

9 בת לאב מטמנת שקר	9 ב... לאב מטמון ש...
דאגה {ודאגתה} תפ...	... יד נומה
בנעוריה פן תגור	בנ[ע]וריה פן תמאס
ובבתוליה פן ...	וב..יה פן ...
10 בבתוליה פן תפותה	10 בבתוליה פן תחל
ובבי[ת ..ל.. ל..] {..בית בע' ל' תנשה}	ועל אישה ... תשט[ה]
בית אביה פן ...	בית אביה פן תזריע
ובבית א[ישה] ... [תע]צר {ובב' איש' פ' תעצר}	ובעל ...
11 ...ל...ל... משמר	11 ... על בת חז[ק] משמר
... שם סרה {בני ע' ב' בחזק משמר פ' תע' מ' לא'}	[פ]ן ת...
דבת עיר וק[ה]לת עם	דבת עיר וקהלת עם
והושבתך ..[ע]דת שער	...
[מ]קום תגור אל יהי אשנב	מקום תגור אל יהי ...
ובית מביט מבוא סביב	... ב
(Ms B)	(Ms M)

---

kommen sollte, sondern ein „angemessenes" Mittel, dem Sohn die Zukunft zu eröffnen. Gerade darin zeigt der Vater bzw. der Lehrer seine Liebe zu seinem Sohn bzw. Schüler.

5.3 Im Beth Midrasch Ben Siras

9 θυγάτηρ πατρὶ ἀπόκρυφος ἀγρυπνία
καὶ ἡ μέριμνα αὐτῆς ἀφιστᾷ ὕπνον
ἐν νεότητι αὐτῆς μήποτε παρακμάσῃ
καὶ συνῳκηκυῖα μήποτε μισηθῇ
10 ἐν παρθενίᾳ μήποτε βεβηλωθῇ
καὶ ἐν τοῖς πατρικοῖς αὐτῆς ἔγκυος γένηται
μετὰ ἀνδρὸς οὖσα μήποτε παραβῇ
καὶ συνῳκηκυῖα μήποτε στειρωθῇ
11 ἐπὶ θυγατρὶ ἀδιατρέπτῳ στερέωσον φυλακήν
μήποτε ποιήσῃ σε ἐπίχαρμα ἐχθροῖς
λαλιὰν ἐν πόλει καὶ ἔκκλητον λαοῦ
καὶ καταισχύνῃ σε ἐν πλήθει πολλῶν

9 Eine Tochter ist für einen Vater ein trügerischer[246] Schatz;
die Sorge [um sie] trennt [ihn] vom Schlaf,
in ihrer Jugend, dass sie nicht verschmäht wird[247],
und bei ihrem Mann, dass sie nicht verhasst werde,[248]
10 in ihrer Jungfrauenschaft, dass sie nicht verführt werde,
und bei ihrem Mann, dass sie nicht auf Abwege verfalle,[249]
und im Haus ihres Vaters, dass sie nicht schwanger werde,
und bei ihrem Mann, dass sie nicht kinderlos bleibe.
11 Mein Sohn,[250] über eine Tochter verstärke die Wacht,
damit sie dir nicht einen Namen des Ungehorsams macht,[251]
zum Gerede der Stadt und der Versammlung des Volkes,
und dich beschäme in der Versammlung am Tor[252].
An dem Ort, an dem sie wohnt, sei kein Fenster,
und ein Haus eines Ausblickenden sei am Eingang ringsum.
(Sir 42,9-11)

---

246 So mit H. G bezeugt „verborgen", S dagegen: „sehr schwer" (ܥܣܩ ܠܗ). Offensichtlich nehmen S und G in jeweils unterschiedliche Richtungen interpretierende Übersetzungen vor.
247 Mit Ms M, deren Lesart auch von S gestützt wird. Ms B und G beziehen die Aussage auf das Vaterhaus zurück.
248 Da H nicht vollständig überliefert ist, muss der Inhalt dieses Stichos erschlossen werden. Der Übersetzung liegt S zugrunde, deren Lesart durch G gestützt wird und die in Ms M plausibel einzufügen ist. Ms B bietet wahrscheinlich eine Aberratio oculi aus V 10.
249 So mit Ms M, sowie S und G, die eine entsprechende Übersetzung bieten.
250 So mit S. Da der Anfang des Stichos in H nicht erhalten ist, muss er erschlossen werden.
251 Mit H; G: „zum Gespött bei Feinden macht".
252 Mit H; G bietet wahrscheinlich einen Abschreibefehler: aus der Übersetzung von שער zu πυλῶν wurde aus diesem πολλῶν.

Sehr plastisch zeigt Ben Sira die Sorgen auf, die sich ein Vater um seine Tochter macht bzw. seines Erachtens machen sollte.[253] Wie bereits vorher bei der Reflexion über die Erziehung des Sohnes, so betrachtet Ben Sira auch hier seine Schüler nur in ihrer sozialen Rolle als (künftige) Väter und nicht als Individuen mit eigenen Neigungen. Dasselbe gilt für die Tochter. Auch sie nimmt er nicht als eigenständige Persönlichkeit in den Blick, sondern lediglich in ihrer sozialen Rolle zunächst als Tochter im Haus ihres Vaters und dann als Ehefrau im Haus ihres Mannes.[254] Dabei ist ihre Rolle wesentlich eingeschränkter als die eines Sohnes, dem immerhin die schwierige, aber doch machtvolle Aufgabe des Pater familias zukommen kann und der nach Ben Siras Ideal auch das Recht hat, von seinem Vater erzogen und dazu herangebildet zu werden (Sir 7,23). Davon ist bei Töchtern keine Rede (Sir 7,24f). Von dem freien Gestaltungsspielraum, wie ihn Spr 31,10-31 für die אֵשֶׁת־חַיִל zu erkennen gibt, weiß Ben Sira nichts oder will es nicht wissen.[255] Während die Söhne auf das Leben in der Gesellschaft vorbereitet werden sollen, werden die Töchter offenbar nur „verwahrt", kommen sie doch einzig und allein unter dem Gesichtspunkt der Bewahrung und des Beschütztwerdens vor.[256] Darin entfaltet der Ausdruck „מטמנת שקר – trügerischer Schatz" (Sir 42,9) seine volle Bedeutung: Töchter sind ein Schatz, aber der Vater kann nie sicher sein, ob sie wirklich das leben, was ihnen die gesellschaftlichen Normen vorgeben. Daher muss ihnen besondere Aufmerksamkeit geschenkt werden. Und doch darf darüber nicht vergessen werden, dass es sich um Maßnahmen zum Wohlergehen der Tochter handelt.

Sowohl bei der Erziehung des Sohnes als auch bei der der Tochter ist das gemeinsame Ziel, dass die Kinder die Familie würdig vertreten. Die rein biologische Abstammung ist nicht ausreichend, um als Sohn beziehungsweise Tochter im vollen Sinn des Wortes zu gelten. Die Kin-

---

253 Vgl. zu Sir 7,24f und 42,9-14 auch die ausführliche Auslegung von Trenchard, Women, 129-134 und 146-162.
254 Siehe dazu Camp, Understanding a Patriarchy, 34-39.
255 Die Frage, ob Ben Sira von einer Frau mit eigenen wirtschaftlichen und sozialen Gestaltungsspielräumen nichts weiß oder nichts wissen will, ist schwer zu entscheiden. Dafür, dass er der Frau nur einen sehr eingeengten Spielraum zugestehen möchte, spricht Sir 25,22; für einen größeren Bereich der Wirksamkeit sprechen dagegen Sir 26,1-2.13.
256 Immerhin verbindet Ben Sira mit der Hochzeit das Ideal, dass die Tochter mit einem verständigen Mann verheiratet werden solle. Es ist ihm bei allen Einschränkungen durchaus daran gelegen, dass sie es aus seiner Sicht gut hat. Doch auch hier definiert er das Wohlergehen der Frau über ihren Ehemann.

der treten ein in eine soziale Rolle mit einer gesellschaftlichen Funktion; ihre Erziehung soll sie dazu bringen, dass sie ihr gerecht werden und sie ausfüllen können. Dazu möchte Ben Sira seine Schüler anleiten, wenn er dieses innerfamiliäre Thema der Kindererziehung mit bedenkt.

5.3.4 Zusammenfassung

Der Bildungserwerb ist für Ben Sira ein lebenslang andauernder Prozess. Er umfasst ein intensives Studium und eine tiefe Auseinandersetzung mit den Traditionen Israels.

Dazu gehört an erster Stelle die weisheitliche Tradition. Ben Sira konnte dazu auf Werke mit so unterschiedlichen Tendenzen zurückgreifen wie Spr 10ff; Spr 1-9 und Koh. Dass er sich mit ihnen auseinandergesetzt hat, gibt sein Buch klar zu erkennen. Doch nicht nur thematisch, sondern auch methodisch zeigt Ben Sira eine gewisse Bandbreite. So stützt er sich offensichtlich vor allem auf Lehrvorträge, aber auch auf das Lehrgespräch, das Weise führten und an dem die Schüler zuhörend partizipierten. Hier standen zweifellos einzelne und thematisch geordnete Sentenzen im Zentrum, wie sie das Buch Ben Siras bietet, aber auch Rätsel fehlten nicht – und damit auch ein gewisser Spaß und Anreiz zum eigenen Denken. Aber auch das Lob Gottes durch Psalmen spielte eine große Rolle, wie nicht nur die eigenen Psalmdichtungen Ben Siras belegen; wie ganz nebenbei wurden damit Psalmenfrömmigkeit und Psalmenthemen durch die Schüler verinnerlicht.

Daneben tritt ganz eng die Beschäftigung mit der Tora. Hier bezieht er sich auf den Pentateuch, und zwar sowohl in den in ihm enthaltenen Gebotstraditionen als auch in seinen für Israel identitätsstiftenden Texten. Letzteres geben einzelne Anmerkungen und Anspielungen in seinem Buch zu erkennen. Das Hauptgewicht liegt allerdings zweifellos in der Rezeption der Gebotstraditionen. Ob er sich dabei ausschließlich auf den Pentateuch stützt oder bereits Tora in einem umfassenderen Sinn versteht, der mündliche Gebotstraditionen und Gebräuche einschließt, muss offen bleiben. Es ist in jedem Fall ein klares Spezifikum von Ben Siras Denken, dass er die Tora so eng an die Weisheit heranführt, wie es vor ihm noch nicht geschehen ist. Hier zeigt er deutlich sein grundlegendes Bildungsverständnis, nämlich dass Bildung stets in das Leben hineinführt und im Alltag durch eine gottesfürchtige, das heißt durch eine gottgefällige Lebensführung bewahrheitet und bewährt werden will. Dazu bietet die Tora neben dem weisheitlichen Material eine entscheidende Quelle.

Ein dritter thematischer Schwerpunkt in Ben Siras Lehre ist die Kosmologie. Damit steht er wieder ganz in der weisheitlichen Lehrtradition. Dennoch beansprucht er für sich, hier eigene Erkenntnis zu vermitteln und deutet auf diese Weise bereits hier sein Selbstverständnis als Weiser und Lehrer an: Als solcher kann er eigene Weisheit weitergeben. Wie es dazu kommt, wird im nachfolgenden Kapitel dargestellt.

Wiederum eine Besonderheit des Buches Ben Sira ist die Bearbeitung der Geschichte Israels. Indem er sie als interpretierte Geschichte darbietet, macht er sie auf die Gegenwart – seine Gegenwart und die seiner Schüler – hin transparent. Sie wird zur prägenden und Identifikation stiftenden Kraft, aus der Zukunftsgestaltung in ihrer Tradition geschehen kann, und somit auch zu einem Orientierungspunkt in der Lebensgestaltung.

Doch Ben Sira verarbeitet nicht nur die Traditionen der Vergangenheit, sondern legt sein Augenmerk auch auf die persönliche Erfahrung. War diese in der klassischen Weisheit ganz hinter der Tradition und der Verarbeitung der Erfahrungen der früheren Generationen in den Hintergrund getreten, so bricht sie sich seit Koh in der Weisheitsliteratur Bahn. Auch Ben Sira greift auf sie zurück und gibt damit zu erkennen, wie sehr er am Zeitgeist und der Weiterentwicklung der weisheitlichen Lehrtradition partizipiert, diese aber auch selber prägt. So wird die reflektierte eigene, persönliche Erfahrung zu einer Grundvoraussetzung des Weisen. Damit erhebt Ben Sira sie über den Status einer neuen Erkenntnismethode, die sie noch bei Koh war, hinaus und entwickelt sie zu einer grundlegenden Eigenschaft der Person des Weisen.

Schließlich greift Ben Sira stärker noch, als dies in den Weisheitsschriften vor ihm erkennbar wird, auf die Frömmigkeit zurück. Der Weisheitsschüler muss sich nicht nur von der Tora leiten lassen, sondern bedarf auch des persönlichen Kontaktes mit Gott im Gebet und indem er nach stets nach Gottes Willen fragt und sucht. So greift die Weisheit nicht nur in die Lebensgestaltung ein und prägt diese, sondern erfordert auch rückbezüglich eine fromme, Gott suchende Lebenshaltung.

Bei all dem verschweigt Ben Sira nicht, dass es sich um einen harten und anstrengenden Weg handelt, den der Weisheitsschüler einschlägt. Ganz plastisch und sehr eindrücklich beschreibt er dies in Sir 6,18-37 durch die Fesseln und das Joch der Weisheit, die es zu tragen gilt. Und doch steht nach seiner Erfahrung ein lohnendes Ziel am Ende. Die Fesseln werden zum Schmuck; sie verlieren ihre knechtende, aber nicht ihre bindende Wirkung. Doch nun sind sie ihm Halt und Führung im

5.4 „Die Weisheit lehrt ihre Kinder" (Sir 4,11)
Die Weisheit im Bildungsgeschehen

Bereits im letzten Kapitel ist deutlich geworden, wie sehr Ben Sira das Erlangen von Weisheit nicht nur als ein menschliches Bemühen und Tun versteht, sondern auch als ein Wirken, das von außen auf den Schüler der Weisheit kommen muss.

5.4.1 Gott schenkt dem Menschen den Geist des Verstehens – Gott im Bildungsgeschehen

Das oben genannte Moment der Bildung, die von außen auf den Schüler kommt, zeigt beispielsweise die besprochene Passage von Sir 6.

> Denke nach über die Bestimmungen des Herrn,
> und seiner Gebote befleißige dich.
> *Er* wird dein Herz lehren,
> und wenn du es begehrst, wird er dich weise machen.
> *(Sir 6,37)*[1]

An das Ende dieser langen Passage über die Mühen bei der Weisheitssuche stellt Ben Sira diese große Verheißung: *Gott* wird sich des Weisheitsschülers annehmen, ihn lehren und weise machen, sofern sich der Schüler auf den beschwerlichen Weg einlässt und ihn durchhält. Letzteres ist der Anteil des Weisheitsschülers und damit des Menschen. Doch um dann wirklich zu Weisheit zu kommen, braucht es ein Geschehen von außen, das der Mensch selber nicht schaffen oder erzeugen kann. Hier, in Sir 6, spricht Ben Sira von Gott, der sich des Weisheitsschülers annimmt und ihn selber lehrt. Die theologische Grundlage dazu legt Ben Sira bereits in der programmatischen Eröffnung seines Buches.

---

1 Zur Textdarstellung und textkritischen Diskussion siehe Kapitel 5.3.1.

1 πᾶσα σοφία παρὰ κυρίου
καὶ μετ' αὐτοῦ ἐστιν εἰς τὸν αἰῶνα
[...]
8 εἷς ἐστιν σοφός φοβερὸς σφόδρα
καθήμενος ἐπὶ τοῦ θρόνου αὐτοῦ
9 κύριος αὐτὸς ἔκτισεν αὐτὴν
καὶ εἶδεν καὶ ἐξηρίθμησεν αὐτὴν
καὶ ἐξέχεεν αὐτὴν ἐπὶ πάντα τὰ ἔργα αὐτοῦ
10 μετὰ πάσης σαρκὸς κατὰ τὴν δόσιν αὐτοῦ
καὶ ἐχορήγησεν αὐτὴν τοῖς ἀγαπῶσιν αὐτόν

1 Alle Weisheit ist bei JHWH[2],
und mit ihm ist sie bis in Ewigkeit[3].
[...]
8 Einer ist[4] sehr zu fürchten[5],
der sitzt auf seinem Thron:
9 der Herr. Er hat sie[6] geschaffen
und kennt sie und hat sie ausgezählt
und sie zugeteilt[7] an alle seine Werke,

---

2   G bezeugt κυρίου, S ܡܪܝܐ. Beide Texttraditionen geben also den Titel wieder, mit dem sie sonst das Tetragramm umschreiben. Damit ist wahrscheinlich, dass es auch hier gestanden hat und Ben Sira sein Werk mit der Nennung des Namens Gottes begonnen hat.

3   So mit G. S bezeugt ܡܢ ܥܠܡ – ‚von Ewigkeit her'. Die Annahme von Rickenbacher, Weisheitsperikopen, 7, dass Nem auch mit ‚zu hin' übersetzt werden kann, lässt sich weder bei Brockelmann, Grammatik, noch bei Nöldeke, Grammatik, verifizieren (vgl. a.a.O., 111 [§204]). Es ist G zu folgen, denn es handelt sich hier um die lectio difficilior nicht im textlichen, sondern im ideengeschichtlichen Sinne. Dass die Weisheit von der Schöpfung her bei Gott ist, ist dagegen ein Gedanke, der sich so auch in Spr 8,22-31 und ähnlich in Hi 28 findet.

4   σοφός ist auszulassen, denn es fehlt sowohl in S als auch in L und ist nur in G bezeugt. Zudem beziehen sich in G 24 der 25 Vorkommen von σοφός auf Menschen, und nur in Sir 1,8 wäre es auf Gott bezogen. So ist Rickenbacher, Weisheitsperikopen, 9, Recht zu geben; dem folgen auch die nach ihm arbeitenden Kommentatoren (vgl. Sauer, Jesus Sirach/Ben Sira, 42; 46; Schreiner, Jesus Sirach, 18) außer Skehan/Di Lella, Ben Sira, 136, die jedoch keine Diskussion des Problems bieten.

5   S: „Einer ist er, furchtbar allein". S und G entsprechen sich, der Übersetzung wegen wird oben im Text G zugrunde gelegt.

6   Gemeint ist die Weisheit nach V 1.

7   Mit S (ܘܦܠܓܗ) und gegen G ist hier ‚zuteilen' zu übersetzen. So auch Rickenbacher, Weisheitsperikopen, 10. Es besteht also keine Analogie zu Joel 3, die möglicherweise der Enkel Ben Siras oder spätere Traditoren anklingen lassen wollen. Ähnlich auch Neher, Weisheit, 77, der darauf hinweist, dass in Joel 3 vom Geist und in Sir 1 von der Weisheit die Rede ist und zudem Ben Sira tatsächlich alle Menschen im Blick habe, wogegen sich Joel 3 ausschließlich auf Israel beziehe.

10 unter alles Fleisch nach seiner Gabe[8].
Er gab sie allen, die ihn lieben.
(Sir 1,1.8-10)

Mit diesen einleitenden Worten gibt Ben Sira unter anderem zu erkennen, was er bildungstheoretisch im Laufe seines Werkes ausführt. Programmatisch hält er fest, dass die Weisheit bei JHWH[9] ist und auch bei ihm bleibt (V 1), wenn sie von ihm zugeteilt wird (V 9f). Betont stehen am Anfang die Worte „πᾶσα σοφία – *alle* Weisheit" – zum einen ein Anklang an eine Weisheitstheologie, die die Weisheit allein bei Gott sieht, wie sie beispielsweise ähnlich in Hi 28,28 vertreten wird,[10] zum anderen eine klare Programmatik gegenüber hellenistischer Philosophie, indem Ben Sira sie einfach in die beim Gott Israels seiende und von ihm ausgehende Weisheit subsummiert.[11] Die griechische Texttradition möchte Gott zudem als den einzigen wahren Weisen verstehen, indem sie das Attribut σοφός einfügt. Doch Gott ist hier gerade nicht weise oder der Weise, sondern der Schöpfer und Besitzer der Weisheit. Er „ermisst" sie und verteilt sie – und macht so Menschen zu Weisen. Ben Sira wahrt auch hier den deutlichen Unterschied zwischen Gott und Mensch: Das Streben nach Weisheit kann den Menschen nach Gottes Willen zu einem Weisen machen; insofern ist er Schüler Gottes und strebt nach einer Gabe Gottes, aber er ist kein Nachfolger Gottes und strebt auch nicht danach, wie Gott zu werden. Gott ist und bleibt dem Menschen ein Gegenüber und ihm stets überlegen. Dies macht das Bild von dem auf seinem Thron sitzenden Einen deutlich. Als dieser Souverän handelt er an den Menschen, allerdings nicht nur an ihnen.

In den letzten drei, den einleitenden Abschnitt abschließenden Stichen stellt Ben Sira Gottes Handeln als ein Handeln mit gestufter Zuwendung dar. Gott teilt die Weisheit zu „an alle seine Werke", an „alles Fleisch nach seiner Gabe" und dann an alle, die ihn lieben. Dies ist kein

---

8   Mit G; S übersetzt: „ܐܒܘ ܪܨܒܗ – nach seinem Willen". Beide Übersetzungen wollen offensichtlich dasselbe ausdrücken.
9   Schreiner, Jesus Sirach, 17, weist zu Recht darauf hin, dass sich Ben Sira mit der Nennung des Namens Gottes bereits im ersten Satz seines Werkes klar gegen eine einfache Erfahrungsweisheit wendet, nach der Weisheit „die Summe menschlicher (Lebens-)Erfahrungen" ist. So zeigt sich bereits in den ersten Versen angedeutet, dass die Weisheit ein Geschenk ist.
10 Marböck, Weisheit im Wandel, 31, hält jedoch zu Recht fest, dass sich in den Schriften des Alten Testaments an keiner Stelle der von Ben Sira gefasste Gedanke findet, dass Gott alle Weisheit habe.
11 Vgl. Neher, Weisheit, 73.

Parallelismus, in dem sich die Glieder gegenseitig erklären, sondern es handelt sich um immer enger werdende Kreise.

Grundlegend ist die Gabe der Weisheit an alle Werke der Schöpfung. So zeigt Ben Sira, dass die gesamte Schöpfung in und mit Weisheit geschaffen ist und diese widerspiegelt beziehungsweise die Weisheit „a quality of the universe"[12] ist. Er kann dazu auf die damals neuere Weisheitstheologie zurückgreifen, wie sie in Spr 8,22-31 repräsentiert ist.[13] Aber nicht nur da, wo dieser Gedanke explizit ausformuliert wird, sondern dem gesamten Denken der Weisheit liegt die theologische Annahme zugrunde, dass sich Gottes Ordnung und Handeln in der Welt und in ihren Abläufen widerspiegelt, sie erkennbar und damit auch für den Menschen begreifbar – und damit auch lehr- und lernbar – sind.[14] Insofern steht Ben Sira hier weisheitstheologisch auf ganz traditionellem Grund und Boden.

Wenn Ben Sira dann in V 10a von der Zuteilung der Weisheit an alles „Fleisch" spricht, dann bedeutet das gegenüber V 9 bereits eine Einschränkung. Denn hier hat er zweifellos nicht mehr die gesamte Schöpfung im Blick, auch nicht mehr die Tierwelt, sondern hier schaut er spezifisch auf die Menschheit.[15] σάρξ als Übersetzung von בשר bezeichnet den Menschen in seiner Geschöpflichkeit.[16] Der Mensch ist in seiner Teilhabe an der Weisheit aus der übrigen Schöpfung herausgehoben.[17] Indem Ben Sira jedoch kein erneutes Verb der Zuteilung verwendet, deutet er allerdings auch an, dass der Mensch zwar in einem noch engeren Kreis als die übrige Schöpfung steht, jedoch auch nur an

---

12 Skehan/Di Lella, Ben Sira, 139.
13 Dass er sie bewusst aufnahm, zeigt Sir 24 (insbesondere VV 3-9).
14 Vgl. von Rad, Weisheit, 14, der als Ziel der weisheitlichen Bemühungen beschreibt, sich in der feindlichen Welt nicht als Fremder zu verstehen, sondern sie zu begreifen.
15 בשר wird im biblischen Sprachgebrauch zwar auch für Tiere verwendet – Wolff, Anthropologie, 49, zählt 104 von 273 Belegen von בשר für Tiere und sogar einen für Pflanzen (Jes 10,18) –, doch geschieht das, wie ein Durchgang durch die Textstellen zeigt, nie im Zusammenhang mit der Gabe von Weisheit. Dies macht es sehr wahrscheinlich, dass dieser Aspekt auch bei Ben Sira ausscheidet.
16 Vgl. Wolff, Anthropologie, 55f. Wolff versteht darunter insbesondere das Moment der Schwäche und Hinfälligkeit des Menschen. Schmidt, Anthropologische Begriffe, 85, betont dieses Moment zu Recht nicht mehr ganz so massiv. Es scheint dann auch sinnvoll, es zumindest an dieser Stelle auf die Sterblichkeit des Menschen zu begrenzen.
17 Sauer, Jesus Sirach/Ben Sira, 46, weist in diesem Zusammenhang auf die Verbindung hin, die zwischen Ben Siras Denken und den Schöpfungsberichten des Alten Testaments besteht, indem er den Menschen als „Höhe- und Endpunkt der Schöpfung" zeichnet.

ihrer Weisheit Anteil hat. Er besitzt keine der Schöpfung übergeordnete Weisheit, sondern von sich aus erst einmal nur die, die in der Schöpfung waltet.

Eine weitere Differenzierung innerhalb der Menschheit legt die Wendung „nach seiner Gabe" nahe. Ben Sira scheint hier das Phänomen zu reflektieren, dass Menschen in ihren intellektuellen Fähigkeiten sehr unterschiedlich sind. Diese Unterschiede führt er auf den Willen Gottes zurück, der in seiner Freiheit die Weisheit schenkt. In diesem Sinne übersetzt dann auch S völlig sinngemäß (s.o. zur Textkritik). Auffälligerweise verbindet Ben Sira damit kein Werturteil. Er schätzt die Wertigkeit eines Intellektuellen nicht höher ein als die eines Landarbeiters oder Handwerkers.[18]

Dennoch macht Ben Sira noch eine weitere Unterscheidung, nun innerhalb der Menschheit. In V 10b zieht er abschließend einen noch engeren Kreis, in dem er die Weisheit als Gabe an diejenigen, die Gott fürchten, bezeichnet. Ben Sira zieht hier also keine anthropologische Trennlinie, sondern eine an der Frömmigkeit orientierte. So klingt bereits in diesen einleitenden Versen die Hochschätzung der Gottesfurcht an, die sich durch sein gesamtes Werk zieht.[19]

Die Frage, die in der Kürze dieses programmatischen Eingangs noch offen bleiben muss, ist die nach dem „Wie", also nach der Form oder der Art und Weise des Weisheitserwerbs. Deutlich ist aber, dass die Weisheit von Gott kommt, indem er sie als Gabe zuteilt.[20] Innerhalb dieser Zuteilung nimmt Ben Sira dann noch einmal Differenzierungen vor, nach denen die Weisheit verteilt ist: der Mensch ist aus der Schöpfung herausgehoben, aber auch innerhalb der Menschheit sind noch

---

18 Dem widerspricht auch nicht seine Darstellung der handwerklichen Berufe im Gegenüber zum Weisen in Sir 38,24-39,11. Es spiegelt sich hier vielmehr seine Anthropologie wider, siehe dazu Kapitel 5.1.
19 Rickenbacher, Weisheitsperikopen, 26, versteht diese immer enger werdenden Kreise als Steigerung von der Schöpfung zu den Völkern und dann zu Israel bzw. den „Frommen Israels". Ähnlich auch Neher, Weisheit, 74; Murphy, Personification, 224. Dass für Ben Sira letztlich die seines Erachtens Frommen Israels zu diesem engsten Kreis gehören, ist aufgrund des Duktus des Buches nicht von der Hand zu weisen, doch muss auch ernst genommen werden, dass er hier noch nicht von Israel, sondern allgemein von denen, die Gott fürchten, schreibt. Es ist also nicht vorschnell auf Israel zu verweisen; Ben Sira argumentiert hier ganz weisheitlich allgemeinmenschlich. So hält Sauer, Jesus Sirach/Ben Sira, 46, zu Recht fest, dass Ben Sira mit diesen wenigen Anfangsversen gelungen ist, die „allumfassende Weite [des Handelns Gottes] mit der Existenz des in dieser Weite lebenden Einzelwesens Mensch zu verbinden." Auch Marböck, Weisheit im Wandel, 33, hält fest: „Von einer bevorzugten Stellung Israels ist bemerkenswerterweise hier noch nicht die Rede."
20 Vgl. Di Lella, God and Wisdom, 8: „Ben Sira's major concern was to teach his students that wisdom is a precious gift of the Lord".

einmal bestimmte Personen ausgezeichnet. Diese Unterscheidung macht Ben Sira in den einleitenden Versen zu seinem Werk an der Gottesfurcht, also an der Frömmigkeit fest.

Wie bereits in Kapitel 5.1 dargestellt, spricht Ben Sira vom Lehren Gottes auch im Rahmen seiner Texte, in denen er die Größe Gottes beschreibt.[21]

> 13 Das Erbarmen des Menschen [richtet sich] auf seinen Nächsten,
> aber das Erbarmen des Herrn auf alles Fleisch,
> indem er richtig stellt und erzieht und lehrt
> und lenkt wie ein Hirte seine Herde.
> 14 Über die, die Bildung annehmen, erbarmt er sich,
> auch über die, die seine Entscheidungen annehmen.
> (Sir 18,13-14)[22]

Neben den zahlreichen anthropologischen Aspekten ist hier der wichtigste Punkt für die vorliegende Fragestellung, dass Lehre und damit auch Bildung von Gott ausgeht. Bemerkenswert ist, dass Ben Sira es hier aus der Perspektive Gottes als einen Akt des Erbarmes bezeichnet. Er beschreibt damit noch einmal das Moment der Freiheit Gottes, wie er es bereits in Sir 1,1-10 mit dem Motiv des thronenden Herrn angedeutet hatte. Während der Mensch nun sowohl in seiner Geschöpflichkeit als auch in seiner sozialen Ausrichtung begrenzt ist, ist es gerade diese Beschränkung, die Gott zu seiner Zuwendung motiviert, um so dem Menschen aufzuhelfen.

Des Weiteren deutet Ben Sira bereits eine Zweistufigkeit an, die er in Sir 39,1-6 weiter ausführt. So gilt die Zuwendung Gottes zunächst grundsätzlich allen Menschen: An sie alle richten sich Erziehung und Lehre Gottes. Dieses bildende Handeln Gottes ist an dieser Stelle durch drei Begriffe bezeichnet: ἐλέγχω, παιδεύω und διδάσκω.

ἐλέγχω bedeutet in der Zeit nach Homer „durch Überführung, Widerlegung uam [sic!: und anderes mehr] beschämen" und damit dann auch „tadeln" und „widerlegen" sowie noch später „untersuchen"[23]. In der Septuaginta ist es zumeist die Übersetzung der Wurzel יכח und

---

21 Marböck, Weisheit im Wandel, 26f, versteht die ganze Passage Sir 18,1-13 geradezu als Kommentar zu Sir 1,1-10, weil hier das Vokabular des Eingangskapitels wieder aufgenommen und noch einmal verarbeitet wird.
22 Zur Textdarstellung und Textkritik siehe Kapitel 5.1.3.
23 Büchsel, ἐλέγχω, 470. Vgl. auch Menge/Güthling, Art.: ἐλέγχω, 226.

ihrer Derivate²⁴, bezeichnet also die Zurechtweisung beziehungsweise das „Richtigstellen"²⁵ oder das „Feststellen, was recht ist"²⁶. Es kommt aus der Rechtssprache und gehört „von Hause aus an das Ende des Prozesses"²⁷; in der weisheitlichen Lehre erhält es die Bedeutung „Leiten auf dem rechten Weg" beziehungsweise „Erziehung zu einer rechtmäßigen Lebensführung"²⁸. Um Prügelstrafe geht es hier nicht, denn „sie [die Zurechtweisung] wird durch das ‚hörende Ohr' (אֹזֶן שֹׁמַעַת) aufgenommen"²⁹. παιδεύω hat im Denken der klassischen griechischen Philosophie einen festen Platz und bedeutet hier die „Aufzucht" eines Kindes, die „einer Führung, Lehre, Unterweisung u [sic!: und] dabei eines gewissen Zwanges, einer Zucht oder sogar Züchtigung bedarf"³⁰. In der Septuaginta ist es meist die Übersetzung von יסר (Qal und Piel) bzw. παιδεία die von מוסר. מוסר bezeichnet das „erziehende Zurechtbringen eines Menschen"³¹. Dabei liegt gegen Horst die Betonung allerdings weniger auf „Züchtigung oder Rüge"³², sondern es bezeichnet vielmehr umgekehrt mit Sæbø „eine ‚Züchtigung' durch Worte im Sinne von ‚zurechtweisen'"³³, sodass in der obigen Übersetzung der Begriff „erziehen" verwendet wird. διδάσκω bedeutet schon seit Homer ‚lehren', ‚belehren' im weitesten Sinne.³⁴ In der Septuaginta ist es zumeist die Übersetzung der Wurzel למד im Piel.³⁵ Der Unterschied zwischen

---

24 Büchsel, ἐλέγχω, 471. Hatch und Redpath zählen in ihrer Konkordanz für den Bereich der aus dem Hebräischen ins Griechische übersetzten Texte 47 Belege für ἐλέγχω, von denen 43 die Übersetzung von יכח im Hifil sind. ἔλεγχος ist immer die Übersetzung von תוכחה.
25 Horst, Hiob, 86. Horst benennt als Grundbedeutungen für יכח im Hifil „widerlegen", „zurechtweisen", „zurechtbringen", „richtig darlegen", sodass das Nomen תוֹכֵחָה „Richtigstellung" bedeutet.
26 Boecker, Redeformen, 47.
27 Vgl. Boecker, Redeformen, 47.
28 Beide Zitate Delkurt, Einsichten, 34.
29 Delkurt, Einsichten, 32, mit Verweis auf Spr 15,12.31.32. Siehe dort (a.a.O., 32-34) auch die Zusammenhänge, in denen sich תוכחה findet.
30 Bertram, παιδεύω, 596.
31 Horst, Hiob, 85.
32 Horst, Hiob, 85. Horst ergänzt immerhin auch die Belehrung, legt aber deutlich das entscheidende Moment auf die negativ konnotierte Züchtigung oder Rüge, aber nicht auf die weiterführende Belehrung.
33 Sæbø, יסר, 739. Auch wenn Sæbø das Moment der körperlichen Züchtigung nicht grundsätzlich ausschließt, legt er doch das Augenmerk auf eine positiv weiterführende Belehrung. Dass im Unterrichtsgeschehen zur Zeit Ben Siras geschlagen wurde, ist weder für Horst noch für Sæbø zu bestreiten.
34 Rengstorf, διδάσκω, 138.
35 Rengstorf, διδάσκω, 139. Hatch und Redpath geben in ihrer Konkordanz 78 Belege für διδάσκω an, von denen 56 die Übersetzung von למד und 49 speziell im Piel sind.

der Profangräzität und der Septuaginta besteht darin, dass διδάσκω in letzterer einen „Anspruch auf den ganzen Menschen und nicht nur auf gewisse Seiten an ihm"[36] erhebt. Es geht um die „Erfassung des ganzen Menschen und seine Bildung im tiefsten Sinne"[37]. – Leider gibt Ben Sira an dieser Stelle keinen Anklang an den lebensweltlichen Hintergrund zu erkennen. Doch wird dabei einmal seine Hochschätzung der Tora nicht außer Acht zu lassen sein, und auch der Weise wird eine nicht unerhebliche Rolle spielen.[38]

Mit V 14 deutet Ben Sira dann eine zweite Stufe im Bildungsgeschehen an. Zwar gilt allen Menschen die Erziehungsbemühung Gottes, doch geht Ben Sira nicht davon aus, dass sie bei allen Menschen gleichermaßen fruchtet. Der Mensch muss sie ergreifen und damit auch von sich aus tätig werden. An dieser Stelle klingt die angedeutete Zweistufigkeit so, als läge es allein im Wollen und Handeln des Menschen begründet, ob er ein Weiser wird oder nicht. Damit bleibt Ben Sira seinem anthropologischen Ansatz der grundsätzlichen Bildbarkeit aller Menschen treu[39] und hält zudem zweifellos ein wichtiges Moment fest, denn wie im vorangehenden Kapitel dargestellt, gibt es ohne das menschliche Bemühen auch keinen Zugang zur Weisheit. Ben Sira zeigt damit deutlich die Verantwortlichkeit des Menschen auf.

Diesen Gedanken präzisiert Ben Sira dann in Sir 39,1-6 noch einmal.

> 38,24b Anders jedoch wer seine Seele übergibt, um Gott zu fürchten,
> und denkt nach über das Gesetz des Lebens.
> 39,1 Weisheit aller Vorfahren sucht er,
> und mit den Propheten beschäftigt er sich.
> 2 Die Erörterung namhafter Männer bewahrt er,
> und in Wendungen von Sprüchen dringt er gemeinsam ein.
> 3 Das Verborgene von Sprüchen sucht er,

---

36 Rengstorf, διδάσκω, 139.
37 Rengstorf, διδάσκω, 140.
38 Siehe dazu Kapitel 5.7.
    In V 13bβ dieser Perikope vergleicht Ben Sira das Handeln Gottes zudem mit einem Hirten (ἐπιστρέφων ὡς ποιμὴν τὸ ποίμνιον αὐτοῦ). Dabei handelt es sich allerdings nicht mehr um einen Aspekt des Bildungshandelns Gottes wie in V 13bα, sondern vielmehr um die grundsätzliche Leitung, die Gott dem Menschen zukommen lässt. Der Duktus der beiden Stichen lässt klar erkennen, dass sie beide eigene Einheiten sind.
39 Vgl. Kapitel 5.1.

5.4 Die Weisheit im Bildungsgeschehen

> und bei Rätseln von Gleichnissen beteiligt er sich.
> 4 Inmitten von Großen dient er,
> und vor Herrschern erscheint er.
> Im Land fremder Völker wandelt er umher,
> denn Gutes und Schlechtes unter den Menschen hat er geprüft.
> 5 Sein Herz setzt er darauf, früh morgens aufzustehen;
> vor dem Herr, der ihn gemacht hat,
> und vor dem Höchsten betet er.
> Er öffnet seinen Mund im Gebet
> und für seine Sünden bittet er.
> 6 Wenn der Herr, der Große, will,
> wird er erfüllt vom Geist des Verstehens.
> Er wird ausströmen lassen Reden seiner Weisheit
> und im Gebet dankt er dem Herrn.
> *(Sir 38,24b-39,6)*[40]

Im Abschnitt Sir 39,1-11 preist Ben Sira den Weisen, nachdem er in 38,24-34 handwerkliche Berufe dargestellt hat und diesen nun den Weisen entgegensetzt. Für die Frage, wie Vermittlung von Weisheit an den Weisheitsschüler geschieht, ist besonders V 6 interessant.

In den vorangehenden Versen stellt Ben Sira die Tätigkeit des angehenden Weisen dar. Sie reicht von Studium (VV 1-3) über den praktischen Dienst im In- und Ausland (V 4) bis zur religiösen Praxis (V 5).[41] In V 6a gibt Ben Sira dann sein bildungstheoretisches Credo zu erkennen. Das Passiv in V 6aβ ist als Passivum divinum zu verstehen: Gott erfüllt den Schüler mit dem Geist des Verstehens.[42]

Bemerkenswert ist jedoch vor allem die Formulierung in V 6aα: „*Wenn* der Herr, der große, will ...". Ben Sira macht hier eine klare Einschränkung, und Stadelmann ist zuzustimmen, wenn er festhält, dass „die hier beschriebene Geistbegabung offenbar nicht jedem Schriftgelehrten zuteil wird"[43]. Was in der Rede von der sich offenbarenden,

---

40 Zur Textdarstellung und zur textkritischen Diskussion siehe Kapitel 5.5.3. Die Verszählung folgt der Ausgabe von Ziegler; Rahlfts zählt denselben Textbestand als Sir 39,1-6.
41 Zu Details dieser einzelnen Themen sieht Kapitel 5.3.
42 Ben Sira kann mit der Rede vom Erfüllen einer Person mit Geist auf biblische Vorbilder zurückgreifen: Dtn 34,9; Mi 3,8; Ex 31,3; 35,31; ähnlich auch Num 11; 24,2; Ri 3,10; 11,29 und öfter.
43 Stadelmann, Schriftgelehrter, 233. Die Einschränkung, die Reitemeyer, Gotteslob, 321, in Bezug auf das Urteil Stadelmanns macht, indem er Sir 39,1-11 als einen „Weg zum Gotteslob" versteht und insofern die Zäsur zwischen V 5 und V 6 zwar annimmt, aber relativiert, liegt verständlicherweise in seinem Interesse, ist aber auch

ihrem Schüler begegnenden Weisheit bereits anklang, spricht Ben Sira hier explizit aus: Es ist Gottes Entscheidung, ob er den Geist des Verstehens – von der Weisheit ist hier nicht die Rede – einem Menschen zugänglich macht oder nicht. Das Erreichen einer Bildung, die für Ben Sira wirkliche Bildung ist, liegt nicht im Ermessen und in der Verfügungsgewalt des Menschen. Es ist ihm bei aller Mühe, die er von sich aus aufbringen muss, letztlich entzogen, und es ist offenbar auch kein „Regelfall"[44]. So ist Bildung auch hier kein allein menschliches Geschehen, sondern ein Geschenk Gottes.[45] Sie ist ein Ausdruck göttlicher Gnade und Zuwendung, und Gott ist im Bildungsprozess das handelnde Subjekt. Es zeichnet den Weisen aus, dass er darum weiß und sich dem verpflichtet fühlt.[46] Bemerkenswerterweise zeichnet Ben Sira diese Zuwendung nicht in den personhaften Zügen wie in den in Kapitel 5.4.2 besprochenen Passagen zu der dem Menschen begegnenden und darin lehrenden Weisheit. Zweifellos denkt Ben Sira das Bildungsgeschehen nach Sir 39,6 ebenfalls personal und individuell[47] – darin begegnen sich die beiden Denklinien –, aber er geht offenbar nicht von einer Begegnung des Schülers mit dem lehrenden Gott aus. Während der Schüler bei der Weisheit zum Nachbarn oder sogar zum Mitbewohner wird, bleibt Gott jedoch deutlich distanziert, indem Ben Sira den Akt des Erfülltwerdens im Passivum divinum beschreibt.

V 6 markiert damit im bildungstheoretischen Denken Ben Siras einen Angelpunkt: nicht nur, indem Ben Sira – im und nach dem Mühen des Menschen – das Bildungsgeschehen als ein dem Menschen letztlich unverfügbares Ereignis zeichnet, sondern auch weil er hier einen Blick auf den Auftrag und die Tätigkeit des nun gebildeten Weisen wirft. In V 6b spricht er davon, dass der Weise „Reden seiner Weisheit" aus-

---

nur mit diesem Interesse nachvollziehbar: Es geht zwar um die „verwandelnde Begegnung mit Gott", aber nicht einfach im Gebet (ebd.).
44 Stadelmann, Schriftgelehrter, 233. Stadelmann ist ebenfalls darin Recht zu geben, dass die Geistbegabung nicht „allgemeines Berufscharakteristikum des Gelehrten" (234) ist. Es ist aber sehr wohl das Charakteristikum des Weisen. Hier zieht Stadelmann die Linie der Zweistufigkeit der Bildung, wie sie Ben Sira zeichnet, nicht weit genug aus.
45 So auch Schellenberg, Erkenntnis, 227, in ihrem Überblick über Ben Sira. Allerdings fokussiert sie, dem Duktus ihrer Arbeit und der dieser zugrunde liegenden Fragestellung entsprechend, einseitig auf Gott und sein Wirken und übersieht den Anteil, den die Weisheit in durchaus selbstständiger Weise am Bildungs- und Erkennntnisprozess hat. Siehe dazu unten Kapitel 5.4.2.
46 In diesem Sinne versteht Ben Sira sich selbst als der ideale Weise (vgl. Kapitel 5.6).
47 Vgl. Marböck, Weisheit im Wandel, 120, der die „persönliche Gottesbeziehung des Weisen" in diesem Geschehen betont. In Marböck, Gottes Weisheit, 39, zeigt er dann umgekehrt die „persönliche Zuwendung Gottes zum Weisen" auf.

strömen lasse. Damit deutet Ben Sira sein Bildungsziel an.[48] Zugleich zeigt er, dass sich der Weise stets der Unverfügbarkeit dieser Gabe bewusst sein muss, wenn er wie selbstverständlich formuliert, dass der Weise Gott dankt (V 6bβ). Das ist zweifellos als eine Lebenshaltung und nicht nur als einmaliges Geschehen verstanden.

Exkurs: Der lehrende Gott in den kanonischen Schriften des Alten Testaments

Ben Sira kann mit seiner Rede von Gott als Lehrer an einer langen alttestamentlichen Tradition anknüpfen, in der Gott als lehrend dargestellt bzw. von ihm Lehre erwartet wird.[49]

Im Pentateuch lehrt Gott Mose (Ex 4,12) beziehungsweise nach Moses Berufung diesen und Aaron (Ex 4,15), was sie vor dem Pharao beziehungsweise dem Volk Israel tun sollen:[50]

Und nun geh, ich werde mit deinem Mund sein und will dich lehren,
was du sagen wirst.
(Ex 4,12)[51]

Du sollst zu ihm sprechen und die Worte in seinen Mund legen,
und ich werde mit deinem Mund und mit seinem Mund sein
und will euch unterweisen, was ihr tun sollt.
(Ex 4,15)[52]

---

48 Siehe dazu Kapitel 5.7.
49 An dieser Stelle kann nur eine Auswahl berücksichtigt werden, in der Gott unmittelbar als Lehrer wirkt bzw. Lehre von ihm erhofft wird. Ebenfalls einen Überblick bietet Kraus, Geschichte, 77-81.
50 Es ist auffällig, dass der Aspekt des lehrenden Gottes im Pentateuch nur wenig zu finden ist. Das Dtn lebt zwar von dem Grundgedanken, dass Mose die Lehre Gottes an sein Volk wiederholt, führt damit aber zugleich das Bindeglied des Lehrers ein und stellt so zweifellos einen Reflex auf die Realität religiösen Unterrichts dar (vgl. Dtn 4,14).
51 Jacob, Exodus, 84, weist darauf hin, dass im biblischen Erzählhorizont bereits hier die Tora als „die auf göttliche Offenbarung und Rede zurückgehende Lehre und Weisung" durchscheint, und zeigt so die Dimension zu gestaltender Freiheit auf, die aus der Zusammenschau einerseits dieser Stelle und andererseits des Rechts der Tora entsteht. So auch Willi-Plein, Buch vom Auszug, 3. Noth, Exodus, 32f, betont dagegen einen Zusammenhang zur Prophetie und arbeitet so das inspiratorische Moment heraus, das dieser zugesagten unmittelbaren Belehrung durch Gott anhaftet. So auch Schmidt, Exodus, 202, der ebenfalls auf Gottes Lehre in der prophetischen Tradition verweist.

In der prophetischen Tradition kann Gottes Lehre dem Volk als Verheißung in Aussicht gestellt werden, wenn er ihm seine Weisung ins Herz schreibt, sodass kein Mensch den anderen mehr lehren muss.[53]

> Meine Weisung will ich in ihr Inneres geben,
> auf ihr Herz werde ich sie schreiben, [...]
> nicht mehr wird ein Mann seinen Bruder lehren:
> Erkenne JHWH; denn sie alle werden mich erkennen.
> (Jer 31,33-34)

Zugleich wird an dieser Verheißung deutlich, dass menschliche Lehre als nicht hinreichend empfunden wurde: da es hier nicht um Inhalte einer theologischen Lehre geht, sondern um die grundsätzliche Erkenntnis JHWHs als Gott Israels, steht hier offenbar die Einsicht im Hintergrund, dass niemand aus sich allein heraus Menschen in ihrem Glauben und in ihrer Tradition stärken kann, sondern es immer des Wirkens Gottes bedarf.[54] So ändert Gott, wie Finsterbusch herausgearbeitet hat, den „Modus" seiner Lehre.[55] Damit schließt er zugleich alle falsche Lehre aus.[56]

In der Weissagung der Völkerwallfahrt zum Zion erwarten dann sogar die Völker der Welt vom Gott Jakobs, dass er sie lehre.[57]

---

52 Ex 4,15 erscheint im Erzählkontext im Wesentlichen als eine Präzisierung der Aussage von V 12 in die im Erzählverlauf sich verändernde Situation und wird auch so in der Forschung behandelt, sodass sich an den Grundfragen hier im Verhältnis zu V 12 nichts ändert.

53 Zeitlich noch vor Jer 31 ist Hos 5,2 anzusetzen. An dieser Stelle ist allerdings die Wendung וַאֲנִי מוּסָר לְכֻלָּם textkritisch umstritten (siehe Wolff, Hosea, 120). Auch Hos 10,10 ist textlich schwierig (a.a.O., 233).

54 Dass es sich bei Jer 31,31-34 um eine andere Konzeption als im die Lehre betonenden Dtn handelt, ist offensichtlich. Ob es dabei jedoch um eine bewusste Opposition geht, wie sie Fischer, Jeremia II, 173f, annimmt, oder schlicht um eine Hoffnungsaussage der Frommen des Jer-Trägerkreises, muss offen bleiben.
Auch in Jes 11,2 geht die Gabe des Geistes der Weisheit allein vom Geist JHWHs aus.

55 Finsterbusch, Weisung, 73. Als Begründung hält sie fest, dass offenbar „JHWH seine Auffassung davon, was den Israelitinnen und Israeliten zugemutet werden kann, grundlegend geändert hat".

56 Finsterbusch, Weisung, 74. Siehe dort auch eine weitere Exegese zur Stelle im Kontext der Thematik Lehren und Lernen.

57 Dieses Motiv findet sich auch in den Psalmen, beispielsweise Ps 94,10:
   Der die Völker unterweist, weist er nicht auch zurecht?
   Er ist der, der den Menschen Erkenntnis lehrt.
Entsprechend geht es auch bei Jes 2,3; Mi 4,2 nicht einzig um das Gerichtsmotiv, wie es Wildberger, Jesaja, 86, darstellt. Vielmehr kommen die Völker mit der „Gewiss-

5.4 Die Weisheit im Bildungsgeschehen

Viele Völker werden gehen und sagen:
Geht und lasst uns hinaufsteigen zum Berg JHWHs
und zum Haus des Gottes Jakobs,
er wird uns lehren von seinen Wegen,
und wir wollen gehen in seinen Pfaden,
denn von Zion wird Weisung ausgehen
und von Jerusalem das Wort JHWHs.
(Jes 2,3; Mi 4,2)[58]

Einen besonderen Schwerpunkt stellt das Lehren Gottes bzw. der Wunsch nach dem Lehren Gottes in der Gebetsfrömmigkeit dar, wie sie sich in den Psalmen, aber auch in Gebeten in der prophetischen Literatur zeigt. Ganz allgemein kann hier um die lehrende und orientierende Zuwendung Gottes gebeten werden.

4 Deine Wege, JHWH, lasse mich wissen,
deine Pfade lehre mich.
5 Leite mich in deiner Wahrheit und lehre mich.
(Ps 25,4-5a)[59]

Lehre mich, JHWH, deinen Weg
und führe mich auf dem ebenen Pfad wegen meiner Feinde.
(Ps 27,11)[60]

---

heit ..., dass JHWH ihnen seinen Willen zugänglich machen wird", sodass dieser eine universale Dimension gewinnt (Finsterbusch, Weisung, 20).

58 Wolff, Micha, 92, kommentiert zur Stelle: Das Lehren Gottes (ירה hifil) bezeichnet hier Gottes „eigenes, richtungsweisendes Wort", „auf Grund der Wege, die er selbst mit den Menschen geht, und auf Grund der entsprechenden Weganweisungen". Kessler, Micha, 184, verweist zusätzlich zu Recht auf die mitgegebene „unumkehrbare Folge: Er, JHWH, wird unterweisen, und wir, die Völker, werden daraufhin auf seinen Pfaden gehen", sodass zuerst Gottes Ansprache geschieht, bevor die Völker durch ihr Tun darauf antworten.

59 Kraus, Psalmen I, 210, hat die Beziehungen zwischen Ps 25 und weisheitlichem Gedankengut herausgearbeitet. Er verweist insbesondere auf das Weg-Motiv, das von der späteren Weisheit aufgenommen wird (Spr 3,17; 4,11) und möglicherweise in der deuteronomisch-deuteronomistischen Gedankenwelt (siehe Dtn 9,12.16; 1Kön 2,3; 3,14; Jer 5,4) seine Prägung erhalten hat. Vgl. auch Diedrich, Lehre mich, 63, der darauf hinweist, dass hier die „Belehrung" durch Gott erst möglich ist, indem der Beter Gott als seinen persönlichen Gott weiß. Zudem gibt V 4 zu erkennen, dass es dem Beter dabei um die längere Beziehung geht.

60 Ps 27,11 nimmt das Weg-Motiv aus Ps 25 auf. Es ist umstritten, ob es sich bei JHWHs Weg um Lehre und Unterweisung in dem Sinne handelt, dass der Beter um Anleitung zur Besserung bittet (so Weiser, Psalmen I, 170f), oder um die buchstäbliche Eröffnung eines Ausweges aus der bedrängenden Situation der falschen Anklage (so

5. Weisheit und Bildung

> Lehre mich, JHWH, deinen Weg,
> ich will gehen in deiner Wahrheit;
> vereine mein Herz mit der Furcht deines Namens.
> (Ps 86,11)[61]

> Lehre mich den Weg, den ich gehen soll.
> (Ps 143, 8b)[62]

So zeigen diese Psalmen die ganz konkrete Hoffnung auf ein real erlebbares Eingreifen Gottes; sie reflektieren aber auch die Einsicht, dass „sittliche Erkenntnis ... nicht Ergebnis der Menschenweisheit" ist, „sondern Geschenk göttlicher Gnade und Barmherzigkeit"[63].

Dass solche Bitten nicht als folgenlos erlebt wurden, zeigen rückschauende Aussagen.

> Gott, du hast mich gelehrt von meiner Jugend an,
> bis hierher werde ich deine Wundertaten verkünden.
> (Ps 71,17)[64]

Seybold, Psalmen, 117). Kraus, Psalmen I, 43 (zu Ps 5,9, auf den er bei der Kommentierung von Ps 27,11 zurückgreift), hält sich beides offen, indem er unter der Bitte um das Zeigen des Weges JHWHs die Bitte um die von Gott gewiesene Zukunft sowie um Gottes wegweisenden Rechtsbeistand und die darin liegende neue Existenzmöglichkeit versteht. Die Abwägung dieses Sachverhalts hängt mit der traditionsgeschichtlichen Einordnung des JHWH-Weg-Motivs zusammen. Versteht man die JHWH-Weg-Motiv-Stellen als traditionsgeschichtlich zusammengehörig, dann ist auch Ps 27 von daher zu verstehen, sodass es sich hier um einen Beter handelt, der um eine lehrende und damit auch ethisch bestimmte Weg-Weisung Gottes bittet; liest man Ps 27 jedoch eher aus sich heraus, so ist die Annahme, dass es sich schlicht um die Bitte nach einem Ausweg handelt, sehr plausibel. Aufgrund der Festgefügtheit der Formel הוֹרֵנִי יְהוָה דַּרְכֶּךָ (vgl. neben Ps 25; 27 u.a. Ps 86,11) sollte allerdings von einem traditionsgeschichtlichen Zusammenhang ausgegangen werden, der in Ps 27 eine besondere, vor allem eine existentiell praktische Konnotation erhält.

61 Dass es sich hier um Belehrung handelt, steht außer Frage. Auch Seybold, Psalmen, 340, nimmt dies an, ohne jedoch Rückschlüsse auf Ps 27,11 zu ziehen, auch wenn er ihn in seiner Auflistung der Wendung הוֹרֵנִי יְהוָה דַּרְכֶּךָ aufführt.

62 In der Situation der Bedrängnis, die der Beter in Ps 143 klagend vor Gott bringt, bittet er hier um (neue) Wegweisung. Ob er diese wirklich aus der Tora erwartet, wie es Kraus, Psalmen II, 938, annimmt, muss offen bleiben. Fest steht aber mit Kraus, ebd., dass er um ein unmittelbares Eingreifen Gottes bittet. So auch Weiser, Psalmen II, 568; Seybold, Psalmen, 528, hält sich hier die Frage offen, ob es sich um einen konkreten Ausweg aus der Situation der Bedrängnis oder um das lehrhafte Aufzeigen eines zukünftigen Lebensweges handelt.

63 Weiser, Psalmen I, 161, zu Ps 25.

64 Der Beter von Ps 71 appelliert an Gott, indem er ihn an ihrer beider Geschichte miteinander erinnert. Dabei wird es um mehr gegangen sein als nur um Musik und Lieddichtung (so Kraus, Psalmen I, 491), steht doch hier ein ganzes Leben zur Dis-

5.4 Die Weisheit im Bildungsgeschehen 265

Jah wies mich zurecht,
und dem Tod übergab er mich nicht.
(Ps 118,18)[65]

Von deinen Rechten weiche ich nicht,
denn du hast mich gelehrt.
(Ps 119,102)[66]

JHWH tat [es] mir kund, und ich erkannte [es];
er ließ mich sehen ihre Taten.
(Jer 11,18)[67]

Wird die Lehre Gottes oder der Wunsch danach näher konkretisiert, dann geht es vor allem um Lebensorientierung, die sich in Rechtssatzungen, Geboten und in der Tora, aber auch in Weisheit und Erkenntnis zeigt.[68]

Selig der Mann, den du, JH, erziehst
und aus deiner Tora (מִתּוֹרָתְךָ) unterweist.
(Ps 94,12)

Gelobt seist du, JHWH,

---

position. Um so bemerkenswerter ist diese Erinnerung, zeigt sie doch, wie intensiv und tiefgreifend der Dichter Gottes Lehre empfunden hat.

65 Nach Ps 118 geschieht die Zurechtweisung Gottes durch im Leben widerfahrenes Leid. Doch gerade weil Gott zurechtweist und auf diese Weise erzieht, übergibt er seinen Menschen nicht dem Tod und lässt ihn nicht fallen. Gottes Lehren zielt auf das Leben, auch wenn dies dem Menschen nicht jederzeit einsichtig ist. Der Psalmist bekennt dies hier in der Rückschau. Kraus, Psalmen II, 806, weist zu Recht auf den weisheitlichen Hintergrund des Erziehungsgedankens hin.

66 Angesicht der in Ps 119 vertretenen Torafrömmigkeit ist hier bei der Gotteslehre wohl an die Tora als Buch gedacht. Konkreter wird der Psalm jedoch nicht (vgl. Zenger, JHWH als Lehrer, 57-64).

67 Mit Jer 11,18 beginnt die erste der Konfessionen Jeremias. Da die Person Jeremias in diesen Konfessionen durchaus mehrdimensional und auch kollektiv verstanden werden kann, muss der Ausgangspunkt der Interpretation nicht allein in seiner Person gesucht werden. Das mit V 18 beginnende Gebet kann durchaus auch als Gebet der Gemeinde verstanden werden. Zweifach erklärt nun ‚Jeremia', dass sein Wissen von Gott komme. Wie V 18b zeigt, scheint es kein angenehmes Wissen zu sein, das er über die Taten seiner Gegner erfahren hat. Hier ist jedoch der Vorgang selber wichtig: Gott ermöglicht Wissen und Erkenntnis.

68 Ps 39,5 und 90,12 stechen hier heraus, denn in ihnen dient die Erkenntnis der eigenen Vergänglichkeit als hermeneutischer Schlüssel.

lehre mich deine Satzungen (חֻקֶּיךָ).
(Ps 119,12; vgl. V 26.30.64.68.124.135.171)

An der freiwilligen Gabe meines Mundes habe Wohlgefallen, JHWH,
und deine Rechtsentscheidungen (מִשְׁפָּטֶיךָ) lehre mich.
(Ps 119,108)

Güte der Empfindung (טוּב טַעַם)[69] und Erkenntnis (דַּעַת) lehre mich,
denn an deinen Geboten halte ich mich fest.
(Ps 119,66)

Lehre mich tun nach deinem Wohlgefallen (לַעֲשׂוֹת רְצוֹנֶךָ),
denn du bist mein Gott.
(Ps 143,10a)[70]

Tue mir kund den Weg des Lebens (אֹרַח חַיִּים).
(Ps 16,11a; vgl. dazu Spr 15,24; 6,23)

Im Geheimen tust du mir Weisheit (חָכְמָה) kund.
(Ps 51,8b)

Zweifellos ist es kein Zufall, dass die Thematik des lehrenden Gottes vor allem in Psalmen vertreten ist, die dem weisheitlichen Umfeld zuzurechnen sind.[71] So fragt dann auch im Buch Hiob Elihu in seiner letzten Rede:

Siehe, Gott ist groß in seiner Kraft.
Wer ist ein Lehrer wie er?
(Hi 36,22)

---

69 „טוּב" ist textkritisch umstritten, weil es als Dittographie des טוּב im vorangehenden V 65 (טוּב עָשִׂיתָ עִם־עַבְדְּךָ) verstanden werden kann, zumal eine Streichung den Rahmen des Akrostichons nicht sprengen würde, da das nachfolgende טַעַם die Reihe mit dem Anfangsbuchstaben ט fortführen würde. LXX bezeugt dagegen das טוּב, indem sie V 66a als Aufzählung versteht und übersetzt: χρηστότητα καὶ παιδείαν καὶ γνῶσιν δίδαξόν με. Unter טַעַם ist hier der Geschmack als Pars pro toto für die Empfindung zu verstehen (vgl. Koehler/Baumgartner, Lexikon, 361).

70 Ps 143,10 zeigt, dass Gottes Lehren nicht im intellektuellen Bereich stehen bleiben, sondern in das Handeln umgesetzt werden wollen, denn erst hier findet sie ihr Ziel.

71 Zenger, JHWH als Lehrer, 47, bezeichnet den Psalter aufgrund seiner weisheitlichen Überarbeitung in der Endredaktion dann auch mehr als ein „(Vor-) Lesebuch und als solches [als] ein Lernbuch" denn als Gebetbuch.

5.4 Die Weisheit im Bildungsgeschehen

Schließlich gilt:

> Denn JHWH gibt Weisheit,
> aus seinem Mund stammt Erkenntnis und Verstehen.
> (Spr 2,6)[72]

Vor dem Hintergrund des Buches Ben Sira, in dem der Verfasser ein unmittelbares lehrendes Handeln Gottes annimmt, wurden bei der Durchsicht der kanonischen Texte auch nur diejenigen berücksichtigt, in denen Gott unmittelbar lehrt, das heißt ohne eine erkennbare Mittlerperson, wie beispielsweise Mose im Pentateuch[73] oder Propheten oder später dann Priester und Leviten.[74] Vielmehr wird in allen Texten eine direkte und persönliche Ansprache und Belehrung erwartet beziehungsweise vorausgesetzt.[75] Über den Modus dieser Belehrung wird nichts gesagt. Allerdings legen die inhaltlichen Charakterisierungen der Gotteslehre in Ps 119 nahe, dass es sich hier um ein Schriftstudium handelt, in dem Gott dem Beter besonders begegnet und ihm ein Verständnis eröffnet, das ihn auch existenziell trifft und weiterführt.[76] So verortet auch Diedrich die Bitte „Lehre mich …!" im Bereich der „weisheitlich-schriftgelehrten Schule" bei Schülern und Lehrern.[77] Andere Texte scheinen eher Begebenheiten im Leben und im Alltag anzudeuten, aus denen Gott heraus spricht (so Ps 118; evtl. auch Ps 71). Schließlich erscheint die direkte und unmittelbare Belehrung durch Gott als so wünschenswert, dass sie zum Hoffnungsgegenstand der prophetischen Verheißung geworden ist (Jes 2; Jer 31; Mi 4).[78]

---

72 Siehe auch 1Kön 5,9.26; 10,24.
73 Vgl. insbesondere zu Dtn die Studie von Finsterbusch, Mose als Lehrer.
74 Ausgenommen sind die Texte, in denen von der Ausstattung der Künstler beim Bau der Stiftshütte mit Weisheit erwähnt wird: Ex 28,3; 31,3.6; 35,35; 36,1-2, denn hier geht es um ein Sonderphänomen, das von schulischer Bildung zu unterscheiden ist. Zu weiteren Texten und ihrer Besprechung siehe die umfangreiche Studie Finsterbusch, Weisung.
75 Dies gilt sowohl für die Psalmengebete in Bezug auf den Einzelnen als auch für die prophetischen Verheißungen in Jer 31 und in der Völkerwallfahrt zum Zion.
76 Vgl. Zenger, JHWH als Lehrer, 63f.
77 Diedrich, Lehre mich, 71. Diedrich macht dann auch einen Vorschlag zur lebensweltlichen Verankerung: Gott werde hier „unter dem Bilde des Erkenntnis vermittelnden Lehrers angerufen, der durch seinen guten Geist wirkt" (ebd.).
78 Schawe hat 1979 eine umfangreiche Untersuchung zu Gott als Lehrer im Alten Testament vorgelegt. Er gibt Anregungen zu einzelnen Textstellen, bleibt aber deutlich an der kanonischen Textlektüre orientiert und stellt sich kaum den historischen Zusammenhängen: Schawe, Gott als Lehrer.

Wenn Ben Sira aus diesem Traditionsstrom schöpft, dann zeigt er, wie sehr er sich seiner Überlieferung verbunden fühlt und welche Autorität er ihr zumisst. Er gibt aber auch zu erkennen, wie lebendig sie für ihn ist und wie pragmatisch er mit dem konkreten Wirken Gottes rechnet.

Indem Ben Sira diese Traditionslinie in sein Werk aufnimmt, führt er sie in seine Bildungstheorie ein. Auf diese Weise knüpft er vor allem an zwei Linien an: zum einen die Erwartung der Belehrung durch Gott in der Gegenwart, zum anderen das Moment des Studiums, wie es besonders in Ps 119 durchscheint.[79] Ben Sira konzentriert den relativ breiten Traditionsstrom, der die Tora, die Propheten und den weisheitlich-psalmistischen Bereich umfasst, auf das Moment der Belehrung durch Gott im Studium hin. Die Tora erscheint wieder als Studientext, das Prophetische im Moment der unmittelbaren Belehrung, das Psalmistische im persönlichen Gebet und das Weisheitliche wiederum im Miteinander von Lehren und Lernen sowie in seinen Inhalten, aber auch im konkreten Handeln, denn schließlich zielt die Weisheit auf das rechte Tun. So fügt Ben Sira diese großen Traditionsströme zusammen und vereint sie zu einem neuen Ansatz, mit dem er versucht, die Tradition Israels, wie er sie versteht, in seine Gegenwart hinein neu auszusagen.

5.4.2 Die Weisheit begegnet ihrem Schüler – die Weisheit im Bildungsgeschehen

Doch die Lehre durch Gott ist nur die eine Seite. Daneben spricht Ben Sira auch von der Weisheit selber, die lehrende Funktion übernimmt und als belehrende Größe auftritt.

So schreibt er in Sir 14,20-15,10, einem der zentralen weisheitstheologisch reflektierenden Texte seines Buches, von der sich offenbarenden Weisheit.

20 אשרי אנוש בחכמה יהגה
ובתבונה ישעה
21 השם על דרכיה לבו
ובתבונתיה יתבונן
22 לצאת אחריה בחקר

---

[79] Nicht zufällig wird auch die Übereinstimmung zwischen Sir und Ps 119 in der Hochschätzung der Tora sein.

5.4 Die Weisheit im Bildungsgeschehen 269

(Ms A)	(Ms B)
וכל מבואיה ירצד	
23 המשקיף בעד {ה}חלונה[80]	
ועל פתחיה יצותה	
24 החונה סביבות ביתה	
והביא יתריו בקירה	
25 ונטה אהלו על ידה	
ושכן שכן טוב	
26 וישים קנו בעופיה	
ובענפיה יתלונן	
27 וחוסה בצלה מחרב	
ובמעונותיה ישכן	
1 כי ירא ייי יעשה זאת	1 כי ירא ייי יעשה זאת
ותופש תורה ידריכנה	ותופש תורה י[דריכנ]ה
2 וקדמתהו כאם	2 וקדמתהו כאם
וכאשת נעורים תקבלנו	וכאשת נעורים ת[קב]לנו
3 והאכילתהו לחם שכל	3 והאכילתהו לחם שכל
ומי תבואה {תבונה}[81] תשקנו	ומי תבונה {ומתבואתה} תשקנו
4 ונשען עליה ולא ימוט	4 ונשען עליה ולא ימוט
ובה יבטח ולא יבוש	ובה יב[טח ו]ל[א]...
5 ורוממתהו מרעהו	5 ורוממתהו מרעהו
ובתוך קהל תפתח פיו	ובתוך ...
6 ששון ושמחה ימצא	6 ששון ושמחה תמצא {ימצא}
ושם עולם תורישנו	וש...
7 לא ידריכוה מתי שוא	7 לא ידריכוה מתי שוא
ואנשי זדון לא יראוה	ואנש[י] ...
8 רחוקה היא מלצים	8 רחוקה היא מלצים
ואנשי כזב לא יזכרוה	ואנש[י] ...
9[82] לא נאתה תהלה בפי רשע	9 לא נאתה תהלה בפי רשע
כי לא מאל נחלקה לו	כי לא...
10 בפה חכם תאמר תהלה	10 בפי חכם תאמר תחלה
ומשל בה ילמדנה	ומושל [בה]...

20 Selig der Mensch, der in Weisheit meditiert
und sich um Einsicht bemüht,
21 der sein Herz setzt auf ihre Wege
und auf ihre Pfade[83] Acht gibt,

---

80 Das ה wurde ausgestrichen.
81 תבואה wurde vom Korrektor ausgestrichen und durch תבונה ersetzt.
82 V 9 ist in kleiner Schrift zwischen V 8 und V 10 geschrieben.

22 um hinter ihr auszuziehen im Forschen,
und alle ihre Zugänge[84] belauert er,
23 der durch ihr Fenster blickt
und an ihren Eingängen hört,
24 der sich lagert um ihr Haus herum
und seine [Zelt-] Pflöcke[85] an ihrer Wand[86] anbringt,
25 und der sein Zelt ausbreitet an ihrer Seite[87]
und wohnt als ein guter Nachbar[88]
26 und sein Nest in ihr Laub setzt
und in ihren Zweigen nächtigt,[89]
27 der sich birgt in ihrem Schatten vor der Hitze
und in ihren Wohnungen wohnt.
1 Ja,[90] wer JHWH[91] fürchtet wird dieses tun,
und wer die Tora festhält, wird sie erreichen.[92]
2 Sie begegnet ihm wie eine Mutter,
und wie die Frau der Jugendzeit empfängt sie ihn.[93]
3 Sie lässt ihn Brot des Verstandes[94] essen,
und Wasser des Verstehens[95] lässt sie ihn trinken.

---

83 So mit S, das ܫܒܝܠܐ (Pfad) bezeugt und damit den synonymen Parallelismus membrorum beibehält. In H ist wahrscheinlich durch eine Verschreibung aus נתיב תבונה geworden. Eine Aberratio oculi zu V 20 mag dies unterstützt haben.
84 S wiederholt ܫܒܝܠܐ aus V 21b. H und G sind zu bevorzugen.
85 So mit S (ܣܟ̈ܘܗܝ). G bietet πάσσαλον (Pflock; Singular). Die Entscheidung ist unsicher, denn es handelt sich um die Frage, ob in H יְתֵד oder יְתַד zu lesen ist, also um eine Vertauschung von ו und י. Dies kann aber sowohl bei einem Übersetzungsvorgang als auch beim Abschreiben des hebräischen Textes geschehen sein. Die Vertauschung muss allerdings sehr früh geschehen sein, da S und G mit Ausnahme der Frage von Singular oder Plural, wo nach H eindeutig zugunsten des Plural zu entscheiden ist, übereinstimmen.
86 So mit H. S und G bieten Plural, doch kann H beibehalten werden.
87 S vertauscht beide Stichen in V 25.
88 So mit H. S und G bieten „Wohnung/Unterkunft" (ܡܫܪܝܐ; κατάλυμα). Dies wäre auch in H mit der Vokalisierung שֶׁכֶן möglich (so auch Rickenbacher, Weisheitsperikoen, 76, der dazu auf Dtn 12,5 verweist; doch שֶׁכֶן ist in der kanonischen Literatur nicht belegt, wie Even-Shoshan, Concordance, 1144f, und Koehler/Baumgartner, Lexikon, 1386-1389, zeigen), doch müsste dann ein ב ausgefallen sein, das dann auch S und G sinngemäß ergänzen. So bleibt es bei H.
89 S zieht beide Stichen zu einem zusammen: „Und zwischen ihren Zweigen wird er sich niederlassen."
90 In S und G unübersetzt.
91 So mit H und G, das den Gottesnamen mit κύριος übersetzt. S bietet dagegen ܐܠܗܐ (Gott).
92 So mit H und G; S übersetzt fälschlich: „er wird mit ihr gehen".
93 So mit H; S und G tauschen die Verben aus.
94 So mit H und G; S liest ܚܟܡܬܐ (Weisheit).

4 Er stützt sich auf sie und wird nicht wanken,
in ihr wird er sicher sein und nicht zuschanden werden.
5 Sie erhöht ihn über seinen Nächsten,
und inmitten der Gemeinde öffnet sie seinen Mund.
6 Jubel und Freude wird er[96] finden,
einen ewigen Namen wird sie ihn in Besitz nehmen lassen.
7 Nicht werden sie erreichen[97] Männer der Lüge[98],
und vermessene Menschen werden sie nicht sehen.
8 Fern ist sie von Spöttern,
und Menschen der Lüge werden ihrer nicht gedenken.
9 Nicht schön ist ein Loblied[99] im Mund des Frevlers,
denn es wurde ihm nicht von Gott zugeteilt.
10 Im Mund des Weisen singt sie ein Loblied,
und wer Sprüche vorträgt[100], lehrt sie.
(Sir 14,20-15,10)

Die Perikope ist nach vorne hin durch den Themenwechsel[101] sowie durch den betonten Einsatz des an Ps 1 erinnernden אשרי abgegrenzt. Am Ende ist der Übergang zur nachfolgenden Einheit fließender, denn Sir 15,11 schließt an die Gegenüberstellung von Weisem und Frevler in V 9f an. Dennoch stellt V 11 einen Neueinsatz dar, indem er stilistisch wechselt und auch inhaltlich den Themenkreis der Erlangung der Weisheit verlässt und auf die freie Entscheidungskraft des Menschen eingeht.[102]

---

95 Hier ist dem Korrektor von Ms A und Ms B* zu folgen; תבואה ergibt keinen Sinn, weil es die eindeutige Bildebene verlässt. S ist wie H; G liest hier σοφία.
96 Hier ist gegen Rickenbacher, Weisheitsperikopen, 78, und mit Marböck, Weisheit im Wandel, 106, Reitemeyer, Gotteslob, 99, die alle eine ausführliche textkritische Diskussion bieten, Ms A und dem Korrektor von Ms B zu folgen. Die syrische Übersetzung und Ms B* legen zwar nahe, תמצא als Hifil zu verstehen (תַּמְצִא), doch fehlt in H dazu das zu erwartende Personalpronomen: sie lässt ihn finden. Dieses wird dann von S auch folgerichtig ergänzt.
97 S übersetzt wie schon V 1 fälschlich „mit ihr gehen".
98 G übersetzt „unverständige Männer", S schlicht „Sünder".
99 So mit H und G; S übersetzt ܚܟܡܬܐ (Weisheit).
100 G versteht das hebräische משל als משל im Sinne von ‚Herrscher' und übersetzt: καὶ ὁ κύριος εὐοδώσει αὐτόν – und der Herr wird ihn einen guten Weg führen. Auch S versteht משל als משל im Sinne von ‚Herrscher' und übersetzt mit ܢܠܦ: „und der sie beherrscht, wird sie lehren". In beiden Fällen handelt es sich um ein Missverständnis von משל, das aus dem Kontext heraus eindeutig als ‚Sprüche vortragen/verfassen' zu verstehen ist.
101 In Sir 14,11-19 erinnert Ben Sira seine Schüler bzw. seine Leser an die Sterblichkeit des Menschen.
102 Siehe auch Reitemeyer, Gotteslob, 91-95.

Der Einstieg in Sir 14,20 ist deutlich mit einer Anspielung an Ps 1 versehen. אשרי אנוש erinnert an das אַשְׁרֵי־הָאִישׁ aus Ps 1,1.[103] Im Unterschied zu Ps 1 setzt Ben Sira dann jedoch nicht mit einer negativen Beschreibung ein, sondern fährt mit dem positiven sich Bemühen und Beschäftigen fort, das er mit der Aufnahme des Verbs הגה aus Ps 1,2 markiert. Dabei richten sich beide Texte auf dasselbe Subjekt: auf den Menschen, um den sie beide werben. Der markanteste Unterschied zwischen Sir 14,20ff und Ps 1 liegt jedoch im Objekt der Bemühung und Beschäftigung: Ist es in Ps 1 die Tora, so ist es bei Ben Sira die Weisheit.[104]

Der Mensch ist ganz weisheitlich der Ausgangspunkt in dieser Passage. Von ihm her entfaltet Ben Sira sein Denken, in dem es um die kommende und sich enthüllende Weisheit geht. In 15,2 folgt dann der Umschwung mit V 1 als Scharnier zwischen beiden Textteilen.

Dass Ben Sira in seinem Denken vom Menschen ausgeht, hat seinen guten Grund darin, dass von ihm her der erste Schritt auf dem Weg der Weisheit getan werden muss. Es ist an ihm, sein Herz und damit seinen Verstand, aber auch sein Wollen auf ihre Wege zu setzen (vgl. 14,21).[105] Die Willensfreiheit, die Ben Sira dem Menschen in seinem Denken zugesteht, ist damit für diesen nicht nur Freiheit, sondern auch eine Verpflichtung, die auf ihn zukommt.[106] Wer Weisheit erlangen möchte, muss sich um sie bemühen (14,20b) und – so nimmt es H auf – auf ihr Verständnis achten (14,21b).[107] Dies ist das Thema einer ersten „Stro-

---

103 Es gibt zahlreiche weitere Seligpreisungen insbesondere in den Psalmen (vgl. u.a. Ps 94,12; 106,3; 112,1; 119,1; 128,1), aber auch vor allem in der jüngeren Weisheit (Spr 3,13; 8,34; für die ältere Weisheit vgl. Spr 28,14). Die besondere Nähe zu Ps 1 ergibt sich jedoch durch die weiteren Motivanleihen, wie im Folgenden gezeigt.

104 Dies gilt, auch wenn Ben Sira in 15,1 wieder auf die Tora rekurriert. Im Mittelpunkt der Perikope steht die Weisheit, die der Schüler sucht und die auf ihn zukommt. Damit stellt aus Ben Siras Sicht aber sicherlich nicht unbedingt ein Gegensatz dar, konkretisiert sich für ihn die Weisheit doch unter anderem in der Tora. Der Unterschied zwischen Sir 14,20ff und Ps 1 läge dann im Fokus: Ps 1 rückt die Tora ins Zentrum, Ben Sira schaut dagegen auf den größeren Rahmen der Weisheit, die sich eben auch in der Tora zeigt. Ähnliches gälte auch für Jos 1,8, in dem dann noch konkreter als in Ps 1 das Buch der Tora in den Blick kommt. In beiden Fällen ist deutlich, dass diese Anspielung Ben Siras kein Zufall, sondern bewusst gestaltet ist.

105 Die Bedeutungsnuancen, die לב im hebräischen Denken haben kann, hat Wolff, Anthropologie, 68-95, umrissen, indem er neben den rein organischen Aspekten auch die gefühlsmäßigen, aber vor allem das Herz als Sitz der Vernunft und der Willensentscheidung herausarbeitet. Ebenso Schmidt, Anthropologische Begriffe, 87f.

106 Zur Willensfreiheit, die Ben Sira für den Menschen annimmt, siehe Kapitel 5.1.

107 Auffällig ist auch hier die sprachliche und metaphorische Nähe zu den Tora-Psalmen, vgl. beispielsweise das Weg-Motiv, das sich auch in Ps 119,1.3 und viel öfter findet. Aber auch an die (für Ben Sira) neuere Weisheitstheologie kann er anknüpfen: vgl. Spr 3,17; 8,32.

5.4 Die Weisheit im Bildungsgeschehen

phe"[108], die 14,20f umfasst. In drei weiteren Strophen geht Ben Sira dem metaphorisch nach.

In einer bildhaften Sprache, die nichts an Deutlichkeit zu wünschen übrig lässt, zeigt Ben Sira, was er mit dem Gehen auf dem Weg der Weisheit meint.[109] Nach der ersten Strophe (14,22f) schleicht der Weisheitsschüler der Weisheit nach, er belauert alle Zugänge zu ihr, er schaut alle Regeln des Anstandes fallen lassend durch die Fenster hinein und lauscht an ihrer Tür.[110] Nach der zweiten Strophe sucht er ihre Nähe, indem er so nah wie möglich zu ihr zieht (14,24f). Liegen diese beiden Strophen inhaltlich nah beieinander, wechselt Ben Sira in der dritten (14,26f) die Bezugsgröße. Hier nun hält sich der Schüler im wohltuenden Schatten der Weisheit auf, ist umfangen von ihren Zweigen und darf sich im Schutz ihrer Äste niederlassen – eine Anspielung auf Bilder wie in Ps 17,8; 91,1; 121,5, aber auch wieder an Ps 1,3 mit dem Baum, dessen Laub nie welkt.[111]

So macht Ben Sira zweierlei deutlich. Zum einen zeigt er die Nähe, die durch die Bemühungen des Schülers zur Weisheit entstehen soll: Der Schüler muss – in den Bildern der ständigen Aufmerksamkeit und des Umzugs verdeutlicht – seinen Lebensmittelpunkt verlagern und sich voll und ganz auf seine neue Nachbarin einstellen. Er muss alle ihre Regungen und Bewegungen verfolgen und ihnen nachspüren; er muss sich als neugierig bis weit über die Grenzen des gesellschaftlich Akzeptablen erweisen; er muss sich an sie binden und sich an ihr befes-

---

108 Die Übergänge im Text sind zwar fließend, dennoch lassen sich thematische Schwerpunkte in einem Vierzeilenschema feststellen, sodass hier von Strophen, wenn auch in keinem strengen Sinne, gesprochen werden kann. Einen Versuch, die Perikope in Strophen einzuteilen, unternimmt Skehan/Di Lella, Ben Sira, 264f, allerdings vor allem zu 15,1-10.

109 Zu den Bildern im Einzelnen siehe die detailreiche und ausführliche Darstellung in Reitemeyer, Gotteslob, 114-121.

110 Reitemeyer, Gotteslob, 142, weist zu Recht auf die Parallele von Sir 14,22f und 21,22-24 hin: im Streben nach Weisheit sind die Anstandsregeln außer Kraft gesetzt und der Weisheitsschüler darf sogar „fensterln" (ebd.).
Das Bild vom Haus der Weisheit ist ein Anklang insbesondere an V 1 in Spr 9,1-6 (siehe unten). Als Konkretion in der Lebenswelt ist dabei wohl an das Lehrhaus, wie es Ben Sira selber in 50,27 erwähnt, zu denken und nicht an den Tempel, auch wenn dies durch Sir 24 nahegelegt werden könnte. Aber der Ort der Weisheit ist wohl eher der Ort des Lehrens und Lernens. Allerdings wäre es auch möglich, dass beide zusammenfallen, wenn nämlich das Lehrhaus seinen Ort im Tempelbezirk hätte; doch dies ist aus Ben Siras Schrift nicht zu entnehmen und spekulativ.

111 Marböck, Weisheit im Wandel, 108f, arbeitet aus diesem thematisch orientierten strophischen Aufbau sogar eine Steigerung der Intensität „vom Anspannen des Geistes und dem Einsatz der Sinne zum dauernden Wohnungnehmen und Verweilen im Bereich der Weisheit" heraus.

tigen, um für sich einen Halt bei ihr zu finden. Und er muss sich auf sie einlassen und sich vor allem auf sie verlassen, wenn er in den Genuss ihrer wohltuenden Gaben kommen möchte – auf der Bildebene: ihres Schattens, in dem er vor der Hitze des Tages geschützt ist; auf der Sachebene wahrscheinlich des Erfolges, der sich durch das Studium und die eigene reflektierte Erfahrung einstellen kann.

Zum zweiten hält Ben Sira aber auch eine bleibende Distanz zwischen der Weisheit und ihrem Schüler fest. So darf er in ihr Haus hineinschauen, auch in ihm wohnen, aber er bleibt Nachbar beziehungsweise Mitbewohner und wird nicht zum Miteigentümer des Hauses der Weisheit; er darf sich in ihren Zweigen niederlassen, aber nur in einem selbst gebauten Nest und wird nicht zu einem aufgepfropften Zweig. Die Weisheit wird nicht in ihrem Schüler aufgehen, und der Schüler wird nicht Teil der Weisheit. Die Weisheit ist immer mehr und größer als ihr Schüler. Dabei geht es Ben Sira hier nicht um eine quantitative, sondern um eine bleibende qualitative Differenz, die nicht aufgehoben wird.

Durch die stilistische Verwendung immer wiederkehrender Partizipien zeigt Ben Sira zugleich, dass es sich bei diesen Bemühungen des Weisheitsschülers nicht um eine einmalige Sache handelt, sondern die Suche nach Weisheit eine Stetigkeit erfordert, indem sie einen lebenslangen Prozess ausmacht.

In Sir 15,1 verlässt Ben Sira für einen Moment die Bildebene und kehrt in die praktische Lebenswelt zurück. Wer Gott wahrhaft fürchtet, und das heißt: wer sich wahrhaft auf Gott verlässt und sich an ihn, seinen Willen und die Bekundungen seiner Taten in der Geschichte und Tradition Israels hält, der wird sich so intensiv um die Weisheit bemühen, wie in den vorangegangenen Versen beschrieben. Studium und Handeln hängen eng zusammen. Beide sind sozusagen die Füße, die den Weisheitsschüler auf seinem Weg zu seinem Ziel tragen. Wer so handelt, dem gilt dann die Verheißung, die Ben Sira in 15,1b vollmundig ausspricht: Er wird die Weisheit auch erreichen.[112]

Sogleich kehrt Ben Sira mit Sir 15,2 wieder in die Welt der Bilder zurück. Die Weisheit begegnet ihrem Schüler. Der Tradition der Weisheit folgend stellt Ben Sira sie als Frau vor (vgl. unten Spr 8; 9), und dies zugleich doppelt und in zweifacher Weise. Während „Frau Weisheit" in Spr 9,1-6 zu sich einlädt und Mägde ausschickt, um die Gäste

---

112 Auch hier kann Ben Sira wieder in der Bildsprache Anleihen an der Psalmenfrömmigkeit und an der jüngeren Weisheit nehmen: vgl. Ps 112,1; Spr 4,11.

5.4 Die Weisheit im Bildungsgeschehen

zu holen, kommt sie in Sir 15,2a selbst zu ihrem Schüler.[113] Wie eine sorgende Mutter kommt sie auf ihn zu. In Sir 15,2b trägt sie dagegen die Züge einer jungen Frau, wenn sie ihren Schüler in ihrem Haus empfängt.[114] In beiden Fällen geht es doch um dasselbe: Ben Sira stellt diese Begegnung des Schülers mit der Weisheit als personales Geschehen vor.[115] Durch diese doppelte Charakterisierung versucht er, die Beziehungsebene zwischen beiden in Worte zu fassen. So charakterisiert er sie einerseits als mütterliche Nähe und Wärme, Zuneigung und Zuhause sowie als eine für ihr Kind alles tuende Liebe und das Gefühl grundsätzlicher Geborgenheit.[116] Andererseits besteht sie auch in Leidenschaft und Eros, eigener Hingabe und sich verschwendender Liebe[117]. Dabei bleibt Ben Sira ganz in dem – von ihm auch gut geheißenen – gesellschaftlich vorgegebenen Frauenbild verhaftet: die Weisheit bewirtet ihren Schüler (15,3).[118] Zugleich verdeutlicht er damit aber auch

---

113 קדם ist ein Verb der Bewegung.
114 Ben Sira verwendet nur hier in 15,2 einen wirklichen Vergleich, in dem er von Frauen spricht. Aber auch sonst wird deutlich, dass er sich die Weisheit personifiziert als Frau vorstellt, verwendet er doch ausschließlich feminine Verbformen, um ihre Handlungen zu beschreiben. So hält Wischmeyer, Kultur, 163, zu Recht fest: „Die Personifikation erfolgt mittels der Verben."
115 Die literarische Tradition der jüngeren Weisheit mag dazu einen Hintergrund bieten, möglich ist aber auch, dass Ben Sira selber hier von einer eigenen Erfahrung schreibt. Möglicherweise hat er seinen Prozess zur Weisheit schließlich als eine solche personale Begegnung erlebt.
116 Nach Trenchard, Women, 50, ist Sir 15,2 die einzige Stelle, in der Ben Sira von der Mutter ohne den Vater spricht.
117 Dieses Bild von der Beziehung zur Frau der Jugendzeit ist auch angesichts der Praxis, dass Jugendliche verheiratet wurden und ihre Lebenspartnerinnen und -partner in der Regel nicht selber wählen durften, sicherlich nicht zu überschwänglich gezeichnet, dennoch funktioniert doch Ben Siras Metapher nur, wenn es auch in diesen gestifteten Beziehungen eine gegenseitige bereitwillige Aufnahme und nicht nur die Vernunftehe gab.
Dieses Motiv würde allerdings wegfallen, wenn man אשת נעורים nicht als die Frau der Jugendzeit im Sinne der Braut verstünde, sondern als die Frau der Kinderzeit; damit wäre dann wieder die eigene Mutter (evtl. auch eine Amme) gemeint. Doch dies ist nicht wahrscheinlich. Ben Sira scheint hier eher eine weitere Bedeutungs- bzw. Beziehungsebene ansprechen zu wollen. Eine ähnliche Verwendung des Begriffs findet sich auch in Spr 5,19; Mal 2,14, vgl. auch Koh 9,9.
118 Sauer, Jesus Sirach/Ben Sira, 130, stellt besonders heraus, dass es sich bei Wasser und Brot um Grundnahrungsmittel handelt, die „den innersten Halt" geben und somit das Leben grundsätzlich, aber auch erst das Leben in Weisheit ermöglichen. Es ist aber auch auf Sir 24,19-21 hinzuweisen, wo sich die Weisheit selbst als Speise gibt. So interpretiert Reitemeyer, Gotteslob, 212: „Das Haus der Lehre wird zum Bankettsaal, zum Ort des Symposiums", und fährt gegen Sauer fort: „Weisheit garantiert also Leben in Fülle". Vgl. auch hier Spr 9,5, wo die Weisheit sogar Brot und Wein bietet. Angesichts dessen fällt die Zurückhaltung Ben Siras an dieser Stelle allerdings

noch einmal sein Programm: Es ist die Weisheit, die ihrem Schüler Verstand und Verstehen gibt. Der Schüler muss sich von sich aus auf den Weg machen, dann aber kommt die Weisheit ihm entgegen und offenbart sich ihm selbst. Sie stärkt ihn, und er kann sich auf sie stützen, wird sogar von ihr erhöht.

Dies führt Ben Sira dann in den nachfolgenden Versen aus. So scheint 15,4 insbesondere das persönliche Ergehen anzusprechen, in dem der nunmehr Weise durch die Weisheit eine Stütze findet, die ihn davor bewahrt, persönlich oder gesellschaftlich zu straucheln. Mit V 5f ist dann der öffentliche Bereich benannt: Die Weisheit sorgt für ihre Schüler und lässt sie anerkannter und erfolgreicher sein als andere, sie lässt sie bejubelt werden und gibt ihnen ewigen Ruhm.

Auffällig ist in 15,2-6 der Wechsel des Subjekts. So ist in VV 2-3 die Weisheit die Akteurin, in V 5 der ihr nun begegnete Weisheitsschüler bzw. der Weise, in V 5 wieder die Weisheit, in V 6a der Weisheitsschüler[119], in V 6b jedoch wieder die Weisheit selber. Dies scheint ein Wechselspiel zwischen beiden Seiten in der gegenseitigen Begegnung anzudeuten, das auch hier, nachdem alles von der in 15,2 geschehenen Begegnung abhängt, noch einmal die Wichtigkeit des menschlichen Handelns herausstellen könnte.[120] Doch bei der Betrachtung der Verben fällt auf, dass diese in ihrem Bedeutungsgehalt ungleich verteilt sind. So sind der Weisheit stets die aktiven Verben zugeordnet: Sie geht auf ihren Schüler zu, nimmt ihn in Empfang, bereitet ihm zu essen und trinken, dann erhöht sie ihn, indem sie ihm offenbar zu einer Karriere verhilft, und öffnet ihm den Mund in der Gemeindeversammlung, was offenbar die Bekleidung eines Amtes voraussetzt, schließlich gibt sie ihm ewigen Nachruhm. Der Mensch dagegen stützt sich auf sie und darf sich mit ihr sicher fühlen; er findet Jubel und Freude. Dieser Befund, der auf den ersten Blick den im vorhergehenden Kapitel besprochenen Mühen der Weisheitssuche zu widersprechen scheint, zeigt jedoch deutlich, worauf Ben Sira nun den Schwerpunkt in seinem Bildungsverständnis legt: Letzten Endes ist es bei aller Anstrengung und Bemühung auf Seiten des Schülers die Weisheit, die aktiv wird und sich dem Menschen erschließt; er dagegen ist in diesem Erkenntnisprozess ihr passiver Nutznießer, kann sich dann aber auf sie verlassen und auf

---

auf, sodass die von Sauer angeführte Bescheidenheit zumindest hier angebracht zu sein scheint.
119 Siehe dazu die textkritische Diskussion zur Stelle oben.
120 Reitemeyer, Gotteslob, 213, erkennt in dem immer schneller sich vollziehenden Wechsel des grammatikalischen Subjekts sogar das wechselseitige aufeinander Zugehen.

sie bauen, wenn er seine Karriere plant bzw. in dieser fortschreitet. Die Anerkennung der anderen ist ihm sicher.

Mit 15,7-10 schließt Ben Sira diese Passage ab, indem er noch einmal klarstellt, dass es zur Erlangung der Weisheit nicht nur Intellekt, sondern vor allem eine integere Lebensführung braucht. Die Weisheit ist ethisch nicht indifferent. Besonders deutlich wird dies in V 9f: Das Lied im Munde des Frevlers ist das Lied, das er selber singt; es ist ganz unabhängig von musikalischen Kriterien nicht schön anzuhören, weil Gott es ihm nicht zu singen gegeben hat. Das Lied des Weisen dagegen singt die Weisheit selber; sie singt es in seinem Mund.

Auch sprachlich lässt Ben Sira am Ende das Ereignis der Begegnung mit der Weisheit deutlich werden. Spricht er in 14,20 noch von dem Menschen, der in der Weisheit murmelt, also in ihr seine Beschäftigung hat, aber erst noch von sich aus auf dem Weg zu ihr ist, so qualifiziert er ihn in 15,10, also sowohl literarisch als auch zeitlich nach 15,2f, als Weisen. Zugleich gibt er eine nähere Bestimmung des Weisen, indem er auf die Konsequenzen hinweist, die das Erfahren der Weisheit mit sich bringt: Der Weise ist nicht nur für sich selbst weise, sondern hat eine Aufgabe für die Gesellschaft, in der er lebt. Hier zeichnet Ben Sira, sicherlich thematisch orientiert, das Bild des Lehrers, der Weisheit lehrt und so anderen den Weg bahnt, auf dem sie zu der Begegnung kommen können, die er selber erlebt hat.

Wenn Ben Sira hier von dem Lernprozess spricht, der zur Weisheit führt, dann zeichnet er ein Bild, das von zwei aufeinander zulaufenden Richtungen geprägt ist. Die eine Richtung ist die des Weisheitsschülers, der sich mit seinem Studium, aber auch mit seiner Lebensführung auf den Weg machen muss, den dieser Prozess bedeutet; die andere Richtung ist der Weg der Weisheit, den diese selber auf ihn zu geht. Ben Sira beschreibt das Erlebnis der Begegnung zwischen beiden als eine personale Begegnung: Die personifizierte Weisheit trifft ihren Schüler, indem sie ihm begegnet und ihn empfängt. Zwischen beiden beginnt eine Beziehung, in der die Weisheit die (an)leitende Rolle übernimmt, indem sie dem nunmehr Weisen in seinem Leben und Handeln unterstützt.[121]

In dem vorangehenden Abschnitt Sir 4,11-19 „überliefert" Ben Sira eine Rede der Weisheit, in der sie dieses Moment der personalen Begegnung unterstreicht.

---

121 An dieser Stelle spricht Ben Sira noch nicht von der Geschenkhaftigkeit dieser Begegnung. Er zeichnet die Weisheit jedenfalls nicht als ganz frei in ihrem Wollen. Dies tut er an anderen Stellen.

11 חכמות למדה בניה
ותעיד לכל מבינים בה
12 אהביה אהבו חיים
ומבקשיה יפיקו רצון מייי
13 ותמכיה ימצאו כבוד מייי
ויחנו בברכת ייי
14 משרתי קדש משרתיה
ואלהו במא ויהא
15 שומע לי ישפט אמת
ומאזין לי ייחן בחדרי מבית
17 כי בהתנכר אלך עמו
ולפנים יבחרנו בנסיונות
ועד עת ימלא לבו בי
18 אשוב אאשרנו
וגליתי לו מסתרי
19 אם יסור ונטותיהו
ויסרתיהו באסורים
אם יסור מאחרי אשליכנו
ואסגירנו לשדדים

(Ms A)

11 ἡ σοφία υἱοὺς αὐτῆς ἀνύψωσεν
καὶ ἐπιλαμβάνεται τῶν ζητούντων αὐτήν
12 ὁ ἀγαπῶν αὐτὴν ἀγαπᾷ ζωήν
καὶ οἱ ὀρθρίζοντες πρὸς αὐτὴν ἐμπλησθήσονται εὐφροσύνης
13 ὁ κρατῶν αὐτῆς κληρονομήσει δόξαν
καὶ οὗ εἰσπορεύεται εὐλογεῖ κύριος
14 οἱ λατρεύοντες αὐτῇ λειτουργήσουσιν ἁγίῳ
καὶ τοὺς ἀγαπῶντας αὐτὴν ἀγαπᾷ ὁ κύριος
15 ὁ ὑπακούων αὐτῆς κρινεῖ ἔθνη
καὶ ὁ προσέχων αὐτῇ κατασκηνώσει πεποιθώς
16 ἐὰν ἐμπιστεύσῃ κατακληρονομήσει αὐτήν
καὶ ἐν κατασχέσει ἔσονται αἱ γενεαὶ αὐτοῦ
17 ὅτι διεστραμμένως πορεύσεται μετ' αὐτοῦ ἐν πρώτοις
φόβον καὶ δειλίαν ἐπάξει ἐπ' αὐτὸν
καὶ βασανίσει αὐτὸν ἐν παιδείᾳ αὐτῆς
ἕως οὗ ἐμπιστεύσῃ τῇ ψυχῇ αὐτοῦ
καὶ πειράσει αὐτὸν ἐν τοῖς δικαιώμασιν αὐτῆς
18 καὶ πάλιν ἐπανήξει κατ' εὐθεῖαν πρὸς αὐτὸν καὶ εὐφρανεῖ αὐτὸν
καὶ ἀποκαλύψει αὐτῷ τὰ κρυπτὰ αὐτῆς
19 ἐὰν ἀποπλανηθῇ ἐγκαταλείψει αὐτὸν
καὶ παραδώσει αὐτὸν εἰς χεῖρας πτώσεως αὐτοῦ

5.4 Die Weisheit im Bildungsgeschehen

11 Die Weisheit[122] lehrt[123] ihre Kinder
und bezeugt sich allen, die sie verstehen.[124]
12 Die sie lieben, lieben das Leben,
und die sie suchen[125], erhalten Wohlgefallen[126].
13 Die sie ergreifen, werden Herrlichkeit finden,
und sie werden lagern im Segen JHWHs.[127]
14 Die im Heiligtum dienen, dienen ihr,
und Gott ist bei denen, die sie begehren.[128]
15 Wer mich[129] hört, wird treu[130] richten,
und wer mir zuhört, wird lagern in meinen Räumen[131].[132]

---

122 Der Plural חכמות ist als ehrerweisende Rede von der Weisheit zu verstehen (vgl. unten die Anmerkungen zu Spr 1,20). Für ein singularisches Verständnis spricht auch die weitere Satzkonstruktion.
123 H und S sind G vorzuziehen. Vgl. dazu Schrader, Leiden, 148, der ἀνύψωσεν aus ἐνεφυσίωσεν erklärt, das bei Clemens Alexandrinus und Tertullian bezeugt ist, bei letzterem durch die lateinische Fehlübersetzung „vitam inspiravit".
124 Mit H und S. G bietet stattdessen: „und nimmt sich aller an, die sie suchen".
125 Die Übersetzung folgt H und S. ὀρθρίζω bedeutet ‚früh morgens aufstehen', aber auch ‚eifrig suchen' (siehe Lust/Eynikel/Hauspie, Lexicon, 445), sodass es sich hier um eine Nuancenverschiebung der Bedeutung handeln kann, die im Übersetzungsprozess entsteht. Rüger, Text, 100f, versucht über die Übersetzung der Targumim plausibel zu machen, dass in H ursprünglich nicht בקש, sondern שחר stand, indem er aufzeigt, dass beide Begriffe in den Targumim gleichermaßen mit בעי übersetzt werden. בקש sei dann später in den hebräischen Text eingegangen und habe שחר ersetzt (Rüger, ebd., verweist dazu auf die Kommentare von Raschi, Ibn Esra und Radak, die jeweils שחר mit בקש erklären, sodass hier wohl das gebräuchlichere Verb das ungebräuchlichere ersetzt haben soll). Der Bedeutungsunterschied ist jedoch marginal.
126 In H endet diese Zeile ebenso wie die zwei nachfolgenden mit dem Gottesnamen (V 12b.13a.13b). S folgt dem in der Übersetzung. G bietet ihn jedoch nur in V 13b (Wiedergabe durch κύριος). Wahrscheinlich ist, dass sowohl hier als auch im nachfolgenden Stichos V 13a מיי aus Spr 8,25; 18,22 ergänzt wurde, die ein wortgleiches Ende aufweisen (so auch Marböck, Weisheit im Wandel, 98; Rickenbacher, Weisheitsperikopen, 38; dagegen Sauer, Jesus Sirach/Ben Sira, 71, der hier eine sekundäre Glättung durch G sieht).
127 G liest wahrscheinlich וינחו (von נחה – leiten) statt ויחנו (Konsonantenvertauschung).
128 H bietet in seiner jetzigen Überlieferungsform einen unverständlichen Text. Habermann, עיונים, 297, macht jedoch durch eine andere Worttrennung die obige Übersetzung plausibel (ואל הוא במאויה), mit der sich H und G dann auch sinngemäß entsprechen.
129 In V 15 beginnt die in V 11 angekündigte Rede der Weisheit. Entsprechend wechselt H (mit S) in die 1. Person Singular. G bleibt in VV 15-19 konsequent in der 3. Person Singular.
130 G liest aus אמת wahrscheinlich אמה von אמה (Stamm). Die Übersetzung folgt H in der Lesart von S.
131 מבית fehlt in S und G und ist eine erklärende Glosse.
132 V 16 ist nur in S und G überliefert und lautet nach S:
    Wenn er auf mich vertraut, wird er mich erben;

17 [Auch] indem ich mich fremd stelle, gehe ich mit ihm,
und am Anfang erwähle ich[133] ihn mit Versuchungen,[134]
und ich will ihn erziehen mit Fesseln[135]
bis zu der Zeit, da sein Herz an mir gefüllt wird[136].[137]
18 Ich werde mich wenden[138] und ihn selig preisen,
und ich will ihm offenbaren meine Geheimnisse.
19 Wenn er abweicht, will ich ihn fallen lassen,[139]
ich werde ihn einschließen zu den Gewalttätigen.
(Sir 4,11-19)

Die zahlreichen textkritischen Varianten in dieser Perikope machen den Text schwer interpretierbar, zeigen aber auch die Bedeutung, die ihm im Zusammenhang des Buches zugeschrieben wird.

---

    mich werden empfangen alle seine Generationen der Welt.
und nach G:
    Wenn er vertraut, wird er sie erben,
    und in [ihrem] Besitz wird seine Nachkommenschaft sein.
Rickenbacher, Weisheitsperikopen, 38, weist zwar darauf hin, dass der Vers nichts Glossenartiges habe, und schließt daraus, dass er wahrscheinlich in H ausgefallen sei. Doch damit übersieht er, dass V 16 auch eine andere Weisheitsvorstellung beinhaltet als sein Kontext. Wird die Weisheit in V 15.17-19 personal gedacht und begegnet ihrem Schüler, so wird sie in V 16 gegenständlich dargestellt, als eine Sache, die der Schüler erben und dann sogar wieder an seine Nachkommen vererben könne. Insofern ist V 16 zwar nicht glossenartig, aber gibt doch eine andere Vorstellung von der Weisheit wieder als sein Kontext. In Verbindung mit dem Textbefund, dass V 16 in H fehlt, ist anzunehmen, dass er später ergänzt wurde und in G und S eingeflossen ist.

133 H liest mit G (gegen S) die 3. Person Singular; das ist dem Duktus gemäß zu korrigieren (mit Rickenbacher, Weisheitsperikopen, 39; Marböck, Weisheit im Wandel, 97; Sauer, Jesus Sirach/Ben Sira, 71).

134 G und S ergänzen hier noch: „Furcht und Feigheit werde ich [S]/wird sie [G] über ihn bringen". Dieser Stichos hat jedoch deutlichen Glossencharakter und ist auszulassen.

135 Dieser Stichos ist in Ms A als V 19aβ überliefert. Er ist G und dem Sinnzusammenhang folgend hier einzufügen.

136 ימלא ist als Nifal zu lesen und damit passivisch zu verstehen. In diesem Sinne übersetzt auch S.

137 G ergänzt hier noch: „und sie wird ihn versuchen mit ihren Satzungen". Das hat jedoch deutlich glossenartigen Charakter.

138 אשוב ist hier als ‚sich wenden' interpretiert. Es kann aber auch als ‚שוב – wieder' verstanden werden, sodass man auch übersetzen kann: „Ich werde ihn wieder selig preisen".

139 H bietet nachfolgend V 19aβ, das als V 17bα neu einzusortieren ist. V 19bα („wenn er abweicht, werde ich ihn hinter mich werfen") ist eine V 19aα wiederholend kommentierende Glosse in H und auszulassen.

5.4 Die Weisheit im Bildungsgeschehen

Der Abschnitt ist deutlich nach vorne und hinten abgegrenzt. Durch die Einleitung in V 11 wird der Wechsel von der praktischen weisheitlichen Unterweisung bis V 10 klar markiert; ebenso signalisiert die Anrede „בני – mein Sohn" und der Wechsel des Themas zu einer Rede über den günstigen Zeitpunkt den Beginn der nachfolgenden Lehre ab V 20. In sich ist die Passage klar zu gliedern: in V 11 wird eine Rede der Weisheit angekündigt, in V 12-14 folgen kurze verdeutlichende und werbende Bemerkungen Ben Siras über die Weisheit, bevor dann ab V 15 die eigentliche Rede folgt.[140]

Wie im oben besprochenen Text wendet sich auch hier die Weisheit ihrem Schüler zu.[141] Ben Sira zeichnet sie wieder als eine selbstständig agierende Persönlichkeit. Als Lehrerin tritt sie auf und bezeugt sich selbst (V 11).[142] Ihre Rede folgt dann aber erst in VV 15-19.

Die Rede von der Weisheit als Lehrerin bietet unterschiedliche Anknüpfungsmöglichkeiten bei der Verortung in der Realität. Wischmeyer versteht die lehrende Weisheit hier als Mutter und greift damit auf die erzieherische Aufgabe der Mutter zurück, die ihr nach dem Verständnis der weisheitlichen Welt zukommt (Spr 1,8; 10,1; 23,22.25; 29,15; 30,17).[143] Wahrscheinlicher ist jedoch, dass es Ben Sira auch hier nicht um die Person an sich geht, sondern um den Vorgang des Lernens. Die Weisheit lehrt ihre Kinder – ihre Schüler –, wie der Lehrer seine Schüler – seine Kinder – unterrichtet. Diese Interpretation geht stärker von der Lebenswirklichkeit der „höheren Lehranstalt" aus, wie Ben Sira sie betrieb und hier wohl auch weisheitstheologisch reflektiert.[144]

Zuvor macht Ben Sira jedoch noch einen werbenden Einschub (VV 12-14). In eindringlichen Worten spricht er von dem, was die Weisheit

---

140 Sir 4,15-19 und Sir 24 sind die einzigen Texte, in denen Ben Sira die Weisheit selber, das heißt in der 1. Person Singular, zu Wort kommen lässt (Marböck, Weisheit im Wandel, 99).
141 Skehan/Di Lella, Ben Sira, 171, weist hier zutreffend auf das Wortspiel zwischen בן und מבינים hin.
142 G scheint in V 11a schon an die Folgen des Weisheitserwerbs zu denken, nämlich an den gesellschaftlichen Aufstieg, der dem Weisen offen steht. Umgekehrt ist V 11b durchaus als Einschränkung zu verstehen: Bereits die Einleitung verweist auf das Ende der Passage in V 19.
143 Wischmeyer, Kultur, 231. Sie entdeckt zugleich eine erotische Metaphorik in der Weisheitsrede ab V 15. Löhr, Bildung, 32, versteht die Weisheit ebenfalls als „mütterliche Frau" und betont dann, dass sie „mit ihren Kindern in pädagogischer Absicht oft zuerst verwirrende Wege geht", sie sogar peinigt, „um sie zu erproben – bis sie ihr aus ganzer Seele vertrauen".
144 Ähnlich auch Marböck, Weisheit im Wandel, 100, der hier ebenfalls einen Verweis auf die Schule sieht.

verspricht: zuallererst das Leben. Dies ist hier wohl im Sinne der klassischen Weisheit als das gelingende Leben im Gegensatz zum Tod beziehungsweise einem verfehlten und damit todgleichen Leben zu verstehen (vgl. 10,11.17; 11,30; 13,14; 14,27; 19,8.23; 23,13), aber auch als ein Hinweis auf die „richtige" Entscheidung bei der Wahl zwischen Leben und Tod nach Dtn 30,19 (vgl. Sir 15,17). Dann nennt Ben Sira aber auch ganz konkret die gesellschaftliche Anerkennung, die einem Weisen zuteil wird, wenn er sich in der Öffentlichkeit engagiert. Letztere beschreibt Ben Sira mit drei Stichwörtern: ‚Wohlgefallen', ‚Herrlichkeit' und ‚Segen JHWHs'. Wie die textkritische Diskussion gezeigt hat, sind diese drei Begriffe nicht so zu verstehen, dass Gott sie dem Weisen bzw. dem Weisheitsschüler zukommen ließe. Vielmehr zeigt auch der Begriff ‚Segen JHWHs', dass es hier nicht primär um die Beziehung des Weisen bzw. des Weisheitsschülers zu seinem Gott und Gottes zu ihm geht, sondern um die Wirkung nach außen in der Öffentlichkeit. Wer von Gott gesegnet ist, hat Wohlgefallen und Herrlichkeit in der Gesellschaft. Insofern ist es auch inhaltlich naheliegend, diese Anerkennung von Gott gegeben zu verstehen, doch ist dies nur mittelbar zutreffend. Unmittelbar handelt es sich um die Anerkennung, die die Gesellschaft dem Weisen zuteil werden lässt.

Mit V 14 bringt Ben Sira dann noch ein neues Element ein, indem er vom Gottesdienst spricht. Angesichts der Nähe und Fürsorge, mit denen Ben Sira den Priesterstand in seinem Werk bedenkt (vgl. Sir 7,29-31), könnte hier nahe liegen, dass er auch an dieser Stelle die Priester im Blick hat. Die Partizipien würden dann eine Dauer anzeigen, die sich im täglichen Opfer- und in sonstigen Gottesdiensten konkretisieren würde. Doch passt diese plötzliche Zentrierung auf einen bestimmten Berufsstand, ohne ihn zu nennen, schlecht in den Duktus der Perikope. Vielmehr liegt es nahe, dass Ben Sira hier explizit noch einmal auf die religiöse, insbesondere die religiös-praktische Dimension der Weisheitssuche hinweisen möchte. Er bereitet so schon einmal mit Blick auf den Weisheitsschüler einen Gedanken vor, den er dann in seinem großen Selbstlob der Weisheit in Sir 24 noch einmal aufnehmen wird: Die Weisheit dient im Heiligtum vor Gott (siehe Sir 24,10). Der Weisheitsschüler handelt ebenso wie die Weisheit selber; er vollzieht in seinem Handeln ihr Handeln nach. Das Partizip משרת ist also ebenso wie die vorangehenden Partizipien in der Reihe von V 12-14 auf alle Menschen zu beziehen, die sich um Weisheit bemühen. Marböck weist dann auch zutreffend darauf hin, dass der Einschub VV 12-14 von den Verben lieben, suchen, ergreifen und dienen bestimmt ist: dies kennzeichnet die Haltung der Weisheitssuche.[145]

Mit V 15 setzt die in V 11 angekündigte Rede der Weisheit ein. Sie spricht ihre Schüler als künftige führende Persönlichkeiten an. So ist die Erwähnung des Richtens in V 15a wohl weniger als Eingrenzung und Fokussierung auf das Richteramt zu verstehen, sondern hat entweder eine umfassendere Bedeutung und bezeichnet hier das Leiten des Volkes – bzw. der Völker nach G und je nach Vokalisierung von H – allgemein, oder es steht als Pars pro toto für die leitenden Aufgaben und Funktionen in der Gesellschaft. In beiden Fällen geht es jedoch um die Wahrnehmung eines leitenden Amtes und damit um die Schüler als Führungspersönlichkeiten der Gesellschaft.[146]

Nach diesem konkreten, auf die Lebenswirklichkeit bezogenen Anfang wechselt Ben Sira in V 15b in die Bildebene. Wieder ist die Weisheit als Person gedacht; sie lebt in einem großen Haus mit mehreren Zimmern, in denen sie Gäste aufnehmen und beherbergen kann. Bedenkt man, dass Sir 4,11-19 bei der Buchlektüre vor Sir 14,20-15,10 steht, dann deutet Ben Sira hier bereits die Bildwelt von 14,20ff an: Wer der Weisheit vertraut, das heißt wer sich ihr anvertraut, wird bei ihr wohnen. Zugleich gibt die Weisheit hier mehr von sich preis, als Ben Sira es ihr in 14,20ff zugesteht: Immerhin darf der Schüler bei ihr, in ihrem Haus wohnen, eine Nähe und eine Gemeinschaft, die Ben Sira ihm in 14,20ff nicht zugesteht. So lässt Ben Sira seine Weisheit einladender sein, als er es selber für sie sein kann. Die personale Begegnung zwischen Schüler und Weisheit ist jedenfalls hier deutlich vorausgesetzt, wird doch nur so das Bild verständlich.

Von dieser ist dann in V 17[147] die Rede. Auch hier verschweigt Ben Sira nicht, dass der Weg mit der Weisheit zwar eine große Verheißung in sich trägt, jedoch auch mühselig ist. Die Weisheit verstellt sich, sie versucht ihren Schüler und fesselt ihn. An was Ben Sira konkret im Bildungsgeschehen gedacht hat, gibt er leider nicht zu erkennen. Vermutlich verarbeitet er hier die Mühsal und Beschwernisse, die das Lernen auch bedeutet, sowie die Verlockungen, mit denen sich der umgeben sieht, der sich auf seinen Lernstoff und sein Studium konzentrieren muss. So werden sich dem Weisheitsschüler sowohl die Versuchungen als auch die Fesseln durch den Zwang zum und im Unterricht wohl

---
145 Marböck, Weisheit im Wandel, 100.
146 Eine konkrete Identifizierung von Titeln mit Ämtern und Funktionen in der Gesellschaft zur Zeit Ben Siras ist nicht möglich. Siehe dazu Minissale, Ben Siras Selbstverständnis, 108, sowie seine weiteren Überlegungen a.a.O., 111f.
147 Zu V 16 siehe die textkritische Diskussion oben.

von selber erschließen. Aber auch die Lebensregeln der Weisheit, also der Unterrichtsstoff selber, können ihm als Fesseln erscheinen, die ihn mehr zu binden scheinen, als dass sie sich als hilfreich erweisen, bis sie sich ihm in ihrem Sinn und ihrem Wert erschließen und er auch seine positiven Erfahrungen mit ihnen macht. Doch diese „Leiden" haben ein Ende. Begegnet die Weisheit ihrem Schüler, dann wird sein Herz von ihr erfüllt werden (V 17bβ). Die Weisheit wird sich wenden; sie wird sich umkehren und sich ihm zuwenden (V 18). Dann wird sie ihn selig preisen, sie offenbart ihm ihre Geheimnisse.

Die Begegnung mit der Weisheit bedenkt Ben Sira in zwei Kategorien. Zum einen wird auch hier wieder deutlich, wie sehr er sie als personales Geschehen versteht. Nachdem sie sich ihrem Schüler fremd gestellt hat, wendet sie sich ihm nun zu – eine Geste, die fast liebevoll und fürsorglich anmutet. Zugleich zeigt er so, dass dies immer nur ein individuelles Geschehen ist. Jeder Schüler hat seine eigene Begegnung mit ihr. Dabei ist sie mehr als der Empfang bloßen Wissens. Vielmehr bedeutet die Erfüllung des Herzens, dass die Weisheit nun das gesamte Tun und Wollen ihres Schülers bestimmt. Das erst macht ihn dann zu einem wirklichen Weisen nach Ben Siras Verständnis.

Der zentrale Gedanke bei Ben Sira ist damit: Die Weisheit kommt ihrem Schüler entgegen, begegnet ihm, lässt sich auf ihn ein: Sapientia occurit. Im Sinne des lateinischen ocurrere, das in seiner Bedeutungsbreite all diese Aspekte umfasst, kann für Ben Sira von einem occurierenden Bildungsverständnis gesprochen werden. Im Zentrum steht nicht so sehr das Erlangen von Wissen, sondern vielmehr diese Begegnung und die daraus entstehende Lebensbeziehung des Weisen mit der Weisheit.

Dennoch geht es auch um das Erlangen von Wissen. Und so beschreibt Ben Sira zum anderen das Erlangen des Weisheitswissens unmittelbar im Anschluss in V 18b wie einen Offenbarungsakt. Er verwendet mit נגלה dieselbe Vokabel wie in den biblischen Schriften bei prophetischen Offenbarungen.[148] Der Weisheitsschüler erhält bei seiner Begegnung mit der Weisheit von ihr ihre Geheimnisse enthüllt. Ben Sira beschreibt sie ausdrücklich als *ihre* – beziehungsweise im Duktus der Rede als „meine" – Geheimnisse, als ihre verborgenen Dinge. Er setzt in seinem Denken also auch hier klar eine qualitative Zweistufigkeit voraus. Das

---

148 Am 3,7; 1Sam 3,7; in der Apokalyptik dann Dan 10,1; vgl. auch Jes 26,21. Zobel, נלה, 1029, hält eine „gewisse Nähe" zur vorexilischen Prophetie fest, möchte aber vor allem für die nachexilische Zeit und hier insbesondere für die Zeit ab dem 2. Jh. von einer Ausweitung der Verwendung im religiösen Sinne sprechen.

eine ist das Wissen, das jeder durch Fleiß und Mühe erwerben kann, das andere ist dagegen nicht allen zugänglich. Dieses muss dem Weisheitsschüler durch die Weisheit selber erst erschlossen werden. So ist Weisheit mehr als intellektuelles Wissen. In V 19 wird deutlich, wie sehr sie für Ben Sira nach der Begegnung mit ihr dann auch eine Lebenshaltung wird. Der Weise unterscheidet sich von anderen Intellektuellen und Gelehrten dadurch, dass er sich weiterhin an die Weisheit hält und mit ihr lebt – und sich umgekehrt wohl auch von ihr begleitet fühlt, wie es in V 17aα angedeutet ist, nur dass sie sich ihm jetzt nicht mehr fremd stellt. Denn die Weisheit kann ihre Schüler auch verstoßen und fallen lassen. Hier scheint das Problem durch, dass auch Intellektuelle auf Abwegen wandeln können und Wissen allein kein Garant für Rechtschaffenheit ist.[149] Der personalen Begegnung muss die persönliche Hingabe entsprechen. So zeigt Ben Sira, dass der Kontakt mit der Weisheit vom Menschen zwar intendiert und gepflegt werden muss, er aber zugleich für ihn unverfügbar ist.[150]

Exkurs: Die lehrende Weisheit in den kanonischen Schriften des Alten Testaments

Auch die Rede von der lehrenden Weisheit hat in den Schriften des Alten Testaments eine Tradition, die jedoch wesentlich schmaler ist als die oben dargestellte vom lehrenden Gott. Sie findet sich in der jüngeren Weisheit, wie sie in Spr 1-9 überliefert ist, sodass es sich bei der lehrenden Weisheit ideengeschichtlich offenbar um einen neuen Schritt handelt.

20 Die Weisheit[151] ruft draußen,

---

[149] Ben Sira benennt in V 19 zwar keine moralischen Kriterien, aber dieser Gedanke liegt im Duktus seines Buches (vgl. Sir 19,22-25).

[150] Daher handelt es sich bei dieser Begegnung mit der Weisheit auch nicht um einen Offenbarungsakt im eigentlichen Sinne, bei dem ein besonderes Wissen zugeeignet wird. Vielmehr spielt das Leben und die Lebensführung des Weisen in Bezug auf die Weisheit im weiteren Verlauf des Geschehens eine zentrale Rolle, sodass hier besser von einer Begegnung und darauf aufbauend von einer Beziehung zu reden ist als von einem einmaligen Offenbarungsgeschehen.

[151] Die Weisheit wird im masoretischen Text einhellig im Plural bezeugt. Dabei handelt sich wohl um einen Hoheitsplural (vgl. Fuhs, Sprichwörter, 28; ähnlich auch Meinhold, Sprüche, 58, der jedoch nicht deutlich Position bezieht; dagegen GK28 §86 l, die die Endung ות- als ältere Singular-Endung eines Abstraktums erklären, das sonst auf ות- endet, ohne dies jedoch zu begründen; zu weiteren Vorschlägen siehe Bühlmann, Reden, 217f).

auf der Straße erhebt sie ihre Stimme.
21 An der Spitze der Menge[152] ruft sie,
in den Öffnungen der Tore in der Stadt sagt sie ihre Rede:
22 Bis wann werdet ihr als Einfältige die Einfalt lieben?
Spötter begehren für sich den Spott,
und Törichte hassen die Erkenntnis.
23 Kehrt um zu meiner Zurechtweisung[153]!
Siehe, ich werde sprudeln lassen für euch meinen Geist.
Ich werde euch kund tun meine Worte.
(Spr 1,20-23)

Die VV 20-23 sind der Eingang zu einer Weisheitsrede, die bis Spr 1,33 reicht.[154] In VV 20f wird sie von dem in Spr 1-9 lehrenden Weisen eingeführt, ab V 22 spricht dann die Weisheit selbst, eine literarische Besonderheit, die im alttestamentlichen Kanon sonst nur in Spr 8 und kurz in Spr 9,5f vorkommt.[155] Als höchste Autorität kündet die Weisheit hier von sich selbst.

Die einleitenden Verse heben den öffentlichen Charakter hervor, den die Weisheitslehre hat. Sie ist nicht auf „kleinere Zirkel beschränkt"[156], sondern gilt allen Menschen und ruft in der Stadt, dort, „wo das Leben pulsiert"[157]: Die Stimme der Weisheit kann dort ver-

---

152 המיות ist wohl von הָמוֹן herzuleiten und nicht mit LXX (τειχέων) in חמות zu ändern.
153 Zurechtweisung (תוֹכַחַת) ist auch hier im Sinne von „richtig stellen" zu verstehen (s.o.).
154 Die Perikope Spr 1,20-33 ist nach vorne und nach hinten abgegrenzt durch den Wechsel der Sprecherin bzw. des Sprechers. Bis Spr 1,19 handelt es sich um die Rede eines Lehrers an seinen Schüler, ebenso wieder ab Spr 2,1. Der Neueinsatz in Spr 2,1 ist durch das בְּנִי klar ersichtlich. Bis Spr 1,19 reicht die in V 8 ebenfalls mit בְּנִי begonnene Rede des Weisheitslehrers; dies ist daran ersichtlich, dass er als Mensch wiederum auf die Unterweisung durch Menschen zurückgreift, nämlich auf die häusliche, familiäre Unterweisung durch die Eltern (V 8).
Zur Gliederung der Gesamtperikope siehe die umfangreiche Studie von Baumann, Weisheitsgestalt, 174-177, die die Gliederung diskutiert und ein eigenes Modell vorstellt.
155 Die diachrone Fragestellung der Entstehung dieser Texte kann an dieser Stelle außen vor bleiben, da hier der biblische Text so betrachtet werden muss, wie er Ben Sira als Grundlage wahrscheinlich bekannt gewesen ist. Siehe zur diachronen Fragestellung Müller, Weisheit, 195-201 und dann a.a.O., 202-213, wo er die Traditionen, auf die Spr 1,20-33 seines Erachtens zurückgeht, herausarbeitet.
156 Plöger, Sprüche, 18.
157 Fuhs, Sprichwörter, 28. Siehe auch Baumann, Weisheitsgestalt, 178, und Meinhold, Sprüche, 58, die beide ausführlich die örtlichen Gegebenheiten erörtern, die eine solche Rede der Weisheit in der Lebenswirklichkeit voraussetzt.

5.4 Die Weisheit im Bildungsgeschehen

nommen werden, wo sich das öffentliche Leben abspielt.[158] Sie richtet sich insbesondere an „Einfältige", das heißt an diejenigen, die „einer unterweisenden Weiterbildung bedürfen"[159], dieses aber wohl für sich noch nicht erkannt haben.[160] Auffällig ist, dass die Spötter und Törichten nicht mehr eingeladen werden;[161] offenbar gibt es nach der Vorstellung in Spr 1-9 auch ein Ende der Einladung beziehungsweise ein Verhalten oder eine Lebensführung, wodurch man sich vom weiteren Weisheitserwerb von selbst ausschließt.

Für die vorliegende Fragestellung ist an diesen Versen wichtig, dass die Weisheit hier als eine selbstständige Persönlichkeit auftritt und ihre Lehre anbietet. Darin hat sie, wie Müller herausgearbeitet hat, eine gewisse Strukturanalogie zum Vorgang der prophetischen Verkündigung.[162] Während jedoch in der Prophetie Gott dem Propheten einen Auftrag gibt und dieser dem Adressaten begegnet, indem er ihm von seinem Anspruch her die Inhalte der Tora neu einschärft, begegnet hier die Weisheit als ihre eigene Personifikation selber dem Adressaten. Auch ihre Botschaft ist wiederum sie selbst. „Die Weisheit selbst und ihre ‚Mahnung' sind Gegenstand ihrer Verkündigung"[163], sie nimmt die Stelle Gottes ein, was im Kommunikationsgeschehen der Lehre ihre Autorität in besonderem Maße betont.[164] So entsteht eine Mehrdimensionalität der Weisheit,[165] die die Funktion hat, „hinter der Unterwei-

---

158 So zu Recht Baumann, Weisheitsgestalt, 178, die damit verbindet, dass die Weisheit hier wie eine Prophetin auftritt, und dazu nicht nur das in V 20f beschriebene Setting, sondern auch zahlreiche Einzelaspekte anführt, die sie im Folgenden ihrer Studie aufzeigt. Die Rede der Weisheit entspricht demnach der öffentlichen, vor allem mahnenden Rede der Propheten (vgl. beispielsweise a.a.O., 179). Müller, Weisheit, 203-205, stellt das Setting und die Nähe zur Prophetie insgesamt nicht in Frage, wohl aber die Zuordnung einiger von Baumann herausgearbeiteter Einzelaspekte zur Prophetie (insbesondere die Frage עד מתי).
159 Plöger, Sprüche, 18.
160 Müller, Weisheit, 198, spricht in diesem Zusammenhang in VV 22a.23 von der „Ausgangssituation", die der nachfolgenden Rede in VV 24-31 zugrunde liege.
161 Das Verb in V 22aβ.b ist 3.Person Plural und nicht mehr wie in V 22aα in der 2.Person Plural. Spötter und Törichte werden also nicht mehr angesprochen. Gegen Fuhs, Sprichwörter, 28f, der die Anrede auf die beiden Letztgenannten ausdehnen möchte, obwohl er denselben sprachlichen Befund nennt.
162 Müller, Weisheit, 211. Siehe auch Hermisson, Prophetie und Weisheit, 119-121.
163 Baumann, Weisheitsgestalt, 198.
164 Vgl. die ausführliche Untersuchung von Baumann, Weisheitsgestalt, 182-197, und ihre Zusammenfassung a.a.O., 198f. Auf einen möglichen lebensweltlichen Hintergrund der personifizierten Weisheit auf den Straßen und Plätzen der Stadt hat Schroer, Weisheit, 30-33, hingewiesen.
165 Müller, Weisheit, 211f, versteht sie einmal als Personifikation einer Schutzgöttin und nimmt damit präzisierend Baumann, Weisheitsgestalt, 198, auf, die auf die Schutz-

sung des Lehrers eine Größe aufscheinen zu lassen, die das Leben des Schülers zum Guten wenden kann"[166]. Diese Größe ist die Weisheit selber, die Gott an Macht in nichts nachsteht. Insofern ist auch Schwienhorst-Schönberger Recht zu geben, wenn er von der Weisheit als einer Wirklichkeit spricht, die von sich aus Kontakt mit dem Schüler aufnimmt.[167] So kann die Botschaft dieses Abschnitts sein: Die Weisheit ist *auch* autoritative Lehre, ebenso wie Tora und Prophetenwort, und nicht einfach nur Menschenwort. Zugleich erhält die weisheitliche Unterweisung ein „charismatisches Element"[168], das ihr bislang fremd war.[169]

1 Ruft nicht die Weisheit
und das Verständnis gibt seine Stimme zum Besten?
2 Oben auf der Höhe am Weg,
an der Kreuzung der Pfade steht sie.
3 Neben den Toren bei der Stadt,
am Eingang der Türen erhebt sie ihre Stimme:
4 Zu euch, Männer, rufe ich

---

funktion Gottes in den Klagepsalmen hinweist, dann aber auch als eine Autorität, die den Menschen fordert.
166 Müller, Weisheit, 212.
167 Schwienhorst-Schönberger, Ruf der Weisheit, 73. Er versteht das weisheitliche Lernen als eine kommunikative und dynamisch-personale Struktur, in der es zentral um die Begegnung zwischen Weisheit und Schüler geht. Der Schüler muss den Ruf der Weisheit hören und ihm folgen; das hat lebensverändernde Folgen (a.a.O., 73f).
168 Plöger, Sprüche, 18.
169 Ein mögliches Zeichen dafür ist die Verheißung der Ausgießung des Geistes in Spr 1,23, wofür sich in der prophetischen Tradition Analogien in Jes 44,3; Ez 39,29 und Joel 3,1f finden. Baumann, Gottes Geist, 146, hält zu Spr 1,23 dann auch fest: „Hier hat die Weisheit die Stelle Gottes eingenommen; denn nur Gott besitzt im Ersten Testament die Fähigkeit zur Geistausgießung." Der Geist ist auf die Weisheit übergegangen (ebd.). Müller, Weisheit, 205, wendet sich allerdings gegen eine zu große Anlehnung an die Prophetie. Er sieht darin eher allgemeine Gemeinsamkeiten. Aus der Parallelität von רוח und דבר schließt er, dass „die רוח hier etwas sein [wird], das man durch Sprache vermitteln kann" (ebd.) und verneint damit einen prophetischen Hintergrund (a.a.O., 208). Beide Ansätze beschäftigen sich jedoch mit unterschiedlichen Fragestellungen. Während Baumann, Gottes Geist, auf die theologisch-metaphysische Ebene geht, stellt sich Müller, Weisheit, der Frage nach dem metaphysischen Hintergrund der Lehr-Realität. Beide Seiten können so aus unterschiedlicher Perspektive zwei Seiten derselben Sache sein. Auch Neher, Weisheit, 26, bestärkt, dass es hier um die Weisheit geht und nicht um übernommene Prophetie oder Bußpredigt. Er fasst die Bedeutung von Spr 1,23 zusammen: „Wer daher auf die Worte der Weisheit hört und sich mahnen lässt, besitzt den Geist der Weisheit." (a.a.O., 30). Diese Diskussion zeigt aber, wie sehr die Weisheit in der späteren Zeit eine mehrdimensionale Größe geworden ist.

und meine Stimme [ruft] zu den Söhnen der Menschen.
5 Versteht, ihr Einfältigen, Klugheit,
ihr Toren, versteht das Herz[170].
[...]
32 Und nun, Söhne, hört mich,
selig sind, die meine Wege bewahren.
33 Hört Erziehung und werdet weise,
lasst euch nicht verwildern!
34 Selig der Mensch, der mich hört,
um zu wachen an meinen Türen täglich,
um zu hören an den Pfosten meiner Eingänge.
35 Denn der mich findet, findet das Leben,
und er wird bekommen das Wohlwollen von JHWH.
(Spr 8,1-5.32-35)

Die zitierten VV 1-5 und VV 32-35 bilden die Anfangs- und Endsequenz der zweiten großen Weisheitsrede in Spr 1-9. Wieder leitet der Weisheitslehrer die Rede ein (VV 1-3), und ab V 4 spricht dann bis zum Ende des Kapitels die Weisheit selber. Dabei gliedert sich Spr 8 in fünf große Abschnitte: VV 1-3, VV 4-11, VV 12-21, VV 22-31 und VV 32-36.[171]

Auch in dieser Rede sucht die Weisheit die Öffentlichkeit.[172] Sie steht bei Straßen auf den weithin sichtbaren Höhen[173]; sie steht an Wegkreuzungen, also an Orten, die unmittelbar einleuchtend für das Moment der Entscheidung und die Suche nach Orientierung stehen, und an den Toren der Stadt, wo Menschen sich bei ihren täglichen Geschäften begegnen. So möchte auch die Weisheit den Menschen in ihrem

---

170 Gemeint ist das Herz als Sitz des Verstandes.
171 Baumann, Weisheitsgestalt, 66, ist darin recht zu geben, dass bei der Gliederung VV 1-3 als eigenständiger Teil berücksichtigt werden muss und nicht einfach in VV 1-11 subsummiert werden kann.
172 Neher, Weisheit, 35, weist zu Recht darauf hin, dass der Parallelismus zwischen Weisheit und Verständnis in V 1 zeigt, dass die Weisheit hier nicht als metaphysische Größe, sondern als literarische Personifikation zu verstehen ist: „Die Personifikation ist ein rhetorisches Mittel, das funktional verstanden werden soll."
173 Die Wendung בראשׁ־מרומים ist singulär im Alten Testament. Die Schwierigkeit der Deutung, die viele Auslegerinnen und Ausleger sehen, entsteht erst dann, wenn man sie mit den Stadttoren aus V 3 in Verbindung zu bringen versucht (vgl. Baumann, Weisheitsgestalt, 69f). Man sollte V 2 und V 3 also getrennt lesen und in dem Anschein von „Ubiquität", der sich damit für die Weisheit ergibt, eher eine Aussage entdecken, nämlich dass die Weisheit den Menschen mit ihrer Lehre an allen Orten aufsucht.

Alltag begegnen.[174] Deutlich wird die patriarchale Sozialisation: als Frauengestalt wendet sie sich ausschließlich an Männer.[175] Wie schon in Spr 1,22ff richtet sie sich an die Einfältigen. Dass in V 4 zunächst alle Männer im Blick sind und dann in V 5 erst die Einfältigen, ist keine Einschränkung des Adressatenkreises,[176] sondern eine Präzisierung: Sowohl in Spr 1 als auch hier in Spr 8 richtet sich die Weisheit an alle Menschen beziehungsweise Männer, und zwar als Einfältige. Das muss nicht als Abqualifizierung verstanden werden,[177] sondern kann auch Ausdruck eines grundsätzlichen Verhältnisses von Weisheit und Schüler sein: gegenüber der lehrenden Weisheit kann der Schüler nur als Einfältiger erscheinen. Aber auch wenn es mit deutlich negativer Konnotation verstanden wird, dann sind die Einfältigen offenbar aus der Sicht der Weisheit noch die, in die es sich lohnt zu investieren; denn andere negativ Bezeichnete werden sowohl hier als auch in Spr 1 gar nicht mehr angesprochen.[178]

Am Ende der Weisheitsrede folgt dann noch einmal eine abschließende Ermahnung.[179] Wie später dann auch Ben Sira benutzt der Weisheitslehrer hier das Bild vom Wachen und Lagern sowie vom Hören an den Türen der Weisheit. So wird bereits in Spr 8 der Weisheitsschüler zu ihrem Nachbarn. V 33a verdeutlicht explizit die Notwendigkeit von Erziehung, um weise zu werden.[180]

Im Unterschied zu Spr 1 wird das Streben nach Weisheit beziehungsweise das Erlangen der Weisheit zu Gott in Beziehung gesetzt.[181] Das wird sicherlich provoziert sein durch die eher grundsätzliche Zu-

---

174 Baumann, Weisheitsgestalt, 71, weist zu Recht darauf hin, dass Spr 8 die Weisheit stärker außerhalb, Spr 1 dagegen innerhalb der Stadt lokalisiert.
175 Schroer, Weisheit, 37, hält unter Hinweis auf Camp, Wisdom, zu Recht fest: „Die personifizierte Weisheit ist undenkbar ohne die ‚weisen Frauen' in der Literatur und Geschichte Israels." Doch dies ändert bei der gelehrten Weisheit nichts am Adressatenkreis und der rein männlichen Ausrichtung.
176 Dieses Verständnis einer Einschränkung des Adressatenkreises von V 4 zu V 5 legt Plöger, Sprüche, 88, nahe.
177 So zu Recht Plöger, Sprüche, 88.
178 Vgl. die Auflistung bei Baumann, Weisheitsgestalt, 75.
179 Der Neueinsatz ist deutlich durch das וְעַתָּה sowie durch die erneute Anrede בָּנִים gekennzeichnet.
180 Im Unterschied zu Ben Sira wird in Spr 8 nicht von einer Begegnung mit der Weisheit gesprochen, die zur Weisheit bzw. zum Weisesein führt. So bleibt die Aussage in Spr 8,33 gegenüber Ben Siras Ausführungen noch relativ blass bzw. zeigt noch eine starke Verwurzelung in den Denkmustern der klassischen Weisheit.
181 Lang, Klugheit, 185f, erkennt in der Rede von der Weisheit in Spr 8 einen Reflex auf eine Weisheitsgöttin aus alter Zeit, die hier von einer Göttin zu einer dichterischen Personifizierung wurde.

5.4 Die Weisheit im Bildungsgeschehen

ordnung von Gott und Weisheit in den vorangegangenen Versen, sodass die Kürze und Knappheit, in der dies hier geschieht, schon fast wieder auffällig ist. V 35 zeichnet durch die Narrativ-Form וַיָּפֶק das Bild eines fast zwangsläufigen Ablaufs: Wer die Weisheit findet, wird das Leben finden und dann auch das Wohlwollen Gottes erhalten. So wird deutlich, dass die Weisheit und Gott zueinander in Beziehung stehen, wobei die Weisheit auch hier eine eigenständige Persönlichkeit ist, die sogar in gewissem Maße über das Handeln Gottes verfügt.[182]

> 1 Die Weisheit hat ihr Haus gebaut,
> sie hat ihre sieben Säulen aufgestellt[183].
> 2 Sie hat geschlachtet ihr Schlachtvieh, gemischt ihren Wein,
> auch gedeckt ihren Tisch,
> 3 sie hat gesandt ihre Mägde; sie rief
> oben auf den Höhen der Stadt:
> 4 Wer einfältig ist, wende sich hierher!
> Dem Herzlosen[184] hat sie gesagt:
> 5 Kommt, esst von meinem Brot
> und trinkt von dem Wein, den ich mische.
> 6 Verlasst die Einfältigen und lebt!
> Geht einher auf dem Weg des Verstehens!
> *(Spr 9,1-6)*

In dieser Perikope gibt der Weisheitslehrer keine kurze Einführung zur Rede der Weisheit, wie er es in Spr 1 und 8 getan hat, sondern kleidet sie in eine Erzählung über die personifizierte Weisheit. Der Abschnitt ist klar abgegrenzt; nach vorne bietet V 1 den Neueinsatz gegenüber der Rede der Weisheit in Kap. 8, nach hinten schließen in V 7 Sentenzen an, die in keinem unmittelbaren Zusammenhang zu den vorangehenden Versen stehen.

In V 1 baut die Weisheit ihr Haus.[185] Dass es ein prachtvolles Haus ist, geben die erwähnten sieben Säulen zu erkennen.[186] Diese Pracht

---

[182] Gerhard von Rad bezeichnet sie dann auch als „eine Größe, in der Gott selbst gesucht und geliebt sein will" (ders., Glaube, 262).
[183] Die Übersetzung folgt LXX, der Peschitta und den Targumen, die הִצִּבָה lesen. Der masoretische Text bietet mit חָצְבָה (,hat ausgehauen') zwar inhaltlich die Lectio difficilior, ergibt aber auch nur schwerlich einen Sinn. So ist angesichts dessen, dass es sich nur um eine Vokalisierungsfrage handelt, gegen ihn zu entscheiden.
[184] Gemeint ist der Verstandlose, da das Herz der Sitz des Verstandes ist.
[185] Spr 9,1 schließt damit einerseits gut an das Bild von Spr 8,34 an, andererseits bleibt dort die Distanz zwischen Schüler und Weisheit bestehen, während sie hier in einen

dient einem festlichen Anlass, ebenso die weiteren Vorbereitungen: das Schlachten, Weinmischen und Tischdecken verweist ebenfalls auf ein bevorstehendes freudiges Ereignis, zu dem – bedeutende – Gäste erwartet werden. Diese werden dann durch die Mägde der Weisheit eingeladen.[187] Doch die angesprochenen Gäste sind keine hoch gestellten Persönlichkeiten, sondern wiederum die Einfältigen und Unverständigen, denen bereits die letzten Aufforderungen der Weisheit galten. Auch ergeht die Einladung nicht an einzelnen Haustüren und damit an einzelne Menschen, sondern wiederum an einem öffentlichen Platz, diesmal wieder innerhalb der Stadt.

Was die Weisheit zu bieten hat, ist tatsächlich ein Festmahl: Brot – hier wohl als Understatement für ein fulminantes Mahl (vgl. das bereits erwähnte Geschlachtete in V 2 und den „Bissen Brot" in Gen 18,5, der sich dann als Festmahl entpuppte) – und Wein, verbunden mit der Freude des Festes als ein Schmaus für alle Sinne.[188] All dies von der Weisheit selbst zubereitet, zeigt es ihre Zuwendung und Hochachtung, die sie ihren Gästen entgegenbringt. Dabei ist die Einladung klar formuliert: Wer sich auf dieses Mahl einlässt, kann nicht mehr weiter in seiner Einfalt leben; er muss sein Leben ändern, ja überhaupt erst einmal zu dem kommen, was im Sinne der Weisheit Leben genannt werden kann, nämlich ein gelingendes Leben. Bemerkenswerterweise gilt in der Tat: „Eine Ablehnung wird gar nicht erst in Betracht gezogen"[189]. Dies liegt aber zweifellos an dem werbenden Charakter des Textes.

---

persönlichen Kontakt beim Fest selber treten. So handelt es sich bei dieser Stichwortverbindung wohl um nicht mehr als eine lockere Assoziation.

186 Zur Problematik der Deutung der sieben Säulen siehe Plöger, Sprüche, 102f, der Analogien aus dem Alten Testament und dem Alten Orient anführt, und Meinhold, Sprüche, 152, der auch Teile der jüdischen Rezeption aufzählt, sowie Baumann, Weisheitsgestalt, 202-207, die sie wie Hitzig, Sprüche, aufgrund der sieben Überschriften in Spr auf das Buch Spr hin deutet (vgl. Neher, Weisheit, 57); so auch Müller, Weisheit, 262. Wie auch immer man sich dieses Haus der Weisheit vorstellen muss, in die Nähe eines Tempels ist es nicht zu rücken. Das hat Plöger, Sprüche, 103, anhand des Unterschieds zwischen מבח und זבח überzeugend aufgezeigt.

187 Das תקרא in V 3 bezeichnet das Rufen der Weisheit durch ihre Mägde. Die Mägde agieren als ihre Stellvertreterinnen, sodass auch vom Rufen der Weisheit gesprochen werden kann und dem Umstand, dass es hier im Unterschied zu Spr 1; 8 nicht direkt die Weisheit ist, keine allzu große Beachtung zugemessen werden darf.

188 Vgl. Dommershausen, לחם, 541, der Brot und Wein als Hinweis auf ein „reichliches Freudenmahl" versteht. Vergleiche mit der altorientalischen Umwelt bietet Baumann, Weisheitsgestalt, 214-218.

189 Baumann, Weisheitsgestalt, 211.

5.4.3 Gottes und der Weisheit Wirken im Bildungsgeschehen

Ben Sira nimmt beide Traditionslinien – Lehre durch Gott und Lehre durch die Weisheit – auf und verarbeitet sie in seinem Werk. Dabei lässt er diese beiden Linien des Weisheitserwerbs nicht unverbunden nebeneinander stehen, sondern beschreibt durch sie je unterschiedliche Akzente.

Wenn Ben Sira im Kontext des Bildungsgeschehens von Gott und seinem Wirken spricht, dann tut er dies vor allem im Zusammenhang des Phänomens, dass es Menschen gibt, die sich der Weisheit zuwenden, während andere dies nicht tun, und dass es Menschen gibt, die mit Weisheit begabt sind, und andere, die diesen Vorzug nicht haben. In den verschiedenen Texten kreist Ben Sira um diese Thematik. Nach der grundlegenden Aussage in Sir 1 teilt Gott die Weisheit zu. Dabei teilt er sie in unterschiedlichem Maße innerhalb seiner Schöpfung aus: an die Schöpfung insgesamt, dann aber besonders an den Menschen und noch einmal innerhalb der Menschheit in besonderem Maße an die, die ihn fürchten, also ein Gott gefälliges Leben führen. So führt Ben Sira die unterschiedliche Ausstattung mit der Weisheit einerseits auf das Verhalten des Menschen, andererseits auf Gott zurück und zeigt so die beiden Brennpunkte des Bildungsgeschehens.

In Sir 18 beschreibt Ben Sira dann Gott als den, der richtig stellt, erzieht und lehrt, also den klassischen Aufgaben eines Lehrers nachkommt. Auch hier setzt er eine Stufigkeit voraus, indem er unterscheidet zwischen denen, die sich um Bildung bemühen und dadurch Gottes Erbarmen in einem besonderen Maße erhalten, und denen, die sich nicht um Bildung bemühen. Der Mensch behält die freie Entscheidung; einen unfreien Willen kennt Ben Sira nicht. Bemerkenswert ist, dass Gottes lehrende Tätigkeit in den Bereich fällt, in dem Ben Sira noch nicht von einem Annehmen der Bildung spricht, ja dass die Lehre Gottes offenbar nicht einmal zwangsläufig dazu führt, dass ein von ihm angesprochener Schüler Bildung annimmt. Auch so hält Ben Sira betont die Entscheidung des Menschen fest. Leider gibt Ben Sira nichts über den lebensweltlichen Bezug seiner Vorstellung von einem lehrenden Gott zu erkennen. Aber es ist wahrscheinlich, dass er hier das gesamte religiöse Bildungssystem seiner Zeit vor Augen hat, wie es sich ihm mit der Unterweisung in der Schule durch die (Weisheits-) Lehrer, aber auch am Tempel in aller Öffentlichkeit durch die von ihm hoch geschätzten Priester, insbesondere bei Festen innerhalb der Familie oder auch beim Studium der Tora, der prophetischen und der weisheitlichen Traditionen dargeboten hat. Indem Mütter und Väter, Lehrer und Priester die Kinder oder auch Erwachsene durch ihre Lehre an der Überlieferung Israels teilhaben lassen und so die Identifikation des Einzelnen mit seinem Gott, seinem Volk und seiner Überlieferung stärken (bzw. erst schaffen) und damit auch die Identität Israels insgesamt festigen, wirkt durch sie der lehrende Gott. Wie noch heute hatte der Lehrer auch zu Ben Siras Zeiten keine Erfolgsgarantie; die Entscheidung, Bildung anzunehmen, liegt beim Schüler.[190]

In Sir 39 scheint Ben Sira dann ein anderes Bild zu zeichnen. Doch hier hat er einen anderen Fokus. Geht es in Sir 1 und Sir 18 allgemein um die Menschheit, hat er in Sir 39 speziell den Weisheitsschüler im Blick. Dabei nimmt er auch hier eine Abstufung vor und unterscheidet nun innerhalb der nach Weisheit Strebenden. Nun ist es nicht mehr die menschliche Anstrengung und damit der freie menschliche Wille zur Bildung allein – dieses wird in Sir 39,1-5 vorausgesetzt –, in V 6 ist es vielmehr der freie Wille Gottes: Wenn Gott es will, erfüllt er den nach Weisheit Strebenden mit dem Geist des Verstehens. Ben Sira spricht hier auffälligerweise nicht von der Weisheit. Stattdessen spricht er aber dem so „Begeisterten" zu, dass er eigene Weisheit, nämlich „Reden *seiner* Weisheit" (V 6b), lehren kann. So liegt zwischen V 6a und V 6b zunächst ein Bruch, den Ben Sira an anderen Stellen durch seine Weisheitsperikopen schließt. Offenbar schafft Gott mit dem Geist des Verstehens in V 6a die Voraussetzung für die Begegnung des Weisheitsschülers mit der Weisheit. Dann – nach seiner Begegnung mit der Weisheit – wird dieser eigene Weisheit ausströmen lassen können (V 6b).

Wie es dazu kommt, beschreibt Ben Sira wiederum in Anlehnung an die jüngere Weisheitstheologie, wie sie in Spr 1-9 überliefert ist. Wie dort benutzt Ben Sira zunächst das Bild der Begegnung und fügt dem das Bild der Begleitung hinzu, wenn er dann vom Lehren der Weisheit selber spricht. Dies exemplifiziert er in den oben besprochenen Abschnitten aus Sir 4 und Sir 14-15. Im letzteren Text verdeutlicht er durch die Verben der Bewegung und des Zusammenkommens (begegnen, empfangen; der Böse wird die Weisheit nicht erreichen), dass ein gelingender Bildungsprozess zur Weisheit hin Begegnungscharakter hat. Bildung ist immer ein prozessuales Geschehen, doch unterscheidet sich der gelingende Bildungsprozess, in dessen Verlauf der Schüler wirklich zu einem Weisen wird, von dem Bildungsprozess, bei dem der Schüler zwar ein Gelehrter, aber kein Weiser wird, dadurch, dass es bei erste-

---

190 Die Lernunwilligkeit von Schülern und damit auch die Erfolglosigkeit der Lehrer haben nach ihm auch die Rabbinen intensiv behandelt (vgl. mAv 2,4; 5,12).

rem einen Punkt gibt, an dem der Schüler der Weisheit begegnet beziehungsweise umgekehrt die Weisheit von sich aus dem Schüler begegnet – occurrit –, denn bei ihr liegt die Initiative. Das widerspricht nicht dem prozessualen Charakter des Bildungsgeschehens und stellt auch nicht seinen End- oder Zielpunkt dar. Dagegen sprechen einmal die Bilder der einladenden Weisheit in Sir 15[191], die eine weitere Beziehung und nicht nur ein punktuelles Geschehen beschreiben, aber auch die zahlreichen weiteren Aussagen Ben Siras, nach denen der Weise nicht nur lehrt, sondern auch selber weiterhin studiert. Dennoch markiert dieser Punkt der Begegnung einen tiefen Einschnitt im Leben und im Bildungswerdegang des Weisheitsschülers.

In Sir 4 beschreibt Ben Sira es dann mit dem Motiv des Mitgehens: Nach Sir 4,17 geht die Weisheit mit ihrem Schüler mit, prüft ihn dabei und erzieht ihn. Das macht die Lehre der Weisheit aus, und hier ist auch wieder das prozessuale Moment zu finden. Damit ist dann auch deutlich, dass die Begegnung mit der Weisheit einerseits eine punktuelle Begegnung ist, auf der sich dann aber eine lebenslange Beziehung aufbaut, die von Seiten des Weisen auch gepflegt werden muss, sodass sich der Weise von dem Gelehrten darin unterscheidet, dass er steten Umgang mit der Weisheit hat und von daher auch wiederum eigene Weisheit weitergeben kann. Im Rahmen dieses Geschehens spricht Ben Sira dann sogar von Offenbarung (Sir 4,18). Die Weisheit des Weisen ist ein Geschenk und nicht von sich aus jedem zugänglich.

In ihrem Verhältnis zueinander zeichnet Ben Sira Gott und die Weisheit also sehr unterschiedlich. Beide haben am Bildungsgeschehen Anteil. Doch Gott bleibt gegenüber dem Menschen distanziert. Er ist nicht nur in dem von Ben Sira beschriebenem Setting der erhabene Eine auf dem Thron, der höchste Gott (אל עליון, z.B. Sir 6,37; 44,2.20; 46,5; 47,5), er begegnet dem Menschen im Bildungsgeschehen auch nicht unmittelbar. Gott teilt die Weisheit in einem hoheitlichen Akt zu. Er erzieht und lehrt auch, aber offenbar eher in einem allgemeinen, dem Menschen Richtung gebenden Sinn, wie beispielsweise durch die Tora. Am nächsten mag er dem Menschen kommen, wenn dieser mit dem Geist des Verstehens erfüllt wird. Doch nimmt sich Ben Sira sofort wieder zurück, indem er diesen Vorgang im Passivum divinum beschreibt und auf diese Weise wieder Distanz zwischen dem Menschen und Gott schafft. So tritt Gott als Gegenüber im Bildungsgeschehen stark in den Hintergrund.

---

191 Die Weisheit lässt ihren Schüler essen und trinken (15,3).

Die Weisheit zeichnet Ben Sira dagegen ganz anders. Sie kommt auf den Menschen zu, sie empfängt ihn und gibt ihm bildlich gesprochen Nahrung, das heißt sie stärkt ihre Schüler und gibt ihnen ein Zuhause. Hier geschieht eine echte Begegnung. Es entsteht eine Beziehung, die beide Seiten – Schüler und Weisheit – pflegen müssen. Die Weisheit geht mit ihrem Schüler mit. Dass sie ihn prüft, ist nichts anderes als das, was Ben Sira selber für Freundschaften empfiehlt (vgl. Sir 6,7ff). Dabei hat die Weisheit die Initiative und behält sie auch.

Auffällig ist, dass die Weisheit gegenüber Gott eine gewisse Freiheit besitzt. Zwar geht sie nach Sir 1 von Gott aus und handelt nach Sir 24 auch nach seinem Willen, doch im Bildungsgeschehen besitzt sie die Freiheit und hat offenbar auch die Aufgabe, ihre Schüler zu erwählen, zu fördern und zu Weisen zu machen und sie so über den Stand von bloßen Gelehrten hinaus zu erheben.

5.4.4 Zusammenfassung

Ben Sira geht bei seinen Überlegungen zur Bildung stets von einer Abstufung aus: zwischen Schöpfung und Menschheit, dann innerhalb der Menschheit zwischen denen, die Gott fürchten, also ihm wohlgefällig leben, und denen, die dies verweigern, schließlich aber auch innerhalb derer, die nach Weisheit und Bildung streben: nämlich zwischen denen, denen sich Gott offenbart und die die Weisheit nach ihrer Prüfung für würdig hält, von ihr erwählt und dann gelehrt zu werden bis hin zur Offenbarung ihrer sonst unerreichbaren Geheimnisse, und denen, bei denen dieses Geschehen ausbleibt.

Einzig diejenigen, denen sich die Weisheit zuwendet, gelten in Ben Siras Sinn als weise. So greifen beim Weisen mehrere Dinge ineinander: das eigene Bildungsbemühen, die Gottesfurcht, aber auch Gottes freier Wille – und damit ein Moment der Gnade – und schließlich die Prüfung durch die Weisheit und auch ihr Wille zur Begegnung – ebenfalls ein Moment von Gnade. Erst dadurch wird ein Mensch zu einem wahren Weisen im Sinne Ben Siras. Die anderen bleiben Gelehrte mit viel Wissen und Sachverstand, aber ohne die Begegnung und den Umgang mit der Weisheit, die ihnen tiefere Einsicht, aber vor allem die eigene weisheitliche Lehre ermöglichen.

Ben Siras Bildungsverständnis ist als ein occurrierendes Bildungsverständnis zu verstehen, spielt doch die personale Begegnung und Beziehung zur Weisheit für ihn die zentrale Rolle in dem Geschehen, in dem

Weise zu Weisen werden. So wird Bildung zugleich zu einem Beziehungsbegriff und über das reine Wissen hinausgehoben.

5.5 „Ich will Bildung wie Morgenröte ausstrahlen lassen" (Sir 24,32) – Das Selbstverständnis Ben Siras als Lehrer

Ben Sira gibt in seinem Werk einige Einblicke in die Aufgaben eines Lehrers, die zum Teil bereits in Kapitel 5.3 dieser Untersuchung angesprochen wurden. So hält der Lehrer – und damit ist gemeint der Weise, der seine Schüler unterrichtet – Lehrgespräche, an denen die Schüler zuhörend partizipieren dürfen:

> Lasse nicht unbeachtet das Gespräch von Weisen,
> auf ihre Rätsel stürze dich,
> denn von ihnen wirst du Lehre lernen,
> um vor Fürsten zu stehen.
> (Sir 8,8)[1]

Der Weise lehrt die Weisheit. Ben Sira kann sogar sagen, dass die Weisheit selbst spricht, wenn er spricht:

> Im Mund des Weisen singt sie ein Loblied,
> und wer Sprüche vorträgt, lehrt sie.
> (Sir 15,10)[2]

> συνετοὶ ἐν λόγοις καὶ αὐτοὶ ἐσοφίσαντο
> καὶ ἀνώμβρησαν παροιμίας ἀκριβεῖς

> Verständige der Lehren[3] sind weise;
> sie lassen exakte Sprüche ausströmen.
> (Sir 18,29)

> Die Erkenntnis des Weisen wird wie eine Flut zunehmen,

---

1 Textdokumentation und textkritische Diskussion siehe in Kapitel 5.3.1.2.
2 Zur Textdokumentation und Textkritik siehe Kapitel 5.4.2.
3 So mit S (ܘܡܠܐ).

und sein Rat ist wie eine Quelle des Lebens.
(Sir 21,13)[4]

λόγον σοφὸν ἐὰν ἀκούσῃ ἐπιστήμων
αἰνέσει αὐτὸν καὶ ἐπ' αὐτὸν προσθήσει

Wenn ein Wissender ein Wort eines Weisen[5] hört,
lobt er es und setzt zu ihm noch eines hinzu.
(Sir 21,15a)

Ben Sira gibt klar zu erkennen, dass er neben dieser klassischen weisheitlichen Lehre auch eine Reflexion der Geschichte voraussetzt:

10 ἐμβλέψατε εἰς ἀρχαίας γενεὰς καὶ ἴδετε
τίς ἐνεπίστευσεν κυρίῳ καὶ κατῃσχύνθη
ἢ τίς ἐνέμεινεν τῷ φόβῳ αὐτοῦ καὶ ἐγκατελείφθη
ἢ τίς ἐπεκαλέσατο αὐτόν καὶ ὑπερεῖδεν αὐτόν
11 διότι οἰκτίρμων καὶ ἐλεήμων ὁ κύριος
καὶ ἀφίησιν ἁμαρτίας καὶ σῴζει ἐν καιρῷ θλίψεως

10 Schaut in die alten Generationen und seht[6]:
Wer vertraute dem Herrn und wurde zuschanden?
Oder wer blieb in seiner Furcht und wurde verlassen?
Oder wer rief ihn an, und er hörte ihn nicht[7]?
11 Denn gnädig und barmherzig ist JHWH[8],
er vergibt Sünden und rettet in der Zeit der Bedrängnis.
(Sir 2,10-11)

Alle diese Passagen in seinem Buch enthalten zweifellos nicht nur Aspekte des Anspruchs Ben Siras an Lehrer allgemein, sondern zeigen

---

4   Textdokumentation und Textkritik in Kapitel 5.6.1.
5   So mit S (ܡܠܬܐ ܚܟܝܡܐ). Sowohl S als auch G („ein weises Wort") lassen sich aus dem (unpunktierten) hebräischen Ausdruck דבר חכם erklären. S übersetzt als Status constructus-Verbindung, G als adjektivische Bestimmung.
6   S bietet „und seht" am Ende des folgenden Stichos, doch da ist es wohl irrtümlich hineingelangt.
7   So mit S (ܘܠܐ ܫܡܥܗ). G übersetzt sinnentsprechend.
8   Da S ܡܪܝܐ und G κύριος bezeugt, ist anzunehmen, dass hier ursprünglich der Gottesname stand.

auch seinen eigenen Anspruch an sich selbst. So scheint hier sicherlich auch Ben Sira in seinem Selbstverständnis als Lehrer durch.

Dennoch kann aus solch allgemein weisheitlich gehaltenen Aussagen das Selbstverständnis Ben Siras als Lehrer nur bedingt erhoben werden. Sie können einen Anhaltspunkt bieten, doch kaum mehr. Um nun Ben Sira selber auf die Spur zu kommen, bieten sich dagegen die zahlreichen Selbstaussagen im Buch an. In ihnen gibt sich der Verfasser zu erkennen, indem er von sich, von seinen eigenen Erfahrungen und seinem Selbstverständnis spricht. Diesen Texten ist als autobiographischen „Primärquellen" der Vorzug zu geben vor allgemeinen Aussagen zu Anspruch und Selbstverständnis von Lehrern. Zwar wird auch in diesen Lehraussagen die Position Ben Siras sichtbar, steht ja das ganze Buch für seine Lehre, doch ist es an solchen Stellen methodisch sehr schwierig zu unterscheiden, was eventuell auch ein weisheitlicher Lehrtopos sein könnte. So geht es in diesem Kapitel im wesentlichen um die Selbstaussagen Ben Siras, die er durch sein „Ich" zu erkennen gibt.[9]

5.5.1 Ben Sira als Nachleser hinter den Winzern

16 וגם אחריו שקדתי
וכמו עולל אח[ר]...
17 ב..ת אל גם אני קדמתי
וכבוצר מלאתי ...
18 ראו כי לא לבדי עלמתי
כי לכל מבקשי ...
19 שמעו אלי שרי עם רב
ומשלי קהל ה...

(Ms E)

16 κἀγὼ ἔσχατος ἠγρύπνησα
ὡς καλαμώμενος ὀπίσω τρυγητῶν
17 ἐν εὐλογίᾳ κυρίου ἔφθασα
καὶ ὡς τρυγῶν ἐπλήρωσα ληνόν
18 κατανοήσατε ὅτι οὐκ ἐμοὶ μόνῳ ἐκοπίασα
ἀλλὰ πᾶσιν τοῖς ζητοῦσιν παιδείαν
19 ἀκούσατέ μου μεγιστᾶνες λαοῦ

---

9 Eine Ausnahme sind die Gebete in Sir 23,1-6; 36,1-17; 51,1-12, in denen Ben Sira ebenfalls ein „Ich" bzw. ein „Wir" verwendet. Dabei handelt es sich wahrscheinlich jedoch um eine literarische Verwendung der 1.Person, wie sie sich auch in den Psalmen findet, und nicht um eine autobiographisch auswertbare.

καὶ οἱ ἡγούμενοι ἐκκλησίας ἐνωτίσασθε

16 Und auch danach war ich aufmerksam,
wie einer, der Nachlese hält nach der Weinlese.
17 Mit dem Segen Gottes[10] bin auch ich vorangekommen,
und wie ein Trauben-Leser habe ich [meine] Kelter angefüllt.
18 Seht, dass ich mich nicht für mich allein gemüht habe,
sondern für alle, die Bildung suchen.
19 Hört mir zu, Fürsten des großen Volkes[11]
und Herrscher der Versammlung horcht auf.
(Sir 33,16-19)

Das hier verwendete Bild der Nachlese nach den Winzern hat Ben Sira den Ruf eines Epigonen eingetragen, der unoriginell die einzelnen Bruchstücke der Tradition, wie er sie verstand, zusammenfügte.[12] Doch dies wird seinem Werk nicht ansatzweise gerecht. Vielmehr zeigt sich in diesen Versen die eigene Demut, mit der Ben Sira Gott, von dessen Segen er sich abhängig sieht, aber auch seinem eigenen Werk gegenüber steht.

So versteht sich Ben Sira als jemand, der hinter den Weinlesern her Nachlese hält und damit ein Recht der Armen in Anspruch nimmt (vgl. Lev 19,9f; Dtn 24,21). Er sammelt das, was übrig blieb, was heruntergefallen ist oder von den Schnittern nicht für gut genug erachtet wurde. Zweifellos ist dies angesichts der weisheitstheologischen Qualität des Buches ein klar auszumachendes Understatement,[13] doch drückt sich hier auch Ben Siras eigene Frömmigkeit und Weisheitstheologie aus: Was ihm zugefallen ist und was er hier nun veröffentlicht beziehungsweise seinen Schülern vermittelt hat, ist in seinem Bewusstsein vor allem und primär eine Frucht des Segens Gottes. Es ist die Folge einer

---

10 Die Übersetzung folgt H und S.
11 So mit H. G lässt eine Übersetzung von br ausfallen. Dass es aber eine Verstärkung gegenüber dem einfachen עם in H gab, belegt S, das עם im Plural übersetzt (ܠܗܘܢ).
12 Vgl. von Rad, Weisheit, 309, der zu Ben Siras Verhältnis zur Tradition festhält: „Als deren Treuhänder betrachtet er sich; man kann sogar fragen, ob er sich der Tatsache überhaupt bewusst war, daß und wo er selbst diese überkommene Tradition nicht unerheblich weitergebildet hat."
13 Eventuell deutet sich hier aber auch schon das spätere Selbstverständnis der Rabbinen an, immer in der Tradition zu stehen, nichts Neues zu schaffen, sondern das Alte neu und in die Gegenwart hinein auszusagen, da bereits alles von Gott an Mose mitgeteilt wurde. Vgl. mAv 1, das als Ganzes diesem Gedanken entspricht, indem die individuellen Aussagen der Rabbinen in die fortlaufende Weitergabe der Tora von Mose an eingebunden werden. Vgl. dazu auch Stemberger, Talmud, 74-77.

Begegnung, die der Weisheit Suchende nicht selber in der Hand hat, sondern die ihm widerfährt – oder nicht widerfährt. Ben Sira bleibt auch hier in dieser Selbsteinschätzung seiner weisheitstheologischen Grundlegung treu, wie sie oben in Kapitel 5.4 dargestellt ist. So lebt auch diese Passage vom Wechselspiel zwischen der Abhängigkeit vom Segen Gottes einerseits und der Notwendigkeit des eigenen Handelns andererseits: Nur *mit dem Segen Gottes* ist er vorangekommen, aber *er* war aufmerksam und hat sich der Mühe der Nachlese unterzogen.

Dass dies auch für ihn Mühe bedeutete, verschweigt Ben Sira nicht. Was er in seinem Werk zu sagen hat, ist die Frucht langjähriger Arbeit. Möglicherweise betont er dies aber auch, um sein Anliegen um so deutlicher herauszustellen, nämlich ganz im Sinne eines Wohltäters seine Mühen zum Wohle anderer auf sich genommen zu haben und ihre Früchte nun in seinem Werk zu veröffentlichen beziehungsweise im Unterricht an seine Schüler weiterzugeben.[14]

Was Ben Sira nun inhaltlich „gesammelt" hat und weitergeben möchte, bestimmt er nicht näher. So ist die hier gemachte Aussage offenbar auf sein gesamtes Werk zu beziehen und damit auf die weisheitliche Lehre in ihrer Umfassendheit, wie sie Ben Sira selber in seinem Buch zu erkennen gibt.[15]

5.5.2 Ben Sira als Kanal der Weisheit

30 κἀγὼ ὡς διῶρυξ ἀπὸ ποταμοῦ
καὶ ὡς ὑδραγωγὸς ἐξῆλθον εἰς παράδεισον
31 εἶπα ποτιῶ μου τὸν κῆπον
καὶ μεθύσω μου τὴν πρασιάν
καὶ ἰδοὺ ἐγένετό μοι ἡ διῶρυξ εἰς ποταμόν
καὶ ὁ ποταμός μου ἐγένετο εἰς θάλασσαν
32 ἔτι παιδείαν ὡς ὄρθρον φωτιῶ
καὶ ἐκφανῶ αὐτὰ ἕως εἰς μακράν
33 ἔτι διδασκαλίαν ὡς προφητείαν ἐκχεῶ

---

14 Sauer, Jesus Sirach/Ben Sira, 235, fügt dem noch einen Aspekt hinzu, indem er herausstellt, dass die Nachlese im Herbst, am Ende des Erntejahres, geschieht und so für den Winter, für die „Fortführung des Lebens auch in karger Zeit" vorgesorgt wird. Dass es sich bei dieser Passage auch um einen seine Arbeit legitimierenden Text handelt, wie es Skehan/Di Lella, Ben Sira, 401, herausstellen, ist nicht zu bestreiten, doch scheint das Wohltäter-Motiv hier noch durchschlagender.

15 Auch der unmittelbare Kontext der Passage weist auf den allgemein weisheitlichen Inhalt hin: in Sir 33,7-15 geht es um die sinnvolle und gute Ordnung der Welt, auch wenn dies auf den ersten Blick vielleicht nicht so zu sein scheint.

καὶ καταλείψω αὐτὴν εἰς γενεὰς αἰώνων
34 ἴδετε ὅτι οὐκ ἐμοὶ μόνῳ ἐκοπίασα
ἀλλὰ πᾶσιν[16] τοῖς ἐκζητοῦσιν αὐτήν

30 Auch ich wurde wie ein Kanal vom Fluss aus,
und wie eine Wasserleitung führte ich heraus in den Garten.
31 Ich sagte: Ich will trinken lassen meinen Garten
und bewässern mein Beet.
Und siehe, der Kanal wurde mir zum Fluss
und mein Fluss wurde zum Meer.
32 Weiterhin werde ich meine[17] Bildung[18] wie die Morgenröte
erstrahlen lassen[19]
und sie[20] scheinen lassen bis in die Ferne.
33 Weiterhin werde ich meine[21] Lehre wie[22] Prophetie ausgießen
und sie zurücklassen für die zukünftigen Generationen.
34[23] Seht, dass ich mich nicht für mich allein geplagt habe,

---

16 Zur unterschiedlichen Notierung in den Ausgaben von Ziegler und Rahlfs siehe Ziegler, 111.
17 S bezeugt im Gegensatz zu G das Personalsuffix der 1. Person Singular. Das entspricht auch der Weisheitstheologie Ben Siras, wie er sie in Sir 39,6 zum Ausdruck bringt (s.u.). Mit Marböck, Weisheit im Wandel, 41.
18 S bezeugt sowohl in V 32 als auch in V 33 ܡܠܦܢܐ – Lehre, wechselt also nicht wie G zwischen παιδεία und διδασκαλία. Diese Differenz ist für das Textverständnis jedoch unerheblich.
19 S bietet hier schlicht „ܐܡܪ – sagen' statt ‚erstrahlen lassen'. Möglicherweise handelt es sich um eine Verwechselung von אמר und אור (ähnlich dann auch in Versteil b).
20 Mit Marböck, Weisheit im Wandel, 41, ist αὐτήν statt αὐτά zu lesen. Gemeint ist die Lehre (διδασκαλίαν) im ersten Versteil.
21 Siehe oben die Anmerkung zu V 32a.
22 S tradiert anstelle des griechischen ὡς, das einem כ entspräche, ein ב, sodass für S nicht ‚wie Prophetie', sondern ‚in Prophetie' zu übersetzen wäre. Rickenbacher, Weisheitsperikopen, 129 und 170f, entscheidet sich nicht wirklich und löst das Problem in seiner Übersetzung mit der Formulierung „als Prophetie", ohne dies jedoch schlüssig zu begründen. Die Entscheidung ist in der Tat kaum zu fällen, handelt es sich doch um eine Textabweichung, die sowohl im hebräischen als auch im syrischen Text durch die Ähnlichkeit der Buchstaben unbeabsichtigt oder je nach Verständnis des Kopisten entstanden sein kann. So kann hier letztlich nur ein inhaltliches Argument den Ausschlag geben. Da Ben Sira sonst zwar auch von Prophetie spricht, aber an keiner Stelle zu verstehen gibt, dass er sich als Nachfolger der Propheten sieht, und seine Bezugsgröße neben der Weisheitsliteratur und -überlieferung nicht die prophetische Tradition ist, ist hier mit der griechischen Textüberlieferung ‚wie Prophetie' zu übersetzen.
23 V 34 fehlt in S. Er ist dennoch beizubehalten. Vgl. Rickenbacher, Weisheitsperikopen, 130.

sondern für alle, die sie suchen.
(Sir 24,30-34)

Sir 24 ist ein Kapitel, das einen kaum einholbaren Bogen schlägt. Beginnend mit dem Selbstlob der Weisheit, die über ihren Ursprung und ihre Herkunft sowie ihren Auftrag reflektiert, ihre Schönheit beschreibt und dann einlädt, sich auf sie einzulassen, über die kühne Identifikation der Bedeutung der Weisheit mit der der Tora kommt Ben Sira auf sich selbst zu sprechen. In V 30f beschreibt er bildhaft, wie es ihm bei seiner Begegnung mit der Weisheit ergangen ist: Klein wollte er anfangen und seinen Garten bewässern, doch dann nahmen die Wasser überhand. Die Begegnung mit der Weisheit, von der er auf der theoretischen Ebene bereits in vorangegangenen Texten gesprochen hat, muss für ihn so überwältigend gewesen sein, dass er sie wieder nur im Bild ausdrücken kann. Eine nüchterne Sprache mit Worten wie „Ich habe erkannt, dass ...", wie sie noch Koh gebraucht (vgl. Koh 1f), reicht ihm offenbar nicht aus. Bemerkenswert ist, dass er dabei nicht mehr auf das Motiv der personalen Begegnung zurückgreift – offenbar genügt ihm auch dies nicht mehr. Stattdessen benutzt er eine Metapher, die für alle Bewohner Judas unmittelbar einleuchtend und völlig selbsterklärlich ist: das über die Maßen fließende Wasser, das von einem Fluss herangeleitet wird.[24] Es gilt hier als Frucht und Nutzen bringend und ist ganz und gar positiv besetzt. Dass solche Wassermassen auch eine zerstörerische Wirkung haben können, kommt ihm offenbar nicht in den Sinn.[25]

Angesichts dieser überwältigenden und befruchtenden Erfahrung kann Ben Sira nicht anders und muss sie weitergeben. Die Begegnung mit der Weisheit, das Erlebnis ihrer Fülle kann nicht aufgehalten werden, sondern ist so überströmend, dass sie sogar nur schwer zu kanali-

---

[24] Wie Jes 11,9b zeigt, hat dieselbe Metapher bereits vor Ben Sira in einer ähnlichen Form in der prophetischen Tradition ihren Niederschlag gefunden.

[25] Gerade dieser Aspekt spricht dafür, dass es sich hier um ein Bild Ben Siras selber und nicht um eine Eintragung des Enkels aus dem ägyptischen Kontext handelt, brachten die jährlichen Nilüberschwemmungen zwar die Fruchtbarkeit des Landes mit sich und waren insofern gut für das Land, doch mit ihnen ging auch viel Zerstörung einher. Wer aber wie Ben Sira in einer Stadt wie Jerusalem lebt, kann Wasser nur als Segen verstehen.
Die Frage nach der geographischen Lokalisierung des Flusses in V 30 verkennt, dass es sich um ein Bild handelt, das Ben Sira verwendet. Ebensowenig nimmt Ben Sira ja auch in den Blick, dass Wasser in einem Kanal eigentlich immer weniger wird; stattdessen kehrt er dieses Bild um. Dennoch braucht auch eine sprachliche Metapher einen Anklang an die Realität. Diese liegt wahrscheinlich in den in hellenistischer Zeit angelegten Gärten – mit Wasserversorgung –, wie Koh 2,4-6 belegt.

sieren ist.²⁶ Nachdem Ben Sira anfangs nur seinen Garten bewässern wollte (V 31), wird ihm nun bewusst, dass er die überreichlich empfangene Weisheit nur weitergeben kann. Er wird als Weisheitslehrer arbeiten; keinen Gedanken verschwendet er an eine andere Möglichkeit, im Gegenteil: er betont auch hier noch einmal, dass er sich ausdrücklich nicht allein zu seinem eigenen Nutzen, sondern zum Wohl aller bemüht habe (V 34). Dabei rechnet er sich eine große Wirkung aus, wenn er an eine Lehre denkt, die Zeit und Raum sprengt, indem sie bis an die Enden der Welt und für die zukünftigen Generationen Bedeutung haben soll.²⁷

Das Bild vom überfließenden Wasser macht sehr eindrücklich deutlich, wie Ben Sira die Rolle des Lehrers im Bildungsprozess versteht. Der Lehrer ist der Kanal, durch den die Weisheit wirkt. Seine Aufgabe ist es, den Bildungsprozess in geordnete Bahnen zu lenken. Die Kraft der Weisheit geht nicht von ihm aus, sie ist nicht sein Besitz und gehört nicht zu seiner Verfügungsmasse. Ihre Quelle liegt in der Weisheit selber, sodass es letztlich auch nicht das Verdienst des Lehrers ist, wenn sie sich mitteilt, ja es sogar so ist, dass der Lehrer im Moment der Begegnung des Schülers mit der Weisheit selber droht hinweggeschwemmt zu werden, also kaum noch Einflussmöglichkeiten hat. So bleibt für den Lehrer die Aufgabe, den Rahmen zu schaffen, dass eine gelingende Begegnung und eine solch fruchtbare Erfahrung mit der Weisheit stattfinden kann, denn das Geschehen selber liegt nicht mehr in seiner Hand.²⁸ Andererseits misst Ben Sira gerade dem Schaffen dieses Rahmens eine große Bedeutung zu, wenn er seine weisheitliche Lehre in die Nähe der Prophetie und damit in den Bereich der Inspira-

---

26 Auch in diesen letzten Versen des Kapitels 24 ist die Weisheit das Thema. Zwar folgen VV 30-34 den Versen, in denen es um die Tora geht, doch betrachtet auch hier Ben Sira die Tora nicht allein oder versteht sie gar als unabhängig, sondern stellt sie ganz als eine Lebensäußerung der Weisheit dar. Insofern ist es auch richtig und angebracht, diese Aussagen Ben Siras nicht auf die Tora, sondern vielmehr auf die Weisheit zu beziehen.

27 Skehan/Di Lella, Ben Sira, 338, weisen dann auch zu Recht darauf hin, dass Ben Sira von seinem Anspruch her die Grenzen Judas sprengt und die Diaspora mit einbezieht. In der Realität hat er dies dann ja auch dank seines Enkels spätestens durch sein Buch erreicht. Möglicherweise kann man aber mit Marböck, Weisheit im Wandel, 79, noch weitergehen und den Schritt über die Grenzen Israels hinaus in die Völkerwelt machen. Ben Sira belässt es bei einer Andeutung, die viel Freiheit zur Interpretation gibt.

28 So ist der Hinweis von Minissale, Ben Siras Selbstverständnis, 106, dass der Lehrer hier die Rolle eines Mittlers habe, während er in der kanonischen jüngeren Weisheit in Spr 8 fehle, sicherlich richtig, doch nicht überzubewerten, stellt Spr 8 doch keine Reflexion des Lehr- und Lernvorgangs dar, wie sie Ben Sira in seinem Buch bietet.

tion rückt.²⁹ So bleibt auch dem Lehrer ein Anteil beim Ausgießen der Weisheit (vgl. V 33), um so das Licht der Erkenntnis zum Leuchten zu bringen. Seine Quellen sind auch hier einerseits die weisheitlichen Traditionen, andererseits die Tora, die Ben Sira in Sir 24,23 so explizit wie sonst nirgendwo zusammengeführt hat.

5.5.3 Ben Sira als Künder eigener Weisheit

12 πολλὰ ἑώρακα ἐν τῇ ἀποπλανήσει μου
καὶ πλείονα τῶν λόγων μου σύνεσίς μου
13 πλεονάκις ἕως θανάτου ἐκινδύνευσα
καὶ διεσώθην τούτων χάριν

12 Vieles habe ich gesehen bei meinem Umherziehen³⁰,
und größer als meine Worte ist mein Verstehen.
13 Oft war ich bis zum Tod in Gefahr
und wurde ihretwegen³¹ gerettet.
(Sir 34,12-13³²)

Inmitten einer Passage über erkenntnistheoretische Grundlagen und die Verlässlichkeit verschiedener Erkenntniswege in Sir 34,1-20 macht Ben Sira diese Notiz. Durch ihren autobiographischen Charakter sticht sie aus dem Kontext heraus, denn sonst bleibt Ben Sira auf der lehrhaften weisheitlichen Ebene, in der er unpersönlich in der 3. Person spricht.

Nach der weisheitlichen Erkenntnis durch ein mühsames Studium führt Ben Sira hier die eigene Lebenserfahrung an. So zeigt sich wieder die erkenntnistheoretische Neuerung, die er in der weisheitlichen Tradition stark gemacht hat: die persönliche Erfahrung, das eigene reflektierte Erleben, das auch wiederum nur einem selbst zur Verfügung

---

29 Ben Sira zeigt damit in der Tat eine auffällige Nähe zur späten Schriftprophetie, die sich auf ihre Vorgänger stützte und diese wieder neu aktualisierte. Vgl. dazu exemplarisch Irsigler, Zefanja, der dies für diesen Propheten aufzeigt (insbesondere a.a.O., 50-54). Vgl. auch Stadelmann, Schriftgelehrter, 265, der ebenfalls eine Nähe, aber keine Identifikation sieht.
30 S überliefert stattdessen: „Ich sah viel, weil ich versuchte". Offenbar hat S נסה statt נסע gelesen; aufgrund des Sinnzusammenhangs ist G der Vorzug zu geben.
31 Gemeint sind offenbar die Worte in V 12b, die Ben Sira ermöglicht haben, sich jeweils zu retten. So auch Skehan/Di Lella, Ben Sira, 410.
32 An dieser Stelle variieren die Verszählungen in den Textausgaben. Die Zählung oben folgt Ziegler; Rahlfs zählt diese Verse als VV 11-12.

steht und das nur bedingt vermittelbar ist. Das Stichwort ‚σύνεσις – Verstehen' deutet in diesem Zusammenhang diese Reflexion an, ohne die Erlebnisse nicht zur Erfahrung werden können.[33]

Erkenntnisbildendes Mittel sind Reisen, in dieser Form eine Neuerung, die der Hellenismus mit sich brachte.[34] So beweist diese Passage, dass Ben Sira das, was er in Sir 39,1-11 als Tätigkeits- und Ausbildungsbeschreibung eines Weisen gibt, auch selber durchlaufen hat.[35] Durch den Begriff ἀποπλάνησις nimmt er dabei bewusst eine gewisse Doppeldeutigkeit auf. πλανάω ist in Sir 51,13 die Übersetzung von תעה, und wahrscheinlich gilt dies auch für die übrigen Belege im Buch. Sowohl πλανάω als auch תעה haben eine zweifache Bedeutung: einerseits ist sie ‚umherirren', durchaus auch im moralischen Sinn, andererseits aber auch einfach ‚umherziehen' mit rein lokaler Konnotation. So beschreibt Marböck treffend: „Ben Sira denkt also mit diesem Ausdruck an die Erfahrung, die durch das Herumwandern und auch durch das Herumgetriebenwerden in der Welt gewonnen wird."[36] Hierbei geht es also weniger um die moralische Bedeutungsebene des Wortes, sondern vielmehr um die Erfahrung, dass eben nicht alles planbar ist im Leben, dass Fehler gemacht werden, von einem selbst oder von anderen (auch das ist eine Bedeutung von תעה), und dass man dem zumindest teilweise auch ungewollt ausgeliefert ist – auch dies eine Erkenntnis, die weisheitsgewinnend wirken kann.

---

33 Dass solche Erfahrungen nur einem selbst zur Verfügung stehen und nur ansatzweise vermittelt werden können, erklärt V 12b. Es geht also nicht einfach um zurückgehaltenes Wissen des Lehrers (vgl. Skehan/Di Lella, Ben Sira, 409), sondern hier spiegelt sich das grundsätzliche Problem der Vermittlung gerade auch existenziellen Wissens.

34 Vgl. Marböck, Weisheit im Wandel, 162, der Beispiele bietet. Middendorp, Stellung Jesu Ben Siras, 11, wendet sich gegen eine Interpretation in dieser Richtung und hält die „Ängstlichkeit des Verfassers" dagegen, die er in Sir 3,26 nach G erkennt. Stattdessen versteht er diese Passage als eine Anlehnung an die eröffnenden Zeilen der Odyssee Homers und kommt zu dem Schluss: „Ben Sira hat wohl den Boden Palästinas nicht verlassen" (a.a.O., 12). Middendorp sitzt hier jedoch seinem selbstgewählten hermeneutischen Schlüssel Sir 3,26 nach G auf – H bietet einen anderen Text – und lässt sich zu sehr von seiner Annahme eines universal hellenistisch gebildeten Ben Sira leiten, der seine Bildung lediglich aus der Lektüre biblischer und klassisch antiker Literatur gewonnen haben soll. Zudem muss selbst ein von Ben Sira bewusst gewählter Anklang an Homer das persönliche Reisen nicht ausschließen.

35 Leider bleibt er auch an dieser Stelle mit seinen Angaben spärlich, sodass alle weitere Ausführungen lediglich Vermutungen sein können (vgl. beispielsweise die Annahmen bei Skehan/Di Lella, Ben Sira, 409; Sauer, Jesus Sirach/Ben Sira, 241). Siehe auch den Exkurs am Ende dieses Kapitels.

36 Marböck, Weisheit im Wandel, 161, der zugleich festhält, dass es sich dabei um Fernreisen zu fremden Völkern handelte (ebd.).

Durch die Platzierung dieser beiden Verse in ihrem Kontext stellt Ben Sira den besonderen Wert der Reflexion und des eigenen Erfahrungshintergrunds heraus, beschreibt er doch in den vorlaufenden Versen, wie trügerisch Weissagungen, Omen und Träume sind, und stellt dem Tora, Weisheit und schließlich auch die eigene Erfahrung gegenüber, von denen er noch einmal letztere an dieser Stelle durch eben diese biographische Notiz heraushebt und ihren erkenntnisbildenden Wert betont:[37] Zu einem Weisen gehört auch die Kenntnis von und die Erfahrung mit fremden und fremdländischen Strukturen, Bräuchen und Gegebenheiten, eventuell auch Sprachen.[38] So ist Löhr Recht zu geben, wenn er den Duktus von Sir 34,1-20 auch als eine Gegenüberstellung des „welt- und lebenserfahrenen Weisen" mit dem „'unverständigen' Träumer und Zeichendeuter" versteht,[39] aber insbesondere geht es hier um den Wert der Reflexion des selbst Erlebten, an der der Weise reift.

Die Bedeutung für die Lehre zeigt Ben Sira in einer weiteren Passage auf:

24 שמעו אלי וקחו שכלי
ועל דברי שימו לב
25 אביעה במשקל רוחי
ובהצנע אחוה דעי

(Ms A)

24 ἄκουσόν μου τέκνον καὶ μάθε ἐπιστήμην
καὶ ἐπὶ τῶν λόγων μου πρόσεχε τῇ καρδίᾳ σου
25 ἐκφανῶ ἐν σταθμῷ παιδείαν
καὶ ἐν ἀκριβείᾳ ἀπαγγελῶ ἐπιστήμην

24 Hört[40] auf mich[41] und nehmt mein Wissen an,
auf meine Worte gebt Acht[42]!

---

37 Marböck, Weisheit im Wandel, 161, hat für die VV 9-12 gezeigt, dass sich hier in beinahe jedem Stichos ein Hinweis auf das neu gewonnene Wissen findet.
38 Vgl. Minissale, Ben Siras Selbstverständnis, 107.
39 Löhr, Bildung, 20.
40 G bezeugt den Text im Singular, H und S dagegen im Plural. Hier scheinen sich die Texttraditionen auseinanderdifferenziert zu haben. Da Ben Sira Aufrufe dieser Art sowohl im Singular als auch im Plural formuliert (vgl. Sir 3,1 [Pl.]; 6,23 [Sg.]; 31[H],22 [Sg.]; 39,13 [Pl.]), ist keine Vorliebe seinerseits zu erkennen. Die Übersetzung folgt den beiden übereinstimmenden Textzeugen H und S.
41 G fügt τέκνον ein. Die Übersetzung folgt H und S; der kürzere Text ist der ursprünglichere.

25 Ich will meine[43] Lehre maßvoll darlegen,[44]
und indem ich behutsam[45] meine Erkenntnis verkünde.
(Sir 16,24-25)

Ben Sira ruft seine Hörer und Leser dazu auf, seiner Lehre Gehör und Aufmerksamkeit zu schenken. Dazu kommt er diesmal ohne jedes Bild aus. Klar und nüchtern ist seine Sprache.

Im Kontext folgen diese zwei Verse einer Meditation der Geschichte Israels unter dem Fokus der Verantwortlichkeit des einzelnen Menschen und stehen vor einer Betrachtung der Schöpfung unter dem Aspekt der Verhältnisse zwischen den einzelnen Schöpfungswerken. Das verbindende thematische Glied sind die Beziehungen, die innerhalb des Gesamtgefüges aus Schöpfung und Gesellschaft, Geschichte und Gegenwart herrschen beziehungsweise herrschen sollen. In diesem Kontext, in dem es um die Verantwortlichkeit geht, ruft Ben Sira dazu auf, sich seiner Lehre zuzuwenden und sich ihr zu widmen.

Zwei Aspekte seines Selbstverständnisses als Lehrer gibt Ben Sira in dieser Aufforderung beziehungsweise in seinem ihr nachfolgenden Versprechen (V 25) zu erkennen. Der eine zeigt sich im Personalsuffix der 1. Person Singular: Ben Sira spricht damit von *seiner* Lehre und *seiner* Erkenntnis, die er darlegen möchte, nicht von der Lehre oder gar der Weisheit allgemein. Gegenüber der oben besprochenen Passage aus Sir 24 erscheint dies zunächst widersprüchlich, gibt diese Äußerung doch ein starkes Selbstbewusstsein seinerseits gerade als Lehrer zu erkennen, nachdem Sir 24 eher das Zurücktreten der Lehrperson hinter die überwältigende Erfahrung der Weisheit aussagt. Doch Ben Sira

---

42 G gibt keine Übersetzung der Wendung שׂימו לב wieder, sondern eine Übertragung Wort für Wort, indem es שׂימו mit πρόσεχε und לב mit τῇ καρδίᾳ σου wiedergibt. Dabei scheint G nicht לב, sondern לבך zu lesen. Das entspricht mit Ausnahme des oben angesprochenen Wechsels von Singular und Plural der syrischen Texttradition, die mit ܠܚܒܣܘܢ ‚euer Herz' liest. Der Sinngehalt soll in beiden Fällen derselbe sein.

43 Aufgrund der Übereinstimmung von H und S trotz unterschiedlicher Substantive ist hier gegen G das Personalpronomen der 1. Person Singular zu lesen. Dasselbe gilt für Versteil b.

44 In diesem Stichos gehen die verschiedenen Textversionen weit auseinander. Während H von ‚sprudeln lassen' und vom ‚Geist' spricht, bezeugt G ‚offenbaren/aufscheinen lassen' und ‚Bildung'; S überliefert dagegen schlicht ‚sagen' und ‚Lehre'. Die Übersetzung folgt im Wesentlichen S, da es sich am unabhängigsten von äußeren Einflüssen zeigt. G scheint bei der Wahl des Verbs von einer Licht-Metaphorik inspiriert zu sein, die sich auch an der textkritisch ebenfalls schwierigen Stelle Sir 24,27 zeigt. H sucht dagegen offensichtlich den Anschluss an den Sprachgebrauch von Spr 1,23 und scheidet daher aus.

45 Mit H und G, aber gegen S, das hier ܒܚܟܡܬܐ ‚in Weisheit' bietet.

setzt hier einen anderen Akzent. Gerade aufgrund der eigenen, persönlichen überwältigenden Erfahrung in der Begegnung, die zwischen Weisheit und Schüler geschieht und die für den Schüler den Gewinn von Einsicht und Erkenntnis einerseits und den Impuls für einen Lebensstil andererseits bedeutet, kann er nur und muss er nun von *seiner* Erkenntnis und im Lehrprozess auch von *seiner* Lehre sprechen. Denn das, was Ben Sira hier weitergeben möchte, kann immer nur das sein, was er selber in seiner Begegnung mit der Weisheit erfahren, erlebt und erkannt hat. Es geht in diesem Lehr- und Lernprozess nicht einfach nur um objektiv zu wissende Faktenkenntnis, sondern um eine Erfahrungs- und Erlebnis*erkenntnis*, die auch das eigene Leben prägt. Dieses ist aber weder austauschbar noch voll und ganz übertragbar. Insofern spielt in diesem Prozess auch die Lehrerpersönlichkeit immer eine Rolle, denn es partizipieren zwar alle Weisheitslehrer an der einen Weisheit, doch jeder Lehrer hat seine eigene Erfahrung in der Begegnung mit der Weisheit gemacht – und macht sie nach wie vor – und hat damit auch (nur) einen je eigenen Zugang zu ihr, von dem er seinen Schülern gegenüber sprechen kann.

Nach diesem ersten Aspekt, der von der Lehrperson her schaut, geht es bei dem zweiten um den Schüler. Ben Sira möchte seine Lehre „maßvoll" und „behutsam" darlegen. Bei aller Überwältigung, die die Begegnung mit der Weisheit bedeutet, ist er sich doch bewusst, dass sie behutsam angebahnt werden muss.[46] Im Kontext des Lehr- und Lernprozesses führt Ben Sira hier also – zunächst für sich selbst, aber dann zweifellos auch für alle Lehrpersonen – ein rezipientenorientiertes Moment ein: Der Lehrer kann nicht einfach sein Wissen und seine Erkenntnis seinen Schülern mitteilen – möglicherweise würde ihm dazu auch die Sprache nicht ausreichen, betrachtet man die Beschreibungen Ben Siras selber, in denen er sich einer ausgeprägten Bildhaftigkeit bedient, wenn er darauf zu sprechen kommt. Stattdessen muss er sich an den Rezeptionsmöglichkeiten seiner Schüler orientieren. So beginnt, wie in Kapitel 5.3 dargelegt, die Beschäftigung mit der Weisheit, die später zu einer Begegnung mit ihr führen kann, mit intensivem Studium und Lernen. Für die Begleitung des Schülers durch den Lehrer

---

46 In der hebräischen Texttradition ist dieses Moment besonders deutlich herausgestellt, indem Sir 16,25a deutlich an Spr 1,23 angelehnt ist. Während jedoch in Spr 1 die Weisheit vollmundig von sich sagen kann, dass sie ihren Geist überfließen lassen möchte, zeichnet H Ben Sira als einen Lehrer, der einerseits an diesem Handeln der Weisheit vollwertig Anteil hat, indem er nun gemeinsam mit der Weisheit seinen Geist sprudeln lässt, der andererseits aber dies in Bescheidenheit und maßvoll tut, da er weiß, dass nicht er es ist, der diese Erfahrung herstellt.

stellt Ben Sira hier also die Forderung nach einer an den Möglichkeiten des Schülers orientierten Struktur der Lehrinhalte und zeigt damit bereits grundlegende didaktische Überlegungen, eine Neuerung, die verglichen mit dem Schulwesen seiner Zeit und der davor zweifellos nicht selbstverständlich ist.[47]

Die theoretische Ausführung für die Gedanken der besprochenen Passagen, insbesondere für die Betonung der eigenen Person im Lehr- und Lerngeschehen, bietet Ben Sira in Sir 39,1-11.

38,34b πλὴν τοῦ ἐπιδιδόντος τὴν ψυχὴν αὐτοῦ
καὶ διανοουμένου ἐν νόμῳ ὑψίστου
1 σοφίαν πάντων ἀρχαίων ἐκζητήσει
καὶ ἐν προφητείαις ἀσχοληθήσεται
2 διήγησιν ἀνδρῶν ὀνομαστῶν συντηρήσει
καὶ ἐν στροφαῖς παραβολῶν συνεισελεύσεται
3 ἀπόκρυφα παροιμιῶν ἐκζητήσει
καὶ ἐν αἰνίγμασι παραβολῶν ἀναστραφήσεται
4 ἀνὰ μέσον μεγιστάνων ὑπηρετήσει
καὶ ἔναντι ἡγουμένων ὀφθήσεται
ἐν γῇ ἀλλοτρίων ἐθνῶν διελεύσεται
ἀγαθὰ γὰρ καὶ κακὰ ἐν ἀνθρώποις ἐπείρασεν
5 τὴν καρδίαν αὐτοῦ ἐπιδώσει ὀρθρίσαι
πρὸς κύριον τὸν ποιήσαντα αὐτὸν
καὶ ἔναντι ὑψίστου δεηθήσεται
καὶ ἀνοίξει στόμα αὐτοῦ ἐν προσευχῇ
καὶ περὶ τῶν ἁμαρτιῶν αὐτοῦ δεηθήσεται
6 ἐὰν κύριος ὁ μέγας θελήσῃ
πνεύματι συνέσεως ἐμπλησθήσεται
αὐτὸς ἀνομβρήσει ῥήματα σοφίας αὐτοῦ
καὶ ἐν προσευχῇ ἐξομολογήσεται κυρίῳ
7 αὐτὸς κατευθυνεῖ βουλὴν αὐτοῦ καὶ ἐπιστήμην
καὶ ἐν τοῖς ἀποκρύφοις αὐτοῦ διανοηθήσεται
8 αὐτὸς ἐκφανεῖ παιδείαν διδασκαλίας αὐτοῦ
καὶ ἐν νόμῳ διαθήκης κυρίου καυχήσεται
9 αἰνέσουσιν τὴν σύνεσιν αὐτοῦ πολλοί
καὶ ἕως τοῦ αἰῶνος οὐκ ἐξαλειφθήσεται
οὐκ ἀποστήσεται τὸ μνημόσυνον αὐτοῦ

---

47 Vgl. dazu die Kapitel 3 und 4 dieser Arbeit zum Schulwesen in Israel und seinen Nachbarvölkern sowie in der hellenistischen Tradition.

5.5 Das Selbstverständnis Ben Siras als Lehrer

καὶ τὸ ὄνομα αὐτοῦ ζήσεται εἰς γενεὰς γενεῶν
10 τὴν σοφίαν αὐτοῦ διηγήσονται ἔθνη
καὶ τὸν ἔπαινον αὐτοῦ ἐξαγγελεῖ ἐκκλησία
11 ἐὰν ἐμμείνῃ ὄνομα καταλείψει ἢ χίλιοι
καὶ ἐὰν ἀναπαύσηται ἐκποιεῖ αὐτῷ

38,34b Anders jedoch wer seine Seele übergibt, um Gott zu fürchten,[48]
und denkt nach über das Gesetz des Lebens[49].
39,1 Weisheit aller Vorfahren sucht er,
und mit den Propheten[50] beschäftigt er sich.
2 Die Erörterung namhafter Männer[51] bewahrt er,
und in Wendungen von Sprüchen dringt er gemeinsam ein.
3 Das Verborgene von Sprüchen sucht er,
und bei Rätseln von Gleichnissen beteiligt er sich.[52]
4 Inmitten von Großen dient er,
und vor Herrschern erscheint er.[53]
Im Land fremder Völker wandelt er umher,
denn Gutes und Schlechtes unter den Menschen hat er geprüft.
5 Sein Herz setzt er darauf, früh morgens aufzustehen;
vor dem Herr, der ihn gemacht hat,[54]
und vor dem Höchsten betet er.
Er öffnet seinen Mund im Gebet
und für seine Sünden bittet er.
6 Wenn der Herr, der große, will,
wird er erfüllt vom Geist des Verstehens.
Er wird ausströmen lassen Reden seiner Weisheit
und im Gebet dankt er dem Herrn.

---

48 Die Übersetzung folgt der syrischen Tradition, die zusätzlich überliefert: ܠܐܠܗܐ ܠܡܕܚܠ.
   G hat dies offenbar verloren und ergibt so für sich keinen Sinn.
49 Die Übersetzung folgt S, das ܚܝܐ ܢܡܘܣܐ statt νόμος ὑψίστου bezeugt. S entspricht eher
   dem Sprachgebrauch Ben Siras (s. Sir 17,11; 45,5). Vgl. die Auseinandersetzung in
   Rickenbacher, Weisheitsperikopen, 184.
50 Statt des Abstraktums προφητεία in G ist das Konkretum ܢܒܝܐ in S vorzuziehen.
51 Die Lesart von S (ܕܒܪܝ ܐܢܫ ܥܠܡܐ, – von allen Menschen der Welt) ist eine Übertreibung, die auch nicht dem Duktus des Buches Ben Sira entspricht. G ist daher vorzuziehen.
52 In V 3 werden in den beiden Texttraditionen S und G die beiden Stichen vertauscht
   überliefert. Die Übersetzung folgt G. Vgl. Rickenbacher, Weisheitsperikopen, 184,
   der schlicht festhält, dass nicht mehr mit Sicherheit festgestellt werden könne, welcher Ausdruck für welches hebräische Wort stehe.
53 G und S entsprechen sich sinngemäß, wenn auch nicht wörtlich. Die Verben beider
   Stichen scheinen vertauscht zu sein.
54 Dieser Stichos fehlt in S, möglicherweise ist er von G hier eingefügt.

7 Er bedenkt Sprüche von Weisen,[55]
und über verborgene Dinge[56] denkt er nach.
8 Er bringt Bildung seiner Lehre hervor,[57]
und im Gesetz des Lebens[58] rühmt er sich.
9 Viele werden sein Verstehen[59] loben,
und bis in Ewigkeit wird er nicht vergessen werden.
Sein Gedenken wird nicht enden,
und sein Name wird leben von Geschlecht zu Geschlecht.
10 Seine Weisheit wird die Gemeinde erörtern,
und sein Lob wird das Volk verkünden.[60]
11[61] Wenn er lebt, wird er einen Namen hinterlassen, [der mehr bedeutet] als tausend,
und wenn er ruhen wird, wird er durch ihn vollendet.
(Sir 38,34b-39,11)[62]

Diese Passage ist nicht einfach unmittelbar auf Ben Sira als Person hin biographisch auswertbar. Dennoch trägt sie autobiographische Züge,[63] vor allem aber zeigt sie sein Selbstverständnis als Weiser und bietet

---

55 So mit S. In Bezug auf das Verb handelt es sich bei G wahrscheinlich um eine Verwechslung von יבי mit יכי, denn so kommt es wieder zum Parallelismus membrorum beider Stichen in V 7. So auch Rickenbacher, Weisheitsperikopen, 185, und Sauer, Jesus Sirach/Ben Sira, 268. Von beiden nicht berücksichtigt ist, dass S eine Genitivverbindung ‚Sprüche von Weisen' bezeugt, wogegen G mit ‚Rat und Wissen' eine Aufzählung von Inhalten überliefert.

56 G bezeugt ‚seine verborgenen Dinge', doch das Personalpronomen fehlt in S und gibt dem Satz auch keinen Sinn, wenn es nicht gewollt auf Gott bezogen wird (so Skehan/Di Lella, Ben Sira, 448). Die Übersetzung folgt S.

57 So mit S. ܢܒܥ ist ἐκφανεῖ vorzuziehen. Vgl. auch Rickenbacher, Weisheitsperikopen, 185.

58 So mit S; G bezeugt: ‚im Gesetz des Bundes des Herrn'. Siehe dazu auch die Anmerkung zu V 1 oben.

59 S bietet hier ‚ܚܟܡܬܗ – seine Weisheit'. Doch da dieses Wort in dieser Perikope bei S intensiv verwendet wird, ist es wahrscheinlicher, dass S ein anderes hebräisches Wort mit ܚܟܡܬܗ wiedergegeben hat, als dass G חכמה mit σύνεσις übersetzt hat.

60 In S und G sind die Subjekte der beiden Stichen vertauscht. Während S zuerst ܟܢܘܫܬܐ und dann ܥܡ bietet, nennt G zuerst ἔθνη und dann ἐκκλησία. Beide können wechselseitig aber gut als Übersetzung verstanden werden. Dabei ist ܟܢܘܫܬܐ in S nicht im Plural, sondern als Singular zu verstehen; auch ἔθνη ist mit S als Singular zu lesen. Der Text bliebe dann innerjüdisch, was angesichts des Lehrinhaltes des Buches für Ben Sira selber auch am naheliegendsten ist.

61 Dieser Vers ist sowohl in S als auch in G nur schwer verständlich; die Übersetzung folgt G, weil S zu verderbt ist und kaum einen Sinn erkennen lässt.

62 Die Verszählung folgt der Sir-Ausgabe von Ziegler; Rahlfs notiert in seiner LXX-Ausgabe Sir 38,34b-39,1 als Sir 39,1.

63 Siehe dazu den Exkurs am Ende dieses Kapitels.

damit die theoretische Grundlegung für das, was er auch biographisch von sich selber zu erkennen gibt.[64]

Die Schlüsselstellung kommt dabei V 6 zu,[65] denn ab hier – und das bedeutet nach dem freien Entschluss Gottes, gegenüber diesem individuellen Schüler besonders zu wirken und den Kontakt der Weisheit mit ihm anzubahnen, den diese dann in einer echten Begegnung, in Begleitung und Einwirkung wahrnimmt – spricht Ben Sira nicht mehr von der Weisheit im allgemeinen (siehe V 1: die „Weisheit aller Vorfahren", gemeint ist die weisheitliche Überlieferung), sondern von der eigenen Weisheit des Weisen: „Reden seiner Weisheit" (V 6), „Bildung seiner Lehre" (V 8), „sein Verstehen" (V 9), „seine Weisheit" (V 10). In diesem Wechsel stimmen auch die syrische und die griechische Textüberlieferung überein, sodass mit Sicherheit davon ausgegangen werden kann, dass er kein Zufall, sondern bewusste Äußerung Ben Siras ist. Wer diese Begegnung mit der Weisheit erfahren hat und von ihr fruchtbar beeindruckt worden ist, ist ein wahrer Weiser und nicht mehr nur ein Fachmann oder Gelehrter.

Dabei unterscheiden sich die Tätigkeiten des Weisen und des Gelehrten nur teilweise. Es gibt eine große Überschneidung, wie der Vergleich zwischen VV 1-5 und VV 7-8 zeigt. So studieren beide die weisheitliche Überlieferung und Lehrtradition, beide beschäftigen sich mit „verborgenen Dingen",[66] schließlich sind beide Kenner der Tora und der biblischen Schriften.[67] Diese Überschneidungen verwundern auch nicht, ist doch der Weise selbst auch ein Gelehrter, wie er in VV 1-5 beschrieben wird. Die Erfahrung der Weisheit ist also kein Ereignis, das die äußeren Rahmenbedingungen eines Weisen grundlegend verändert. Auch zu einem Weisen gehört das fortgeführte Studium hinzu.

Dennoch wandelt sich nach Ben Siras Verständnis das Tätigkeitsprofil: der Weise wird zum Lehrer. Er ist nun nicht mehr nur der Rat-

---

64 Vgl. Marböck, Weisheit im Wandel, 120, der Sir 39,1-11 einerseits als „Selbstporträt" versteht (wenn auch nur in Anführungszeichen), es andererseits doch eher auch als theoretischen Text sieht, indem er ihn der strukturierenden Endredaktion des Buches zuordnet.
65 Siehe dazu die Exegese in Kapitel 5.4.
66 Ben Sira bezeichnet diese nicht näher, sodass daraus nur der Schluss gezogen werden kann, dass seinen Lesern bekannt war, was er hier anspricht.
67 Ansatzweise lässt sich eine konzentrische Struktur von Sir 39,1-11 mit V 6 im Mittelpunkt feststellen, um den als eine innere Klammer das Studium der „verborgenen Dinge" sowie der weisheitlichen Traditionen und dann als äußere Klammer die Kenntnis und die Beschäftigung mit der Tora angesiedelt sind. Möglicherweise zeigt sich darin auch noch einmal die Bedeutung, die Ben Sira der Tora zumisst, wenn er sie als die verbindende und alles zusammenhaltende Klammer versteht.

geber, der aufgrund seiner Kenntnis eigener oder fremder Traditionen und Gegebenheiten berät und darin insbesondere den Großen und Herrschern seines Volkes beisteht. Er hat nun vielmehr Anteil an der Weisheit und damit auch Anteil am Walten der göttlichen Kräfte in der Welt. Da er aufgrund seiner eigenen Erfahrung der Weisheit hierbei seinen eigenen Zugang hat, ist es dann auch berechtigt, wiederum von ‚seiner' Weisheit zu sprechen. Denn diese ‚seine' Weisheit ist dann nicht mehr einfach nur die weisheitliche Lehr- und Erfahrungstradition, aus der heraus und mit deren Autorität der Weise spricht, auch wenn sie für ihn immer eine objektive Größe von außen bleibt. ‚Seine' Weisheit ist für den Weisen vielmehr eine eigene, persönliche Größe, die ihm von außen zukommt, aber in seiner Begegnung und seinem Umgang mit der Weisheit in ihm verankert ist – er ist von ihr erfüllt worden, sodass er sie nun selber ausströmen und nun neben die Überlieferungen seine eigene, mit einer ähnlichen Autorität ausgestatteten Lehre treten lassen kann.[68] So ist Reitemeyer Recht zu geben, wenn er die Aufgabe des Weisen bestimmt: „Die Weisheit des Sofer mehrt Weisheit."[69]

Die Gemeinde dankt es ihm. Sie ehrt ihn und bewahrt seine Lehre und sein Andenken auch nach seinem Tod (V 9-11)[70]. Dem Weisen kommt offensichtlich mit der Lehre noch eine weitere Aufgabe beziehungsweise ein weiteres Aufgabenfeld zu. Seine Tätigkeit ist nun nicht mehr nur der Dienst an den Großen und Fürsten des Volkes, sondern bezieht sich auf das Volk selbst beziehungsweise auf dessen Wohl. Im Unterschied zum beratenden Gelehrten der Fürsten wird der Weise vom Volk auch als derjenige, der sich um dessen Wohl sorgt und darum müht, wahrgenommen. Er wirkt also stärker in der Öffentlichkeit erkennbar als jener, und vor allem kann er unmittelbar auf das Volk einwirken.[71] Zugleich zeigt sich an der Dauer zumindest der gedankli-

---

68 Das ermöglicht dem Weisen außerdem, sich selbst und seine Erfahrung als eine Art Lehrbeispiel darzustellen. Vgl. Löhr, Bildung, 118.
69 Reitemeyer, Gotteslob, 343, der dies allerdings aufgrund seiner Fragestellung, mit der er an das Buch Ben Sira herangeht, zu einseitig an das Gotteslob bindet.
70 Die Tatsache, dass Ben Sira diesem Aspekt drei Verse, acht Stichen, widmet, zeigt, welche Bedeutung er dem beimisst. Angesichts der fehlenden Hoffnung auf eine Auferweckung nach dem Tod ist dieses Weiterleben in der Erinnerung die einzige Möglichkeit fortzubestehen (vgl. dazu auch Kapitel 5.1.). Dass Ben Sira in diesem Kontext ganz auf dem Boden der klassischen Weisheit Israels steht, zeigt Spr 10,7.
71 Mit Wischmeyer, Kultur, 178, die sich zudem mit Sir 37,19-26 auseinandersetzt, ist hier eindeutig festzuhalten, dass es an dieser Stelle klar um „Volksleitung" geht und nicht um „Volkserziehung", wie sie Löhr, Bildung, 98f; Hengel, Judentum und Hellenismus, 147; und insbesondere Stadelmann, Schriftgelehrter, 296f, annehmen. Dafür spricht auch e contrario Sir 38,33: Was Ben Sira an dieser Stelle dem Handwerker

chen Präsenz des Weisen auch der Unterschied in der Bedeutung der Äußerungen des Weisen und des bloßen Gelehrten: Die Lehre des Weisen hat eine Relevanz, die weit über den gegenwärtigen Augenblick hinaus bis in die fernere Zukunft reicht.[72] Ben Sira selbst nimmt dies zweifellos für sich in Anspruch, spätestens mit dem Schreiben und der Veröffentlichung seines Buches.

Dass Ben Sira in seinem Buch nicht einfach nur Nachlese hinter den Weinlesern gehalten hat, sondern seinem eigenen Anspruch, „seine" Weisheit zu lehren, auch selbst nachgekommen ist, zeigen nicht nur die vielen gegenüber der klassischen, aber auch der jüngeren kanonischen Weisheit Sirach-spezifischen Passagen, insbesondere die theoretischen und (weisheits-) theologischen Reflexionen in seinem Werk, sondern auch die Abschnitte, in denen er sich persönlich durch sein „Ich" als Lehrer zu erkennen gibt.

So kann er beispielsweise durch ein solches „Ich" seine Lehrautorität einfordern und dadurch zugleich seinen Anspruch auf Unabhängigkeit gegenüber anderen Lehren sowie der Tradition zeigen. Dieses geschieht insbesondere in drei Passagen seines Buches: in Sir 39,12-35, einem Abschnitt über die Ordnung der Welt, dann zu Beginn der Kosmologie in Sir 42,15 und am Anfang des Väterlobes in Sir 44,1.

> 12 Versteht! Ich will meine Lehre kundtun.
> wie der Vollmond bin ich erfüllt.
> [...]
> 32 Deshalb habe ich von Anfang an fest dazu gestanden
> und Acht gegeben und es schriftlich niedergelegt.
> *(Sir 39,12.32)*[73]

> Ich will nun gedenken an die Werke Gottes,
> und was ich gesehen habe, will ich erzählen.
> *(Sir 42,15a)*[74]

---

nicht zubilligt, nimmt er für den Weisen um so deutlicher und mit um so größerer Bedeutung an.

72   Reitemeyer, Gotteslob, 344, weist zusätzlich darauf hin, dass es sich hier auch um „einen politischen Hinweis auf den ewigen Bestand der weisheitlichen Ordnung des Kosmos, der gegenüber jeglicher profanen Ordnung, die Israel von außen aufoktroyiert wird, verblassen muss", handelt, wodurch zugleich die Macht der aktuellen Herrscher relativiert wird.
73   Die Darstellung der Texte und die textkritische Diskussion siehe in Kapitel 5.3.1.6.
74   Zur Wiedergabe der Texte und zur textkritischen Diskussion siehe Kapitel 5.3.2.3.

אהללה נא אנשי חסד	חסד ...
[את] אבותינו בדורותם	את אב...
(Ms B)	(Ms M)

αἰνέσωμεν δὴ ἄνδρας ἐνδόξους
καὶ τοὺς πατέρας ἡμῶν τῇ γενέσει

Ich will nun loben Männer der Treue[75]
und unsere Väter in ihrer Generation.
(Sir 44,1)

Die Verse Sir 39,12.32 stellen in der Passage Sir 39,12-35 jeweils den Einleitungsvers zum Rahmen um diese Abhandlung zur sinnvollen und guten Ordnung Gottes in der Welt dar. So umrahmt Ben Sira diesen Text, umgibt ihn ganz wörtlich mit seiner Autorität und stellt ihn als einen Abschnitt heraus, dem er als Autor einen ganz besonderen Stellenwert zumisst. Ähnliches gilt für den Anfang der Kosmologie in Sir 42,15 und des Väterlobs in Sir 44,1. Zwar greift Ben Sira mit der Kosmologie ein geradezu klassisches weisheitliches Thema auf,[76] doch signalisiert er auch in diesem Bereich durch das dezidierte „Ich" seinen Anspruch auf Originalität und Lehrautorität. Wie bereits in Kapitel 5.3 gezeigt, ist es nach Ben Sira die begegnende Weisheit, die solche Einsicht ermöglicht, dass er nicht nur auf die in Israel und seiner Umwelt zahlreichen bekannten Listen der kosmologischen Größen zu verweisen braucht, sondern insbesondere aus ihren Abläufen Lehren entnehmen und entwickeln kann. Insofern ist es, zumindest seinem Anspruch folgend, in der Tat etwas Neues und mit seiner Erkenntnis und damit auch Lehrautorität Ausgestattetes, was er in der Kosmologie bietet.

Für die Darstellung der „Geschichte Israels" dagegen ist die Berufung auf die Lehrautorität unmittelbar einsichtig, ist sie doch ohne Parallele in der weisheitlichen Tradition Israels. Zugleich bekennt sich Ben Sira zu einem ganz neuen Ansatz, in dem er die kosmologischen Erkenntnisse und die Geschichte seines Volkes, wie er sie interpretierend aus den Überlieferungen Israels erhebt, zusammenbindet und aufeinander bezieht. Hierin zeigt sich Ben Sira als Lehrer „seiner" Weisheit, das heißt als Lehrer seiner eigenen, ganz persönlichen weisheitlichen Erkenntnis und Einsicht.

---

75 Die Übersetzung folgt H und S (ܠܡܚܣܕܝ̈, ܠܢ).
76 Siehe dazu schon von Rad, Hiob 38, 264, der eine Synopse mehrerer weisheitlicher kosmologischer Texte bietet.

5.5 Das Selbstverständnis Ben Siras als Lehrer

Für Ben Siras Selbstverständnis als Lehrer bedeutet dies, wie oben dargestellt, Autorität und Bescheidenheit zugleich. Denn einerseits kann er als Weiser gegenüber dem Gelehrten besondere Einsichten weitergeben, andererseits weiß er auch darum, dass er bei allem universalen Anspruch immer nur „seine" Einsichten weitergeben kann und ‚die' Weisheit größer ist und bleibt und weitere Begegnungen und Zugänge zur Weisheit geschehen, möglicherweise bei ihm persönlich, aber ganz sicher bei anderen. So kann das, was Ben Sira hier schreibt, sich einerseits auf eine besondere Autorität stützen, stellt aber andererseits immer nur einen Ausschnitt, ein Fragment des Gesamten dar, das Ben Sira nach seinem Eingangswort in Sir 1,1 ganz bei Gott weiß.

Doch Ben Sira war nicht nur Verfasser ganzer Abhandlungen, sondern zweifellos auch Spruchdichter. So ist es sehr wahrscheinlich, wenn auch nicht sicher nachweisbar, dass ein Teil des Spruchgutes, das in sein Werk eingeflossen ist, auch von ihm stammt und er mit seinem Anspruch als Lehrer ganz im Stile der klassischen Weisheitsformen und -gattungen auch als formulierender Weiser tätig war.

Zu diesem Spruchgut gehört eine bemerkenswert hohe Zahl an Zahlensprüchen, die er in sein Werk hat einfließen lassen. Mit diesen scheint Ben Sira am deutlichsten den Anspruch zu erheben, als Spruchdichter aufzutreten, weisen doch viele von ihnen im Unterschied zum übrigen Spruchgut des Buches ein „Ich" auf. Allerdings ist an dieser Stelle Vorsicht geboten. Angesichts der beiden Zahlensprüche in der Agur-Sammlung Spr 30,7-9.18-20 könnte das „Ich" bei Zahlensprüchen auch als ein stilistisches „Ich" zu verstehen sein, sodass die Zahlensprüche im Buch Ben Sira ebenso wie die Psalmen aus diesem stilistischen Grund auszuscheiden wären (s.o.). Da Ben Sira aber ebenfalls einen anonymen Zahlenspruch in sein Werk aufgenommen hat (Sir 23,16), ist dies nicht sicher zu entscheiden. Zudem ist es möglich, die beiden Zahlensprüche in Spr 30 ebenfalls im Blick auf die Person des dort Lehrenden zu verstehen, sodass auch dort eine konkrete, allerdings anonyme Persönlichkeit erkennbar wird.[77] Angesichts der zahlreichen Anklänge an Ben Siras Gegenwart, ist es aber durchaus plausibel, die Zahlensprüche in seinem Buch als eigene Formulierungen zu

---

77 Vgl. Plöger, Sprüche, 360, der insbesondere Spr 30,7-9 auf die vorangegangenen Verse VV 1-3 beziehen möchte. Sauer, Sprüche Agurs, 102, erkennt in VV 1-4 und VV 7-9 jedoch die thematische Differenz und entscheidet daher gegen eine unmittelbare Fortführung. Allerdings gibt Sauer keine Antwort auf die Frage, ob es sich bei der Verwendung der 1. Person um ein Stilmittel handelt oder nicht.

verstehen, selbst wenn es sich um eine traditionell geprägte Form handelt.

Aus diesem Grund werden hier – bei aller Vorsicht und Berücksichtigung der Problematik – diejenigen Zahlensprüche vorgestellt, die Ben Sira mit einem „Ich" gekennzeichnet hat. Das ist insofern gerechtfertigt, als er angesichts von anonymen Zahlensprüchen in diesem Punkt offensichtlich stilistisch nicht festgelegt war und also bewusst das „Ich" platziert hat – möglicherweise gerade in der Tradition der Agur-Sprüche, denn es wäre ihm auch möglich gewesen, auf die Form des anonymen Zahlenspruchs zurückzugreifen.[78]

1 ἐν τρισὶν ὡραΐσθην καὶ ἀνέστην ὡραία
ἔναντι κυρίου καὶ ἀνθρώπων
ὁμόνοια ἀδελφῶν καὶ φιλία τῶν πλησίον
καὶ γυνὴ καὶ ἀνὴρ ἑαυτοῖς συμπεριφερόμενοι
2 τρία δὲ εἴδη ἐμίσησεν ἡ ψυχή μου
καὶ προσώχθισα σφόδρα τῇ ζωῇ αὐτῶν
πτωχὸν ὑπερήφανον καὶ πλούσιον ψεύστην
γέροντα μοιχὸν ἐλαττούμενον συνέσει

1 Drei Dinge liebt meine Seele,
und diese sind angenehm vor Gott und den Menschen:[79]
Eintracht unter Brüdern und Freundschaft unter Nächsten
und eine Frau und ein Mann, die miteinander umgehen.
2 Aber drei Erscheinungen hasst meine Seele,
und ich werde sehr zornig durch ihre Existenz:
ein hochmütiger Armer, ein lügnerischer Reicher,
ein ehebrecherischer Greis, dem es an Verstehen mangelt.
(Sir 25,1-2)[80]

---

78 Siehe dazu Spr 30,15ff.21ff.29ff; ähnlich auch Spr 30,24ff.
79 Ziegler und Rahlfs geben diesen Versteil in ihren kritischen Ausgaben unterschiedlich wieder. Rahlfs kann sich dabei auf die großen griechischen Kodizes stützen, Ziegler bietet dagegen eine Rekonstruktion, die er in seiner Einleitung (a.a.O., 76-78) begründet, und druckt:
ἐν τρισὶν ἠράσθη ἡ ψυχή μου
καὶ ταῦτα ἐστιν ὡραῖα ἔναντι κυρίου καὶ ἀνθρώπων
Diese Textwiedergabe ist gut durch die syrische Bezeugung gedeckt, sodass sie hier auch der Übersetzung zugrunde liegt, während die Wiedergabe des griechischen Textes den Kodizes folgt.
80 Ben Sira setzt nach seinem zentralen Kapitel 24 mit diesen beiden Zahlensprüchen wieder neu ein. Mit ihnen umreißt er die Bedingungen eines gedeihlichen Lebens in einem sozialen Gefüge: Eintracht, Freundschaft und eine gute innereheliche Bezie-

5.5 Das Selbstverständnis Ben Siras als Lehrer

7 ἐννέα ὑπονοήματα ἐμακάρισα ἐν καρδίᾳ
καὶ τὸ δέκατον ἐρῶ ἐπὶ γλώσσης
ἄνθρωπος εὐφραινόμενος ἐπὶ τέκνοις
ζῶν καὶ βλέπων ἐπὶ πτώσει ἐχθρῶν
8 μακάριος ὁ συνοικῶν γυναικὶ συνετῇ
καὶ ὃς ἐν γλώσσῃ οὐκ ὠλίσθησεν
καὶ ὃς οὐκ ἐδούλευσεν ἀναξίῳ ἑαυτοῦ
9 μακάριος ὃς εὗρεν φρόνησιν
καὶ ὁ διηγούμενος εἰς ὦτα ἀκουόντων
10 ὡς μέγας ὁ εὑρὼν σοφίαν
ἀλλ' οὐκ ἔστιν ὑπὲρ τὸν φοβούμενον τὸν κύριον
11 φόβος κυρίου ὑπὲρ πᾶν ὑπερέβαλεν
ὁ κρατῶν αὐτοῦ τίνι ὁμοιωθήσεται

7 Neun Überlegungen lobpreise ich im Herzen
und die zehnte trage ich auf meiner Zunge:
ein Mensch, der über Kinder jubelt,
einer, der den Fall seiner Feinde erlebt und sieht.
8 Selig, der mit einer verständigen Frau zusammenlebt
und der nicht durch die Zunge zu Fall kommt
und der nicht einem dient, der für ihn unwürdig ist.
9 Selig, der Einsicht findet
und der in ein hörendes Ohr erzählt.
10 [Der ist] wie ein Großer, der Weisheit findet,
aber nichts geht über den, der den Herrn fürchtet.
11 Die Furcht des Herrn übertrifft alles,
wer an ihr festhält – mit wem soll er verglichen werden?
(Sir 25,7-11)[81]

---

hung. In der Umkehrung bedeuten Hochmut, Lüge und Ehebruch eine Gefahr für die Gesellschaft. Dass es sich bei den beispielhaften Personen um einen hochmütigen Armen, einen lügenden Reichen und einen die Ehe brechenden Greis handelt, ist wohl eine schon fast satirische Zuspitzung, insbesondere bei der ersten und letzten Person. Den hochmütigen Armen mit einem sozialen Aufruhr in Verbindung zu bringen, erscheint etwas gewollt (vgl. Skehan/Di Lella, Ben Sira, 341, gegen Sauer, Jesus Sirach/Ben Sira, 188). Zu Weiterem siehe die Exegese bei Reiterer, Gelungene Freundschaft, bes. 142-154.

81 Auch in diesem Zahlenspruch, der dem ersten nach einem kurzen Einschub mit einem Lob der großen Erfahrung eines Alten folgt, widmet sich Ben Sira dem Sozialgefüge. Dabei schaut er auf den Erfolg, der einem Menschen beschert werden kann: einmal indem er indirekt auf die nächste Generation blickt, die in seiner Gesellschaft für den Fortbestand der Familie und ihre Versorgung unbedingt notwendig war, dann aber auch indem er auf den Untergang der Feinde verweist, wodurch jemand, der sich an die weisheitlichen Lebensregeln hält, seinen eigenen Lebensweg

ἀπὸ τριῶν εὐλαβήθη ἡ καρδία μου
καὶ ἐπὶ τῷ τετάρτῳ προσώπῳ ἐδεήθην
διαβολὴν πόλεως καὶ ἐκκλησίαν ὄχλου
καὶ καταψευσμὸν ὑπὲρ θάνατον πάντα μοχθηρά

Vor dreien fürchtet sich mein Herz,
und vor dem vierten habe ich Angst[82]:
Verleumdung in der Stadt und die Gemeinschaft der Masse
und eine falsche Behauptung – mehr als der Tod ist dies alles schlecht.
(Sir 26,5)[83]

ἐπὶ δυσὶ λελύπηται ἡ καρδία μου
καὶ ἐπὶ τῷ τρίτῳ θυμός μοι ἐπῆλθεν
ἀνὴρ πολεμιστὴς ὑστερῶν δι' ἔνδειαν

---

bestätigt sehen kann. Dass dies bei weitem nicht immer der Fall war, zeigen Bücher wie Hi und Koh, aber auch Psalmen wie Ps 49; 73. Gerade deshalb scheint es Ben Sira sehr hoch zu schätzen. Des Weiteren widmet er sich wieder der Ehe und zeigt, dass er durchaus nicht misogyn ist, sondern der Frau als echter Partnerin einen bedeutenden Platz im gemeinsamen Leben einräumt; zugleich setzt er mit dieser Aussage eine gewisse Unabhängigkeit der Ehefrau voraus, wie sie vielleicht in Spr 31,10ff angedeutet ist, und bejaht diese. Dann warnt er indirekt vor zu vielem Reden und hebt die Bedeutung einer Arbeit hervor, die nicht nur als solche ehrbar ist, sondern auch in einem Rahmen geschehen muss, der für den, der sie tut, ehrbar ist. In V 9 lobt Ben Sira die Aufnahme von Lehre und die fruchtbare Weitergabe von Erfahrungen, schließlich den, der Weisheit findet, aber vor allem den, der Gott fürchtet und also ein Gott wohlgefälliges Leben führt. Letztlich ist es diese Lebensführung, die einen Menschen ausmacht und ihn lobenswert macht. Zu weiterem siehe Reiterer, Gelungene Freundschaft, 162-167.

82 Die Übersetzung folgt der syrischen Texttradition, die an dieser Stelle ܐܠܐ bezeugt. In G ist als gewichtigster Zeuge der Kodex Vaticanus, der ἐδεήθην nennt. Ziegler nimmt ἐφοβήθην an.

83 Zwischen Verse, in denen Ben Sira zuerst vom positiven Wert der Harmonie und dann von Problemen in Ehe und Familie spricht, setzt er diesen Zahlenspruch, in dem er von Problemen von außen spricht. So zeigt er, wie fragil eine Ehe und Familie sein kann, da sie nie für sich allein besteht, sondern immer in einem größeren Sozialgefüge in der Gesellschaft. Dieses kann sich festigend, aber eben auch gefährdend auf die Familie auswirken. So zeigt Ben Sira ein feines Gespür für die sozialen Bindungen und Interdependenzen der Einzelnen, aber auch ihrer Gemeinschaften. Auf die Frage, ob diese Nachreden berechtigt oder unbegründet sind, geht er nicht ein; ihre zerstörerische Wirkung entfalten sie nämlich auch unabhängig davon. Sauer, Jesus Sirach/Ben Sira, 194, verweist auf die hellenistische Stadtkultur als Hintergrund dieses Zahlenspruchs – wahrscheinlich aufgrund der Vokabel πόλις –, wobei das, was Ben Sira hier beschreibt zweifellos nicht nur für eine Polis oder eine polisähnliche Stadt zutrifft, sondern ein Problem eines jeden sozialen Verbandes beschreibt.

καὶ ἄνδρες συνετοὶ ἐὰν σκυβαλισθῶσιν
ἐπανάγων ἀπὸ δικαιοσύνης ἐπὶ ἁμαρτίαν
ὁ κύριος ἑτοιμάσει εἰς ῥομφαίαν αὐτόν

Über zweierlei ist mein Herz betrübt,
und über das Dritte kommt mein Zorn:
ein vornehmer Mann[84], der Mangel leidet,
verständige Menschen, wenn sie verachtet werden,
einer, der sich von der Gerechtigkeit zur Sünde abwendet,
der Herr wird ihn dem Schwert zubestimmen.
(Sir 26,28)[85]

25 בשני גוים קצה נפשי
והשלישית איננו עם
26 יושבי שעיר ופלשת
וגוי נבל הדר בשכם
(Ms B)

25 ἐν δυσὶν ἔθνεσιν προσώχθισεν ἡ ψυχή μου
καὶ τὸ τρίτον οὐκ ἔστιν ἔθνος
26 οἱ καθήμενοι ἐν ὄρει Σαμαρείας καὶ Φυλιστιιμ
καὶ ὁ λαὸς ὁ μωρὸς ὁ κατοικῶν ἐν Σικιμοις

25 Über zwei Völker empfindet meine Seele Abscheu,
und das Dritte ist kein Volk:
26 die Bewohner von Seir[86] und die Philister,
und ein törichtes Volk, das in Sichem wohnt.
(Sir 50,25-26)[87]

---

84 Die Übersetzung folgt S mit ܚܣܝܪ ܠܚܡܐ. G gibt keinen rechten Sinn, wie auch Sauer, Jesus Sirach/Ben Sira, 197, bemerkt, in seiner Kommentierung S folgt, in der Übersetzung allerdings bei G bleibt.
85 Mit diesen drei Gliedern des Zahlenspruchs benennt Ben Sira Faktoren, an denen deutlich wird, wann eine Gesellschaft aus den Fugen gerät. Dabei ist das dritte Glied sicherlich von außen am schwersten zu erkennen, aber nach Ben Siras Verständnis wahrscheinlich die Wurzel allen Übels.
86 Die Übersetzung folgt H. G bietet eine geographische Doppelung, indem in V 26a von Samaria und in V 26b von Sichem die Rede ist. Ebenso S, wo anstelle Samarias der Berg Ebal (ܥܝܒܠ) genannt ist. H nennt dagegen drei Völker, die sich um Israel und Jerusalem herum befinden.
87 Nach dem Lob der Väter in Sir 44-50 lässt Ben Sira als einen ersten Abschluss – er steht unmittelbar vor dem ersten Kolophon – diesen Zahlenspruch folgen. Es geht um die Völker in Judas unmittelbarer Nachbarschaft. Er beschreibt sie als eine „Welt

Indem Ben Sira sich als Lehrer zu erkennen gibt und indem er stilistisch das lehrende „Ich" verwendet, sich auch persönlich zu seiner Lehre bekennt, ist er ein Kind seiner Zeit. Denn der Lehrer, der mit seiner Person zu seiner Lehre und hinter seiner Lehre steht, ist ein Phänomen, das erst relativ spät in den weisheitlichen Schriften des Alten Testaments belegt ist. So tritt der Lehrer mit seiner Person erst in Koh und Spr 1-9 so deutlich in Erscheinung, dass von einem Wandel beziehungsweise einer Aufwertung in der Bewertung der Lehrperson im Bildungsgeschehen gesprochen werden kann.[88] Mit seiner Schrift kann Ben Sira für sich in Anspruch nehmen, dafür die (weisheits-) theologische Grundlegung geschrieben zu haben.

Exkurs: Wer war Ben Sira?

Zur Frage nach der Identität und zur Person Ben Siras hat Stadelmann die wohl profilierteste These vertreten. Er versteht Ben Sira als „priesterlichen Schriftgelehrten und Weisen", der in Jerusalem ansässig war, und möchte ihn als einen Mann betrachten, „der einem zwar gutgestellten, aber außerhalb der beruflich-wirtschaftlichen Gesellschaftspolari-

---

der Gefahren" (Sauer, Jesus Sirach/Ben Sira, 341). Undeutlich bleibt allerdings, inwieweit es sich bei diesen Nennungen um eine Rekapitulierung der Geschichte oder um in klassischen Topoi verklausulierte aktuelle Konflikte handelt. Für alle drei Völker sind beide Möglichkeiten denkbar: Wie das edomitisch-judäische ist auch das idumäisch-judäische Verhältnis gespannt; dasselbe gilt für Israel-Juda und später dann Samaria-Juda sowie die Beziehungen zu den ehemaligen Philisterstädten, die nach hartem Widerstand gegen Alexander den Großen zu Ben Siras Zeiten Protagonisten der Hellenisierung waren. Siehe auch Skehan/Di Lella, Ben Sira, 558. Purvis, Shechem, schlägt für Sir 50,26b einen konkreten Anlass vor. Indem er Überlieferungen aus Josephus, Ant., und der rabbinischen Literatur verbindet sowie den Hohenpriester Simon II. mit Simon dem Gerechten identifiziert, sieht er möglicherweise in diesem Stichos einen Reflex auf die gespannten Beziehungen zwischen Juden und Samaritanern, die unter Simon dem Gerechten belegt sind (a.a.O., 90-93). Dadurch erklärte sich auch die merkwürdige Platzierung dieses Zahlenspruchs unmittelbar nach dem Lob Simons II. und dem das Väterlob abschließenden Aufruf zum Lob Gottes einerseits und vor dem Kolophon Sir 50,27-29 andererseits.

88 In der klassischen Weisheit ist ein „Ich" des Lehrers lediglich in Spr 22,17.19.20; 23,15f.26; 24,30-34; 27,11 und in den Reden in Spr 30 und 31 zu finden. Das Vorkommen der Person des Lehrers ist in Spr 22f um so erstaunlicher, als sie im Anfangsteil des von der Lehre des Amenemope beeinflussten Abschnitts in Spr steht, die Lehre des Amenemope jedoch ohne ein solches „Ich" auskommt, wenn man vom einleitenden Stichos III,9 im ersten Kapitel absieht (TUAT III/2). Vielleicht haben auch deshalb VV 19.20 kein Pendant in der Lehre des Amenemope. (Gesucht wurde nach den Stichworten „ich", „mein", „mir" und „mich". Aufgeführt werden sie jedoch nur, wenn es dabei tatsächlich um die Person des Lehrers geht.)

5.5 Das Selbstverständnis Ben Siras als Lehrer

sation stehenden Stand angehörte".[89] Für letzteres beruft er sich auf Sir 38,24-39,8, ohne jedoch zu beachten, dass diese Stelle zweifellos Ben Siras Ideal widerspiegelt, jedoch nicht einfach unmittelbar auf ihn bezogen werden kann, da es sich um einen lehrenden Text handelt und Ben Sira hier nicht explizit von sich selber spricht. So stützt Stadelmann seine Identifikation Ben Siras als Priester damit, dass der Priesterstand von den Abgaben der Bevölkerung gelebt habe und somit eben nicht arbeiten musste, was es Ben Sira ermöglicht habe, seine Weisheit kostenlos anzubieten (vgl. Sir 51,25). Hinzu komme neben Ben Siras „Kultfreudigkeit" die starke Betonung der (priesterlichen) Tora in seinem Werk sowie ihre Verbindung mit der Weisheitslehre. Indem Stadelmann dies mit der Darstellung des Aaron im Lob der Väter kombiniert, zieht er den Schluss, dass Ben Sira ebenfalls Priester war.[90]

Die Beobachtungen, die Stadelmann am Buch Ben Sira macht, sind unbestritten: die Verbindung von Weisheit und Tora, die besondere Bedeutung, die Ben Sira der Muße zum Studium zumisst, auch die Hochschätzung des Tempels mit Priesterschaft und Opferkult. Fraglich sind jedoch seine Schlussfolgerungen. So sprechen andere dann auch vorsichtiger von Ben Sira als einem schriftgelehrten Weisen oder Lehrer (Marböck, Löhr; schon Hengel hatte deutlich gemacht, dass trotz aller Nähe zum Kult und zur Priesterschaft eine priesterliche oder levitische Abstammung nicht sicher zu verifizieren sei).[91]

Dieses Kapitel, in dem die Selbstaussagen Ben Siras im Blick auf sein Selbstverständnis als Lehrer untersucht werden, ist damit verbunden auch der Ort, sein Buch über ihn als Person zu befragen. Dabei soll auch hier ein Text im Zentrum stehen, in dem Ben Sira von sich selbst spricht, sodass vage Rückschlüsse aus den Inhalten seines Buches auf die Person unterbleiben können und ein Maßstab besteht, an dem alle

---

89 Stadelmann, Schriftgelehrter, 12. Ihm ist Olyan, Ben Sira, gefolgt und hat versucht, die These durch Textvergleiche mit kanonischem und außerkanonischem Material zu untermauern, und identifiziert Ben Sira noch spezifischer als Stadelmann nicht nur als Priester, sondern als aaronitischer Priester (im Unterschied zu den zadokidischen Priestern). Ohne weitere Begründung folgt ihm Kaiser, Grundriss, 100; ebenso Gammie, The Sage in Sirach, 364f, für den Ben Sira aus priesterlicher Familie stammt, möglicherweise aber nicht selber Priester war – angesichts eines vererbten Priestertums kaum verständlich. Einen knappen Überblick über die Diskussion gibt Reiterer, Review, 35-37.
90 Stadelmann, Schriftgelehrter, 25f; 44-55, insbesondere 53-55, wobei er auch hier lediglich Vermutungen anstellt und daraus seine Schlussfolgerungen zieht. Doch Stadelmann kommt immer wieder in seiner Studie darauf zu sprechen.
Einen knappen Überblick über die Diskussion bietet Fabry, Priestertum, 272f.
91 Marböck, Gottes Weisheit, 44; Löhr, Bildung, 98f; Hengel, Judentum und Hellenismus, 244.

weitere Überlegungen zu messen sind: das Akrostichon in Sir 51,13-30.⁹²

13 אני נער הייתי	13 אני נער בטרם תעיתי
וחפצתי בה ובקשתיה	ובקשתיה
	14 באה לי בתרה
	ועד סופה אדורשנה
	15 גם גרע נץ בבשול ענבים
	ישמחו לב
15 באמתה דרכה רגלי	דרכה רגלי במישור
אדני מנעורי חכמה למדתי	כי מנעורי ידעתיה
16 ואתפלל תפלה בנעורתי	
	16 הטיתי כמעט אוזני
והרבה מצאתי דעה	והרבה מצאתי לקח
17 עלה היה לי לכבוד	17 ועלה היתה לי
ולמלמדי אתן הודאה	למלמדי אתן הודי
18 חשבתי להיטיב	18 זמותי ואשחקה קנאתי בטוב
ולא אהפך כי אמצאנו	ולא אשוב
19 חשקה נפשי בה	19 חריתי נפשי בה
ופני לא אהפך ממנה	ופני לוא הש[י]ב[ו]תי
20 נפשי נתתי אחריה	20 טרתי נפשי בה
ולנצח נצחים לא אט[ה] ממ[נה]	וברומיה לוא אשלה
ידי פתחה שעריה	ידי פת...
ולה אח[דר] ואביט ב[ה]	..[מ]ערמיה אתבונן
ובטהרה מצאתיה	כפי הברותי אל ...
ולב קניתי לה מתחלתה	...ל.
בעבור כן ...	
21 מעי יהמו כתנור להביט בה	
בעבור כן קניתיה קנין טוב	
22 נתן ייי לי שכר שפתותי	

---

92 Die Authentizität des Textes ist von Sanders in DJD IV, 79-85, bestritten worden (wiederholt in Sanders, Acrostic, 437). Doch dass Sir 51,13-30 in Qumran unabhängig vom Sir-Buch belegt ist, kann nicht als Argument gegen die Authentizität verwendet werden. Dazu gibt es zu viele inhaltliche Übereinstimmungen mit dem Buch, die es als höchst unwahrscheinlich erscheinen lassen, dass ein vom Buch unabhängiger, aber mit so zahlreichen Verbindungen zum Inhalt des Buches ausgestatteter Text erst nachträglich an Sir angehängt worden sein soll. Zudem hat bereits der Enkel Ben Siras diesen Text als Werk seines Großvaters verstanden und übersetzt. Auch sein Charakter als Anhang zum Buch widerspricht nicht Ben Sira als Verfasser, haben doch alle Texte ab Sir 42,15 (Kosmologie, Väterlob, die Texte in Sir 51) diesen Charakter. So ist eher anzunehmen, dass Sir 51,13-30 aus dem Buch ausgekoppelt und auch separat tradiert wurde. Siehe auch Skehan/Di Lella, Ben Sira, 576-580.

5.5 Das Selbstverständnis Ben Siras als Lehrer

ובלשוני אהודנו	
23 פנו אלי סבלים	
ולינו בבית מדרשי	
24 עד מתי תחסרון מן אילו ואילו	
ונפשכם צמאה מאד תהיה	
25 פי פתחתי ודברתי בה	
קנו לכם חכמה בלא כסף	
26 וצואריכם בעלה הביאו	
ומשאה תשא נפשכם	
קרובה היא למבקשיה	
ונותן נפשו מוצא אתה	
27 ראו בעיניכם כי קטן הייתי	
ועמדתי בה ומצאתיה	
28 רבים שמעו למודי בנעָרוֹתי	
וכסף וזהב תקנו בי	
29 תשמח נפשי בישיבתי	
ולא תבושו בשירתי	
30 מעשיכם עשו בצדקה	30
והוא נותן לכם שכרכם בעתו	... שכרכם בעתו
ברוך ייי לעולם	
ומשובח שמו לדר ודר	
(Ms B)	(11QPs^a)[93]

13 ἔτι ὢν νεώτερος πρὶν ἢ πλανηθῆναί με
ἐζήτησα σοφίαν προφανῶς ἐν προσευχῇ μου
14 ἔναντι ναοῦ ἠξίουν περὶ αὐτῆς
καὶ ἕως ἐσχάτων ἐκζητήσω αὐτήν
15 ἐξ ἄνθους[94] ὡς περκαζούσης σταφυλῆς
εὐφράνθη ἡ καρδία μου ἐν αὐτῇ
ἐπέβη ὁ πούς μου ἐν εὐθύτητι
ἐκ νεότητός μου ἴχνευον αὐτήν
16 ἔκλινα ὀλίγον τὸ οὖς μου καὶ ἐδεξάμην
καὶ πολλὴν εὗρον ἐμαυτῷ παιδείαν
17 προκοπὴ ἐγένετο μοι ἐν αὐτῇ
τῷ διδόντι μοι σοφίαν δώσω δόξαν
18 διενοήθην γὰρ τοῦ ποιῆσαι αὐτὴν
καὶ ἐζήλωσα τὸ ἀγαθὸν καὶ οὐ μὴ αἰσχυνθῶ

---

93 Als Text aus Qumran ist 11QPs^a auch in DJD IV, 79f, dokumentiert.
94 Ziegler bietet in seiner Sir-Ausgabe ἐξανθούσης. Die Textdarstellung folgt für G den großen Kodizes und der Hauptbezeugungslinie, wie sie auch Rahlfs darstellt.

19 διαμεμάχισται ἡ ψυχή μου ἐν αὐτῇ
καὶ ἐν ποιήσει νόμου διηκριβασάμην
τὰς χεῖράς μου ἐξεπέτασα πρὸς ὕψος
καὶ τὰ ἀγνοήματα αὐτῆς ἐπένθησα
20 τὴν ψυχήν μου κατεύθυνα εἰς αὐτὴν
καὶ ἐν καθαρισμῷ εὗρον αὐτήν
καρδίαν ἐκτησάμην μετ' αὐτῆς ἀπ' ἀρχῆς
διὰ τοῦτο οὐ μὴ ἐγκαταλειφθῶ
21 καὶ ἡ κοιλία μου ἐταράχθη τοῦ ἐκζητῆσαι αὐτήν
διὰ τοῦτο ἐκτησάμην ἀγαθὸν κτῆμα
22 ἔδωκεν κύριος γλῶσσάν μοι μισθόν μου
καὶ ἐν αὐτῇ αἰνέσω αὐτόν
23 ἐγγίσατε πρός με ἀπαίδευτοι
καὶ αὐλίσθητε ἐν οἴκῳ παιδείας
24 τί ὅτι ὑστερεῖσθαι λέγετε ἐν τούτοις
καὶ αἱ ψυχαὶ ὑμῶν διψῶσι σφόδρα
25 ἤνοιξα τὸ στόμα μου καὶ ἐλάλησα
κτήσασθε ἑαυτοῖς ἄνευ ἀργυρίου
26 τὸν τράχηλον ὑμῶν ὑπόθετε ὑπὸ ζυγόν
καὶ ἐπιδεξάσθω ἡ ψυχὴ ὑμῶν παιδείαν
ἐγγύς ἐστιν εὑρεῖν αὐτήν
27 ἴδετε ἐν ὀφθαλμοῖς ὑμῶν ὅτι ὀλίγον ἐκοπίασα
καὶ εὗρον ἐμαυτῷ πολλὴν ἀνάπαυσιν
28 μετάσχετε παιδείας ἐν πολλῷ ἀριθμῷ ἀργυρίου
καὶ πολὺν χρυσὸν κτήσασθε ἐν αὐτῇ
29 εὐφρανθείη ἡ ψυχὴ ὑμῶν ἐν τῷ ἐλέει αὐτοῦ
καὶ μὴ αἰσχυνθείητε ἐν αἰνέσει αὐτοῦ
30 ἐργάζεσθε τὸ ἔργον ὑμῶν πρὸ καιροῦ
καὶ δώσει τὸν μισθὸν ὑμῶν ἐν καιρῷ αὐτοῦ

13[95] Ich war noch ein Jugendlicher, bevor ich umherwanderte[96],   א
da hatte ich Gefallen an ihr und suchte sie.[97]

---

95 Diese Passage ist extrem verderbt überliefert, sodass die Textkritik sehr schwierig ist. Insgesamt wird aber deutlich, dass es sich um ein Akrostichon handelt. Da es in 11QPs[a] am besten bezeugt ist, ist dieser Textzeuge, so weit er reicht, Grundlage der textkritischen Überlegungen und der Rekonstruktion in der Übersetzung. Die Anfangsbuchstaben des Akrostichons werden am rechten Rand der Übersetzung dargestellt.
96 So mit 11QPs[a] und G. Ms B und S lassen die zweite Hälfte des Stichos aus, insbesondere S ergibt aber auch keinen erkennbaren Sinn.
97 So mit Ms B und S. G interpretiert und versucht, dem Satz einen Bezug zu geben, indem es sinngemäß σοφία und die Erwähnung des Gebets einfügt, wahrscheinlich

14[98] Sie kam zu mir in ihrer Gestalt ב
und bis zu ihrem Ende werde ich sie suchen[99].
15 Auch die Blüte geht zurück beim Reifen der Trauben; ג
sie werden das Herz erfreuen.[100]
Mein Fuß wandelte in Geradlinigkeit[101], ד
und[102] von meiner Jugend an erkannte ich sie[103].
16 Ich neigte ein wenig mein Ohr[104] ה
und viel Lehre fand ich[105].
17 Eine Amme[106] war sie mir, ו
meinem Lehrer werde ich Dank geben.[107]
18 Ich trachtete danach, Gutes zu tun,[108] ז
und ich werde mich nicht abwenden, denn ich werde sie finden.[109]
19 Meine Seele brannte in ihr,[110] ח

---

eine Anspielung an das Gebet in VV 1-12. S kann sowohl mit ‚ich suchte sie' als auch ‚ich bat/betete um sie' übersetzt werden.
98 Der Vers ist nur in 11QPs[a] erhalten.
99 11QPs[a] bezeugt דרש im Pu'al, doch handelt es sich dabei wahrscheinlich um eine Vertauschung von ו und ר, sodass אדרושנה im Qal zu lesen ist.
100 Dieser Teilvers V 15a ist nur in 11QPs[a] und G bezeugt, führt aber das Akrostichon mit ג weiter, sodass er beizubehalten ist.
101 Mit ‚Geradlinigkeit' soll der Aussagegehalt eingefangen werden, der hinter den unterschiedlichen Bezeugungen steht (S bietet ebenso wie Ms B ,ܩܘܫܬܐ‎ - in Wahrheit').
102 Statt כי ist eher ו zu lesen. Entsprechend übersetzt S, G lässt es in der Übersetzung ausfallen. Ms B ist singulär und passt auch nicht in den Duktus der Textpassage.
103 So mit H und G gegen S, das hier die Lehre (ܝܘܠܦܢܐ) nennt. Dies kann aber aus V 16 hier eingedrungen sein.
104 So mit 11QPs[a] und G. S versucht eine Synthese aus Ms B und 11QPs[a]: „Ich neigte mich zum Gebet", doch V 16a aus Ms B gehört durch das Stichwort ‚Jugend' thematisch zu V 13f und scheint hier hineingewandert zu sein (vgl. Sauer, Jesus Sirach/Ben Sira, 348).
105 G ergänzt noch „für mich", doch dies ist singulär.
106 So mit 11QPs[a] (vgl. Koehler/Baumgartner, Lexikon, 753, zu עול II). G versucht dies offenbar weniger bildlich zu übersetzen („Fortschritt"). Ms B und S lesen „Joch". Sowohl ‚Amme' als auch ‚Joch' sind Stichworte, die in der weisheitstheologischen Gedankenwelt Ben Siras einen Anklang haben (vgl. Kapitel 5.4.2), sodass die Entscheidung ein Wagnis ist.
107 So mit H und S. G gibt frei wieder.
108 So mit Ms B und S. 11QPs[a] bietet einen kaum verständlichen Text. G übersetzt weniger konkret: „Denn ich verstand, sie [gemeint ist wohl die Weisheit] zu tun." Während es also bei Ms B und S darum geht, Gutes zu tun, zeigt G allgemein auf, dass Weisheit auch eine Handlungsdimension in sich birgt. Doch sind dabei Ms B und S vorzuziehen.
109 So mit Ms B und S. 11QPs[a] bietet keinen zweiten Teil für den Stichos. Da 11QPs[a] an dieser Stelle aber ohnehin sehr verderbt ist, wird hier Ms B und S gefolgt. G versucht offenbar eine Harmonisierung der verschiedenen Texttraditionen.

mein Angesicht wandte ich nicht von ihr.
20 Ich übergab ihr meine Seele,[111]   ט
und in ihrer Höhe werde ich keine Ruhe haben.
Meine Hand hat ihre Tore geöffnet,   י
ich werde sie umkreisen und auf ihre Klugheit Acht geben.[112]
Meine Hände läuterte ich zu ...   כ
und in Reinheit fand ich sie.[113]
Ein Herz erwarb ich durch sie[114] von Anfang an,   ל
deswegen werde ich sie nicht verlassen.
21 Mein Inneres ist erregt wie ein Ofen, sie zu schauen[115],   מ
deshalb habe ich sie als einen guten Besitz erworben.
22 JHWH gab mir als Lohn[116] meine Lippen,   נ
und mit meiner Zunge preise ich ihn.
23 Wendet euch zu mir, Unwissende!   ס[117]
Übernachtet in meinem Lehrhaus.
24 Bis wann wollt ihr dieses und jenes ermangeln[118]   ע

---

110 So mit 11QPsª, von dem wahrscheinlich auch G übersetzt. Ms B und S bieten ‚hängen an'. Die 1. Person Singular in 11QPsª ist eine Schwierigkeit; wahrscheinlich ist es ein Fehler, der aus V 20 hier eingedrungen ist. Das ist denkbar, weil der Ausdruck „meine Seele" hier in der Regel schlicht „ich" bedeutet.
111 So mit 11QPsª, das hier das Akrostichon mit dem Buchstaben ט fortführt.
112 11QPsª wird ab hier sehr fragmentarisch und endet. So sind diese beiden Stichen eine Rekonstruktion aus 11QPsª und Ms B, die sich an S anlehnt. S bietet hier bemerkenswerterweise ebenfalls einen Mischtext aus 11QPsª und Ms B. G geht dagegen eigene Wege und spricht nicht von Toren, sondern von der Höhe, und von Unbekanntem anstelle des Umkreisens.
113 Dieser und der vorangehende Stichos entsprechen sich in 11QPsª und Ms B, dem wiederum S folgt. Auch hier bewahrt 11QPsª das Akrostichon und führt es mit dem Buchstaben כ weiter. Ms B bietet dann im nachfolgenden Stichos die Fortsetzung mit ל, sodass ein Anschluss besteht. Dies spricht dafür, diese beiden Stichen nacheinander zu sortieren; so bewahren sie den Duktus des Textes: Der erste Versteil gibt den Buchstaben des Akrostichons vor, der zweite folgt ihm unabhängig von diesem Formprinzip im Stil eines Parallelismus membrorum. Dass S den ersten Versteil auslässt, stört nicht weiter; G scheint ihn zu übersetzen, auch wenn der Sinn etwas abweicht: „Meine Seele führte ich zu ihr". Das macht jedoch die Übersetzung des ersten dieser beiden Stichen unmöglich, sodass sein Ende offen bleiben muss.
114 An dieser Wendung gehen die Textzeugen auseinander. H: „für sie", S: „für mich", G: „mit ihr". Da Herz hier den Verstand bzw. das Verstehen und damit den Einsatz des Intellekts bezeichnet, ist es am wahrscheinlichsten, dass Ben Sira hier davon spricht, dass er dieses durch die Weisheit, und zwar durch die Begegnung mit ihr, erhalten habe.
115 G versucht eine sinngemäße Übersetzung und bietet „schauen".
116 G übersetzt „meinen Lohn", doch dies hat in H und S keine Entsprechung und ist auszulassen.
117 Das ס steht in diesem Stichos nicht am Anfang der Zeile, sondern am Ende: סבלים – Unwissende.

5.5 Das Selbstverständnis Ben Siras als Lehrer

und soll eure Seele sehr durstig sein?
25 Meinen Mund habe ich geöffnet und in ihr[119] gesprochen: פ
Erwerbt euch Weisheit ohne Geld,
26 und euren Hals erhebt mit ihrem Joch,   צ
und ihre Last trage eure Seele.[120]
Sie ist nahe denen, die sie suchen,   ק
und wer seine Seele übergibt, wird sie finden.[121]
27 Seht mit euren Augen, dass ich mich wenig geplagt habe,[122]   ר
und sie fand
28 in Fülle[123]. Hört meine Lehre in der Jugendzeit;   ש
Silber und Gold erwerbt durch mich.[124]
29 Meine Seele wird sich an meinem Lehrstuhl[125] freuen;   ת
ihr werdet nicht zuschanden mit meinem[126] Loblied.[127]
30 Eure Taten vollzieht in Gerechtigkeit[128],
er gibt euch euren Lohn zu seiner Zeit.
Gelobt sei JHWH in Ewigkeit,

---

118 G übersetzt: „Was sagt ihr, um in diesem zurückzustehen?". Doch dies hat keinen Anklang in H oder S.
119 So mit H und S, fehlt in G.
120 So mit H, das als Lectio difficilior beizubehalten ist. S und G harmonisieren, indem sie statt ‚Last' ‚Erziehung' einsetzen.
121 Dieser Stichos ist nicht in G überliefert, aber in H und S übereinstimmend bezeugt und daher beizubehalten.
122 In H muss עמלתי statt עמדתי gelesen werden. הייתי ist ein späterer Zusatz (vgl. Rickenbacher, Weisheitsperikopen, 209). Die Übersetzung folgt mit diesen Änderungen dann auch S und G, wobei S das Moment des Findens noch steigert: „ich fand sie überwältigend".
123 רבים ist wie in S (ܣܓܝ) noch dem vorhergehenden Satz zuzurechnen. Mit שמעו wird dann auch das Akrostichon fortgesetzt.
124 G hat in V 28a offenbar eine andere Vorlage gehabt, die מספר bot. In V 28b bezeugen H und S „durch mich", G dagegen „durch sie". Eine Entscheidung ist eine Grundsatzentscheidung, wie hoch Ben Sira seine eigene Rolle als Lehrer eingeschätzt hat. Die Übersetzung folgt H und S.
125 So mit H. S übersetzt ܚܠܨܘܡ – in meinem Gespräch' und bezieht sich damit auf den Lehrvorgang; möglicherweise hat S aber auch בשיחתי statt בישיבתי als Vorlage gehabt. G hat ‚Erbarmen' gelesen.
126 Auch hier ist mit H und S 1. Person Singular zu lesen und damit von Ben Sira die Rede und nicht von der Weisheit.
127 Mit diesem Vers endet das Akrostichon. V 30 bildet einen Abschluss.
128 So mit H und gegen S und G, die beide „in der Zeit" (S) bzw. „vor der Zeit" (G) lesen. Doch dies ist wahrscheinlich aus dem zweiten Versteil hier hineingelangt. Haspecker, Gottesfurcht, 427, und in seinem Gefolge Rickenbacher, Weisheitsperikopen, 212, halten es für eine spätere Überarbeitung.

und gepriesen sein Name von Generation zu Generation.[129]
(Sir 51,13-30)

In Sir 51,13-30 öffnet Ben Sira einen Spalt breit die Tür und gewährt einen kleinen biographischen Einblick.[130] Die kunstvolle Form des Akrostichons weist auf, welche Bedeutung diese Passage für ihn hat und wie sehr er persönlich involviert ist – und doch zeigt sich an der inhaltlichen Gestaltung, wie sehr er mit seiner Person hinter seiner Botschaft zurücktritt beziehungsweise sich ganz in ihren Dienst stellt. So verdeutlicht dieser biographische Einblick, dass er sein ganzes Leben als im Dienst der Weisheit beziehungsweise im Dienst der Suche nach ihr sieht, indem er zunächst seine eigene Suche beschreibt (VV 13-22) und dann seine Schüler auffordert, seinem Vorbild zu folgen (VV 23-30). An biographischen Fakten erfährt man wenig: Er bemühte sich seit seiner Jugend um Weisheit (V 13.15bβ), er hatte Lehrer (V 17b), betreibt nun selber ein Lehrhaus (V 23b) und ist gereist (V 13). Anstatt Lebensumstände, gesellschaftliche Gegebenheiten und eigene Stellung oder auch nur Lerninhalte mitzuteilen, nutzt Ben Sira diesen Rückblick auf sein eigenes Leben, um seine Erfahrung mit der Weisheit, insbesondere sein Bemühen um sie heraus- und sich als mögliches Vorbild darzustellen.[131] Er zeigt sich selber als Quelle der Weisheit.[132] Dabei prägen den Abschnitt drei Grundgedanken: das starke innere Engagement, das es für

---

129 Die letzten zwei Stichen sind nicht in G, sondern nur in H und S überliefert. Nach der griechischen Texttradition endet das Buch mit V 30a vor diesem Lobpreis.
130 Seine Darstellung beginnt er bereits in den Jugendtagen. Er geht damit nicht so weit zurück, wie es andere literarische „biographische" Rückblicke, beispielsweise Jer 1, als Vorbilder hätten hergeben können, sondern bleibt in einem realistischen Rahmen. Wenn Ben Sira dabei sozusagen als Terminus ante quem seine Reisen angibt, dann ist anzunehmen, dass es sich bei der Zeit des נער-Seins um eine Lebensphase handelt, die nicht lange davor liegt. Er spricht also in V 13 nicht von seiner Kinderzeit, sondern von seiner Jugend. Das macht die Darstellung um so glaubhafter, denn es wird der Lebenswirklichkeit entsprochen haben, dass er tatsächlich erst nach seiner Kindheit, also nach dem Besuch des Elementarunterrichts, während seiner Jugendzeit bei der Teilnahme am „höheren" Schulwesen im dortigen Unterricht von der Weisheitssuche ergriffen worden ist. So bedankt er sich bei seinem Lehrer (V 17b) und stellt ihn parallel zu der sich Ben Sira zuwendenden Weisheit.
    Zugleich ist dieser Hinweis auf die eigene Jugend eine Ermutigung für seine Schüler, die ja, wie in Kapitel 5.2 gezeigt, in der Regel ebenfalls in der Zeit, in der sie bei Ben Sira lernen, junge Erwachsene sind. So auch Deutsch, Sirach 51, 405. Vgl. dazu auch Sir 6,18.
131 Löhr, Bildung, 116, verweist nicht ganz zu Unrecht im Anschluss an Schmid, Wesen, 72, auf die altägyptische weisheitliche „Idealbiographie".
132 Deutsch, Sirach 51, 407.

eine ernsthafte Weisheitssuche braucht, die Betonung einer ethischen Lebenshaltung und schließlich das Studium.

In seinen lehrenden Texten hat Ben Sira vor allem zwei Schwerpunkte gesetzt: einmal das eigene Engagement durch Studium und Lebenshaltung, dann aber auch die Beschreibung des Weisheitserwerbs, die jedoch mehr eine Umschreibung als eine echte Beschreibung ist, indem sich die Weisheit aus freiem Willen ihrem Schüler zuwendet und ihm begegnet. Dies findet sich auch hier wieder, wenn er sein eigenes Leben darstellt. Dass auch Ben Sira die Weisheit im Unterricht suchte und fand, beschreibt er in V 16: „Ich neigte ein wenig mein Ohr, / und viel Lehre fand ich." Das spiegelt die Schul- beziehungsweise Unterrichtssituation wider, an deren Lehrer er sich im nachfolgenden V 17 dankbar erinnert. In V 20b spielt er auf die in Sir 4,11-19 und Sir 14,20-15,10, aber auch in Spr 1-9 verwendeten Metaphern an, wenn er nun von sich selbst berichtet, er habe das Haus der Weisheit umkreist und ihre Tore geöffnet.[133]

Doch dies scheint an dieser Stelle für ihn nicht den größten Stellenwert zu haben.[134] Stärker als die Lehre stellt er seine Lebenshaltung heraus, die für den Weisheitserwerb nötig war. In V 15b stellt er durch den Parallelismus einen unmittelbaren Zusammenhang zwischen der eigenen Geradlinigkeit und der Weisheitserkenntnis her; in V 18 klingt immerhin die starke Hoffnung durch, dass Gutes tun und sich nicht abzuwenden zum Finden der Weisheit führen werden. Auch die Stichen „Meine Hände läuterte ich zu ... / und in Reinheit fand ich sie" in V 20 tragen ein Doppeltes in sich: kultisch verstanden können sie ein Hinweis auf Ben Siras Frömmigkeit und Glaubenspraxis sein, in der Reinheit eine große Rolle spielt;[135] daneben haben sie aber auch eine metaphorisch-ethische Dimension, mit der Ben Sira hier in Anlehnung an Ps 24 („Wer darf auf den Berg JHWHs hinaufsteigen?", V 3) eine kultisch-moralische Reinheit andeutet, ohne die sich die Weisheit nicht finden lassen wird.

Daneben tritt das damit angedeutete Wortfeld „suchen/finden". Bereits im einleitenden V 13 spricht Ben Sira von seiner Weisheitssuche, in V 18b drückt er seine Gewissheit aus, sie zu finden. Durch sein Studium hat er sie dann in der Lehre gefunden (V 16), doch ‚Suchen'

---

133 Vgl. die Besprechungen in Kapitel 5.4.2.
134 Das ändert sich dann ab V 23, wenn Ben Sira um seine Schüler wirbt. Hier spielen Schulbetrieb und Unterricht eine bedeutendere Rolle.
135 Dies könnte zugleich als ein Hinweis auf die Priesterschaft Ben Siras gewertet werden. Doch ist dieser Schluss nicht zwingend, ist die kultische Reinheit doch ein Erfordernis für alle Mitglieder des Volkes Israel.

drückt dabei bildhaft mehr aus als bloßes Studium. Es bezeichnet sogar mehr als ethisch verpflichtetes Handeln, auch wenn dieses unerlässlich ist, wie der Zusammenhang von „Gutes tun" und „Weisheit finden" in V 18 zeigt. Weisheitsuchen bezeichnet vielmehr eine innere Haltung, eine Hinwendung zur Weisheit, die ein großes persönliches Engagement voraussetzt, zeitlich und arbeitsmäßig, insbesondere aber als Willensentscheidung, die das ganze Leben prägt und ausfüllt. Dass dies keine vorläufige Lebenshaltung ist, die nach der Begegnung mit der Weisheit endet, zeigt V 14. Bemerkenswert spricht Ben Sira hier von der Weisheit, die sich ihm zugewandt hat. Bezeichnet er sie in V 17 metaphorisch als eine Amme und greift damit wieder die weibliche Bildmetaphorik aus Sir 15,2 auf und bereichert sie um ein weiteres Bild, dann versucht er hier in V 14 die unmittelbare Begegnung mit ihr in Sprache zu fassen: Zwei Gestalten begegnen einander und treten in einen Austausch. Die erotische Komponente, die in diesem Bild steckt, ist zweifellos nicht wegzudiskutieren,[136] jedoch steht der interpersonale Austausch hier im Zentrum des Geschehens, sodass sich eher ein anderes Motiv nahe legt: Wie Mose mit Gott von Angesicht zu Angesicht sprach (Ex 33,11), so reklamiert dies Ben Sira auch für seinen Kontakt mit der Weisheit. So findet nicht nur geistiger Austausch statt, sondern eine leibhafte Begegnung – eine Begegnung, die nicht nur den Geist und die geistige Erkenntnis umfasst, sondern den ganzen Menschen, damit aber auch sein gesamtes Leben. Und so führt Ben Sira in V 14 dann auch mit einer Selbstverpflichtung fort: „Bis zu ihrem Ende werde ich sie suchen". Die Weisheit wurde ihm zum Lebensinhalt, der ein Enga-

---

[136] Der Text bietet in der Tat einen erotischen Unterton. Doch besteht dieser in der Grundtendenz der Begegnung zwischen dem – männlichen – Weisheitsschüler bzw. Weisen und der – weiblich konnotierten – Weisheit. Der Versuch, diesen erotischen Unterton durch einzelne, angeblich sexuell konnotierte Stichworte nachzuweisen, ist daher zum Scheitern verurteilt: So zieht Sanders, Psalms Scroll, 114, beispielsweise den Fuß in Sir 51,15b als euphemistische Umschreibung für den Phallus heran. Weitere Beispiele a.a.O., 114f. Er wiederholt dies 1971 in Sanders, Acrostic, 433-437. Küchler, Schweigen, 213, bietet im Anschluss an Sanders, Psalms Scroll, 114f, eine ausführliche Auflistung der Metaphern, die er erotisch deuten möchte – mit eben der Problematik, dass er den erotischen Anklang, den Ben Sira bietet, allzu sehr ausweiten möchte. Davies, Uses of Writing, 73, ist etwas zurückhaltender; seines Erachtens beschreibt Ben Sira die Weisheit in Sir 51,13-30 als „an attractive, desirable, and elusive lover", allerdings sieht er wiederum diese erotische Komponente in fast allen Texten Ben Siras, die mit dem Erwerb von Weisheit zu tun haben. Gegen solche Analysen wendet sich Rabinowitz, Acrostic, der Sanders eine Fehlübersetzung und falsche textkritische Entscheidungen vorwirft. Auch Minissale, Ben Siras Selbstverständnis, 107, hält dagegen und wertet erotische Konnotationen als „forciert und nicht nachweisbar". Zweifellos sind die erotischen Konnotationen nicht überzubewerten, doch ganz zu übersehen sind sie auch nicht.

gement mit dem ganzen Verstand, dem ganzen Leben und mit aller Kraft erfordert. Weisheit erfordert ein brennendes Herz und einen festen Blick, der ständig auf sie gerichtet ist (V 19).[137] So kann Ben Sira dann auch von sich sagen, er habe der Weisheit seine Seele, sein Leben, übergeben und sich damit ganz in ihre Hände fallen gelassen (V 20).

Wenn Ben Sira sich dann in V 23 seinen Schülern zuwendet und sie auffordert, sich seiner Lehre zuzuwenden,[138] dann fordert er sie dazu auf, es ihm nachzutun. Er verschweigt auch hier nicht, dass der Prozess des Weisheitserwerbs durchaus seine schwierigen und anstrengenden Seiten hat (vgl. V 26). Aber er wirbt damit, dass die Weisheit keine ferne Größe ist, sondern erreichbar, und dass ein wesentlicher Faktor dabei ist, wie sich der Schüler zur Weisheit selber stellt: So spricht Ben Sira auch hier wieder davon, dass derjenige, der sich der Weisheit übergibt, sie sicher finden wird (V 26bβ). Er selber stellt sich dazu als Beispiel und Vorbild dar, indem er betont, wie wenig er sich geplagt habe und sie doch in Fülle fand (V 27).

Obwohl Ben Sira seine Person hinter sein Anliegen zurück- und auch diese biographische Notiz am Ende seines Werkes in dessen Dienst stellt, ergeben sich einige bemerkenswerte Parallelen zu Texten seines Buches, insbesondere zu den reflektierenden Passagen.[139]

Zentrale Übereinstimmungen bestehen zwischen Sir 51 und Sir 39,1-11. Bereits die erste Notiz in Sir 51,13 zeigt, dass es sich bei den Reisen, die Ben Sira in Sir 39,4 für den Gebildeten und den Weisen für unverzichtbar hält, um eine Reflexion eigener Erfahrungen handelt (vgl. zudem Sir 34,9-14, siehe dazu auch die Ausführungen oben). Auf-

---

137 Dabei ist unter dem brennenden Herzen kein romantisches Gefühl zu verstehen, sondern eine intellektuelle Leidenschaft, die den wahren Weisen ausmacht, ist doch das Herz der Sitz des Denkens. Vgl. Wolff, Anthropologie, 84; Schmidt, Anthropologische Begriffe, 87f.

138 Ben Sira lässt in V 25 klar erkennen, dass er für seine Lehre den Anspruch erhebt, dass die Weisheit durch sie erfahrbar wird. Mit dem Aufruf in V 23 stellt er sich zugleich als Lehrer in die Nachfolge der Weisheit, indem er ihren Werberuf nun für sich übernimmt – da dieser jedoch nicht auf Ben Sira als Person bezogen ist, steht er auch hier ganz im Dienst der Weisheit und stellt sich als ihr Werkzeug dar. (Dies ist zu unterscheiden von der Annahme Löhrs, dass sich Ben Sira an die Stelle der Weisheit stelle; auch von einer Inkarnation ist in diesem Zusammenhang nicht zu sprechen [vgl. Löhr, Bildung, 117].)

139 Angesichts der oben gemachten Äußerungen zu den Hypothesen Stadelmanns muss auch hier darauf hingewiesen werden, dass es sich bei den folgenden Überlegungen ebenfalls lediglich um Hypothesen handelt. Der Unterschied zu Stadelmann besteht darin, dass er versucht, von den lehrenden Texten ausgehend auf die Person Ben Siras zu schließen, wogegen hier von seinen biographischen Selbstaussagen ausgegangen und nach Entsprechungen im Buch gesucht wird.

grund seines gesamten Werkes und der darin enthaltenen Bildung kann zweifellos auch Sir 39,1, das umfassende Studium der weisheitlichen und religiösen Traditionen, für Ben Sira beansprucht werden, denn dies stimmt mit der Selbstaussage in Sir 51,16 überein. Sir 51,17 legt mit der Erwähnung seiner Lehrer nahe, dass es sich auch bei Sir 39,2f um eine eigene Erfahrung des Verfassers handelt. Ob mit den bereits erwähnten Reisen auch für ihn persönlich der Dienst für Vornehme und Herrscher verbunden war, wie Sir 39,4a besagt, muss dagegen offen bleiben, ist aber angesichts der sonstigen Übereinstimmungen plausibel; zudem legen vor diesem Hintergrund die zahlreichen Betrachtungen und Überlegungen Ben Siras über das Verhältnis zu Mächtigeren nahe, dass er damit Erfahrungen besaß (vgl. Sir 7,4-6; 9,13; 10,1-5; 13,9-11)[140].

Die Frömmigkeit wiederum, die Sir 39,5 für den Weisen einfordert, kann mit Sir 51,22, aber auch unter Hinweis auf die von ihm immer wieder geforderte Gottesfurcht sowie die Betonung der Wichtigkeit des Tempeldienstes und die Faszination, die dieser offensichtlich auf Ben Sira ausübte und die sich an zahlreichen Stellen in seinem Buch ausspricht (siehe Sir 7,29-31; 32,13f; 34,21-31; 35,1-15.16ff)[141], und nicht zuletzt im Blick auf die Psalmgebete in Sir 23,1-6; 36,1-17; 51,1-12 als autobiographischer Zug verstanden werden. So kann also über Sir 39,1-11 zwar nicht unmittelbar, aber mit Blick auf Sir 51,13-30 mittelbar mit Beentjes festgehalten werden, „that Ben Sira in fact discribes here his own activities and skills"[142], und zwar nicht unbeabsichtigt, wie Fruhstorfer angenommen hat,[143] sondern durchaus als eine bewusste und gewollte Idealdarstellung in Anlehnung an die eigene Biographie, den eigenen Bildungsweg und -stand und die eigenen Erfahrungen.

---

140 Siehe dazu auch Calduch-Benages, Authority, sowie Minissale, Ben Siras Selbstverständnis.
141 Eine ausführliche Besprechung dieser und weiterer Passagen unter der Frage der angeblichen Priesterschaft Ben Siras bietet Snaith, Liturgy. Er stellt eine Priesterschaft Ben Siras in Frage, ja geht nicht einmal davon aus, dass sich Ben Sira in dem Priester betreffenden Recht auskannte (a.a.O., 169). Stattdessen arbeitet er heraus, dass in all den genannten Texten andere Fragen im Vordergrund stehen und Ben Sira sich lediglich in dem religionsrechtlichen Rahmen bewegt, wie er in der Zeit zwischen den biblischen Quellen und den Regelungen und Überlieferungen der Mischna üblich war. So hält Snaith fest: „Interest in social justice and inner personal devotion tends to predominate, and where sacrifical worship is commended it is commended because God has commanded it" (a.a.O., 174).
142 Beentjes, Scripture, 275.
143 Fruhstorfer, Curriculum vitae, 142, schreibt in seiner knappen Auslegung von Sir 39,1-15: „Unbeabsichtigt hat Jesus Sirach damit seinen eigenen Lebensweg aufgezeichnet."

Ein grundlegender Hinweis darauf, dass Ben Sira Priester beziehungsweise „priesterlicher Schriftgelehrter" gewesen sei, wie dies Stadelmann und nach ihm weitere behaupten (s.o.), ergibt sich aus diesen Passagen jedoch nicht.[144] Zweifellos ist er vom Kult und insbesondere von den Gewändern der Priester fasziniert (vgl. die Darstellung Aarons in Sir 45,6-22 und Simons II. in Sir 50,1-24), doch bleiben seine Aussagen auf den ästhetischen Genuss der der Öffentlichkeit zugänglichen beziehungsweise sichtbaren Zeremonie beschränkt. Wäre Ben Sira Priester, dann stellte sich die Frage, warum er nicht stärker auf zentrale priesterliche Aufgaben wie Ritusvollzug und Opfer eingige,[145] böten sie doch zahlreiche Möglichkeiten zu weitergehenden Überlegungen, wie er sie ähnlich zur Priesterschaft bietet. Daher sollte in der Tat vorsichtiger von einem schriftgelehrten Weisen gesprochen werden, der allerdings ganz bewusst einen starken Akzent auf die Frömmigkeit und auf ein Gott gefälliges Leben legt, diese sogar als unabdingbar, ja geradezu als konstitutiv für den Weisheitserwerb betrachtet. Dazu gehören für Ben Sira ganz grundlegend Gott gefälliges Leben im Alltag, Gottesfurcht, Halten der Gebotstraditionen Israels, Gebet und auch der Tempel mit seinen Gottesdiensten. An all diesem konnte er teilhaben, ohne dafür Priester zu sein. So sollte in diesem Kontext von einem *frommen* schriftgelehrten Weisen und nicht von einem priesterlichen Weisen geredet werden, dessen Frömmigkeit maßgeblich durch den Tempel geprägt war.

Neben den Entsprechungen zu Sir 39 gibt es weitere, die sich insbesondere mit dem Weisheitserwerb beschäftigen. So gibt Sir 51,13 zu erkennen, dass auch die Aufforderung in Sir 6,18, sich von Jugend an um Weisheit zu bemühen, auf die eigene Erfahrung Ben Siras zurückgeht, sodass es sich möglicherweise bei dem ganzen Text Sir 6,18-37 um reflektierte Erfahrungen seinerseits handelt. Dann verweist insbesondere Sir 51,17a mit seiner Metapher auf Sir 14,20-15,10 und damit verbunden auch auf Sir 4,11-19, sodass offenbar auch in diesen Texten bei allem Lehrhaften und Metaphorischen biographisches Erleben zugrunde liegt.

Über die Frage der gesellschaftlichen und finanziellen Verhältnisse Ben Siras lassen sich aufgrund seiner autobiographischen Notizen, aber

---

144 So hält auch Fabry, Priestertum, 273, fest: „So naheliegend der Schluss auch sein mag, in ihm einen Priester zu sehen, er ist keineswegs zwingend." Schrader, Beruf, 146, ist deutlicher: „Daß er Priester war …, wird im Sirachbuch trotz der spürbaren Verehrung des Priestertums nirgendwo auch nur angedeutet."
145 Vgl. dazu auch die detaillierte Analyse von Reiterer, Gott und Opfer, 136-176.

auch aufgrund des Gesamteindrucks des Buches kaum Aussagen machen. Sir 51,25b kann nicht dazu herangezogen werden, steht dieser Vers inhaltlich doch relativ unverbunden im Kontext. Lediglich dass er als Lehrer gearbeitet hat, lässt sich aus Sir 51,23 erheben, vor allem aber auch aus dem oben Dargelegten sowie aus dem gesamten pädagogischen Duktus des Buches. In welchem organisatorischen und institutionellen Rahmen sein Schulbetrieb geschehen ist, lässt sich jedoch nur in aller Vorsicht sagen. Dabei klingen Crenshaws Überlegungen, dass die von Ben Sira in Sir 51 zur Schilderung seines Unterrichts verwendeten Begriffe eher für eine private Einrichtung sprechen, sehr plausibel,[146] sodass auch Collins' Bemerkung, Ben Siras Schule habe den „character of a group tutorial"[147] wohl zutreffend sein wird, auch wenn sie US-amerikanische Verhältnisse widerspiegelt.

So lassen sich über die Person Ben Siras nur wenige konkrete Aussagen machen: Er hat sich von seiner Jugend an um Weisheit bemüht und diese nach seiner Selbsteinschätzung in der Art und in dem Maße gewonnen, dass er von sich als einem Weisen sprechen kann, der seine Weisheit nicht nur für sich nutzen, sondern auch weitergeben kann. Dies tut er in einem eigenen Schulbetrieb. Quellen seiner Weisheit sind einmal die Lehre in einem erlebten Unterricht sowie persönliches Studium, dann aber auch eigene Erfahrungen, wie wahrscheinlich das Reisen. Eine zentrale Rolle in Ben Siras Leben spielt die Frömmigkeit; sie äußert sich in Gebet und Teilnahme am Tempelkult, soweit dies für das Volk möglich war, insbesondere im Alltag aber in Gottesfurcht, das heißt im „Gehorsam gegenüber dem göttlichen Willen"[148], der sich in Weisheit und Tora ausspricht. So kann sicherlich auch für Ben Siras Leben in Anspruch genommen werden, was er sonst in seinem Werk fordert: Sich an die Weisheit zu halten beziehungsweise Weiser sein, erfordert eine entsprechende Lebenshaltung und prägt die gesamte Lebensführung, bis in den Alltag hinein.

Insgesamt gibt sich Ben Sira in Sir 51,13-30 in Verbindung mit diesen Texten als eben den Weisen zu erkennen, den er in seinem Buch als Bildungsziel und -ideal vor Augen hat: ein Weiser, der mit *seiner* Weisheit an der *einen* Weisheit Anteil hat, die von Gott kommt und doch bei Gott bleibt, und diese autoritativ seinen Schülern vergegenwärtigen

---

146 Crenshaw, Listening, 184.
147 Collins, Jewish Wisdom, 38.
148 Von Rad, Weisheit, 92.

kann. So ist er in der Tat eine „charismatische Autorität" in seiner Zeit.[149]

5.6 „Viele sind die Gedanken der Menschen" (Sir 3,24) – Bildungshemmnisse und Grenzen der Erkenntnis

Nur durch eine Begegnung mit der Weisheit kann es nach Ben Sira zu wirklicher Bildung kommen. Doch dies ist kein einmaliges und dann abgeschlossenes Geschehen, sondern führt in einen fortwährenden Prozess des Lebens mit und aus der Weisheit.

Dazu bedarf es einiger Voraussetzungen, beispielsweise äußerer Rahmenbedingungen: Wie bereits in Kapitel 5.2 bei der Frage nach der Zielgruppe der Arbeit Ben Siras ausgeführt, spielt die Muße, die Freiheit von der voll und ganz in Anspruch nehmenden Erwerbsarbeit, eine große Rolle (Sir 38,24). Doch es gibt auch innere Rahmenbedingungen, die „im" Weisheitsschüler, das heißt in seiner Lebenseinstellung und -führung erfüllt sein müssen. So muss er sich ganz auf die Weisheit konzentrieren und darf nicht den vielen Gedanken der Menschen nachgehen, indem er lieber ihnen folgt, als sich der Zucht der Weisheit zu unterwerfen. Dann nämlich entstehen Hemmnisse, die verhindern, dass der Weisheitsschüler zu Weisheit und Bildung kommt. Daneben gibt es aber auch grundsätzliche Grenzen der Erkenntnis, die der Schüler nicht überwinden kann und die er auch in seinem Weisheitsstreben zu achten hat.

5.6.1 Die Ablehnung der Weisheit aus eigener freier Entscheidung heraus

Bereits in seinem großen Aufruf in Sir 6,18-37, sich der Weisheit und ihrer Bildung zuzuwenden, spricht Ben Sira unumwunden von den Schwierigkeit, die dies auch bedeutet. Unmittelbar nach der einleitenden Aufforderung und der Verheißung der Weisheitssuche in V 18f spricht Ben Sira über den Typos des Toren.

---

149 Vgl. die Untersuchung von Lang, Propheten.

20 Trügerisch ist sie [die Weisheit][1] dem Törichten,
und der Herzlose[2] geht nicht mit ihr um.
21 Wie ein Gewichtsstein wird sie auf ihm sein,
und er wird nicht zögern, sie wegzuwerfen.
22 Denn die Erziehung ist wie ihre Bezeichnung,
und nicht vielen ist sie einsichtig.
(Sir 6,20-22)[3]

Es gibt Menschen, die das Streben nach Weisheit und Bildung abbrechen, weil es nicht ihren Begabungen entspricht. Doch um sie geht es Ben Sira an dieser Stelle nicht. In seinem Aufruf zur Weisheitssuche spricht er von Menschen, denen es zu mühsam ist, sich der Disziplin zu unterwerfen, die für Erziehung und das Streben nach Bildung notwendig ist. Geradezu typologisch spricht er von ihnen als Törichten und geht offenbar davon aus, dass es sich um einen Menschenschlag handelt und nicht um Fälle, in denen Schüler ihr Studium abbrechen, weil sie ihm nicht gewachsen sind.

Ben Sira zeichnet den Toren als einen Menschen, der sich zwar der Weisheit zuwendet und mit dem Studium beginnt, aber mit seinem ganzen Wollen nicht in der Weise bei ihr ist, dass er sich ihr selber sowie der Arbeit und Disziplin stellen möchte, wie es notwendig wäre. Dass es sich auch für den schließlich erfolgreichen Weisheitsschüler um einen durchaus mühsamen Prozess handelt, verschweigt Ben Sira in dieser Perikope nicht.[4] Auch jenem erscheint sie zunächst als bindende Fessel und als drückendes Joch; es gilt, sie zu ertragen (vgl. VV 24f).[5] Doch dies versteht Ben Sira als Reifungsprozess, in dem sich der Schüler bewähren muss. Er muss sich der Führung und Lenkung der Weis-

---

[1] Der Bezug geht aus dem Kontext hervor. Vgl. auch Rickenbacher, Weisheitsperikopen, 58.
[2] Gemeint ist der Unverständige.
[3] Zur Textdarstellung sowie der textkritischen Diskussion siehe Kapitel 5.3.1.
[4] Indem er diese Perikope mit den Aussagen über die Versuchungen in Sir 2 verbindet, stellt Haspecker, Gottesfurcht, 216, sogar eine Verbindung zu Gott her: Die Prüfungen bzw. Hindernisse auf dem Weg zur Weisheit „sind von Gott selbst geschickt, sind seine Schule der Erprobung und Läuterung". Dem ist strukturell zuzustimmen, doch übersieht Haspecker, dass Ben Sira hier von der Weisheit und ihrem Wirken spricht, sodass dieselbe Aussage korrekterweise über die Weisheit zu machen wäre. So spricht Marböck, Weisheit im Wandel, 116, auch von der Weisheit und hält fest: „Die Weisheit bleibt zwar immer dieselbe, aber die Erfahrung des Menschen mit ihr wandelt sich". Dies gilt, auch wenn „Gott selbst hinter dem Anspruch der Weisheit steht" (a.a.O., 117).
[5] Minissale, Ben Siras Selbstverständnis, 105, spricht unverblümt vom Durchstehen dieser Zeit – und das gilt für beide: für den künftigen Weisen wie für den Toren.

5.6 Bildungshemmnisse und Grenzen der Erkenntnis

heit anvertrauen (V 25b) – und auch wenn Ben Sira nicht konkret wird und keinen Hinweis auf die lebensweltliche Wirklichkeit gibt, so liegt doch nahe, hierin die für den Schüler manchmal sicherlich unverständlichen pädagogischen Maßnahmen des Lehrers zu sehen. Der Tor aber erscheint demgegenüber als so wankelmütig oder bequem, dass er bei eintretenden Schwierigkeiten aufhört und sich von der Weisheitssuche abwendet. Er sieht nur die drückende Last, nicht aber die Verheißung, dass sich am Ende eben diese Belastungen als gut und notwendig herausstellen werden (V 30). Zu sehr bleibt er im Augenblick verhaftet und verliert so das Ziel.

Den Unterschied zwischen dem schließlich erfolgreichen Weisheitsschüler und dem Toren sieht Ben Sira also nicht auf der Seite der Weisheit oder der Lehre beziehungsweise des Studiums, aber auch nicht in der Frage des Intellekts des Schülers,[6] sondern in der Lebenseinstellung desjenigen, der sich auf die Suche nach der Weisheit einlässt. So wird deutlich, dass das Streben nach Weisheit Treue und damit auch eine immer wieder neu gefasste Entscheidung erfordert.[7] Niemand wird zur Weisheit gezwungen, jeder hat die freie Wahl. Der Tor nutzt diese, um sich abzuwenden. Er folgt lieber seinen eigenen Vorstellungen und Wünschen und meidet die Einengung, die die Erziehung durch die Weisheit bedeuten kann. Er hält der Zurechtweisung, der Krisis für das eigene Wollen nicht Stand.[8]

Dies prägt auch die Sicht, die der Tor auf die Weisheit hat:

18 ὡς οἶκος ἠφανισμένος οὕτως μωρῷ σοφία
καὶ γνῶσις ἀσυνέτου ἀδιεξέταστοι λόγοι
19 πέδαι ἐν ποσὶν ἀνοήτου παιδεία
καὶ ὡς χειροπέδαι ἐπὶ χειρὸς δεξιᾶς

18 Wie ein Gefängnis[9], so ist dem Törichten die Weisheit,

---

6 Darauf weisen auch Skehan/Di Lella, Ben Sira, 193, zu Recht hin.
7 Wischmeyer, Kultur, 283, spricht in diesem Zusammenhang von der „Anspannung aller Kräfte" und weist ebenfalls darauf hin, dass es sich um eine „Lebensform" handelt, wenn sich der Schüler an die Weisheit hält.
8 Siehe zu Sir 6,20-22 auch die Auslegung in Kapitel 5.3.1.
9 So mit S (ܒܝܬ ܐܣܝܪܐ). S ist G vorzuziehen (so auch Skehan/Di Lella, Ben Sira, 307), weil es dem inneren Zusammenhang dieser Verse entspricht. Eine Übereinstimmung von S und G kann allenfalls darin gesehen werden, wenn man die „Gebundenen" aus S als zusammengebundene Gegenstände verstünde, sodass es sich um ein ärmlich aus den Bruchsteinen des Vorgängerbaus restauriertes Haus handeln würde. Doch das erscheint als zu konstruiert.

und die Erkenntnis des Unverständigen sind unberücksichtigte Worte.
19 Wie Fesseln am Fuß des Unverständigen ist Erziehung
und wie Fesseln an der rechten Hand.
(Sir 21,18-19)

In der Perikope Sir 21,11-28 stellt Ben Sira den Weisen und den Toren gegenüber. Auch kehrt das bereits in Sir 6 verwendete Bild von der Erziehung als Fessel wieder. Doch während diese Fesseln dem Weisen zur Reifung dienen, sieht der Tor darin nur eine Gängelung. Er sieht sich nicht mehr in der Lage, sich in Freiheit für die Suche nach der Weisheit zu entscheiden. Stattdessen stellt die Erziehung in seiner Wahrnehmung Einengung, ja sogar Verhinderung der Handlungsfreiheit dar (V 19).

Entsprechend ist dann auch sein Erleben der Weisheit. Wieder greift Ben Sira auf das Bild vom Haus der Weisheit zurück; diesmal zeigt er daran den Gegensatz zwischen dem Weisen und dem Toren. Das Verhalten des engagierten Weisheitsschülers stellt er in Sir 14,24f.27 dar: Der Weisheitsschüler belagert in seinem Eifer regelrecht das Haus, ja er darf sogar in ihm wohnen. So zeigt Ben Sira trotz der bleibenden Unterschiedenheit zwischen Schüler und Weisheit doch die große Nähe und den ständigen Umgang des Weisen mit der Weisheit.[10] Im Hintergrund dieses Bildes steht zweifellos eine Anlehnung an Spr 9,1 und damit an die Weisheit, die ein prächtiges Haus bewohnt und darin ihre Schüler einlädt und bewirtet.[11] Darauf, dass auch Ben Sira von einem größeren Haus ausgeht, zeugen seine Bemerkungen in Sir 14,22f, nach denen dieses Haus über mehrere Zugänge und Öffnungen (Plural!) verfügt.

Das Gegenbild des Toren zeichnet Ben Sira nun hier in Sir 21,18. Das Haus, in und an dem sich der Weisheitsschüler aufhält, erscheint dem Toren als ein Gefängnis. Wie schon der Umgang mit der Weisheit ihm als Gängelung und Fesselung erscheint, so kann er auch ihr Haus nur als einen Ort der Einschränkung und Entmündigung sehen, an dem er vollständig der Freiheit beraubt ist. Das unterstreicht die Verblendung des Toren, der aufgrund seines kurzsichtigen und falsch orientierten Freiheitsbedürfnisses die Schönheit des von der Weisheit gebauten Hauses nicht wahrnehmen kann.[12] Jedenfalls scheint auch

---
10 Siehe dazu die Auslegung von Sir 14,20-15,10 in Kapitel 5.4.2.
11 Siehe zu Spr 9,1 den Exkurs zur lehrenden Weisheit in Kapitel 5.4.
12 Diese Interpretation auf die Schönheit des Hauses hin legt auch G nahe, wenn hier für die Wahrnehmung des Toren ein „zerstörtes Haus" bezeugt wird. Umgekehrt könnte eine Interpretation von G unabhängig von Spr 9,1 bedeuten, dass es sich tat-

Ben Sira die Weisheit in einem größeren und prächtigeren Haus wohnen zu sehen; der Tor verkennt damit in seiner Verblendung das Haus der Weisheit – und indem er das Haus und seine Zweckbestimmung, nämlich die Begegnung und den Umgang mit der Weisheit verkennt, verkennt er auch das Innere des Hauses, nämlich die Weisheit selber und ihre Verheißung, die die Beschäftigung mit ihr in sich trägt. Dass er einseitig auf die Einschränkungen achtet und sie als Minderung der Lebensqualität versteht, verdeutlicht wieder, dass er das eigentliche Ziel aus dem Blick verliert und sich deshalb abwendet.

Dies hat für den Toren Konsequenzen. Am Ende der ‚Rede der Weisheit' in Sir 4 formuliert Ben Sira hart und eindeutig:

> Wenn er abweicht, will ich ihn fallen lassen,
> ich werde ihn einschließen zu den Gewalttätigen.
> *(Sir 4,19)*[13]

Die Weisheit lässt in „ihrer" Rede keinen Zweifel daran, dass die Abwendung von ihr nicht folgenlos für den sein wird, der sie ablehnt. Sie wird reagieren und ihren nunmehr ehemaligen Schüler fallen lassen. Es geschieht nun das, was der Tor durch seine Ablehnung unbedingt vermeiden möchte: er wird jetzt tatsächlich eingeschlossen. Allerdings sind diese Fesseln nicht mehr die Fesseln der Weisheit und ist dieses Gefängnis wahrlich nicht das Haus der Weisheit. Stattdessen lässt die Weisheit ihn in die Hände von Gewalttätern fallen. Ben Sira nimmt auch hier wieder eine Anlehnung an die kanonische Weisheitsliteratur: Bereits in Spr 1,10-19 – und damit auch in Spr an prominenter Stelle, gleich zu Beginn zwischen der Einleitung und der Rede der Weisheit ab Spr 1,20 – wird vor den Sündern gewarnt, die den Schüler auf Abwege führen können. Indem sich nach der Ablehnung durch den Schüler nun auch die Weisheit ihrerseits von ihm zurückzieht und ihn fallen lässt, wird die Entscheidung des Menschen zu einem beiderseitigen Geschehen. Ob dies in aller Konsequenz bedeutet, dass es keine Umkehr für

---

sächlich um ein heruntergekommenes Haus handelt, der Tor die Schäbigkeit des Hauses der Weisheit durchaus richtig wahrnimmt, damit jedoch auf die äußerliche Sicht beschränkt bleibt und die inneren Werte nicht sehen kann. Eine solche Interpretation würde zeigen, dass Weisheit auch in der Einfachheit gelehrt wird beziehungsweise vorkommt (vgl. Sir 12,30). Dem widerspricht allerdings Ben Siras oben genannte Andeutung der Größe des Hauses.

13 Zur Textdarstellung und textkritischen Diskussion siehe Kapitel 5.4.2.

den Schüler geben wird, muss offen bleiben.[14] Doch dies liegt zweifellos am Charakter des Textes, der mit Verheißung und Mahnung beziehungsweise Warnung versucht, die Weisheitsschüler an die Weisheit zu binden. Sein Anliegen ist, dass der Schüler sich unbedingt, auch in und trotz aller Schwierigkeiten und Unannehmlichkeiten immer wieder für die Weisheit entscheiden und sich an sie halten soll. Mit dieser Passage möchte Ben Sira dem Schüler das Ziel deutlich vor Augen stellen, damit dieser es gerade nicht aus dem Blick verliert. So soll deutlich werden: nur derjenige kann Weisheit erlangen, der sich dem harten Weg der Weisheit stellt und ihn mit ihr geht – und das bedeutet: wer sich immer wieder für sie entscheidet und so seine Treue zeigt. Dem wird sie dann auch ihre Geheimnisse enthüllen (V 18b).

Damit gibt Ben Sira klar zu erkennen, dass im Hintergrund all seiner Überlegungen zum Weisheitserwerb der freie Wille des Menschen steht.[15] Ohne die Entscheidung, sich an die Weisheit zu halten, sich von ihr leiten zu lassen, auch wenn dies eigenen Vorstellungen und dem eigenen Wollen widerspricht, und ohne diese Entscheidung immer wieder neu und auch bewusst zu fällen, kommt niemand in den Genuss der Begegnung mit ihr. Das macht wohl die größte Härte und Schwierigkeit aus, die Ben Sira als Fesseln der Weisheit bezeichnet. Doch um sie kommt niemand herum. Die Möglichkeit zur Entscheidung bedeutet auch für Ben Sira immer den Zwang zur Entscheidung – daher auch sein intensives und wiederholtes Werben in seinem Buch.

Hat sich der Schüler nicht in aller Konsequenz für einen Lebensweg mit der Weisheit entschieden, dann hat das auch Konsequenzen für die Lehre, beziehungsweise für den Lehrer:

συγκολλῶν ὄστρακον ὁ διδάσκων μωρόν

Einer, der Scherben zusammenklebt, ist der, der einen Toren lehrt.
(Sir 22,9a)

In diesem Bild – Di Lella bezeichnet es als „colorful and dramatic"[16] – zeigt Ben Sira: Bei einem Toren sind Lehre und Unterricht vergeblich. Sie mögen zwar gut gemeint sein und ein gut gemeintes Ziel verfolgen,

---

14 Ebenso ist bei Ben Sira nicht thematisiert, aus welchen Gründen sich der Schüler abwendet.
15 Siehe dazu die Überlegungen zum freien Willen des Menschen in Kapitel 5.1.5.
16 Skehan/Di Lella, Ben Sira, 313.

doch letztlich nützen sie nichts. Der Lehrer tut geradezu etwas Unsinniges, denn ein wieder zusammengeklebter Krug oder eine wieder zusammengefügte Schale sieht weder wieder so aus wie vorher, noch kann er oder sie in dem Maße eingesetzt werden wie vor dem Bruch. Gebrochene und wieder zusammengefügte Keramik ist nicht mehr so belastbar wie zuvor. Der nächste Bruch ist abzusehen, das Gefäß bleibt schadhaft und hat seinen ursprünglichen Wert eingebüßt.

Ein ähnlich eindrückliches Bild verwendet Ben Sira in dem bereits oben erwähnten Kapitel Sir 21:

13 γνῶσις σοφοῦ ὡς κατακλυσμὸς πληθυνθήσεται
καὶ ἡ βουλὴ αὐτοῦ ὡς πηγὴ ζωῆς
14 ἔγκατα μωροῦ ὡς ἀγγεῖον συντετριμμένον
καὶ πᾶσαν γνῶσιν οὐ κρατήσει

13 Die Erkenntnis des Weisen wird wie eine Flut zunehmen,
und sein Rat ist wie eine Quelle des Lebens.
14 Das Innere des Toren ist wie eine rissige Zisterne[17],
er kann keine Erkenntnis festhalten.[18]
(Sir 21,13-14)

Wie auch in seinem zentralen Kapitel 24 nutzt Ben Sira hier das Bild des Wassers, um die lebensspendende Dimension der Weisheit zu zeigen – ein Bild, das Menschen im Nahen Osten unmittelbar einsichtig ist. Dabei zeichnet er den Weisen als eine Quelle des Lebens und nimmt damit eine Anleihe an der weisheitlichen Tradition (Spr 10,11; 13,14), aber auch an der prophetischen (Jer 2,13; 17,13) sowie an der Psalmenfrömmigkeit (Ps 36,10). Der so beschriebene Weise hat eine immer weiter ansteigende Fülle an Erkenntnis und kann und wird diese weitergeben, wie es Ben Sira von sich selber in Sir 24,30-34 aussagt.

Der Tor ist davon in zweifacher Weise abgesetzt: Zum einen ist er keine solche Quelle; er ist nicht einmal ein Brunnen, der den Zugang zu fließendem Wasser ermöglicht. Vielmehr gleicht er einer Zisterne, die

---

17 G bezeugt „Gefäß". Doch ist S vorzuziehen, da hier das sprachliche Bild fortgeführt wird. So auch Sauer, Jesus Sirach/Ben Sira, 163, sowie Skehan/Di Lella, Ben Sira, 307, die zudem die Anleihe an Jer 2,13 herausarbeiten (a.a.O., 310) und auf den parallelen Übersetzungsvorgang bei Spr 5,15 vom masoretischen Text in die Septuaginta (a.a.O., 307) hinweisen.
18 S bezeugt stattdessen: „Alle Tage seines Lebens wird er keine Weisheit lehren". Der Versuch einer Rekonstruktion des Textes ist schwierig. Aufgrund der verwendeten Bildebenen in V 14a, der auch S folgt, ist G vorzuziehen und liegt der Übersetzung zugrunde.

eben keine Quelle ist, die selber Wasser hervorsprudeln lässt, sondern auf den Zufluss von Wasser angewiesen ist. So bringt auch der Tor keine eigene Lehre hervor, sondern ist darauf angewiesen, sie von anderen zu empfangen. Hinzu kommt noch als Steigerung, dass der Tor wie eine rissige Zisterne ist, die das in sie geflossene oder gefüllte Wasser nicht in sich behält, sondern aussickern lässt. So kann auch der Tor mit seinen Erkenntnissen nichts Sinnvolles anfangen und lässt sie wieder los, sozusagen versickern, kaum dass er sie gewonnen hat.[19]

Beide Bilder – die zerbrochene Keramik wie die rissige Zisterne – haben eine Gemeinsamkeit. In beiden Fällen hat sich jemand nicht im ausreichenden Maß darum gekümmert und ließ die notwendige Sorgfalt vermissen. So tragen diese Bilder zugleich – ob beabsichtigt oder nicht – auch ein Moment der Kritik an den Lehrpersonen, seien es Eltern oder Lehrer, in sich.

Im Unterschied zur zerbrochenen Keramik kann an der rissigen Zisterne noch etwas getan werden, wenn auch nur mit großem Aufwand. So nimmt das Leeren, Trocknenlassen und Ausbessern viel Zeit in Anspruch, in der man ohne beziehungsweise mit anderem Wasser auskommen muss, sodass sich die Frage stellt, inwieweit sich diese Mühen lohnen. Dennoch trägt das Bild von der rissigen Zisterne nicht die gleiche Endgültigkeit in sich wie das vom zerbrochenen Krug.

Die daran anschließende Frage, ob Ben Sira mit diesen Bildern eine psychologische Einsicht umreiße, nach der der Tor zu seiner Torheit eine innere psychische Disposition habe, die ihn zum Toren mache, sodass er wie ein Tor handeln müsse und eigentlich keine Möglichkeit habe, dem zu entfliehen oder Abhilfe zu schaffen, ist zu verneinen. Vor allem drei Argumente sprechen dagegen. Zum einen widerspricht ein solches, an deterministischem Gedankengut Anleihen nehmendes Bild Ben Siras Lehre vom freien Willen beziehungsweise der freien Entscheidung. Seine immer wiederkehrenden Werbungen, Mahnungen und Warnungen würden dadurch ad absurdum geführt. Zum anderen verkennt eine solche Interpretation die pädagogische Zielsetzung der oben genannten und auch weiterer Texte und Sentenzen. Es geht aber Ben Sira gerade um eben diese Werbung und Mahnung, nicht um ontologische Aussagen. Schließlich würde der Torheit ein Machtcharakter zugeschrieben, den sie nicht hat. Sie ergreift nicht von Menschen Besitz und raubt ihnen den Willen. Zudem geht es Ben Sira hier nicht um eine Festlegung einzelner Personen oder eines Personenkreises; die Torheit

---

19 So die Interpretation mit G. S scheint demgegenüber sogar vorauszusetzen, dass auch der Tor einer lehrenden Tätigkeit nachgeht, doch seine Lehre aufgrund dieser Durchlässigkeit niemals wirkliche Weisheit sein wird.

5.6 Bildungshemmnisse und Grenzen der Erkenntnis

hat keinen „Trägerkreis", sondern verwirklicht sich je und je in Einzelnen und kann dort erlebt werden. Ben Sira beschreibt hier plakativ einen Vorgang, um ihn so plastisch wie möglich darzustellen.

So wirbt er darum, die eigene Entscheidungsfreiheit zu nutzen und sich trotz aller Schwierigkeiten der Weisheit zuzuwenden, sich ihr anzuvertrauen und an sie zu halten, und er warnt eindringlich davor, sich von ihr abzuwenden, denn dieser Weg führt in die Torheit, und der Tor wird „zu Bruch" gehen.

5.6.2 Grenzen der Erkenntnis

Neben der Ablehnung der Weisheit durch die eigene Entscheidung gibt es nach Ben Sira tatsächliche, für jede Bemühung um Weisheit und Bildung gesetzte Grenzen. Diese hat der Schüler als echte Grenzen der Erkenntnis zu achten.

Zunächst gibt es grundsätzliche inhaltliche Grenzen der Erkenntnis. Bereits in der einleitenden Passage seines Werkes deutet Ben Sira dies an.

1 πᾶσα σοφία παρὰ κυρίου
καὶ μετ' αὐτοῦ ἐστιν εἰς τὸν αἰῶνα
2 ἄμμον θαλασσῶν καὶ σταγόνας ὑετοῦ
καὶ ἡμέρας αἰῶνος τίς ἐξαριθμήσει
3 ὕψος οὐρανοῦ καὶ πλάτος γῆς
καὶ ἄβυσσον καὶ σοφίαν τίς ἐξιχνιάσει
4 προτέρα πάντων ἔκτισται σοφία
καὶ σύνεσις φρονήσεως ἐξ αἰῶνος
6 ῥίζα σοφίας τίνι ἀπεκαλύφθη
καὶ τὰ πανουργεύματα αὐτῆς τίς ἔγνω

1 Alle Weisheit ist bei JHWH[20],
und mit ihm ist sie bis in Ewigkeit[21].

---

20 G bezeugt κυρίου, S ܡܪܐ. Beide Texttraditionen geben also den Titel wieder, mit dem sie sonst das Tetragramm umschreiben. Damit ist wahrscheinlich, dass es auch hier gestanden hat und Ben Sira sein Werk mit der Nennung des Namens Gottes begonnen hat.

21 So mit G. S bezeugt ‚ܡܠܥܡ ܡ – von Ewigkeit her'. Die Annahme von Rickenbacher, Weisheitsperikopen, 7, dass ℵem auch mit ‚zu hin' übersetzt werden kann, lässt sich

2 Den Sand des Meeres und die Tropfen des Regens
und die Tage der Ewigkeit – wer zählt sie?
3 Die Höhe des Himmels und die Weite der Erde
und die Urtiefe[22] – wer erkundet sie?
4 Vor allen wurde die Weisheit erschaffen
sowie das Verstehen aus Einsicht von Ewigkeit her.[23]
6 Die Wurzel der Weisheit – wem wurde sie offenbart?
Und ihre Geheimnisse des Verstehens[24] – wer erkannte sie?
(Sir 1,1-6)

Ben Sira eröffnet sein Werk mit dieser programmatischen Passage, an deren Anfang er einen ebenso programmatischen Einleitungsvers stellt. Denn in V 1 benennt er zum einen die Herkunft der Weisheit und führt sie dezidiert auf den Gott Israels zurück.[25] Zum anderen sagt er damit aber auch die grundsätzliche Unverfügbarkeit der Weisheit für den Menschen aus. „Ben Sira hat damit das weisheitliche Erkennen ganz der profanen Umwelt entnommen, aus der es einst gekommen war."[26] Denn bei Gott ist sie und bleibt sie. Dem widerspricht auch nicht, dass Gott sie selber den Menschen zuteilt.[27]

---

weder bei Brockelmann, Grammatik, noch bei Nöldeke, Grammatik, verifizieren (vgl. a.a.O., 111 [§204]). Es ist G zu folgen, denn es handelt sich hier um die Lectio difficilior nicht im textlichen, sondern im ideengeschichtlichen Sinne. Dass die Weisheit von der Schöpfung her bei Gott ist, ist dagegen ein Gedanke, der sich so auch in Spr 8,22-31 und ähnlich in Hi 28 findet.

22 G ergänzt hier „und die Weisheit". Doch dies fehlt in S. S ist vorzuziehen, einmal als kürzere Lesart, dann aber auch weil G mit σοφία ein Hauptstichwort des Textes nennt, das gut eingefügt worden sein kann. Zudem stört es die Parallelität von V 2 und V 3.

23 Der nachfolgende V 5 ist Gr II zuzurechnen und daher auszuscheiden.

24 So mit S: ܠܘ̈ܬܐ ܕܒܣ. τὰ πανουργεύματα ist offenbar nach dem Verständnis des Enkels ebenfalls in diesem Sinne zu verstehen. Denn mit τὸ πανουργεύμα wird in Sir 42,18 das hebräische מערמים (Blöße) übersetzt, das hier im Sinne von ‚offenen Geheimnissen' zu verstehen ist. Vgl. Rickenbacher, Weisheitsperikopen, 9; Skehan/Di Lella, Ben Sira, 138.

25 Marböck, Weisheit im Wandel, 31, verweist darauf, dass sich die betonte Zuweisung aller Weisheit an Gott erst bei Ben Sira findet. Ob damit wirklich verbunden ist, dass dieser Gedanke vor Ben Sira selbstverständlich war (so Marböck, ebd.), ist zwar fraglich, aber offenbar ist es Ben Sira wichtig, ihn in seiner Gegenwart explizit zu formulieren und festzuhalten. Dies ist dann jedoch ein Hinweis darauf, dass sich Ben Sira hier in der Situation einer Herausforderung – zweifellos durch den hellenistischen Zeitgeist – zu Wort meldet.

26 Sauer, Jesus Sirach/Ben Sira, 44.

27 Zur Mitteilung der Weisheit an den Menschen siehe die Besprechung von Sir 1,1.8-10 in Kapitel 5.4.1.

Trotz dieser Zuteilung der Weisheit an den Menschen und den dadurch eröffneten Zugang zu ihr gibt es für ihn Grenzen der Erkenntnis, die der Mensch niemals überschreiten kann und wird. Ben Sira deutet sie durch die rhetorischen Fragen in VV 2-3.6 an.[28] Metaphorisch geht es in V 2 vor allem um die von einem Menschen unmöglich zu erfassenden großen Zahlen, in V 3 um die niemals zu ergründenden Ausmaße der Welt. Dabei geht es in V 3 nicht um das reine Zahlenwerk, wie es die Naturwissenschaft mit ihren Fortschritten in der hellenistischen Zeit angeben konnte, sondern zweifellos um die transzendenten Größen, die in der theologischen Tradition Israels mit dem Himmel und der Urflut aus Gen 1 sowie der Weite der Erdkreises in all seiner Fülle, also mit dem Himmel und der Erde der Schöpfung umrissen sind. Es geht ihm also um diese Dinge als Theologumena,[29] und aus diesem Grund wird Ben Sira wohl auch auf das kanonisch-biblische dreistöckige Weltbild und eben nicht auf die zu seiner Zeit neuere Forschung zurückgegriffen haben. All dies ist für den Menschen nicht fassbar, denn ihm fehlt letztlich der umfassende Zugang zur Erkenntnis der Weisheit (V 6).[30] So entzieht Ben Sira die Weisheit dem Zugriff des Menschen und eröffnet in den nachfolgenden VV 8-10 zugleich einen Zugang zu ihr. Auf diese Weise fängt er die grundlegende Aussage dieser einleitenden ersten Perikope in seinem Buch ein: Der Mensch kann von sich aus nicht zur Weisheit kommen, Gott muss ihm den Zugang ermöglichen, aber selbst dann gibt es Grenzen, die der Mensch nicht überschreiten wird, denn es wird Erkenntnisse geben, die er nicht erlangen kann, weil sie Gott allein bekannt sind.[31]

---

28 Marböck, Weisheit im Wandel, 23, spricht unter Hinweis auf das dreimalige τίς in VV 2.3.6 davon, dass „die Weisheit für den Menschen eine unlösbare Frage ist ..., die ihn auf Gott verweist".

29 Aus diesem Grund widersprechen dem auch nicht die in hellenistischer Zeit gemachten großen naturwissenschaftlichen, insbesondere astronomischen und geographischen Fortschritte (siehe Schneider, Kulturgeschichte, 339-383; vgl. auch Kapitel 5.1 dieser Arbeit mit dem Verweis auf die Berechnung des Erdumfangs durch Eratosthenes und die Beschreibung des heliozentrischen Systems durch Aristarchos von Samos). Ben Sira geht es gegenüber solchen Berechnungen nicht um Zahlenwerk, sondern um Theologie, genauer: um Weisheitstheologie.

30 Mit dieser Ausgangslage seines Denkens steht Ben Sira ganz auf dem Boden der weisheitlichen Tradition, die in Hi 28; 38f und Spr 8 ihren Ausdruck gefunden hat.

31 Ähnliche Gedanken äußert Ben Sira in der bereits in Kapitel 5.1 angesprochenen Passage Sir 18,4-7.

4 οὐθενὶ ἐξεποίησεν ἐξαγγεῖλαι τὰ ἔργα αὐτοῦ
καὶ τίς ἐξιχνεύσει[(a)] τὰ μεγαλεῖα αὐτοῦ
5 κράτος μεγαλωσύνης αὐτοῦ τίς ἐξαριθμήσεται

Letzteres zeigt Ben Sira dann noch einmal in Sir 42,18-21 zu Beginn seiner Kosmologie auf.

καὶ τίς προσθήσει ἐκδιηγήσασθαι τὰ ἐλέη αὐτοῦ
6 οὐκ ἔστιν ἐλαττῶσαι οὐδὲ προσθεῖναι
καὶ οὐκ ἔστιν ἐξιχνιάσαι τὰ θαυμάσια τοῦ κυρίου
7 ὅταν συντελέσῃ ἄνθρωπος τότε ἄρχεται
καὶ ὅταν παύσηται τότε ἀπορηθήσεται

4 Niemandem erlaubte er, seine Werke zu verkünden –
und wer untersuchte seine großen Taten?
5 Die Macht seiner Größe – wer wird sie auszählen?
Und wer wird es darlegen, um sein Erbarmen zu erzählen?
6 Es ist nichts zu vermindern und nichts hinzuzufügen,
und nicht sind zu erkunden die Wunder des Herrn.
7 Wenn ein Mensch[b] damit endet, dann fängt er [erst] an;
und wenn er aufhört, dann ist er in Zweifel.
(Sir 18,4-7)

Anmerkungen zur Textkritik: In S fehlen VV 4-6. / [a] In V 4 bietet Ziegler ἐξιχνιάσει statt ἐξιχνεύσει. Die griechische Textwiedergabe hier folgt den großen Kodizes sowie zahlreicher Minuskelhandschriften, wie sie auch Rahlfs wiedergibt. Die Zieglersche Lesart stellt stattdessen eine Angleichung von V 4b und V 6b dar. Der Bedeutungsunterschied ist marginal. / [b] In V 7 („Mensch") bietet S gegenüber G Plural, doch ist dies als Form des Abstraktums zu verstehen, sodass im Deutschen Singular übersetzt werden kann.

An dieser Stelle hält Ben Sira ausdrücklich fest, dass kein Mensch die Werke Gottes verkünden kann. An dieser Größe kann er nur scheitern, wenn nicht gar verzweifeln. Im weiteren Duktus der Passage wird Ben Sira dies als das Movens der gnädigen Zuwendung Gottes benennen, in der sich Gott auf den Menschen erziehend einlässt.

Hier ist nun das Moment der Begrenzung des Menschen sowie seiner ihm zwar grundsätzlich gegebenen Erkenntnisfähigkeit festzuhalten. Dies führt auf der Seite Gottes zwar zu seinem sich erbarmenden, erzieherischen Handeln, doch hebt auch das die prinzipielle Schranke nicht auf. Da Ben Sira so explizit und apodiktisch formuliert, ist anzunehmen, dass daran auch die Zuwendung Gottes und auch die Begegnung mit der Weisheit für den nunmehr Weisen nichts Grundsätzliches ändert. Zwar gibt es besondere Erfahrungen und Einsichten des Weisen, doch auch diese haben ihre Begrenzung und können die grundlegenden Geheimnisse Gottes und der Weisheit nicht ergründen. Schließlich handelt es sich um einen grundlegenden Aspekt der kategorialen Differenz zwischen Gott und Mensch, die bei allem bestehen bleibt.

Marböck nennt diese Passage einen „Kommentar zu 1,1-10" (Marböck, Weisheit im Wandel, 26f; dort auch weitere Vergleichsmomente), doch muss im vorliegenden Kontext beachtet werden, dass es in Sir 1,1-10 um die Weisheit und die Weisheitserkenntnis geht, während das Thema hier die Erkenntnis und Verkündung der Werke Gottes ist. Darauf weisen zu Recht Skehan/Di Lella, Ben Sira, 285, hin. Damit überträgt Sir 18,4-7 die Aussage von Sir 1,1-10 in einen anderen Kontext und hebt darin zumindest ihre strukturelle Aussage noch einmal hervor.

5.6 Bildungshemmnisse und Grenzen der Erkenntnis 349

(Ms B)	(Ms M)
18 תהום ולב חקר	18 תהום ולב חקר
ובכל מערומיהם יתבונן	ובמערמיהם יתבונן
	כי ידע ל{ע}ליון[32] כל ...
	[ו]מביט אתיות עולם
19 מחוה חליפות נהיות	19 מחוה חליפות ...
ומגלה חקר נסתרות	[ו][מ][ג][ל]ה [ח]קר [נס]תרות
20 ל[א נ]עדר ממנו כל שכל	20 לא נעדר מפניו שכל
ולא חלפו כל דבר {חלף מנו כ' דבר}	ול[א אב[ר]ו כל דבר
21 ג..{גבורות} ..תו תכן	21 גבורת חכמ[תו]
אחד הוא מעולם {מהעולם}	אחד [הוא מע]ולם
ל... לא נאצל	לא נאסף ...
ולא צריך {צרך} לכל מבין	[ו]ל[א] ... [לכ]ל מבין

18 Die Urflut und das Herz erforscht er,
und auf ihre Blöße[33] gibt er Acht.[34]
Der Höchste erkennt alle Erkenntnis[35],
er blickt auf die Wunder der Welt.
19 Er verkündet den Wechsel des Geschehens
und offenbart die Erforschung der verborgenen Dinge.
20 Vor ihm wird keine Erkenntnis vermisst,
kein Ding geht an ihm vorüber.
21 Die Stärke seiner Weisheit ordnete [alles],
einer ist er von Ewigkeit.
Weder kann etwas hinzugefügt noch weggelassen werden,[36]
und er braucht für nichts einen Ratgeber.
(Sir 42,18-21)

Nach der Einleitung dieser Passage in Sir 42,15, in der er mit dem betonten „Ich" des nunmehr erkenntnis- und weisheitsvollen und damit auch autoritativ sprechenden Lehrers spricht, formuliert er in den oben genannten Versen aus, was in Sir 1,1 angelegt und den dort nachfol-

---

32 Der Korrektor hat bei עליון das ל durchgestrichen und das ע eingefügt.
33 Gemeint sind die Geheimnisse, die in Urflut und Herz verborgen sind. Siehe dazu auch oben die Auslegung von Sir 1,6.
34 Dieser Stichos ist in S nicht überliefert.
35 „Erkenntnis" ist aufgrund von G (εἴδησιν) ergänzt. S übersetzt: „Alles Denken der Menschen ist vor ihm offenbar wie die Sonne, weil vor ihm keine Sache verdeckt ist."
36 In diesem und im folgenden Stichos wurde aus G ergänzt. In S sind sie nicht bezeugt.

genden Versen in negativer Weise ausgedrückt ist: Es ist allein Gott, der die volle Erkenntnis hat. Allein vor ihm gibt es keine Geheimnisse, weder in den Abgründen der Urflut (vgl. V 18a G: ἄβυσσος)[37] noch in den Abgründen der menschlichen Herzen als Organ des Denkens, Planens und Wollens. Entsprechend braucht er auch keine weitere Belehrung, sondern ist umgekehrt derjenige, der Erkenntnisse kund tut und in seiner Weisheit die Welt ordnet. Damit ist Sir 42,18-21 das erkenntnistheoretisch notwendige Gegenbild zu Sir 1,1-6: Dem Nicht-Wissen und dem Nicht-Wissen-Können des Menschen steht das All-Wissen Gottes gegenüber. Dass es auch eine tröstliche Dimension hat, wenn damit „das Leben und der Kosmos von aller drohenden Rätselhaftigkeit befreit" sind, hat Löhr zu Recht aufgezeigt.[38] Der Weisheit suchende Mensch wird auf Gott verwiesen.[39]

Neben diesen grundsätzlichen und in der bleibenden Unterschiedenheit von Gott und Mensch begründeten Erwägungen zu den Grenzen der Erkenntnis, nennt Ben Sira zusätzlich Möglichkeiten, an denen der Mensch in seinem Willen zur Erkenntnis scheitern kann. Hier geht es in einem gewissen Sinne vor allem um die Methodik. Mit ihnen begäbe er sich auf einen falschen Weg. In diesem Sinne wäre auch von Un-Möglichkeiten der Erkenntnis zu reden. Diese liegen in Träumen, auf deren erkenntnistheoretische Unsicherheit Ben Sira ausdrücklich hinweist, sowie in zweifelhaften, Verborgenes angeblich offenbarenden Wissensmitteilungen.

1 ריק תדר[ש] תוחלת כזב
וחלומות ...
(Ms E)

1 κεναὶ ἐλπίδες καὶ ψευδεῖς ἀσυνέτῳ ἀνδρί
καὶ ἐνύπνια ἀναπτεροῦσιν ἄφρονας
2 ὡς δρασσόμενος σκιᾶς καὶ διώκων ἄνεμον
οὕτως ὁ ἐπέχων ἐνυπνίοις
3 τοῦτο κατὰ τούτου ὅρασις ἐνυπνίων

---

[37] Skehan/Di Lella, Ben Sira, 491, verweisen zu Recht auf die biblischen Traditionen des die Chaosmächte bändigenden Gottes. Der Hinweis auf die altbabylonische Tiamat aus dem Enuma Elisch ist traditionsgeschichtlich sicherlich richtig, Ben Sira aber wohl kaum bewusst gewesen. Stattdessen greift Ben Sira bewusst wohl eher auf Gen 1 zurück (תְּהוֹם wird in LXX auch mit ἄβυσσος übersetzt).
[38] Löhr, Bildung, 83. Der Gegensatz zu Koh, den Löhr in diesem Zusammenhang unter Hinweis auf Koh 7,25; 8,7 sieht, ist jedoch eher konstruiert.
[39] So mit Neher, Weisheit, 74.

5.6 Bildungshemmnisse und Grenzen der Erkenntnis

κατέναντι προσώπου ὁμοίωμα προσώπου
4 ἀπὸ ἀκαθάρτου τί καθαρισθήσεται
καὶ ἀπὸ ψευδοῦς τί ἀληθεύσει
5 μαντεῖαι καὶ οἰωνισμοὶ καὶ ἐνύπνια μάταιά ἐστιν
καὶ ὡς ὠδινούσης φαντάζεται καρδία
6 ἐὰν μὴ παρὰ ὑψίστου ἀποσταλῇ ἐν ἐπισκοπῇ
μὴ δῷς εἰς αὐτὰ τὴν καρδίαν σου
7 πολλοὺς γὰρ ἐπλάνησεν τὰ ἐνύπνια
καὶ ἐξέπεσον ἐλπίζοντες ἐπ' αὐτοῖς
8 ἄνευ ψεύδους συντελεσθήσεται νόμος
καὶ σοφία στόματι πιστῷ τελείωσις

1 Leeres suchst du bei der Erwartung der Lüge,[40]
und Träume beflügeln die Unverständigen.[41]
2 Wie einer, der nach Schatten fasst und den Wind verfolgt,
so ist der, der Träume festhält.
3 Dieses, sich selber gemäß, ist die Schau von Träumen:
Gegenüber eines Angesichts ist [nur] die Ähnlichkeit eines Angesichts.
4 Was von Unreinem wird rein gemacht werden?
Und was von Lügen wird wahr werden?
5 Weissagungen und Vogelflugomen und Träume sind nichtig,
und wie bei einer, die Geburtswehen hat, hat das Herz Erscheinungen.
6 Wenn sie nicht vom Höchsten zur Heimsuchung gesandt sind,
richte nicht dein Herz auf sie.
7 Denn viele verwirrten die Träume,
und es wurden hinfällig, die auf sie gehofft hatten.
8 Ohne Lügen wird das Gesetz vollendet sein,
und Weisheit in einem treuen Mund ist die Vollendung.
(Sir 34,1-8)

Ben Sira bestreitet prinzipiell den erkenntnistheoretischen und hermeneutischen Wert von Träumen, Visionen und Omina. Er verfolgt damit ein grundsätzlich anderes Konzept, als es sich ebenfalls in der weishtlichen Literatur beispielsweise in Hi 33,15-18, vor allem aber in der Josefserzählung (Gen 37;39-50) ausspricht. Ben Sira wendet dabei ein fast wissenschaftliches Kriterium an: Mit Träumen hat der Mensch nichts Greifbares, nichts, was sich überprüfen ließe und für andere

---

40 So mit H. S und G formulieren in der 3. Person. Da H nicht über V 1 hinaus bezeugt ist, muss dem dann auch in der Übersetzung gefolgt werden.
41 So mit G. S formuliert bündig: „Träume sind eine nichtige Freude."

nachvollziehbar wäre. Denn Träume kommen und gehen; spätestens am Morgen bleiben nur noch Erinnerungen, aber keine genauen Informationen (V 2).[42] Dass diese Erinnerungen den Menschen prägen können, bestreitet Ben Sira wiederum nicht, wohl aber die Berechtigung, mit der sich ein Mensch in seinem Streben nach Erkenntnis darauf einlässt. Schließlich sieht dieser in Träumen lediglich ein Spiegelbild seiner selbst (V 3), und damit haben sie keinen eigenen erkenntnistheoretischen Wert, bieten sie doch keinen Erkenntnisgewinn, der über die Selbsterkenntnis des Menschen hinausginge.[43] Wie stark Ben Siras Abneigung gegen Träume ist, zeigen VV 4f, in denen er regelrecht unsachlich wird, wenn er sie in den Bereich des Unreinen und damit auch des Geächteten schiebt und sie mit den Schmerz- und Fieberträumen einer Gebärenden vergleicht.[44] Dies ist schon keine Relativierung mehr, sondern eine Diffamierung. V 6 erscheint demgegenüber geradezu als Zugeständnis an die im Kanon der biblischen Schriften doch immer wieder zu erkennende Wertschätzung von Erlebnissen und Mitteilungen im Traum (vgl. neben den oben genannten weisheitlichen Stellen auch Gen 28; 1Kön 3), denn dort haben sie entscheidende Bedeutung. Unklar bleibt allerdings, nach welchen Kriterien Ben Sira diese Träume von anderen unterscheiden möchte.

Dennoch bleibt eine gewisse Unsicherheit im Umgang mit Träumen, und Ben Sira weist demgegenüber auf zwei gewisse Quellen der Erkenntnis hin (V 8): auf die Tora, in der sich die Weisheit manifestiere, und dann auf die Weisheit selber, die sich in einem treuen Mund vollende, gemeint ist dabei zweifellos ein Weiser und seine Lehre. Mit der Tora hat der Mensch etwas in der Hand, an das er sich halten kann. Hier hat er gewissermaßen manuell fassbare feste Gewissheit.[45] Mit der Lehre des Weisen, in der sich die Weisheit äußert, nennt Ben Sira dann die unverfälschte und zweifelsfreie „reine Lehre", die sich eben nur in

---

42 Skehan/Di Lella, Ben Sira, 408, verweisen zu Recht auf die motivische Anleihe bei Koh. Leider lässt sie sich nur motivgeschichtlich nahe legen, da der hebräische Text im Buch Ben Sira fehlt. In der griechischen Textfassung besteht sprachlich jedenfalls keine Übereinstimmung zu Koh: während der Enkel ἄνεμος verwendet, findet sich in KohLXX konsequent πνεῦμα als Übersetzung von רוח.
43 Insofern ist es auch nur bedingt richtig, davon zu sprechen, Träume hätten in sich selbst keine eigene Realität (vgl. Skehan/Di Lella, Ben Sira, 408). Sie haben durchaus ihre eigene Realität, können diese auch entfalten, aber eben mit der oben genannten Einschränkung.
44 Für ersteres kann sich Ben Sira immerhin auf die Tora berufen: siehe Lev 19,26; Dtn 18,10-14.
45 Wie bereits in Kapitel 5.3. gezeigt, handelt es sich um eine Analogie in der Argumentation zu Dtn 13,2-6.

5.6 Bildungshemmnisse und Grenzen der Erkenntnis

einem treu der Weisheit ergebenen und für die Weisheit sorgenden Mund eines Weisen findet. Eine Abstufung zwischen beiden Hinweisen ist nicht erkennbar, gehören sie doch beide zum Studium und der Beschäftigung des Weisheitsschülers dazu, an den sich Ben Sira in seinem Buch wendet.

An dieser Stelle zeigt sich allerdings auch eine Schwäche im occurrierenden Bildungskonzept Ben Siras. Angesichts der immer nur individuell geschehenden Begegnung mit der Weisheit und des daraus wiederum ebenfalls individuellen Zugangs zu ihr ist die Auseinandersetzung mit Träumen und ebenso individuellen Erkenntnissen und Erlebnissen eine problematische Antwort. Sicherlich ist es auch kein Zufall, dass Ben Sira an dieser Stelle nicht allein auf die Weisheit verweist, sondern hier die Tora mit einbezieht. Doch eine wirkliche Lösung kann Ben Sira zu dieser Frage nicht anbieten. Möglicherweise rührt auch daher die zum Teil unsachliche Polemik in diesem Abschnitt.

Ähnliche Gedanken äußert er auch in Sir 3,21-24, bezeichnenderweise in einem Abschnitt über die Demut.

(Ms A)	(Ms C)
21 פלאות ממך אל תדרוש	21 פלאות ממך אל תחקור
ומכוסה ממך אל תחקור	ורעים ממך אל [תד]רוש
22 במה שהורשית התבונן	22 באשר הורישתה התבונן
ואין לך עסק בנסתרות	ועסק אל יהי לך בנסתרות
23 וביותר ממך אל תמר	
כי רב ממך הראית	
24 כי רבים עשתוני בני אדם	
ודמיונות רעות מתעות	

21 Zu Wunderbares für dich untersuche nicht,
und was dir verdeckt ist,[46] erforsche nicht.
22 Auf das, was dir erlaubt ist, gib Acht.
Dir obliegt keine Beschäftigung mit den verborgenen [Dingen].
23 Und bei dem, was dir zu viel ist, gräme dich nicht,
denn mehr als du [fassen kannst], ist dir gezeigt.
24 Denn viele sind die Gedanken der Menschen,

---

46 So mit Ms A, die Rüger, Text, 31, gegenüber Ms C, aber auch G und S als die ältere Textversion herausgearbeitet hat.

und böse Einbildungen lassen irren.

(Sir 3,21-24)

Gegenüber der Abgrenzung gegen Traumgesichte und ihre Deutungen und damit gegen bestimmte Erkenntnismethoden geht es Ben Sira in diesem kurzen Abschnitt um die Abgrenzung gegen bestimmte Erkenntnisinhalte und damit um die Ausrichtung der Erkenntnisbemühungen. So gibt es für ihn Dinge, die nicht für den Menschen und seine Forschungsleidenschaft bestimmt sind. Sich dorthin auszurichten und sich ihnen intensiver zu widmen, wäre verfehlt und führte zu nichts. Konkreter wird Ben Sira nicht; er belässt es bei diffusen Andeutungen. Entweder entspricht dies dem Wissen, das er über die Phänomene hat, gegen die er sich hier abgrenzt, oder er hält sich absichtlich zurück und vertraut darauf, dass seine Leser[47] verstehen werden, worum es ihm hier geht. Ein Phänomen beim Namen zu nennen, hieße, ihm einen Platz einzuräumen, der ihm nach Ben Siras Meinung offenbar nicht gebührt.

So ist die Frage, was Ben Sira hier konkret vor Augen hat, auch nur hypothetisch zu beantworten.[48] Ceslas Spicq hat bereits 1951 auf den engen zeitlichen Zusammenhang zwischen dem Buch Ben Sira und aufkommenden kosmologischen Spekulationen in Israel hingewiesen.[49] Dies wird in der Forschung im Wesentlichen übernommen,[50] und in der Tat liegt es nahe, wenn man davon ausgeht, dass Teile beispielsweise des äthHen im 3. Jh. verfasst wurden, manche Traditionen möglicherweise sogar älter sind. Dies könnte insbesondere für das „Buch der Wächter" und das „Astronomische Buch" gelten.[51] Damit würde es sich

---

47 In diesem Zusammenhang ist in der Tat von Lesern auszugehen. Gegenüber seinen Schülern im eigenen Lehrhaus wird er sich wahrscheinlich konkreter, möglicherweise sogar pointierter ausgedrückt haben, handelt es sich dort doch um einen geschützteren Raum. Dass er entsprechend formulieren kann, hat er bereits im oben besprochenen Abschnitt Sir 34 unter Beweis gestellt.

48 Eine ausführliche Diskussion der unterschiedlichen Positionen bietet Marböck, Apokalyptische Traditionen, 837-840. Er möchte die Entscheidung grundsätzlich offen halten (a.a.O., 840).

49 Spicq, Ecclésiastique, 581.

50 Siehe beispielsweise Skehan/Di Lella, Ben Sira, 160, und Schreiner, Jesus Sirach, 29, der von kosmologischen und theosophischen Spekulationen spricht und dabei auf das äthiopische Henochbuch hinweist. Marböck, Weisheit im Wandel, 103, spricht von esoterischen Spekulationen. Procter, Torah, 245-252, plädiert ebenfalls für eine Frontstellung gegen apokalyptische Spekulationen, gegen die Ben Sira die „Rationality of Torah" (a.a.O., 250) setze.

51 Vgl. Bedenbender, Gott der Welt, der das „Astronomische Buch" mit einem breiten Forschungsstrom in das 4./3. Jh. datiert (a.a.O., 161f) und davon ausgeht, dass das

5.6 Bildungshemmnisse und Grenzen der Erkenntnis 355

vor allem um eine innerjüdische Auseinandersetzung mit eigenen Geistesströmungen handeln. Eine Alternative ist die Annahme, dass sich Ben Sira hier gegen eine hellenistische Überfremdung wehre, es sich hier also um eine Abqualifikation hellenistischer Philosophie und Forschungstätigkeit als bloße Spekulation handele.[52] Doch dies ist nur dann plausibel zu machen, wenn man andere Passagen des Buches ebenfalls in dieser Richtung läse; damit ergäbe sich dann jedoch ein Zirkelschluss, da es keine eindeutig antihellenistischen Texte in Sir gibt.[53] Daher ist es wahrscheinlicher, von einer antiapokalyptischen

---

„Buch der Wächter" im 3. Jh. entstand und in der ersten Hälfte des 2. Jh. seine Endgestalt erhielt (a.a.O., 178). Ähnlich auch Oegema, Apokalypsen, 134, und Koch, Wende der Zeiten, 6. Uhlig, ÄthHen, 494; 636, datiert beides später, nämlich in das 3.-1. Jh., was aber immer noch ermöglichen würde, dass Ben Sira vorlaufende anfängliche Traditionsbildungen bekannt gewesen sein können. Weitere Apokalypsen kommen allerdings kaum in Betracht, da sie zumeist viel später, zu einem großen Teil auch erst in christlicher Zeit entstanden sind (vgl. Oegema, Apokalypsen, der dies für zahlreiche Apokalypsen diskutiert und darstellt; er nimmt außer für äthHen einzig für die Sibyllinen in Teilen eine vorchristliche Entstehung an [a.a.O., 166]).

52 So legen es bemerkenswerterweise ebenfalls Skehan/Di Lella, Ben Sira, 161, nahe. Snaith, Ecclesiasticus, 173, folgt ihnen. Di Lella, Sirach and Wisdom, 141, zeichnet Ben Sira dann überhaupt als stark konservativ gegenüber hellenistischem Einfluss.

53 Dass sich Ben Sira hellenistischen Einflüssen durchaus nicht ablehnend entgegengestellt hat, zeigen seine Verhaltensmaßregeln bei einem Symposium (Sir 31,12-32,13; siehe dazu Kieweler, Benehmen bei Tisch, 191-214; Collins, Jewish Wisdom, 32f) und die Wertschätzung des Arztes (Sir 38,1-15; vgl. dazu Lührmann, Arzt, 67-73; Marböck, Weisheit im Wandel, 154-160; Schrader, Beruf, 134-144, insb. 137f), aber auch die Aufnahme des Themas der Freundschaft als eines neuen Reflexionsgegenstandes im zwischenmenschlichen Bereich (siehe dazu die Beiträge zu den einzelnen Passagen zum Thema in Reiterer, Freundschaft, die sich in sorgfältigen Exegesen mit ihnen auseinandersetzen, sowie Corley, Friendship, 65-71) sowie die Nennung des eigenen Namens am Ende des Werkes (Hengel, Judentum und Hellenismus, 145). Vgl. auch Hengel, Judentum und Hellenismus, 252-275, der an mehreren Punkten die Nähe Ben Siras zum Hellenismus, aber auch seine Abgrenzung aufzeigt; Marböck, Weisheit im Wandel, 72f, der Sir 24 als eine „interpretatio israelitica" der Weisheit in der Herausforderung durch die hellenistische Philosophie versteht. Die positive Aufnahme von hellenistischem, insbesondere stoischem Gedankengut hat Wicke-Reuter, Göttliche Providenz, aufgezeigt. Kaiser, Tod als Schicksal, 87f, versucht beides zu verbinden, ohne es jedoch näher auszuführen; ebenso Kaiser, Verständnis des Todes, 189. Marböck, Gerechtigkeit, 35f, skizziert noch einmal kurz die Positionen der Kontrahenten. Dabei hatte schon Sellin 1904 in einem Vortrag vor der evangelisch-theologischen Fakultät zu Wien gesagt: „Das Buch Ben Sira ist die letzte in gutem Sinne vom Geiste des Hellenismus beeinflußte Schrift, die auf Palästinas Boden geschrieben wurde" (Sellin, Spuren, 12). So mache sich dann auch „in den Lebensformen und der Lebensweise, wie sie Sirach im Volke voraussetzt, stellenweise der Einfluß der griechischen Kultur bemerkbar" (a.a.O., 15). Marböck, Weisheit im Wandel, 160, kommentiert diese Kontroverse zutreffend: „Wenn ... Ben Sira manchmal als entschiedener Gegner, ja geradezu als Feind hellenistischer Denkweise bezeichnet wird, ist das eine grobe Verallgemeinerung. Denn aus seinem ganzen Werk

Ausrichtung in dem Sinne auszugehen, dass es Ben Sira hier nicht um eine theologische Entscheidung über das Wirken Gottes in der Geschichte geht, sondern lediglich um die Frage der Art und Weise, wie der Mensch zu gesicherten Erkenntnissen kommen kann.[54]

Für denjenigen, der sich allerdings doch gerne mit diesen Dingen beschäftigen würde, hält Ben Sira den Trost bereit, dass dem Menschen mehr gezeigt ist, als er fassen kann. So lenkt er den Blick auf das, womit der Schüler sich beschäftigen soll – und begrenzt es doch zugleich. Im Gegensatz zu dem zuvor Abgelehnten bezeichnet Ben Sira das, worum es ihm geht, dann auch nicht als menschliche Dinge – in V 24 lässt er keinen Zweifel daran, dass es sich bei dem, was er hier zurückweist, um menschliche Einbildungen handelt –, sondern als göttliche. Das zeigt die Form הראית, die als Nifal als Passivum divinum zu verstehen ist. Traditionen, wie sie sich in Koh 1,13 und Ps 131,1 zeigen, mögen hier Pate gestanden haben.

Um was es Ben Sira allerdings konkret inhaltlich geht, ist in diesem Abschnitt jedoch zunächst ebenso undeutlich wie das zuvor Abgelehnte. Klarere Konturen erhält es erst, wenn weitere Teile des Buches hinzugezogen werden und sich Ben Siras Bildungsansatz von der ihrem Schüler begegnenden Weisheit und dem lehrenden beziehungsweise erziehenden Gott sowie die konkreten Studieninhalte erschließen. Zu letzteren zählen die Weisheitslehre und das Studium der Tora, die in der Tat von Ben Siras Ansatz eines occurierenden Bildungsverständnisses her für einem Menschen niemals auszuschöpfen sind.

Diesen letzteren Gedanken nimmt Ben Sira dann in seinem zentralen Kapitel 24 wieder auf und skizziert hier Grenzen der Erkenntnis auch innerhalb der Tora.

23 ταῦτα πάντα βίβλος διαθήκης θεοῦ ὑψίστου
νόμον ὃν ἐνετείλατο ἡμῖν Μωυσῆς
κληρονομίαν συναγωγαῖς Ιακωβ
[...]
28 οὐ συνετέλεσεν ὁ πρῶτος γνῶναι αὐτήν

---

spricht die Aufgeschlossenheit des Weisen, für den das Hören und Lernen von anderen geradezu Standestugend war". Vgl. auch Marböcks weitere Ausführungen a.a.O., 160-173.

54 Dass es sich gewissermaßen um ein „Zuviel" an Forschung an der Weisheit handelt, wie es Mack, Logos, 27, annimmt, ist jedoch sehr unwahrscheinlich. Seines Erachtens möchte Ben Sira hier das Bestreben von Menschen abwehren, die der Weisheit, die sich letztlich verborgen hält, zu sehr nähern wollen.

5.6 Bildungshemmnisse und Grenzen der Erkenntnis 357

καὶ οὕτως ὁ ἔσχατος οὐκ ἐξιχνίασεν αὐτήν
29 ἀπὸ γὰρ θαλάσσης ἐπληθύνθη διανόημα αὐτῆς
καὶ ἡ βουλὴ αὐτῆς ἀπὸ ἀβύσσου μεγάλης

23 Dies alles: Im Buch des Bundes JHWHs ist es geschrieben,[55]
das Gesetz, das uns Mose gebot,
ein Erbe ist es für die Gemeinde Jakob.[56]
[...]
28 Der Erste hat nicht beendet, sie zu erkennen,
und so wird auch der Letzte sie nicht erkunden.[57]
29 Denn mehr als[58] das Meer sind vermehrt ihre Gedanken
und ihr Rat als die große Urtiefe.
(Sir 24,23.28-29)

In Sir 24,23 führt Ben Sira Weisheit und Tora so eng zusammen, wie es sich bis dahin nirgends sonst in der weisheitlichen Literatur findet.[59] Er macht die Tora – und damit ist hier, im beginnenden 2. Jh., eindeutig bereits der Pentateuch gemeint – zu einer Ausdrucksweise der Weisheit: Die Weisheit ist in der Tora erfahrbar.[60] Dabei handelt es sich nicht um eine Gleichsetzung. Vielmehr bleibt die Weisheit für Ben Sira im-

---

55 So mit S, das „ܗܘ ܟܠܗܘܢ ܣܦܪܐ ܕܩܝܡܗ ܕܐܠܗܐ" liest. Die Wendung ספר ברית in einer Konstruktus-Verbindung mit dem Gottesnamen oder einer Gottesbezeichnung ist in jedem Fall eine spezifische Aussage Ben Siras, denn in der biblischen Literatur findet sich zwar ספר ברית (Ex 24,7; 2Kön 23,2.21; 2Chr 34,30), jedoch niemals in einer ähnlichen Verbindung.

56 So mit S. G bietet auffällig ein wörtliches Zitat von Dtn 33,4LXX; damit ist S vorzuziehen. Mit diesem Hinweis erübrigt sich auch die Diskussion, ob der Enkel Ben Siras mit dem Plural συναγωγαῖς die Situation der jüdischen Diaspora vor Augen gehabt habe. Dies wäre dann für Dtn 33,4LXX zu diskutieren, da es unwahrscheinlich ist, dass DtnLXX von Sir beeinflusst wurde. Vgl. Marböck, Weisheit im Wandel, 40, dem dann weitere folgen. Siehe auch Rickenbacher, Weisheitsperikopen, 126f.

57 S bezeugt in V 28 die Verben im Plural. Eine textkritische Entscheidung kann bei dieser Quellenlage nur hypothetisch sein. Da sich Ben Sira sonst in seinem Werk auch an den Einzelnen richtet bzw. das Kollektiv als Einzelnen anspricht, wird auch hier von der Bemühung des Einzelnen und damit vom grammatikalischen Singular ausgegangen.

58 Bei ἀπό handelt es sich um die „wörtliche" Wiedergabe von מן, sodass hier komparativisch zu übersetzen ist. Siehe S, das hier ܡ bietet.

59 Wie Preuß, Einführung, 142, herausstellt, führt Ben Sira damit eine Linie fort, die „mit dem Deuteronomium begann ..., sich in Jer 8,8 und Esr 7,25 zeigte und auch in manchen späten Weisheitspsalmen (Ps 1; 19B; 119) zutage tritt." Für Dtn vgl. Dtn 4,6, wobei hier unter „Tora" zunächst nur das Dtn zu verstehen ist.

60 Murphy, Personification, 227, hält diesen Zusammenhang ebenfalls fest, erkennt dann aber darin eine „theology of presence". Dies ist jedoch wohl eher eine Rückprojektion eines späteren jüdischen Tora-Verständnisses.

mer umfassender als die Tora, doch sie äußert sich in ihr und findet in ihr eine konkrete Ausdrucksform. Dies hat zur Folge, dass der Mensch auch die Tora in ihrer Tiefe sowie in der Gesamtheit ihrer Bedeutung und Inhaltskraft niemals ergründen kann. Indem sie Ausdrucksform der Weisheit ist, gilt für sie auch dasselbe wie für die Weisheit; Ben Sira verdeutlicht dies, indem er hier in Sir 24 durch das Stichwort ἄβυσσος wieder auf den Anfang seines Buches zurück verweist (Sir 1,3): Beide sind so unergründlich wie die Urflut oder die Urtiefe zu Beginn der Schöpfung.[61]

So zeigt Ben Sira, unmittelbar nachdem er die sein Denken und Handeln bestimmenden Größen in Beziehung zueinander gesetzt hat, dass sie doch beide für den Menschen letztlich nicht zu ergründen sind. Also auch in der eigenen Studientradition und sogar -literatur weiß Ben Sira darum, dass es Grenzen der Erkenntnis gibt. Das ist um so bemerkenswerter, als es angesichts seiner Abwehr von Träumen und möglicherweise apokalyptischen, sicherlich auch sonstigen Spekulationen nahe gelegen hätte, die Weisheit oder wenigstens die Tora als strahlendes Gegenbild um so leuchtender zu präsentieren und sie als Fülle der anzustrebenden und auch erreichbaren Erkenntnis darzustellen. Doch auch hier bleibt er auf dem Boden der Realität beziehungsweise seinem eigenen Bildungsansatz treu: Weisheit und Erkenntnis erschöpfen sich eben nicht allein im Studium. So bedeutet diese Begrenzung auch einen Schutz der Weisheit vor der Hybris des Menschen, in der er meinen könnte, die Weisheit nun in einem Buch – im wahrsten Sinne des Wortes – fassen und begreifen zu können. Schließlich könnte man davon ausgehen, dass sie nun in der Tora, in der Form des Pentateuchs, durch (Selbst-)Studium erreichbar wäre.[62] Doch die Tora ist ihm lediglich eine Hilfe im Studium; und so wird hier, ohne dass es erwähnt ist, um so deutlicher, dass es die personale Begegnung mit der Weisheit sowie die weitergehende Begleitung durch sie und den Umgang mit ihr braucht, um weise zu werden. Doch auch dabei bleibt die Weisheit dem Weisen eine Größe, die ihm begegnet, und das heißt eben: die nicht in ihm aufgeht – und er nicht in ihr. Sie bleibt auch dem Weisen immer eine in

---

61 S bezeugt an beiden Stellen ܒܥܘܡܩܐ, sodass davon auszugehen ist, dass Ben Sira selber hier תהום geschrieben hat.
62 Die Wendung „der Erste" / „der Letzte" in V 28 ist ein Anklang an Gedanken aus Koh (vgl. Koh 1,10f). In beiden Fällen geht es zwar um unterschiedliche inhaltliche Aussagen, aber in beiden geht es um eine zeitumspannende Umfassenheit, die vom Anfang bis zum Ende reicht. Es handelt sich dementsprechend auch nicht um einen Rückgriff auf die biblische Urgeschichte, in der Adam die Tora noch nicht erkennen konnte, weil sie erst durch Mose gegeben wurde, wie dies Skehan/Di Lella, Ben Sira, 337, annehmen.

gewissem Sinne und Maße fremde und sich entziehende Größe. Sie begegnen sich, stehen in einem Austausch, und doch werden sie niemals miteinander identisch. Diese bildungstheoretische Einsicht äußert sich im konkreten Vollzug der Bildungsarbeit darin, dass der Weisheitsschüler die Weisheit selber niemals ganz wird fassen, verstehen und ergründen können.

Für diese bittere und den Menschen in seinem Streben und seiner Neugier begrenzende und auch zurecht weisende Einsicht, bietet Ben Sira doch einen Trost: es ist der Trost des Glaubens, der Trost der Frömmigkeit.

ὡς μέγας ὁ εὑρὼν σοφίαν
ἀλλ' οὐκ ἔστιν ὑπὲρ τὸν φοβούμενον τὸν κύριον

Wie groß ist der, der Weisheit findet!
Doch nichts geht über den, der den Herrn fürchtet.
(Sir 25,10)

Sogar dem Streben nach Weisheit und Erkenntnis ordnet Ben Sira etwas über: die Gottesfurcht, also die Frömmigkeit und der im Alltag gelebte Vollzug des Glaubens. Diese ist in der Wertigkeit dem Wissen gegenüber höher einzuschätzen, kommt ihr doch schließlich auch für den Einzelnen Weisheit konstituierende Bedeutung zu. Darin deutet sich bereits etwas an, was hinzukommen muss bzw. dessen Fehlen ein weiteres Bildungshemmnis bedeutet. Dies wird im folgenden erörtert.

5.6.3 Weisheit erfordert religiöses und ethisches Leben

In der bereits in Kapitel 5.4.2 besprochenen Passage Sir 14,20-15,10, in der es um die Begegnung der Weisheit mit ihrem Schüler geht, zeigt Ben Sira deutlich auf, dass es für ihn ohne ein ethisch verantwortetes Leben auch keine Begegnung mit der Weisheit geben kann.

> 7 Nicht werden sie erreichen Männer der Lüge,
> und vermessene Menschen werden sie nicht sehen.
> 8 Fern ist sie von Spöttern,
> und Menschen der Lüge werden ihrer nicht gedenken.
> 9 Nicht schön ist ein Loblied im Mund des Frevlers,

denn es wurde ihm nicht von Gott zugeteilt.
(Sir 15,7-9)[63]

Den Lügnern und Spöttern entzieht sich die Weisheit;[64] und ein Loblied auf sie ist im Munde des Frevlers nicht nur unangemessen, sondern auch unschön. Wie die Weisheit frei ist, ihrem Schüler zu begegnen, so ist sie ebenfalls frei, sich zurückzuhalten und zu entziehen – und von dieser Freiheit macht sie Gebrauch, denn die Weisheit ist nicht ethisch indifferent. Ben Sira kann dabei gut aus der weisheitlichen Tradition schöpfen: Wie bereits in der ersten Rede der Weisheit in Spr 1,22 ausgesagt, müssen diejenigen, die dem ethischen Kriterium nicht gerecht werden, erst ihren Lebenswandel ändern, um sich wirklich der Weisheit und ihrer Lehre zuwenden zu können; und in Spr 14,6 ist festgehalten, dass der Spötter die Weisheit zwar suchen kann, sie für ihn aber nicht nur nicht auffindbar ist, sondern sogar nicht existiert, wie das apodiktische אַיִן in Pausa-Stellung am Ende der ersten Vershälfte zeigt.[65]

Welche Kriterien Ben Sira hier zugrunde legt, lässt sich aus anderen Passagen seines Buches erschließen. Selbstverständlich gehört hier die an der weisheitlichen Lehre orientierte Lebensführung dazu – dahingehend möchte Ben Sira seine Schüler schließlich erziehen. Aus den immer wiederkehrenden Aufforderungen, die Gebote zu halten, ist aber zweifellos auch zu schließen, dass er hier ebenfalls an die Gebotstraditionen Israels denkt. Sicher erkennbar geht es ihm um die ethisch orientierten Gebote. Ob er auch den Kult betreffende Riten und Gebräuche vor Augen hat, könnte im Blick auf das in V 9 angesprochene Loblied erwogen werden, wenn dies im Sinne eines gottesdienstlichen Lobliedes verstanden wird; doch sollte dabei nicht aus dem Blick geraten, dass Ben Sira, wie in Kapitel 5.3 gezeigt, auch Gesang und Musik als Unterrichtsmethode kennt, sodass auch dieses hier gemeint sein kann. Angesichts der Aussage in Sir 15,10, in der Ben Sira Loblied und Lehre parallelisiert und beides in den Mund der Weisheit legt beziehungsweise aus ihr hervorkommen lässt, ist jedoch letztere Überlegung wahrscheinlicher und vorzuziehen.

---

63 Für den originalsprachlichen Text sowie die textkritische Diskussion siehe dort in Kapitel 5.4.2.
64 Reitemeyer, Gotteslob, 238-243, bietet eine ausführliche Auseinandersetzung mit den genannten Personen (-gruppen).
65 Spr 14,6: בִּקֶּשׁ־לֵץ חָכְמָה וָאָיִן. Der Hinweis auf Ps 1,1 (Reitemeyer, Gotteslob, 237) liegt zwar aufgrund der verwendeten Begrifflichkeit nahe, verkennt aber, dass in Ps 1 vom Psalmbeter bzw. -leser die Rede ist, während in Sir 15,7-9 die Weisheit im Mittelpunkt steht; es handelt sich also um ein grundverschiedenes Setting.

5.6 Bildungshemmnisse und Grenzen der Erkenntnis

Dass Ben Sira insbesondere die ethische Gebotstradition Israels als Werte und Maßstab zugrunde legt, gibt er in den folgenden Sentenzen zu erkennen.

11 ὁ φυλάσσων νόμον κατακρατεῖ τοῦ ἐννοήματος αὐτοῦ
καὶ συντέλεια τοῦ φόβου κυρίου σοφία
12 οὐ παιδευθήσεται ὃς οὐκ ἔστιν πανοῦργος
ἔστιν δὲ πανουργία πληθύνουσα πικρίαν

11 Der das Gesetz bewahrt, überwältigt seine Eigenmächtigkeit[66],
und wer Gott fürchtet, dem fehlt nichts.[67]
12[68] Niemals wird erzogen, wer nicht klug ist,
es gibt aber eine Klugheit, die Bitterkeit vermehrt.
(Sir 21,11-12)

20 πᾶσα σοφία φόβος κυρίου
καὶ ἐν πάσῃ σοφίᾳ ποίησις νόμου
22 καὶ οὐκ ἔστιν σοφία πονηρίας ἐπιστήμη
καὶ οὐκ ἔστιν βουλὴ ἁμαρτωλῶν φρόνησις
23 ἔστιν πανουργία καὶ αὕτη βδέλυγμα
καὶ ἔστιν ἄφρων ἐλαττούμενος σοφίᾳ
24 κρείττων ἡττώμενος ἐν συνέσει ἔμφοβος
ἢ περισσεύων ἐν φρονήσει καὶ παραβαίνων νόμον

20 Alle Weisheit ist Furcht des Herrn,[69]
und alle Weisheit ist das Tun der Tora.[70]

---

66 S übersetzt hier ܪܥܝܢܗ. Beide, S und G, scheinen aber dasselbe zu meinen, sodass die Übersetzung mit „Eigenmächtigkeit" eine Bedeutungsschnittmenge sucht. Vgl. Rickenbacher, Weisheitsperikopen, 105, der weiterführende Überlegungen zum hebräischen Text bietet.
67 So mit S. S ist vorzuziehen, weil G einem Theologumenon Ben Siras folgt, wenn es die Weisheit so eng auf die Gottesfurcht bezieht. Vgl. Sir 1,27; 19,20.
68 V 12 ist in S nicht überliefert.
69 S beginnt den Vers mit „ܡܠܐ ܢܒܝܘܬܐ – Fülle der Prophezeiung" und schließt den Rest des Verses mit „ܘ – und" an. Doch dies ist als Zusatz auszulassen, denn es fügt sich nicht in den Zusammenhang.
70 So in Anlehnung an S und G. Die syrische Texttradition bezeugt als zweiten Stichos von V 20: ܘܕܚܠܬܗ ܕܝܢ ܕܡܪܝܐ ܗܝ ܗܝ ܚܟܡܬܐ – Und die Furcht Gottes ist Weisheit'. Das doppelte ܗܝ ist eine Dittographie, auch wenn Rickenbacher, Weisheitsperikopen, 100, es als Betonung versteht. Der wesentliche Unterschied zu G besteht in dem ἐν in G. Rickenbacher, Weisheitsperikopen, 99, bietet dazu eine ausführliche Diskussion, in der

22[71] Keine Weisheit ist Wissen des Bösen,[72]
und kein Rat ist die Einsicht des Sünders.
23 Es gibt eine Schlauheit, und diese ist ein Gräuel,
und es gibt einen Unverständigen, der an Weisheit Mangel leidet.
24 Es gibt einen mit wenig Erkenntnis, der sich von Sünde fern hält,
und es gibt einen mit Überfluss an Erkenntnis, der sündigt.[73]
(Sir 19,20-24)

Deutlich spricht Ben Sira in Sir 21,11f von dem Erziehungscharakter, den der Weg zur Bildung für den Schüler hat. Für diesen geht es unter anderem darum, sich dem Willen Gottes anzuvertrauen und nicht seinen eigenen Wünschen, Ideen und Vorstellungen zu folgen und sich von ihnen treiben zu lassen.[74] Bemerkenswert unterscheidet er in V 12 zwischen zwei Arten von Klugheit. So zählt Klugheit für ihn zu den unabdingbaren Voraussetzungen zur Erlangung der Weisheit, und das bedeutet: für die Begegnung mit der Weisheit. Wer die Klugheit nicht hat, ist auch nicht offen für das erziehende Wirken der Weisheit beziehungsweise auch ganz lebenspraktisch für das des Lehrers. Doch Ben Sira weiß auch darum, dass es durchaus Klugheit, Wissen und ein Gebildet-Sein gibt, das sich zum Schlechten wendet. Wer sich so verhält, orientiert sich nicht oder nicht mehr an den Geboten Gottes; er nimmt nicht (mehr) seine Eigenmächtigkeiten in Zucht beziehungsweise lässt sie sich von der Weisheit in Zucht nehmen.[75] So reflektiert Ben Sira die Tatsache, dass es hochgebildete Menschen gibt, die doch den ethischen und auch religiösen Ansprüchen, die an sie zu stellen sind, nicht gerecht werden, und die ihr Wissen missbrauchen. Ganz explizit spricht Ben Sira bei diesem Missbrauch auch nicht von Weisheit, sondern gebraucht mit πανουργία ein Wort, das sonst auch, im Unterschied zur Verwendung in Spr, aber durchaus im Rahmen seiner Bedeutung eine eher zweifelhafte Note in die bezeichnete Klugheit einträgt.[76]

---

    er darlegt, dass „viele εν aufs Konto des griechischen Übersetzers gehen", die dieser als Ersatz für den hebräischen Status constructus nehme.

71 V 21 ist ebenso wie der dritte Stichos in V 20 Gr II zuzurechnen. Bei ihm handelt es sich wahrscheinlich um eine christliche Einfügung, da er sich stark an Mt 21,30 anlehnt.

72 S übersetzt ähnlich: Es gibt keinen Weisen des Bösen.

73 So mit S, das zweifellos den Duktus der VV 22-24 als drei ש-Sentenzen besser bewahrt als G. Siehe auch Rickenbacher, Weisheitsperikopen, 100.

74 Siehe dazu auch Kapitel 5.3.

75 Haspecker, Gottesfurcht, 163, spricht zu Recht auch von „beherrschter Selbstzucht".

76 Ben Sira verwendet das Wort πανουργία viermal: Sir 19,23.25; 21,12; 34,11 [nach Ziegler; Rahlfs: 34,10b]. Dabei ist lediglich Sir 34,11 positiv besetzt. In SprLXX ist

Noch pointierter nimmt Ben Sira diesen Gedanken in Sir 19,20-24 auf.[77] Hier formuliert er ausdrücklich, dass Weisheit und Schlechtigkeit nichts miteinander zu tun haben. Die griechische Texttradition übersetzt dies in abstrakter Wendung: „Keine Weisheit ist Wissen des Bösen"; die syrische Textüberlieferung formuliert personal mit Blick auf den Weisen: „Es gibt keinen Weisen des Bösen". Dem folgt dann in V 23 im Prinzip derselbe Gedanke, wie in Sir 21,12. Doch spitzt Ben Sira dies hier gegenüber Sir 21 noch einmal zu, indem er mit der Vokabel „Gräuel"[78] eine spezifisch religiöse Konnotation einträgt.[79] Ebenso religiös fasst er dann auch die Weisheit. In V 20 verbindet er Weisheit und Gottesfurcht so eng wie sonst nirgends in seinem Buch: Die Weisheit – und das bezeichnet hier das weisheitliche Leben, das Leben mit der Weisheit – äußert sich stets in Gottesfurcht, das heißt in einer gottesfürchtigen Lebenshaltung und Lebensweise. Dieses konkretisiert Ben Sira dann noch in einem weiteren Schritt, indem er das Leben mit und aus der Weisheit mit dem Tun der Tora verknüpft. So wird der Weise ebenso mit der Tora und aus der Tora leben, wohl insbesondere aus ihren Gebotstraditionen, die das Leben gestalten und prägen.

Wie wichtig Ben Sira diese Lebenshaltung der Frömmigkeit nimmt, zeigt sich in V 24: Ben Sira, selber ein Intellektueller, stellt den gottesfürchtigen, also den frommen und vor Gott ethisch verantworteten Lebensvollzug der reinen Intellektualität ohne Frömmigkeit und ohne gottesfürchtiges Leben gegenüber. Der Tenor dieser Sentenz ist klar, und in G ist er gut eingefangen:

Besser ein Gottesfürchtiger, der im Verstehen unterlegen ist,
als einer, der Überfluss hat an Einsicht und das Gesetz übertritt.
(Sir 19,24)

πανουργία zweimal belegt, in beiden Fällen positiv gefüllt: Spr 1,4; 8,5. Doch in Jos 9,4LXX kommt auch im Sprachgebrauch der Septuaginta der Bedeutungsspielraum von „Geschicklichkeit", „Schlauheit" bis zur „Verschlagenheit" heraus (vgl. Menge/Güthling, 516).

77 Wie Beentjes, Full Wisdom, 35; 39, durch seine Analyse der Textstruktur aufgezeigt hat, handelt es sich bei Sir 19,20-24 um eine kleine in sich geschlossene Einheit. Beentjes greift zwar ausschließlich auf G zurück und lässt S unberücksichtigt, doch gelten seine Beobachtungen im Wesentlichen auch für die Inhalte von S.

78 βδέλυγμα ist in der Septuaginta in der Regel die Übersetzung von תּוֹעֵבָה (siehe Hatch/Redpath, Concordance, 215).

79 Preuß, תּוֹעֵבָה, 590, umreißt die Bedeutung von תּוֹעֵבָה, indem er sagt: „Tô`ebäh bezeichnet folglich innerhalb des AT etwas zwischen und durch Menschen ethisch als Denken und Handeln zu Verabscheuendes, vor allem aber etwas, was zu JHWH nicht paßt, was seinem Charakter und seinem daraus abzuleitenden Willen widerspricht, was ethisch wie kultisch ihm gegenüber ein negatives Tabu ist".

Demgegenüber klingt die Sentenz in S[80] zunächst wertneutral, doch sie erhält ihre Aussage aus dem Kontext, sodass sie in Verbindung mit den vorangegangenen Versen, insbesondere V 20.22, ihre Wertneutralität verliert. Damit zeigt Ben Sira an dieser Stelle stark zugespitzt, dass es keine wirkliche Erkenntnis und schon gar keine Weisheit ohne die entsprechende fromme Lebenshaltung der Gottesfurcht geben kann. Weisheit ist niemals wertungebunden. Fehlende Frömmigkeit und mangelndes Halten der Gebote im Alltagsleben werden so zu einem Bildungshemmnis, ja sogar zu einer unüberwindlichen Grenze der Erkenntnis.[81]

Kurz und pointiert formuliert Ben Sira diesen Gedanken noch einmal in Sir 33,2:

> Nicht wird weise, wer die Tora hasst
> und schwankt wie ein Schiff im Sturm.
> *(Sir 33,2)*[82]

An dieser Stelle bindet Ben Sira die Suche nach der Weisheit wiederum eng an die Tora. Während der erste Stichos ganz im Sinne des Studiums und des Studienbetriebs verstanden werden kann, zeigt der zweite Stichos, dass es Ben Sira hier nicht um die Tora als Unterrichtsmittel geht. Im Duktus der Sentenz liegt es vielmehr, dass es die Tora ist, die verhindert, dass jemand wie ein Schiff im Sturm schwankt und – bildlich gesprochen – möglicherweise sogar in Seenot gerät und schlimmstenfalls untergehen könnte. Die Tora vermittelt den festen Halt, der einen solchen Untergang verhindern kann, wenn man sich im Leben an ihn hält.[83]

---

80 Wie in der Textübersetzung:
   Es gibt einen mit wenig Erkenntnis, der sich von Sünde fern hält,
   und es gibt einen mit Überfluss an Erkenntnis, der sündigt.
81 Dass Ben Sira hier eine Frontstellung gegen den Hellenismus und hellenistische Bildung, die in intellektuelle Kreise eindringe, aufmache, wie es Schreiner, Jesus Sirach, 107, und Snaith, Ecclesiasticus, 173, annehmen, ist an dieser Stelle nicht auszumachen und reine Spekulation. Der Text selber stellt in der Tat eher die, modern ausgedrückt, gewissenlose und wertungebundene Bildung der Frömmigkeit gegenüber. Löhr, Bildung, 36, hält richtig fest, dass es hier um das „Phänomen einer gottlosen Lebensklugheit" geht, die Ben Sira ablehnt. Löhr verweist in diesem Kontext auch zu Recht auf die von Ben Sira formulierte „Ambivalenz aller Erscheinungen" (siehe Sir 33,14f; 42,24f).
82 Zur Textdarstellung und textkritischen Diskussion siehe Kapitel 5.3.2.2.
83 Siehe dazu auch die Auslegung in Kapitel 5.3.2.2.

So zeigt sich auch hier, dass für Ben Sira fehlende Glaubenspraxis im Sinne des Haltens der Gebote verhindert, dass jemand zur Weisheit kommt.

Ebenso zeigt die Verheißung aus Sir 32,14f, wie stark Ben Sira die Frömmigkeit für den Bildungsprozess gewichtet.

> 14 Wer Gott sucht, wird Bildung erwerben,
> und wer auf ihn aus ist, wird Antwort erhalten.
> 15 Wer Tora sucht, wird sie bekommen,
> aber wer sich verrückt aufführt, wird in ihr gefangen werden.[84]
> *(Sir 32,14-15)*[85]

Wer Gott sucht, wird Lehre empfangen. Diese Verheißung, wie sie in Kapitel 5.3 am Ende unter der Frage des Anteils des Schülers am Bildungsgeschehen und in gewisser Weise als Überleitung zur Frage nach dem Anteil Gottes und der Weisheit daran besprochen worden ist, hat in ihrer Logik natürlich auch eine „Kehrseite": Wer Gott nicht sucht, das heißt, wer sich nicht an den Gott Israels und damit auch an die religiösen Traditionen Israels hält, kann Weisheit und Bildung nicht erlangen. So zeigt sich auch hier die unauflösliche Verbindung von Weisheitserwerb und Frömmigkeit, also der Gottesfurcht und dem Sich-Halten an die Traditionen.[86] Wo dies nicht geschieht, baut sich der Schüler selber ein Bildungshemmnis auf, das er zugleich als Grenze der Erkenntnis erleben muss. Doch dies liegt eben nicht an Gott oder an der Weisheit, die in ihrer Freiheit dem begegnet, den sie für würdig erachtet, sondern dies liegt am Schüler selber, indem er sich nicht für eine Begegnung mit der Weisheit bereitet.

5.6.4 Zusammenfassung

Ben Sira geht in seinem bildungstheoretischen Denken grundsätzlich von der Bildbarkeit des Menschen aus. Dabei nimmt er – zumindest eben theoretisch – niemanden aus. Und doch weiß er darum, dass es Menschen gibt, die nicht zu Weisheit und Bildung kommen. Der Natur seines bildungstheoretischen Denkens entsprechend, in dem die Be-

---

84 Zur Bedeutung dieses Stichos siehe die Besprechung zur Stelle in Kapitel 5.3.2.6.
85 Zur hebräischen und griechischen Textwiedergabe siehe Kapitel 5.3.2.6. Dort auch die textkritische Diskussion.
86 Siehe dazu auch die Auslegung in Kapitel 5.3.2.6.

gegnung zwischen zwei Persönlichkeiten, nämlich der Weisheit und ihrem Schüler, im Zentrum steht, führt Ben Sira dafür zwei Argumentationslinien zur Begründung an.

Zum einen gibt es klare Grenzen der Erkenntnis, die von Gott beziehungsweise von der Weisheit her gegeben sind. Der Mensch kann nicht alles erkennen. Ihm sind klare Grenzen gesetzt, die er zu achten und einzuhalten hat. Einem Streben darüber hinaus ist kein Erfolg verheißen. Dies gilt einmal sowohl für die Erkenntnismethodik – dargestellt am Beispiel der Träume –, als auch für bestimmte Erkenntnisinhalte – möglicherweise eine Auseinandersetzung mit apokalyptischem Gedankengut, das in Ben Siras Zeiten aufkam und zu kursieren begann und verborgenes Wissen versprach. Ben Sira weist hier auf die Unsicherheit solcher angeblichen Erkenntnisse hin und stellt dem Weisheit und Tora entgegen. Mit diesen ist dem Menschen genug zur Erkenntnisgewinnung gegeben, und auch sie – und dies markiert eine zweite Grenze der Erkenntnis von Gott beziehungsweise der Weisheit her – wird er niemals ausschöpfen können.

Zum anderen gibt es Bildungshemmnisse vom Menschen ausgehend. Dazu gehört, dass der Mensch die ihm von Gott verliehene freie Entscheidung dazu nutzen kann, sich von der Weisheit und dem Streben nach ihr abzuwenden. Dies geschieht beispielsweise, wenn er der Disziplin, die das Studium und die Vorbereitung auf die Begegnung mit der Weisheit erfordern, einseitig nur als die – unbestritten bestehende – Einschränkung sieht und nicht auf den Nutzen schauen kann, den sie ihm bedeuten kann. Wenn er sich dann abwendet, kann er nicht darauf vertrauen, dass er weiteren Umgang mit der Weisheit haben wird; indem Ben Sira davon spricht, dass sich die Weisheit auch abwenden kann, reflektiert er das Phänomen, dass auch Weise von der Weisheit „abfallen" können und so ihren „Status" als Weise verlieren. An diesem Beispiel zeigt sich auch, dass es Ben Sira nicht um Fragen der Intellektualität geht, sondern vielmehr darum, dass sich ein Weiser mit seinem ganzen Leben auf die Weisheit und auf ein Leben mit der Weisheit einlassen und dieses pflegen muss. Die Motivation muss aber von ihm ausgehen, sodass das Leben mit der Weisheit auch eine immer wieder neu zu fassende Lebensentscheidung bedeutet, in der man sich der Weisheit und ihrer Leitung anvertraut.

Doch nicht nur in der Entscheidung für die Weisheit und die stete Auseinandersetzung mit ihr, auch im Lebensstil liegt ein mögliches Bildungshemmnis auf Seiten des Menschen. Weisheit und Bildung setzten für Ben Sira voraus, dass ein Mensch einen Lebensstil führt, der sich in Frömmigkeit äußert und an den Geboten der Tradition orientiert. Darin zeigt sich, dass die Weisheit nicht ethisch indifferent ist; einen Frevler als Weisen kann es nicht geben. Stattdessen erfordert Weisheit und das Leben als Weiser Gottesfurcht und damit eine enge Bindung an den Gott Israels und an die Traditionen des Volkes Israel. Ohne diese fromme Lebenshaltung kann es keine Weisheit geben, die den Schüler zum Weisen macht und die den Weisen als Weisen auszeichnet. Damit findet die enge Bindung, die Ben Sira zwischen Weisheit und Tora knüpft, bis in die Lebenshaltung und den Lebensvollzug hinein ihren Niederschlag.

So zeigt sich, wie eng Ben Sira den Zusammenhang von Weisheit und Bildung mit dem praktischen, alltäglichen Lebensvollzug sieht. Weisheit und Bildung müssen sich im Leben bewähren und bewahrheiten. Hier findet Ben Siras Bildungsbemühen sein Ziel.

5.7 „Er wird ausströmen lassen Worte seiner Weisheit" (Sir 39,6) – Das Bildungsziel Ben Siras: der Weise in der Gesellschaft

Ben Sira möchte mit seiner Lehre, sei sie mündlich und im unmittelbaren Kontakt zu seinen Schülern in seinem Lehrhaus oder schriftlich in seinem Buch, Hilfe zu einem guten, gelingenden und erfolgreichen Leben geben. Dazu hat er zahlreiche Sentenzen gesammelt, selber formuliert und zusammengestellt. Was er vor seinen Schülern mündlich vortrug und im Lehrgespräch mit anderen Weisen erörterte, hat in seinem Buch einen schriftlichen Niederschlag gefunden.

Wohin diese Lehren seine Schüler bringen, hat Ben Sira nicht in der Hand, ebenso wenig, was sie mit seinen Lehren anfangen. Dennoch hat er ein klares Ziel vor Augen, ein Bildungsziel, das er seinen Schülern nahe bringen möchte: es ist der Weise, dem die Weisheit begegnet, der mit ihr Umgang hat und diesen pflegt und sein ganzes Leben mit ihr und auf sie ausgerichtet führt. Doch dabei bleibt Ben Sira in seiner Bildungskonzeption nicht stehen. Für ihn reicht es nicht, ein Weiser zu sein und für sich weise zu sein. Vielmehr verlangt er, dass der Weise seine Weisheit auch zum Wohle anderer einsetzt. Der Weise wird nun mit „seiner" Weisheit tätig. Ben Sira beschreibt dies für drei Aufgabenbereiche: für die Lehre, für den Dienst vor hochgestellten Persönlichkei-

5.7.1 Der Weise als Lehrer und Träger der Überlieferung

Der Natur der Fragestellung der vorliegenden Untersuchung gemäß ist dieses Moment des Weisen als Lehrer und Träger der Überlieferung bereits in den vorangegangenen Textbesprechungen aus dem Buch Ben Sira in vielfältiger Weise zum Tragen gekommen, sodass an dieser Stelle nur noch einmal zu bündeln und zusammenzuführen ist.

Bereits in seinem auch für die Bildungstheorie grundlegenden Abschnitt Sir 39,1-11 zeigt Ben Sira den Weisen in der Funktion eines Trägers der Überlieferung.

> 38,34b Anders jedoch wer seine Seele übergibt,
>   um Gott zu fürchten,
> und denkt nach über das Gesetz des Lebens.
> 39,1 Weisheit aller Vorfahren sucht er,
>   und mit den Propheten beschäftigt er sich.
> 2 Die Erörterung namhafter Männer bewahrt er,
>   und in Wendungen von Sprüchen dringt er gemeinsam ein.
> (Sir 38,34b-39,2)[2]

Der Weise studiert, er widmet sich sein Leben lang dem Studium. Auffällig ist, dass Ben Sira hier „Gesetz" (νόμος; ܢܡܘܣܐ), Weisheit (σοφία; ܚܟܡܬܐ) und Propheten (προφητεία; ܢܒܝܐ)[3] nennt.[4] Es liegt nahe, davon auszugehen, dass es sich hier um die drei Kanonteile der späteren Bibel handelt. Der Weise widmet sich also intensiv dem Studium der bibli-

---

1   In diesem Kapitel geht es um die Aufgaben- und Tätigkeitsbereiche, die Ben Sira für einen Weisen vorsieht. Dass es daneben noch Weiteres gibt, was im heutigen Sinne als Berufe zu bezeichnen wäre, hat Kapitel 5.2 gezeigt. Hier wäre eventuell noch der Arzt (Sir 38,1-15) zuzurechnen. Doch in diesem Kapitel geht es nicht darum, wie die Schüler Ben Siras mit ihrer Kenntnis in ihrem weiteren Leben umgehen, welchen Beruf sie ergreifen, sondern darum, was Ben Sira für den Weisen und seine Tätigkeit als ein Ideal vorsieht.
2   Zur Darstellung des Textes und zur Textkritik siehe Kapitel 5.5.3.
3   Wie die Textkritik zu Sir 39,1 gezeigt hat, ist das Konkretum von S vorzuziehen.
4   Reitemeyer, Gotteslob, 303, sieht in der Reihenfolge eine „klare Gewichtung", doch dies ist an dieser Stelle unwahrscheinlich. Dass Ben Sira sonst die Tora sehr hoch schätzt und auch seine persönliche Frömmigkeit fest auf sie gründet, ist dabei unbenommen, lässt sich aber nur in der Zusammenschau mit weiteren Texten entnehmen.

schen Bücher und Schriften.⁵ Das ist in Ben Siras Verständnis der Weisheit, die sich in der Tora äußert und in ihr eine Gestalt findet, nur folgerichtig. So ist der Weise eben auch Schriftgelehrter. Vor allem aber wird er dadurch zu einem Träger der Überlieferung. Diese umfasst zum einen die biblischen Traditionen, ist dann aber doch umfangreicher als diese. Bereits die Wendung „Weisheit *aller* Vorfahren" sowohl in G als auch in S (V 1) lässt bereits eine prinzipielle Offenheit für den weisheitlich orientierten Kanonteil zu, könnte aber auch einfach ein Hinweis auf seine Unabgeschlossenheit sein.⁶ Deutlicher wird die Öffnung in V 2. Hier geht es um bedeutende und autoritative Erörterungen. Dabei bleibt offen, ob es sich um weisheitliche Lehrgespräche, um außerjüdische, vielleicht philosophische „Erörterungen" im griechisch-hellenistischen Stil⁷ oder um die Auslegung der zuvor genannten Tradition handelt, sodass bei letzterem aus der διήγησις eine „ἐξήγησις", eine Exegese, würde.⁸ In allen Fällen aber wird deutlich, dass sich Ben Sira nicht einfach auf Größen der Vergangenheit bezieht, sondern die aktuelle Auseinandersetzung fordert, und zwar sowohl mit dem biblischen Schriftgut als auch mit weiteren Traditionen. Wie Reitemeyer herausgearbeitet hat, „geht es ihm [Ben Sira] stets um ein Reden mit letztlich weisheitlicher Zielsetzung"⁹. Der Weise ist damit ein auch gegenüber der Tradition mündiger Mensch, der sich mit ihr auseinandersetzt, sie aber nicht nur wiederholt, sondern kreativ in die jeweilige Zeit hineinspricht und ihr so auch ihre Aktualität gibt. Im Blick auf die Volksversammlung, in die er sich einbringt (siehe unten 5.7.4), kann er so zugleich auch in einem gewissen Sinn zu einem Träger der Identität des Volkes werden, die ebenfalls immer wieder neu gewonnen werden muss. Im Blick auf die Lehrtätigkeit des Weisen bedeutet dies aber vor

---

5   Sauer, Jesus Sirach/Ben Sira, 269, weist ausdrücklich darauf hin, dass Ben Sira „bereits abgeschlossene Bücher vor sich gehabt haben muß". Ähnlich Schrader, Beruf, 131, der eine Abgeschlossenheit für den Pentateuch sicher annimmt, für die anderen von Ben Sira genannten Bereiche allerdings vorsichtiger ist und deren genauen Umfang als Kanonteile offen halten möchte.

6   Ähnlich auch Reitemeyer, Gotteslob, 305, der in der Wendung „Weisheit aller Vorfahren" auch diejenigen sieht, die „nicht in die kanonischen Schriften Eingang gefunden haben, sondern aus dem täglichen Leben bekannt sind". Prinzipiell ist dem zuzustimmen, doch gerade das letztere Moment ist allerdings wohl eher in V 2 zu entdecken.

7   Foulkes, Discipline, 79, schließt aus dieser Passage, dass Ben Sira hier „Jewish and international knowledge" verbinde.

8   Marböck, Gottes Weisheit, 45, weist im Anschluss an Rickenbacher, Weisheitsperikopen, 184, darauf hin, dass die genaue Bestimmung der einzelnen Termini wohl nicht mehr möglich ist.

9   Reitemeyer, Gotteslob, 309.

allem, dass er die Überlieferungen Israels als Grundlage für seine Lehr- und Beratungstätigkeit hat und aus ihnen schöpft.

Wie in Kapitel 5.4 gezeigt, ermöglicht dem Weisen die Befähigung durch Gott und die Begegnung mit der Weisheit, eigene Lehre hervorzubringen, weiterzugeben und anzuwenden, die Ben Sira dann als „seine" Lehre bezeichnet (vgl. Sir 39,6). So wird der Weise zu einem Lehrer, von dessen Weisheit wiederum andere profitieren und sich bilden beziehungsweise von ihrer Seite aus die Grundlage für eine Begegnung mit der Weisheit schaffen können.

> Lasse nicht unbeachtet das Gespräch von Weisen,
> auf ihre Rätsel stürze dich,
> denn von ihnen wirst du Lehre lernen,
> um vor Fürsten zu stehen.
> (Sir 8,8)[10]

> Verständige der Lehren sind weise;
> sie lassen exakte Sprüche ausströmen.
> (Sir 18,29)[11]

> Wenn ein Wissender ein weises Wort hört,
> lobt er es und setzt zu ihm noch eines hinzu.
> (Sir 21,15a)[12]

Zwar handelt es sich bei Sir 8,8 um eine Aufforderung an Schüler, doch zeigt die Sentenz damit indirekt, was ein Schüler von Weisen im Lehrbetrieb erwarten kann beziehungsweise zu erwarten hat. Beide Sentenzen zeigen: der Weise ist Lehrer. Wie in Kapitel 5.3 dargestellt, handelt es dabei um Lehrvorträge, aber eben auch um die in Sir 8,8 angesprochenen Lehrgespräche, in denen Weise Themen erörtern und an denen die Schüler zuhörend partizipieren können. Sir 18,29 ist dabei im Kontext von Sir 39,6 und den weiteren Passagen zu verstehen, in denen Ben Sira von der Begegnung der Weisheit mit ihrem Schüler spricht, wodurch dieser dann zum Weisen wird und eigene autoritative weisheitliche Lehre geben kann. Der Weise tritt also als Lehrer auf, indem er einmal die Überlieferung – vor allem die weisheitliche im weitesten

---

10 Zur Textdarstellung sowie zur textkritischen Diskussion siehe Kapitel 5.3.1.2.
11 Die Textwiedergabe siehe in Kapitel 5.5.
12 Zur Darstellung der Texte siehe Kapitel 5.5.

Sinne, aber auch die (weitere) biblische – wahrt und weitergibt,[13] indem er die aktuelle Auseinandersetzung mit ihr sucht und pflegt, insbesondere aber indem er in Rückbindung an die Weisheit und in steter Beziehung zu ihr selber zur Quelle eigener Weisheit wird, durch die sich die Weisheitserkenntnis erweitert und vermehrt, sich vor allem aber in die aktuelle Situation je neu hineinspricht.[14]

Indem er den Weisen maßgeblich als Lehrer im Unterrichtsbetrieb sieht, steht Ben Sira ganz in der weisheitlichen Tradition (vgl. auch Spr 5,13). Sein Verdienst ist, ihr gegenüber eine weisheitstheologische Grundlegung gegeben zu haben.

5.7.2 Der Weise als Ratgeber

Doch Ben Sira beschreibt den Weisen nicht nur als Lehrer, sondern auch in seiner Tätigkeit als Ratgeber.[15]

> Die Erkenntnis des Weisen wird wie eine Flut zunehmen,
> und sein Rat ist wie eine Quelle des Lebens.
> *(Sir 21,13)*[16]

> איש נבון יבין דבר

---

13 Insbesondere Sauer, Jesus Sirach/Ben Sira, 97, weist auf die pädagogische Bedeutung dessen hin, wenn er festhält: „Ein reicher Erfahrungsschatz, durch Generationen hindurch vererbt, hilft, das eigene Leben zu bestehen."

14 Im Unterschied zu seinem Wirken in der Volksversammlung (s. 5.7.4) geht es hier um den konkreten Unterricht im Lehrhaus. Das ist insofern wichtig festzuhalten, als hier mit einem relativ übersichtlichen Kreis von Schülern zu rechnen ist. Von einer Volkserziehung und einem Weisen als Volkserzieher spricht Ben Sira nicht (gegen Löhr, Bildung, 98; Stadelmann, Schriftgelehrter, 293). Lehr- und politische Tätigkeit sind zwei verschiedene Aspekte der Tätigkeit des Weisen, in die zwar beide das Wissen und die Erfahrung des Weisen einfließen und dort zum Tragen kommen, die aber doch zu unterscheiden sind. Während es im Lehrhaus um Lehre und Unterricht und damit auch um das Heranbilden einer neuen Generation geht, handelt es sich in der Volksversammlung um politisches Wirken und Lenken eines politischen und gesellschaftlichen Gemeinwesens.

15 Ob Ben Sira dabei ein Element aus der hellenistischen Umwelt aufgreift, wie Sauer, Ratgeber, 83f, im Blick auf Sir 37,7-15, gezeigt hat, oder es sich um ein bereits älteres Tätigkeitsfeld handelt, wie von Rad, Josephsgeschichte, 274, im Blick auf die Gestalt des Josef annimmt, ist nicht unbedingt eine Frage zur Entscheidung, muss es sich doch nicht um Ausschließlichkeiten handeln. So ist es vielmehr sehr wahrscheinlich, dass sich auch in Israel Könige, aber auch weitere Persönlichkeiten auf Ratgeber stützten (vgl. die Darstellung von Ahitofel und Huschai in 2Sam 16f), die Reflexion darüber jedoch aus späterer Zeit stammt.

16 Zur Darstellung der Texte siehe Kapitel 5.6.1.

ותורתו ט.. ק...
(Ms B)

ἄνθρωπος συνετὸς ἐμπιστεύσει νόμῳ
καὶ ὁ νόμος αὐτῷ πιστὸς ὡς ἐρώτημα δήλων

Ein verständiger Mann versteht ein Wort[17],
und seine Weisung ist glaubwürdig wie die Befragung der Lose.
(Sir 33,3)

Beide Tätigkeiten sind zweifellos nicht voneinander zu trennen, kann doch nach Ben Sira nur der Weise und damit derjenige, dem die Weisheit begegnet ist und der einen steten Umgang mit ihr pflegt, wirklichen und wirksamen Rat erteilen. Doch bei dem Erteilen von Rat geht es noch einmal um einen anderen Aspekt, der bereits zum nächsten Punkt, dem Weisen im Dienst hochgestellter Persönlichkeiten in der Gesellschaft, überleitet.

Im vorliegenden Kontext ist mit Sir 21,13 zunächst die Tätigkeit des Weisen als Ratgeber selber festzuhalten, oder wie Reitemeyer es ausdrückt: „Der gesetzeskundige Weise ist bei seinen Adressaten gefragt"[18]. Ben Sira greift auf eine ebenso plastische wie durch die Tradition fest gefügte Metapher zurück, denn ähnlich wird der Weise beziebeziehungsweise sein Rat oder seine Weisheit in Spr 10,11; 13,14; 16,22 dargestellt (siehe auch Spr 18,4).[19] Der Rat des Weisen ist also mit einer besonderen Qualität ausgezeichnet, indem er nicht nur für die kleinen Dinge des Alltags bestimmt ist, sondern darüber hinaus weist und grundsätzlich zu einem guten und gelingenden Leben beitragen kann.

In Sir 33,3 wird dies noch einmal in einer anderen Richtung bekräftigt. Kurz vor der Perikope über die Unsicherheit von Träumen, hält Ben Sira hier fest, dass der Rat des Weisen ebenso sicher und verlässlich sei wie ein Losorakel. Dieses am Tempel und bei der Priesterschaft lokalisierte Mittel zur Befragung Gottes scheint er also nicht in Frage zu stellen, sondern sogar im Gegenteil für eine verlässliche Methode zu

---

17 So mit H. νόμος in G ist wahrscheinlich aus dem zweiten Stichos hier eingetragen worden. S bietet V 3 nicht.
18 Reitemeyer, Gotteslob, 313.
19 Wie sehr Ben Sira den Weisen damit auch in die Nähe Gottes rückt, zeigt sein Anklang an Ps 36,10. Dass Ben Sira das Motiv an sich besonders schätzt, zeigt auch Sir 24,30f.

halten.[20] Dass es sich bei der Befragung des Losorakels aber grundsätzlich um eine in der weisheitlichen Tradition anerkannte Methode handelt, geben Spr 16,33; 18,18 zu erkennen. Doch dies ist für Ben Sira an dieser Stelle nur ein Vergleichsmoment. Hier ist mit דבר die vorgegebene, insbesondere die weisheitliche Tradition angesprochen, auf deren Grundlage der Weise dann selbstständig und autoritativ in und mit der Weisheit Rat geben kann. Denn wie der Priester im Tempel bei der Befragung des Losorakels das Wort Gottes autoritativ mitteilt, so teilt der Weise ebenso autoritativ in seinem Rat das Wort der Weisheit mit.

5.7.3 Der Weise im Dienst hochgestellter Persönlichkeiten

Es war vermutlich die Beratung im weitesten Sinne, mit denen die Weisen nach Ben Sira im Dienst vor hochgestellten Persönlichkeiten der Gesellschaft seiner Zeit dienten. Dazu waren sie ja auch vielfach qualifiziert, wie die auch hier grundlegende Passage Sir 39,1-11 zeigt.

> Inmitten von Großen dient er,
> und vor Herrschern erscheint er.
> Im Land fremder Völker wandelt er umher,
> denn Gutes und Schlechtes unter den Menschen hat er geprüft.
> (Sir 39,4)[21]

In den vorangegangenen Versen sprach Ben Sira vom Studium des Weisen. Dieser brachte also eine umfassende Kenntnis der Traditionen und damit auch der geschichtlichen Darstellungen und Zusammenhänge seiner Zeit mit.

Unter dem Dienst „inmitten von Großen" ist zweifelsohne eine Tätigkeit als Berater oder Beamter in der staatlichen Verwaltung zu verstehen. Vielleicht können in der Tat die Erzählungen des Daniel-Buches eine Möglichkeit zur Illustration des lebensweltlichen Hintergrundes darstellen,[22] auch wenn diese erzählerisch in Babylonien angesiedelt

---

20 Sauer, Jesus Sirach/Ben Sira, 231, verweist in diesem Kontext auch auf Sir 45,10, doch hier besteht nur in G ein Anklang durch das Stichwort δῆλος. In H ist vom אפוד die Rede.
21 Zur Textdokumentation und textkritischen Diskussion siehe Kapitel 5.5.3.
22 So Lang, Anweisungen, 82, mit Verweis insbesondere auf Dan 1. Lang sieht Ben Sira vor diesem Hintergrund dann allerdings bereits als Beamten am Hof Simons II. – aber das ist aus Sir nicht mit Sicherheit zu entnehmen.

sind.²³ Aufgrund der schlechten Quellenlage allgemein, aber auch der unterschiedlichen Begrifflichkeiten, die Ben Sira selber gebraucht und die dann der Enkel noch einmal zusätzlich sehr unterschiedlich übersetzt, lassen sich aus dem Buch Ben Sira jedoch leider keine genaueren Aussagen über die Verwaltungsstruktur und damit auch über den Dienst und die Aufgaben machen, wie sie in Jerusalem vorzufinden waren.²⁴ Deutlich ist aber, dass die Weisen Ben Siras in der Regel keine im engeren Sinne staatstragenden Positionen bekleideten. Jedenfalls sah sie Ben Sira nicht dafür vor; in Sir 7,6 warnt er sogar ausdrücklich davor (siehe unten). Im Umkehrschluss ist allerdings daraus auch ersichtlich, dass sie durchaus solche Ämter erreichen konnten; dies zeigt noch einmal zusätzlich, wie qualifiziert die Schüler Ben Siras waren. Für den Dienst in einer staatlichen Verwaltung waren sie allemal optimal ausgebildet.

Darauf weist auch der zweite Versteil V 4b hin. Die dort angesprochenen Reisen hatten zweifellos einen Bildungswert und dienten der Erweiterung der Kenntnisse und vor allem der Erfahrungen des Weisen. Zugleich handelt es sich im Zusammenhang mit V 4a möglicherweise auch um ein ‚learning by doing'. Es kann also durchaus angenommen werden, dass es sich hierbei zumindest teilweise um Reisen mit einem Auftrag der eigenen Machthaber und damit – modern ausgedrückt – um eine Reise im diplomatischen Dienst handelt.²⁵ Doch auch diese Reisen tragen viel zur persönlichen Bildung bei, bieten sie doch eine Fülle an Erfahrungen, die der Weise reflektieren und in seinen Erfahrungsschatz aufnehmen kann.²⁶

Ein Beispiel für die Reisen von Weisen im Dienste der Verantwortlichen für die Provinzverwaltung aus etwas späterer Zeit, aus dem ausgehenden 2. Jh., könnte der Aristeas-Brief bieten.²⁷ Zwar ist die Darstel-

---

23 Vgl. daneben auch Jer 51,57 und 50,35 sowie Est 1,13.
24 Siehe dazu die Studie von Minissale, Ben Siras Selbstverständnis, 108-112; vgl. auch Reitemeyer, Gotteslob, 315, Anm. 140.
25 So auch Minissale, Ben Siras Selbstverständnis, 107. Reitemeyer, Gotteslob, 315, nimmt in seinem Text zwar politische Aufträge an, spricht sich dann aber bemerkenswerterweise in der Anm. 142 für ein Verständnis als reine Bildungsreisen und gegen diplomatische Missionen aus. Eine zu starke Gewichtung des Gegensatzes zwischen diplomatischer Mission und Bildungsreise im Stile des Hellenismus übersieht aber, dass sich beides nicht unbedingt ausschließen muss und auch nicht alle Reisen denselben Grund gehabt haben müssen. Insofern ist sie unangemessen.
26 Es handelt sich also bei den in V 4 angesprochenen Tätigkeiten zweifellos um mehr als die reine Pflege des kulturellen Erbes am Königshof sowie den kulturellen Austausch zwischen diesen (so legt es Sauer, Jesus Sirach/Ben Sira, 269, nahe).
27 Zur Datierung von Arist siehe Bickermann, Pseudo-Aristeas, der zwischen 145 und 127 datieren möchte, und Weber, Gesetz, 127f, der allgemeiner in die zweite Hälfte

5.7 Das Bildungsziel Ben Siras: der Weise in der Gesellschaft

lung in Arist 121f zweifellos eine Fiktion, doch gibt sie immerhin zu erkennen, dass es solche dort genannten Weisen gegeben haben muss, von denen Arist spricht:

> 121 Er [der Hohepriester Eleazar] wählte nämlich ausgezeichnete Männer aus, die, weil vornehmer Abkunft, auch eine hervorragende Bildung besaßen und nicht nur die jüdische Sprache beherrschten, sondern auch eifrig die griechische studiert hatten. 122 Deswegen waren sie auch für Gesandtschaften gut geeignet und erfüllten, wenn nötig, diese Aufgabe; auch waren sie zu Gesprächen und Diskussionen sehr begabt, wobei sie sich einer mittleren Haltung – diese ist ja die schönste – befleißigten [...] Im Gespräch ließen sie sowohl die Fähigkeit zum Zuhören als auch die, stets eine Antwort parat zu haben, erkennen.
> (Arist 121f)[28]

Insgesamt hält sich Ben Sira hier jedoch auch an ein klassisches Tätigkeitsfeld des Weisen. Bereits in der älteren Weisheit ist es vorgeprägt, zweifellos auch der Tatsache geschuldet, dass vornehmlich an den Königshöfen die Kapazitäten, aber auch das Bedürfnis und die Notwendigkeit für kulturelle Beschäftigung, vor allem aber den Einsatz von Schrift- und Sprachkenntnissen bestanden (vgl. dazu Spr 14,35; 16,13f; 22,29 als Weisheitssentenzen und Spr 25,1 als Hinweis auf den historischen Ort der weisheitlichen Gelehrsamkeit)[29].[30]

In Sir 10,3 bringt Ben Sira die Bedeutung, den dieser Dienst der Weisen als Beamte vor dem König für ein politisches Gemeinwesen hat, auf den Punkt:

---

des 2. Jh. datiert und eine kurze Diskussion dazu bietet, und Meisner, Aristeasbrief, 43, der Arist zwischen 127 und 118 ansetzt, also zwischen der Eroberung Alexandrias durch Ptolemaios VIII. Euergetes II. Physkon von den Anhängern Kleopatras II. und der Versöhnung dieser beiden ägyptischen Machtparteien. In diese Zeit hinein passen in der Tat gut die Themen von Arist: die Bitte um Milde für die jüdische Bevölkerung in Alexandria und die Distanzierung vom jüdischen Kult in Leontopolis, dessen Anhänger der Partei Kleopatras II. zugeneigt waren.

28 Übersetzung nach Meisner, Aristeasbrief.
29 Wie sehr die weisheitliche Tätigkeit am Hof auf den König als Person übertragen werden kann, zeigt Spr 25,2, aber vor allem die Darstellung der Person Salomos in 1Kön.
30 Dass es sich dabei nicht nur um eine althergebrachte Position und Funktion in Israel sowie der umliegenden Völker im Nahen Osten handelt, sondern auch mit verschiedenen Bezeichnungen im hellenistischen und zuvor im klassisch-griechischen Raum existent war, zeigt Gammie, The Sage in Hellenistic Royal Courts. Für weitere Hinweise zum biblischen Hintergrund siehe Löhr, Bildung, 103f.

מלך פרוע ישחית עיר
ועיר נושבת בשכל שריה
(Ms A)

Ein zügelloser König verdirbt eine Stadt,
aber eine Stadt ist bewohnbar durch den Verstand ihrer Fürsten.
(Sir 10,3)

In dieser Sentenz wird die Bedeutung der Weisheit für die Staatslenkung herausgestellt.[31] Ben Sira holt damit auf die konkrete politische Ebene, was in Spr 8,15f in der „metaphysischen" ausgedrückt wird.

Deutlich ist die Abstufung zwischen dem „König"[32] und dem Beamtenapparat unter ihm, den Ben Sira hier als „Fürsten"[33] bezeichnet. Dies unterscheidet Ben Siras Sicht auf die Machtstrukturen von der der klassischen Weisheit, die zumeist einfach vom König spricht (vgl. u.a. Spr 16,10; 20,8.26; 25,2). Ben Sira macht jedoch keinen Hehl daraus, dass er die wirkliche Leitung in diesem, dem König eigentlich unterstellten Beamtenapparat sieht. Nach Sir 10,3 sind gerade in dieser politischen Ebene Weise unabdingbar, die aufgrund ihrer Weisheitserfah-

---

31 Es handelt sich um eine weisheitliche Sentenz; damit ist es an dieser Stelle müßig, sie auf die konkreten politischen Hintergründe zur Zeit Ben Siras hin zu befragen und eventuell sogar konkrete Ämter ausfindig machen zu wollen. Zudem handelt es sich um ein weisheitliches Thema, wie Spr 29,2 zeigt.

32 Das Stichwort „König" ist in Anführungszeichen zu setzen, denn grundsätzlich ist für Ben Siras Zeit natürlich festzuhalten, dass es in Jerusalem keine Könige gab. Der Ethnos der Juden in Juda unterstand vielmehr zunächst dem ptolemäischen, dann ab 198 dem seleukidischen König. Ben Sira behält jedoch den Ausdruck „König" bei. Das ist mehr als nur eine Anleihe an der klassischen Weisheitsliteratur oder eine Fortführung einer ihrer Traditionen. Er benutzt ihn offenkundig vielmehr als Chiffre für den Vertreter des Königs und damit für denjenigen, der letztlich die politischen Entscheidungen fällt; er behält also den Sinngehalt der Sentenz bei. Dass diese Position in Ben Siras Zeit mehrfach den Amtsinhaber gewechselt hat, ist in Kapitel 2 dargestellt. Die Verwendung des Begriffs ist natürlich auch dadurch gestützt, dass es sich hier um eine allgemein verständliche Sentenz handelt, die sich gar nicht nur auf die Schüler Ben Siras und ihre Karriere beziehen muss, sondern auch eine bleibende Aussage beinhaltet. So auch Weeks, Wisdom, 49: „It is probable that the later writers saw some more general application for the sayings". Zur Sicht des Königs in der biblischen Weisheit siehe in aller Kürze Blumenthal, König, 14-19, die zudem einen Vergleich zwischen ägyptisch- und biblisch-weisheitlicher Sicht bietet.
   Möglicherweise stellt die Wendung מֶלֶךְ פָּרוּעַ eine Anspielung auf den פַּרְעֹה des Exodus dar. Vor dem Hintergrund der kanonisch vorangehenden Josefsgeschichte sowie der Notiz in Ex 1,8 würde damit zum Ausdruck kommen, dass sich eine Macht ohne gute Berater pervertieren kann, ja vielleicht sogar sicher pervertieren muss.

33 Die Bezeichnung der leitenden Hofbeamten als שרים hat eine Tradition im hebräischen Sprachgebrauch. Dies zeigt bereits 1Kön 4,2.

rung in der Tradition stehen, aber auch selbstständig produktiv eigene Weisheit geben können, sodass die Weisheit durch sie spricht. Erst durch sie und ihre Lenkung im Hintergrund wächst und gedeiht eine Stadt mit ihrem Gemeinwesen.

Ebenso unabdingbar und angesichts der Bedeutung, die Ben Sira diesem Aspekt zumisst, indem er nach ihm seine zentrale Passage Sir 38,24-39,11 gestaltet, sogar noch wichtiger als im Dienst vor den jeweiligen Machthabern sind Weise in der „Volksversammlung". Das verbindende Moment ist die Berater-Tätigkeit selber, deren doppeltes Gesicht Oda Wischmeyer zutreffend beschreibt, wenn sie festhält: „Damit bleibt Sirach äußerlich in konservativer Manier dem vorexilischen Weisen als dem Ratgeber verbunden. In Wirklichkeit aber verändert und verselbständigt sich die von ihm gepflegte und gelebte Ratskultur, da sie nicht mehr auf *eine* klar definierte politische Leitungsinstitution bezogen ist."[34] Nach Ben Sira ist das Berufsbild des Weisen das eines Beraters von außen, der sich eine gewisse Unabhängigkeit wahrt.[35]

5.7.4 Der Weise im Dienst für das Volk

Der Dienst für das Volk geschieht nach Ben Sira insbesondere in der Volksversammlung beziehungsweise durch in ihr erworbene Ämter. Bei der Volksversammlung handelt es sich aller Wahrscheinlichkeit nach um die Gerusia (γερουσία), die Versammlung des städtischen Adels in Jerusalem. Sie verwaltete und regierte gemeinsam mit dem Hohenpriester das Ethnos Juda, das innerhalb des seleukidischen Großreiches eine gewisse Autonomie besaß. Sicher erwähnt ist die Gerusia erst bei Josephus (Ant. XII,3,3 [XII §142]) im Kontext eines Ediktes Antiochos III., der der Gerusia, den Priestern und weiteren am Tempel Beschäftigten Steuerfreiheit für drei Jahre gewährt. Wahrscheinlich geht sie aber schon zurück auf Gremien der städtischen Vornehmen in Jerusalem aus der frühnachexilischen Zeit; Hinweise darauf geben Esr und Neh (Neh 2,16; 4,8.13; 5,7; 7,5; Esr 10,8.14.16). Die genaue Zusammensetzung der Gerusia, insbesondere der Anteil der Priesterschaft in ihr, ist umstritten, es handelt sich aber aller Wahrscheinlichkeit nach um ein gemischtes Gremium aus Priestern und Vertretern der säkularen städti-

---

34 Wischmeyer, Kultur, 74 (Kursiv F.Ue.).
35 So weit die Konzeption. Ob dies in den jeweiligen konkreten und individuellen Lebensläufen tatsächlich durchzuhalten war bzw. auch durchgehalten werden wollte, muss offen bleiben.

schen Oberschicht.³⁶ Auf diese Weise konnten nun auch Letztere an der Macht Anteil haben beziehungsweise gewinnen.

Ben Sira schätzt die Gerusia so sehr, dass er in ihr die vornehmste Tätigkeit des Weisen sieht³⁷ – daher auch das von Hengel analysierte ‚beträchtliche politische Interesse' Ben Siras.³⁸ In Sir 38f zeigt er dies, indem er den Weisen und den Handwerker in ihrer Funktion in der Gerusia scharf gegeneinander profiliert.³⁹

32 ἄνευ αὐτῶν οὐκ οἰκισθήσεται πόλις
καὶ οὐ παροικήσουσιν οὐδὲ περιπατήσουσιν
ἀλλ' εἰς βουλὴν λαοῦ οὐ ζητηθήσονται
33 καὶ ἐν ἐκκλησίᾳ οὐχ ὑπεραλοῦνται
ἐπὶ δίφρον δικαστοῦ οὐ καθιοῦνται
καὶ διαθήκην κρίματος οὐ διανοηθήσονται
οὐδὲ μὴ ἐκφάνωσιν παιδείαν καὶ κρίμα
καὶ ἐν παραβολαῖς οὐχ εὑρεθήσονται
34 ἀλλὰ κτίσμα αἰῶνος στηρίσουσιν
καὶ ἡ δέησις αὐτῶν ἐν ἐργασίᾳ τέχνης

---

36 Vgl. dazu die Darstellung in den Kapiteln 2.2.2. und 2.2.3. Zu weiterem siehe Hengel, Judentum und Hellenismus, 48-50; Wischmeyer, Kultur, 57f, die zwei Linien herausarbeitet, aus denen die Gerusia entstanden ist und die die Zusammensetzung der Gerusia prägen (Priesterschaft und die säkulare Oberschicht aus der vorexilischen Zeit).
37 Auffällig ist, dass im Buch Ben Sira das Wort γερουσία nicht verwendet wird. Das irritiert zunächst angesichts der Bedeutung, die dieses Gremium im Denken Ben Siras hat. Doch darf hier nicht außer Acht gelassen werden, dass Ben Sira nicht auf Griechisch, sondern auf Hebräisch schrieb. Da selbst die spätere hebräische Bezeichnung סנהדרין ein hebraisiertes griechisches Wort ist (συνέδριον), scheint es keine dem griechischen γερουσία äquivalente hebräische Bezeichnung gegeben zu haben. Der Enkel hat dann offenbar später aufgrund der hebräischen Vorlage übersetzt, ohne die politischen Gegebenheiten in Jerusalem zur Zeit seines Großvaters zu berücksichtigen. Diese hatten sich ja in den zwei Großvater und Enkel trennenden Generationen durch den Makkabäer-Aufstand erheblich und nachhaltig verändert.
38 Hengel, Judentum und Hellenismus, 245.
39 Lang, Propheten, 104, hat als Identifikation für die im Buch Ben Sira genannte Versammlung die sunagwgh. grammate,wn aus 1Makk 7,12 ins Gespräch gebracht. Doch diese scheidet gerade aufgrund der Argumentationslinie von Sir 38f aus: Ben Sira geht hier klar davon aus, dass Handwerker zumindest theoretisch in der von ihm gemeinten Versammlung eine Rolle spielen könnten. Für ein Gremium aus Schriftgelehrten hätte er dies nie angenommen. Eher handelt es sich um die in 1Makk 14,28 erwähnte συναγωγὴ μεγάλη ἱερέων καὶ λαοῦ καὶ ἀρχόντων ἔθνους καὶ τῶν πρεσβυτέρων τῆς χώρας, die jedoch auch mit der Gerusia identisch sein könnte.

5.7 Das Bildungsziel Ben Siras: der Weise in der Gesellschaft

32 Ohne sie[40] kann eine Stadt nicht bestehen,
und wo sie wohnen, wird man nicht hungern.[41]
Aber im Rat[42] des Volkes werden sie nicht gesucht,
33 und in der Versammlung werden sie nicht herausragen.
Auf dem Stuhl des Richters werden sie nicht sitzen,
und Gesetze und Rechte[43] werden sie nicht bedenken.
Sie erklären keine Lehre der Weisheit,
und unter Herrschenden werden sie nicht gefunden.[44]
34 Denn in der Arbeit der Welt sind sie klug[45],
und sie bedenken[46] die Tätigkeit ihres Handwerks.
(Sir 38,32-34a)[47]

10 Seine Weisheit wird die Gemeinde erörtern,
und sein Lob wird das Volk verkünden.
11 Wenn er lebt, wird er einen Namen hinterlassen,
  [der mehr bedeutet] als tausend,
und wenn er ruhen wird, wird er durch ihn vollendet.
(Sir 39,10-11)[48]

---

40 Gemeint sind die Handwerker einer Stadt, die Ben Sira in den vorangegangenen Versen beschrieben hat (Sir 38,24-31).
41 So mit S. Während der erste Stichos in S und G weitgehend gleichlautend ist, lassen sich die Abweichungen zwischen S und G im zweiten Stichos gut erklären. So hat G ein οὗ statt οὐ und dann περιπατεῖν statt πεινᾶν gelesen. So überzeugend auch Rickenbacher, Weisheitsperikopen, 183.
42 In S ist ܡܠܟܐ als ܡܶܠܟܳܐ (Rat) und nicht als ܡܰܠܟܳܐ (König) zu vokalisieren.
43 So mit S, das hier eine Aufzählung bietet.
44 Skehan, Parables, 40, rekonstruiert plausibel den schwierigen Text dieses Stichos, indem er annimmt, dass G grundsätzlich den Konsonantenbestand von H richtig wiedergibt, allerdings במשלים statt במשלים liest. Dadurch ergibt sich die Übersetzung von G: „aber in Sprüchen werden sie nicht gefunden". S vokalisiert ebenso, bietet aber eine Harmonisierung: „und Sprüche von Weisen erklären sie nicht". Möglicherweise handelt es sich allerdings um eine Aberratio oculi, da in diesem und dem vorangehenden Stichos dasselbe Verb bezeugt wird. Zur Explikation der Übersetzung mit „Sprüche" könnte dann „die Weisen" eingefügt worden sein.
45 So mit S (ܢܚܟܡܘܢ), das den Parallelismus membrorum des Verses bewahrt. G: „sondern die Schöpfung der Welt stärken sie".
46 So mit S (ܡܬܪܥܝܢ). Rickenbacher, Weisheitsperikopen, 183, erklärt δέησις in G für einen Fehler, ohne dies jedoch zu begründen. Möglicherweise handelt es sich um einen Eintrag analog zu Sir 39,5.6, um den Handwerker nun doch vom dort beschriebenen Weisen abzusetzen.
47 Die Verszählung folgt Ziegler; Rahlfs bietet denselben Text ebenfalls als VV 32-34, nimmt jedoch eine andere Verseinteilung unter den Stichen vor.
48 Die Textdokumentation und textkritische Diskussion siehe in Kapitel 5.5.3.

In Sir 38,32 lässt Ben Sira keinen Zweifel daran, dass er die Bedeutung, die Handwerker für das Leben in einer Stadt haben, sehr hoch einschätzt. Sie erfüllen nicht nur eine wichtige Funktion in der Gesamtheit eines städtischen Gemeingefüges und seiner kulturellen Leistungen; sie sind lebens-, ja überlebenswichtig. Dennoch werden sie niemals in den Bereich kommen, den Ben Sira für das optimale Betätigungsfeld eines Weisen hält, nämlich in eine leitende und führende Stellung in der Volksversammlung. Sie mögen zwar anwesend sein – dies kann aus Sir 38,32c-33a geschlossen werden beziehungsweise ist dort nahe gelegt –, aber ihnen kommt nicht die Position zu, Meinungsmacher zu sein oder zu den eigentlichen Entscheidungsträgern zu gehören, die eine solche Versammlung naturgemäß hat und braucht. Der Grund dafür liegt nach Ben Sira klar auf der Hand: Sie mögen zwar in ihrem Bereich „weise" sein (Sir 38,31 – darin hält Ben Sira an einem alten Weisheitsverständnis fest, das sich auch in Ex 31,2-5 ausspricht), doch sie erfüllen nicht die Kriterien, die Ben Sira an einen Weisen anlegt: Ein Weiser hat als Charakteristikum, eigene Weisheit – „seine" Weisheit – kundtun zu können. Dies können Handwerker jedoch nicht leisten. So bleiben sie in der Volksversammlung in einer untergeordneten Rolle und können niemals die Positionen erreichen, die für den Weisen als Ziel einer guten Karriere gelten können: Richteramt und Lehre (V 33).

Ganz anders zeichnet Ben Sira dann den Weisen in der Volksversammlung (Sir 39,10f). Er kann eigene Weisheit mitteilen, und diese wird dann auch in der Versammlung aufgenommen und erörtert. Die Gemeinde wird – realistisch betrachtet wahrscheinlich im Idealfall – sogar noch lange darüber sprechen und den Weisen lobend erwähnen und seiner gedenken. So kann der Weise einen Namen gewinnen, der noch lange nach seinem Tod erwähnt werden wird. Damit lebt er selber in einem gewissen Sinne über den Tod hinaus weiter, indem seine Lehre auch für die nach ihm folgenden Generationen Bedeutung hat. Der Weise findet also in der Volksversammlung das ideale Forum, in dem er seine Weisheit einbringen kann, indem er selber politischen Einfluss nimmt und sich so im Sinne der materialen Weisheitslehren zum Wohle des Volkes engagiert. Als erstrebbare Positionen gelten Ben Sira eben die, die er für den Handwerker ausgeschlossen hat (zum Lehramt s.o.; zum Richteramt s.u.).[49]

---

[49] Sauer, Jesus Sirach/Ben Sira, 267, hält nicht zu Unrecht fest, dass nach Ben Sira der Weisheitslehrer nun nicht höher stehe als der Handwerker, würden doch beide durch dieselbe Weisheit gelenkt und lediglich die Aufgaben seien verschieden verteilt. Dem ist grundsätzlich zuzustimmen in dem Sinne, dass Ben Sira hier keine Berufspolemik oder -satire betreibt (wie Löhr, Bildung, 100f, behauptet, der aber selber

5.7 Das Bildungsziel Ben Siras: der Weise in der Gesellschaft 381

Indem Ben Sira in dem Maße wie in 39,10 die bleibende Bedeutung der Weisheit des Weisen hervorhebt, erinnert er zugleich an Sir 44,15:

חכמתם תשנה עדה	... עדה
ותהלתם יספר קהל	ותהלתם יספר קהל
(Ms B)	(Ms M)

Ihre Weisheit wird die Versammlung erörtern,
und ihren Ruhm wird die Gemeinde erzählen.
(Sir 44,15)

Mit diesem Satz schließt Ben Sira die Einleitung zum Väterlob in Sir 44-50 ab. In ihr legt er dar, welch bedeutende und vor allem weise Männer Israel in seiner Geschichte hatte, die durch ihre Weisheit eben diese Geschichte gestalteten. Mit der Bemerkung in Sir 39,10 knüpft Ben Sira nun hieran an. Beide Verse – Sir 39,10 und 44,15 – entsprechen einander wörtlich.[50] So stellt er den Weisen der Gegenwart, der in der Volksversammlung für das Volk tätig wird und dort seine Weisheit einbringt, indem er Ämter bekleidet und politischen Einfluss nimmt, in die lange und ruhmvolle Geschichte Israels. Er stellt ihn in eine Reihe und auf dieselbe Ebene wie Noah, die Erzväter, Mose und Aaron, Pinchas und Josua, David und Salomo, Elia und alle weiteren Propheten bis hin zu Simon II. (219-196), einem für Ben Siras Gegenwart noch zeitgenössischen Machthaber.[51] Durch sie alle hat die Weisheit in der Geschichte gewirkt, und dies zeigt: die Lenkung der Geschichte Israels durch die Weisheit reicht bis in die Gegenwart Ben Siras – und das impliziert

---

zugeben muss, dass VV 31-34 dann notwendigerweise als Einschränkung einer Satire gelten müssen – was allerdings das Verständnis als Satire in sich fragwürdig macht, lebt doch eine Satire von der Zuspitzung und nicht von der Einschränkung) und weder Berufe noch Menschen abqualifiziert. Doch darf nicht außer Acht gelassen werden, dass Ben Sira die Tätigkeit des Weisen in der Volksversammlung durchaus als eine, ja sogar die ideale Tätigkeit sieht, der gegenüber andere Berufe und Tätigkeiten weniger erstrebenswert erscheinen. An dieser Stelle ist Ben Sira klar von hellenistischen Idealen beeinflusst (so auch Schrader, Beruf, 125; vgl. für den hellenistischen Kulturbereich auch Christes, Bildung, 25).

50 So jedenfalls in G. Da der Text für Sir 39,10 jedoch nur in Griechisch und Syrisch erhalten ist, kann nur vermutet werden, dass dies auch für das hebräische Original gilt. In S entsprechen sich beide Verse ebenfalls mit Ausnahme des Verbs, das allerdings bedeutungsgleich ist.

51 Simon II. erhält so eine doppelte Funktion im Väterlob. Zum einen zeigt Ben Sira an seiner Person, dass die hoch zu lobenden Persönlichkeiten der Geschichte Israels eben nicht nur in der Geschichte existieren, sondern auch in der (Ben Siras) Gegenwart; zum anderen stellt er den Nachfolgern Simons II. diesen als einen wahrhaft weisen Herrscher deutlich vor Augen.

zweifellos: auch bis weit über seine Gegenwart hinaus. Der Weise kann so zu einem Hoffnungsträger in verwickelter politischer Lage werden, ist er doch ein Träger und Gestalter der Geschichte, indem durch ihn die Weisheit in der Geschichte handelt.

Zugleich hält Ben Sira noch einen weiteren Aspekt fest. Indem er dieses Moment der politischen Betätigung und des Engagements des Weisen betont, sagt er zugleich aus, dass Weisheit, sowohl das Studium als auch die Begegnung mit der Weisheit, immer in das praktische Handeln mündet. Es gibt keine Weisheit für sich selber. So wie Weisheit zu einem frommen und gottesfürchtigen Leben führt und dieses erfordert, so führt sie auch zu einem gesellschaftlichen Engagement. Die Weisheit hat für Ben Sira einen unaufgebbar sozialen Aspekt – und damit auch einen sozialen Anspruch an den Weisen. Dem kann dieser in den verschiedenen Ämtern der Verwaltung und des Staatswesens nachkommen.

Über den Weisen, der sich nun in seiner Tätigkeit der Öffentlichkeit aussetzt, reflektiert Ben Sira in Sir 37,19-26.

(Ms B)	(Ms C)	(Ms D)
19 יש חכם לרבים נחכם	19 יש חכם לרבים נחכם	19 יש חכם לרבים נחכם
ולנפשו הוא גואל {נואל}	ולנפשו הוא גואל	ולנפשו הוא נואל
20 ויש חכם בדברו נמאס		20 ויש חכם בדברו ימאס
ומכל מאכל תענוג נבצר		ומכל מאכל תענוג נבצר
22 ויש חכם לנפשו יחכם	22 יש חכם לנפשו יחכם	22 ויש חכם לנפשו נחכם
פרי דעתו על גויתו	פרי דע[תו] על גויתו	ופרי דעתו על גויתו
23 {ויש חכם לעמו יחכם		23 ויש חכם לעמו יחכם
פרי דעתו בגויתם}		פרי דעתו בגויתם
25 חיי איש מספר ימים		25 חיי אנוש ימים מספר
וחיי עם ישראל {ישורון}..		וחיי ישרון ימי אין מספר
		{גויתהן מספר יש לימים
		וגוית שם ימי אין מספר}
24 חכם ל... ע תענוג	24 חכם לנפ[שו] ישבע תענוג	24 חכם לנפשו ישבע תענוג
[ויאש]רוהו ...	וכל ר.. יאשרוהו	ויאשריהו כל רואיהו
26 ...	26 חכם ע... ל כבוד	26 חכם עם ינחל כבוד
	ושמ... ... עולם	ושמו עומד בחיי עולם

19 ἔστιν ἀνὴρ πανοῦργος πολλῶν παιδευτής
καὶ τῇ ἰδίᾳ ψυχῇ ἐστιν ἄχρηστος
20 ἔστιν σοφιζόμενος ἐν λόγοις μισητός
οὗτος πάσης τροφῆς καθυστερήσει
21 οὐ γὰρ ἐδόθη αὐτῷ παρὰ κυρίου χάρις

5.7 Das Bildungsziel Ben Siras: der Weise in der Gesellschaft 383

ὅτι πάσης σοφίας ἐστερήθη
22 ἔστιν σοφὸς τῇ ἰδίᾳ ψυχῇ
καὶ οἱ καρποὶ τῆς συνέσεως αὐτοῦ ἐπὶ στόματος πιστοί
23 ἀνὴρ σοφὸς τὸν ἑαυτοῦ λαὸν παιδεύσει
καὶ οἱ καρποὶ τῆς συνέσεως αὐτοῦ πιστοί
24 ἀνὴρ σοφὸς πλησθήσεται εὐλογίας
καὶ μακαριοῦσιν αὐτὸν πάντες οἱ ὁρῶντες
25 ζωὴ ἀνδρὸς ἐν ἀριθμῷ ἡμερῶν
καὶ αἱ ἡμέραι τοῦ Ισραηλ ἀναρίθμητοι
26 ὁ σοφὸς ἐν τῷ λαῷ αὐτοῦ κληρονομήσει πίστιν
καὶ τὸ ὄνομα αὐτοῦ ζήσεται εἰς τὸν αἰῶνα

19 Es gibt einen Weisen, der für viele weise ist,[52]
und für sich selbst ist er ein Tor[53].
20 Es gibt einen Weisen, der in seinem Reden verhasst ist,
und von allem Festessen wird er ausgeschlossen.
22[54] Es gibt einen Weisen, der für sich selbst weise ist,
und die Frucht seiner Erkenntnis kommt ihm zugute[55].
23[56] Es gibt einen Weisen, der für das Volk weise ist,
die Frucht seiner Erkenntnis kommt ihnen zugute[57].
25[58] Das Leben eines Menschen währt zählbare Tage,

---

52 So mit H. G fängt mit der Wendung πολλῶν παιδευτής den Sinngehalt des Stichos ein.
53 In H ist באי vor dem Hintergrund von S (ܠܒܐ) und G offensichtlich ein Schreibfehler.
54 V 21 fehlt in H und S. Inhaltlich begründet er V 20 und führt so den Gedanken fort. Er ist damit sicherlich nicht als ursprünglich zu betrachten. So auch Rickenbacher, Weisheitsperikopen, 175; Sauer, Jesus Sirach/Ben Sira, 258.
    V 21: denn ihm wurde vom Herrn keine Gunst gegeben,
           dass er alle Weisheit verliert.
55 Wörtlich: „kommt auf seinen Leib".
56 S bezeugt V 22.23 in umgekehrter Reihenfolge, aber inhaltlich gleich. Aufgrund der starken Bezeugung in H und G ist an der obigen Reihenfolge nicht zu zweifeln.
57 Wörtlich: „kommt auf ihren Leib". Während diese Wendung für V 22 noch erschließbar ist, macht sie in Bezug auf das Volk Schwierigkeiten. Das zeigt auch G, das hier mit „glaubwürdig" übersetzt. Doch möchte Ben Sira auf diese Weise ausdrücken, dass sich die Weisheit des Weisen in V 22 für ihn selbst und in V 23 für das ganze Volk nicht nur in einem geistigen Sinne, sondern sichtbar und leiblich erfahrbar äußert.
58 In H ist V 25 an dieser Stelle bezeugt, also noch vor V 24. Diese Reihenfolge ist beizubehalten, denn so stört V 25 nicht die Gegenüberstellung des Weisen, der für sich selbst weise ist, und des Weisen, der für das Volk weise ist, in V 24.26. Mit seiner Positionierung in G soll wahrscheinlich durch den Hinweis auf die begrenzten Lebenstage des Einzelnen und die unzählbaren Tage Israels in V 25 die Verheißung einer für ewig beständigen Bedeutung des Weisen in V 26 besonders herausgestellt wer-

aber das Leben Israels hat keine zählbaren Tage.
24 Ein Weiser, der für sich selber weise ist, wird satt an Genüssen,
und alle, die ihn sehen, preisen ihn glücklich.
26 Ein Weiser des Volkes wird Ehre[59] erben,
und sein Name ist beständig für ein ewiges Leben.
(Sir 37,19-26)

Zweimal stellt Ben Sira den Weisen, der es für sich selbst ist, und den, der für das Volk weise ist, gegenüber.[60] Damit reflektiert er die öffentliche Bedeutung, die der Weise hat. Doch zuvor geht er noch einmal einen Schritt zurück und kommt auf die öffentliche Wahrnehmung des Weisen zu sprechen.

Dem sind die beiden Sentenzen in VV 19.20 gewidmet. Dabei bietet V 19 eine gewisse Doppeldeutigkeit, denn er ermöglicht zwei Interpretationen: So kann es hier um einen Weisen gehen, der zwar anderen gut raten kann, sich aber selber nicht zu helfen weiß; oder es kann um einen Weisen gehen, der zwar für viele weise ist und von ihnen als Weiser wahrgenommen wird, doch der über sich selber so bescheiden oder so geringschätzig denkt, dass er es für sich selber nicht wahr- und annehmen kann.[61] Eine Entscheidung ist in jedem Fall spekulativ, sodass hier beide Verstehensmöglichkeiten offen gehalten werden sollten, passen doch beide Gedanken zu Ben Sira. So ist sowohl das etwas sarkastische, aber durchaus realistische erste Verständnis denkbar, als auch das auf der Demut, möglicherweise aber auch auf fehlendem Selbstbewusstsein des besagten Weisen aufbauende zweite Verständnis. Für beide Interpretationsmöglichkeiten gab es zweifellos Anlass in Ben Siras sozialem Umfeld, aus dem er diese Erkenntnis gewinnen konnte.[62]

---

den. Die Glosse in Ms D ist auszulassen; sie wird von keinem weiteren Textzeugen bestätigt. In S ist V 25 nicht belegt.

59 So mit H und S. G bezeugt in der Mehrheit und für G auch qualitativ zu bevorzugen πίστις (gegen Ziegler, der τιμή angibt).

60 Hengel, Judentum und Hellenismus, 243, möchte in diesem Abschnitt einen Hinweis auf „verschiedene Weisheitsschulen mit differierenden Richtungen, die sich teilweise bekämpfen", sehen. Doch dies ist reine Spekulation.

61 Vgl. auch Rickenbacher, Weisheitsperikopen, 175, der ebenfalls diese beiden Interpretationsmöglichkeiten aufführt und sich dann für die zweite entscheidet. Skehan/Di Lella, Ben Sira, 436, entscheiden dagegen für die erstere. Der Enkel Ben Siras hat ebenfalls offenbar das erste Verständnis vorgezogen, wenn er נואל mit ἄχρηστος übersetzt.

62 Dass es sich hier um die Mitteilung einer Selbsterkenntnis Ben Siras handelt, ist zwar grundsätzlich möglich, doch reine Spekulation ohne festen Anhalt im Text. Daher ist diese Option sicherlich nicht ganz auszuschließen, aber die Sentenz sollte nicht allein

5.7 Das Bildungsziel Ben Siras: der Weise in der Gesellschaft

In V 20 reflektiert Ben Sira dann eine für einen Weisen bittere Folge der öffentlichen Wahrnehmung. Bei allen Verheißungen und positiven Versprechungen, die Ben Sira mit der Weisheit und der Tätigkeit als Weiser verbindet, muss doch klar gesehen werden, dass ein Weiser, der wahrscheinlich die Wahrheit ausgesprochen hat, bei seinen Hörern nicht immer wohl gelitten ist. Ist er von diesen unabhängig, dann hat das für ihn kaum Folgen, doch steht er beispielsweise im Dienst eines Machthabers oder höheren Beamten, kann Widerspruch, mag er auch noch so weise und richtig sein, zu Ansehensverlust und gesellschaftlichem Ausschluss führen.[63] Mit dieser Sentenz bereitet Ben Sira also seine Schüler auf die Tatsache vor, dass sie bei ihrer Tätigkeit vor Fürsten oder auch in der Volksversammlung mit Widerspruch rechnen müssen – und eventuell auch mit sozialer Ächtung. Doch Ben Sira belässt es bei diesem Hinweis; insgesamt geht er offensichtlich davon aus, dass der Weise in seiner Weisheit zur passenden Zeit die passenden Worte finden wird, um solchen Misserfolg zu vermeiden.

So stellt er in VV 22f dann auch den Weisen, der nur für sich selbst weise ist, und den Weisen, der auch für das Volk weise ist, gegenüber. Hier geht er ohne jede Einschränkung davon aus, dass die Weisheit des Weisen Frucht tragen wird: wofür er sie einsetzt, wird sie ihren Erfolg bringen – für ihn selbst oder für das Volk. Stehen diese beiden Verse hier noch wertneutral und rein deskriptiv nebeneinander, so gewinnen sie im Kontext mit den weiteren Texten des Buches (zu Sir 39,10 siehe oben), aber dann auch mit den folgenden VV 24.26 einen klaren Duktus: Ben Sira geht unmissverständlich davon aus, dass für sich selbst eingesetzte Weisheit zwar gut und hilfreich ist, dass dies aber nicht ihre letzte Zweckbestimmung ist. Zu dieser kommt die Weisheit des Weisen erst, wenn er sie für andere, für das Volk einsetzt und ihm zugute kommen lässt.[64]

Die zweite Gegenüberstellung dieser beiden Typen eines Weisen in VV 24.26 gibt diesen Duktus auf die solidarische Verwendung der

---

vor diesem Hintergrund verstanden werden, wie dies Sauer, Jesus Sirach/Ben Sira, 258, tut.

63 Diese gesellschaftliche Ächtung konkretisiert sich für Ben Sira in der Ausschließung von Festmählern. Wahrscheinlich stehen also im Hintergrund dieser Sentenz die Symposien, von denen er in Sir 31f schreibt.

64 Was eine deutsche Übersetzung nur schwer erkennen lässt und offenbar auch dem Enkel Schwierigkeiten bereitet hat, ist, dass solcher Erfolg sowohl dem Weisen als auch dem Volk körperlich, „leibhaftig" zugute kommt (vgl. die Übersetzung von פרי, בנויתו, ... bzw. פרי ... בנויתם, mit ‚καρποὶ πιστοί'). Ben Sira denkt hier also nicht nur an geistige Errungenschaften, sondern offenbar auch an eine spürbare Veränderung der Lebensqualität des Volkes.

Weisheit hin klar zu erkennen. So verheißt Ben Sira dem Weisen, der für sich selbst weise ist, zwar großen Erfolg, an dem er sich laben kann und der ihm Ehre und Ansehen in der Bevölkerung einbringt, doch nimmt man V 26 hinzu, so wird deutlich, dass die Ehre des Weisen, der seine Weisheit für das Volk einsetzt, länger anhalten wird, sogar über seinen Tod hinaus. Hat also der Weise, der für sich selbst weise ist, durchaus positive Bedeutung – insofern wäre es auch falsch, an dieser Stelle von einem selbstsüchtigen Weisen zu reden –, so bleibt diese doch auf sein Leben und in seiner Gegenwart beschränkt. Dagegen umgreift die Bedeutung des Weisen, der sich für sein Volk engagiert, alle Generationen; sie gilt gegenwärtig und zukünftig. Und auch wenn hier keine wörtliche Entsprechung vorliegt, erinnert V 26 deutlich an den Gedanken, den Ben Sira in der Übereinstimmung von Sir 39,10 und 44,15 formuliert. So gilt hier entsprechend: Der Weise, der seine Weisheit zum Wohle des Volkes einsetzt, hat Anteil an der Geschichte gestaltenden Wirkung der Weisheit; und damit gebührt ihm ebenfalls ein Platz in der Reihe der aufgrund ihrer Weisheit die Geschichte Israels maßgeblich prägenden Männer.[65]

So wird an dieser Passage deutlich, dass Ben Sira den Weisen klar in der Verantwortung für sein Volk sieht. Wenn er diese nicht übernimmt, mag er zwar für sich Erfolg haben, verfehlt aber letztlich seine Bestimmung.

Wie Ben Sira bereits in Sir 37,20 vor Problemen warnt beziehungsweise auf sie aufmerksam macht, wenn es um die Anwendung der Weisheit in der Öffentlichkeit geht, so warnt er ebenso davor, unüberlegt öffentliche Ämter anzustreben oder anzunehmen.

> Begehre nicht, ein Herrscher zu werden,
> wenn du nicht die Macht hast, das Böse zu beenden,
> damit du dich nicht vor dem Vornehmen fürchten musst
> und ein Einschnitt in deine Rechtschaffenheit gemacht wird.
> (Sir 7,6)[66]

---

65 Löhr, Bildung, 98, versteht den jeweils zweiten Weisen in beiden Gegenüberstellungen als „Volkserzieher" (ebenso Stadelmann, Schriftgelehrter, 296f, im Anschluss an Löhr; ähnlich, allerdings nicht mit Verweis auf diese Sir-Stelle Hengel, Judentum und Hellenismus, 147). Doch dies ist durch den Text nicht gedeckt, heißt es hier doch nicht, der Weise werde das Volk weise machen. Stattdessen ist zweifellos an eine politische Tätigkeit in der Volksversammlung zu denken. Die Lehre geschieht nach Ben Sira im Lehrhaus; hier geht es um politische Gestaltung. So auch Wischmeyer, Kultur, 178.

66 Zur Textdarstellung und textkritischen Diskussion siehe Kapitel 5.2.5.

5.7 Das Bildungsziel Ben Siras: der Weise in der Gesellschaft

Der Grund für Ben Siras Zurückhaltung liegt dabei nicht in der Person des Weisen begründet. Es ist nicht so, dass er ihm ein solches hohes Amt in der Gesellschaft und der Staatsverwaltung nicht zutraute. Seine Sorge ist vielmehr, ähnlich wie in Sir 37,20, dass der Weise zwar ein Amt übernehmen, es dann aber nicht entsprechend ausfüllen kann, weil er von außen daran gehindert wird. Deutlich steht das Bild eines den herrschenden Eliten unbequemen Beamten oder (mit S und G) Richters vor Augen, der von ihnen an der Amtsführung durch mehr oder minder direkte Einflussnahme gehindert wird. Ben Sira weiß um die hierarchischen Verhältnisse in Machtapparaten und weiß offenbar auch, dass hehre Ziele daran allzu schnell scheitern können. Dabei fallen dann sowohl die für manche Kreise zu hehren Ziele als auch das Scheitern selber auf die Person des Weisen zurück. Sein guter Ruf ist spätestens dann beschädigt, wenn er nicht schon zuvor durch Verleumdung ruiniert wurde. In einem solchen Fall hilft dem Weisen aber auch seine Weisheit nur noch sehr bedingt. So bleibt ihm nur, gewarnt zu sein und sich vorher gut zu überlegen, ob er ein solches Amt antritt oder nicht. Von einem grundsätzlichen Abraten von der Wahrnehmung öffentlicher Ämter kann an dieser Stelle jedoch nicht die Rede sein.[67]

Ein konkretes Amt des Weisen sei nun abschließend exemplarisch vorgestellt. Bei aller Warnung weiß Ben Sira auch um die Tätigkeit eines guten Richters und würdigt diese.

שופט עם יוסר[68] עמו
וממשלת מבין סרידה
(Ms A)

κριτὴς σοφὸς παιδεύσει τὸν λαὸν αὐτοῦ
καὶ ἡγεμονία συνετοῦ τεταγμένη ἔσται

Eine weiser Richter[69] belehrt sein Volk,

---

67 Gegen Calduch-Benages, Authority, 94.
68 Das ר in Ms A ist schwer zu lesen. Doch alle Ausgaben mit Ausnahme von der der Academy of the Hebrew Language and the Shrine of the Book (Jerusalem 1973), die ר bezeugt, geben ד wieder. Diese Lesart stimmt dann auch mit den Übersetzungen von S und G überein.
69 So mit S und G. In H liegt wahrscheinlich eine Aberratio oculi vor, bei der עם vom Zeilenende statt חכם gelesen wurde.

5. Weisheit und Bildung

und die Herrschaft eines Verständigen[70] wird bestehen.
(Sir 10,1)

Bemerkenswerterweise schreibt Ben Sira an dieser Stelle dem Richter eine lehrende Funktion zu. Dabei geht es wohl präziser um Erziehung im Sinne von Lenkung und Leitung als um tatsächliche Lehre oder gar eine Lehrtätigkeit. Angesichts der Bedeutungsbreite von שופט[71] liegt es nahe anzunehmen, dass Ben Sira hier unter einem „Richter" insgesamt eine leitende Persönlichkeit versteht, sodass der „Richter" als Pars pro toto der verschiedenen Verwaltungstätigkeiten verwendet ist.[72] Dies ist auch insofern wahrscheinlich, als in dieser Sentenz der „Richter" mit dem „herrschenden Verständigen" im zweiten Stichos parallel gesetzt wird.[73]

So zeigt Ben Sira hier exemplarisch ein für einen Weisen angemessenes Amt innerhalb der Gesellschaft auf und würdigt dieses.[74] Zugleich macht er deutlich, dass auch in solchen Positionen der Weise dazu aufgerufen ist, seine Weisheit einzubringen und im Sinne einer Erziehung, durch die das Volk auf einem guten Weg geführt wird, leitend tätig zu werden. So verwirklicht er – wie oben angesprochen – das, was Spr 8,15 in der metaphysischen Ebene aussagt, im Leben und in der Geschichte des Volkes: Die Weisheit beherrscht die Geschichte, aber insbesondere das Volk Israel.

---

[70] So mit H und G. S liest stattdessen in Anlehnung an den ersten Stichos: „ein weiser Herrscher".

[71] Vgl. dazu Niehr, שפט, 416: „Der Titel šopeṭ kann somit ein Herrscheramt, eine Beamtenstellung und einen Rang in der Gentilordnung bezeichnen." Für Ben Sira ist letzteres auszuschließen, doch die ersten beiden Verwendungen zeigen genau den Bedeutungsbereich, den Ben Sira offensichtlich ebenfalls verwendet.

[72] So auch Skehan/Di Lella, Ben Sira, 223, die ebenfalls auf die Bedeutungsweite des Wortes שופט hinweisen.

[73] Ähnlich ist in diesem Kontext Sir 38,33 zu verstehen: Was dem Handwerker verwehrt bleibt, steht dagegen dem Weisen offen. So zeigt auch diese Aussage, dass es durchaus realistisch war, dass Ben Siras Schüler solche Ämter erreichen und bekleiden konnten.

[74] Kein Amt, aber möglicherweise ein Beruf für einen Weisen wäre der des Arztes. In Sir 38,2 (מאת אל יחכם רופא) spricht er auch von ihm als jemandem, der weise geworden ist. Aber da Sir 38,1-15 nicht nur in der biblischen und apokryphen Literatur, sondern auch im Buch Ben Sira selber singulär ist, hat diese Überlegung Ben Sira offensichtlich nicht maßgeblich beschäftigt, sodass an dieser Stelle nicht weiter darauf eingegangen wird.

5.7.5 Zusammenfassung

Ben Sira umreißt in seinem Werk drei Tätigkeitsbereiche, in denen der Weise seines Erachtens adäquat wirken kann und soll. Der pädagogischen Zielsetzung seines Buches gemäß steht an prominenter Stelle die Tätigkeit als Lehrer. Da sich sein Werk primär an Weisheitsschüler richtet, kommt dieser Bereich meist nur indirekt zur Sprache, doch ist er klar erkennbar. Durch die Begegnung mit der Weisheit und das fortgeführte Leben mit ihr und aus ihr ist der Weise befähigt, nun selber Weisheit, eigene Weisheit, zu lehren. Dabei zeigt sich, dass diese Lehre klar auf das Lehrhaus beschränkt ist. Hier wird studiert, hier haben die Schüler Anteil am Gespräch und am Lehrvortrag der Weisen; hier wirken die Weisen als Lehrer, indem sie die aktuelle Auseinandersetzung fordern und fördern und so die Weisheitserkenntnis erweitern und die Weisheit bereits in der Lehre in die je aktuelle Situation hineinsprechen lassen.

Insbesondere durch das Studium der weisheitlichen, aber auch der übrigen biblischen Schriften wird der Weise zugleich zu einem Träger der Überlieferung. Er kennt die maßgeblichen Traditionen seines Volkes und gibt diese weiter. Er leitet zu ihrem Studium an, das bei Ben Sira zwar vor allem das Studium der weisheitlichen Traditionen bedeutet, aber bereits hier – aus weisheitlicher Perspektive und noch nicht im Sinne der späteren rabbinischen Schriftauslegung – auch Schriftstudium beinhaltet. So bewirkt er, dass die jungen Weisheitsschüler sich an ihrer Tradition rückkoppeln und in ihr in ihrem Leben und in den Herausforderungen, denen sie sich werden stellen müssen, Orientierung und Halt gewinnen können. Zweifellos steht dabei auch die Auseinandersetzung mit dem hellenistischen Einfluss und Zeitgeist im Hintergrund, der auch im Jerusalem Ben Siras deutlich zu erleben war. Doch sollte dies nicht einseitig unter dem Aspekt der Abgrenzung und Abwehr betrachtet werden. Vielmehr geht es sowohl in Bezug auf die alten israelitisch-jüdischen Traditionen als auch im Blick auf die hellenistische Kultur gleichermaßen um eine fruchtbare Auseinandersetzung. Wie unpolemisch Ben Sira neue hellenistische Einflüsse aufnimmt, zeigen die bereits mehrfach erwähnten Passagen über die Symposien, den Arzt und die zahlreichen motivischen Anklänge an hellenistische Themen und Schriftkultur im Buch selber.

Vor diesem Bildungshintergrund ist der Weise Ben Siras auch der ideale Ratgeber, kann er doch nicht nur aus den besagten Traditionen schöpfen, sondern durch sein Leben mit und aus der Weisheit heraus auch guten weisheitlichen, das heißt wirksamen Rat geben. Wie der Priester durch das Losorakel autoritativ und authentisch das Wort Gottes zusagt, so kann der Weise Ben Siras ebenso autoritativ und authentisch den Rat der Weisheit kundtun.

Dies kommt dem Weisen in seinen Tätigkeiten zugute, sei es als Berater von hoch gestellten Beamten und Machthabern, sei es in der Versammlung des Volkes bei dessen politischer Lenkung und Leitung. So ist er im Dienst vor „Fürsten", das heißt den die Provinz Verwaltenden, einmal als Berater willkommen, dann aber auch in so unterschiedlichen Bereichen wie dem diplomatischen Dienst, der Verwaltung und der Kultur tätig. Ben Sira lässt keinen Zweifel daran, dass es seines Erachtens eben diese Weisen im Beamtenapparat und nicht die „Fürsten" selber sind, die den Wohlstand einer Stadt oder eines Landes sichern. Ihnen kommt die eigentliche Gestaltungskraft zu, die noch die klassische Weisheit allein auf den König hin projiziert hat.

Besonders hoch schätzt Ben Sira aber die Tätigkeit in der Volksversammlung. Hier kommt dem Weisen zumindest seinem Anspruch nach eine leitende und führende Stellung zu, denn in ihr kann er seine Fähigkeiten neben der Lehre am besten zur Geltung bringen. So ist es gut, wenn er nach Ämtern strebt, in denen er Einfluss auf das politische und gesellschaftliche Leben des Volkes nehmen kann, auch wenn Ben Sira weitsichtig davor warnt, dies unüberlegt und ohne die nötigen äußeren Voraussetzungen zu tun; dass der Weise die inneren Voraussetzungen von sich aus mitbringt, ist für Ben Sira keine Frage.

Indem sich nun der Weise in dieser Art zum Wohle des Volkes engagiert, lässt er seine Weisheit zu ihrer höchsten Vollendung und Zweckbestimmung kommen. Denn das Ziel der Weisheit liegt nicht in einer Weisheit für sich selber, auch nicht in einer reinen Gelehrsamkeit, sondern Weisheit impliziert immer einen von ihr unlösbaren sozialen Aspekt, durch den sie auf das menschliche Miteinander ausgerichtet ist. Diesen erfüllt sie erst, wenn sie für andere wirksam werden kann und ihnen zugute kommt.[75]

Zugleich verwirklicht der Weise durch sein Engagement in der Volksversammlung den in Spr 8,15 sich zeigenden Anspruch der Weisheit im konkreten Lebensvollzug und in der Geschichte des Volkes. So

---

75 Dass dies neben als ideellen zweifellos auch eine materielle Seite hat, hat Minissale, Ben Siras Selbstverständnis, 115, zutreffend festgehalten: „Er [Ben Sira] ist überzeugt, daß der schriftgelehrte Weise das Recht und die Pflicht hat, eine würdige Karriere in der Gesellschaft zu machen, die es ihm ermöglicht, einen unersetzbaren Dienst für deren gutes Funktionieren zu leisten, und die ihm gleichzeitig den Vorteil eines verdienten Wohlstandes zusichert."

herrscht die Weisheit durch den Weisen in der Geschichte und wirkt in ihr. Auf diese Weise wird der Weise mit der Weisheit und durch die Weisheit zu einem Träger und Gestalter der Geschichte. Für ihn bedeutet dies, dass er sich im Kontext all der Männer sehen kann, durch die die Weisheit vornehmlich in der Geschichte Israels wirksam war. Indem er mit seiner Weisheit die Weisheit in ihre jeweilige Aktualität hineinspricht, wird der Weise zum Garanten der fortlaufenden Geschichte Israels, und zwar nicht nur für seine jeweilige Gegenwart, sondern auch für die Generationen nach ihm, die sich seiner ebenso erinnern werden wie an die weisen Männer vor ihm. Dies zeigt das Lob der Väter am Ende des Buches. Der Weise wird leben, auch über seinen Tod hinaus. Dies ist die letzte und zugleich größte Hoffnung, die Ben Sira seinen Schülern geben kann. So wird die Weisheit des Weisen vielleicht nicht unbedingt Beruf[76], aber in jedem Fall zu einer Berufung.

---

76   Gegen Lang, Klugheit, 185.

6. Weisheit und Bildung nach Ben Sira. „Die Weisheit begegnet ihrem Schüler"

וקדמתהו כאם
וכאשת נעורים תקבלנו
Die Weisheit begegnet ihrem Schüler wie eine Mutter,
und wie die Frau der Jugendzeit empfängt sie ihn.
(Sir 15,2)

Ben Sira hat in den bildungstheoretischen Überlegungen seiner Zeit mit seinem Werk eine profilierte Position zur Frage nach dem Verständnis von Bildung und nach dem Vorgang des Bildungsgeschehens vorgelegt. Bleiben diese Überlegungen in der weisheitlichen Diskussion des Vorderen Orients vor seiner Zeit noch im Hintergrund (Kapitel 3), macht Ben Sira sie zu einem der zentralen Reflexionsgegenstände innerhalb der weisheitlichen Lehre. Damit stellt er sich wahrscheinlich einer Herausforderung, die er durch die hellenistische Lebensart und Geisteswelt in seinem Umfeld als gegeben sah, liegen doch hier zahlreiche Entwürfe und Vorstellungen zum Thema vor (Kapitel 4).

Grundsätzliche Bildbarkeit aller Menschen bei faktischer Einschränkung der „Zielgruppe"

Ben Sira geht in seinem Verständnis von Bildung von der grundsätzlichen *Bildbarkeit des Menschen* aus (Kapitel 5.1). Dieser ist von Gott in seinen Anlagen und Fähigkeiten auf den Erwerb von Bildung hin erschaffen. Dabei macht Ben Sira in seinen theologisch-anthropologischen Überlegungen keinen Unterschied zwischen Geschlechtern und sozialen Schichten oder Berufen. Stattdessen ist es – zumindest theoretisch – die freie Willensentscheidung des Einzelnen, ob dieser seiner Anlage zur Bildung nachkommt oder nicht – ein Moment, das in seiner Grundlegung in der Individualität des Einzelnen eine starke Nähe zum hellenistischen Zeitgeist erkennen lässt.

Dieses Bild von der allgemeinen Bildbarkeit des Menschen ist im Blick auf die tatsächliche *Zielgruppe*, die Ben Sira anspricht, in der Realität jedoch stark einzuschränken (Kapitel 5.2). Hier wird deutlich, dass er sich an die gesellschaftlich höher gestellten Kreise wendet und sich in seinem Lehrbetrieb insbesondere deren junger Generation widmet, die eine über die Elementarerziehung hinausgehende Bildung erhalten möchte. Doch auch innerhalb dieser Altersgruppe von älteren Jugendlichen und jungen Erwachsenen wendet sich Ben Sira ausschließlich an Männer; Frauen kommen nur als Dritte, das heißt als Personen, über die, aber nicht mit denen gesprochen wird, in den Blick. Sie sind also lediglich Reflexionsgegenstand. So sind die Schüler in Ben Siras Lehrhaus aller Wahrscheinlichkeit nach entgegen seinen bildungsanthropologischen Überlegungen in der historischen Realität männliche junge Erwachsene und Mitglieder relativ wohlhabender Familien, deren Ehrgeiz es ist, auf der gesellschaftlichen „Karriereleiter" weiter hinaufzusteigen.[1]

Ben Siras Bildungsprogramm: Seine Methodik und seine Inhalte

Ben Sira sieht ein umfangreiches Bildungsprogramm vor, das sich aus traditionellen Elementen zusammensetzt, aber auch Neuerungen aufweist. Dies gilt für Methodik und Inhalt gleichermaßen (Kapitel 5.3).

Klassische Elemente der *Methodik*, die Ben Sira aufgreift und fortführt, sind der Lehrvortrag, wahrscheinlich die Lehrgespräche zwischen Weisen, an denen die Schüler zuhörend partizipieren konnten, und möglicherweise auch neben den weisheitlichen Sentenzen verschiedener Gattungen die Verwendung von Rätselsprüchen. In diesen Punkten hat er Anteil an dem methodischen Ansatz des damaligen Unterrichts, dass die Schüler vor allem ihrem Lehrer folgend arbeiten.

Methodische Neuerungen Ben Siras, zumindest als Thema in der weisheitlichen Reflexion, stellen demgegenüber die Forderung nach Einübung in die weisheitliche Lebenspraxis sowie die Betonung der eigenen Erfahrung dar. Beide erfordern, dass sich die Schüler auch

---

1 Die Zielgruppe des Wirkens Ben Siras hat sich durch die Publikation des Buches zweifellos stark ausgeweitet. Da jedoch damals nur wohlhabenderen Bevölkerungsschichten der Erwerb eines solchen Buches möglich war, ist aber kaum mit einer wesentlichen Veränderung in der Schicht der Zielgruppe zu rechnen. Über diese Überlegung hinaus wäre es allerdings reine Spekulation, den Kreis der Leser (und eventuell auch Leserinnen) näher beschreiben zu wollen, der Ben Siras Werk gekauft und studiert haben könnte.

selbstständig auf einen Weg mit der Weisheit einlassen. Da Erfahrung nichts anderes ist als reflektierte und verarbeitete eigene Erlebnisse, betreffen diese Methoden den ganzen Menschen und damit auch seinen Lebenswandel. Ebenso bedeutet die Forderung nach Einübung in die weisheitliche Lebensführung, dass das Streben nach Weisheit zwar einerseits ein intellektuelles Bemühen ist, aber andererseits immer auch in die persönliche Lebensweise eingreift. Die Weisheit möchte nicht nur zu *einem* Faktor im Leben eines Weisheitsschülers werden, sondern zu dem *bestimmenden* Faktor; erst dadurch kann dieser Schüler zu einem Weisen werden.

Ein besonderes Element, das Ben Sira für die Beschäftigung mit der Weisheit neu in den Bildungsdiskurs einführt, ist die Muße. Hierin setzt er sich deutlich von der sonstigen weisheitlichen Tradition ab und nimmt ein hellenistisches Moment in sein Denken auf. Möglicherweise versucht er auf diese Weise, das weisheitliche Denken in Israel „konkurrenzfähig" zur griechisch-hellenistischen Philosophie zu machen, indem er dieselben äußeren Voraussetzungen schaffen möchte – und zugleich einen entsprechend ausgewiesenen gesellschaftlichen Stand ins Leben ruft.

Eine Angleichung an hellenistische Gepflogenheiten ist auch die Veröffentlichung seines Buches, das nachweislich neben den Schriften des späteren biblischen Kanons gelesen wurde und zumindest in Alexandria auch neben Werken älterer und zeitgenössischer griechischer Philosophen.

Auch bei den *Unterrichtsinhalten* hat Ben Sira ein klares Profil. Seine Grundlagen entnimmt er weiterhin der weisheitlichen Lehrtradition. Dazu gehören alle weisheitlichen Lehrinhalte, einschließlich der in den älteren Weisheitsschriften erst ansatzweise und eher am Rande berücksichtigten Kosmologie. Von dieser Lehrtradition geht er aus, in ihr steht er und sie entwickelt er weiter, indem er ihr weitere Elemente hinzufügt.

So gewinnt er durch die enge Verbindung von Weisheit und Tora, die er in Sir 24,23–29 vornimmt, einen weiteren zentralen Lehr- und Reflexionsgegenstand hinzu. Dabei greift er gleichermaßen auf beide Aspekte der Tora zurück: sowohl auf die Gebots- als auch auf die Erzähltradition. Dass angesichts der Ausrichtung weisheitlichen Denkens auf die Gestaltung des Lebens und des Alltags hin Ben Sira wiederum ein starkes Interesse insbesondere an den Gebotstraditionen Israels hat, ist unverkennbar und verwundert kaum: Immer wieder fordert er zum

Halten der Gebote auf. Damit macht er die Tora zu einem integralen Bestandteil des Bildungsprozesses.[2] Ben Sira geht sogar so weit, deutlich zu machen, dass ohne ein Leben mit der Tora und ohne ein Praktizieren der Gebotstraditionen kein Weisheitserwerb möglich sei. So verbindet er Weisheit und Frömmigkeit und damit das weisheitliche Denken und Streben nun endgültig und deutlich sichtbar mit der Glaubenstradition Israels. Zugleich bindet er seine Schüler an eben diese Tradition – eine Rückbindung, die angesichts der Attraktivität, die der Hellenismus in Jerusalem zur Zeit Ben Siras ausübte, auch deutlich macht, dass Ben Sira der Fortbestand Israels mit seinen Spezifika am Herzen liegt.

Neben dem Umgang mit der Gebotstradition steht ebenso die Beschäftigung mit der eigenen Geschichte, und zwar nicht nur mit der in der Tora erzählten, sondern mit der gesamten im späteren Kanon greifbaren. Auch diese Einbeziehung der Geschichte Israels in das Denken ist eine Neuerung in der Weisheitstradition. Dabei ist sie für Ben Sira keine Größe der Vergangenheit, prägt auch nicht einfach nur die Gegenwart, sondern fordert zur Identifikation mit einzelnen Persönlichkeiten auf und weist so in die Gestaltung von Gegenwart und Zukunft gleichermaßen. Die Geschichte Israels schafft Identifikation, gibt Orientierung und zeigt zugleich die Bedeutsamkeit der eigenen Volks- und Glaubensüberlieferung.

Sapientia occurrit! – Die Weisheit begegnet ihrem Schüler

Versteht Ben Sira in seiner anthropologischen Grundlegung den Menschen als auf Bildung hin angelegt und mit einer freien Willensentscheidung ausgestattet, dann bedeutet dies für den Menschen allerdings auch die Verpflichtung, dieser seiner Anlage zu folgen und ihr nachzugehen. Ben Sira schreibt also dem Weisheitsschüler eine große Verantwortung zu: Von ihm muss der erste Schritt auf dem Weg zur Weisheit getan werden. Keinen Zweifel lässt Ben Sira daran, dass der Weg zur Weisheit hart und unbequem ist. Er erfordert Disziplin und eine große Hingabe in Lebensführung und Studium (Kapitel 5.6).

---

2   Dass Ben Sira bei dieser Hochschätzung der Tora nicht konkret und erkennbar aus ihr zitiert, ist auf den ersten Blick auffällig, liegt aber an der weisheitlich geprägten Denk- und Sprachstruktur, die sich in Sentenzen ausdrückt. Die Verbindung zur Tora zeigt sich in inhaltlichen und sprachlichen Anlehnungen innerhalb der Sentenzen. Aber auch die Aussagen in Sir 29,9.11 zeigen, dass sich Ben Sira gezielt auf die Tora stützt.

Und doch liegt es bei allem Bemühen niemals an dem Schüler allein, zur Weisheit zu gelangen. Letztendlich ist es eine Hinwendung Gottes, die ihm den Zugang eröffnet, dann aber vor allem die Zuwendung der Weisheit selber, die ihrem Schüler begegnen muss und die ihn dadurch zu einem Weisen qualifiziert (Kapitel 5.4). Dies macht das Herzstück des Bildungsansatzes Ben Siras aus: Sapientia occurrit! Die Weisheit begegnet ihrem Schüler – personal. Sie wendet sich ihm zu und geht mit ihm mit, zunächst prüfend, dann aber begleitend und stützend. Die Weisheit lässt sich auf ihren Schüler ein, sofern er sich auf sie einlässt. Sie wird so zu seiner lebensbegleitenden und lebensbestimmenden Größe. Es liegt also nicht nur im Ermessen des Menschen, ob er ein Weiser genannt werden kann oder nicht. Denn er kann und muss die personale Begegnung von sich aus zwar vorbereiten, kann sie aber letztlich nicht herbeiführen. Dies liegt vielmehr im freien Ermessen der Weisheit selber, die die Beziehung aufbauen muss, die den Weisen zum Weisen qualifiziert.

Der Weise: Kanal der Weisheit und Künder eigener Weisheit

Dieses Verständnis spiegelt sich in Ben Siras Selbstverständnis als Lehrer wider (Kapitel 5.5). Der Weise als Lehrer nimmt eine korrelierende Funktion ein. Einerseits spricht er durch seine Begegnung mit der Weisheit mit einer besonderen Autorität, die ihn im Unterrichtsgeschehen unersetzlich macht. Er lehrt nun *seine* Weisheit und ist damit nicht mehr nur „reproduktiv-rezeptiv", sondern „produktiv" tätig.[3] Ein Beispiel dafür ist Ben Sira selber: Er nimmt für sich ein autoritativ lehrendes „Ich" in Anspruch.[4]

Gerade damit dient der Weise als Lehrer andererseits dem Zugang seiner Schüler zu *der* Weisheit. Er ist nämlich nach dem Zeugnis Ben Siras lediglich der „Kanal", durch den sich die Weisheit zu ihren Schülern Bahn bricht. So wird der Lehrer einerseits sehr hoch gewertet und zu einer Schlüsselperson im Bildungsgeschehen erhoben, andererseits tritt der Weise als Lehrer im entscheidenden Moment des Bildungsge-

---

[3] Reitemeyer, Gotteslob, 343, der dabei jedoch diese „produktive" Tätigkeit zu stark auf das Gotteslob hin einengt. Vielmehr geht es Ben Sira um Erziehung und Bildung sowie um politische Gestaltung durch die Tätigkeit als Ratgeber vor Machthabern und in der Volksversammlung.

[4] So zeigt sich auch im Blick auf die altorientalischen Bildungsverständnisse, dass Ben Sira für den Weisen eine viel stärkere Eigenständigkeit vorsieht, ist der Weise und der Lehrer im Alten Orient doch vor allem ein Tradent der Überlieferung.

schehens ganz hinter dem Wirken der Weisheit zurück, wenn nämlich die Weisheit sich auf ihren Schüler einlässt und ihm begegnet. Letztlich ist er ihr Werkzeug und steht in ihren Diensten. Ihre Grenzen muss auch er achten (Kapitel 5.6).

Die Aufgabe des Weisen in der Gesellschaft

In den Diensten der Weisheit nimmt der Weise sein Leben wahr (Kapitel 5.7). Hier findet er sein Ziel. Dabei ist er in mehrfacher Hinsicht beauftragt: Er ist *Träger der Überlieferung* und gibt diese als Lehrer im weisheitlichen Unterricht weiter. Indem er aber darüber hinaus als Weiser durch seine Beziehung zur Weisheit eben auch eigene Weisheit lehrt, lässt er sie in die je aktuelle Situation hineinsprechen, pflegt die Auseinandersetzung mit ihr und erweitert die Tradition weisheitlichen Denkens durch eigenes Gut. Er wird zu einer Quelle der Weisheit und kann so Orientierung geben in orientierungsloser Zeit.

Gerade aufgrund dieser Eigenschaften kann er als kompetenter *Ratgeber* wirken, spricht der Weise doch autoritativ im Sinne der Weisheit und tut diese kund. Praktisch sieht Ben Sira diese Tätigkeit sowohl in der Hierarchie der (Provinz-) Verwaltung als auch in der *Versammlung des Volkes* vor. Dabei übernehmen die Weisen keine staatstragenden Funktionen im eigentlichen Sinne; sie wirken vielmehr durch ihre Beratertätigkeit im Hintergrund und nehmen so Einfluss auf den Lauf der Entscheidungsprozesse. Allerdings macht Ben Sira keinen Hehl daraus, dass er in diesen Abläufen gerade bei den weisen Beratern die eigentliche Entscheidungs- und Machtkompetenz sieht. Dies gilt sowohl für den Dienst in der Verwaltung als auch in der Volksversammlung.

In letzterer sieht Ben Sira den Weisen – neben seiner Tätigkeit in der Weitergabe der Tradi-tion – zu seiner Bestimmung kommen. Durch die Parallelität von Sir 39,10 und 44,15 stellt er den Weisen, der in der Volksversammlung politisch tätig wird, in die lange Reihe der Väter Israels. Er nimmt ihn darin auf und gesteht ihm denselben Ruhm und dieselbe Stellung zu wie diesen. So wird der Weise nicht nur zum Träger der Überlieferung, sondern auch zum Träger und Gestalter der Geschichte, durch den Gott in diese eingreift und wirkt.

So kommt die Weisheit des Weisen in der Anwendung zu ihrem Ziel. Die Bestimmung des Weisen ist nach Ben Sira also nicht, ein abgeschiedenes intellektuelles akademisches Leben zu führen, sondern mit der Weisheit und in ihrem Auftrag die Geschicke des Volkes zu gestalten und mit zu lenken. Die Weisheit führt in das Leben hinein. Einem solchen Weisen gilt dann auch die Verheißung, die Ben Sira ihm in Aussicht stellt: Seines Namens – seiner Person – wird ewig gedacht. Das ist die Form eines ewigen Lebens, die Ben Sira zu denken und zu glauben wagt.

Weisheit aus der Begegnung und als Beziehung: Ben Siras occurrierendes Bildungsverständnis

Mit diesem occurrierenden Bildungsverständnis – Sapientia occurrit –, in dem die personal begegnende Weisheit im Zentrum steht, hat Ben Sira sein Profil in der Tradition des weisheitlichen Denkens in Israel klar beschrieben. Weisheit ist nicht einfach die Ansammlung an Wissen und Kenntnissen, auch wenn Ben Sira solches nicht verachtet. Nur ist jemand, der lediglich mit Wissen und Kenntnissen ausgestattet ist, kein Weiser in Ben Siras Sinn, sondern allenfalls ein Gelehrter. Der Weise ist demgegenüber durch seine Begegnung mit der Weisheit und seinen steten Umgang mit ihr bestimmt. Ben Sira geht also nicht von einem quantitativen Bildungsbegriff aus, sondern von einem qualitativen. Weise ist nicht derjenige, der „nur" gelehrt ist, der viel Wissen und Kenntnisse hat; weise ist derjenige, dem sich im Laufe des Bildungsprozesses die Weisheit zuwendet, dem sie begegnet und der aus ihr heraus und mit ihr lebt. Sapientia occurrit – die Weisheit begegnet ihrem Schüler. Ben Sira drückt dies metaphorisch im Bild der Mutter und der Geliebten der Jugendzeit aus. Die Begegnung und der stete Umgang mit der Weisheit macht ihn zu einem Weisen, und erst der stete personale und intellektuelle Umgang in Studium und Lebensvollzug ermöglicht es, dass der Weise eigene Weisheit lehren und sie seinem Volk hilfreich zur Verfügung stellen kann.

Damit bestimmt Ben Sira Weisheit und Bildung in einem neuen Sinne: Die Weisheit wird zu einer Lebenshaltung und Bildung zu einem Beziehungsbegriff. Weisheit und Bildung sind beide über das reine Wissen hinausgehoben, Bildung ist durch die Weisheit bestimmt. Dabei verschwimmen die Grenzen zwischen der personalen Weisheit, die ihrem Schüler in ihrer Eigenständigkeit begegnet, und der Weisheit im Sinne einer individuell vorhandenen Weisheit eines Weisen. Beide durchdringen sich wechselseitig. Wenn also der Begriff der Weisheit hier schillert, handelt es sich nicht um eine begriffliche Unschärfe im Denken Ben Siras. Vielmehr ist dies das „Geheimnis" der Weisheit, in das sie sich immer wieder hinein entzieht, versucht man, sie präzise begrifflich zu bestimmen.⁵ Die Weisheit ist nach Ben Sira gleichzeitig personal zu denken *und* als Eigenschaft des Weisen, die er in seiner Lebenshaltung ausdrückt.

Ben Sira hat damit einen profilierten Ansatz vorgelegt, mit dem er das weisheitliche Bildungsdenken seiner Tradition in die Herausforderungen seiner Gegenwart hineinspricht. Mit Blick auf die hellenistischen Bildungsbestrebungen fällt allerdings auf, dass er die im Hellenismus vorherrschenden Erziehungsideale umzukehren scheint, indem er nämlich vor allem die geistige Auseinandersetzung fordert, sportliche Betätigung dagegen vollständig ignoriert. Hier hält er offensichtlich einen israelitisch-jüdischen Wert hoch, der später auch zu einem Kennzeichen der jüdischen Gelehrsamkeit werden wird.

Die Übersetzungstätigkeit seines Enkels und die Weitergabe seines Werkes bis in den Kanon der Septuaginta und in die rabbinische und nachfolgende jüdische Tradition hinein zeigen, dass Ben Sira einen Denk- und Lebensansatz formuliert hat, der seine Bedeutung weit über Ben Siras Zeit hinaus behalten hat.

---

5   Diesen Sachverhalt hat Gerhard von Rad, Weisheit, 311, nicht nur für Ben Sira treffend beschrieben.

Literaturverzeichnis

Textausgaben zum Buch Ben Sira

Beentjes, Pancratius C., The Book of Ben Sira in Hebrew. A Text Edition of all extant Hebrew Manuscripts and a Synopsis of all parallel Hebrew Ben Sira Texts, VT.S 68, Leiden/New York/Köln 1997 (korrigierte Neuausgabe durch SBL, Atlanta[USA] 2006).

Biblia Sacra iuxta vulgatam versionem, hg.v. Robert Weber, Stuttgart ³1983.

Calduch-Benages, Núria/Ferrer, Joan/Liesen, Jan, La Sabiduría del Escriba – Wisdom of the Scribe. Diplomatic Edition of the Syriac Version of the Book of Ben Sira according to Codex Ambrosianus, with Translation in Spanish and English, Estella (Navarra/Spanien) 2003.

Cowley, Arthur E. /Neubauer, Adolf, The original Hebrew of a portion of Ecclesiasticus (XXXIX,15 to XLIX,11) together with the early versions and an English translation followed by the quotations from Ben Sira in Rabbinical literature, Oxford 1897.

Duesberg, Hilaire/Fransen, Irénée, Ecclesiastico, La Sacra Bibbia. Antico Testamento, Turin/Rom 1966.

Lagarde, Paul Anton de, Libri Veteris Testamenti apocryphi syriace, Leipzig/London 1861 [Nachdruck: Osnabrück 1972].

Lévi, Israel (Hg.), The Hebrew Text of the Book of Ecclesiasticus, Leiden 1904 (Nachdruck 1951).

Rahlfs, Alfred (Hg.), Septuaginta. Id est Vetus Testamentum graece iuxta LXX interpretes, Stuttgart 1979.

Schechter, Solomon, A Fragment of the Original Text of Ecclesiasticus, Expositor 5 (4/1896), 1-15.

Schechter, Salomo/Taylor, Charles, The Wisdom of Ben Sira. Portions of the book Ecclesiasticus from Hebrew manuscripts in the Cairo Genizah Collection, Cambridge 1899 (Nachdruck 1979).

Schlatter, Adolf, Das neu gefundene hebräische Stück des Sirach. Der Glossator des griechischen Sirach und seine Stellung in der Geschichte der jüdischen Theologie, Beiträge zur Förderung christlicher Theologie 5 und 6, Gütersloh 1897.

Smend, Rudolf, Das hebräische Fragment der Weisheit des Jesus Sirach, Berlin 1897.

Smend, Rudolf, Die Weisheit des Jesus Sirach. Hebräisch und Deutsch mit einem hebräischen Glossar, Berlin 1906.

Strack, Hermann L., Die Sprüche Jesus', des Sohnes Sirachs. Der jüngst gefundene hebräische Text mit Anmerkungen und Wörterbuch, Leipzig 1903.

The Book of Ben Sira. Text, Concordance and an Analysis of the Vocabulary, hg.v. Academy of the Hebrew Language and the Shrine of the Book, Jerusalem 1973.
Thiele, Walter (Hg.), Ecclesiasticus. Sir 20,1-23,6, Vetus Latina 11/2, Freiburg 2001.
Vattioni, Francesco, Ecclesiastico. Testo ebraico con apparato critico e versioni greca, latina e siriaca, Pubblicazioni del Seminario di Semitistica 1, Neapel 1968.
Yadin, Yigael, The Ben Sira Scroll from Massada. With Indroduction, Emendations and Commentary (Sir 39,27-43,30), ErIs 8 (1965), 1-45.
Ziegler, Joseph (Hg.), Sapientia Iesu Filii Sirach, Septuaginta. Vetus Testamentum Graecum, Bd. XII,2, Göttingen ²1980

weitere Textausgaben

BibleWorks for Windows, Windows 98/XP Release, Version 6.0, 2003.
Biblia Hebraica Stuttgartensia, hg.v. Karl Elliger/Wilhelm Rudolph, 5. Auflage erarbeitet von Adrian Schenker, Stuttgart 1997.

Lexika, Grammatiken, Konkordanzen

Barthélemy, Dominique/Rickenbacher, Otto, Konkordanz zum Hebräischen Sirach mit syrisch-hebräischem Index, Göttingen 1973.
Beyer, Klaus, Die aramäischen Texte vom Toten Meer, Bd. 2, Göttingen 2004.
Blass, Friedrich/Debrunner, Albert/Rehkopf, Friedrich, Grammatik des neutestamentlichen Griechisch, Göttingen ¹⁷1990.
Brockelmann, Carl, Syrische Grammatik, Leipzig ¹⁰1965.
Even-Shoshan, Abraham, A new Concordance of the Bible. Thesaurus of the Language of the Bible – Hebrew and Aramaic – Roots, Words, Proper Names, Phrases and Synonyms, Jerusalem 1996.
Gesenius, Wilhelm/Kautzsch, Emil/Bergsträsser, Gotthelf, Hebräische Grammatik, Hildesheim/Zürich/New York ²⁸1983.
Greek-English Lexicon of the Septuagint, hg.v. Johan Lust/Erik Eynikel/Katrin Hauspie, Stuttgart 2003.
Hannig, Rainer, Großes Handwörterbuch Ägyptisch-Deutsch (2800-950 v.Chr.). Die Sprache der Pharaonen, Kulturgeschichte der Antiken Welt 64, Mainz ²1997.
Hatch, Edwin/Redpath, Henry A., A Concordance to the Septuagint and the other Greek Versions of the Old Testament, 2 Bde., Graz (Österreich) 1954.
Jenni, Ernst/Westermann, Claus (Hgg.), Theologisches Handwörterbuch zum Alten Testament, 2 Bde., München/Zürich 1971/1976.
Jastrow, Marcus, A Dictionary of the Targumim, the Talmud Babli and Yerushalmi, and the other Midrashic Lieratur, Jerusalem o.J.

Koehler, Ludwig/Baumgartner, Walter, Hebräisches und Aramäisches Lexikon zum Alten Testament, 2 Bde., Leiden/Bosten 2004.
Langenscheidts Großwörterbuch Altgriechisch. Altgriechisch-Deutsch. Unter Berücksichtigung der Etymologie von Prof. Dr. Hermann Menge, Berlin u.a. ^{29}1997.
Nöldeke, Theodor, Kurzgefasste syrische Grammatik, Darmstadt [^{2}1898] 1966.
Payne Smith, Jessie, A Compendious Syriac Dictionary founded upon the Thesaurus Syriacus by R. Payne Smith, Oxford [1903] 1976.
Reiterer, Friedrich Vinzenz, Zählsynopse zum Buch Ben Sira, FoSub 1, Berlin/New York 2003.
Smend, Rudolf, Griechisch-syrisch-hebräischer Index zur Weisheit des Jesus Sirach, Berlin 1907.
Winter, Michael M., A Concordance to the Peshitta Version of Ben Sira, MPIL 2, Leiden 1976.

Literatur

Aitken, James K., Hebrew Study in Ben Sira's Beth Midrash, in: Hebrew Study from Ezra to Ben-Yehuda, hg.v. William Horbury, Edinburgh 1999, 27-37.
Albertz, Rainer, Weltschöpfung und Menschenschöpfung. Untersucht bei Deuterojesaja, Hiob und in den Psalmen, Stuttgart 1974.
Albright, William Foxwell, The Gezer Calendar, BASOR 92 (1943), 16-26.
Albright, William Foxwell, The Proto-Sinaitic Inscriptions and their Decipherment, HThS 22, Cambridge 1966.
Alkier, Stefan/Witte, Markus (Hgg.), Die Griechen und das antike Israel. Interdisziplinäre Studien zur Religions- und Kulturgeschichte des Heiligen Landes, OBO 201, Freiburg(CH)/Göttingen 2004.
Alonso Schökel, Luis, The Vision of Man in Sirach 16,24-17,14, in: Gammie, John G. u.a. (Hg.), Israelite Wisdom. Theological and Literary Essays in Honor of Samuel Terrien, Missoula(Montana/USA) 1978, 235-245.
Amir, Yehoshua, Doch ein griechischer Einfluß auf Koheleth?, in: ders., Studien zum Antiken Judentum, BEAT 2, Frankfurt(Main)/Bern/New York 1985, 35-50.
Arambarri, Jesús, Der Wortstamm „hören" im Alten Testament. Semantik und Syntax eines hebräischen Verbs, SBB 20, Stuttgart 1990.
Archäologischer Anzeiger 1941, hg.v. Deutsches Archäologisches Institut Berlin, 816-844.
Argall, Randal A., 1Enoch and Sirach. A Comparative Literary and Conceptual Analysis of the Themes of Revelation, Creation and Judgement, SBL Early Judaism and Its Literature 8, Atlanta(Georgia/USA) 1995.
Aristoteles, Nikomachische Ethik, hg.v. Franz Dirlmeier, Stuttgart 2003.
Aristoteles, Politk, in: ders., Die Lehrschriften, hg.v. Paul Gohlke, Paderborn 1959.

Aristoteles, Politik, Buch III: Über die Verfassung, übersetzt und erläutert von Eckart Schütrumpf, Aristoteles. Werke in deutscher Übersetzung, Bd. 9/II, Darmstadt 1991.

Aristoteles, Staat der Athener, hg.v. Mortimer Chambers, Aristoteles. Werke in deutscher Übersetzung, Bd. 10/1, Darmstadt 1990.

Asensio, Víctor Morla, Poverty and Wealth: Ben Sira's Wiew of Possessions, in: Egger-Wenzel, Renate/Krammer, Ingrid (Hg.), Der Einzelne und seine Gemeinschaft bei Ben Sira, BZAW 270, Berlin 1998, 151-178.

Assmann, Aleida, Auge und Ohr. Bemerkungen zur Kulturgeschichte der Sinne in der Neuzeit, Torat Ha'adam. Jahrbuch für Religiöse Anthropologie 1 (1994), 142-160.

Assmann, Jan, Weisheit, Loyalismus und Frömmigkeit, in: Hornung, Erik/Keel, Othmar, Studien zu altägyptischen Lebenslehren, OBO 28, Freiburg(CH)/Göttingen 1979, 11-72.

Assmann, Jan, Weisheit, Schrift und Literatur im alten Ägypten, in: Assmann, Aleida (Hg.), Weisheit, Archäologie der literarischen Kommunikation 3, München 1990, 475-500.

Assmann, Jan, Das Bild des Vaters, in: ders., Stein und Zeit. Mensch und Gesellschaft im Alten Ägypten, München 1991, 96-137.

Assmann, Jan, Zur Geschichte des Herzens im Alten Ägypten, in: ders. (Hg.), Die Erfindung des inneren Menschen. Studien zur religiösen Anthropologie, Gütersloh 1993, 81-113.

Assmann, Jan, Glück und Weisheit, in: Bellebaum, Alfred (Hg.), Vom guten Leben. Glücksvorstellungen in Hochkulturen, Berlin 1994, 17-54.

Assmann, Jan, Ma'at. Gerechtigkeit und Unsterblichkeit im Alten Ägypten, München 2001.

Assmann, Jan, Das kulturelle Gedächtnis. Schrift, Erinnerung und politische Identität in frühen Hochkulturen, München ^{4}2002.

Assmann, Jan, Ägypten. Eine Sinngeschichte, Frankfurt/M ^{3}2003.

Athenaius, Deipnosophistae/δειπνοσοφιστων, hg.v. Charles Burton Gulick, 7 Bde., London/Cambridge(Massachusetts/USA) 1967 [1928].

Avot – Väter, bearbeitet von Frank Ueberschaer und Michael Krupp, Die Mischna. Textkritische Ausgabe mit deutscher Übersetzung und Kommentar, hg.v. Michael Krupp, Jerusalem 2003.

Baines, John/Eyre, Christopher J., Four Notes on Literacy, GM 61 (1983), 65-96.
Ballauff, Theodor, Die Idee der Paideia. Eine Studie zu Platons „Höhlengleichnis" und Parmenides' „Lehrgedicht", MPF 7, Meisenheim ^{2}1963.
Ballauff, Theodor, Philosophische Begründungen der Pädagogik. Die Frage nach Ursprung und Maß der Bildung, Berlin 1966.
Ballauff, Theodor, Pädagogik. Eine Geschichte der Bildung und Erziehung, Bd. 1: Von der Antike bis zum Humanismus, Freiburg/München 1969.
Barta, Winfried, Das Schulbuch Kemit, ZÄS 105 (1978), 6-14.

Barth, Karl, Die Lehre von der Schöpfung, KD III/1, Zürich 41970.
Bauckmann, Ernst Günter, Die Proverbien und die Sprüche des Jesus Sirach. Eine Untersuchung zum Strukturwandel der israelitischen Weisheitslehre, ZAW 72 (1960), 33-63.
Baumann, Gerlinde, Gottes Geist und Gottes Weisheit. Eine Verknüpfung, in: Jahnow, Hedwig u.a. (Hgg.), Feministische Hermeneutik und Erstes Testament. Analysen und Interpretationen, Stuttgart/Berlin/Köln 1994, 138-148.
Baumann, Gerlinde, Die Weisheitsgestalt in Proverbien 1-9. Traditionsgeschichtliche und theologische Studien, FAT 16, Tübingen 1996.
Baumgarten, Roland, 2.2. Jugend – Griechenland, in: Christes, Johannes/Klein, Richard/Lüth, Christoph (Hgg.), Handbuch der Erziehung und Bildung in der Antike, Darmstadt 2006, 59-71.
Bedenbender, Andreas, Der Gott der Welt tritt auf den Sinai. Entstehung, Entwicklung und Funktionsweise der frühjüdischen Apokalyptik, ANTZ 8, Berlin 2000.
Beentjes, Pancratius C., „Full Wisdom is Fear of the Lord". Ben Sira 19,20-20,31: Context, Composition and Concept, Estudios bíblicos 47 (1/1989), 27-45.
Beentjes, Pancratius C., „How can a jug be friends with a kettle?". A Note on the Structure of Ben Sira chapter 13, BZ.NF 36 (1992), 87-93.
Beentjes, Pancratius (Hg.), The Book of Ben Sira in Modern Research. Proceedings of the First International Ben Sira Conference, 28.-31. July 1996, Soesterberg, Netherlands, BZAW 255, Berlin 1997.
Beentjes, Pancratius, Reading the Hebrew Ben Sira Manuscripts Synoptically. A New Hypothesis, in: ders. (Hg.), The Book of Ben Sira in Modern Research. Proceedings of the First International Ben Sira Conference, 28.-31. July 1996, Soesterberg, Netherlands, BZAW 255, Berlin 1997, 95-111.
Beentjes, Pancratius, Scripture and Scribe. Ben Sira 38:34c-39,11, in: Dyk, Janet Wilma/van Midden, Piet J. (Hgg.), Unless someone guide me..., FS Karel A. Deurloo, Amsterdamse Cahiers 2, Maastricht 2001, 273-280.
Bereschit Rabba, herausgegeben und kommentiert von Mosche Arije Mirkin, Teil 1, Tel Aviv 1992. (Hebr.)
Bernett, Monika, Polis und Politeia. Zur politischen Organisation Jerusalams und Jehuds in der Perserzeit, in: Alkier, Stefan/Witte, Markus (Hgg.), Die Griechen und das antike Israel. Interdisziplinäre Studien zur Religions- und Kulturgeschichte des Heiligen Landes, OBO 201, Freiburg(CH)/Göttingen 2004, 73-129.
Bertram, Georg, Art. paideu,w, ThWNT 5, Stuttgart 1954, 596-624.
Beuken, Willem A. M., Jesaja 1-12. HThK.AT, Freiburg/Basel/Wien 2003.
Bibliographie zu Ben Sira, hg.v. Friedrich Vinzenz Reiterer ua., BZAW 266, Berlin 1998.
Bickermann, Elias Joseph, Zur Datierung des Pseudo-Aristeas, ZNW 29 (1930), 280-296.
Bickerman, Elias J., The Jews in the Greek Age, Cambridge (Massachusetts/USA)/London, 1988.
Binder, Vera, Art.: Koine, Der Neue Pauly, Bd. 6, Stuttgart/Weimar 1999, 631-633.

Blumenthal, Elke, Die Rolle des Königs in der ägyptischen und biblischen Weisheit, in: Clines, David J.A./Lichtenberger, Hermann/Müller, Hans-Peter (Hgg.), Weisheit in Israel. Beiträge des Symposiums „Das Alte Testament und die Kultur der Moderne" anlässlich des 100. Geburtstags Gerhard von Rads (1901-1971) Heidelberg, 18.-21. Oktober 2001, Altes Testament und Moderne 12, Münster/Hamburg/London 2003, 1-36.

Boecker, Hans Jochen, Redeformen des Rechtslebens im Alten Testament, Neukirchen-Vluyn ²1970.

Bohlen, Reinhold, Die Ehrung der Eltern bei Ben Sira. Studien zur Motivation und Interpretation eines familienethischen Grundwertes in frühhellenistischer Zeit, Trier 1991.

Böhmisch, Franz, Die Textformen des Sirachbuches und ihre Zielgruppen, Protokolle zur Bibel 6,2 (1997), 87-122.

Böhmisch, Franz, „Haec omnia liber vitae": Zur Theologie der erweiterten Textformen des Sirachbuches, Studien zum Neuen Testament und seiner Umwelt 22 (1997), 160-180.

Böhmisch, Franz, Die Blattvertauschung (Lage 12 und 13) im griechischen Sirachbuch, Protokolle zur Bibel 14 (2005), 17-22.

Boman, Thorleif, Das hebräische Denken im Vergleich mit dem griechischen, Göttingen ⁵1968.

Borchert, Rudolf, Erziehung im Alten Testament, in: Ökumenisch leben, FS Helmut Fox, hg.v. Hans Mercker/Siegfried Wibbing, LSTR 3, Landau(Pfalz) 1990, 21-43.

Borger, Rykle, Handbuch der Keilschriftliteratur, 3 Bde., Berlin/New York 1967/1975.

Botha, S. W. J., The social-ethical contribution of the reflective proverbs to a meaningful life in the farming community of ancient Israel, Old Testament Essays 10/2 (1997), 198-212.

Bousset, Wilhelm, Die Religion des Judentum im späthellenistischen Zeitalter, hg.v. Hugo Greßmann, HNT 21, Tübingen ³1926.

Bringmann, Klaus, Hellenistische Reform und Religionsverfolgung in Judäa. Eine Untersuchung zur jüdisch-hellenistischen Geschichte (175-163 v.Chr.), Göttingen 1983.

Brunner, Hellmut, Die Texte aus den Gräbern der Herakleopolitenzeit von Siut mit Übersetzung und Erläuterungen, ÄF 5, Glückstadt/Hamburg/New York 1937.

Brunner, Hellmut, Die Lehre des Cheti, Sohnes des Duauf, ÄF 13, Glückstadt/Hamburg 1944.

Brunner, Hellmut, Das hörende Herz, ThLZ 79 (1954), 697-700.

Brunner, Hellmut, Altägyptische Erziehung, Wiesbaden 1957.

Brunner, Hellmut, Die Methode des Anfängerunterrichts im alten Ägypten und ihre Bedeutung, in: Bähr, Hans Walter u.a. (Hgg.), Erziehung zur Menschlichkeit. Die Bildung im Umbruch der Zeit, FS Eduard Spranger, Tübingen 1957, 207-218.

Brunner, Hellmut, Der „Gottvater" als Erzieher des Kronprinzen, ZÄS 86 (1961), 90-100; wieder abgedruckt in: ders., Das hörende Herz. Kleine Schriften zur Religions-

und Geistesgeschichte Ägyptens, hg.v. Wolfgang Röllig, Freiburg(CH)/Göttingen 1988, 70-81.

Brunner, Hellmut, Die „Weisen", ihre „Lehren" und „Prophezeiungen" in altägyptischer Sicht, ZÄS 93 (1966), 29-35; wieder abgedruckt in: ders., Das hörende Herz. Kleine Schriften zur Religions- und Geistesgeschichte Ägyptens, hg.v. Wolfgang Röllig, Freiburg (Schweiz)/Göttingen 1988, 59-65.

Brunner, Hellmut, Art.: Erziehung, LÄ 2, Wiesbaden 1977, 22-27.

Brunner, Hellmut, Art.: Kemit, LÄ 3, Wiesbaden 1980, 383f.

Brunner, Hellmut, Art.: Schule, LÄ 5, Wiesbaden 1984, 741-743.

Brunner, Hellmut, Zentralbegriffe ägyptischer und israelitischer Weisheitslehren, Saeculum 35 (1984), 185-199; wieder abgedruckt in: ders., Das hörende Herz. Kleine Schriften zur Religions- und Geistesgeschichte Ägyptens, hg.v. Wolfgang Röllig, Freiburg(CH)/Göttingen 1988, 402-416.

Brunner, Hellmut, Schrift und Unterrichtsmethoden im Alten Ägypten, in: Lenz Kriss-Rettenbeck/Max Liedtke (Hgg.), Erziehungs- und Unterrichtsmethoden im historischen Wandel, Schriftenreihe zum Bayerischen Schulmuseum Ichenhausen, Bd. 4, Bad Heilbrunn 1986, 27-35.

Brunner, Hellmut, Die Weisheitsbücher der Ägypter. Lehren für das Leben, Düsseldorf/Zürich 1998.

Büchsel, Friedrich, Art.: evle,gcw, ThWNT 2, Stuttgart 1935, 470-473.

Büchsel, Friedrich, Art.: kri,ma, ThWNT 3, Stuttgart 19, 943f.

Bühlmann, Walter, Vom rechten Reden und Schweigen. Studien zu Proverbien 10-31, OBO 12, Freiburg(CH)/Göttingen 1976.

Burkard, Günter, Die Lehre des Ptahhotep, TUAT III/2, Gütersloh 1991, 195-221.

Burkert, Walter, Die Griechen und der Orient. Von Homer bis zu den Magiern, München 2003.

Cadbury, Henry Joel, The Grandson of Ben Sira, HThR 48 (4/1955), 219-226.

Caird, George Bradford, Ben Sira and the Dating of the Septuagint, BIOSCS 7 (1974), 21f.

Calduch-Benages, Núria, Fear for the Powerful or Respect for the Authority?, in: Egger-Wenzel, Renate/Krammer, Ingrid (Hg.), Der Einzelne und seine Gemeinschaft bei Ben Sira, BZAW 270, Berlin 1998, 87-102.

Calduch-Benages, Núria, Freams and Folly in Sir 34(31),1-8, in: Fischer, Irmtraud/Rapp, Ursula/Schiller, Johannes (Hgg.), Auf den Spuren der schriftgelehrten Weisen, FS Johannes Marböck, BZAW 331, Berlin/New York 2003, 241-252.

Calvin, Johannes, Unterricht in der christlichen Religion. Institutio Christianae Religionis, nach der letzten Ausgabe übersetzt und bearbeitet von Otto Weber, Neukirchen-Vluyn 51988 [1955].

Camp, Claudia V., Understanding a Patriarchy. Women in Second Century Jerusalem Through the Eyes of Ben Sira, in: Levin, Amy-Jill (Hg.), Women like this. New Perspectives on Jewish Women in the Graeco-Roman World, SBL Early Judaism and Its Literature 1, Atlanta 1991, 1-39.

—, Wisdom and the Feminine in the Book of Proverbs, Durham 1983, 79-147.
Carr, David M., Writing on the Tablet of the Heart. Origins of Scripture and Literature, Oxford/New York u.a. 2005.
Castellino, Giorgio R., Two Šulgi Hymns (BC), Studi Semitici 42, Rom 1972.
Christes, Johannes, Bildung und Gesellschaft. Die Einschätzung der Bildung und ihrer Vermittler in der griechisch-römischen Antike, Darmstadt 1975.
—, Art.: Enkyklios Paideia (ἐνκύκλιος παιδεία), in: Der Neue Pauly 3, Stuttgart/Weimar 1997, 1037-1039.
—, Art.: Erziehung, Der Neue Pauly, Bd. 4, Stuttgart/Weimar 1998, 110-120.
—/Klein, Richard/Lüth, Christoph (Hgg.), Handbuch der Erziehung und Bildung in der Antike, Darmstadt 2006.
Cole, Steven W., Nippur IV. The Early Neo-Babylonian Governor's Archive from Nippur, OIP 114, Chicago(IL/USA) 1996.
Collart, Paul, Les papyrus grecs d'Achmîm à la bibliothèque nationale de Paris, Kairo 1930.
Collins, John J., Between Athens and Jerusalem. Jewish Identity in the Hellenistic Diaspora, New York (USA) 1986.
—, Jewish Wisdom in the Hellenistic Age, Edinburgh 1998.
Conrad, Joachim, Die junge Generation im Alten Testament. Möglichkeiten und Grundzüge einer Beurteilung, AzTh I/42, Stuttgart 1970.
Corley, Jeremy, Friendship According to Ben Sira, in: Egger-Wenzel, Renate/Krammer, Ingrid (Hg.), Der Einzelne und seine Gemeinschaft bei Ben Sira, BZAW 270, Berlin 1998, 65-72.
Corpus Inscriptionum Graecarum, hg.v. August Boeckhius, 4 Bde., Hildesheim/New York 1977 (Nachdruck von Berlin 1828).
Cowey, James M. S. /Maresch, Klaus, Urkunden des Politeuma der Juden von Herakleopolis (144/3-133/2) (P.Polit.Iud.). Papyri aus den Sammlungen von Heidelberg, Köln, München, Wien, Abhandlungen der Rheinisch-Westfälischen Akademie der Wissenschaften Sonderreihe Papyrologica Coloniensia 29, Wiesbaden 2001.
Crenshaw, James L., Education in Ancient Israel, JBL 104 (1985), 601-615.
—, Wisdom and the Sage. On Knowing and Not Knowing, in: Proceedings of the Eleventh World Congress of Jewish Studies, Jerusalem, June 22-29, 1993, Division A: The Bible and Its World, Jerusalem 1994, 137-144.
—, The Primacy of Listening in Ben Sira's Pedagogy, in: Wisdom, You Are My Sister, FS Roland E. Murphy, hg.v. Michael L. Barré, CBQ.MS 29, Washington D.C.(USA) 1997, 172-187.
—, Education in Ancient Israel. Across the Deadening Silence, New York/London/Toronto/Sydney/Auckland 1998.
Cribiore, Raffaella, Writing, Teachers, and Students in Graeco-Roman Egypt, ASP 36, Atlanta (Georgia/USA) 1996.
Crüsemann, Frank, Die Tora. Theologie und Sozialgeschichte des alttestamentlichen Gesetzes, München 1992.

—, Die Bildung des Menschengeschlechts. Überlegungen zum Thema „Bildung" im Alten Testament, in: ders., Maßstab: Tora. Israels Weisung für christliche Ethik, Gütersloh 2003, 269-288.

Davies, Graham I., Were there schools in ancient Israel?, in: Wisdom in Ancient Israel, hg.v. John Day/Robert P. Gordon/Hugo Godfrey Maturin Williamson, Cambridge 1995, 199-211.

Davies, Graham, Some Uses of Writing in Ancient Israel in the Light of Recently Published Inscriptions, in: Bienkowski, Piotr/Mee, Christopher/Slater, Elizabeth (Hgg.), Writing and Ancient Near Eastern Society, FS Alan R. Millard, New York/London 2005, 155-174.

Debut, Janine, Les documents scolaires, Zeitschrift für Papyrologie und Epigraphik 63 (1986), 251-280.

Deimel, Anton, Die Inschriften von Fara II = Schultexte aus Fara, WVDOG 43, Leipzig, 1923.

Delkurt, Holger, Ethische Einsichten in der alttestamentlichen Spruchweisheit, BThS 21, Neukirchen-Vluyn 1993.

—, Erziehung nach dem Alten Testament, in: Gottes Kinder, JBTh 17 (2002), 227-253.

DeSilva, David A., The Wisdom of Ben Sira. Honor, Shame, and the Maintenance of the Values of a Minority Culture, CBQ 58 (1996), 433-455.

Deutsch, Celia, The Sirach 51 Acrostic: Confession and Exhortation, ZAW 94 (1982), 400-409.

Diedrich, Friedrich, Lehre mich, Jahwe! Überlegungen zu einer Gebetsbitte in den Psalmen, in: Die alttestamentliche Botschaft als Wegweisung, FS Heinz Reinelt, hg.v. Josef Zmijewski, Stuttgart 1990, 59-74.

Dihle, Albrecht, Die Vorstellung vom Willen in der Antike, Göttingen 1985.

Di Lella, Alexander A., Conservative and Progressive Theology: Sirach and Wisdom, CBQ 28 (1966), 139-154.

—, The Meaning of Wisdom in Ben Sira, in: Perdue, Leo G. (Hg.), In Search of Wisdom, FS John G. Gammie, Louisville 1993, 133-148.

—, Use and Abuse of the Tongue: Ben Sira 5,9-6,1, in: Diesel, Anja A./Lehmann, Reinhard G./Otto, Eckart (Hgg)., „Jedes Ding hat seine Zeit...". Studien zur israelitischen und altorientalischen Weisheit, FS Diethelm Michel, Berlin 1996, 33-48.

—, Fear of the Lord as Wisdom: Ben Sira 1,1-30, in: Beentjes, Pancratius (Hg.), The Book of Ben Sira in Modern Research. Proceedings of the First International Ben Sira Conference, 28.-31. July 1996, Soesterberg, Netherlands, BZAW 255, Berlin 1997, 113-133.

—, God and Wisdom in the Theology of Ben Sira. An Overview, in: Egger-Wenzel, Renate (Hg.), Ben Sira's God. Proceedings of the International Ben Sira Conference Durham Ushaw-College 2001, BZAW 321, Berlin/New York 2002, 3-17.

—, Free Will in the Wisdom of Ben Sira 15,11-20. An Exegetical and Theological Study, in: Fischer, Irmtraud/Rapp, Ursula/Schiller, Johannes (Hgg.), Auf den Spuren der schriftgelehrten Weisen, FS Johannes Marböck, BZAW 331, Berlin/New York 2003, 253-264.

Diogenes Laertios, Buch X: Das Leben und die Lehre Epikurs, hg.v. Arthur Kochalsky, Leipzig/Berlin 1914.

Dionysios von Halikarnas, Ars Rhetorica, hg.v. Hermann Usener, Leipzig 1895.

Dionysios Thrax, Ars Grammatica, hg.v. Gustav Uhlig, Leizig 1883.

Discoveries in the Judean Desert, Bd. 2: Les Grottes de Murabbacât, Texte/Planches, Oxford 1961.

Dommershausen, Werner, Art.: לחם, ThWAT 4, Stuttgart u.a. 1984, 538-547.

Donner, Herbert/Röllig, Wolfgang, Kanaanäische und aramäische Inschriften, 3 Bde., Wiesbaden 1964 (5. erweiterte und überarbeitete Auflage 2002).

—, Geschichte des Volkes Israel und seiner Nachbarn in Grundzügen, Bd. 2, Göttingen 1986.

Dülmen, Richard van, Historische Anthropologie. Entwicklungen, Probleme, Aufgaben, Köln ²2001.

Dürr, Lorenz, Das Erziehungswesen im Alten Testament und im Antiken Orient, MVÄG 36/2, Leipzig 1932.

Eberharter, Andreas, Der Kanon des Alten Testaments zur Zeit des Ben Sira. Auf Grund der Beziehungen des Sirachbuches zu den Schriften des A. T. dargestellt, Münster 1911.

—, Das Buch Jesus Sirach oder Ecclesiasticus, Die Heilige Schrift des Alten Testamentes VI/5, Bonn 1925.

Edgar, Campbell C. (Hg.), Zenon Papyri, Bd. 1-4, Catalogue Général des Antitiquités Égyptiennes du Musée du Caire, Bde. 79.82.85.89, Kairo 1925.1926.1928.1931.1940 [alle Nachdruck 1971].

Egger-Wenzel, Renate/Krammer, Ingrid (Hg.), Der Einzelne und seine Gemeinschaft bei Ben Sira, BZAW 270, Berlin 1998.

— (Hg.), Ben Sira's God. Proceedings of the International Ben Sira Conference, Durham, Ushaw College 2001, Berlin/New York 2002.

Ego, Beate/Merkel, Helmut (Hgg.), Religiöses Lernen in der biblischen, frühjüdischen und frühchristlichen Überlieferung, WUNT 180, Tübingen 2005.

—, Zwischen Aufgabe und Gabe – Theologische Implikationen des Lernens in der alttestamentlichen und antik-jüdischen Überlieferung, in: Ego, Beate/Merkel, Helmut (Hgg.), Religiöses Lernen in der biblischen, frühjüdischen und frühchristlichen Überlieferung, WUNT 180, Tübingen 2005, 1-26.

Ernst, Alexander B., Weisheitliche Kultkritik. Zur Theologie und Ethik des Sprüchebuchs und der Prophetie des 8. Jahrhunderts, BThS 23, Neukirchen-Vluyn 1994.

Euklid, Die Elemente, 13 Bücher, hg.v. Clemens Thaer, Darmstadt 1973.

Fabry, Heinz-Josef, Jesus Sirach und das Priestertum, in: Fischer, Irmtraud/Rapp, Ursula/Schiller, Johannes (Hgg.), Auf den Spuren der schriftgelehrten Weisen, FS Johannes Marböck, BZAW 331, Berlin/New York 2003, 265-282.

Falkenstein, Adam, Der „Sohn des Tafelhauses", WO I,3 (1948), 172-186.

Fichtner, Johannes, Die altorientalische Weisheit in ihrer israelitisch-jüdischen Ausprägung. Eine Studie zur Nationalisierung der Weisheit in Israel, BZAW 62, Gießen 1933.

Finsterbusch, Karin, Die kollektive Identität und die Kinder. Bemerkungen zu einem Programm im Buch Deuteronomium, JBTh 17, Neukirchen-Vluyn 2002, 99-120.

—, „Du sollst sie lehren, auf dass sie tun ..." Mose als Lehrer der Tora im Buch Deuteronomium, in: Ego, Beate/Merkel, Helmut (Hgg.), Religiöses Lernen in der biblischen, frühjüdischen und frühchristlichen Überlieferung, Tübingen 2005, 27-45.

—, Weisung für Israel. Studien zu religiösem Lehren und Lernen im Deuteronomium und in seinem Umfeld, FAT 44, Tübingen 2005.

Fischer, Georg/Lohfink, Norbert, „Diese Worte sollst du summen". Dtn 6,7 wedibbartā bām – ein verlorener Schlüssel zur meditativen Kultur in Israel, ThPh 62 (1987), 59-72.

—, Jeremia 1-25, HThK.AT, Freiburg/Basel/Wien 2005.

—, Jeremia 26-52, HThK.AT, Freiburg/Basel/Wien 2005.

Fischer, Thomas, Seleukiden und Makkabäer. Beiträge zur Seleukidengeschichte und zu den politischen Ereignissen in Judäa während der 1. Hälfte des 2. Jahrhunderts v.Chr., Bochum 1980.

Fischer, Wolfgang, Über Sokrates und die Anfänge des pädagogischen Denkens, in: Fischer, Wolfgang/Löwisch, Dieter-Jürgen (Hgg.), Philosophen als Pädagogen. Wichtige Entwürfe klassischer Denker, Darmstadt [2]1998, 1-25.

Fischer-Elfert, Hans-Werner, Der Schreiber als Lehrer in der frühen ägyptischen Hochkultur, in: Johann Georg Prinz von Hohenzollern/Max Liedtke (Hgg.), Schreiber, Magister, Lehrer. Zur Geschichte und Funktion eines Berufsstandes, Schriftenreihe zum Bayerischen Schulmuseum Ichenhausen (Zweigmuseum des Bayerischen Nationalmuseums) 8, Bad Heilbrunn/Obb. 1989, 60-70.

Fohrer, Georg, Die Weisheit im Alten Testament, in: ders., Studien zur alttestamentlichen Theologie und Geschichte (1949-1966), BZAW 115, Berlin 1969, 242-274.

Forbes, Clarence A., Teachers' Pay in Ancient Greece, Lincoln (Nebraska/USA) 1942.

Foulkes, Pamela A., „To Expound Discipline or Judgement". The Portrait of the Scribe in Ben Sira, Pacifica 7 (1994), 75-84.

Fox, Michael V., Art.: Erziehung IV. Biblisch 1. Altes Testament, RGG[4], Bd. 2, 1999, 1509f.

Frey, Jean-Baptiste, Corpus Inscriptionum Iudaicarum, Bd. 2: Asie-Afrique, Rom 1952.

Fruhstorfer, Karl, Des Weisen curriculum vitae nach Sirach (39,1-15), TPQ (1941), 140-142.

Fuhs, Hans Ferdinand, Sprichwörter, NEB 35, Würzburg 2001.

Funke, Hermann, Art.: Schule, Kleines Wörterbuch des Hellenismus, hg.v. Hatto H. Schmidt/Ernst Vogt, Wiesbaden 1988, 617f.

Gadd, Cyril John, Teachers and Students in the Oldest Schools, London 1956.
Gaertringen, Friedrich Hiller von (Hg.), Inschriften von Priene, Berlin 1906.
Gammie, John G., The Sage in Hellenistic Royal Courts, in: ders./Per-due, Leo G. (Hgg.), The Sage in Israel and the Ancient Near East, Winona Lake (USA) 1990, 147-153.
—, The Sage in Sirach, in: ders./Perdue, Leo G. (Hgg.), The Sage in Israel and the Ancient Near East, Winona Lake (USA) 1990, 355-372.
Gardiner, Alan, House of Life, in: JEA 24 (1938), 157-179.
—/Peet, Thomas, Eric, The Inscriptions of Sinai. Introduction and Plates, 2 Bde., London 1952/1955.
—, The Egyptian Origin of the Semitic Alphabet, JEA 3 (1961), 1-16.
Gebauer, Gunter (Hg.), Historische Anthropologie. Zum Problem der Humanwissenschaften heute oder Versuche einer Neubegründung, Reinbek bei Hamburg 1998.
Gehrke, Hans-Joachim, Geschichte des Hellenismus, München ²1995.
—, Art.: Ephebeia (ἐφηβεία), Der Neue Pauly 3, Stuttgart/Weimar 1997, 1071-1075.
Gelb, Ignace Jay, Sargonic Texts from the Diyala Region, MAD 1, Chicago ²1961.
—, Sargonic Texts in the Ashmolean Museum Oxford, MAD 5, Chicago 1970.
Gerstenberger, Erhard S., Lebenslauf und Lebensphasen im Alten Testament, EvErz 42 (1990), 254-265.
Gesche, Petra D., Schulunterricht in Babylonien im ersten Jahrtausend v.Chr., AOAT 275, Münster 2001.
Gilbert, Maurice, Wisdom Literature, in: Stone, Michael E. (Hg.), Jewish Writings of the Second Temple Period. Apocrypha, Pseudepigrapha, Qumran Sectarian Writings, Philo, Josephus, CRINT 2/II, Assen(NL)/ Philadelphia(USA) 1984, 283-324.
—, Art.: Siracide, Dictionnaire de la Bible, Suppl. XII, Paris 1996, 1390-1437.
Golka, Friedemann W., Die israelitische Weisheitsschule oder „Des Kaisers neue Kleider", VT 33 (3/1983), 257-270; wieder abgedruckt in: ders., Die Flecken des Leoparden. Biblische und afrikanische Weisheit im Sprichwort, AzTh 78, Stuttgart 1994, 11-23.
Gordis, Robert, Quotations in Wisdom Literature, JQR 30 (1939/40), 123-147.
—, The Social Background of Wisdom Literature, HUCA 18 (1943/44), 77-118.
—, Koheleth. The Man and His World, Northvale(Jew Jersey/USA)/ London 1995 [1955].
Grabbe, Lester L., Hellenistic Judaism, in: Jacob Neusner (Hg.), Judaism in Late Antiquity. Part 2: Historical Synthesis, HdO 17/2, Leiden/New York/Köln 1995, 53-83.
Greßmann, Hugo, Die neugefundene Lehre des Amen-em-ope und die vorexilische Spruchdichtung Israels, ZAW 42 (1924), 272-296.
Gruen, Erich S., Heritage and Hellenism. The Reinvention of Jewish Tradition, Berkley/Los Angeles/London 1998.
Guéraud, Octave/Jouguet, Pierre (Hgg.), Un livre d'écolier du IIIe siècle avant J.-C., Kairo 1938.
Gundlach, Thies/Markschies, Christoph (Hgg.), Von der Anmut des Anstandes. Das Buch Jesus Sirach, FS Hermann Barth, Leipzig 2005.

Haag, Ernst, Das hellenistische Zeitalter. Israel und die Bibel im 4. bis 1. Jahrhundert v. Chr., BE 9, Stuttgart 2003.

Haag, Herbert, Art.: בן, ThWAT 1, Stuttgart u.a. 1973, 668-682.

—, Art.: כתב, ThWAT 4, Stuttgart u.a. 1984, 385-397.

Habermann, Abraham M., עיונים בספר בן סירא, in: Studies in the Bible. Sepher Moses Hirsch Segal, Jerusalem 1964, 296-299.

Hadot, Isetraut, Art.: Das hellenistische Gymnasion, Der Neue Pauly 5, Stuttgart/Weimar 1998, 23-27.

Hamp, Vinzenz, Zukunft und Jenseits im Buche Sirach, in: Alttestamentliche Studien, FS Friedrich Nötscher, hg.v. Hubert Junker/Johannes Botterweck, BBB 1, Bonn 1950, 86-97.

—, Art.: חידה, ThWAT 2, Stuttgart/Berlin/Köln/Mainz 1977, 870-874.

Hanhart, Robert, Zur Vorgeschichte von Israels status confessionis in hellenistischer Zeit, in: Geschichte – Tradition – Reflexion, Bd. 1: Judentum, FS Martin Hengel, hg.v. Hubert Cancik/Hermann Lichtenberger/Peter Schäfer, Tübingen 1996, 181-196.

Harrington, Daniel J., The Wisdom of the Scribe according to Ben Sira, in: Nickelsburg, George W. E./Collins, John J. (Hgg.), Ideal Figures in Ancient Judaism, SBL 12, Chico (Kanada) 1980, 181-188.

—, Sirach Research since 1965: Progress and Questions, in: J. C. Reeves/J. Kampen (Hg.), Pursuing the Text, FS B. Z. Wacholder, JSOT.S 184, Sheffield 1994, 164-176.

—, Jesus Ben Sira of Jerusalem. A Biblical Guide to Living Wisely, Collegeville (Minnesota/USA) 2005.

Harris, William V., Ancient Literacy, Cambridge(Massachusetts/USA)/ London 1989.

Haspecker, Josef, Gottesfurcht bei Jesus Sirach. Ihre religiöse Struktur und ihre literarische und doktrinäre Bedeutung, Rom 1967.

Hausmann, Jutta, Art.: שיח, ThWAT 7, Stuttgart/Berlin/Köln 1993, 757-761.

—, Studien zum Menschenbild in der älteren Weisheit. Spr 10ff., FAT 7, Tübingen 1995.

Heaton, Eric William, The School Tradition of the Old Testament. The Bampton Lectures for 1994, Oxford 1994.

Hedwig-Jahnow-Forschungsprojekt (Hg.), Körperkonzepte im Ersten Testament. Aspekte einer feministischen Anthropologie, Stuttgart 2003.

Heinen, Heinz, Geschichte des Hellenismus. Von Alexander bis Kleopatra, München 2003.

Helck, Wolfgang, Der Text der „Lehre Amenemhets I. für seinen Sohn", Kleine ägyptische Texte 1, Wiesbaden ²1969.

—, Der Texte des „Nilhymnus", Kleine ägyptische Texte 4, Wiesbaden 1972.

—, Art.: Maat, LÄ 3, Wiesbaden 1980, 1110-1119.

—, Die Lehre des Djedefhor und die Lehre eines Vaters an seinen Sohn, Kleine ägyptische Texte 8, Wiesbaden 1984.

—, Die Prophezeiung des Nfr.tj, Kleine ägyptische Texte 2, Wiesbaden ²1992.

Hengel, Martin, Judentum und Hellenismus. Studien zu ihrer Begegnung unter besonderer Berücksichtigung Palästinas bis zur Mitte des 2. Jh. v.Chr., Tübingen 1969.

—, Proseuche und Synagoge. Jüdische Gemeinde, Gotteshaus und Gottesdienst in der Diaspora und in Palästina, in: Jeremias, Gert/Kuhn, Heinz-Wolfgang/Stegemann, Hartmut (Hg.), Tradition und Glaube. Das frühe Christentum in seiner Umwelt, FS Karl Georg Kuhn, Göttingen 1971, 157-184.

Hermisson, Hans-Jürgen, Studien zur israelitischen Spruchweisheit, WMANT 28, Neukirchen-Vluyn 1968.

—, Zur Schöpfungstheologie der Weisheit, in: ders., Studien zur Prophetie und Weisheit, Gesammelte Aufsätze, hg.v. Jörg Barthel/Hannelore Jauss/Klaus Koenen, FAT 23, Tübingen 1998, 269-285.

—, Prophetie und Weisheit, in: Clines, David J.A./Lichtenberger, Hermann/Müller, Hans-Peter (Hgg.), Weisheit in Israel. Beiträge des Symposiums „Das Alte Testament und die Kultur der Moderne" anlässlich des 100. Geburtstags Gerhard von Rads (1901-1971) Heidelberg, 18.-21. Oktober 2001, Altes Testament und Moderne 12, Münster/Hamburg/London 2003, 111-128.

Herodot, Historien. Griechisch – deutsch, hg.v. Josef Feix, 2 Bde., Darmstadt ⁴1988.

Hesiod, Werke und Tage, in: ders., Sämtliche Werke, hg.v. Ernst Günther Schmidt, Basel 1984, 99-140.

Hesiodus, ΕΡΓΑ ΚΑΙ ΗΜΕΡΑΙ, in: ders., Opera, hg.v. Paul Mazon, Paris 1963, 51-81.

ildesheim, Ralph, Bis daß ein Prophet aufstand wie Feuer. Untersuchungen zum Prophetenverständnis des Ben Sira in Sir 48,1-49,16, Trier 1996.

Hitzig, Ferdinand, Die Sprüche Salomo's, Zürich 1858.

Höcker, Christoph, Art.: Gymnasion, Der Neue Pauly 5, Stuttgart/ Weimar 1998, 20-23.

Hölbl, Günther, Geschichte des Ptolemäerreiches. Politik, Ideologie und religiöse Kultur von Alexander dem Großen bis zur römischen Eroberung, Darmstadt 1994.

Homer, Ilias, hg.v. Roland Hampe, Stuttgart 1979.

—, Ilias, hg.v. Hans Rupé, München/Zürich ⁸1983.

—, Odyssee, hg.v. Roland Hampe, Stuttgart 1979.

Hornung, Erik, Der Eine und die Vielen. Ägyptische Gottesvorstellungen, Darmstadt 1971.

—/Keel, Othmar (Hgg.), Studien zu altägyptischen Lebenslehren, OBO 28, Freiburg (Schweiz)/Göttingen 1979.

Horowitz, Wayne/Oshima, Takayoshi, The Taanach Cuneiform Tablets. A Retrospective, in: Kreuzer, Siegfried (Hg.), Taanach/Tell Taᶜannek. 100 Jahre Forschung zur Archäologie, zur Geschichte, zu den Fundobjekten und zu den Keilschrifttexten, Wiener Alttestamentliche Studien 5, Wien/ Frankfurt 2006, 77-84.

—/Oshima, Takayoshi/Kreuzer, Siegfried, Die Keilschrifttexte von Taanach/ Tell Taᶜannek, in: Kreuzer, Siegfried (Hg.), Taanach/Tell Taᶜannek. 100 Jahre Forschung zur Archäologie, zur Geschichte, zu den Fundobjekten und zu den Keilschrifttexten, Wiener Alttestamentliche Studien 5, Wien/Frankfurt 2006, 85-99.

Hossfeld, Frank-Lothar, Schöpfungsfrömmigkeit in Ps 104 und bei Jesus Sirach, in: Fischer, Irmtraud/Rapp, Ursula/Schiller, Johannes (Hgg.), Auf den Spuren der schriftgelehrten Weisen, FS Johannes Marböck, BZAW 331, Berlin/New York 2003, 129-138.

Inscriptiones Graecae, hg.v. Erich Ziebarth, Berlin 1966.
Irsigler, Hubert, Zefanja, HThK.AT, Freiburg/Basel/Wien 2002.
Isaack, M., Die Pädagogik des Jesus Sirach, Sammlung pädagogischer Vorträge 12,12, Bonn 1900.
Isokrates, hg.v. George Norlin/Larue van Hook, 3 Bde., Cambridge (Ma../USA)/London 1954-1956.

Jacob, Benno, Das Buch Exodus, hg.v. Shlomo Mayer, Stuttgart 1997.
Jaeger, Werner, Paideia. Die Formung des griechischen Menschen, 3 Bde., Berlin 1934-1947.
Jamieson-Drake, David W., Scribes and Schools in Monarchic Judah. A Socio-Archeological Approach, JSOT.S 109, Sheffield 1991.
Janowski, Bernd, Konfliktgespräche mit Gott. Eine Anthropologie der Psalmen, Neukirchen-Vluyn 2003.
Janssen, Enno, Das Gottesvolk und seine Geschichte. Geschichtsbild und Selbstverständnis im palästinischen Schrifttum von Jesus Sirach bis Jehuda ha-Nasi, Neukirchen-Vluyn 1971.
Japhet, Sara, 1 Chronik, HThK.AT, Freiburg 2002.
—, 2 Chronik, HThK.AT, Freiburg 2003.
Jepsen, Alfred, Art. חזה, ThWAT 2, Stuttgart/Berlin/Köln/Mainz 1977, 822-835.
Johann, Horst-Theodor (Hg.), Erziehung und Bildung in der heidnischen und christlichen Antike, Darnstadt 1976.
Johnson, Bo, Art.: משפט, ThWAT 5, Stuttgart/Berlin/Köln/Mainz 1986, 93-107.
Junge, Friedrich, Die Lehre Ptahhoteps und die Tugenden der ägyptischen Welt, OBO 193, Freiburg/Göttingen 2003.
Jüngling, Hans-Winfried, Der Bauplan des Buches Jesus Sirach, in: Hainz, Joseph (Hg.), „Den Armen eine frohe Botschaft", FS Franz Kamphaus, Frankfurt/Main 1997, 89-105.

Kaiser, Otto, Der Mensch unter dem Schicksal. Studien zur Geschichte, Theologie und Gegenwartsbedeutung der Weisheit, BZAW 161, Berlin 1985.
—, Der Mensch unter dem Schicksal, in: ders., Der Mensch unter dem Schicksal. Studien zur Geschichte, Theologie und Gegenwartsbedeutung der Weisheit, BZAW 161, Berlin 1985, 63-90.
—, Die Begründung der Sittlichkeit im Buch Jesus Sirach, in: ders., Der Mensch unter dem Schicksal. Studien zur Geschichte, Theologie und Gegenwartsbedeutung der Weisheit, BZAW 161, Berlin 1985, 110-121.

—, Gottesgewißheit und Weltbewußtsein in der frühhellenistischen jüdischen Weisheit, in: ders., Der Mensch unter dem Schicksal. Studien zur Geschichte, Theologie und Gegenwartsbedeutung der Weisheit, BZAW 161, Berlin 1985, 122-134.

—, Judentum und Hellenismus. Ein Beitrag zur Frage nach dem hellenistischen Einfluß auf Kohelet und Jesus Sirach, in: ders., Der Mensch unter dem Schicksal. Studien zur Geschichte, Theologie und Gegenwartsbedeutung der Weisheit, BZAW 161, Berlin 1985, 135-153.

—, Grundriß der Einleitung in die kanonischen und deuterokanonischen Schriften des Alten Testaments, Bd. 3: Die poetischen und weisheitlichen Werke, Gütersloh 1994.

—, Der Tod als Schicksal und Aufgabe bei Ben Sira, in: Engel und Dämonen. Theologische, Anthropologische und Religionsgeschichtliche Aspekte des Guten und Bösen. Akten des Gemeinsamen Symposiums der Theologischen Fakultät der Universität Tartu und der Deutschen Religionsgeschichtlichen Studiengesellschaft am 7. und 8. April 1995 zu Tartu/Estland, hg.v. Gregor Ahn und Manfried Dietrich, FARG 29, Münster 1997, 75-89.

—, Der Mensch als Geschöpf Gottes. Aspekte der Anthropologie Ben Siras, in: Egger-Wenzel, Renate/Krammer, Ingrid (Hg.), Der Einzelne und seine Gemeinschaft bei Ben Sira, BZAW 270, Berlin 1998, 1-22.
wieder abgedruckt in: ders., Zwischen Athen und Jerusalem. Beiträge zur griechischen und biblischen Theologie, ihrer Eigenart und ihrem Verhältnis, BZAW 320, Berlin/New York 2003, 225-246.

—, Gottes und der Menschen Weisheit. Gesammelte Aufsätze, BZAW 261, Berlin 1998.

—, Anknüpfung und Widerspruch. Die Antwort der jüdischen Weisheit auf die Herausforderung durch den Hellenismus, in: ders., Gottes und der Menschen Weisheit. Gesammelte Aufsätze, BZAW 261, Berlin 1998, 201-216; ursprünglich in: J. Mehlhausen (Hg.), Pluralismus und Identität, Gütersloh 1994.

—, Das Verständnis des Todes bei Ben Sira, NZSTh 43 (2001), 175-192; wieder abgedruckt in: ders., Zwischen Athen und Jerusalem. Beiträge zur griechischen und biblischen Theologie, ihrer Eigenart und ihrem Verhältnis, BZAW 320, Berlin/New York 2003, 275-292.

—, Anweisungen zum gelingenden, gesegneten und ewigen Leben. Eine Einführung in die spätbiblischen Weisheitsbücher, ThLZ.F 9, Leipzig 2003.

—, Athen und Jerusalem. Die Begegnung des spätbiblischen Judentums mit dem griechischen Geist, ihre Voraussetzungen und ihre Folgen, in: Witte, Markus/Alkier, Stefan (Hgg.), Die Griechen und der Vordere Orient. Beiträge zum Kultur- und Religionskontakt zwischen Griechenland und dem Vorderen Orient im 1. Jahrtausend v.Chr., OBO 191, Freiburg(CH)/Göttingen 2003, 87-120.

—, Göttliche Weisheit und menschliche Freiheit bei Ben Sira, in: Fischer, Irmtraud/Rapp, Ursula/Schiller, Johannes (Hgg.), Auf den Spuren der schriftgelehrten Weisen, FS Johannes Marböck, BZAW 331, Berlin/New York 2003, 291-305.

—, Weisheit für das Leben. Das Buch Jesus Sirach. Übersetzt und eingeleitet, Stuttgart 2005.

Kaplony-Heckel, Ursula, Schüler und Schulwesen in der ägyptischen Spätzeit, SAÄK 1, Hamburg 1974, 227-246.

Katz, Saul, Die Scholien des Gregorius Abulfaragius Bar Hebraeus zum Weisheitsbuch des Josua ben Sira nach vier Handschriften des Horreum mysteriorum, Frankfurt a.M. 1892.

Kearns, Conleth, Ecclesiasticus, or the Wisdom of Jesus the Son of Sirach, NCCHS 1969, 547-550.

Keel, Othmar/Staub, Urs, Hellenismus und Judentum. Vier Studien zu Daniel 7 und zur Religionsnot unter Antiochus IV., Freiburg(Schweiz)/ Göttingen 2000.

Kegler, Jürgen, Beobachtungen zur Körpererfahrung in der hebräischen Bibel, in: Crüsemann, Frank (Hg.), Was ist der Mensch ...? Beiträge zur Anthropologie des Alten Testaments, FS Hans Walter Wolff, München 1992, 28-41.

Kepper, Martina, Hellenistische Bildung im Buch der Weisheit. Studien zur Sprachgestalt und Theologie der Sapientia Salomonis, Berlin/New York 1999.

Kerferd, George B., The Sage in Hellenistic Philosophical Literature (399 B.C.E. – 199 C.E.), in: Gammie, John G./Perdue, Leo G. (Hgg.), The Sage in Israel and the Ancient Near East, Winona Lake (USA) 1990, 319-328.

Kessler, Rainer, Micha, HThK.AT, Freiburg/Basel/Wien 1999.

Kieweler, Hans-Volker, Ben Sira zwischen Judentum und Hellenismus. Eine Auseinandersetzung mit Th. Middendorp, BEAT 30, Frankfurt/Main u.a. 1992.

—, Benehmen bei Tisch, in: Egger-Wenzel, Renate/Krammer, Ingrid (Hg.), Der Einzelne und seine Gemeinschaft bei Ben Sira, BZAW 270, Berlin 1998, 191-215.

—, Erziehung zum guten Verhalten und zur rechten Frömmigkeit. Die Hiskianische Sammlung, ein hebräischer und griechischer Schultext, Frankfurt(M)/Berlin/ Bern/Brüssel/New York/Oxford/Wien 2001.

Kippenberg, Hans G., Religion und Klassenbildung im antiken Judäa. Eine religionssoziologische Studie zum Verhältnis von Tradition und gesellschaftlicher Entwicklung, Göttingen 1978.

Klostermann, August, Schulwesen im Alten Israel, in: Theologische Studien, FS Theodor Zahn, hg.v. Nathanael Bonwetsch u.a., Leipzig 1908, 193-232.

Koch, Klaus, Geschichte der ägyptischen Religion. Von den Pyramiden bis zu den Mysterien der Isis, Stuttgart/Berlin/Köln 1993.

—, Vor der Wende der Zeiten. Beiträge zur apokalyptischen Literatur, Gesammelte Aufsätze Bd. 3, Neukirchen-Vluyn 1996.

Koch, Roland, Die Erzählung des Sinuhe, BAeg 17, Brüssel 1990.

Koenen, Klaus, Art.: שׁלם, ThWAT 7, Stuttgart/Berlin/Köln 1993, 781-795.

Köhler, Ludwig, Der hebräische Mensch. Eine Skizze, Darmstadt 1976.

Koller, Hermann, ΕΓΚΥΚΛΙΟΣ ΠΑΙΔΕΙΑ, in: Johann, Horst-Theodor (Hg.), Erziehung und Bildung in der heidnischen und christlichen Antike, Darmstadt 1976, 3-21.

Kottsieper, Ingo, Die Sprache der Ahiqarsprüche, BZAW 194, Berlin/New York 1990.

—, Die Geschichte und die Sprüche des weisen Achiqar, TUAT III/2, Gütersloh 1991, 320-347.
Krafft, Fritz, Art.: Astronomie C. Griechische Astronomie, Der Neue Pauly 2, Stuttgart/Weimar 1997, 134-136.
Kramer, Samuel Noah, From the Tablets of Sumer. Twenty-five Firsts in Man's recorded History, Colorado(USA) 1956; deutsche Übersetzung: Kramer, Samuel Noah, Geschichte beginnt mit Sumer. Berichte von den Ursprüngen der Kultur, München 1959.
—, Die Sumerische Schule, WZ Halle-Wittenberg 5 (4/1956), 695-704.
—, The Sumerians. Their History, Culture, and Character, Chicago 1963.
Kraus, Hans-Joachim, Psalmen, 1. Teilband, BK 15/1, Neukirchen-Vluyn ²1961.
—, Psalmen, 2. Teilband, BK 15/2, Neukirchen-Vluyn ²1961.
—, Geschichte als Erziehung, in: ders., Biblisch-theologische Aufsätze, Neukirchen-Vluyn, 1972, 66-83.
—, Hören und Sehen in der althebräischen Tradition, in: ders., Biblisch-theologische Aufsätze, Neukirchen-Vluyn, 1972, 84-101.
Kreuzer, Siegfried, Ex oriente litterae. Neue Forschungen zur Geschichte des Alphabets, in: Legenda aurea noviter collecta, FS Karl-Heinz Pridik, hg.v. Rektorat der Kirchlichen Hochschule Wuppertal, Wuppertal 2005, 135-155.
Küchler, Max, Schweigen, Schmuck und Schleier. Drei neutestamentliche Vorschriften zur Verdrängung der Frauen auf dem Hintergrund einer frauenfeindlichen Exegese des Alten Testaments im antiken Judentum, NTOA 1, Freiburg(CH)/Göttingen 1986.
Kügler, Joachim, Der Sohn als Abbild des Vaters. Kulturgeschichtliche Notizen zu Sir 30,4-6, BN 107/108 (2001), 78-92.

Lang, Bernhard, Die weisheitliche Lehrrede. Eine Untersuchung von Spr 1-7, SBS 54, Stuttgart 1972.
—, Anweisungen gegen die Torheit. Sprichwörter – Jesus Sirach, SKK.AT 19, Stuttgart 1973.
—, Frau Weisheit. Deutung einer biblischen Gestalt, Düsseldorf 1975.
—, Schule und Unterricht im Alten Israel, in: La Sagesse de l'Ancient Testament, hg.v. Maurice Gilbert, BETL 51, Paris-Gembloux/Leuven 1979, 186-201; wieder abgedruckt in: Lang, Bernhard, Wie wird man Prophet in Israel? Aufsätze zum Alten Testament, Düsseldorf 1980, 104-119.
—, Vom Propheten zum Schriftgelehrten. Charismatische Autorität im Frühjudentum, in: Stietencron, Heinrich von (Hg.), Theologen und Theologien in verschiedenen Kulturkreisen, Düsseldorf 1986, 89-132.
—, Klugheit als Ethos und Weisheit als Beruf: Zur Lebenslehre im Alten Testament, in: Assmann, Aleida (Hg.), Weisheit, Archäologie der literarischen Kommunikation 3, München 1991, 177-192.

Lemaire, André, Les écoles et la formation de la Bible dans l'ancient Israël, OBO 39, Freiburg(Schweiz)/Göttingen 1981.
Liesen, Jan, First-Person Passages in the Book of Ben Sira, PIBA 20 (1997), 24-47.
—, Full of Praise. An exegetical Study of Sir 39,12-35, Leiden 2000.
Loader, James Alfred, Wisdom by (the) people for (the) people, ZAW 111 (1999), 211-233.
Lohfink, Norbert, Glauben lernen in Israel, KatBl 108 (1983), 84-99; wieder abgedruckt in: Lohfink, Norbert, Der Glaube und die nächste Generation. Das Gottesvolk der Bibel als Lerngemeinschaft, in: ders., Das Jüdische am Christentum. Die verlorene Dimension, Freiburg/Basel/ Wien 1987, 144-166
—, Kohelet, NEB 1, Würzburg ^{4}1993.
Löhr, Martin, Bildung aus dem Glauben. Beiträge zum Verständnis der Lehrreden des Buches Jesus Sirach, Berlin 1975.
Lohse, Eduard, Die Texte aus Qumran. Hebräisch und deutsch. Mit masoretischer Punktation, Übersetzung, Einführung und Anmerkungen, Darmstadt 1964.
Löning, Karl, Die Konfrontation des Menschen mit der Weisheit Gottes. Elemente einer sapientialen Soteriologie, in: ders. (Hg.), Rettendes Wissen. Studien zum Fortgang weisheitlichen Denkens im Frühjudentum und im frühen Christentum, AOAT 300, Münster 2002, 1-41.
Löwisch, Dieter-Jürgen, Aristoteles, in: Fischer, Wolfgang/Löwisch, Dieter-Jürgen (Hgg.), Philosophen als Pädagogen. Wichtige Entwürfe klassischer Denker, Darmstadt ^{2}1998, 26-37.
Lührmann, Dieter, Aber auch dem Arzt gib Raum (Sir 38,1-15), WuD 15 (1979), 55-78.
Lukianos, MENIPPOS H NEKYOMANTEIA, in: Luciani Samosatensis Opera, hg.v. Karl Jakobitz, Leizig 1905, 190-204.
—, Menhippos, in: ders., Sämtliche Werke, hg.v. M. Weber, Leipzig 1910.
Lux, Rüdiger, Die Weisen Israels. Meister der Sprache – Lehrer des Volkes – Quelle des Lebens, Leipzig 1992.

Mack, Burton Lee, Logos und Sophia. Untersuchungen zur Weisheitstheologie im hellenistischen Judentum, SUNT 10, Göttingen 1973.
MacKenzie, Roderick Andrew Francis, Ben Sira as Historian, in: Dunne, Thomas A./Laporte, Jean-Marc (Hgg.), Trinification of the World, FS Frederick E. Crowe, Toronto 1978, 312-327.
Maier, Gerhard, Mensch und freier Wille. Nach den jüdischen Religionsparteien zwischen Ben Sira und Paulus, WUNT 12, Tübingen 1971.
Maier, Johann, Zwischen den Testamenten. Geschichte und Religion in der Zeit des zweiten Tempels, Würzburg 1990.
Marböck, Johannes, Weisheit im Wandel. Untersuchungen zur Weisheitstheologie bei Ben Sira, Bonn 1971 und BZAW 272, Berlin 1999.
—, Gottes Weisheit unter uns. Zur Theologie des Buches Sirach, hg.v. Irmtraud Fischer, Freiburg i.Br. 1995.

—, Das Buch Ben Sira, in: Zenger, Erich u.a. (Hg.), Einleitung in das Alte Testament, Stuttgart/Berlin/Köln [1995] ³1998, 363-370.
—, Structure and Redaction History of the Book of Ben Sira. Review and Prospects, in: Beentjes, Pancratius (Hg.), The Book of Ben Sira in Modern Research. Proceedings of the First International Ben Sira Conference, 28.-31. July 1996, Soesterberg, Netherlands, BZAW 255, Berlin 1997, 61-79.
—, Gerechtigkeit Gottes und Leben nach dem Sirachbuch. Ein Antwortversuch in seinem Kontext, in: Jeremias, Jörg (Hg.), Gerechtigkeit und Leben im hellenistischen Zeitalter. Symposium anläßlich des 75. Geburtstags von Otto Kaiser, BZAW 296, Berlin/New York 2001, 21-52.
—, Apokalyptische Traditionen im Sirachbuch?, in: Gott und Mensch im Dialog, FS Otto Kaiser, hg.v. Markus Witte, 2 Bde., BZAW 345, Berlin/New York 2004, 833-849.
Marrou, Henri-Irénée, Geschichte der Erziehung im klassischen Altertum, hg.v. Richard Harder, Freiburg/München 1957.
Martin, James D., Ben Sira. A child of his Time, in: ders./Davies, Philip R. (Hgg.), A Word in Season, FS William McKane, JSOT.S 42, Sheffield 1986, 141-161.
Marzahn, Joachim, Tontafel mit Ritzzeichnung und Inschrift, in: Das Vorderasiatische Museum, hg.v. Staatliche Museen zu Berlin – Preußischer Kulturbesitz, Mainz ³2001, 77.
McKechnie, Paul, The Career of Joshua Ben Sira, JTS 51 (1/2000), 3-26.
Meinhold, Arndt, Die Sprüche. Teil 1: Sprüche Kapitel 1-15, ZBK.AT 16.1, Zürich 1991.
—, Zur weisheitlichen Sicht des Menschen. Gesammelte Aufsätze, hg.v. Thomas Neumann/Johannes Thon, Arbeiten zur Bibel und ihrer Geschichte 6, Leipzig 2002.
Meisner, Norbert, Aristeasbrief, in: Unterweisung in erzählender Form. Erling Hammershaimb: Das Martyrium Jesajas. Norbert Meisner: Aristeasbrief, JSHRZ II/1, Gütersloh 1973.
Meister, Richard, Die Entstehung der höheren Allgemeinbildung in der Antike, in: Johann, Horst-Theodor (Hg.), Erziehung und Bildung in der heidnischen und christlichen Antike, Darmstadt 1976, 22-30.
Mendelson, Alan, Secular Education in Philo of Alexandria, MHUC 7, Cincinnati(USA) 1982.
Meyer, Rudolf, Das Arbeitsethos in Palästina zur Zeit der werdenden Kirche, in: ders., Zur Geschichte und Theologie des Judentums in hellenistisch-römischer Zeit. Ausgewählte Abhandlungen, hg.v. Waltraut Bernhardt, Neukirchen-Vluyn 1989, 11-20.
Michel, Diethelm, Qohelet, EdF 258, Darmstadt 1988.
Middendorp, Theophil, Die Stellung Jesu Ben Siras zwischen Judentum und Hellenismus, Leiden 1973.
Minissale, Antonino, Ben Siras Selbstverständnis in Bezug auf Autoritäten der Gesellschaft, in: Egger-Wenzel, Renate/Krammer, Ingrid (Hg.), Der Einzelne und seine Gemeinschaft bei Ben Sira, BZAW 270, Berlin 1998, 103-116.
Mosis, Rudolf, Art.: נחל, ThWAT 1, Stuttgart/Berlin/Köln/Mainz 1973, 928-956.

—, Art.: קשב, ThWAT 7, Stuttgart/Berlin/Köln/Mainz 1993, 197-205.
Mulder, Otto, Simon the High Priest in Sirach 50. An Exegetical Study of the Significance of Simon the High Priest as Climax to the Praise of the Fathers in Ben Sira's Concept of the History of Israel, VT.S 78, Leiden/Boston 2003.
Müller, Achim, Proverbien 1-9. Der Weisheit neue Kleider, BZAW 291, Berlin/New York 2000.
Müller, Hans-Peter, Die hebräische Wurzel xyf, VT 19 (1969), 361-371.
—, Der Begriff „Rätsel" im Alten Testament, VT 20 (1970), 465-489.
Murphy, Roland E., The personification of Wisdom, in: Day, John/Gordon, Robert P./Williamson, Hugo Godfrey Maturin, Wisdom in ancient Israel, FS John Adney Emerton, Cambridge(UK) 1995, 222-233.

Naveh, Joseph, Early History of the Alphabet. An Introduction to West Semitic Epigraphy and Palaeography, Jerusalem ²1987.
Neher, Martin, Wesen und Wirken der Weisheit in der Sapientia Salomonis, BZAW 333, Berlin/New York 2004.
Nel, Philip Johannes, The Concept „Father" in the Wisdom Literature of the Ancient Near East, JNSL 5 (1977), 53-66.
Nelson, Milward Douglas, The Syriac Version of Ben Sira Compared to the Greek and Hebrew Materials, SBL Dissertation Series 107, Los Angeles 1981.
Niehr, Herbert, Art. שפט, ThWAT 8, Stuttgart/Berlin/Köln 1995, 408-428.
Nilsson, Martin P., Die hellenistische Schule, München 1955.
Nipkow, Karl Ernst, Art.: Erziehung, TRE 10, Berlin/New York 1982, 232-254.
—, Bildung als Lebensbegleitung und Erneuerung. Kirchliche Bildungsverantwortung in Gemeinde, Schule und Gesellschaft, Gütersloh ²1992.
Nissen, Hans Jörg/Damerow, Peter/Englund, Robert K., Frühe Schriften und Techniken der Wirtschaftsverwaltung im alten Vorderen Orient. Informationsspeicherung und -verarbeitung vor 5000 Jahren, Bad Salzdetfurth ²1991.
Noth, Martin, Das 2. Buch Mose. Exodus, ATD 5, Göttingen [1958] 51973.

Oegema, Gerbern S., Apokalypsen, JSHRZ VI/1,5, Gütersloh 2001.
Ogushi, M, Ist nur das Herz die Mitte des Menschen?, in: Crüsemann, Frank (Hg.), Was ist der Mensch ...? Beiträge zur Anthropologie des Alten Testaments, FS Hans Walter Wolff, München 1992, 42-47.
Olyan, Saul M., Ben Sira's Relationship to the Priesthood, HThR 80 (3/1987), 261-286.
Oorschot, Jürgen van, Weisheit in Israel und im frühen Judentum, VuF 48 (2003), 59-89.
Orientis Graeci Inscriptiones Selectae, hg.v. Wilhelm Dittenberger, 2 Bde., Hildesheim/Zürich/new York 1986.
Otto, Eckard, Bildung und Ausbildung im Alten Ägypten, ÄZ 81 (1956), 41-48.
Otzen, Benedikt, Art.: יצר, ThWAT 3, Stuttgart u.a. 1982, 830-839.
Oxyrhynchus-Papyri, hg.v. Edgar Lobel/Colin Henderson Roberts/E. P. Wegener, Bd. 18, London 1841.

Papiri Greci e Latini, Pubblicazioni della Società italiana, Bd. 1, Florenz 1912.
Papyri Osloenses, Bd. 2, hg.v. Samson Eitrem/Leiv Amundsen, Oslo 1931.
Patzek, Barbara, Homer und seine Zeit, München 2003.
Pemberton, Glenn D., The Rhetoric of the Father in Proverbs 1-9, JSOT 30 (1/2005), 63-82.
Peters, Norbert, Das Buch Jesus Sirach oder Ecclesiasticus, EHAT 25, Münster 1913.
Pilch, John J., „Beat His Ribs While He is Young" (Sir 30,12). A Window on the Mediterranean World, Biblical Theology Bulletin 23 (1993), 101-113.
Platon, Werke in acht Bänden. Griechisch und Deutsch, hg.v. Gunther Eigler, Darmstadt 1971.
—, ΠΟΛΙΤΕΙΑ – Der Staat, Platon. Werke in acht Bänden. Griechisch und Deutsch, hg.v. Gunther Eigler, Bd. 4, Darmstadt 1971.
—, Symposion. Griechisch-deutsch, hg.v. Franz Boll/Rainer Nickel, Düsseldorf/Zürich 1998.
Plöger, Otto, Sprüche Salomos (Proverbia), BK 17, Neukirchen-Vluyn ²2003.
Plutarch, Die alten Gebräuche der Spartaner, in: ders., Von der Ruhe des Gemütes und andere philosophische Schriften, hg.v. Bruno Snell, Zürich 1948.
Posener, Georges, Catalogue des Ostraca hiératiques et littéraires de Deir el Médineh, Bd. 2.1, Documents de Fouilles de l'Institut français d'Archéologie Orientale du Caire XVIII, Kairo 1951.
—, Les richesses inconnues de la littérature égyptienne, Revue d'Égyptologie 6 (1951), 27-49.
—, Littérature et Politique dans l'Égypte de la XIIe Dynastie, Paris 1956.
—, L'enseignement loyaliste. Sagesse du Moyen Empire, Hautes Études Orientales 5, Genf 1976.
Preuß, Horst Dietrich, Erwägungen zum theologischen Ort alttestamentlicher Weisheitsliteratur, EvTh 30 (1970), 393-417.
—, Das Gottesbild der älteren Weisheit Israels, VT.S 23, Leiden 1972.
—, Einführung in die alttestamentliche Weisheitsliteratur, UT 383, 1987.
—, Art.: תּוֹעֵבָה, ThWAT 8, Stuttgart/Berlin/Köln 1995, 580-592.
Prockter, Lewis J., Torah as a Fence against Apocalyptic Speculation. Ben Sira 3,17-24, in: Proceedings of the Tenth World Congress of Jewish Studies, Jerusalem, August 16-24, 1989, Division A: The Bible and Its World, Jerusalem 1990, 245-252.
Pseudo-Xenophon, Ἀθηναίων Πολιτεία, in: Xenophonitis Scripta minora, hg.v. Franziskus Rühl, Leipzig 1912, 29-48.
—, Constitution of the Athenians, hg.v. Glen W. Bowersock, London/Cambridge (Mass./USA) 1968.
Purvis, James D., Ben Sira' and the foolish People of Shechem, JNES 24 (1965), 88-94.

Quintilianus, Marcus Fabius, Ausbildung des Redners/Institutionis oratoriae, hg.v. Helmut Rahn, 2 Bde., Darmstadt 1972.

Rabinowitz, Isaac, The Qumran Hebrew Original of Ben Sira's concluding Acrostic on Wisdom, HUCA 42 (1971), 173-184.

Rad, Gerhard von, Es ist noch eine Ruhe vorhanden dem Volk Gottes. Eine biblische Begriffsuntersuchung [1533], in: ders., Gesammelte Studien zum Alten Testament, München ³1965, 101-108.

—, Josephsgeschichte und ältere Chokma [1953], in: ders., Gesammelte Studien zum Alten Testament, München ³1965, 272-280.

—, Hiob 38 und die altägyptische Weisheit [1955], in: ders., Gesammelte Studien zum Alten Testament, München ³1965, 262-271.

—, Glaube und Welterkenntnis im Alten Israel [1961], in: ders., Gesammelte Studien zum Alten Testament, Bd. 2, hg.v. Rudolg Smend, München 1973, 255-266.

—, Aspekte alttestamentlichen Weltverständnisses [1964], in: ders., Gesammelte Studien zum Alten Testament, München ³1965, 311-331.

—, Weisheit in Israel, [Neukirchen-Vluyn 1970] Gütersloh 1992.

Radt, Wolfgang, Pergamon. Geschichte und Bauten einer antiken Metropole, Darmstadt 1999.

Reden, Sitta von, Art.: Arbeit. 2. Griechenland und Rom, Der Neue Pauly I, Stuttgart/Weimar 1996, 964-969.

Reif, Stefan C., The Discovery of the Cambridge Genizah Fragments of Ben Sira: Scolars and Texts, in: Beentjes, Pancratius C. (Hg.), The Book of Ben Sira in Modern Research. Proceedings of the First International Ben Sira Conference 28.-31. July 1996, Soesterberg/NL, BZAW 255, Berlin/New York 1997, 1-22.

Reisner, George A., Tempelurkunden aus Telloh, Mitteilungen aus den Orientalischen Sammlungen 16, Berlin 1901.

—, A Scribe's Tablet found by the Hearst Expedition at Gîza, ZÄS 48 (1911), 113-114.

Reitemeyer, Michael, Weisheitslehre als Gotteslob. Psalmentheologie im Buch Jesus Sirach, BBB 127, Berlin/Wien 2000.

Reiterer, Friedrich Vinzenz, Deutung und Wertung des Todes durch Ben Sira, in: Zmijewski, Josef (Hg.), Die alttestamentliche Botschaft als Wegweisung, FS Heinz Reinelt, Stuttgart 1990, 203-236.

—, Die Stellung Ben Siras zur „Arbeit". Notizen zu einem kaum berücksichtigten Thema sirazidischer Lehre, in: ders. (Hg.), Ein Gott – eine Offenbarung. Beiträge zur biblischen Exegese, Theologie und Spiritualität, FS Notker Füglister, Würzburg 1991, 257-289.

— (Hg.), Freundschaft bei Ben Sira. Beiträge des Symposions zu Ben Sira, Salzburg, 1995, BZAW 244, Berlin/New York 1996.

—, Gelungene Freundschaft als tragende Säule einer Gesellschaft. Exegetische Untersuchung von Sir 25,1-11, in: Reiterer, Friedrich Vinzenz (Hg.), Freundschaft bei Ben Sira. Beiträge des Symposions zu Ben Sira, Salzburg, 1995, BZAW 244, Berlin/New York 1996, 133-169.

—, Review of Recent Research on the Book of Ben Sira (1980-1996), in: Beentjes, Pancratius C. (Hg.), The Book of Ben Sira in Modern Research. Proceedings of the First

International Ben Sira Conference 28.-31. July 1996, Soesterberg/NL, BZAW 255, Berlin/New York 1997, 23-60.

—, Die immateriellen Ebenen der Schöpfung bei Ben Sira, in: Calduch-Benages, Núria/Vermeylen, Jacques (Hgg.), Treasures of Wisdom. Studies in Ben Sira and the Book of Wisdom, FS Maurice Gilbert, Leuven 1999, 91-127.

—, Gott und Opfer, in: Egger-Wenzel, Renate (Hg.), Ben Sira's God. Proceedings of the International Ben Sira Conference. Durham Ushaw-College 2001, BZAW 321, Berlin/New York 2002, 136-179.

—, Neue Akzente in der Gesetzesvorstellung: תורת חיים bei Ben Sira, in: Gott und Mensch im Dialog, FS Otto Kaiser, hg.v. Markus Witte, 2 Bde., BZAW 345, Berlin/New York 2004, 851-871.

Rengstorf, Karl Heinrich, Art.: διδάσκω, ThWNT 2, Stuttgart 1935, 138-150.

Renz, Johannes/Röllig, Wolfgang, Handbuch der althebräischen Epigraphik, 3 Bde., Darmstadt 1995.

Reymond, Eric D., Prelude to the Praise of the Ancestors. Sirach 44,1-15, HUCA 72 (2001), 1-14.

Rickenbacher, Otto, Weisheitsperikopen bei Ben Sira, OBO 1, Freiburg(Schweiz)/ Göttingen 1973.

Ringgren, Helmer, Art.: אב, ThWAT 1, Stuttgart u.a. 1973, 1-19.

Rivkin, Ellis, Ben Sira and the Nonexistance of the Synagogue. A Study in Historical Method, in: In the Time of Harvest, FS Abba Hillel Silver, hg.v. Daniel Jeremy Silver, New York/London 1963, 320-354.

Robert, Louis, Études anatoniennes. Recherches sur les inscriptions greques de l'Asie mineure, Amsterdam 1970 [Nachdruck von Paris 1937].

Röllig, Wolfgang, Die Alphabetschrift, Handbuch der Archäologie. Allgemeine Grundlagen der Archäologie, München 1969, 289-302.

Römer, Willem H. Ph., Der Sohn des Tafelhauses, TUAT III/1, Gütersloh 1989, 68-77.

Rost, Liane, Die außerhalb von Boğazköy gefundenen hethitischen Briefe, MIO 4 (1956), 328-350.

Rüger, Hans Peter, Text und Textform im hebräischen Sirach. Untersuchungen zur Textgeschichte und Textkritik der hebräischen Sirachfragmente aus der Kairoer Geniza, BZAW 112, Berlin 1970.

Rylands-Library, Catalogue of the Greek Papyri in the John Rylands Library Manchester, hg.v. Arthur S. Hunt, Bd. 1, Manchester/London 1911.

Sæbø, Magne, Art.: יסר, THAT 1, München/Zürich 1978, 738-742.

Safrai, Shmuel, Das jüdische Volk im Zeitalter des zweiten Tempels, Neukirchen-Vluyn ²1980.

Sambursky, Sam., Das physikalische Weltbild der Antike, Zürich/Stuttgart 1965.

Sanders, Jim Alvin, The Psalms Scroll of Qumran Cave 11 (11QPsᵃ), DJD 4, Oxford 1965, 79-85.

—, The Dead Sea Psalms Scroll, Ithaca (NY/USA) 1967.

—, The Sirach 51 Acrostic, in: Caquot, André/Philonenko, Marc (Hgg.), Hommages à André Dupont-Sommer, Paris 1971, 429-438.
Sanders, Jack T., Ben Sira and demotic Wisdom, SBL.MS 28, Chico/ California (USA) 1983.
Sass, Benjamin, The Genesis of the Alphabet and its Development in the Second Millenium B.C., ÄAT 13, Wiesbaden 1988.
—, Studia Alphabetica. On the Origin and Early History of the Northwest Semitic, South Semitic and Greek Alphabets, OBO 102, Freiburg(CH)/Göttingen 1991.
Sasse, Markus, Geschichte Israels in der Zeit des Zweiten Tempels. Historische Ereignisse – Archäologie – Sozialgeschichte – Religions- und Geistesgeschichte, Neukirchen-Vluyn 2004.
Sauer, Georg, Die Sprüche Agurs. Untersuchungen zu Herkunft, Verbreitung und Bedeutung einer biblischen Stilform unter besonderer Berücksichtigung von Proverbia c. 30, BWANT 5/4, Stuttgart 1963.
—, Jesus Sirach (Ben Sira). Unterweisung in lehrhafter Form, Jüdische Schriften aus hellenistisch-römischer Zeit Bd. III/5, Gütersloh 1981.
—, Der Ratgeber (Sir 37,7-15). Textgeschichte als Auslegungsgeschichte und Bedeutungswandel, in: Egger-Wenzel, Renate/Krammer, Ingrid (Hg.), Der Einzelne und seine Gemeinschaft bei Ben Sira, BZAW 270, Berlin 1998, 73-85.
—, Jesus Sirach/Ben Sira, ATD.A 1, Göttingen 2000.
—, Der traditionsgeschichtliche Hintergrund von Ben Sira 42,15-43,33, in: Graupner, Axel/Delkurt, Holger/Ernst, Alexander B. (Hgg.), Verbindungslinien, FS Werner H. Schmidt, Neukirchen-Vluyn 2000, 311-321.
—, Ben Sira in Jerusalem und sein Enkel in Alexandria, in: Fischer, Irmtraud/Rapp, Ursula/Schiller, Johannes (Hgg.), Auf den Spuren der schriftgelehrten Weisen, FS Johannes Marböck, BZAW 331, Berlin/New York 2003, 339-347.
Schade, Gerson, Die griechischen Papyri und die antike Schule, Pegasus-Onlinezeitschrift IV/2 (2004), 55-63 (www.pegasus-onlinezeitschrift.de/erga_3_2004_schade.html).
Schäfer, Peter, Geschichte der Juden in der Antike. Die Juden Palästinas von Alexander dem Großen bis zur arabischen Eroberung, Stuttgart/Neukirchen-Vluyn 1983.
Schams, Christine, Jewish Scribes in the Second-Tempel Period, JSOT.S 291, Sheffield 1998.
Schaper, Joachim, Hebrew and its Study in the Persian Period, in: Horbury, William (Hg.), Hebrew Sudy from Ezra to Ben-Yehuda, Edinburgh 1999, 15-37.
Schart, Aaron, Die Ordnung des hebräischen Alphabets, in: Diehl, Johannes F./Heitzenröder, Reinhard/Witte, Markus (Hgg.), „Einen Altar von Erde mache mir ...". FS Diethelm Conrad, Kleine Arbeiten zum Alten und Neuen Testament 4/5, Waltrop 2003, 239-255.
Schawe, Erwin, Gott als Lehrer im Alten Testament. Eine semantisch-theologische Studie, Fribourg(CH) 1979.
Schellenberg, Annette, Erkenntnis als Problem. Qohelet und die alttestamentliche Diskussion um das menschliche Erkennen, OBO 188, Freiburg(CH)/Göttingen 2002.

Schenkel, Wolfgang, Wozu die Ägypter eine Schrift brauchten, in: Assmann, Aleida und Jan/Hardmeier, Christof (Hgg.), Schrift und Gedächtnis. Beiträge zur Archäologie der literarischen Kommunikation, Archäologie der literarischen Kommunikation, Bd. 1, München 1983, 45-63.

Scherer, Andreas, Das weise Wort und seine Wirkung. Eine Untersuchung zur Komposition und Redaktion von Proverbia 10,1-22,16, WMANT 83, Neukirchen-Vluyn 1999.

Schipper, Bernd Ulrich, Die Lehre des Amenemope und Prov 22,17-24,22. Eine Neubearbeitung des literarischen Verhältnisses, ZAW 117 (2005), 53-72.232-248.

Schlott, Adelheid, Schrift und Schreiber im Alten Ägypten, München 1989.

Schmid, Hans Heinrich, Wesen und Geschichte der Weisheit. Eine Untersuchung zur altorientalischen und israelitischen Weisheitsliteratur, BZAW 101, Berlin 1966.

—, Gerechtigkeit als Weltordnung. Hintergrund und Geschichte des alttestamentlichen Gerechtigkeitsbegriffes, BHTh 40, Tübingen 1968.

Schmidt, Werner H., Art.: יצר, THAT 1, München/Zürich 1971.

—, „Was ist der Mensch?". Anthropologische Einsichten des Alten Testaments, BiKi 42 (1987), 2-15.

—, Exodus. Exodus 1-6, BK II/1, Neukirchen-Vluyn 1988.

—, Anthropologische Begriffe im Alten Testament. Anmerkungen zum hebräischen Denken, in: ders., Vielfalt und Einheit alttestamentlichen Glaubens, Bd. 2: Psalmen und Weisheit, Theologische Anthropologie und Jeremia, Theologie des Alten Testaments, hg.v. Axel Graupner/Holger Delkurt/Alexander Ernst, Neukirchen-Vluyn 1995, 77-91.

Erstveröffentlichung in: EvTh 24 (1964), 374-388.

Schmitt, Hatto H./Vogt, Ernst (Hgg.), Lexikon des Hellenismus, Wiesbaden 2005.

Schmitt-Pantel, Pauline, Art.: Gastmahl. II.Griechenland, Der Neue Pauly IV, Stuttgart/Weimar 1998, 798-803.

Schnabel, Eckhard J., Law and Wisdom from Ben Sira to Paul, Tübingen 1985.

Schneider, Carl, Kulturgeschichte des Hellenismus, 2 Bde., München 1967/1969.

Schneider, Gerhard, Apostelgeschichte 9,1-28,31, HThK.NT, Freiburg/Basel/Wien 2002.

Schneider, Nikolaus, Der dub-sar [sic!] als Verwaltungsbeamter im Reiche von Sumer und Akkad zur Zeit der 3. Dynastie von Ur, OrNS 15 (1946), 64-88.

Schrader, Lutz, Leiden und Gerechtigkeit. Studien zu Theologie und Textgeschichte des Sirachbuches, BET 27, Frankfurt(Main) u.a. 1994.

—, Beruf, Arbeit und Muße als Sinnerfüllung bei Jesus Sirach, in: Egger-Wenzel, Renate/Krammer, Ingrid (Hg.), Der Einzelne und seine Gemeinschaft bei Ben Sira, BZAW 270, Berlin 1998, 117-149.

Schreiner, Josef, Jesus Sirach 1-24, NEB 38, Würzburg 2002.

Schroer, Silvia, Die Weisheit hat ihr Haus gebaut. Studien zur Gestalt der Sophia in den biblischen Schriften, Mainz 1996.

—/Staubli, Thomas, Die Körpersymbolik der Bibel, Darmstadt 1998.

Schubart, Wilhelm, Die Griechen in Ägypten, BAO 10, Leipzig 1927.

Schürer, Emil, Geschichte des jüdischen Volkes im Zeitalter Jesu Christi, 3 Bde., Leipzig 1901-1909.

Schweitzer, Friedrich, Lebensgeschichte und Religion. Religiöse Entwicklung und Erziehung im Kindes- und Jugendalter, Gütersloh ⁴1999.

Schwienhorst-Schönberger, Ludger, Kohelet, HThK.AT, Freiburg 2004.

—, Den Ruf der Weisheit hören. Lernkonzepte in der alttestamentlichen Weisheitsliteratur, in: Ego, Beate/Merkel, Helmut (Hgg.), Religiöses Lernen in der biblischen, frühjüdischen und frühchristlichen Überlieferung, Tübingen 2005, 69-82.

Seebass, Horst, Art.: לקח, ThWAT 4, Stuttgart u.a. 1984, 588-594.

Seesemann, Heinrich, Art.: πεῖρα u.a., ThWNT 6, Stuttgart 1959, 23-37.

Sellin, Ernst, Die Spuren griechischer Philosophie im Alten Testament, Leipzig 1905.

Selms, Adrianus van, Isaiah 28:9-13. An Attempt to Give a New Interpretation, ZAW 85 (1973), 332-339.

Selz, Gebhard J., Vom „vergangenen Geschehen" zur „Zukunftsbewältigung". Überlegungen zur Rolle der Schrift in Ökonomie und Geschichte, in: Böck, Barbara/Cancik-Kirschbaum, Eva/Richter, Thomas (Hgg.), Munuscula Mesopotamica, FS Johannes Renger, AOAT 267, Münster 1999, 465-512.

Seybold, Klaus, Nahum. Habakuk. Zefanja, ZBK.AT 24.2, Zürich 1991.

—, Die Psalmen, HAT I/15, Tübingen 1996.

Shupak, Nili, Where can Wisdom be found? The Sage's Language in the Bible and in Ancient Egyptian Literature, OBO 130, Freiburg(CH)/ Göttingen 1993.

Sjöberg, Åke W., Der Vater und sein mißratener Sohn, JCS 25 (1973), 105-169.

—, Der Examenstext A, ZA 64 (1975), 137-176.

—, The Old Babylonian Eduba, AS 20, Chicago 1975, 159-179.

Skehan, Patrick William, They shall not be found in Parables (Sir 38,33), CBQ 23 (1961), 40.

—, The Acrostic Poem in Sirach 51,13-30, HThR 64 (1971), 387-400.

—, Sirach 30,12 and related Texts, CBQ 36 (1974), 535-542.

—/Di Lella, Alexander Anthony, The Wisdom of Ben Sira, AncB 39, New York 1987.

Smelik, Klaas A. D., Historische Dokumente aus dem alten Israel, Göttingen 1987.

Snaith, John G., Biblical Quotations in the Hebrew of Ecclesiasticus, JTS 18 (1967), 1-12.

—, Ben Sira's supposed Love of Liturgy, VT 25 (1975), 167-174.

—, Ecclesiasticus: a tract for the times, in: Wisdom in Ancient Israel, hg.v. John Day/Robert P. Gordon/H. G. M. Williamson, Cambridge 1995, 170-181.

Solon, Dichtungen. Sämtliche Fragmente, hg.v. Eberhard Preime, München 1945.

Spicq, Ceslas, L'Ecclésiastique, La Sainte Bible 6, hg.v. Louis Pirot/Albert Clamer, Paris 1951, 529-841.

Stadelmann, Helge, Ben Sira als Schriftgelehrter. Eine Untersuchung zum Berufsbild des vor-makkabäischen Sofer unter Berücksichtigung seines Verhältnisses zum Priester-, Propheten und Weisheitslehrertum, Tübingen 1980.

Stemberger, Günter, Der Talmud. Einführung – Texte – Erläuterungen, München 1982.

Stendebach, Franz Josef, Der Mensch... wie ihn Israel vor 3000 Jahren sah, Stuttgart 1972.

Strabons Geographica, hg.v. Stefan Radt, 2 Bde., Göttingen 2002f.
Supplementum Epigraphicum Graecum, Bd. 7, hg.v. L. Robert/M. N. Tod/Erich Ziebarth, Amsterdam 1984.
Sylloge Inscriptionum Graecarum, hg.v. Wilhelm Dittenberger, 3Bde., Hildesheim/Zürich/ New York 1982 [= unveränderter Nachdruck der Ausgabe Leipzig ^{3}1920].
Szabo, Arpad, Das geozentrische Weltbild. Astronomie, Geographie und Mathematik der Griechen, München 1992.

Talbert, Richard, Art.: Geographie II. Griechenland und Rom, Der Neue Pauly 4, Stuttgart/Weimar 1998, 926-929.
Tarn, William, Die Kultur der hellenistischen Welt, Darmstadt ^{3}1966 [1927].
Tcherikover, Victor A./Fuks, Alexander, Corpus Papyrorum Judaicarum 3, Cambridge (Mass.) USA, 1964.
—, Hellenistic Civilisation and the Jews, New York ^{3}1975.
Theognis, Frühe griechische Elegien. Griechisch und deutsch, hg.v. Dirk Uwe Hansen, Darmstadt 2005.
Thukydides, Historiae, hg.v. Karl Hude, Leipzig 1940.
—, Geschichte des Peloponesischen Krieges, hg.v. Adolf Wahrmund, Berlin o.J.
Too, Yun Lee (Hg.), Education in Greek and Roman Antiquity, Leiden/Bosten/Köln 2001.
Trenchard, Warren C., Ben Sira's View on Women. A Literary Analysis, BJSt 38, Chico (Kalifornien/USA) 1982.
Trever, John C., Scrolls from Qumrân Cave I. The Great Isaiah Scroll, The Order of the Community, The Pesher to Habakkuk, hg.v. The Albright Institute of Archeological Research and The Shrine of The Book, Jerusalem 1972.
Tropper, Josef, Ugaritische Grammatik, AOAT 273, Münster 2000.
Tufnell, Olga, Lachish III (Tell ed-Duweir), The Iron Age (Text), London/New York/Toronto 1953.
—, Lachish III (Tell ed-Duweir), The Iron Age (Plates), London/New York/ Toronto 1953.

Uhlig, Siegbert, Das Äthiopische Henochbuch, JSHRZ V/6, Gütersloh 1984.

Veldhuis, Nicolaas Christiaan, Elementary Education at Nippur. The Lists of Trees and Wooden Objects, Groningen 1997.
Vitelli, Girolamo u.a. (Hgg.), Pubblicazioni della Società Italiana, Papiri Greci e Latini, Bde. 4-6, 1917-1920.
Vitruv, Zehn Bücher über Architektur/De architectura libri decem, hg.v. Curt Fensterbusch, Darmstadt 1976.
Das Vorderasiatische Museum, hg.v. Staatliche Museen zu Berlin – Preußischer Kulturbesitz, Mainz ^{3}2001.

Waetzoldt, Hartmut, Das Schreiberwesen in Mesopotamien nach den Texten aus neusumerischer Zeit (ca. 2164 - 2003 v.Chr.), 1974 [unpublizierte Habilitationsschrift].

—, Keilschrift und Schulen in Mesopotamien und Ebla, in: Lenz Kriss-Rettenbeck/Max Liedtke (Hgg.), Erziehungs- und Unterrichtsmethoden im historischen Wandel, Schriftenreihe zum Bayerischen Schulmuseum Ichenhausen, Bd. 4, Bad Heilbrunn 1986, 36-50.

—, Der Schreiber als Lehrer in Mesopotamien, in: Johann Georg Prinz von Hohenzollern/Max Liedtke (Hgg.), Schreiber, Magister, Lehrer. Zur Geschichte und Funktion eines Berufsstandes, Schriftenreihe zum Bayerischen Schulmuseum Ichenhausen (Zweigmuseum des Bayerischen Nationalmuseums) 8, Bad Heilbrunn/ Obb. 1989, 33-50.

Wagner, Siegfried, Art.: דרש, ThWAT 2, Stuttgart u.a. 1977, 313-329.

Walkenhorst, Karl Heinz, Weise werden und altern bei Ben Sira, in: Egger-Wenzel, Renate/Krammer, Ingrid (Hgg.), Der Einzelne und seine Gemeinschaft bei Ben Sira, BZAW 270, Berlin/New York 1998, 217-237.

Walle, Baudouin van de, La Transmission des textes littéraires égyptiensavec une annexe de G. Posener, Brüssel 1948.

Wanke, Gunther, Der Lehrer im alten Israel, in: in: Johann Georg Prinz von Hohenzollern/Max Liedtke (Hgg.), Schreiber, Magister, Lehrer. Zur Geschichte und Funktion eines Berufsstandes, Schriftenreihe zum Bayerischen Schulmuseum Ichenhausen (Zweigmuseum des Bayerischen Nationalmuseums) 8, Bad Heilbrunn/ Obb. 1989, 50-59.

Weber, Manfred, Art.: Lebenshaus, LÄ 3, Wiesbaden 1980, 954-957.

Weber, Reinhard, Das Gesetz im hellenistischen Judentum. Studien zum Verständnis und zur Funktion der Thora von Demetrios bis Pseudo-Phokylides, Arbeiten zur Religion und Geschichte des Urchristentums 10, Frankfurt/Main u.a. 2000.

Weeks, Stuart, Early Israelite Wisdom, Oxford 1994.

Weippert, Helga und Manfred, Die „Bileam"-Inschrift von Tell Der 'Alla, ZDPV 98 (1982), 77-103.

Weiser, Artur, Die Psalmen I: Psalm 1-60, ATD 14, Göttingen ^{8}1973 [1950].

—, Die Psalmen II: Psalm 61-150, ATD 15, Göttingen ^{8}1973 [1950].

Wenning, Robert, Griechischer Einfluss auf Palästina in vorhellenistischer Zeit?, in: Alkier, Stefan/Witte, Markus (Hgg.), Die Griechen und das antike Israel. Interdisziplinäre Studien zur Religions- und Kulturgeschichte des Heiligen Landes, OBO 201, Freiburg(CH)/Göttingen 2004, 29-60.

West, Stephanie, The Ptolemaic Papyri of Homer, Köln/Opladen 1967.

Westermann, Claus, Die Begriffe für Fragen und Suchen im Alten Testament, KuD 6 (1960), 2-30.

—, Genesis, BK I/1: Genesis 1-11. Neukirchen-Vluyn 1974.

—, Wurzeln der Weisheit. Die ältesten Sprüche Israels und anderer Völker, Göttingen 1990.

Westermann, William Linn/ Hasenoehrl, Elizabeth Sayre (Hgg.), Zenon Papyri. Business Papers of the Third Century dealing with Palestine and Egypt, Bd. 1-2, New York 1934/1940.
Whybray, Roger Norman, The Intellectual Tradition in the Old Testament, BZAW 135, Berlin/New York 1974.
Wicke-Reuter, Ursel, Göttliche Providenz und menschliche Verantwortung bei Ben Sira und in der Frühen Stoa, BZAW 298, Berlin/New York 2000.
Wilcken, Ulrich, Ein Gymnasium in Omboi, Archiv für Papyrusforschung und verwandte Gebiete 5 (1918), 410-416.
Wildberger, Hans, Jesaja 1-12, BK.AT X/1, Neukirchen-Vluyn 1972.
Will, Wolfgang, Alexander der Große, Stuttgart 1986.
Willi-Plein, Ina, Das Buch vom Auszug. 2.Mose, Neukirchen-Vluyn 1988.
Winter, Michael M., The Origins of Ben Sira in Syriac, VT 27 (1977), 237-253.494-507.
Wischmeyer, Oda, Die Kultur des Buches Jesus Sirach, BZNW 77, Berlin 1995.
—, Theologie und Anthropologie im Sirachbuch, in: Egger-Wenzel, Renate (Hg.), Ben Sira's God. Proceedings of the International Ben Sira Conference. Durham Ushaw-College 2001, BZAW 321, Berlin/New York 2002, 18-32.
Wolff, Hans Walter, Hosea. Dodekapropheton 1, BK 14/1, Neukirchen-Vluyn ²2004 [1965].
—, Micha. Dodekapropheton 4, BK 14/4, Neukirchen-Vluyn ²2004 [1982].
—, Anthropologie des Alten Testaments, Gütersloh 61994 [1973].
Wright, Benjamin G., „Fear the Lord and Honor the Priest". Ben Sira as Defender of the Jerusalem Priesthood, in: Beentjes, Pancratius (Hg.), The Book of Ben Sira in Modern Research. Proceedings of the First International Ben Sira Conference, 28.-31. July 1996, Soesterberg, Netherlands, BZAW 255, Berlin 1997, 189-222.
—, The Discourse of Riches and Poverty in the Book of Ben Sira, SBL Seminar Papers 37 (2/1998), 559-578.
Wright, G. Ernest, The First Campaign at Tell Balatah (Shechem), BASOR 144 (1956), 9-20.
Würthwein, Ernst, Der Text des Alten Testaments. Eine Einführung in die Biblia Hebraica, Stuttgart 1988.

Xenophanes, Die Fragmente, hg.v. Ernst Heitsch, München/Zürich 1983.
Xenophon, Die Verfassung der Spartaner, hg.v. Stefan Rebenich, TzF 70, Darmstadt 1998.

Žaba, Zbynek, Les Maximes de Ptahhotep, Prag 1956.
Zauzich, Karl-Theodor, Die ägyptische Schreibertradition in Aufbau, Sprache und Schrift der demotischen Kaufverträge aus ptolemäischer Zeit, ÄA 19, 2 Bde., Wiesbaden 1968.
Zayadine, F, Art. Iraq El-Amir, in: OEANE 3 (1997), 177-181.
Zenger, Erich, JHWH als Lehrer des Volkes und des Einzelnen im Psalter, in: Ego, Beate/Merkel, Helmut (Hgg.), Religiöses Lernen in der biblischen, frühjüdischen und frühchristlichen Überlieferung, Tübingen 2005, 47-67.

Ziebarth, Erich, Aus der antiken Schule. Sammlung griechischer Texte auf Papyrus, Holztafeln, Ostraka, Bonn ²1913.

—, Aus dem griechischen Schulwesen. Eudemos von Milet und verwandtes, Groningen 1971 (Nachdruck von ²1914).

Sapientia Salomonis, hg.v. Joseph Ziegler, Septuaginta. Vetus Testamentum Graecum, Bd. XII,1, Göttingen 1962.

Zimmerli, Walther, Das Menschenbild des Alten Testaments, TEh.NF 14 (1949).

—, Was ist der Mensch?, in: ders., Studien zur alttestamentlichen Theologie und Prophetie, Gesammelte Aufsätze 2, München 1974, 311-324.

Zobel, Hans-Jürgen, Art.: גלה, ThWAT 1, Stuttgart/Berlin/Köln/Mainz 1973, 1018-1031.

Zucker, Hans, Studien zur jüdischen Selbstverwaltung im Altertum, Berlin 1936.

Abkürzungen nach:

Schwertner, Siegfried M., Theologische Realenzyklopädie. Abkürzungsverzeichnis, Berlin/New York ²1994.

Register

Textstellen

1. Bibel

Gen 218
Gen 1   149f; 228; 347; 350
Gen 1-3   138; 218; 227
Gen 1,2   225
Gen 1,27f   149
Gen 1,28LXX   150
Gen 2,7   141; 145
Gen 3,19b   141f
Gen 3,22   154
Gen 6,3   145f
Gen 6,5b   154
Gen 8,21   154
Gen 9,2   150
Gen 9,27   168
Gen 18,5   292
Gen 27   178
Gen 27,27-38   168
Gen 28   352
Gen 28,1.8   168
Gen 37;39-50   351
Gen 48,15   148
Gen 48,15f   168
Gen 49   168; 170; 178
Gen 49,24   148

Ex   218
Ex 1,8   376
Ex 4,12   261
Ex 4,15   261f
Ex 20,12   168
Ex 21,2ff   173
Ex 24,7   357

Ex 25-31   202
Ex 28,3   267
Ex 31,2-5   380
Ex 31,3   259; 267
Ex 31,6   267
Ex 33,11   332
Ex 35-40   202
Ex 35,31   259
Ex 35,35   267
Ex 36,1f   267

Lev 19,9f   300
Lev 19,18b   158; 227
Lev 19,26   352
Lev 19,35f   185
Lev 25,39ff   173
Lev 25,47-54   174

Num   218
Num 11   259
Num 22-24   226
Num 24,2   259

Dtn   95; 108; 226; 261f; 267; 357
Dtn 4,6   357
Dtn 4,14   261
Dtn 5,16   168
Dtn 6,5   201
Dtn 9,12.14   263
Dtn 11,2   157
Dtn 12,5   270
Dtn 13,2-6   226; 352

Dtn 13,7   174
Dtn 15,1-11.12   174
Dtn 15,12ff   173
Dtn 17,15   174
Dtn 17,18f   95
Dtn 18,10-14   352
Dtn 18,21f   226
Dtn 19,18f   174
Dtn 22,1-3   174
Dtn 23,20f   174
Dtn 24,21   300
Dtn 25,13-16   185
Dtn 27,4   91
Dtn 30,15   155
Dtn 30,19   282
Dtn 32,1   96
Dtn 33   168; 170
Dtn 33,4   221
Dtn 33,4LXX   357
Dtn 34,9   259

Jos 1,8   272
Jos 8,32   91
Jos 9,4 LXX   363

Ri 3,10   259
Ri 8,14   90
Ri 11,29   259
Ri 14   206

1Sam 1-3   96; 101
1Sam 1,22   101
1Sam 3,7   284

1Sam 16,11 189

2Sam 8,16-18 97
2Sam 8,17 101
2Sam 11,14f 90
2Sam 16f 371
2Sam 20,23-26 97
2Sam 20,25 101

1Kön 375
1Kön 1 178
1Kön 2,3 263
1Kön 3 352
1Kön 3,14 263
1Kön 4,1-6 97
1Kön 4,2 376
1Kön 4,3 101
1Kön 5,9 267
1Kön 5,26 267
1Kön 10 206
1Kön 10,1 206
1Kön 10,8 94
1Kön 10,24 267
1Kön 11,20 94
1Kön 12,6ff 95
1Kön 12,8 99
1Kön 12,8.10 94
1Kön 19,19-21 94
1Kön 21,8f 90

2Kön 6,1-7 94
2Kön 10,1.5-6 95
2Kön 12,3 95
2Kön 22 101; 104
2Kön 22,8 95
2Kön 23,2 357
2Kön 23,21 357

Jes 2 267
Jes 2,3 262f
Jes 8,16 94
Jes 10,1 90

Jes 10,18 254
Jes 11,2 262
Jes 11,9b 303
Jes 26,21 284
Jes 28,9-13 92; 98
Jes 28,23 96
Jes 34,1 96
Jes 40,4 200
Jes 40,12 96
Jes 44,3 288
Jes 48,17 92
Jes 50,4 92
Jes 50,4-5 98

Jer 1 330
Jer 2,13 343
Jer 5,4 263
Jer 8,8 357
Jer 8,8f 90
Jer 11,18 265
Jer 17,13 343
Jer 26,24 101; 104
Jer 28,9 226
Jer 29 90
Jer 31 262; 267
Jer 31,31-34 262
Jer 31,33-34 262
Jer 32,10-14 90
Jer 36 90
Jer 36,6 90
Jer 36,9-13 101; 104
Jer 50,35 374
Jer 51,57 374

Ez 7,19 172
Ez 34,11-22 148
Ez 39,29 288
Ez 45,10-12 185

Hos 5,2 262
Hos 8,12 90
Hos 10,10 262

Hos 12,8f 185

Joel 3 252
Joel 3,1f 288

Am 3,7 284
Am 5,6 240
Am 5,20 240
Am 6,7b 176
Am 8,4-8 185

Mi 3,8 259
Mi 4 267
Mi 4,2 262f
Mi 6,9-13 185

Hab 2,2 91; 96

Zef 305

Ps 1 20; 210; 271f; 357; 360
Ps 1,1 272; 360
Ps 1,2 206; 272
Ps 1,3 210; 273
Ps 5,9 264
Ps 6,6 145
Ps 8 150f
Ps 8,5 137
Ps 8,5-9 150
Ps 9,11 240
Ps 16,11a 266
Ps 17,8 273
Ps 19 B 357
Ps 22,10f 141
Ps 22,27 240
Ps 24 331
Ps 24,6 240
Ps 25 263f
Ps 25,4-5a 263
Ps 27 264
Ps 27,11 263f
Ps 30,10 145

Ps 34,11 240
Ps 34,13f 96
Ps 36,10 343; 372
Ps 39,5 265
Ps 39,5-7 144
Ps 49 320
Ps 49,2-5 96
Ps 51,8b 266
Ps 69,33 240
Ps 71 264; 269
Ps 71,17 264
Ps 71,18f 213
Ps 71,19 157
Ps 73 320
Ps 78,3-11 108
Ps 79,13 148
Ps 80,2 148
Ps 86,11 264
Ps 88,11-13 145
Ps 89,48f 142
Ps 90 146
Ps 90,10 146
Ps 90,12 142; 265
Ps 91,1 273
Ps 94,10 262
Ps 94,12 265; 272
Ps 95,7 148
Ps 100,3 148
Ps 103,14-18 148
Ps 104 228f
Ps 105,1 157
Ps 105,10 158
Ps 106,3 272
Ps 112,1 272; 274
Ps 115,17f 145
Ps 118 265; 267
Ps 118,18 265
Ps 119 265; 267f; 357
Ps 119,1 272
Ps 119,3 272
Ps 119,12 266
Ps 119,66 266

Ps 119,99 93
Ps 119,102 265
Ps 119,108 266
Ps 121,5 273
Ps 127,3-5 168; 244
Ps 127,6 245
Ps 128,1 272
Ps 131,1 356
Ps 139 141
Ps 139,13-16 141
Ps 143 264
Ps 143,8b 264
Ps 143,10a 266
Ps 146-150 20

Hi 24; 320
Hi 7,17 137
Hi 10,8-12 141
Hi 15,14 137
Hi 21,5 180
Hi 28 6; 252; 346f
Hi 28,28 253
Hi 29,9 180
Hi 32 96
Hi 33,1-3 96
Hi 33,15-18 351
Hi 34,1f 96
Hi 36,22 266
Hi 38f 228; 347
Hi 38,29 167

Spr 1; 12; 24; 93; 100; 104; 292; 322; 341; 362
Spr 1 290-292; 309
Spr 1-9 1; 96; 99; 102; 249; 285-287; 289; 294; 322; 331
Spr 1,1 215
Spr 1,1-7 168
Spr 1,4 363
Spr 1,8 93; 96; 99; 105; 168; 281

Spr 1,9 202
Spr 1,10-19 341
Spr 1,19 286
Spr 1,20 279; 341
Spr 1,20-23 286
Spr 1,20-33 286
Spr 1,22 360
Spr 1,22ff 290
Spr 1,23 288; 308f
Spr 1,33 286
Spr 2,1 286
Spr 2,6 267
Spr 3,3 93
Spr 3,13 272
Spr 3,17 263; 272
Spr 4,3 96
Spr 4,5.7 93
Spr 4,9 202
Spr 4,11 263; 274
Spr 5,13 93; 371
Spr 5,15 343
Spr 5,19 275
Spr 6,1 175
Spr 6,6.9-11 212
Spr 6,20 96; 99
Spr 6,23 266
Spr 7,3 93
Spr 8 274; 286; 289-292; 304; 347
Spr 8,1-5 289
Spr 8,5 363
Spr 8,10 105
Spr 8,15 388; 390
Spr 8,15f 376
Spr 8,22ff 6
Spr 8,22-31 228; 252; 254; 346
Spr 8,25 279
Spr 8,32-35 289
Spr 8,33 290
Spr 8,34 272; 291
Spr 9 274

Spr 9,1   291; 340
Spr 9,1-6   273f; 291
Spr 9,5   275
Spr 9,5f   286
Spr 10ff   102; 199; 249
Spr 10,1   215; 281
Spr 10,1-22,16   96; 168
Spr 10,2   172
Spr 10,4   186
Spr 10,7   314
Spr 10,8   199
Spr 10,11   343; 372
Spr 11,1   185
Spr 11,4   172
Spr 11,15   175
Spr 11,16   212
Spr 11,16b   186
Spr 11,18   186
Spr 11,28   186
Spr 12,15   199
Spr 12,24   186
Spr 12,27   186
Spr 13,4   186; 212
Spr 13,10   199
Spr 13,11   186
Spr 13,14   93; 343; 372
Spr 13,24   106; 245
Spr 14,6   360
Spr 14,35   375
Spr 15, 5   241
Spr 15,7   93
Spr 15,12   257
Spr 15,24   266
Spr 15,27   186
Spr 15,31   199
Spr 15,31f   257
Spr 16,10   376
Spr 16,11   185
Spr 16,13f   375
Spr 16,22   372
Spr 16,23   214
Spr 16,32   117

Spr 16,33   373
Spr 17,16   99
Spr 17,18   175
Spr 18,4   372
Spr 18,13   180
Spr 18,18   373
Spr 18,22   279
Spr 19,18   245
Spr 19,20   105; 199
Spr 20,8   376
Spr 20,10   185
Spr 20,12   156
Spr 20,16   175
Spr 20,21   186
Spr 20,23   185
Spr 20,26   376
Spr 22f   107; 322
Spr 22,1   192
Spr 22,6   105; 199
Spr 22,15   200; 245
Spr 22,17   322
Spr 22,17-21   93; 99
Spr 22,17-24,22   96
Spr 22,19   322
Spr 22,20   322
Spr 22,26f   175
Spr 22,29   215; 375
Spr 23,12   105
Spr 23,13f   106; 245
Spr 23,15   216
Spr 23,15f   322
Spr 23,22   281
Spr 23,25   281
Spr 23,26   322
Spr 24,30-34   322
Spr 25-29   96
Spr 25,1   94f; 215; 375
Spr 25,2   375f
Spr 25,12   199
Spr 27,11   322
Spr 27,13   175
Spr 28,14   272

Spr 28,20   186
Spr 28,22   186
Spr 29,2   376
Spr 29,15   245; 281
Spr 29,17   245
Spr 30   317; 322
Spr 30,4   96
Spr 30,7-9   317
Spr 30,15ff   318
Spr 30,17   281
Spr 30,18-20   317
Spr 30,21ff   318
Spr 30,24ff   318
Spr 30,29ff   318
Spr 30,32   180
Spr 31   322
Spr 31,1   99
Spr 31,1-9   105; 204
Spr 31,26   99
Spr 31,10ff   320
Spr 31,10-31   248

Koh   24; 140; 217; 227; 229;
   249f; 303; 320; 322; 350;
   352; 358
Koh 1f   303
Koh 1,10f   358
Koh 1,13   356
Koh 2   229
Koh 2,4-6   303
Koh 3,1   146
Koh 3,2-8   156
Koh 3,10   156
Koh 3,11   146; 156
Koh 3,20   142
Koh 5,9-11   186
Koh 6,2   172
Koh 7,1a   192
Koh 7,25   350
Koh 8,7   350
Koh 8,11   215
Koh 9,9   275

Koh 12,9 215

Est 1,13 374
Est 1,20 215

Dan 1 373
Dan 3,16 215
Dan 4,16 215
Dan 9,27 43
Dan 10,1 284

Esr 3,2 239
Esr 7,10 227
Esr 7,12 44
Esr 7,25 357
Esr 10,8 377
Esr 10,14 377
Esr 10,16 377

Neh 2,10 40
Neh 2,16 377
Neh 2,19 40
Neh 4,1 40
Neh 4,8 377
Neh 4,13 377
Neh 5,7 377
Neh 6,1ff 40
Neh 6,17ff 40
Neh 7,5 377
Neh 8,2 239
Neh 8,7 95
Neh 8,8 214
Neh 8,8f 227
Neh 8,14 239
Neh 10,35 239
Neh 10,37 239
Neh 13,4ff 40

1Chr 2,55 101
1Chr 22,12 214
1Chr 27,32 95

2Chr 2,11 214
2Chr 8,18 222
2Chr 17,7-9 95
2Chr 17,9 227
2Chr 19,5-11 95
2Chr 30,22 214
2Chr 34,30 357

2. Ben Sira / Jesus Sirach
(Kursiv gedruckte Seiten verweisen auf die textkritische Besprechung.)
Prol. 1-2 221
Prol. 8-10 221
Prol. 24-25 221
Prol. 27-29 35
1 25f; 252; 293f; 296
1-2 4; 5; 8;
1-23 26
1,1 *252f*; 317; 346; 349
1,1-6 345f; 350
1,1-10 7f; 26; 217; 225; 230; 256; 348
1,1-24,29 26
1,2-3 146f; 347
1,3 358
1,6 347; 349
1,8 252
1,8-10 *252f*; 346f
1,9f 253
1,21 216
1,26 *221f*
1,27 361
2 338
2-23 25f
2,1 238
2,1-8 217
2,10 217
2,10f 144f; *298*; 3 227f
3,1 168; 307

3,1-16 15; *164-167*; 170; 216
3,12-13 207
3,17 187
3,18 *188*
3,3-6 168
3,8 170
3,9 170
3,13 170
3,21a 215f
3,21-24 *353f*
3,23a 216
3,24 356
3,26 306
3,29 *215*
4 294f
4,1-6 216
4,1-10 174
4,4a *174*
4,7 *190*; 216
4,8-10 216
4,10 281
4,11-19 26; 217; 277; *278-280*; 283; 331; 335
4,11 281; 283
4,12-14 281f
4,14 282
4,15 281; 283
4,15-19 281
4,17 283; 285; 295
4,17f 241
4,18 284; 295
4,18b 342
4,19 285; 341
4,20 281
4,25-26 216
4,27 *190*
4,31 216
5,1.8 *171f*
5,1-8 216
5,9 *181*; 184f
5,9-11 185

5,11 215
5,11-13 *179*; 180
5,14-15 216
6 340
6,4-16 217
6,7ff 296
6,18 170; 199; 202; 330; 335
6,18-36 26; *194-198*; 217; 240f
6,18-37 335; 337
6,19 199
6,20 200
6,20-22 338f
6,22 200
6,23 200; 202; 307
6,24f 201; 338
6,25 200
6,25b 339
6,26 201
6,26-28 201
6,27 201
6,29-31 201
6,30 202; 339
6,32 202
6,32f 203; 240
6,33 203
6,34 203
6,35 203
6,35a 203
6,36 203
6,37 206; 241; 251; 295
7,4-6 *191f*; 216; 334
7,6 374; 386
7,8 216
7,10 216
7,18 217
7,19 216
7,20-21 *173*;
7,22 *181*; 184f
7,23 216; 248
7,23-25 *246*

7,24f 216; 248
7,26 216
7,27f 15; 216
7,29-31 217; 282; 334
7,32 *174*
7,32-36 174; 216
8,5-7 216
8,8 188; 205f; 297; 370
8,8-9 203; *204*; 213f; 217
8,9 213; 215
8,12-13 *174f*
8,14 216
9,1-2 216
9,3-9 216
9,10 217
9,13 334
10,1 *387f*;
10,1-5 216; 334
10,3 375; *376*;
10,8 216
10,19 206
10,24 216
11,1 *179*; 180
11,2-6 216
11,7-13 216
11,10 *183*; 186
11,14 216
11,16-17 217
11,19 216
11,27-32 216
12,1 216
12,8-18 216
12,30 341
13,1-7 176f; *183f*; 187
13,1-14 191
13,2.5 *177*
13,5 *177*
13,9-11 334
14f 294
14,11-19 217; 271
14,20 272; 277
14,20f 273

14,20ff 272
14,20-15,10 26; 202; 217; *268-271*; 283; 331; 335; 340; 359
14,21 272
14,22f 273; 340
14,24f 273; 340
14,26f 273
14,27 340
15 295
15,1 272; 274
15,1-10 273
15,2 272; 274-276; 332; *392*;
15,2f 276f
15,2-6 276
15,3 275; 295
15,4 276
15,5 276
15,5f 276
15,6 212; 276
15,7-9 359f
15,7-10 277
15,9 360
15,9f 277
15,10 277; 297; 360
15,11 271
15,11ff 154
15,14-17 *153*
15,16b 152
15,17 282
16,1-3 *169f*
16,1-14 218
16,6-10 217
16,8-16 235
16,24 202
16,24f *307f*
16,24-30 217
16,24-17,14 137
16,25 308
16,25a 309
16,26-18,14 26

16,27 138	19,22-25 285	24,27 224; 308
16,28 158	19,23 362	24,28 225
17 227	19,24 217; 363	24,28f 224f; *356f*
17,1 138	19,24G 363	24,29b 224
17,1a 141	19,25 362	24,30f 303; 372
17,1b 142	21,1-10 216; 223	24,30ff 225
17,1-10 157f	21,11 222f	24,30-33 162
17,1-14 *137-140*; 155; 217	21,11f *361*; 362	24,30-34 217; *301-303*; 304; 343
17,2 145	21,11-28 340	24,30-39,11 26
17,3-4 150	21,12 362	24,31 304
17,6-7a 151	21,13 297f; 371f	24,33 305
17,7b 154; 158	21,13f *343*;	24,34 304
17,8 156	21,15a *298*; 370	25-50 26
17,8-10 155	21,18 340	25,1f *318*
17,11 155; 157; 219; 311	21,18f 339f	25,2 207
17,11-14 157	21,19 340	25,3-6 *207*
17,14 158	21,22-24 273	25,7-11 *319*
17,14b 158	22,1-23,6 216	25,8 *180*
17,15 138	22,3 216	25,10 *360*
17,15-20 217	22,3-4 216	25,13-20 216
17,17 138	22,5 216	25,21 216
17,21-32 216	22,9a 342	25,22 248
17,27f 145	22,14 206	25,22-23 216
17,30 *146*	23,1-6 299; 334	26,1-2 248
18 293f	23,16 317	26,1-27 216
18,1-7 217	23,16-28 216	26,5 *320*
18,1-13 256	24 7; 26; 158; 162f; 210; 217; 225; 254; 273; 281f; 296; 308; 318; 355; 358	26,13 248
18,4 157		26,28 *320f*
18,4-7 *347f*		26,29-27,3 *182f*; 185
18,5-7 147	24-43 26	26,29-27,7 20
18,8 137	24-50 25f	27,5f 197
18,8-14 217	24,3-9 254	27,16-21 217
18,9 *146*	24,3-12 231	27,22-30 216
18,10-14 *148*; 218	24,10 282	28,7 *223*; 227f
18,13-14 256	24,15 210	29,1 228
18,14 217	24,19-21 275	29,9 228; 395
18,15-17 174	24,19-22 *193f*	29,11 228; 395
18,29 *297*; 370	24,23 155; 221; 224f; 305; 357	29,14 *175*;
18,33 *176*;		29,20 *175*;
19,20 361; 363	24,23.28f *356f*	30-36 32
19,20-24 *361f*; 363	24,23-29 225; 394	30,1 241; 245
19,22 217	24,25-27 224f	

30,1-13 216; 241; *242f*
30,2f 244
30,5f 244
30,6a 244
30,8 245
30,9f 245
30,11b 243
30,12a 243
30,26 29
30,27 29
31f 385
31,12 *189*; 190
31,12-32,13 35; 176; 190; 217; 355
31,22 202; 307
32,1-2 *189f*
32,13f 334
32,14 238
32,14f *238f*; 365
32,14-23 216
32,14-33,18 26
33,1 238
33,2 222; 364
33,3 *371f*
33,7-15 217; 301
33,14f 364
33,16-18 162
33,16-19 217; *299f*
33,16b-36,13a 29
33,19 162
33,20-22.24 *177f*
33,20-24 216
33,26.28 *172f*;
33,31 174
34,1-8 *350f*;
34,1-20 305; 307
34,2 352
34,3 352
34,4f 352
34,5 226
34,5-8 225f
34,6 352

34,8 352
34,9-11 *236f*
34,9-12 307
34,9-14 333
34,10 237
34,11 362
34,12b 306
34,12f *305*
34,21-31 334
34,21-35,15 217
35,1-2.7 228
35,1-15 334
35,16ff 334
36,1-17 9; 217; 299; 334
36,6-15 235
36,13-21 231
36,21-26 216
37,1-6 217
37,7-15 371
37,13 *155*
37,19 384
37,19-26 314; *382-384*
37,20 385; 387
37,22f 385
37,24 385
37,26 212; 385
38f 378
38,1-15 20; 217; 355; 368; 388
38,2 388
38,16-23 217
38,24 186; *187f*; 212; 337
38,24-31 379
38,24-34 259
38,24-39,2 *218f*
38,24b-39,6 258f
38,24-39,8 323
38,24-39,11 16; 20; 22; 26; 152; 187; 255; 377
38,24-39,35 20
38,25-33a 219
38,25-34 217

38,31 380
38,32 220; 380
38,32-34a *378f*
38,32c-33a 380
38,33 314; 380; 388
38,34 220
38,34b-39,2 368
38,34b-39,11 *310-312*
39 294; 335
39f 30
39,1 220; 313; 334; 368f
39,1-3 259
39,1-5 294; 313
39,1-6 256
39,1-11 152; 216f; 259; 306; 313; 333f; 368; 373
39,2 369
39,2b 220
39,2f 334
39,4 9; 259; 333; 373f
39,4a 334
39,5 259; 334
39,5f 219; 379
39,6 211; 259-261; 294; 302; 313; 370
39,7f 313
39,8 313
39,9 212
39,9-11 314
39,10 313; 381; 386
39,10f 379f
39,12 209; 315f
39,12-15 26
39,12-16 *208f*
39,12-35 22; 217; 315f
39,12-50,26 26
39,13 210; 307
39,13-15 209
39,14 210
39,15 210
39,15-49,11 30
39,16-31 22; 26

39,32   162; *211*; 315f
39,32-35   22
40,1-3.9   *143*
40,1-11   143; 217
40,19   212
41,1-4   217
41,3-4a   *144*
41,5-13   216
41,12-13   *192f*
41,13   212
41,14-42,8   216
42,1-8   182
42,3-5a   *181f*; 185
42,9   248
42,9-11   *246f*
42,9-14   216; 248
42,15   315f; 324; 349
42,15a   *229*; 315
42,15bβ   230
42,15-43,33   217
42,15-50,26   26
42,18a   350
42,18-21   348; *349*; 350
42,21   157
42,24f   364
43,1   230
43,15   157
43,18   230
43,19   230
43,20   230
43,27   230
44-49   26
44-50   7; 162; 223; 228; 321; 381
44-51   26
44,1   315; *316*
44,1-50,24   217; 231
44,2   295
44,3-7   *231f*
44,4   205
44,4f   161
44,7   232

44,8   212
44,11a   *232f*
44,14   212; *233*
44,15   *381*; 386
44,16   233
44,20   295
45,5   219; 311
45,6-22   235; 335
45,10   202
45,12-13   233
45,23-24   235
45,24   157
45,25b-26   235
45,26   36
46,1-10   233
46,5   295
46,9-10   *234*
46,20   233
47,5   295
47,15b   233
48,25   234
50,1-21   34; 36; 57
50,1-24   40; 234; 335
50,23f   36
50,25f   *321*
50,26b   322
50,27   36; 273
50,27-29   4; 5; 26; 322
51   26; 333; 336
51,1-12   8; 217; 299; 334
5,1-15   334
51,1-30   26
51,12a-o   8
51,13   306; 330; 333; 335
51,13-22   330
51,13-30   8; 217; 240; *324-330*; 334; 336
51,14   332
51,15   330
51,15b   331f
51,16   331; 334
51,17   331f; 334

51,17a   335
51,17b   330
51,18   331f
51,19   333
51,20   331; 333
51,22   334
51,23   1; 17; 87; 330f; 333; 336
51,23-30   330
51,25   323; 333
51,25b   336
51,26   333
51,27   333
51,29   1
51,30a   330

3. Weiteres außerkanonisches Schrifttum

1Makk 1,11   42
1Makk 1,11-15   133f
1Makk 1,14   58
1Makk 1,15   55
1Makk 1,21-28   43
1Makk 1,41f   44
1Makk 7,12   378
1Makk 14,28   378

2Makk 4   59
2Makk 4,7-10   43
2Makk 4,9   54
2Makk 4,9-14   58; 133f
2Makk 4,12-20   55
2Makk 4,13   59
2Makk 4,13-15   55
2Makk 4,14   55
2Makk 4,18f   55
2Makk 5,15   44
2Makk 5,15f.20   43
2Makk 5,22   44
2Makk 11,27   55
2Makk 13,3f   44

Sap 4,1   170

4. Rabbinische Schriften
4.1 Mischna
mAv 1   300
mAv 1,1   227
mAv 1,3   57
mAv 2,5   186
mAv 4,10   186

4.2 Babylonischer Talmud
bJoma 69a   37
bHag 13a   28
bBB 21a   133

4.3 Jerusalemer Talmud
jKeth 8,11 32c   133

4.4 Midrasch
GenR 8,2   28

5. Hellenistisch-jüdische Schriften
5.1 Josephus
Ant. XI,4,8 (XI §§ 111-113)   53
Ant. XI,8,4-5 (XI §§ 321-339)   37
Ant. XII,3,3 (XII §§ 138-144)   53
Ant. XII,3,3 (XII § 142)   377
Ant. XII,4,2 (XII § 160)   41
Ant. XII,4,4-5 (XII §§ 175-185)   42
Ant, XII,4,11 (XII §§ 229-236)   42
Ant. XII,5,1 (XII § 241)   55
Ant. XII,9,7 (XII § 384f)   44

Bellum I,422   133

Bellum II,520   133

5.2 Weiteres
Arist 121f   375

6. Ägyptische Schriften
6.1 Lehren
Amenemope   12

Ani, 248.251-254   76
Ani, 357f.363f   82

Cheti   74; 78

Duauf   12

Kagemni, 39-41   72

Merikare   82

Ptahhotep   12
Ptahhotep, 40f   85
Ptahhotep, §2, 60-62   86
Ptahhotep, §3, 68-70   86
Ptahhotep, §4, 74-76   86
Ptahhotep, §6, 99f   87
Ptahhotep, §7, 119-123   87
Ptahhotep, §10, 175-182   73
Ptahhotep, §12, 197   72; 75
Ptahhotep, §12, 197-219   85
Ptahhotep, §30, 428f.433f   73

Wahrheit und Lüge 4,7-5,2   75

6.2 Papyri (i.A.)
P. Anastasi III   84
P. Anastasi V   75f

P. Chester Beatty IV 6, 209f   82

P. Insinger   12f
P. Insinger 9,16-19   85

P. Louvre 2414   12

6.3 Inschriften
Inschrift am Eingang zu Grab 4 in Siut   74
Inschrift des Onursimoses   75

7. Keilschrifttexte
Der Vater und sein missratener Sohn, 5   68
Der Vater und sein missratener Sohn, 7   69

Examenstext A, 1-3   67
Examenstext A, 4   66
Examenstext A, 4-5   67

Šulgi B 13-14   63

Ugula und der Schreiber, 6ff   69
Ugula und der Schreiber, 11   68

8. Aramäische Texte
Achiqar I,1-11   105

9. Griechische und römische Schriften
Aristoteles, Nil. Ethik II, 1103b   124
Aristoteles, Nik. Ethik X, 1180a   123
Aristoteles, Politik III, 1278a   186

Aristoteles, Politik VII, 1336b   123
Aristoteles, Politik VIII, 1337b   125; 127
Aristoteles, Staat der Athener XLII   124

Athenaios, Deipnosophistae IV, 184c   126
Athenaios, Deipnosophistae X, 453d   129

Diogenes Laertios X,3   126

Dionysios von Halikarnas, De Compositione verborum, 211   129

Dionysios Thrax, Ars Grammatica 1   130f

Herodot, Historien II, 154   80

Homer, Ilias 6,208   111
Homer, Ilias 9,437-443   110f
Homer, Ilias 9,442f   111
Homer, Ilias 9,485-491   110f
Homer, Ilias 9,524-528   112
Homer, Ilias 11,784   111
Homer, Ilias 13,465f   111
Homer, Ilias 19,410-416   112
Homer, Ilias 19,420-423   112
Homer, Odyssee 1,1-15   237

Isokrates, Antidosis 93   121
Isokrates, Antidosis 189   121
Isokrates, Antidosis 255   122
Isokrates, Antidosis 276   121
Isokrates, Antidosis 277f   121
Isokrates, Gegen die Sophisten 21   122
Isokrates, Panegyricus 50   122

Lukianos, Menhippos 17   126

Platon, Gesetze VI,765d   119
Platon, Gesetze VII,795d   119
Platon, Gesetze VII,796c   119
Platon, Gesetze VII,801d   119
Platon, Gesetze VII,804c-e   119
Platon, Phaidros, 228de   118
Platon, Protagoras, 317b   117
Platon, Protagoras, 318e-319a   117f
Platon, Staat 496d   186
Platon, Staat VII,521cf   119
Platon, Staat VII,526cf   119
Platon, Staat VII,527cf   119
Platon, Staat VII,530d   119

Platon, Staat VII,540ab   120

Plutarch, Gebräuche der Spartaner, 233   113
Plutarch, Biographie des Lykurg 15   114

Pseudo-Xenophon, Reip. Athen 2,10   115

Quintilian, Institutionis oratoriae I 1,24f; 30; 37   129f
Quintilian, Institutionis oratoriae I 3,14f   130
Quintilian, Institutionis oratoriae I 4,2-4   130
Quintilian, Institutionis oratoriae I 9,6   131
Quintilian, Institutionis oratoriae I 10,1   132

Sophokles, Philoctetes, 1419f   186

Strabo, Geographica V,4,7 (c.246)   128; 133

Thukydides, Peloponesischer Krieg, I,6   115

Vitruv, De architectura 6 praef. 4   132
Vitruv, De architectura 5,11   128

Xenophanes, Fragment 2   117

Xenophon, Memorabilia 2,1,21ff   186

Xenophon, Verfassung der
   Spartaner 2,2 114
Xenophon, Verfassung der
   Spartaner 2,6 114

Xenophon, Verfassung der
   Spartaner 2,7 115
Xenophon, Verfassung der
   Spartaner 2,10f 114

Stichworte

Ägypten 4, 27, 35, 37-40,
   43f, 48, 50-52, 57f, 71-74,
   77, 80-82, 85, 87f, 91, 94,
   97, 100, 102-105, 107,
   126, 133, 166
ägyptisch 12f, 16, 37, 39,
   45, 52, 60, 70f, 74, 77-81,
   85-88, 99, 102, 228, 303,
   330, 375f
Alexandria 34, 40, 127f,
   166, 202, 375
Amt 34, 43, 48, 51, 75,
   114, 127, 188, 191-193,
   214, 276, 283, 374, 376f,
   380-382, 386-388, 390
Arbeit 52, 7, 75, 103, 126f,
   134, 171, 173, 177, 181,
   185-188, 201, 212, 219,
   301, 320, 337f, 359, 379
Auge 69, 73, 120, 139-141,
   151, 155-157, 159, 183,
   188, 329
Ausbildung 59, 63, 65-67,
   71, 73f, 76f, 84, 91, 94,
   96-98, 101-104, 108, 113-
   116, 118f, 124, 132, 160,
   220
auswendig 69, 82f, 118,
   203
Beamter 61, 66, 70, 72-75,
   84, 86f, 95, 97, 101, 103,
   215, 373, 375f, 385, 387,
   390
begegnen 135, 260, 267f,
   270, 274, 276f, 284, 287,
   289f, 294f, 316, 331f, 356,

358-360, 365, 367, 372,
   392, 395-398
Begegnung 6, 224, 230,
   237, 260, 275-277, 283-
   285, 288, 290, 294-296,
   301, 303f, 309, 313f, 317,
   328, 332, 337, 341f, 348,
   353, 358f, 362, 365f, 370,
   382, 389, 396, 398
Berater (s. Ratgeber)
Beruf 4, 10f, 16-18, 20, 22,
   63, 66f, 70f, 73-75, 77f,
   84, 86f, 101-104, 106, 152,
   159, 163, 179f, 185, 187f,
   215, 217, 220, 223, 255,
   259-261, 282, 322, 368,
   377, 381, 388, 391f
Beziehung 23, 42, 46f, 49,
   97, 148-151, 224, 232,
   236, 239f, 260, 263, 275,
   277, 282, 284f, 290f, 295f,
   308, 358, 396-398
Bibliothek 128, 131, 133
Bildung 1f, 35, 54, 58-60,
   63, 66f, 70, 74, 95, 105,
   108, 113, 116, 118-125,
   128, 132, 134f, 148f, 151-
   153, 159, 171, 201, 204,
   207, 217f, 220, 224, 228,
   236-241, 249, 251, 256,
   258-260, 267, 283, 293-
   297, 300, 302, 306, 308,
   312f, 334, 337f, 359, 362,
   364-367, 374f, 389, 392-
   396, 398f
Bildungsprozess 105, 134,
   163, 199f, 207, 214, 222,

240f, 260, 274, 277, 294f,
   304, 309, 333, 337f, 365,
   395, 398
Bildungssystem 60, 74,
   77, 80, 123f, 133, 293
Bildungsverständnis (-
   theorie) 1f, 70, 85, 92,
   135, 222, 224, 241, 249,
   253, 259f, 268, 284, 296,
   353, 356, 358f, 368, 392,
   396, 398
Bildungswesen 60f, 111,
   113
Bildungsziel 2, 86, 116,
   118, 122, 134, 261, 336,
   367
Buch 1, 25, 27, 74, 77-79,
   108, 134, 160, 162f, 171,
   203, 211-213, 229, 236,
   299, 304, 315, 323, 334,
   336, 355, 358, 367, 369,
   389, 393f
Bürgerliste 43, 54
Bund 140, 157f, 221, 223f,
   312, 357
Curriculum 61-65, 67,
   76f, 91, 206, 213
Datierung 25, 34, 36
Didaktik 62, 68, 80f, 104,
   202f, 214, 216
didaktisch 68, 81, 165,
   206, 310
Disziplin 114, 116, 193,
   338, 395
Einsicht 1, 93, 113, 151,
   155f, 169, 190, 197f, 200,
   206, 214f, 229-231, 233,

235, 237, 262, 264f, 269,
296, 309, 316f, 319, 338,
343f, 346, 348, 359, 362f
Eltern   65f, 71, 73, 84, 93,
97f, 105, 111, 119, 129,
164, 167-170, 216, 227f,
241, 244, 268
Enkel (Ben Siras) 34-36,
71, 141, 150, 158, 166,
202, 206, 211, 213, 221,
225, 244, 252, 303f, 324,
346, 352, 357, 374, 378,
384f, 399
erfahren   70, 72, 75, 103,
237, 307, 309
Erfahrung   120, 199, 203,
206-208, 214, 229, 231,
236-238, 250, 253, 274f,
277, 284, 299, 303-309,
313f, 319, 330, 333-336,
338, 348, 371, 374, 393f
erkennen / Erkennen 141,
145, 154, 157, 159, 214,
265, 287, 303, 309, 327,
346, 349, 366
Erkenntnis   152, 157, 159,
162, 214, 216, 224f, 229-
231, 238, 250, 262, 264-
267, 276, 286, 297, 305-
309, 316, 331f, 337, 340,
343-345, 347-354, 356,
358f, 362, 364-366, 371,
383f, 389
Erziehung   71, 73f, 76, 82,
85, 96, 101, 105-107, 109,
111-113, 115f, 118f, 122-
124, 153, 159, 167-169,
190, 197, 199f, 241f, 244-
246, 248f, 256-258, 265,
289f, 314, 329, 338-340,
362, 371, 388, 393, 396,
399
Erziehungswesen (s.
Bildungswesen)
Fachausbildung 66f, 74,
102, 104

Familie   26, 63, 101, 104f,
113, 124, 162, 168f, 172,
178, 244f, 248, 293, 319f,
323, 393
Famulus-System   70, 72,
75, 77f, 96, 101, 103f, 203
fromm   209, 250, 255, 363f,
367, 382
Frömmigkeit   141f, 145,
177, 206, 211, 227, 240,
249f, 255f, 263, 265, 300f,
334-336, 343, 359, 363-
365, 367f, 395
Furcht (s. Gottesfurcht)
Gabe   253-255, 261f, 266
Gebet   27, 36, 62, 66, 126,
166, 217, 238-240, 250,
259f, 263, 265-268, 299,
311, 326f, 334-336
Gebot(e)   44, 140, 142, 153,
157f, 168, 198, 206, 217f,
220-224, 227f, 249, 251,
265f, 335, 360-365, 367,
394f
Gelehrter   66, 74, 77, 107,
126, 187, 203, 212, 225,
235, 260, 285, 294-296,
313-315, 317, 322f, 335,
369, 378, 390, 398
Gerusia   54f, 377f
Geschichte (Israels)   26,
91, 102f, 144, 210f, 224,
231-236, 250, 274, 290,
298, 308, 316, 381f, 386,
388, 390f, 395, 397
Gesellschaft   52, 65, 70, 73,
86, 94, 107, 115, 118, 132,
152, 166, 169, 185, 190,
193, 228, 237, 245, 248,
277, 282f, 308, 319-321,
372f, 387f, 390, 397
Gott   85, 87, 92, 147-150,
153f, 156, 159, 210f, 218,
224, 230, 236, 238-241,
250f, 253, 255f, 259, 260-
268, 274, 282, 293-296,

317, 335f, 346f, 350, 356,
363-367, 370, 392, 397
Gottesfurcht   140, 143f,
164, 166, 170, 183, 198,
206-208, 219, 222f, 227,
233, 249, 252, 255f, 258,
264, 270, 274, 293, 296,
298, 311, 319f, 334-336,
359, 361, 363-365, 367f,
382
Grenzen / Begrenzung /
Begrenztheit   85, 122,
142, 145-148, 150f, 159,
208, 216, 218, 224, 241,
337, 345, 347f, 350, 356,
358f, 364-366, 397f
Handwerker   52, 61, 71,
126f, 186f, 217, 219f, 255,
314, 378-380, 388
Hellenismus   37, 42, 52,
56-59, 80f, 133, 172, 176,
190f, 237, 306, 355, 364,
374, 395, 399
hellenistisch   35, 39, 42,
45, 47, 50, 52, 54-59, 80f,
109, 123f, 127-132, 134,
146f, 152, 169f, 176, 201f,
212, 217, 224, 226, 237,
253, 303, 306, 310, 320,
347, 355, 364, 369, 371,
375, 381, 389, 392, 394,
399
Herz   85, 93, 139, 143,
151f, 155-157, 197f, 215f,
225, 230, 235, 245, 251,
259, 262, 264, 269, 272,
280, 284, 286, 289, 291,
308, 311, 327f, 333, 338,
349-351
Intellekt   119, 152, 277,
328, 339
intellektuell   66, 118, 125,
134, 152, 157, 201, 233,
239, 255, 266, 285, 333,
363f, 394, 397f
Israel   26, 38, 56, 60, 81,
87f, 90-93, 96f, 99-103,

105, 107f, 133-135, 148, 152, 157f, 161-163, 168, 172, 174, 176f, 185, 199, 205f, 210-212, 217f, 220, 224, 226, 228f, 232, 234-236, 239, 249f, 252f, 255, 261f, 268, 274, 290, 294, 304, 308, 375, 381, 383f, 386, 388f, 391, 394f, 397-399

Klugheit 117, 289, 328, 361f, 364

König 63, 73, 76, 94-96, 99, 105, 134, 191, 231, 371, 374-376, 390

Kultur 45f, 52, 54, 56-59, 64, 67, 70, 72, 80f, 93, 109, 111, 126, 133, 135, 161, 166, 176, 186, 190, 212, 237, 245, 320, 355, 374f, 377, 380f, 389f

leben / Leben 25f, 36, 43, 48, 52, 57, 87, 106-110, 116, 120-122, 133f, 145, 151, 153f, 157f, 160, 168, 188, 190, 193, 199, 201f, 207f, 214, 220, 222-224, 230, 239, 248-251, 253, 257, 264f, 267, 273-275, 277, 279, 281f, 284, 287-289, 291-293, 295f, 306, 309, 314, 318-320, 330-333, 335-337, 342, 359f, 363, 366-368, 372, 382, 386, 388-391, 393-399

Lebenseinstellung (s. Lebenshaltung)

Lebensführung (s. Leben)

Lebenshaltung 261, 331f, 336f, 339, 363f, 367, 398f

Lebenspraxis (s. Leben)

Lehre 36, 72, 75, 77-79, 83, 87, 99f, 106-108, 160, 162f, 171, 176, 188, 197, 203-206, 209-215, 219f, 227, 229f, 234, 240, 250, 256f, 261-263, 265, 267f, 281, 286-289, 293-299, 301f, 304, 307-309, 312-316, 320, 322f, 327, 329, 331, 333, 336, 339, 342, 344, 352, 356, 360, 365, 367, 370f, 379f, 386, 388-390, 392

lehren 105-107, 129, 198, 215, 218, 228, 230, 251, 256f, 260-268, 273, 281, 285f, 290, 293f, 315, 322f, 331, 333, 344, 356, 388f, 396, 398

Lehrer 62, 66-70, 72, 75, 77f, 82, 84, 92f, 95f, 98f, 103, 105, 118-120, 123f, 126-131, 135, 215f, 230f, 237, 241f, 246, 250, 261, 267, 277, 281, 286, 288-291, 293-297, 299, 304-306, 308f, 313, 315-317, 322f, 327, 329-331, 333f, 336, 339, 342-344, 349, 362, 368, 370f, 380, 389, 393, 396f

Lehrgespräch 203-206, 232f, 236, 249, 297, 367, 369f, 393

Lehrhaus 87, 108, 135, 160-163, 171, 190, 193, 211-213, 273, 328, 330, 354, 367, 371, 386, 389

Lehrinhalte 79, 161, 163, 194, 204, 210, 213, 216, 310, 312, 394

Lehrtradition 213, 216, 222, 227f, 250, 313, 394

Lehrvortrag 161, 202f, 206, 249, 370, 389, 393

lernen 61-67, 69, 71f, 74-83, 85, 87, 92f, 97, 99-108, 111, 115f, 118, 122, 124, 126, 129f, 135, 147, 184, 188, 198-200, 203, 206, 214-216, 222, 233, 235-237, 241, 254, 268, 273, 294, 297, 304, 309f, 330, 356, 370

lesen 61-63, 67, 69, 72f, 78f, 81, 83f, 86, 92-94, 100, 107, 115f, 125f, 129-131, 139f, 162, 394

Leser 92, 112, 162f, 171, 202f, 212, 235f, 271, 308, 354, 393

Literatur 77f, 96, 99, 101, 104f, 107, 137, 176, 200-203, 212, 217, 237, 245, 250, 270, 290, 302, 306, 322, 341, 351, 357f, 376, 388

Lokalisierung 34, 36, 62, 190, 303, 372

Methode(n) 81f, 84, 106, 120, 122, 131, 135f, 205f, 211, 245, 250, 254, 260, 372f, 394

Methodik 84, 131, 140, 177, 194, 204, 210, 216, 350, 366, 393

Muße 133, 173, 186, 188, 212, 323, 337, 394

Name 57f, 140, 145, 155, 157, 192f, 209, 212, 231, 233, 247, 271, 312, 330, 355, 379f, 384, 398

offenbaren / Offenbarung 155, 206, 259, 268, 280, 284f, 295f, 346, 349f

Pädagogik 12

pädagogisch 82, 100, 107, 112, 116, 212, 231-233, 236, 245, 281, 339, 344, 371

Priester 34, 36, 162, 202, 216, 227f, 234-236, 282, 293, 323, 331, 334f, 372f, 377f, 389

Rat 188, 208, 215, 298, 343, 362, 371-373, 377, 379, 389f

Ratgeber 214f, 231, 233, 313f, 349, 370-373, 376f, 389f, 396f
Reflexion 26f, 116, 169, 209, 213f, 216f, 238, 304, 306f, 315, 333, 393f
reisen/Reise 182, 185, 236-238, 306, 330, 333f, 336, 374
Schreiber 63, 65-67, 70-74, 76-78, 81, 83, 86f, 90f, 94-97, 100f, 103
Schrift (hl.) 56, 206f, 227f, 234, 267, 284, 313, 352, 369, 389, 394
Schüler 61-70, 72-85, 87, 92-94, 96, 100f, 103-108, 113, 116, 118, 120f, 124, 126, 129-131, 135, 144, 160-164, 169-174, 177-181, 184-188, 190-194, 199-204, 206, 208-215, 222-225, 228, 231-234, 236f, 239-242, 244-246, 248-251, 253, 259f, 267f, 271-277, 280-286, 288, 290f, 293-297, 300f, 304, 309f, 313, 330-333, 336-342, 345, 353f, 356, 359f, 362, 365-368, 370f, 374, 376, 385, 388f, 391, 393-398
Schule 60f, 63, 65-67, 69-72, 74-80, 84, 86-88, 91-94, 97-104, 113, 116, 119, 121, 123f, 126f, 129, 132, 169, 208, 236, 267, 281, 293, 336, 338
Schulgeld 93, 118, 120, 126, 329
Sentenzen 27, 82, 93f, 96, 99f, 106, 135, 142, 161, 167, 182, 184-186, 191, 198, 203-206, 213, 215-217, 219, 221, 229, 232f, 236, 239, 249, 258, 271, 291, 297, 311f, 317f, 344, 361-364, 367f, 370, 375f, 384f, 388, 393, 395
Sprüche (s. Sentenzen)
Stellung, gesellschaftliche 65, 73, 143, 163, 188, 190, 246, 380, 390, 397
studieren 206, 208, 295, 313, 368, 389, 393
Studium 134, 186-188, 193, 198f, 206, 213, 220, 222-225, 228, 236, 249, 259, 267f, 274, 277, 283, 293, 305, 313, 323, 331f, 334, 338f, 353, 356, 358, 364, 366, 368, 373, 382, 389, 395, 398
Tätigkeit 61f, 75, 80, 83, 103, 120, 152, 162f, 179, 181, 185, 187f, 199, 205, 211f, 214f, 219, 237, 241, 259f, 293, 306, 316f, 344, 355, 368-372, 374f, 377-379, 381f, 385-390, 396f, 399
Tempel 35f, 42-44, 47, 50f, 53, 55f, 61, 67, 70, 76f, 80f, 91f, 95f, 273, 292f, 323, 334-336, 372f, 377
Tora 42, 54f, 141f, 155, 158, 186, 218, 220-228, 239, 249f, 258, 261, 265, 268, 270, 272, 287f, 293, 295, 300, 302-305, 307, 313, 323, 336, 352f, 356-358, 361, 363-369, 394f
Tradition 23, 34f, 42, 45-49, 52, 60f, 64, 66, 70, 81, 90, 107, 134, 141f, 145, 152, 161, 167, 171, 177, 185f, 190, 203f, 206, 211-216, 218, 220, 222, 226-229, 231f, 234, 241, 249f, 254, 261f, 268, 274, 285, 293, 300, 303, 313-316, 334f, 343, 347, 356, 358, 360f, 363, 365, 367, 369, 371, 373, 376f, 389, 393-395, 397-399
Überlieferung 54, 108, 141, 161, 207, 268, 294, 313, 316, 368-370, 389, 395-397
Unterricht 63-66, 68f, 71-73, 75f, 78-84, 86, 92f, 96-104, 107-109, 116, 118f, 125-129, 131f, 134, 161, 194, 201-203, 205-208, 211, 213, 245, 257, 261, 281, 283f, 297, 301, 330f, 336, 342, 364, 371, 393f, 396f
Väterlob 34f, 211, 223, 228, 232f, 235, 315f, 322, 324, 381
Verantwortung 193, 386, 395
Verstand 139, 151, 272, 289, 291, 328, 333, 376
Verstehen 139, 151f, 207, 251, 259, 267, 276, 291, 294f, 305f, 311, 313, 328, 346, 363
Verwaltung 49, 61, 65-67, 70, 72, 74, 91, 97f, 100, 103, 368, 373f, 382, 387f, 390, 397
Volk 45, 48, 54f, 138, 158, 162f, 188, 224, 233, 235, 247, 262f, 283, 294, 311f, 314, 316, 331, 336, 367-369, 371, 377, 379-381, 383-388, 390, 395, 397f
Volksversammlung 191, 247, 276, 300, 369, 371, 377-381, 385f, 390, 396f
weise 85, 154, 188, 198, 203, 222, 241, 251, 253, 276f, 289f, 296-298, 358, 364, 367, 370, 380f, 383-388, 391, 397
Weiser 70, 97, 99, 106, 152, 154, 187f, 199f, 203-206, 211-213, 215, 217,

220, 228, 230, 232f, 236-238, 249, 253, 255, 258-261, 271, 276f, 281f, 284-286, 294-298, 306f, 312-315, 317, 322f, 332-336, 338, 340, 343, 348, 352f, 356, 362f, 366-391, 393f, 396-398

Weisheit 27, 99, 106f, 135, 147, 152, 158, 170, 179f, 187, 197-202, 206, 208, 212-214, 216f, 219, 221-223, 225, 230, 236, 240f, 249-251, 253-255, 258-260, 268, 272-277, 281, 283-285, 287f, 291, 293-297, 301, 303f, 307-309, 312-314, 316f, 330-333, 336, 338-342, 345-347, 353, 357-360, 362-367, 370, 373, 376f, 379-382, 386, 388-391, 393-399

weisheitlich 1, 142, 155-158, 161, 167f, 175, 177, 180, 185f, 192, 202, 204-207, 212-218, 221f, 227f, 231f, 249f, 254f, 257, 263, 265f, 268, 272, 281, 288, 293, 296, 299, 301, 304f, 313-316, 319, 322, 330, 343, 346f, 352, 357, 360, 363, 369-371, 373, 375f, 389, 392-395, 397-399

Weisheitslehre 60, 71, 77f, 83, 85, 87, 99, 229, 286, 323, 365, 380

Weisheitsschrift(en) /-literatur 1, 96, 99, 105, 107, 137, 200, 202f, 217, 250, 302, 341, 376, 394

Wille 152-154, 159, 201, 240, 245, 250, 253, 255, 263, 272, 274, 293f, 296, 331, 336, 342, 344, 350, 362f, 392, 395

Wissen 61, 67, 106, 117f, 127, 129, 139f, 151f, 157, 167, 171, 181, 204f, 208, 213f, 226, 237f, 265, 284f, 296-298, 306, 309, 350, 354, 359, 362, 366, 371, 398

Zucht 200, 257, 337, 362

Zurechtweisung 165, 200, 241, 245, 257, 265, 286, 339